Das große Werk- und Bastelbuch

BARBARA POHLE

Das große
Werk- und Bastelbuch

Unter Mitarbeit von Frank Niepel

1983 Lizenzausgabe für
Manfred Pawlak Verlagsgesellschaft mbH, Herrsching
© Südwest Verlag GmbH & Co. KG, München
Alle Rechte vorbehalten
Zeichnungen: Hannes Limmer, München
Fotos: Frank Niepel (außer den im Bildnachweis aufgeführten
Abbildungen)
Schutzumschlag: Design Team, München
ISBN: 3-88199-106-9

Inhalt

Fäden, Garn und Wolle

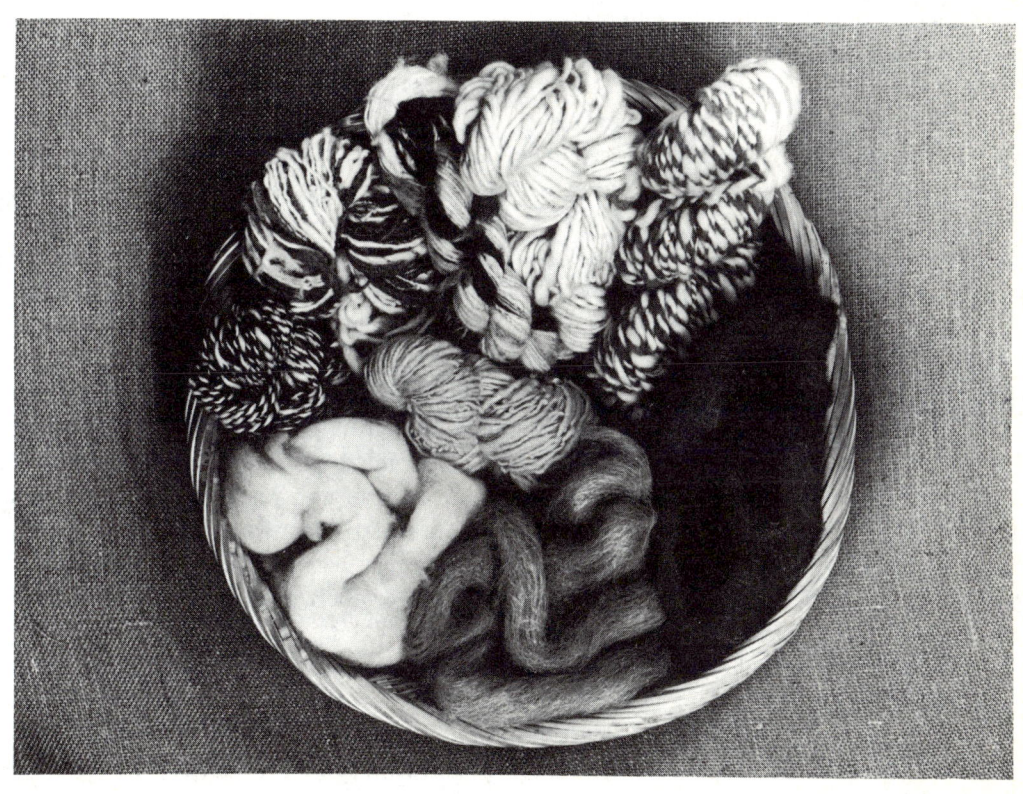

Textiles Material

In diesem Kapitel sind die wichtigsten textilen Werk- und Handarbeitstechniken zusammengefaßt. Zu ihnen gehören vielpraktizierte Arbeiten wie Stricken und Häkeln, aber auch fast vergessene wie das Plättchenweben oder wieder zur Mode gewordene alte Techniken wie zum Beispiel Makramee. Alle haben sie gemeinsam, daß sie aus Garnen entstehen, die gesponnen und gezwirnt sind, und dann in einer bestimmten Art und Weise aneinandergefügt werden. Der Reiz der Arbeiten besteht in einer Vielfalt an Farben und technischen Möglichkeiten, die weichen und anschmiegsamen Fäden zu einem haltbaren Gegenstand zu verarbeiten, den man lange Zeit verwenden kann.

In Handarbeitsgeschäften und Kaufhäusern gibt es ein festes Angebot von Woll- und Garnqualitäten in einer breiten Farbskala und in verschiedenen Stärken je nach Verwendungszweck: Stickgarne, Häkel- und Strickgarne, Teppichwolle und manchmal auch Makramee- und Webmaterial. Es gibt aber auch Lieferanten, bei denen man Garn bestellen kann, sie sind im Bezugsquellennachweis aufgeführt; ihre Angebote an Garnen gehen weit über das hinaus, was man in den Geschäften kaufen kann. Es empfiehlt sich, die Farbkarten dieser Lieferfirmen zu beschaffen, sie sind sehr informativ und bieten Anregungen für viele textile Arbeiten.

Hier ein kurzer Überblick über all die Materialien, die sich zur Verarbeitung im textilen, handwerklichen Bereich eignen:

Pflanzliche Fasern

Baumwolle

besteht aus den Samenhaaren einer Malvenart mit dem botanischen Namen Gossypium, die in tropischen und subtropischen Gebieten wächst. Die einzelnen Stauden haben bis zu 60 Kapseln. Zur Reifezeit werden die Kapseln braun, springen auf, die „Wolle", die dann gesammelt wird, quillt heraus. In jedem Fach der walnußgroßen Frucht befinden sich 3 bis 8 graue, schwarze oder dunkelbraune Körner, die in die langen, weißen Wollhaare eingehüllt sind. Die eingesammelte Baumwolle wird getrocknet, entkörnt und zu Ballen verpackt. Die Qualität der Baumwolle richtet sich nach Faserlänge, Farben, Feinheit, Weichheit, Glanz, Reinheit, Festigkeit, Dehnbarkeit, Spinnfähigkeit. Es gibt Stickgarne aus Baumwolle, Strick- und Häkelgarne; Baumwollcord oder Fischernetzgarn wird häufig als Kettgarn beim Weben verwendet und auch als Makrameeschnüre.

Leinen

Die Flachs- oder Leinpflanze (Linum usitatissimum) gehört zu den Bastfaserpflanzen. Bei Beginn der Reifezeit, wenn die Blätter welk werden und gelbe Farben annehmen, rauft man die Stengel mit den Wurzeln aus der Erde, bindet Garben und stellt diese auf dem Feld zusammen. Aus den Kapseln des Flachses wird der Leinsamen, aus den Stengeln die Faser gewonnen. Die Gewinnung der Fasern ist ein langwieriger Prozeß. Beim „Rösten" wird durch das Wässern des Flachses ein Gärungsprozeß herbeigeführt, der den Klebstoff zerstört und die Fasern freilegt; beim „Dörren" wird getrocknet, beim „Hecheln" der Flachs ausgekämmt und die langen, zum Spinnen benötigten Fasern ausgesondert.

Bauernleinen und Shantungleinen ist ein in der Struktur unregelmäßiges Leinengarn, das häufig beim Weben verwendet wird; außerdem eignet sich Leinengarn mit regelmäßiger Struktur für Stickereien. Weitere pflanzliche Fasern sind Hanf, Kapok, Jute und Ramie, die nur selten im textilen Bereich verwendet werden.

Tierische Fasern

Schafwolle

Wie Rohwolle vom Schaf zur brauchbaren Wollfaser wird, ist im Kapitel „Spinnen" auf Seite 13–18 ausführlich beschrieben. Die Qualitätsunterschiede der käuflichen Wollsorten ergeben sich je nach Wollcha-

Der Stich aus dem 17. Jahrh. zeigt, wie aus Flachs Leinen wird. Links: Das Bleuen der Stengel mit Dreschflegeln. In der Mitte das Hechelbrett, wo der Flachs auf dünnen Eisenspitzen ausgekämmt wird. Rechts: Mit der Breche werden die Fasern freigelegt

Holzschnitt aus dem Jahre 1583: Schafschur, die im „Brachmonat", gemeint ist Juni, stattfand

rakter, aber auch nach der Art, wie die käuflichen Wollen maschinell versponnen worden sind.

Streichgarn: Strapazierfähige rauhe Wollsorten sind meist Streichgarne. Für die Streichgarnspinnerei eignen sich kürzere, gekräuselte Wollen. Das fertige Garn erkennt man an den vielen hervorstehenden Faserenden, da man beim Streichgarn fast die ganze Wollmasse ohne Aussortieren der kurzen Wollhaare verspinnt.

Kammgarn: Bei der Kammgarnspinnerei wird bei feinen Garnen Wolle von den Merinoschafen verwendet, wenig gekräuselte Wolle vom Cheviotschaf für härtere Garne.

Kaninchen-, Ziegen-, Kamelwolle

Die Haare der Angoraziege sind bis zu 30 cm lang; Kaschmir- und Tibetziegen liefern Flaumhaarwolle, die man als Kaschmirwolle kaufen kann. Kaninchenwolle sind die Haare des weißen Angorakaninchens; Alpakawolle nennt man die Wollen der in Südamerika heimischen Schafkamelarten: Lama, Pako und Vicuna.

Seide

Die reine Seide stammt von einer Seidenraupe, der als Nährpflanze der Maulbeerbaum dient. Das Leben des Maulbeerspinners läuft folgendermaßen ab: Die Eier der Schmetterlinge überwintern in Kühlräumen oder in Brutapparaten. Wenn sich die ersten zarten Maulbeerblätter zeigen, wird die Temperatur gesteigert, die Seidenraupen schlüpfen aus, wachsen in 30 Tagen bis zu einer Größe von 6–8 cm und sind dann spinnreif. Nur die Schmetterlinge, die zur Zucht bestimmt sind, läßt man ausschlüpfen, alle anderen werden durch Erhitzen der Kokons getötet.

Rohseide ist noch glanzlos und hart, weil der Faden mit einem natürlichen Seidenleim überzogen ist. Die Seide wird durch Kochen in Seifenwasser entbastet, geschält und erhält dann Glanz, Glätte, Weichheit und Elastizität.

Kunstfasern

Reyon, Perlon, Nylon, Orlon und Kunstseide werden im textilen Bereich verarbeitet – entweder gemischt mit pflanzlichen und tierischen Fasern oder als reine Kunstfasern.

Die Numerierung der Garne

nennt man die Angaben, die aussagen, wie viele Garnlängen auf ein bestimmtes Gewicht gehen. Die Numerierung wird bei Seide anders gehandhabt als bei Wolle. Die gebräuchlichsten Numerierungen sehen so aus: Nm 20/2 oder Ne 13/3.

Die Abkürzung „Nm" steht für „Numerierung metrisch", und das besagt, wie viele Meter Garn auf 1 Gramm gehen, also 1 Gramm wiegen. Ein Beispiel: Kammgarn Nm 20 bedeutet: 20 Meter dieses Garns wiegen 1 Gramm; Nm 40 bedeutet: 40 Meter dieses Garns wiegen 1 Gramm. Je mehr Längeneinheiten auf ein bestimmtes Gewicht gehen, desto feiner ist der Faden.

Die Abkürzung „Ne" dagegen bedeutet „Numerierung englisch"; es handelt sich hier um die klassische englische Baumwollnummer. Sie gibt an, wie viele Meter Garn auf 0,6 Gramm gehen. Ne 20 heißt also: 20 Meter dieses Garns wiegen 0,6 Gramm (sind also feiner als ein 20iger Garn der Numerierung metrisch).

Steht als Bezeichnung für die Stärke des Garns lediglich Ne 8 oder Nm 15, so handelt es sich um ein einfaches, ungezwirntes Garn. Nm 15/2 oder Ne 8/3 bedeutet, daß das Garn gezwirnt ist, die Zahl hinter dem Schrägstrich gibt Auskunft darüber, daß das Garn aus 2 (bzw. 3) Garnen besteht; die Länge muß durch diese Zahl geteilt werden. Strick- und Häkelwolle wird ja meist 100- oder 50-Grammweise verkauft, Wolle fürs Weben oder Makramee nach Lauflänge.

Spinnen

Spinnen steht am Anfang aller Textilarbeit, liefert es doch von der feinsten Nähseide bis zum dicken Schiffstau das Arbeitsmaterial zum Weben, Stricken, Häkeln oder Knüpfen. Das lange Zeit fast vergessene Spinnrad zieht heute immer mehr Menschen an, die Spaß daran finden, mit eigenen Händen aus dem Rohmaterial Wolle ihr Garn zu spinnen. Zu diesem Erlebnis gesellt sich noch der Anreiz, den Faden frei nach dem Charakter des Werkstücks gestalten zu können und nicht zuletzt auch der Umstand, daß die auf diese Weise gewonnene hochwertige Wolle wesentlich billiger ist als vergleichbare handgesponnene Wolle auf dem Markt.

Ungesponnene Wolle

Wenn auch andere Tierfasern gesponnen werden können, so steht Schafwolle doch an erster Stelle. Allerdings wird die Wolle so, wie sie vom Schaf direkt kommt – man sagt „im Schweiß" –, nicht sofort gesponnen. Sie enthält in diesem Stadium noch zu viele natürliche Nebenprodukte wie Gras, Zweige, Fichtennadeln, Kletten, Kot und natürlich auch sehr viel Lanolin, das Körperfett des Schafes. Kauft man vom Schäfer ein sogenanntes Vlies, d.h. das gesamte Haarkleid des Schafs, so wird also zuerst nach den darin enthaltenen Wollqualitäten sortiert, dann gezupft, wobei die Wollfasern

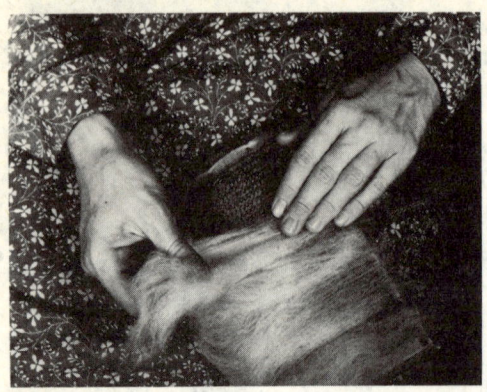

Die gezupfte Wolle wird in die gekrümmten Häkchen der linken Handkarde gedrückt

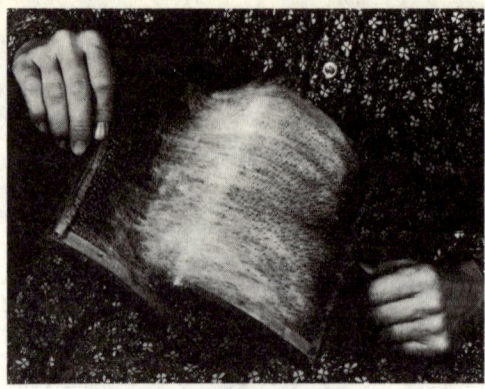

Mit der rechten Handkarde reißt man die Wolle von der linken, bis die Wolle auf beide verteilt ist

Man nimmt die Wolle abwechselnd mit der einen Karde von der anderen ab

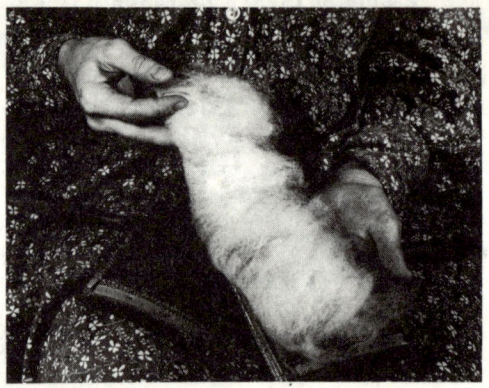

Die kardierte Wolle wird behutsam zwischen den Händen zu einer langen Flocke gerollt

gelockert und Nebenprodukte ausgezupft werden, und schließlich die Wolle vorsichtig gewaschen und getrocknet. Beim Waschen ist größte Sorgfalt nötig, um ein Verfilzen der Rohwolle zu verhindern: Waschtemperatur um 40 Grad und behutsame Handhabung des Waschguts, anschließende Trocknung an der freien Luft, kein pralles Sonnenlicht. Wenig verschmutzte Wolle kann auch ohne Waschen gesponnen werden. Das darin enthaltene Lanolin erleichtert sogar den Spinnvorgang.

Viele Anfänger werden allerdings den langwierigen Prozeß der Wollaufbereitung umgehen und bereits vorbehandelte Rohwolle durch den Handel bestellen – was

durchaus zu empfehlen und immer noch preisgünstig ist. In diesem Falle sollte – wie von den meisten Lieferern angeboten – gewaschene und kardierte Wolle oder „Kammzug" bestellt werden (siehe Lieferfirmen am Ende). Diese Wolle kann bei einiger Übung ohne weitere Vorbehandlung direkt versponnen werden. Für Anfänger ist jedoch ein weiterer Arbeitsgang einzuschalten, der das Spinnen bedeutend erleichtern wird. Sowohl die industriell vorbereitete wie die selbst gereinigte Wolle sollte noch einmal auf Handkarden gekämmt (kardiert) und so zu einem flockigen Vorgarn aufgelockert werden. Je nach dem, wie flockig oder fest das Vorgarn ausfällt, wird auch der gesponnene Faden. Als Faustregel gilt hier, daß sich aus einem leichten, flockigen Vorgarn dünne Wolle und aus einem dichten, festen Vorgarn dickere, gröbere Wolle spinnen läßt.

Die Handkarden dienen gleichzeitig auch dazu, verschiedene Wollfarben auf den Karden direkt zu mischen, um Zwischentöne wie beige oder grauweißer mit brauner bzw. weißer mit dunkler Schafwolle zu erzielen. Auch andere Tierfasern, z.B. Angorawolle oder Kamelhaar, lassen sich auf diese Weise auf den Karden mischen.

Spinnen mit dem Spinnkreisel

Der Spinnkreisel, auch Handspindel genannt, gehört zu den ältesten Textilwerkzeugen und dient dazu, die kürzeren Tierfasern so ineinander zu verdrehen, daß daraus ein fortlaufendes Garn entsteht. Auf dem Spinnkreisel wird zu Beginn ein Stück dickes Wollgarn befestigt, das beim Spinnen als Anfang für das zu spinnende Garn dient.

Dabei hält die linke Hand Schnurende und Anfang der Wollflocke, während die rechte Hand den Kreisel kurz in einen kräftigen Drall versetzt. Solange sich der Kreisel dreht, werden mit der rechten Hand Fasern aus der Wollflocke in der linken Hand gezogen. Diese Fasern werden durch die Drehung des Kreisels zu einem Faden versponnen. Erreicht der Kreisel mit dem immer länger werdenden Faden den Boden, so wird der Spinnvorgang unterbrochen und das Spinngut oberhalb der Wirtel aufgewickelt. Das Ziehen der Wollfasern erfordert einige Geschicklichkeit und Übung, ist aber mit etwas Geduld sogar von Kindern leicht zu erlernen. Als Vorübung für das eigentliche Spinnen am Spinnrad ist die Übung am Spinnkreisel unbedingt zu empfehlen, da man sich hier allein auf die Handhabung der Wollflocke konzentrieren kann, ohne durch das Antreten des Spinnrads abgelenkt zu sein.

Die Zeichnungen unten zeigen den Anfang des Spinnens mit dem Spinnkreisel

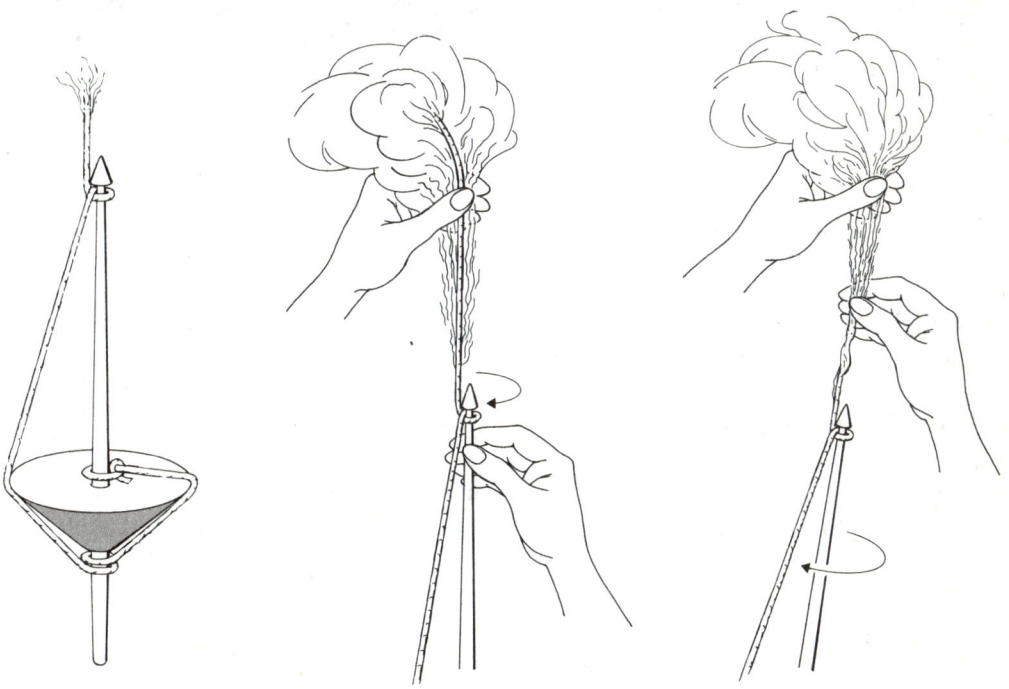

Das Spinnrad

Im wesentlichen ist das Spinnrad eine folgerichtige Weiterentwicklung des Spinnkreisels, die eine bedeutende Arbeitserleichterung mit sich brachte. Das Prinzip des Spinnkreisels findet sich in abgewandelter Form oben in der Kombination von Spinnflügel und Spule wieder. Statt wie bisher den Handkreisel immer wieder von Hand in eine Drehung zu versetzen, wird nun das Schwungrad mit dem Fuß angetreten. Die gleichbleibenden Umdrehungen des Rades übertragen sich durch die Antriebsschnur auf Spinnflügel und Spule. Der rotierende,

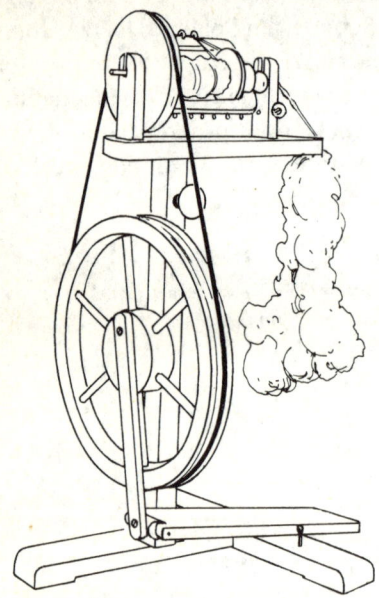

U-förmige Spinnflügel, über den das bereits gesponnene Garn zur Spule läuft, besorgt hier das eigentliche Verspinnen der Wollfasern, während die sich schneller mitdrehende Spule das Spinngut bereits beim Spinnen aufwickelt – ein Vorgang, der beim Spinnkreisel bekanntlich immer zur Unterbrechung des Spinnvorgangs geführt hat.

Arbeitsvorbereitung

Zum Spinnen sollte ein ausreichender Vorrat (etwa 20–30) von vorgekämmten Flocken in bequemer Reichweite vorhanden sein. Es empfiehlt sich auch, das Rad „im Leerlauf" also mit gespannter Antriebsschnur, aber noch ohne Wollfaden, durchzutreten, bis man sich an den Tretrhythmus des Rades gewöhnt hat. Meist wird das Rad ohne Schuhe getreten, was besonders den Kontakt zum Rad und zu seinem Tretrhythmus verbessert. Danach wird ein etwa 1–1,5 m langer dicker Wollfaden mit einem Ende an die Spule gebunden und über einen

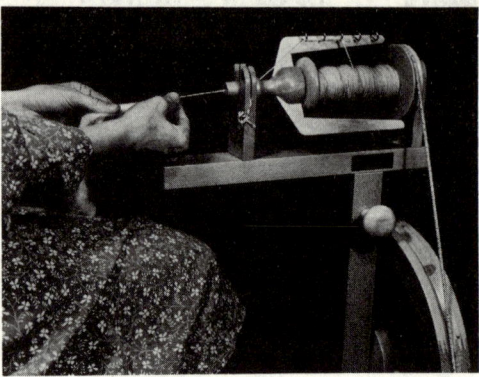

Die Zeichnung links und das Foto oben zeigen ein stabiles Spinnrad (Traub); Bezugsquelle siehe Seite 391

Haken am Spinnflügel durch die Öse im Spinnflügelansatz durch die Achse nach außen geführt.

Das Spinnen

Das Ende des Wollfadens wird nun mit dem Anfang einer zu spinnenden Wollflocke zusammen in der rechten Hand zwischen Daumen und Zeigefinger gehalten. Die linke Hand führt etwa 8 cm dahinter die

Tafel I Oben: *Hüttenschuhe für Kleine und Große aus selbstgemachter Wolle.*
Unten: *Wer Wolle selber färbt, kann von Anfang Aussehen und Wirkung seiner Textilarbeit bestimmen, es werden Farbtöne und Nuancen erreicht, die man nirgends kaufen kann.*

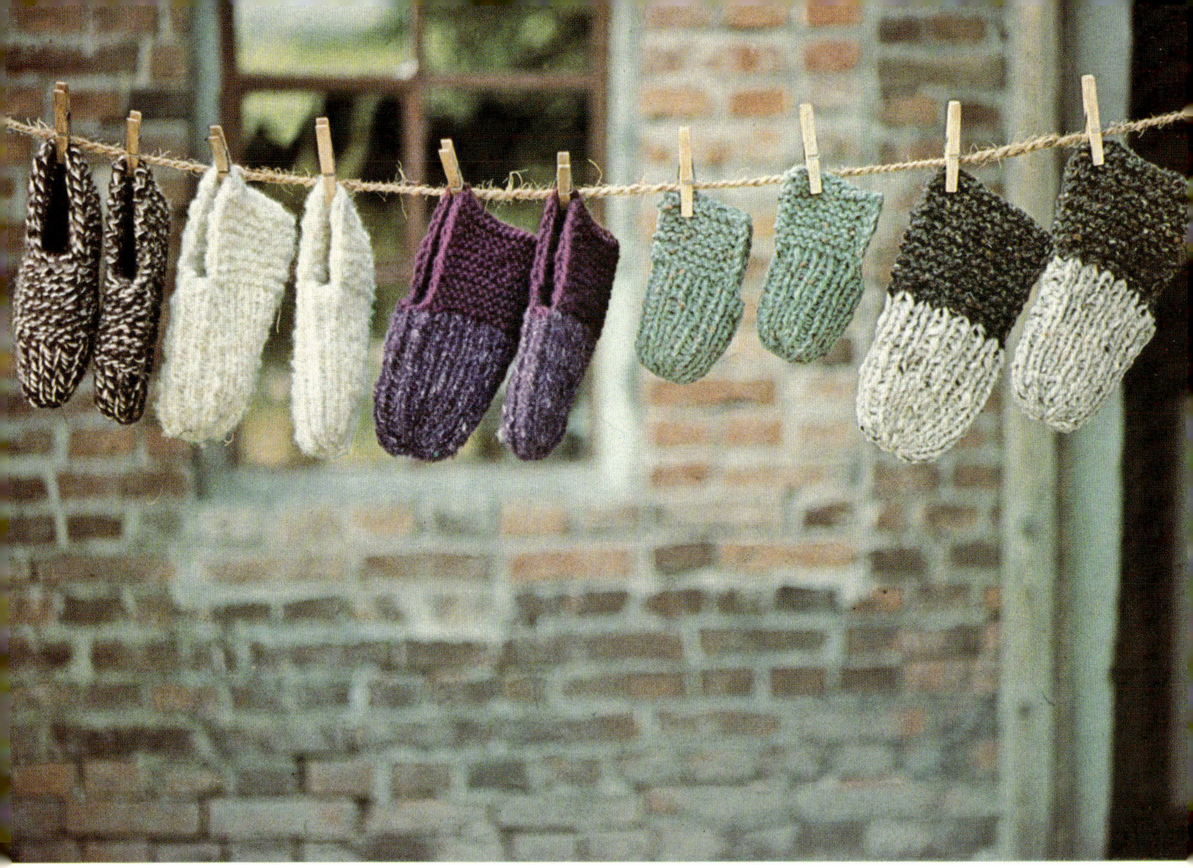

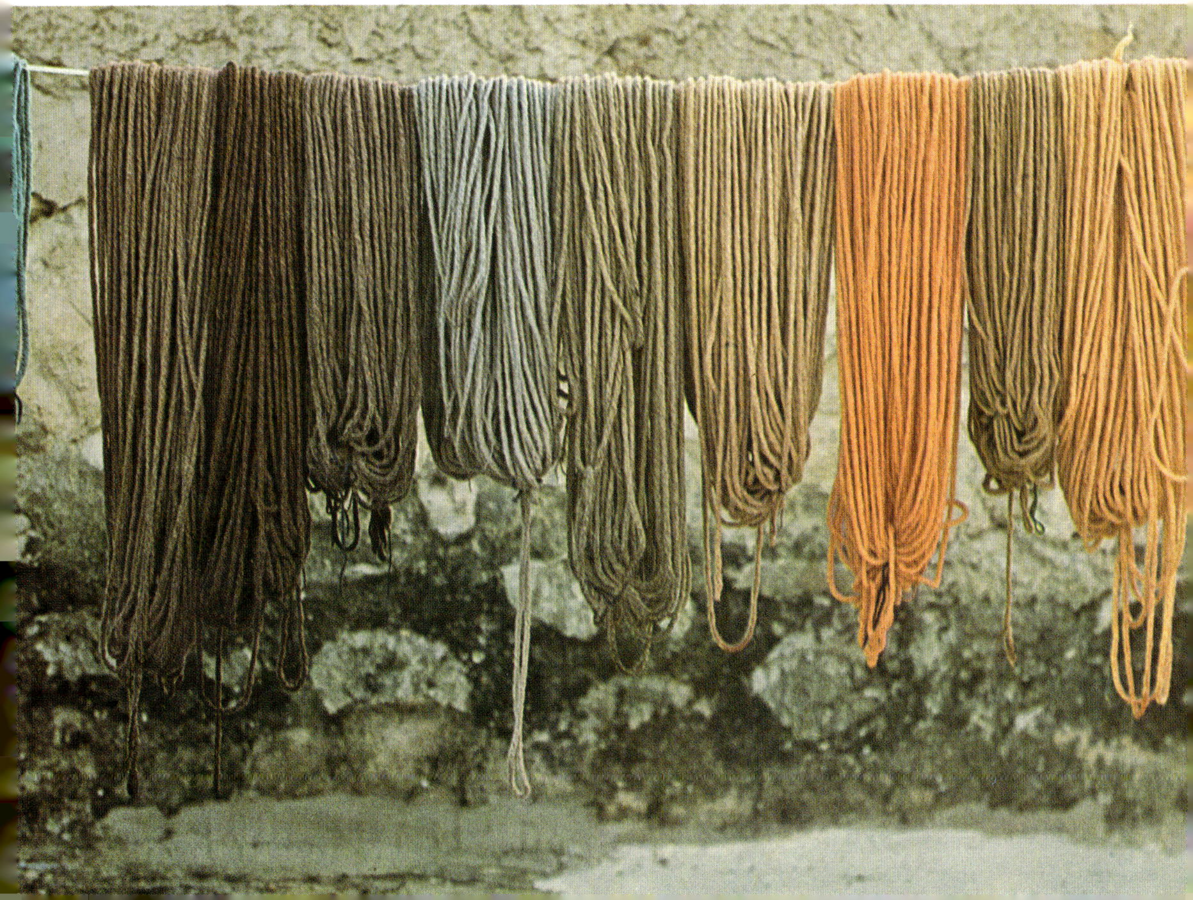

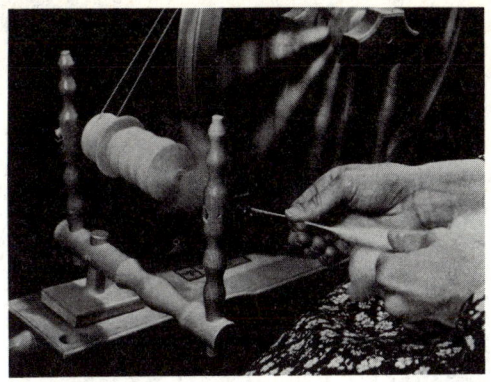

Ein finnisches gedrechseltes Spinnrad von HWG, hier mit rotierendem Spinnflügel

Wollflocke so, daß die Wollfasern möglichst einem Dreieck ähnlich gespreizt sind. Der Abstand zur Spulenachse beträgt etwa 20 cm. Wenn das Rad nun im Uhrzeigersinn angetreten wird, kann hierbei die rechte Hand kurz zu Hilfe genommen werden – muß aber dann sofort wieder an ihren Platz zur Flocke zurück. Der rotierende Spinnflügel versetzt den Wollfaden in eine Drehung, die sich auf die noch ungesponnenen Fasern der Flocke übertragen soll. Dazu muß die rechte Hand die Flocke etwas freigeben, indem sie an der Flocke zur linken Hand zurückgleitet, die inzwischen die Flocke gut festhalten muß. An diesem Punkt wird einem anfangs der Faden einige Male entwischen, bis man sich auf den Fadenzug eingestellt hat. Beim Spinnvorgang werden die Fasern möglichst gleichmäßig mit der rechten Hand aus der Flocke der linken Hand gezogen. Jedesmal, wenn die rechte die Fasern freigibt, werden sie sofort versponnen und durch die Öse zur Spule gezogen und dort aufgewickelt, so daß geübten Spinnern das Garn nie abreißen dürfte. Die Stärke des gesponnenen Garns wird durch die Menge der jeweils aus der Flocke gezogenen Fasern bestimmt. Außerdem richtet sich die Stärke des Garns nach der Beschaffenheit der Flocke: locker und leicht gekämmte Flocken ergeben dünne Garne, festere Flocken dickere Garne.

Damit sich das Spinngut gleichmäßig auf die Spule wickeln kann, wird das gesponnene Garn von Zeit zu Zeit über den Nachbarhaken geführt. Wenn die Spule voll ist, löst man die Antriebsschnur und wickelt das Garn ab, wobei die Spule am Rad verbleiben kann. Wolle, die längere Zeit aufbewahrt oder gefärbt werden soll, wird zu Strängen abgehaspelt. Im Strang behalten die Wollfasern ihre Spannung besser. Bei rascher Weiterverarbeitung genügt es aber auch, die Wolle in Knäuel abzuwickeln.

Zwirnen

Um stärkeres Wollgarn herzustellen und gleichzeitig die Faserspannung, die im einfachen Garn immer vorhanden ist, auszugleichen, kann man das gesponnene Garn zwirnen. Hierzu benötigt man 2 Wollknäuel und eine leere Spule, an die wieder, wie anfangs beim Spinnen, eine längere Wollschnur geknüpft und über den Haken am Spinnflügel durch die Achse nach außen geführt wird. Die beiden Garnenden der Knäuel werden zusammen an die Anfangsschnur geknüpft. Dann wird das Rad angetreten, aber diesmal nicht im Uhrzeigersinn wie beim Spinnen, sondern im Gegenuhrzeigersinn! Nimmt man Wollknäuel mit zwei verschiedenen Wollfarben, so erhält man durch das Zwirnen ein besonders effektvolles zweifarbiges Garn.

Tafel II   *Die Arbeitsanleitung zur Babydecke oben findet man auf Seite 39. Sie ist aus den treppenartigen Streifen zusammengesetzt worden. Die Idee zu dieser Decke stammt von alten peruanischen Decken mit den Treppenmotiven. Die Regenbogendecke auf dem Foto unten ist aus lauter einzelnen Längsstreifen zusammengenäht worden.*

Beim Spinnen sollte man immer den Zweck, für den das Garn gebraucht wird, im Auge haben. Für Stricksachen aller Art – Socken, Pullover usw. – eignet sich gezwirnte Wolle besonders gut, da ungezwirnte Wolle sich im Muster leicht verzieht und die Form nicht hält. Dies gilt auch für Häkelwolle. Einfaches Garn eignet sich zum Stricken und Häkeln nur, wenn es mit ganz wenig Drehung, also sehr lose versponnen wurde. Beim Weben kann als Schußgarn verwendete Wolle ganz nach Belieben lose oder fest, gezwirnt oder einfach, ja sogar auch ungesponnen verwendet werden, je nach Art des Werkstücks.

Spinnen ist ein in erster Linie manueller Vorgang, der zwar im Prinzip einfach zu verstehen ist, aber in der Praxis am besten von einer geübten und erfahrenen Spinnerin gezeigt werden sollte. Die Handhaltung und das Ziehen der Wollfasern im richtigen Verhältnis zum Tretrhythmus sind Dinge, die neben einer gewissen Geschicklichkeit stark erfahrungsbestimmt sind und daher leichter demonstriert als beschrieben werden können. Man sollte sich daher umhören, wo noch gesponnen wird, bzw. an einem der immer häufiger, meistens in Verbindung mit Webkursen, angebotenen Spinnkurse teilnehmen.

Wolle färben

ist für den Anfänger ein einziges Experimentieren. Es wird zunächst schwerfallen, exakt den Farbton zu erreichen, den man braucht. Deshalb empfiehlt es sich, erst einmal versuchsweise die verschiedensten Wollfärbungen vorzunehmen und dann erst an den Entwurf einer Textilarbeit zu gehen.

Naturfarben

Das Färben mit Blüten, Blättern, Wurzeln, Flechten oder Rinden ist eine Wissenschaft für sich. Es gibt viele alte Rezepte – hier eines aus Juliane Paukers „Unterrichtsbuch für lernende Mädchen und erwachsene Frauenzimmer" von 1846: „Orseille ist ein Moos, und gibt das englische Violet sowohl in Seide als in Baumwolle. Dieses Moos wird in Potaschewasser gekocht. Mehr oder weniger Potasche macht es bläulich oder röther…"

Man sammelt sie das ganze Jahr über: Blätter, wenn sie voll entwickelt sind, Rinden im Frühjahr, Kräuter kurz vor dem Erblühen, Flechten zu allen Jahreszeiten. Als Beizmittel wird Kupfer oder Alaun und Eisenvitriol, Essigsäure, Kochsalz, Pottasche, Schlemmkreide, Ammoniak und Aschenlauge verwendet. Hier soll allerdings nur das Färben mit käuflichen Textilfarben erklärt werden, da das Färben mit Naturpflanzen den Rahmen dieses Buches sprengen würde. Im Anhang Seite 391 findet man Fachliteratur zum Thema „Farben aus der Natur".

Man braucht zum Färben

viel Wasser und eine Möglichkeit, es heiß zu machen
Große Töpfe aus Ton, Porzellan oder Kunststoff

Textilfarben: am geeignetsten sind DEKA, Serie L, und „Batika"

Kochsalz: die Menge richtet sich nach den Angaben auf der Gebrauchsanweisung der Farben

Meßbecher zum Abmessen der Flüssigkeit

Küchenwaage zum Abwiegen des Salzes und des Wollgewichts

Thermometer, um die Temperatur der Färbebäder zu messen

Holzlöffel zum Umrühren des Farbbades

Gummihandschuhe

Wolle

Die neben Seite 16 abgebildete Wolle auf der Leine ist Dochtwolle (Schafwolle), die jeweils in 50-Gramm-Strängen gefärbt wurde. Man kann jede Wolle färben, muß aber darauf achten, daß keine oder wenig Kunstfasern beigemischt sind. Zwar können kleine Mengen Viskose, Kupferrayon oder Zellwolle enthalten sein, ohne daß sich die Farben stark verändern, dagegen können Polyester und Acryl überhaupt nicht gefärbt werden.

Handgesponnene oder ungesponnene Wolle muß vor dem Färben mit Kernseife oder einem Feinwaschmittel entfettet werden. Um das Gewicht der Wolle festzustellen – man berechnet danach die Menge von Farbe und Flüssigkeit –, muß die Wolle in trockenem Zustand gewogen werden.

Farben

Zum Färben von Wolle eignen sich am besten Batikfarben, die bei sehr niedriger Temperatur gefärbt werden können, da Wolle ja nur eine maximale Temperatur von 30° verträgt, ohne zu verfilzen. Verwendet man als Farbe die Serie L von DEKA, so kann man nach Gebrauch die Färbebäder in Flaschen füllen und bis zum nächsten Färben aufheben. Wenn sich Satz

bildet, so muß man vor dem Wiederverwenden der Farbbäder die Flüssigkeit durch ein Leinentuch seihen.

Verwendet man die Farbbäder aus der Serie „Batika", dann kann man die Farbbäder nicht aufbewaren; das zu jeder Packung gehörende Reaktionsmittel verliert seine Färbekraft schon nach einigen Stunden.

Färbebäder

Für das Ansetzen des Färbebades hält man sich am besten exakt an die Gebrauchsanleitungen auf den Packungen der Farbpulver. Nach dem Gewicht der Wolle richtet sich die Wassermenge und das dazugehörende Farbpulver. Aus dem Gewicht der Wolle ergibt sich auch, wie viele Eßlöffel Kochsalz dem Färbebad zugegeben werden müssen.

Wolle darf nur bis zu einer Temperatur von 30° gefärbt werden, deshalb wird nur eine kleine Menge Wasser aufgesetzt, zum Kochen gebracht, das Farbpulver zugegeben und dieses intensive Farbbad dann mit kaltem Wasser verdünnt, bis die Flüssigkeitsmenge dem Gewicht der Wolle nach den Regeln der Gebrauchsanleitung entspricht. Wenn die Temperatur unter 30° sinkt, so stellt man das Färbebad zum Aufwärmen auf den Herd.

Grundsätzlich gilt: je höher die Temperatur des Färbebades, desto intensiver der Farbton. Bei der geringen Färbetemperatur der Wolle spielt das jedoch kaum eine Rolle.

Hell und dunkel

Es gibt viele Möglichkeiten, auf immer wieder neue Farbtöne zu kommen. Das Farbbad kann entgegen der Gebrauchsanweisung verdünnt werden, das Ergebnis ist: die Farben werden blasser. Man färbt dann etwa 20 Minuten. Man kann aber auch ein normales Farbbad nehmen und die Wollstränge nur kurz eintauchen, auch mehrere Male kurz hintereinander, bis man den Farbton erreicht hat, den man haben will.

Farbtöne

Viele verschiedene Farbtöne werden erreicht, indem man die Wollstränge mehrmals hintereinander in die Farbbäder eintaucht. Man muß vor dem Ansetzen der Farbbäder entscheiden, welche Farbtöne man erreichen will: Soll eine Serie von Grüntönen gefärbt werden, dann setzt man mehrere Grüntöne an, dazu Blautöne und verschiedene gelbe Farbbäder. Will man eine Skala von violetten Farbtönen, so beginnt man mit einem rosa Farbton und taucht die Wollstränge dann unterschiedlich lang in blaue Farbbäder. Beim Eintauchen muß man beachten, daß auch die Stellen gefärbt werden, an denen die Wolle zu Strängen zusammengebunden ist.

Nachbehandlung

Die Wolle muß nach dem Färben so lange gespült werden, bis keine Farbe mehr ausläuft; ins letzte Spülbad kommt ein Eßlöffel Essig. Man kann die Wolle auch in einem Fixierbad (L 111) nachbehandeln, die Farben werden dann etwas matter. Trotz aller Nachbehandlung darf man die gefärbte Wolle bei der ersten Wäsche nicht mit anderen Wäschestücken zusammenbringen, da die Gefahr besteht, daß die Farben ausbluten.

Wenn man einen Ton wiederfinden will,

dann muß genau Buch geführt werden, wie lange jeder Wollstrang im Färbbad war und in welche Färbbäder er getaucht wurde. Auch die Zusammensetzung der Färbeflüssigkeit muß man notieren. Von jedem Farbton kann eine kleine Wollprobe eingefärbt werden, die man dann später zu einem ganzen Sortiment auf Karten zusammenträgt.

Färben in der Waschmaschine

Wer große Mengen auf einmal in einem Farbton färben will, kann auch in der Waschmaschine färben: mit einem Woll-Schongang mit maximal 30°. Die Wollstränge werden feucht gemacht und in die Maschine gelegt. Man wiegt die Wolle trocken, verrührt je nach Gebrauchsanweisung auf den Packungen des Farbpulvers die entsprechende Menge Farbpulver mit der angegebenen Menge Salz und so viel Wasser, daß eine breiige Masse entsteht, die man in die Waschmaschine gießen kann. Zum Einfüllen benutzt man die Vorrichtung, die man zum Einfüllen des Waschmittels für den Hauptwaschgang nimmt. Die Färbedauer liegt zwischen 15 und 30 Minuten, das entspricht meistens in etwa dem Hauptwaschgang. Die Nachbehandlungsmittel nimmt man dann in der Badewanne vor. Die Waschmaschine wird gereinigt, indem man einen Wäschegang leer durchlaufen läßt.

Der kleine Wandbehang auf dem Foto rechts wurde mit Makrameeknoten geknüpft. Es wurden die einfachsten Knoten angewendet: der halbe Flachknoten und der Rippenknoten. Als Arbeitsmaterial diente eine einfache Paketschnur, Fasanenfedern, ein Holzstäbchen und eine türkise Tonperle.

Makramee

Makramee, diese uralte aus dem Orient stammende Knüpfkunst, besteht im wesentlichen aus zwei Knoten: dem Rippenknoten und dem Flachknoten. Im Gegensatz zu früheren Zeiten wird diese Handarbeitstechnik jedoch nicht mehr allein als Verzierung von freihängenden Fransen an Webstücken angewendet, sondern hat sich zu einer selbständigen Handarbeit entwickelt. Heute werden vor allem praktische Taschen und Gürtel, aber auch frei gestaltete, phantasievolle Objekte, insbesondere Wandbehänge, in Makramee gearbeitet.

Vorbereitung

Für Makramee werden nur wenige Hilfsmittel benötigt. Dazu gehören eine feste Unterlage zum Knüpfen, vorzugsweise aus festem Schaumstoff oder Schaumgummi, etwa so groß und so dick wie dieses Buch; eine Anzahl Stecknadeln, möglichst mit dickem Kopf, zum Feststecken der Schnüre auf der Unterlage, sowie Schere und Maßband.

Der halbe Flachknoten

ist der erste Schritt zum Flachknoten. Aber bereits mit diesem einfachen Knoten lassen sich Makramee-Muster herstellen, wenn man ihn mehrfach hintereinander knüpft. Davon ist eines der beliebtesten die Spirale, die besonders zur Gestaltung längerer Schnurbänder, beispielsweise Blumentopf-Aufhänger, verwendet wird.
Der Flachknoten besteht aus zwei Arbeits-

gängen, von denen der erste wie der halbe Flachknoten, der zweite spiegelbildlich dazu abläuft. Auch aus hintereinander geknüpften Flachknoten lassen sich dekora-

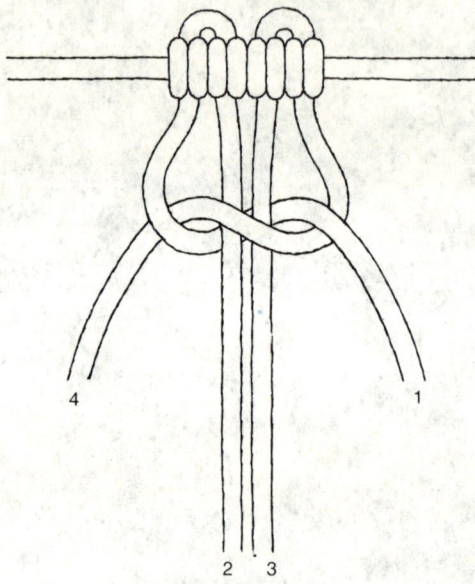

Schnur 4 über 2 und 3 und unter Schnur 1. Schnur 1 unter 2 und 3, über Schnur 4. Festziehen

Die Wiederholung des Halbknotens führt zur Spirale, was etwa nach dem 5. Halbknoten zu erkennen ist. Das Knotenband beginnt sich zu drehen und wird dann gewendet weitergeknüpft

tive Schnurbänder herstellen. Zahlreiche
wirkungsvolle Mustervariationen ergeben
sich, wenn man kurze Flachknoten- oder
Halbflachknotenbänder netzartig versetzt
knüpft, wodurch sich leicht größere Flächen
fertigen lassen. Aber auch einzeln versetzt
geknüpft, bietet der Flachknoten ein reizvolles Muster.

Rippenknoten

Dieser zweite Makrameeknoten ist sehr
vielseitig anwendbar, nicht nur zur Gestaltung strenger ornamentaler Linien, wie sie
für die traditionellen Makramee-Arbeiten
typisch sind, sondern auch in frei entworfe-
nen Mustern bis hin zu figurativen Pflan-
zen- und Tiermotiven wie Blatt, Blume,
Vogel u. a. Auch dieser Knoten besteht aus
zwei Arbeitsgängen, wobei eine Schnur
zweimal über die andere geschlagen, d. h.
geknüpft wird. Während man den Rippenknoten knüpft, wird die Leitschnur, die
immer die Richtung der Knotenreihe be-

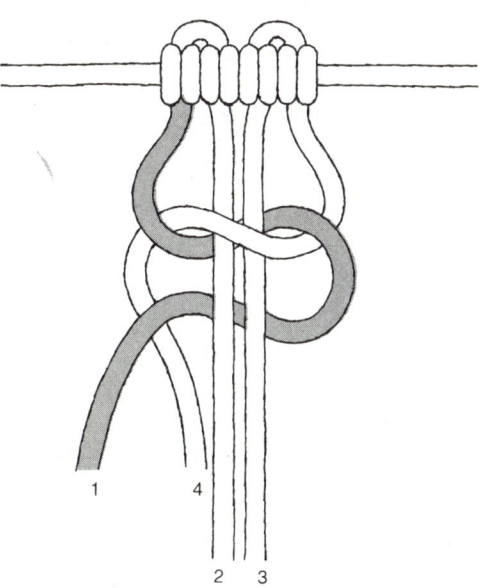

1. Arbeitsgang wie beim Halbknoten, dann Schnur 1,
die rechts liegt, unter 2 und 3, über 4
Foto rechts: Blumentopf-Aufhänger

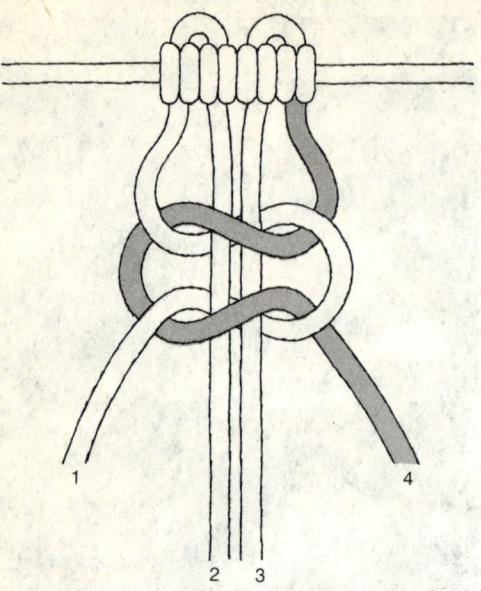

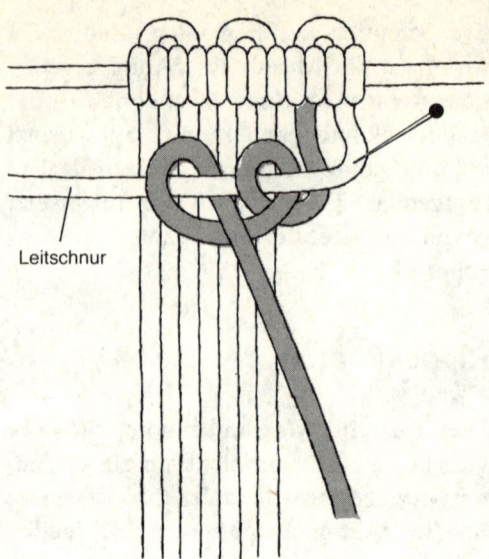

Leitschnur

3. und letzter Arbeitsgang beim Rippenknoten: als Abschluß 4 über 2 und 3, unter 1 hindurch. Die Schnüre nach beiden Seiten hin festziehen

Doppelschlagreihe quer von rechts nach links. Leitschnur mit linker Hand straffhalten. Knüpfschnur zweimal über Leitschnur schlagen

stimmt, mit der anderen Hand in der beabsichtigten Richtung straff gehalten.

Aus den vielen Variationsmöglichkeiten dieses Knotens seien nur die wichtigsten herausgegriffen. Hierzu gehören die querlaufende und schräglaufende Rippenknotenreihe. Die querlaufende Reihe bindet besonders gut parallel laufende Schnüre zu einer Einheit und dient zur Abgrenzung einzelner Musterelemente. Die Rippen-

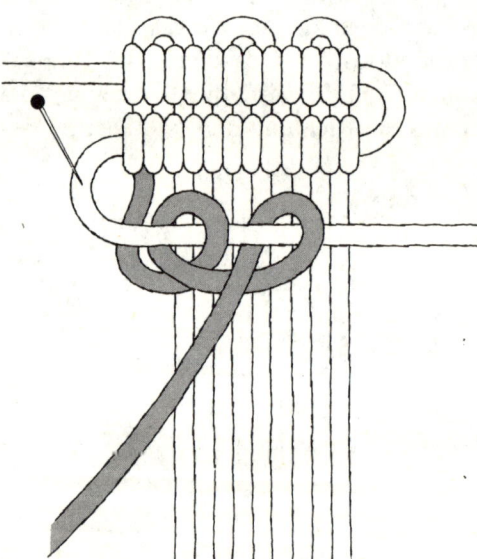

Unten. Versetzte Spirale mit je 4 Schnüren

Doppelschlagreihe quer von links nach rechts. Leitschnur mit rechter Hand straffhalten. Knüpfschnur zweimal über Leitschnur schlagen

Zwei kleine Taschen in Makramee-Technik. Die Muster sind aus Variationen der Grundknoten entstanden. Geknüpft wurde mit festem Baumwollgarn (rechts)

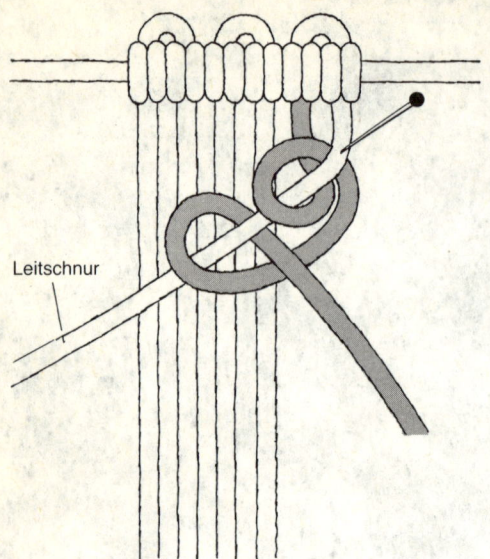

Leitschnur

Rippenknotenreihe schräg von rechts nach links. Leitschnur mit linker Hand schräg über übrige Schnüre führen und mit rechter Hand knüpfen

Rippenknoten schräg von links nach rechts. Leitschnur mit rechter Hand schräg über übrige Schnüre führen und mit linker Hand knüpfen

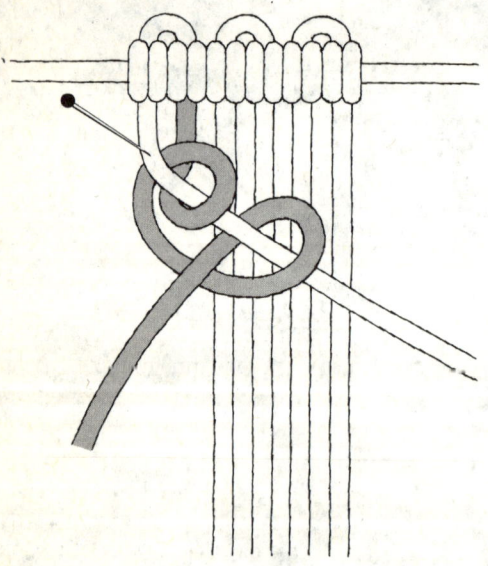

knotenreihe kann einfach geknüpft werden oder mehrfach, wenn eine besonders dichte, webartige Struktur erwünscht ist.

Für die schräglaufende Rippenknotenreihe gilt im Prinzip das, was für die querlaufende

Reihe gesagt wurde, nur führt man hier die Leitschnur schräg über die anderen Schnüre, während die andere Hand die Knoten schlägt.

Rippenknoten links als Zickzackmuster – rechts als Rautenmuster

Wie bei allen Rippenknotenreihen kann bei der querlaufenden jede Arbeitsschnur als Leitschnur gewählt werden; man kann aber auch mit Hilfe des Rippenknotens zusätzlich neue Schnüre, neue Farben in ein Stück einbringen. Neues Schnurmaterial, das im Verlauf der Arbeit ins Stück eingearbeitet werden soll, muß ausreichend lang sein; man muß es symmetrisch über das Werkstück legen, so daß auf beiden Seiten gleiche Schnurlängen überstehen.

Von besonderer Bedeutung ist der Rippenknoten zum Anknüpfen vieler hängender Objekte wie Wandbehänge, Lampen, Taschen, Blumentopf-Aufhänger und dergleichen, wo das Schnurmaterial auf einen festen Träger, z.B. einen Holzstab, Holzring oder ein Lampengestell geknüpft wird.

Josefinenknoten

Zierknoten, zu denen auch der Josefinenknoten zählt, gehören eigentlich nicht zu Makramee, sie erfüllen aber eine wichtige dekorative Funktion und stellen oft die

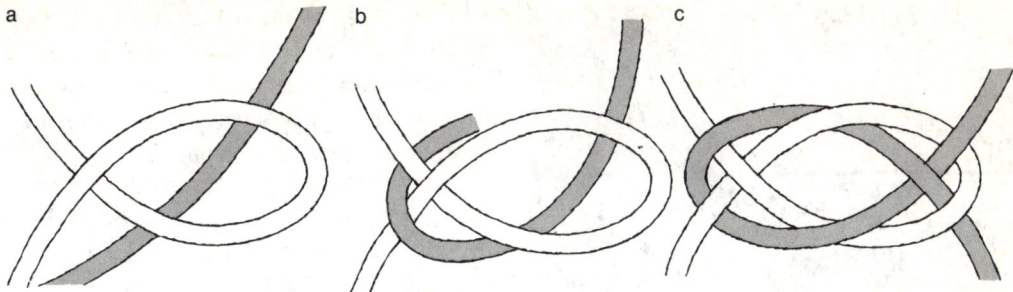

a　　　　　b　　　　　c

Die Zeichnungen a–c zeigen, wie man einen Josefinenknoten mit 2 Schnüren knüpft. Beim Josefinenknoten muß man darauf achten, daß die Schnüre in flacher Lage übereinander verarbeitet werden .

Der Josefinenknoten eignet sich gut als Mittelpunkt, um weitere Knoten rundherum anzuordnen

Glanzlichter in Makramee-Arbeiten dar. Eine reiche Fundgrube für verschiedenartige Zierknoten findet man auch in den vielen Seemannsknoten, die teils noch in Küstengegenden von Seeleuten gepflegt werden und teils in besonderen Fachbüchern (siehe Bezugsquellennachweis) gesammelt sind.

Material

In den vergangenen Jahren haben immer mehr Garnhersteller begonnen, besondere Makramee-Garne anzubieten, so daß es heute nicht mehr schwerfällt, geeignetes Schnurmaterial in vielen ansprechenden Farben zu bekommen. Trotzdem sollte man sich bei der Wahl von Makramee-Garnen

über grundsätzliche Materialeigenschaften im klaren sein. Von einer guten Makramee-Schnur muß man verlangen, daß sie ziemlich unelastisch, fest gedreht bzw. gezwirnt, oder noch besser geflochten ist. Im allgemeinen wählt man Schnüre, die nicht schwächer als 2 mm sind. Je größer die geplante Arbeit ist, desto dicker sollte auch das Schnurmaterial sein.

Auch die Oberflächenqualität der Schnüre spielt beim Knüpfen eine Rolle. Glatte oder polierte Garne, wie sie unter den Baumwoll- und Hanfschnüren zu finden sind, werden ein sehr klares Knotenmuster bil-

Raute aus Rippenknoten, in der Mitte ornamental verlaufende, versetzte Flachknoten

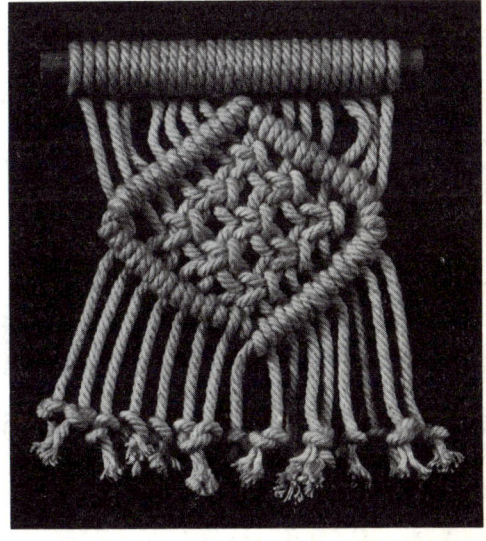

den, was vor allem bei zierlichen, detail-reich gearbeiteten Entwürfen von Vorteil ist. Großräumig angelegte Muster mit wenig Detail wirken auch in gröberer Jute oder in Sisal eindrucksvoll.

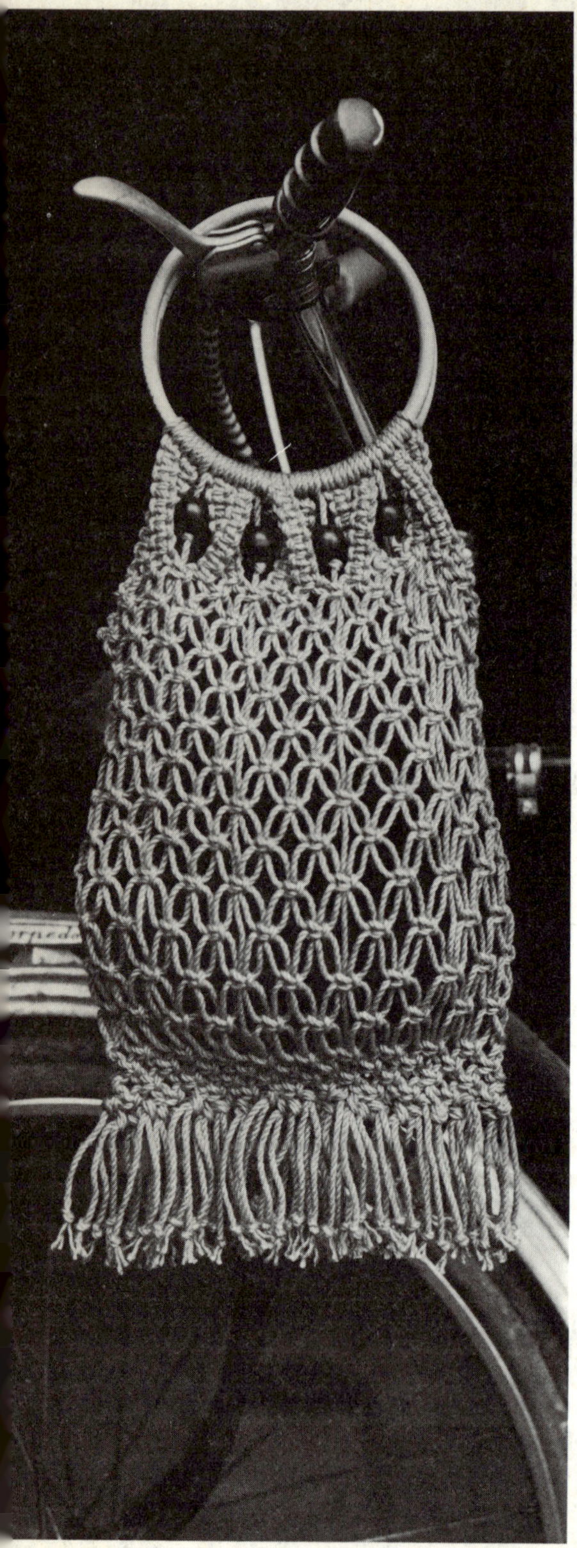

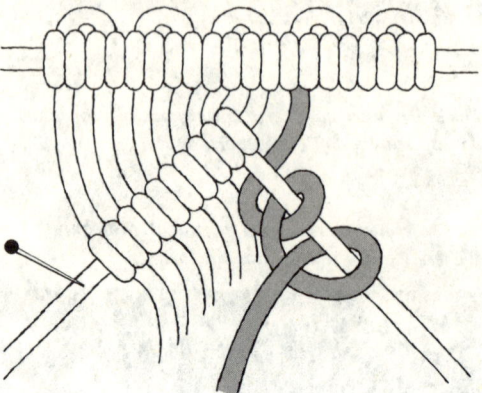

Anfang: Rippenknoten schräg mit der 6. Schnur als Leitschnur von Mitte nach links. Dann schräge Reihe von Mitte nach rechts mit 5. Schnur als Leitschnur

Abschluß: Die Leitschnüre von rechts und links außen wieder mit Rippenknoten schräg zum Mittelpunkt hin arbeiten. Mit Doppelschlag verknüpfen

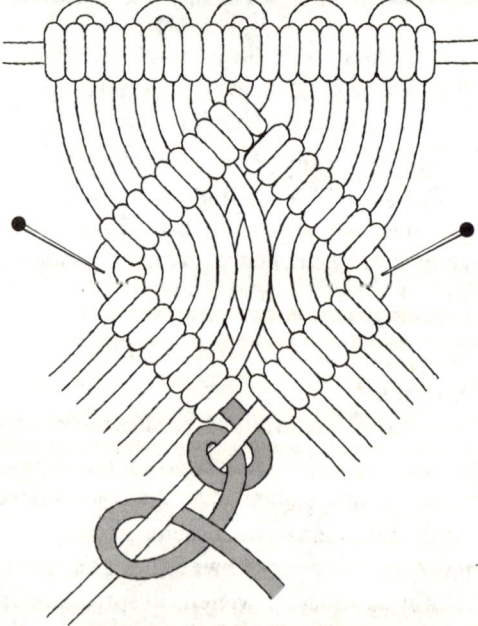

Einkaufsnetz aus Flachknoten in verschiedener Anordnung – teilweise dicht, teilweise netzartig (links)

Unter den Naturfasern eignen sich am besten Baumwolle, Hanf, Jute und Sisal, die es in reichhaltiger Auswahl auch gefärbt auf dem Markt gibt. Was Wolle betrifft, so ist von Strickwolle wegen ihrer zu großen Dehnfähigkeit abzuraten. Es können vor allem bei farbigen Arbeiten mit Teppichwolle schöne Wirkungen erzielt werden.

Messen und Anknüpfen

Zu Beginn einer Makramee-Arbeit steht die Materialberechnung, das Zuschneiden der Schnüre und die Überlegung, auf welche Weise die Arbeit zu beginnen ist. Als grobe Faustregel zur Abschätzung des Materialbedarfs gilt bei normal geknüpften Arbeiten, daß die Schnurlängen die 4fache Länge des fertigen Stücks haben müssen.

Foto unten: Diese Gegenstände eignen sich zum Anknüpfen von Makrameeschnüren

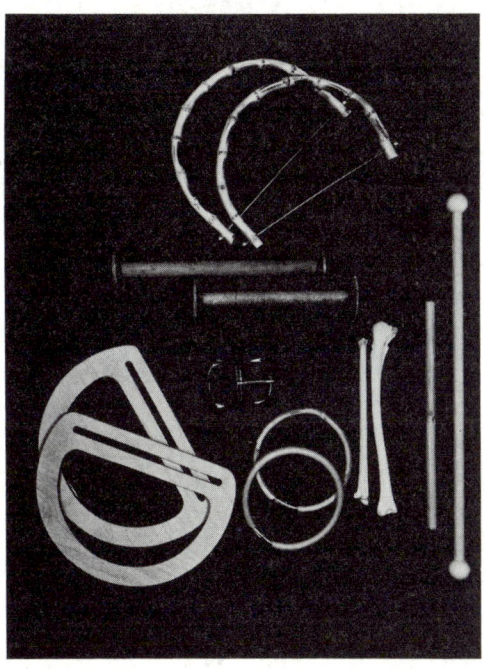

Halsschmuck aus Glas, Tonperlen und dünner Schnur, in einen Ring aus Silberdraht geknüpft (rechts)

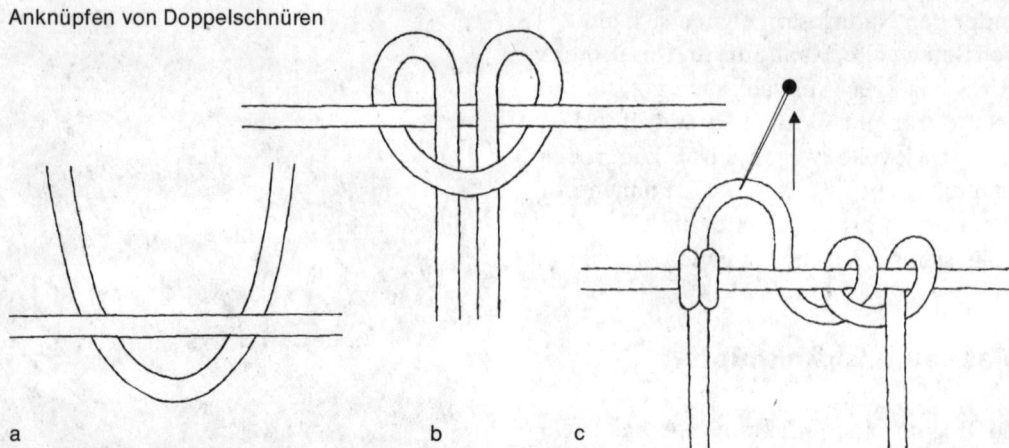

a

b

c

a: Einfaches Anknüpfen. Schnur doppelt nehmen und Schlaufe von oben unter die Träger schieben,
b: Schnüre durch die Schlaufe stecken und fest ziehen,
c: Anknüpfen der Schnüre mit Doppelschlägen – Dies ist auch im oberen Drittel des Fotos zu sehen

Das Foto und die Zeichnung unten zeigen verschiedene Möglichkeiten, Schnüre anzuknüpfen. Dies ist ein dekoratives Mittel, Wandbehänge zu beginnen und den Anfang der Arbeit in die Gestaltung der anschließenden Makrameearbeit miteinzubeziehen.

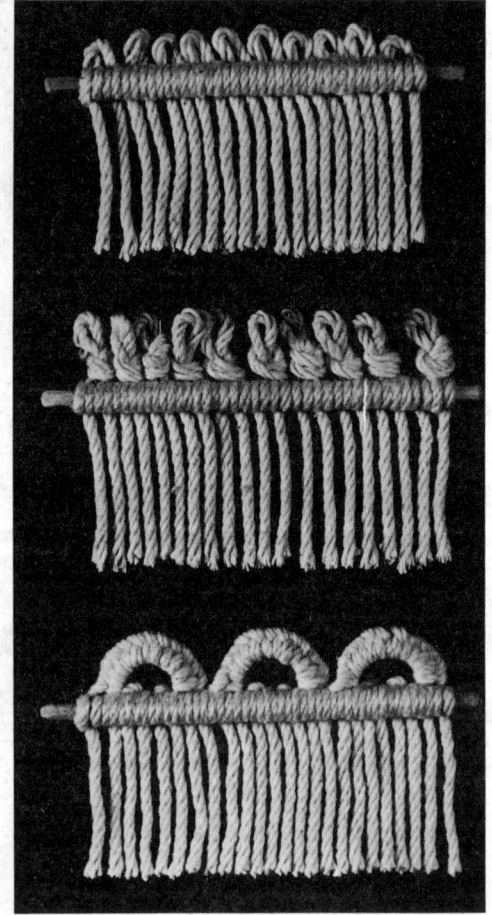

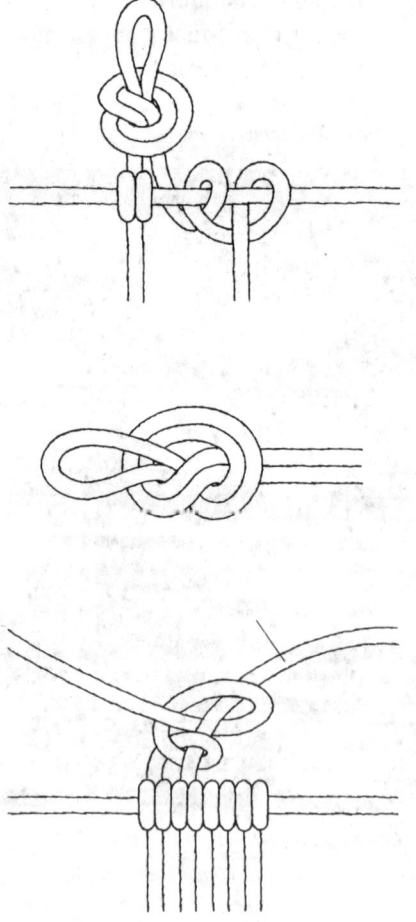

Da die Schnüre jedoch fast immer doppelt genommen und angeknüpft werden, müssen die einzelnen Schnurlängen sogar das 8fache der Gesamtlänge betragen. Für eine Arbeit von 50 cm Gesamtlänge schneidet man also Schnurlängen von 4 m zu. Sie werden dann doppelt genommen, angeknüpft, und hängen dann zu Beginn 2 m lang. Damit diese Überlängen beim Knüpfen nicht stören, wickelt man die Schnüre einzeln zu kleinen Knäueln auf und bindet sie mit einem Gummiband ab.

Der Materialbedarf schwankt je nach Knüpfmuster und Schnurmaterial. Bei eng und dicht geknüpften Arbeiten und bei großem Schnurquerschnitt ist er höher, während er bei locker geknüpften Arbeiten und bei dünnerem Schnurmaterial abnimmt. Es ist also nicht immer einfach, den genauen Schnurbedarf abzuschätzen. Daher empfiehlt es sich, ein Probestück mit der gewünschten Schnur im geplanten Muster vorzuknüpfen und den gesamten Bedarf auszurechnen.

In den meisten Fällen werden die Arbeitsschnüre an einen Gegenstand, z.B. einen Ring, Taschenbügel, einen Rundholzstab oder ein Stück Treibholz geknüpft. Hierfür eignet sich so ziemlich alles, woran man Schnüre knüpfen kann, solange es sich mit der geplanten Arbeit harmonisch verbindet. Gerade die Wahl des richtigen Aufhängers ist somit eine wichtige gestalterische Entscheidung. Zwei Methoden werden zum Anknüpfen der Schnüre gewählt. Am einfachsten ist es, wenn die Arbeitsschnüre doppelt genommen und mit einer Schlaufe über den Träger geknüpft werden. Neben dieser schlichten Methode kann man mit Hilfe des Rippenknotens eine Reihe von betont dekorativen Anknüpfmöglichkeiten wählen.

Ausschnitt aus einem Wandbehang aus dunkelbrauner Baumwolle

Stricken und Häkeln

Beides sind Techniken, die sehr der Mode unterworfen sind, da sie vorwiegend beim Anfertigen von Kleidungsstücken praktiziert werden. Darum soll hier auch nicht beschrieben werden, wie modische Kleidungsstücke entstehen, sondern es soll ein Grundkurs für die wichtigsten Maschen gegeben werden, mit denen man dann nach den Schnittmustern käuflicher Zeitschriften arbeiten kann.

Es ist schwierig, exakte Hinweise zu geben, wie dick Wolle im Verhältnis zu Strick- oder Häkelnadeln sein soll. Grundsätzlich sollten Nadeln immer etwas dicker sein als das Woll- oder Garnmaterial, das man verarbeitet. Das Verhältnis zwischen Nadel und Garn bestimmt, ob das Gestrick oder die Häkelei fest oder locker ist. Am besten, man strickt oder häkelt sich eine Maschenprobe, die über 10 cm breit und hoch ist, dann zählt man, wieviel Maschen auf 10 cm kommen, und rechnet sich die Maschenzahl, einem Schnittmuster nach, aus.

Taucht innerhalb einer Arbeitsanleitung ein kleines Sternchen: * auf, so heißt das, daß sich das Muster ab hier wiederholt.

Stricken

Der Anschlag

Vom Knäuel wird ein Fadenstück abgewickelt, das etwa fünfmal so lang wie der geplante Anschlag breit sein sollte. Der Faden, der zum Knäuel führt, hängt nach vorne zur Handfläche hinab; das lose Fadenende wird zwischen dem kleinen Finger und dem Ringfinger nach hinten durchgeführt. Dann wird um Zeigefinger und Daumen jeweils eine Schlaufe gebildet.

Bei dicken Nadeln kann man mit einer Stricknadel anschlagen, bei dünnen Nadeln und dünnem Faden braucht man zwei. Mit

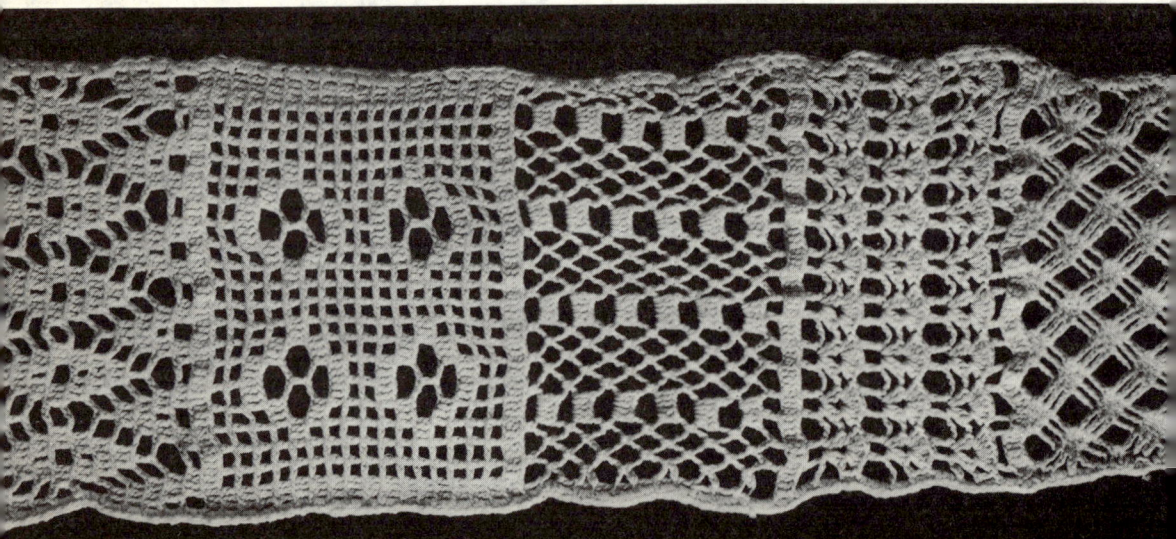

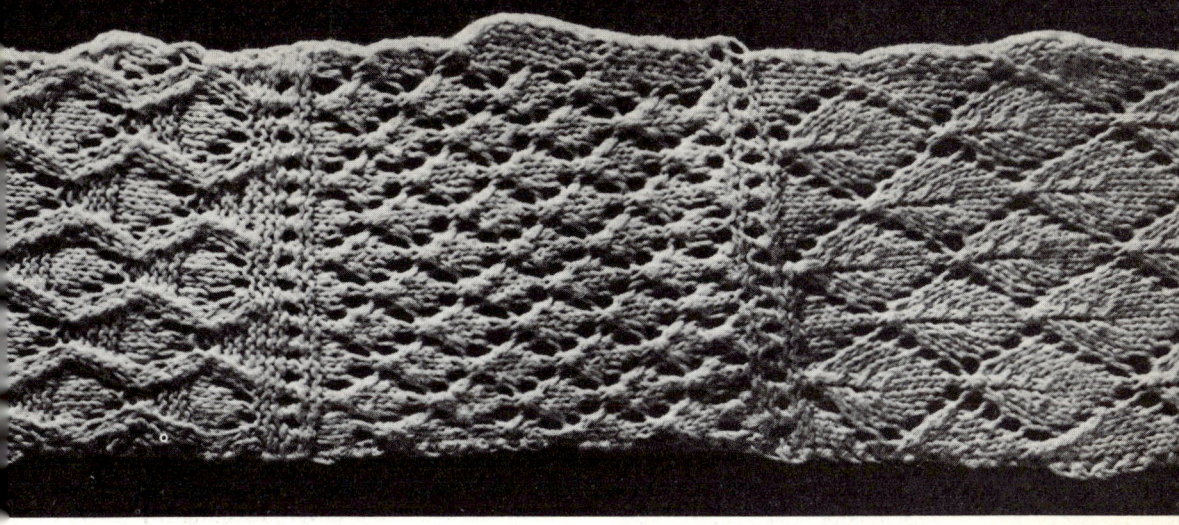

Das Foto auf Seite 32 zeigt einen Streifen mit Häkelmustern, das Foto oben einen Strickmusterstreifen. Diese Muster-streifen aus weißer Baumwolle entstanden im Handarbeitsunterricht um die Jahrhundertwende

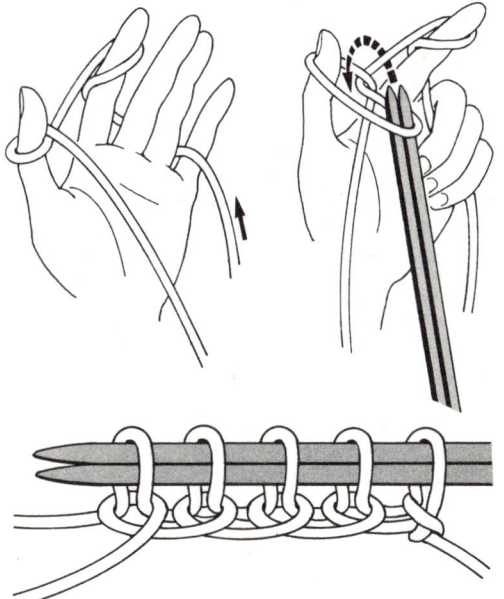

Oben: der Anschlag beim Stricken
Rechts: das Aufstricken der Maschen

Mittelfinger, Ringfinger und kleinem Finger hält man das herabhängende Fadenende fest, damit sich wieder eine neue Schlinge bildet, durch die mit den Nadeln der Arbeitsfaden geholt werden kann.

Wenn eine nur sehr lose gedrehte Wolle verwendet wird, hat das Aufstricken mit zwei Nadeln den Vorteil, daß sie sich beim Anschlag nicht aufdreht. Man macht eine Luftmasche (siehe Kapitel „Häkeln" Seite 41) und nimmt die Nadel in die linke Hand. Dann strickt man mit der Nadel in der anderen Hand diese Masche rechts ab, läßt die Schlaufe auf der Linksnadel aber nicht herabgleiten, sondern legt die Masche von der Rechtsnadel auf die Linksnadel und zieht diese zweite Masche fest an. Dies wiederholt man, bis die gewünschte Maschenzahl erreicht ist.

den Stricknadeln fährt man von unten nach oben in die Daumenschlaufe und holt den Arbeitsfaden, der zum Zeigefinger läuft, bildet eine Masche und läßt die Schlaufe vom Daumen langsam herabgleiten, so daß sich unter der Nadel ein fester Maschenknoten bildet.

Dann macht man bei jeder neuen Masche eine neue Schlaufe um den Daumen. Mit

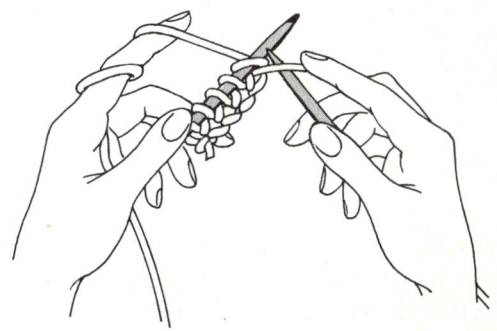

Rechte Maschen

Man sticht mit der Rechtsnadel von vorn nach hinten durch die Masche der Vorreihe auf der Linksnadel und zieht den Arbeitsfaden, wie auf der Zeichnung zu sehen, durch die Masche der Linksnadel hindurch, läßt die entstandene Masche auf der Rechtsnadel etwas nach hinten gleiten und zieht damit die alte Masche von der Linksnadel.

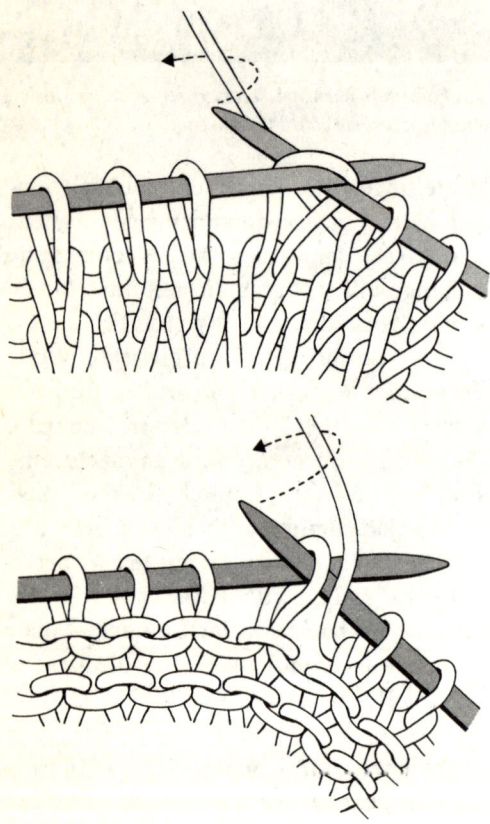

Strickt man rechts, entstehen Rippen. Eine Reihe links eine rechts ergibt ein glattes Muster (Siehe Seite 36 oben)

Linke Maschen

Der Arbeitsfaden, der zum Zeigefinger führt, wird vor die Linksnadel gelegt; dann sticht man mit der Rechtsnadel hinter dem Arbeitsfaden vor der Linksnadel in die Ma-

sche der letzten Reihe ein, schlingt den Arbeitsfaden wie auf der Zeichnung abgebildet auf die Rechtsnadel, zieht den Faden mit der Rechtsnadel durch die Masche, läßt die neu auf der Rechtsnadel entstandene Masche nach hinten gleiten und zieht die alte Masche von der Linksnadel ab.

Zunehmen

Soll der Rand verbreitert werden, so nimmt man regelmäßig vor der letzten Masche eine Masche zu; nimmt man in der Mitte zu, so nimmt man entweder den Zwischenfaden auf und strickt ihn verschränkt ab, oder man strickt aus einer Masche zwei. Müssen am Ende einer Reihe mehrere Maschen aufgenommen werden, so strickt man sie auf (siehe Seite 33 Mitte).

Mit Zu- und Abnehmen bzw. Abketten bestimmt man beim Stricken die Form des Gewebes. Eine gute Übung ist die auf der Farbtafel neben Seite 17 oben abgebildete Decke im Treppenmuster, oder die Schafe von Seite 40

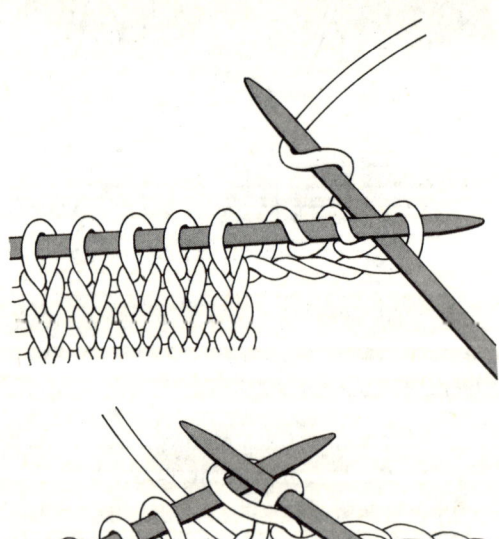

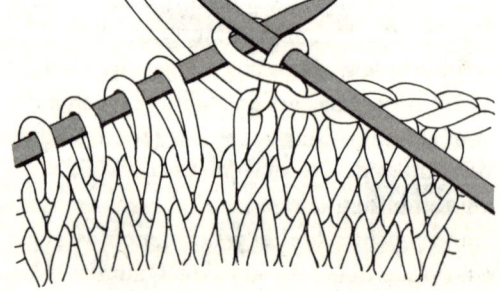

Abnehmen und Abketten

Will man innerhalb einer Reihe abnehmen, so strickt man zwei Maschen zusammen; will man einen Rand, dann kettet man ab; das heißt man strickt zwei Maschen und zieht davon die hintere Masche auf der Rechtsnadel über die vordere und läßt sie fallen. Beim Abketten muß man sehr locker stricken, weil sich sonst der Rand biegt und das Gestrick zusammenzieht.

Randmaschen

Man legt den Arbeitsfaden vor die letzte Masche und hebt von hinten nach vorne Arbeitsfaden und Masche ab, dann wird das Strickzeug gedreht und mit der leeren Nadel der einen Hand hinter der Nadel der anderen Hand der Arbeitsfaden durch die erste Masche geholt.

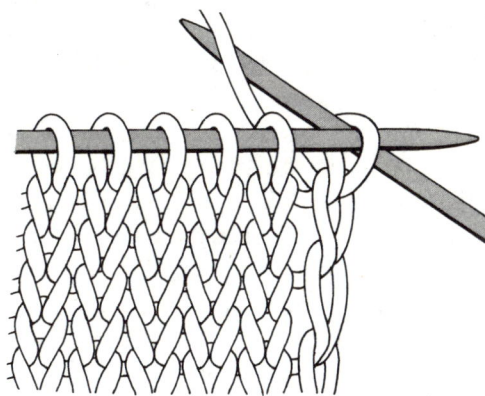

Wer keine Kettmaschen am Rand machen will, strickt einfach mit den Maschen bis ans Ende

Rundherum

kann man stricken mit einem Spiel von fünf kurzen Nadeln. Man schlägt auf einer langen Nadel derselben Stärke die gesamte Maschenzahl an, teilt die Maschenzahl durch vier und strickt auf einer Nadel immer ein Viertel der Maschenzahl ab. Sind

alle vier Nadeln verstrickt, so schließt man das Ganze zu einem Kreis: Das Ende der vierten Nadel an den Anfang der ersten Nadel und strickt ab dann rundherum.

Ein Schlauch ohne Naht entsteht auch mit Hilfe der Rundstricknadel. Man schlägt mit einer Nadelhälfte die gewünschte Maschenzahl an und strickt ab dann rundherum.

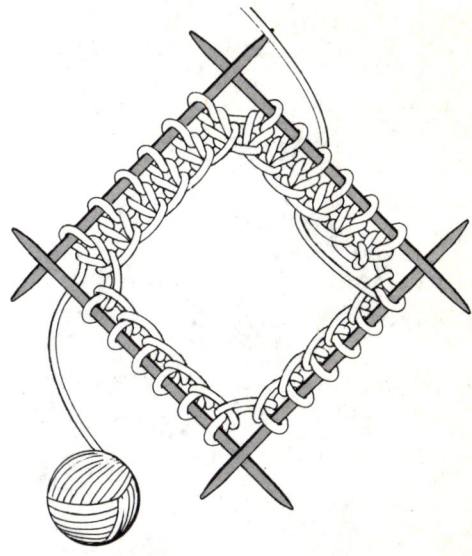

Wenn man mit 4 Nadeln oder auf einer Rundstricknadel in rechten Maschen strickt, entsteht immer ein glattes rechtes Muster. Ein Rippenmuster entsteht, wenn man linke Maschen strickt

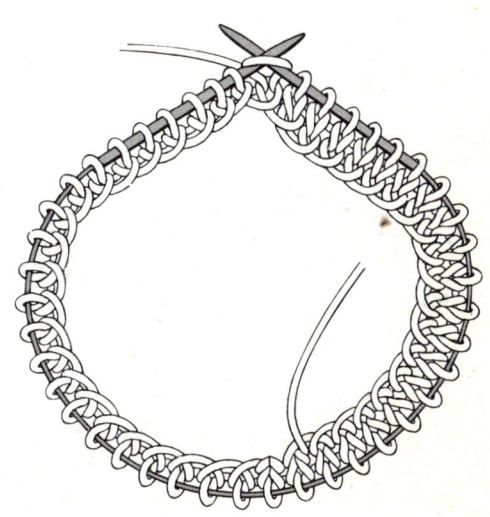

Rechte Maschen und Hin- und Herreihen

In Hin- und Herreihen wurde wechselweise eine Reihe mit linken Maschen, eine mit rechten Maschen gestrickt. In der Mitte wurde gewechselt, um auf dem Foto Vorder- und Rückseite des Gestricks zu zeigen. Man nennt dies auch „glatt und kraus rechts".

Perlmuster

Man strickt in der ersten Reihe eine Masche rechts, dann eine Masche links. In der zweiten Reihe folgt das gleiche; auf jede rechte wieder eine rechte, auf jede linke wieder eine linke. Durch das Drehen des Strickzeugs ergibt sich das Kästchenmuster.

Zopfmuster

Ein Zopf wirkt am besten, wenn er in einer Fläche von linken Maschen steht. Der Zopf wird auf der einen Seite links, auf der auf dem Foto sichtbaren Seite rechts gestrickt. Ein Zopf entsteht, indem man die erste Hälfte der Maschen, die den Zopf bilden sollen, auf eine Hilfsnadel nimmt, erst den Rest der Maschen abstrickt, dann die Maschen auf der Hilfsnadel. Diese Drehung strickt man immer auf der rechten Seite. Das Muster bildet man bei den Zöpfen auf dem Foto so:

1. Reihe: 1 Masche rechts, dann 2 links, 6 rechts, 2 links, 1 Masche rechts, dann beginnt das Muster wieder neu.
2. Reihe: Die Maschen so stricken wie sie erscheinen, die rechten rechts, die linken links.

Links: Drei verschiedene Strickmuster aus rechten und linken Maschen
Rechts: Der Elefant wird nach demselben Prinzip gearbeitet wie die Schafe auf Seite 40: der Rücken breiter, die Beine länger, der Kopf ein langes, spitzes Dreieck, die Ohren angenäht

Strickmuster-Streifen aus einem 1846 erschienenen Buch von Juliane Pauker: „Vollständiges Unterrichtsbuch für lernende Mädchen und erwachsene Frauenzimmer"

Hüttenschuhe

Dies ist die Arbeitsanleitung für die Erwachsenen- und Kinderhüttenschuhe auf der Tafel I im Kapitel Spinnen.

Für Erwachsene

Größe 38
Material: 100 Gramm Reste dicker, fester Wolle (in ein, zwei oder mehreren Farben), 1 Nadelspiel Nr. 5
Gestrickt wird mit rechten Maschen.
Maschenprobe: 11 Maschen in der Breite und 18 Reihen in der Höhe ergeben 10 cm im Quadrat.

24 Maschen anschlagen und im Grundmuster 12 cm gerade hochstricken. Jetzt entweder kraus rechts oder 1 Masche rechts, 1 Masche links im Wechsel oder mit einer anderen Farbe weiterarbeiten. Dabei 4 Maschen neu an einer Seite dazu anschlagen; die Maschen gleichmäßig auf 4 Nadeln verteilen und in Runden weitere 16 cm je nach Fußgröße mehr oder weniger stricken. Dann immer 2 Maschen zusammenstricken, 1 Runde ohne Abnahmen arbeiten und die restlichen 15 Maschen mit dem Strickfaden zusammenziehen. Den zweiten Schuh genauso arbeiten. Die rückwärtige Naht mit einem dünneren Faden derselben Wolle schließen.

Das sind die Schnittmuster der auf der Farbtafel neben Seite 16 oben abgebildeten Hüttenschuhe aus handgesponnener Schafwolle. Das Schnittmuster links bezieht sich auf eine Erwachsenenschuhgröße 38, das Schnittmuster rechts auf die Kindergröße 30

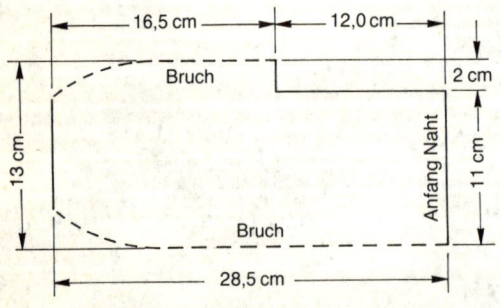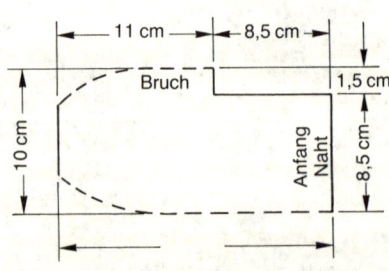

Für Kinder

Größe 30
Material: 50 Gramm Reste dicker, fester
Wolle in ein, zwei oder mehreren Farben,
1 Nadelspiel Nr. 5
Gestrickt wird mit rechten Maschen.
Maschenprobe: 11 Maschen in der Breite
und 18 Reihen in der Höhe ergeben 10 cm
im Quadrat.
19 Maschen anschlagen und im Grundmuster 8,5 cm gerade hochstricken. Jetzt entweder kraus rechts oder 1 Masche rechts,
1 Masche links im Wechsel oder mit einer
anderen Farbe weiterarbeiten. Dabei drei
Maschen an einer Seite neu dazu anschlagen, die Maschen gleichmäßig auf 4 Nadeln
verteilen (2 mal 6 und 2 mal 5 Maschen)
und in Runden weitere 10,5 cm (je nach
Fußgröße mehr oder weniger) stricken.
Dann immer 2 Maschen zusammenstricken
und die restlichen 11 Maschen mit dem
Strickfaden fest zusammenziehen. Den
zweiten Schuh genauso arbeiten. Die rückwärtige Naht schließen.

Babydecke aus Schafwolle

Die Decke ist zusammengesetzt aus 10 verschiedenen Strickteilen, die treppenförmig
angelegt sind und sich wie ein Puzzle zusammenfügen lassen. Die Treppen entstehen, indem man auf der einen Seite die
Hälfte der Maschen abkettet und auf der
anderen Seite gleich wieder anschlägt. Die
Teile wurden vor dem Zusammennähen
gewaschen, weil extrem helle und dunkle
Farben aneinanderstoßen und die Gefahr
besteht, daß die Farben bei der ersten Wäsche auslaufen. Dann wurden die Teile mit
einer beigefarbenen Nähseide auf der linken Seite zusammengenäht. Die Decke
wurde mit lauter rechten Maschen gestrickt
und ist eine empfehlenswerte Übung für
den Anfang.

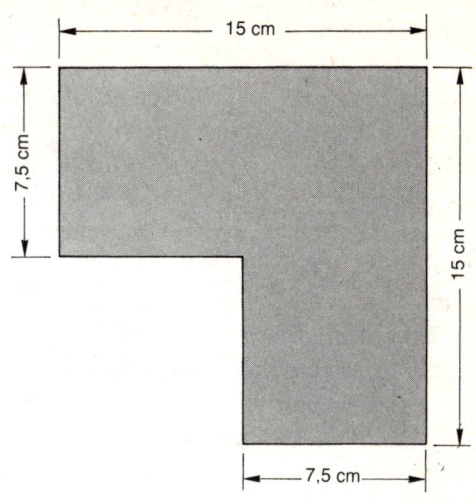

*Dieses Teil wird nach den in der Zeichnung oben an-
gegebenen Maßen gestrickt*

*Die Einzelteile werden wie ein Puzzle aneinandergefügt
und zusammengenäht*

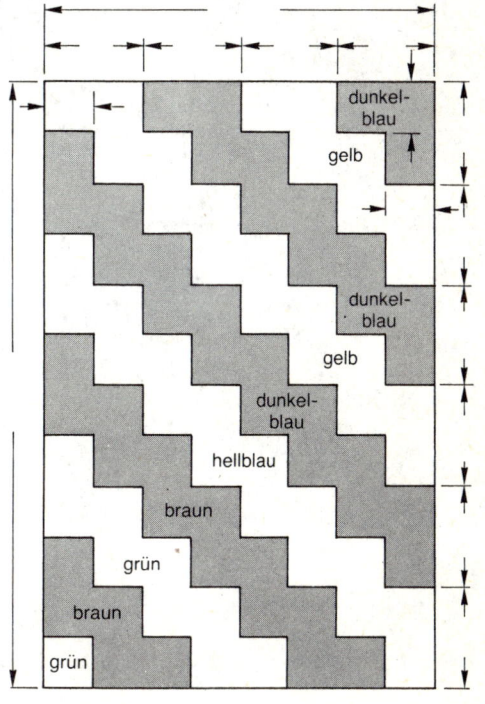

39

Schafherde

Die auf dem Foto abgebildeten Schafe sind
alle nach demselben Prinzip gearbeitet: Der
Körper des Schafes wird nach dem Schnitt
mit fester Naturwolle und Stricknadeln der
Stärke 3 mit lauter rechten Maschen gestrickt.

Dann werden die Beine einzeln zusammengenäht – anschließend die Bauchnaht. Die
mit a bezeichnete Kante wird auf die Hälfte
zusammengefaltet und zusammengenäht.
Punkt b durch zusammenziehende Stiche
an Punkt c bringen und die dabei seitlich
aufstehenden Ohren etwas abnähen. Zum

Nach diesem Schnitt werden die Schafe gestrickt

Schluß werden die Schafe mit ungesponnener Schafwolle gut ausgestopft und das
Loch hinten zugenäht.

*Diese Schafe sind aus reiner Wolle gestrickt und mit ungesponnener Wolle ausgestopft worden. Das Ausstopfen er-
fordert etwas Übung, damit die Schafe einen sicheren Stand haben und eine richtige Körperform bekommen*

Häkeln

So hält man die Häkelarbeit: Die Häkelnadel wird mit dem Daumen und Zeigefinger der rechten Hand wie ein Bleistift gehalten. Um die linke Hand wird der Arbeitsfaden geschlungen: Man legt den Faden zwischen dem kleinen Finger und dem Ringfinger von außen nach innen der Handfläche zu, dann an der Innenseite der Hand entlang zwischen Mittel- und Zeigefinger von innen nach außen – und schlingt ihn zweimal um den Zeigefinger.

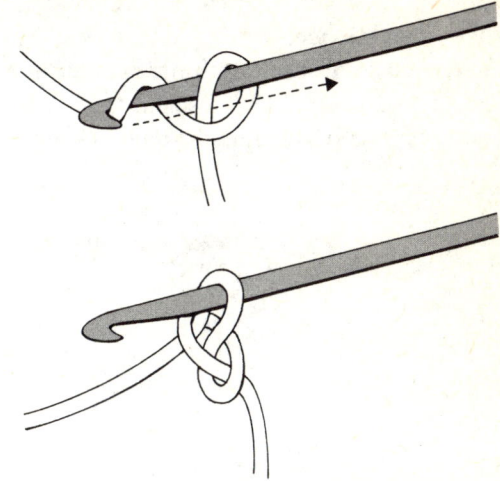

Luftmaschen

Der Anfang jeder Häkelarbeit ist die Luftmasche: Um die Häkelnadel wird eine Schlinge gebildet, der Arbeitsfaden zum

Oben: Der Faden wird, wie in der Zeichnung zu sehen, zweimal um die Häkelnadel geschlungen, dann wird die vordere Schlinge durch die hintere gezogen

Unten: Beim Häkeln einer Luftmaschenkette müssen vor allem Anfänger darauf achten, daß die Luftmaschenkette locker gearbeitet wird. Die Maschenschlingen dürfen während der Arbeit nicht zu fest angezogen werden

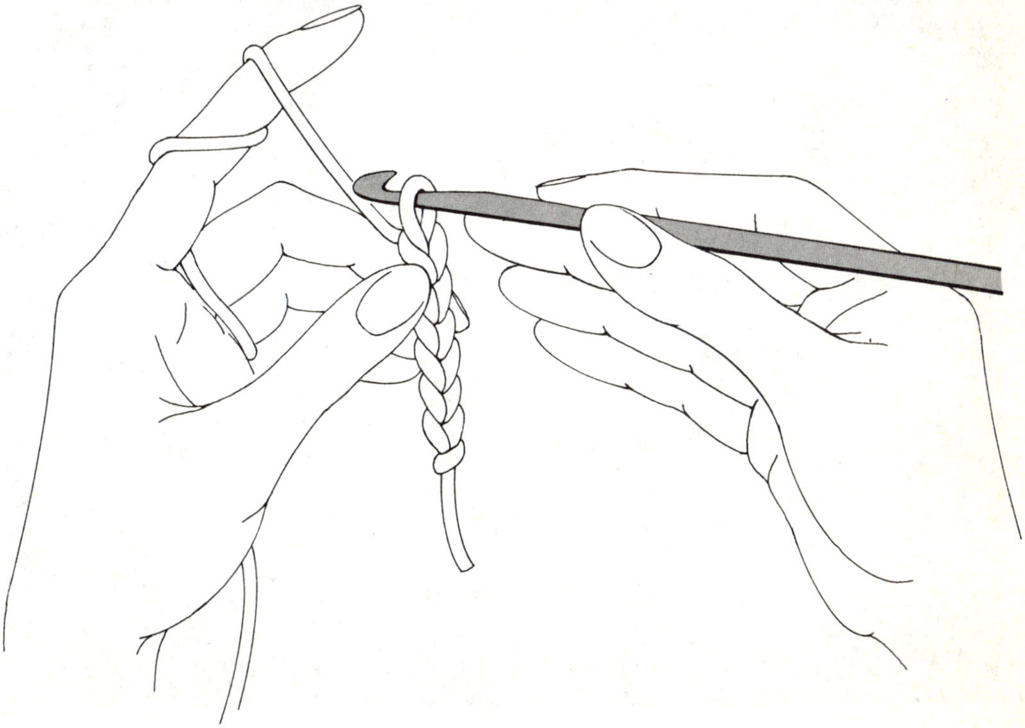

Zeigefinger hin einmal von hinten nach vorn um die Häkelnadel geschlungen und durch die Schlinge gezogen. Nicht zu fest anziehen, weil sich sonst ein Knoten bildet statt einer Masche, durch die man wieder einstechen kann. Viele Luftmaschen nacheinander ergeben einen Anschlag, auf dem man in Hin- und Rückreihen arbeiten kann.

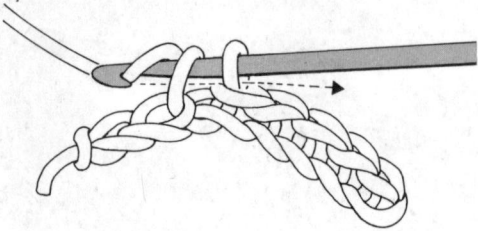

Nach einer Luftmaschenkette für den Anschlag arbeitet man zuerst eine Reihe Kettmaschen

Dieses Deckchen aus weißer Baumwolle entstand 1920, als Häkeldeckchen groß in Mode waren

Kettmaschen

Bei der Rückreihe wird die Arbeit gewendet, sie wird umgedreht; auf eine Luftmaschenreihe häkelt man eine Reihe mit Kettmaschen. Am Anfang der Reihe übergeht man eine Luftmasche, sticht von vorn nach hinten in die zweite Luftmasche ein, schlingt den Arbeitsfaden von vorn nach hinten um die Häkelnadel, zieht den Faden durch die Luftmasche und durch die Masche auf der Häkelnadel. Am Ende der Reihe macht man eine Luftmasche und dreht das Ganze um.

Feste Maschen

Man sticht in eine Grundmasche von vorn nach hinten ein und zieht den Arbeitsfaden durch; dann wird der Faden von vorn um die Häkelnadel geschlungen und der Faden durch die beiden auf der Nadel liegenden Maschen gezogen.

Es gibt verschiedene Arten von festen Maschen, je nachdem, wie man in die Grundmaschen einsticht:

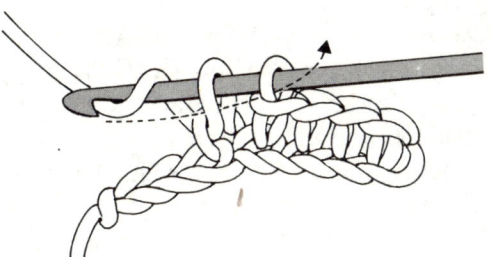

Häkelt man mit festen Maschen, entsteht ein sehr dichtes Gewebe

Rosenstich

Mit der Häkelnadel werden beide Glieder der Grundmasche aufgenommen.

Der russische Häkelstich

Es werden beide Maschenglieder aufgenommen, es wird jedoch nur in Hinreihen gearbeitet, nach jeder Reihe wird der Faden abgeschnitten.

Der gerippte Häkelstich

Es werden nur die hinteren Maschenglieder aufgenommen.

Muster mit festen Maschen: der gerippte Häkelstich

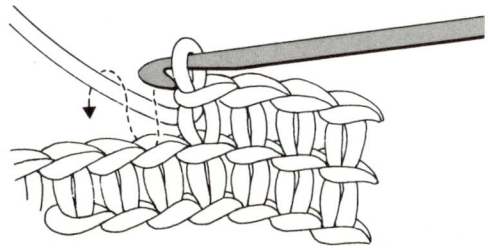

Der Piquéstich

Man nimmt mit der Häkelnadel ein senkrechtes, vorne liegendes Maschenglied auf.

Die Stäbchenmasche

Die Reihe beginnt mit drei Luftmaschen, dann schlingt man den Arbeitsfaden um die Häkelnadel, sticht in das hintere Maschen-

Unter Stäbchenmaschen versteht man säulenförmig aufgebaute Maschen in verschiedenen Längen. Es gibt 5 Stäbchenmaschen: das halbe Stäbchen, die Stäbchenmasche, die zwei-, drei-, vierfach- usw. Stäbchen, das Kreuz- und Wickelstäbchen

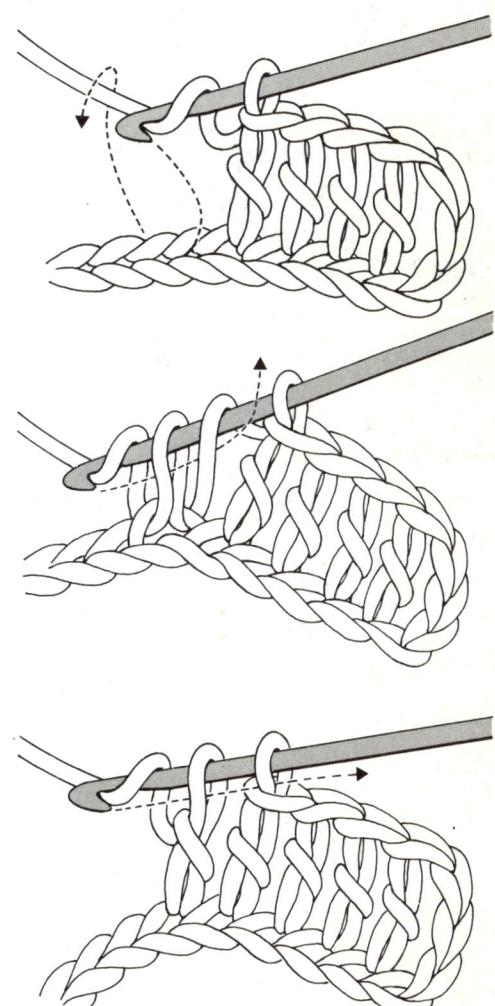

glied der letzten Reihe ein (wenn es ein An-fang ist, mit Kettmaschen) und zieht den Faden durch, dann holt man den Faden ein zweitesmal und zieht ihn durch zwei der Schlingen: danach holt man den Arbeitsfa-den noch einmal und zieht ihn wieder durch beide Schlingen.

Das halbe Stäbchen

Den Arbeitsfaden um die Nadel schlingen, in die Grundmasche einstechen und durch-ziehen, noch einmal umschlagen, wieder durchziehen, so daß drei Schlingen auf der Nadel sind. Dann noch einmal den Faden holen und durch alle drei Schlingen ziehen.

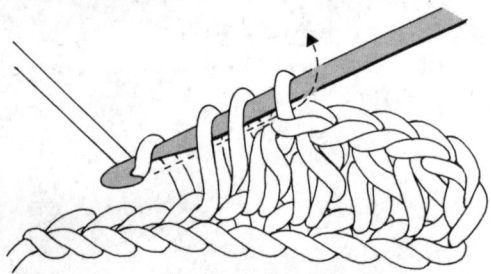

Die Richtung des Pfeils zeigt das einmalige Durchzie-hen des Fadens

Die mehrfache Stäbchenmasche

Es gibt zwei-, drei- und vierfache Stäb-chenmaschen mit jeweils 2, 3 und mehr Umschlägen.

Die Richtung der Pfeile zeigen das mehrmalige Durch-ziehen des Fadens: ein dreifaches Stäbchen

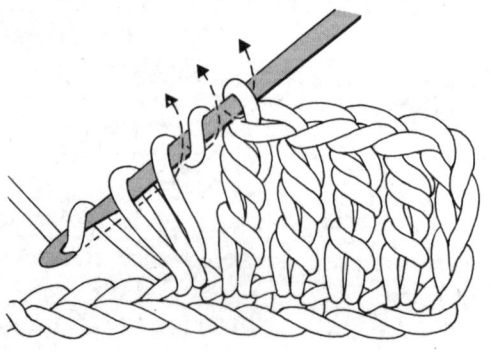

Zunehmen und Abnehmen

Das Zunehmen am Rand. Am Anfang der Reihe: Nach der Luftmasche für den Rand sticht man gleich in die erste Masche ein. Am Ende der Reihe: In die letzte Rand-Luftmasche häkelt man eine zusätzliche Masche.

Das Abnehmen am Rand. Am Anfang der Reihe: Nach der Wendung sticht man in die dritte Masche ein. Am Ende der Reihe: Man übergeht eine Masche.

Zunehmen innerhalb einer Reihe: Man faßt eine Masche zweimal auf.

Abnehmen innerhalb einer Reihe: Man übergeht eine Masche.

Formen häkeln

Häkelt man rundherum und nicht in Hin- und Herreihen, so wird eine Luftmaschen-kette gebildet, die man zu einem Ring schließt.

Das Häkeln von kleinen Formen, die zusammengenäht werden, ist günstig. Es bleibt das mühevolle Arbeiten an großen, schweren Geweben erspart

Quadrat

Ein Quadrat entsteht aus einem Luftma-schenring, indem man an den vier Ecken fünf Maschen in die Grundmasche häkelt.

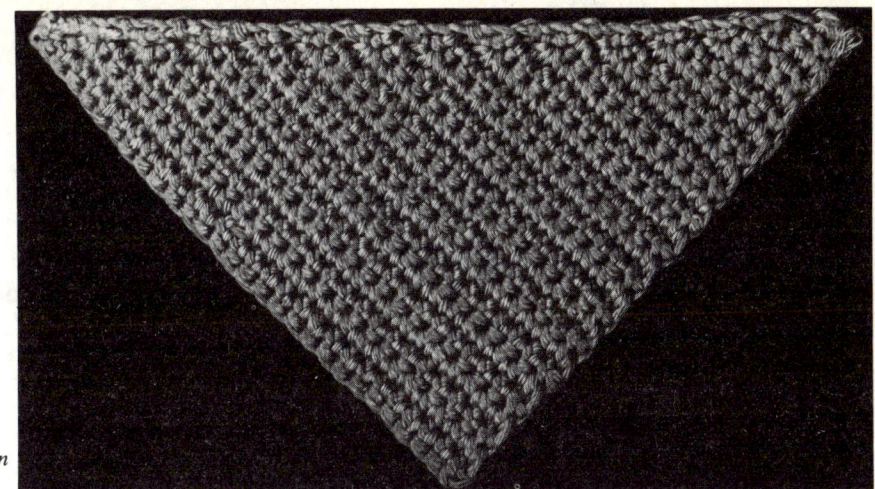

*Das Zunehmen
am Rand*

*Das Zunehmen
innerhalb
einer Reihe*

*Abnehmen
innerhalb
einer Reihe*

45

Das geht sowohl mit festen Maschen als auch, wie hier im Foto, mit Stäbchen.

Das Foto links zeigt noch eine Besonderheit: die Eckbildung mit Loch, das die Ecke noch deutlicher sichtbar macht und als Gestaltungselement in Erscheinung tritt. Das regelmäßige Lochmuster entsteht, wenn man in der Ecke zwei feste Maschen (bzw. Stäbchen), 1 Luftmasche und dann wieder 2 feste Maschen häkelt. In der nächsten Reihe wird diese Maschengruppe um die Luftmasche gehäkelt.

Wenn man bei dieser Tellerform regelmäßig zunimmt, so ergibt sich ebenfalls ein Muster. Hier wurde es sogar noch durch eine Luftmasche zwischen den zugenommenen festen Maschen verstärkt.

Oben ein gehäkeltes Quadrat, unten ein gehäkeltes Sechseck. Auch diese Formen lassen sich zu einem großen Stück zusammenfügen

Sechseck

Man beginnt mit einem Luftmaschenring, schließt ihn und häkelt in den Ring 1 feste Masche, 1 Luftmasche, 2 feste Maschen, 1 Luftmasche, 2 feste Maschen, 1 Luftmasche, 2 feste Maschen, 1 Luftmasche, 2 feste Maschen, 1 Luftmasche, 2 feste Maschen, 1 Luftmasche. Die Runde wird mit einer Kettmasche geschlossen. Man macht wieder 1 Luftmasche, dann häkelt man rundherum feste Maschen. Die Ecken entstehen, wenn in die Luftmasche der vorherigen Ecke 1 feste Masche, 1 Luftmasche und noch mal eine feste Masche gehäkelt wird.

a: Muster aus Stäbchenmaschen und Luftmaschenbögen. Die Arbeitsanleitung dazu findet man auf Seite 48
b: Muster aus festen Maschen und Luftmaschen
c: Sternchenmuster; die Arbeitsanleitung dazu steht ebenfalls auf Seite 48
d: Muschelmuster aus Stäbchenmaschen; ein Muster, das dem Sternchenmuster sehr ähnlich ist

a ▲

c ▼

b ▲

d ▼

Oval

Nach einer Luftmaschenreihe von 14 Maschen folgt eine Reihe Kettmaschen, dann häkelt man auf der gegenüberliegenden Seite der Luftmaschenreihe weiter und nimmt bei der Wendung 3 Maschen zu. Ab dann geht's rundherum. An beiden Enden nimmt man 3 Maschen zu.

Mit diesem ovalen Muster kann man sich einen Teppich aus Sisalschnur häkeln. Wem dieses Material zu rauh ist, der arbeitet mit Handschuhen

Muster aus Luftmaschen und Stäbchenbögen

Nach einem Luftmaschenanschlag läßt man 2 Luftmaschen als Rand. In die 4 folgenden Luftmaschen häkelt man je 1 Stäbchen. Dann häkelt man 1 Luftmasche und übergeht 1 Masche des Anschlags. Ab dann wiederholt man immer das Muster: Luftmasche, 4 Stäbchen, Luftmasche. Nach dem Wenden häkelt man um die ganze Luftmasche eine feste Masche. Bei der dritten Reihe häkelt man wieder Luftmaschen, bei der vierten Reihe wieder feste Maschen. Ein Foto dazu findet man auf Seite 47 links oben.

Sternchenmuster

Ein Stern entsteht durch zwei Häkelreihen. Erste Reihe: Nach dem Luftmaschenanschlag eine Luftmasche für den Rand lassen. Dann eine feste Masche häkeln, 3 Maschen übergehen und in die 4. Luftmasche 9 Stäbchen. 3 Luftmaschen übergehen, eine feste Masche, 3 Luftmaschen übergehen, 9 Stäbchen häkeln... Man beendet die Reihe mit einer festen Masche und wendet mit 3 Luftmaschen.

Zweite Reihe: Auf die nächsten 4 Stäbchen häkelt man je 1 Stäbchen, zieht aber dabei zum Schluß den Arbeitsfaden nicht durch die beiden Maschen, sondern behält die letzte Masche auf der Nadel; das bewirkt, daß man 5 Maschen auf der Häkelnadel hat, durch die man alle gemeinsam den Faden zieht.

Eine Luftmasche zum Schließen des Bo-

Tafel III Oben: *Weiße Sommersocken aus Baumwolle. Die Arbeitsanleitung dazu findet man auf Seite 49.*
Mitte links: *Violette Häkeltasche, die Arbeitsanleitung steht auf Seite 50. Unten links: Die kleinen Gürteltäschchen sind in Perlhäkelei gearbeitet. Wie man das macht, steht auf Seite 298.*
Rechts: *Häkeltasche aus Stoffstreifen, wie man sie häkelt, ist ebenfalls auf Seite 50 zu finden.*

gens häkeln, dann 3 Luftmaschen. Auf das 5. Stäbchen des unteren Bogens eine feste Masche, 3 Luftmaschen und auf die weiteren 4 Stäbchen die feste Masche und die nächsten 4 Stäbchen (9 Maschen) je ein nicht zu Ende gehäkeltes Stäbchen wie oben beschrieben häkeln. Wenn alle 9 Maschen auf der Nadel sind, Arbeitsfaden durch alle durchziehen und den Bogen mit einer Luftmasche schließen. 3 Luftmaschen…

Jede Reihe schließt mit einem halben Bogen aus 4 nicht zu Ende gehäkelten Stäbchen.

Dritte Reihe: 3 Luftmaschen, in die Luftmasche der 4 Stäbchen des Bogens der Vorreihe 4 normale Stäbchen häkeln, 1 feste Masche auf die feste der Grundmasche, 9 normale Stäbchen in die Luftmasche der Stäbchen des Bogens der Vorreihe, eine feste Masche auf die feste Masche der Vorreihe… Am Ende der Reihe 4 normale Stäbchen auf den halben Bogen der Vorreihe. Mit 3 Luftmaschen wenden, 9 nicht zu Ende gehäkelte Stäbchen…

Die zweite und die dritte Reihe immer wiederholen.

Weiße Sommersocken

Material: 30 g Baumwollgarn von Schürer, Qualität „Glanzhäkelgarn", Stärke 30, 1 Häkelnadel Nr. 1,25
Grundmuster: Stäbchen und Luftmaschen
Maschenprobe: 60 Maschen in der Breite und 17 Reihen in der Höhe ergeben 10 cm im Quadrat.
Die Söckchen werden in Runden gehäkelt

und an der oberen Kante begonnen. 108 Luftmaschen anschlagen, mit 1 Kettmasche zur Runde schließen und 25 Runden nach der Schemazeichnung arbeiten, wobei jede Runde mit 2 Luftmaschen (statt des einen Stäbchens) begonnen und mit einer Kettmasche geschlossen wird.

Dann für die Ferse über die ersten 54 Maschen in Hin- und Rückreihen 7 Reihen Stäbchen häkeln, nun die ersten und die letzten 18 Maschen dieser Reihe liegenlassen und über die mittleren 18 Maschen weitere 7 Reihen Stäbchen arbeiten. In der folgenden Reihe wieder 1 Stäbchen, 2 Luftmaschen im Wechsel häkeln, weiter über die Seitenkante der ersten 7-Stäbchen-Reihe 21 Maschen, nämlich über jede Reihe 1 Stäbchen und 2 Luftmaschen, arbeiten, dann über die folgenden 54 Maschen des Beines auf diese Weise weiterarbeiten, nochmals 21 Maschen über die andere Kante der 7-Stäbchen-Reihe häkeln, zur Runde schließen und den Fuß in Runden beenden. Dabei in der 3. Runde an beiden Seiten des Fußblattes 3 Maschen wie folgt abnehmen: für 1 Stäbchen nicht in das Stäbchen der Vorrunde einstechen, sondern das Stäbchen um die darauffolgende Luftmasche häkeln, für das nächste Stäbchen in das übernächste Stäbchen der Vorrunde einstechen. Den Fuß bis zur gewünschten Länge arbeiten. Für die Spitze die letzten fünf Runden nur Stäbchen häkeln, dabei in jeder Runde an den beiden Seiten des Fußblatts und der Sohle jeweils 2 Stäbchen zusammen abmaschen. Die obere Kante des Söckchens mit 1 Runde Mausezähnchen umhäkeln. Die Spitze und die Fersennähte schließen.

Tafel IV Ein Stickbild für Leute, die vom Leben auf dem Lande träumen. Wer eigene Entwürfe sticken will, kann sich viele Motive aus der Natur holen. Eine Hilfe ist, Entwürfe nach Diavorlagen anzufertigen, wo die einzelnen Gestaltungselemente bereits flächigen Charakter haben und man keine Schwierigkeiten mit allzuviel Perspektive hat. Im Kapitel „Gestaltung" mehr für die, die eine leere Fläche gestalten wollen.

Tasche aus Stoffstreifen

Material: ca. 850 g dünner Baumwollstoff (Reste) in verschiedenen Mustern und Farben, Häkelnadel Nr. 9
Grundmuster: feste Maschen
Maschenprobe: 6 Maschen in der Breite und 6 Reihen in der Höhe ergeben 10 cm im Quadrat
Den Stoff in 4 cm breite Streifen schneiden oder reißen und diese in beliebiger Farb- und Musterfolge mit der Maschine oder mit der Hand zu einem fortlaufenden Band zusammennähen. 3 Luftmaschen anschlagen, in die ersten 2 Luftmaschen je 1 feste Masche häkeln, in die folgende Masche je 2 feste Maschen, auf der anderen Seite der Luftmaschen zurück ebenfalls 2 feste Maschen in die 3. Masche 2 feste Maschen häkeln. Es entsteht ein Oval von 8 Maschen, an dessen beiden Schmalseiten, immer über den Zunahmen der Vorrunde bzw. rechts und links davon, in den weiteren Runden wie folgt zugenommen wird (2 Maschen in 1 Masche häkeln). Die Gesamtzunahmen für eine Runde: 1. Runde 4 Maschen, 2. Runde 8 Maschen, 3. und 4. Runde je 6 Maschen, 5. bis 8. Runde je 4 Maschen, 9. bis 11. Runde je 2 Maschen. Noch 10 Runden ohne Zunahmen weiterhäkeln, dann das Band abschneiden und gut vernähen. Für die Henkel zwei ca. 40 cm lange, feste Zöpfe flechten und diese an den entsprechenden Stellen fest auf die Tasche aufnähen.

Violette Häkeltasche

Material: 250 Gramm violettes Head-Work-Jutegarn, Häkelnadel Nr. 4,5
Rückseite der Tasche: 8 Luftmaschen häkeln und mit 1 Kettmasche zum Ring schließen. Erste Runde: 2 Luftmaschen statt des 1 Stäbchens, 23 Stäbchen in den Ring häkeln. Zweite Runde: 2 Luftmaschen statt des 1 Stäbchens, * 2 Luftmaschen, 1 Masche der Vorrunde übergehen, 1 Stäbchen, ab * fortlaufend wiederholen. Alle weiteren Runden nach der Schemazeichnung unten weiterhäkeln (6 Rapporte).
Für die Vorderseite der Tasche das Teil nach dem gleichen Prinzip häkeln, nur von der 4. Runde an plastische Blättchen, auf dem Schema durch * gekennzeichnet, gleich mit einarbeiten. Und zwar bis zum 2. * Stäbchen häkeln, 4 Luftmaschen, zurückgehend zum 1. * auf das 1. Stäbchen 1 Kettmasche häkeln, mit 1 Luftmasche wenden und in den Luftmaschen-Bogen 1 Stäbchen, 3 Doppelstäbchen, 1 Stäbchen arbeiten. In der 5. Runde die Blättchen wie folgt häkeln: Mit 6 Luftmaschen zurückge-

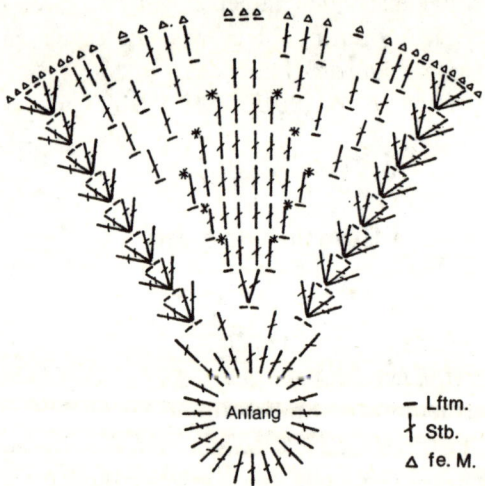

Anfang

− Lftm.
† Stb.
△ fe. M.

Zeichnung für die Anfertigung der violetten Häkeltasche, die neben Seite 48 in Farbe abgebildet ist

Häkeldecke (rechts) aus Wollresten. Wenn man mit Resten arbeitet, ist es gut, eine Farbe als Grundfarbe auszuwählen, von der man entweder noch viel übrig hat, ober man kauft sie sich neu. Hier wurde grau gewählt, das sich sehr gut dafür eignet

hen, mit 1 Kettmasche auf dem 1. Stäbchen befestigen, mit 1 Luftmasche wenden. In den Luftmaschen-Bogen 2 Stäbchen, 4 Doppelstäbchen, 2 Stäbchen häkeln. In der 6. Runde die Blättchen über 8 Luftmaschen mit 2 Stäbchen, 6 Doppelstäbchen, 2 Stäbchen häkeln. In der 7. Runde wie die 5. Runde, in der 8. Runde wie die 4. Runde häkeln. Dann weiter nach dem Schema arbeiten. Nun die Teile links auf links genau aufeinanderlegen und mit festen Maschen zusammenhäkeln, dabei die Breite von einem Rapport für die Taschenöffnung auslassen und beidseitig getrennt umhäkeln. Dann mit einer Kante wie folgt weiterhäkeln: * 2 feste Maschen, 1 halbes Stäbchen, 4 Stäbchen, 1 halbes Stäbchen, ab * fortlaufend wiederholen. Für das Trageband in ein Ende der Taschenöffnung 1 feste Masche und eine ca. 110 cm lange Luftmaschenkette anschlagen. In das andere Ende der Öffnung wieder 1 feste Masche häkeln, wenden und wie folgt zurückarbeiten:

Der Topflappen auf dem Foto unten wurde mit MEZ-Baumwollgarn gehäkelt

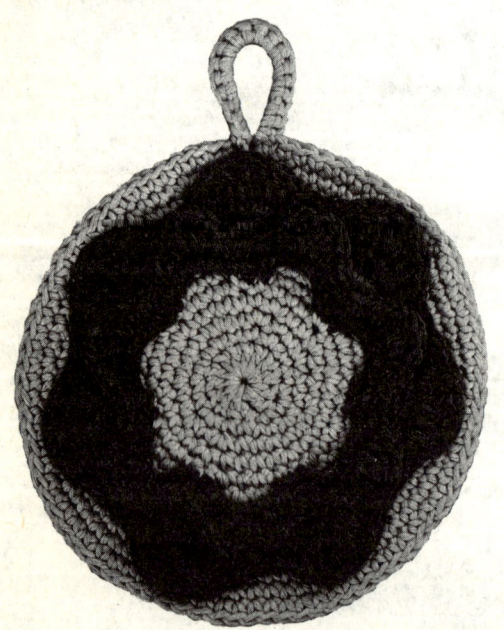

* 3 Luftmaschen der Kette übergehen, 1 feste Masche ab * bis zum Ende wiederholen.

Teppich aus Stäbchen und Stoffresten

Dies ist eine Technik, bei der sich alte Stoffe verwerten lassen. Stoffstreifen werden in ein Gitter aus Stäbchen eingezogen; das Gewebe ist dann sehr stabil, man kann es als Teppich verwenden und strapazieren. Man häkelt einzelne Quadrate in einer Größe von 30 x 30 cm und näht die Quadrate zu einem Teppich zusammen.

Material

Pro Quadrat benötigt man 100 Gramm Baumwollgarn, wie man es als Kette eines Fleckerlteppichs verwendet.
In das Stäbchengitter werden Stoffstreifen von 7 cm Breite eingeflochten. Der Stoffverbrauch richtet sich nach der Stärke des Stoffes. Verwenden kann man Nessel, Filz, Frottee, alle festen Baumwollstoffe und leichten Wollstoffe.
Häkelnadel Nr. 5.

Stäbchengitter

Man schlägt eine Luftmaschenkette von 48 Maschen an, sticht dann in die 6. Masche der Vorreihe und häkelt ein einfaches Stäbchen (Seite 43). Danach häkelt man zwei Luftmaschen und sticht in die übernächste Masche der Vorreihe ein. Am Ende jeder Reihe häkelt man 5 Luftmaschen, dreht die Arbeit und häkelt wie oben beschrieben auf der Rückseite weiter. Jedes Quadrat sollte 14 Reihen hoch sein und jede Reihe 15 Löcher zum Einziehen der Stoffstreifen haben. Diese Zahlen richten sich aber auch etwas danach, wie fest oder locker gehäkelt wird.

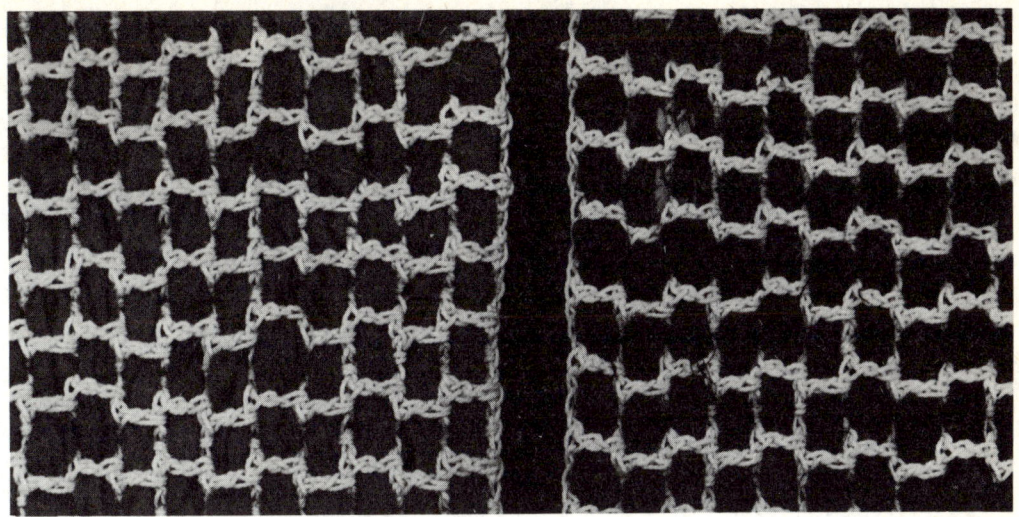

Mit dieser Technik kann man aus Baumwollgarn ein stabiles Gerüst häkeln, in das man dann die Stoffstreifen einwebt. Als Stoff kann man vielerlei Reste verwenden. Wichtig ist immer, ein Quadrat aus einer Qualität anzufertigen

Einflechten der Stoffstreifen

Die Stoffstreifen werden nach demselben Prinzip zugeschnitten wie die Streifen für den Fleckerlteppich (Seite 103). Man probiert dann bei einem Quadrat aus, wie lange die Stoffstreifen sein müssen, und näht sich die Streifen so zusammen, daß man ein Quadrat mit einem Stück Stoffstreifen fül-

len kann. Die Stoffstreifen werden gerollt, damit an den Außenseiten keine Fransen sichtbar sind, und abwechselnd über und unter die Stäbchen geflochten.

Zum Schluß näht man die Quadrate mit Baumwollgarn mit überwendlichen Stichen zusammen. Ein reizvolles Muster entsteht, wenn man die Stäbchen mal hoch mal quer legt.

Sticken

Die vielen technischen und künstlerischen Möglichkeiten beim Sticken können in zwei große Kategorien eingeteilt werden: Entweder richten sich die Motive, Ornamente oder Durchbruchmuster genau nach dem Untergrund, der bestickt wird, das heißt, jedes Fadenkreuz wird gezählt. Dies wird auch „fadengebundenes Sticken" genannt. Oder das Motiv, das aufgestickt wird, steht im Vordergrund der Arbeit. Es wird auf einen Untergrund aufgezeichnet oder während des Stickens erfunden. Das heißt, man setzt sich über die Fadenkreuze weg und stickt einfach das auf, was man darstellen möchte.

Bei den Techniken Bargello, Kreuzstich, Hohlsaum, Gobelin und Hardanger handelt es sich um fadengebundene, alle anderen in diesem Kapitel behandelten sind fadenungebundene Stickereien.

Florentiner Stickerei

Es ist dies eine Sticktechnik, die auf Stramin gearbeitet wird und deshalb flächenfüllend sein muß. In Amerika wurde die Florentiner Stickerei unter dem Namen Bargello bekannt, wobei vermutet wird, daß der Name vom Sitz des Polizeihauptmanns in Florenz stammt, in dem Verhaftete stickten, während sie auf ihre Verurteilung warteten. Sicher ist, daß diese Technik von vornehmen Florentiner Damen vielfach praktiziert wurde; es gibt frühe Beispiele dafür, die aus dem 13. Jahrhundert stammen.

Die Florentiner Stickerei wurde mit Seidenfäden ausgeführt – heute kann man Kelimwolle verwenden, die es in wunderschönen Farbtönen zu kaufen gibt. Als Untergrund eignet sich „Antik-Stramin" oder „Penelope-Canevas". Wolle und Stramin bekommt man in Handarbeitsgeschäften oder in Kaufhäusern. Gestickt wird mit einer stumpfen Sticknadel, also ohne Spitze. Man arbeitet mit einfachem Spannstich, der immer horizontal verläuft. Das einfachste Muster ist der Flammenstich; man baut dabei Reihe für Reihe nacheinander auf. Bei

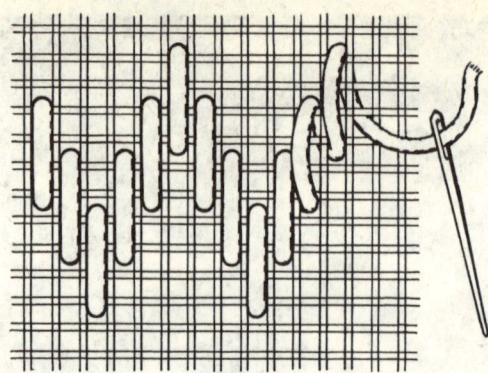

Bargello wird mit einem immer vertikal verlaufenden Plattstich gestickt

Foto rechte Seite oben: Mustertuch in Tüllstickerei; darunter: Stickmusterstreifen aus der Renaissance

Die Bargello-Stickerei auf dem Foto unten wurde mit Kelimwolle (MEZ) gestickt. Es wurden folgende Farben verwendet: Dunkelblau, mittelblau, schwarz, himbeer dunkel, himbeer, dunkelrosa, rosa, hellrosa. Der dreidimensionale Charakter im Muster entsteht durch eine kontinuierliche Anordnung von dunkel nach hell. Bei dem Muster hier handelt es sich um eines der ältesten amerikanischen Muster, das häufig in den frühen amerikanischen Sammlungen auf Möbelbezugsstoffen und kleinen Teppichen zu finden ist.

der ersten Reihe stickt man abwechselnd mal über 4, mal über 2 Straminkästchen. Ab dann bis zur letzten Reihe (bei der dann wieder eine Abschlußreihe wechselweise über 2 und über 4 Kästchen gearbeitet wird), immer über 4 Straminkästchen.

Stickerei im Plattstich mit Perlgarn (MEZ) in den Farben: schwarz, dunkelrot, hellrot, gelb und weiß. Als Untergrund wurde Camilla-Baumwollstramin von Zweigart und Sawitzki verwendet

Foto unten: Stickstreifen in Weißstickerei aus der Renaissance

Der Kreuzstich

Der Kreuzstich kann grundsätzlich auf jedem beliebigen Untergrund ausgeführt werden, bei dem man die Fäden zählen kann. Je nach Dichte des Untergrunds arbeitet man entweder mit spitzen oder stumpfen Sticknadeln.

Der Kreuzstich wird in zwei Arbeitsgängen ausgeführt: dem Grund- oder Unterstich und dem Deckstich. Diese beiden Stiche überkreuzen sich diagonal. Man kann die Kreuzstiche einzeln ausführen, wie die Zeichnung unten zeigt. Wenn man mehrere Kreuze nebeneinander setzt, nimmt man

Die Zeichnungen unten zeigen, wie man in zwei Arbeitsgängen Reihen im Kreuzstichmuster stickt

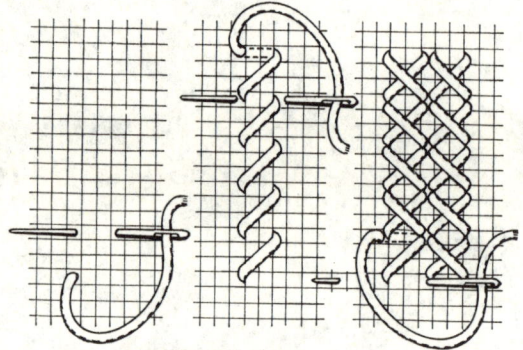

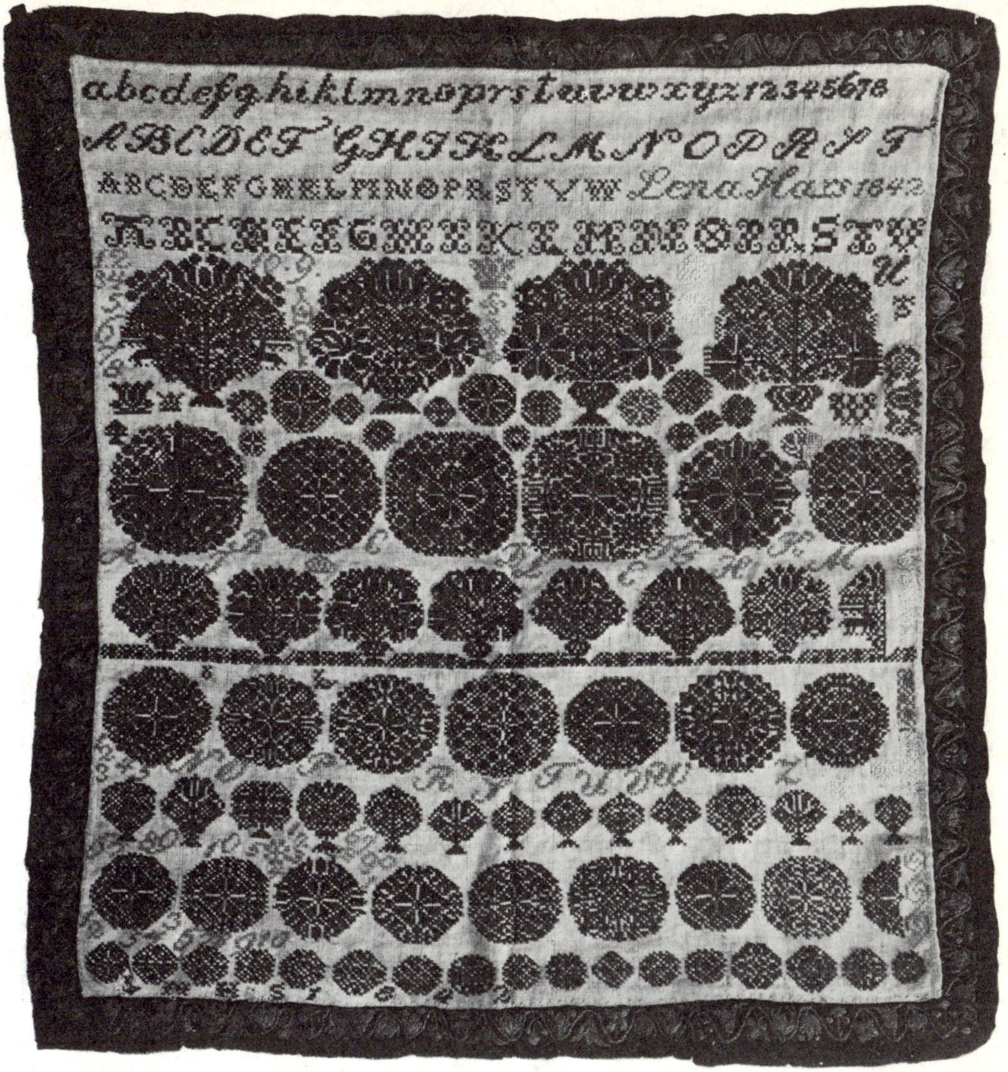

Mustertuch aus den Vierlanden bei Hamburg. Mit vorwiegend schwarzem Seidengarn wurde mit Kreuzstich auf kräftiges Leinen gestickt. Oben 4 Reihen Zahlen und Buchstaben und der Name der Stickerin: Lena Hars 1842. Unten geometrische Rosetten und Vasen

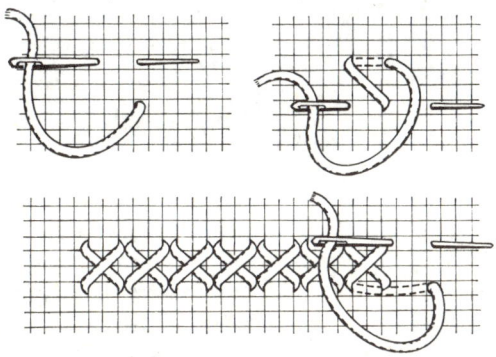

Zeichnung links: So wird der Kreuzstich einzeln und in der Reihe ausgeführt

mit dem zweiten Einstich des Deckstichs gleich die Fadenbreite des folgenden Grundstichs mit auf die Nadel auf.

Setzt man mehrere Kreuzstiche in eine Reihe entweder senkrecht oder waagrecht, so kann man auch rationeller vorgehen: man führt zuerst eine Reihe Grundstiche

57

Fotos oben und unten rechts: Stickereien im Kreuzstich mit MEZ Sticktwist auf Cordova, gelb. Foto unten links: Stickbild nach einer Vorlage von Gerda Bengttson, aus dem Kalender 1967. In diesem Kalender gibt es zu jedem Monat einen kleinen Blumenkranz: Im Januar Efeu, im März Veilchen, im April Anemonen, im Juni wilde Rosen, im September wilder Wein, im Dezember Christdorn. Stickmaterial und Vorlagen kann man bestellen (Bezugsquelle siehe Anhang). Es stammt von ,,Handarbejdets Fremme'', einer dänischen Vereinigung von Künstlern und Kunsthandwerkern, die textile Volkskunst fördern und in Dänemark Stick- und Webwerkstätten eingerichtet haben

Mustertuch aus Hamburg, 1768/1773 gestickt mit Seide in vielen Farben auf Leinen, 41 x 34 cm groß. Es zeigt bibli-sche Szenen: Jakobs Kampf mit dem Engel, Josua und Kaleb, Christus und die Samariter am Brunnen, Adam und Eva; dazu die Schäferin, Krebs und Hahn

Mustertuch oben und rechts:
Zahlenreihen und Alphabet in Kreuzstichtechnik, gestickt 1838. Mustertücher sind meistens eine Sammlung verschiedener Stiche, Stichkombinationen, geometrischer und figürlicher Muster, Alphabete und Zahlenreihen. Mit der im 16. Jahrhundert aufkommenden Mode, Kleidungsstücke und Wäsche mit Stickerei zu verzieren, stieg die Popularität der Stickkunst. Es standen jedoch keine gedruckten Vorlagen zur Verfügung, deshalb notierten die Stickerinnen ihre Muster mit Nadel und Garn auf ein eigenes Tuch, das sog. Muster- oder Modelltuch. Als Arbeitsmaterial wurde vorwiegend bunte Seide oder weißes Leinen verwendet.

Unten: Buchzeichen mit Herzmotiven in Kreuzstich auf Leinenstoff

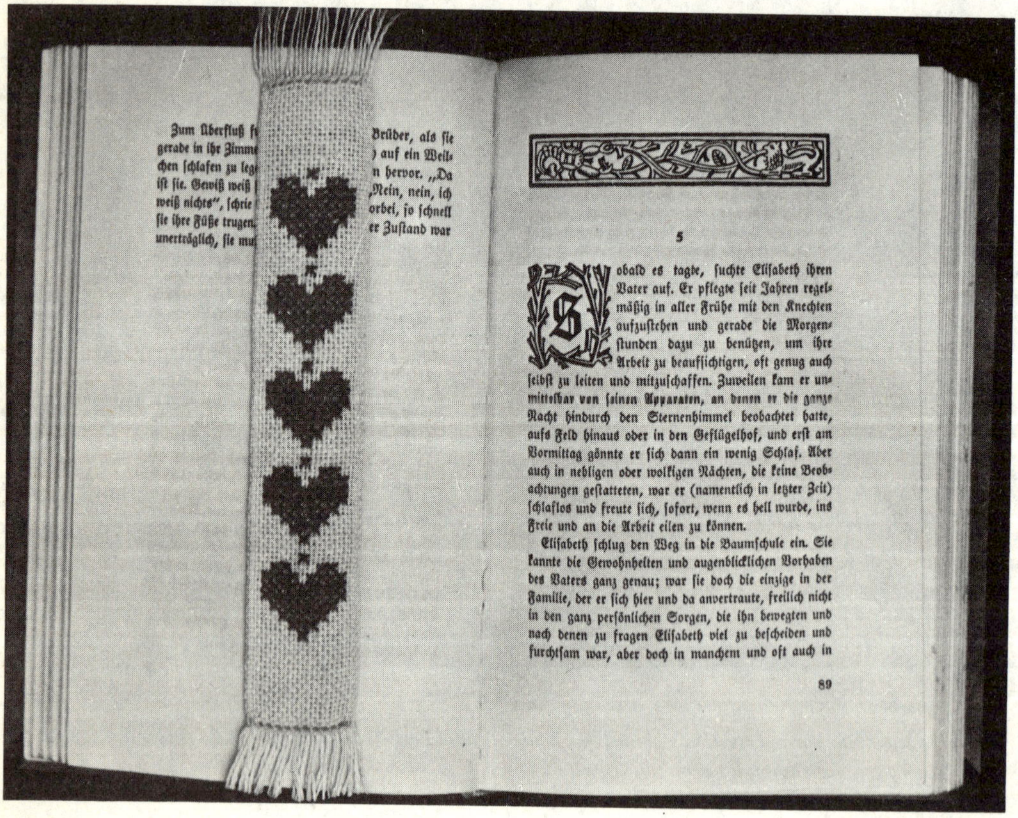

ABCDEFGHIJKLMNIIO
PQRSTUVWXYZ.J.12345
abcdefghijklmnopqrstuv
wxyz3.c.6789i0111213141
UBCDEFGHJRLMNOP
QRSTUVWXYZ3116174

ABCDEFGH
IKLMNOP
QRSTUVW
XYZabcdefg
hiklmnopqrstu
vwxyz 18 1920253I
ABCDEFGHIKL40
MNOPQRSTUV
WXYZ Schiers Mar 19, 1838
Anne   Flürt

aus und arbeitet dann die Reihe Deckstiche diagonal über die Grundstiche. Bei Schrägen führt man alle Kreuzstiche einzeln aus. Wichtig ist, daß bei einer Arbeit immer alle Grundstiche und alle Deckstiche in gleicher Richtung laufen: Also entweder alle Grundstiche von unten links nach oben rechts – dann müssen auch alle Deckstiche von oben links nach unten rechts verlaufen; dieses Prinzip darf innerhalb einer Arbeit nie durchbrochen werden.

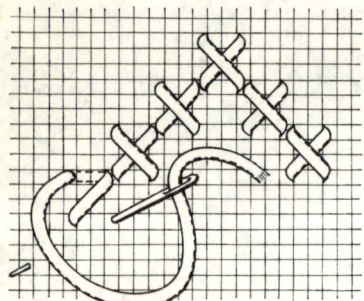

So wird der Kreuzstich in schrägen Reihen abwärts ausgeführt: jeder wird für sich gearbeitet

Der doppelte Kreuzstich

ist ein dekorativer Verwandter des Kreuzstichs. Über die diagonal laufenden Grund- und Deckstiche werden noch zwei weitere Stiche ausgeführt: ein senkrechter und ein waagrechter Stich, so daß das Kreuz zum Sternchen wird.

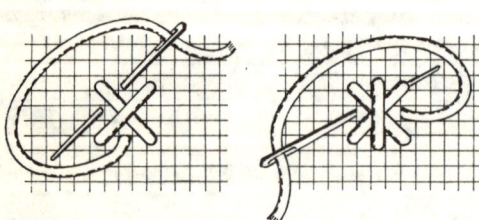

Gobelin

Die Gobelintechnik wird flächenfüllend auf einen Straminuntergrund gestickt. Als Stickgarn verwendet man entweder Sticktwist oder Kelimwolle, als Untergrund Penolope-Canevas. Die gebräuchlichsten Gobelinstiche sind der einfache Gobelinstich und der Perlstich: Beim einfachen Gobelinstich wird zuerst von rechts nach links ein Faden gespannt, der dann mit schrägen Spannstichen überstickt wird. Jeder Stich geht über ein Straminkästchen. Der Perlstich wird in waagrechten Reihen diagonal über je ein Gewebekreuz ausgeführt.

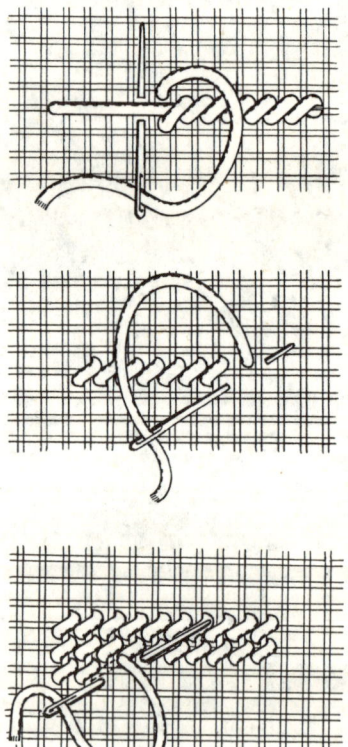

Als Untergrund für Gobelinarbeiten verwendet man Stramin oder Kanvas einfädig oder doppelfädig. Als Stickmaterial verwendet man ein Garn, das den Untergrund gut deckt: Kelimwolle oder Sticktwist von MEZ. Im Handel gibt es auch Fertigpackungen mit mehr oder weniger guten vorgedruckten Motiven: Wichtig ist, daß man sich Motive mit klarer Gliederung aussucht, die der Technik oder dem Material entsprechen; Motive alter Gemälde werden in einer Sticktechnik nie so eindrucksvoll nachempfunden werden können, wie sie als Bild in Ölmalerei wirken

62

Hohlsaum

Beim Hohlsaum zieht man Fäden aus einem Gewebe. Die jeweils letzten Reihen des festen Gewebes werden mit Zierstichen befestigt. Man kann so Säume arbeiten, kann aber auch den Hohlsaum dazu verwenden, um Flächen zu verzieren. Die Hohlsaumstickerei ist eine sehr zarte Stickerei, ganz das Gegenteil einer flächenfüllenden Sticktechnik. Der Hohlsaum wird häufig mit teilbarem Stickgarn auf einem Gewebe gearbeitet, dessen Kett- und Schußfäden aus derselben Qualität und Stärke bestehen müssen. Am geeignetsten sind Siebleinen, Halbleinen und eben alle weiteren Stoffe, bei denen sich leicht Fäden aus dem Gewebe ziehen lassen.

Oft wird mit einem Stickgarn in derselben Farbe gestickt wie das Gewebe, denn das Charakteristische am Hohlsaum sind nicht starke Farbwirkungen, sondern die Wir-

Stickerei in verschiedenen Rosatönen auf grobem Siebleinen mit MEZ Vierfach-Stickgarn. Ein Beispiel dafür, wie man runde Motive, die nicht fadengerade sind, ausstickt

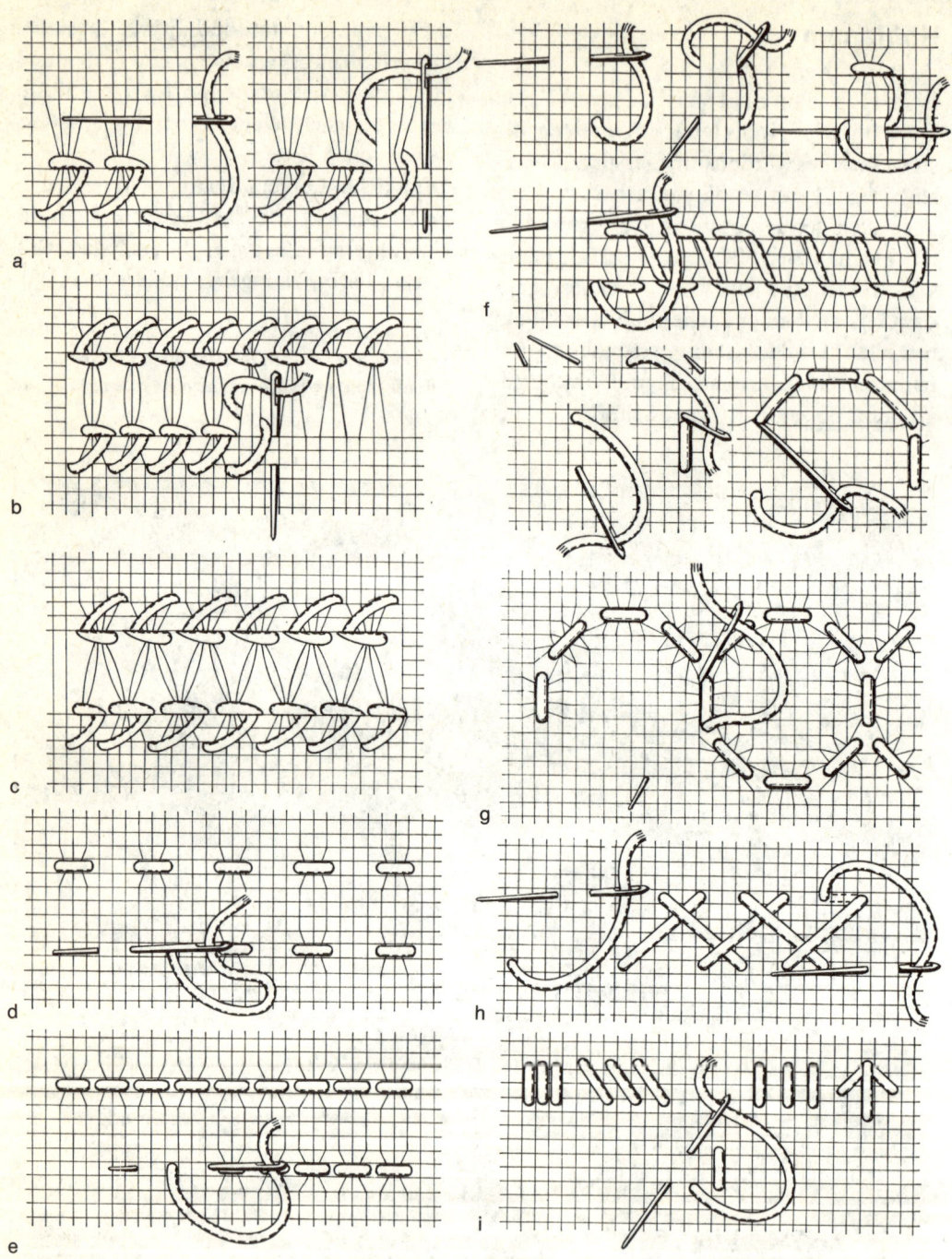

Zeichnung a: Die zwei Arbeitsphasen des einfachen Hohlsaums b: der doppelte Hohlsaum Zeichnung d: der Vorstich; Zeichnung e: der Steppstich; man muß darauf achten, daß man die Fäden nicht zu stark anzieht, da sonst Löcher im Gewebe entstehen. Zeichnung f: Der Assisistich; der Faden zwischen den Säumen verläuft vor dem Stoff gerade, hinten schräg, Zeichnung g: Der Prinzess-Stich besteht aus einem Kreis mit lauter Steppstichen. Erst wird die obere, dann die untere Hälfte des Kreises gearbeitet. Zeichnung h: Links ist der erste, rechts der zweite Arbeitsschritt des Hexenstichs abgebildet. Zeichnung i: der Wickelstich, kann senkrecht oder schräg gestickt werden.

kung der gezogenen Fäden und deren büschelweise Wiederbefestigung am festen Untergrund. Man kann auch gleich die ausgezogenen Gewebefäden zum Sticken verwenden. Voraussetzung ist, daß sie zum Weiterverarbeiten fest genug sind.

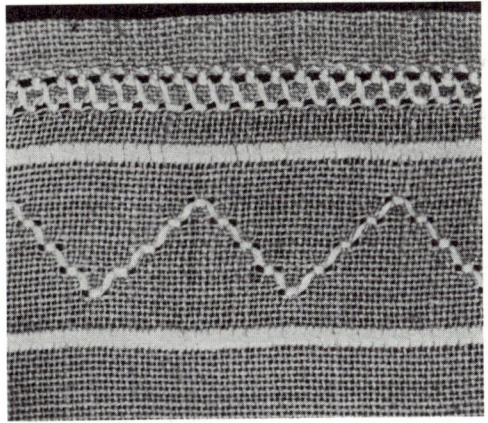

Das Foto oben zeigt einen Assisistich als Hohlsaumkante einer Tischdecke

Sollen die Durchbrüche nicht bis zum Rand des Stoffes durchlaufen, so schneidet man die Fäden, die man aus dem Gewebe ausziehen will, ab. Das im Gewebe entstandene Loch muß dann mit Zierstichen wieder ,,gefestigt" werden, was in die Gestaltung der Hohlsaumarbeit mit einbezogen wird.

Der klassische Hohlsaumstich wird auf der Rückseite des Gewebes von links nach rechts gestickt. Man legt den Durchbruch auf den linken Zeigefinger und arbeitet mit einer stumpfen Nadel. Man nimmt eine Anzahl der senkrecht liegenden Gewebefäden auf die Nadel, zieht den Faden durch und sticht als nächstes etwa 3 waagrechte Gewebefäden tief in das feste Gewebe ein. Der Hohlsaumstich auf der Zeichnung wird verwendet, wenn man nach der Arbeit die waagerechten Fäden so aus dem Gewebe zieht, daß Fransen entstehen.

Der Hohlsaum wird auf beiden Seiten gearbeitet, wenn man mitten aus dem Gewebe Fäden gezogen hat und beide Seiten befestigt werden müssen. Es werden jeweils in den gegenüberliegenden Stichen die gleichen Fadenbündel festgehalten.

Bei Zickzack-Hohlsaum werden die Stiche versetzt angebracht und die gegenüberliegenden Fadenbündel geteilt.

Es gibt noch eine Reihe klassischer Zierstiche für fadengebundenes Sticken, die häufig mit den klassischen Hohlsaumstichen gemeinsam verwendet werden: Seite 64.

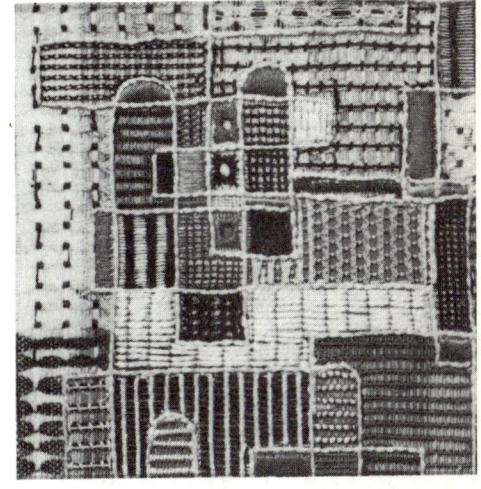

Freie Stickereien in Hohlsaumtechnik und Motivstickerei

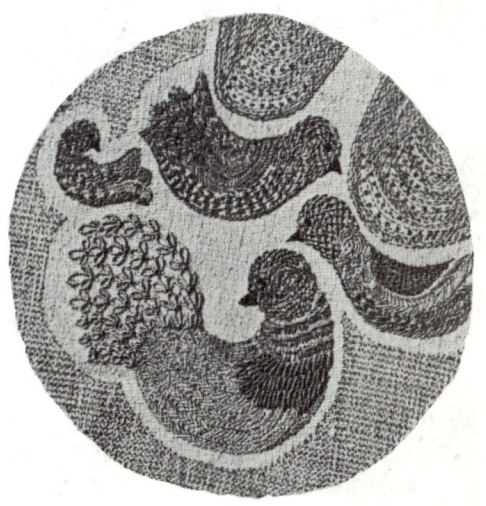

Lochstickerei

Die Lochstickerei ist eine der klassischen Formen, um fadenungebunden zu arbeiten. Sie wird meistens mit einem Stickgarn in derselben Farbe gestickt wie der Untergrund. Bei der Lochstickerei handelt es sich um eine Art Durchbruchmuster, wobei hier die Fäden nicht gezogen, sondern die Mo-

tive aus dem Untergrund herausgeschnitten werden. Die Motive zeichnet man auf, und dort, wo Lochmuster vorgesehen sind, wird ein Kreis mit Vorstichen angezeichnet. Dann schneidet man den Stoff innerhalb des Kreises fadengerade senkrecht und waagrecht ein und biegt nach hinten. Die Stoffkante wird dann mit dichten, überwendlichen Stichen (siehe Kapitel Nähen Seite 306) umstochen. Die Überstände werden abgeschnitten.

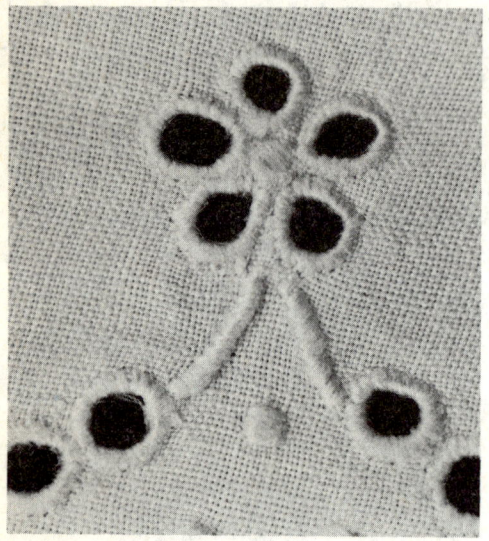

Die Lochstickerei, eng verwandt mit der Richeleustikkerei, ist eine alte, fast vergessene dekorative Stickereitechnik

Stickstiche für Motivstickerei

Bei der Motivstickerei richtet man sich mit den Stickstichen nicht mehr nach dem Untergrund, man zeichnet sich die Motive auf und malt sie mit Nadel und Faden aus. Als Stickgarn kann man von ganz feinem zarten Garn bis zur dicken Wolle alles verwenden. So überträgt man einen Entwurf von einer

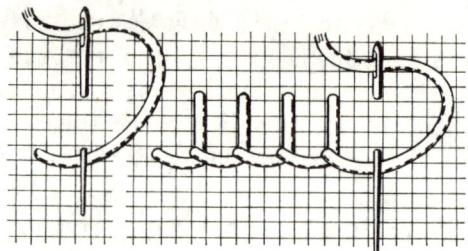

Der einfache Festonstich eignet sich für Umrandungen fester Gewebe wie z. B. Molton und kann so in die Stickerei einbezogen werden

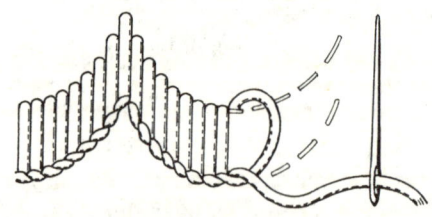

Der Langettenstich dient dazu, eine Kante aus Bögen zu umsäumen; der Stoffsaum muß dazu vorher geheftet werden

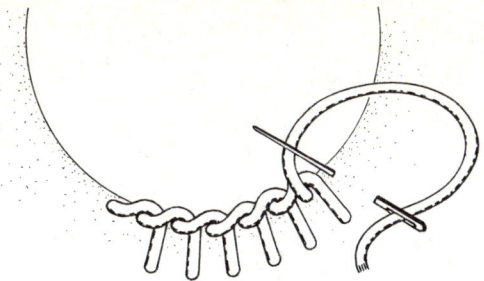

Der Richelieu-Stich wird dazu verwendet, durch Lochstickerei im Gewebe entstandene Löcher zu umsäumen

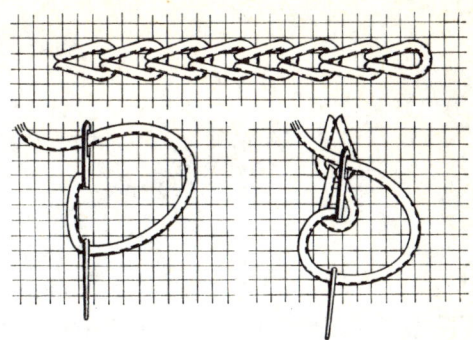

Der Kettstich hat Ähnlichkeit mit dem Blümchenstich: mit dem Arbeitsfaden wird eine Schlinge gelegt, die mit einer zweiten befestigt wird

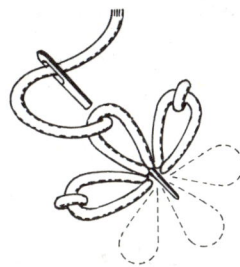

Der Blumenstich: Mit dem Arbeitsfaden wird eine Schlinge gelegt, die dann mit einer zweiten Schlinge befestigt wird

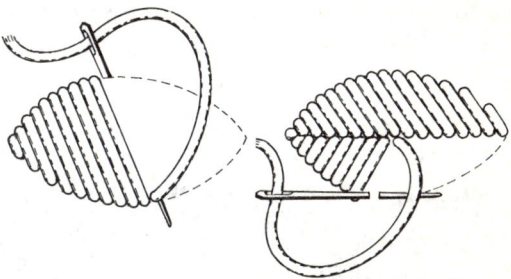

Die Zeichnungen oben zeigen zwei Stiche, die auch Klosterspitze genannt werden. Sie werden zur Darstellung von Blattmotiven verwendet

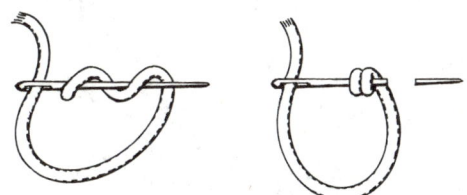

Der französische Knoten: Der Faden wird zweimal um die Nadel geschlungen, der Arbeitsfaden durch die doppelte Schlinge in den Stoff gestochen

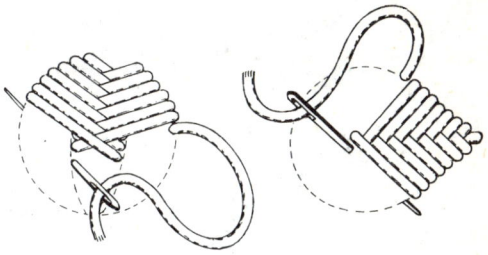

Weitere Stiche für das Blättersticken: links ein Flachstich, bei dem die Enden sich überkreuzen, rechts der Fischgratstich

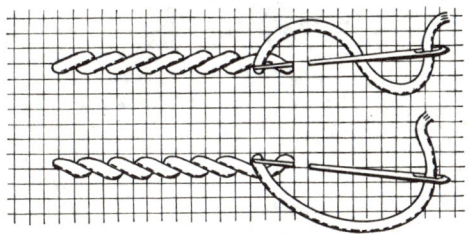

Der Stilstich kann in zwei Richtungen gestochen werden, er ist ein gutes lineares Gestaltungsmittel der Motivstickerei

Papierskizze auf den Stoff: Dünne Stoffe legt man auf den Papierentwurf und fährt die Linien mit einem weichen Bleistift nach. Bei dickeren Stoffen verwendet man Kopierpapier, dessen beschichtete Seite auf den Stoff, der Entwurf darüber gelegt wird; die Linien werden mit Bleistift nachgezogen.

Weben

Weben – das Schiffchen saust hin und her, und unter den Händen entstehen herrliche Stoffe und Teppiche. So denkt sich das jeder, und so kann es auch tatsächlich sein, aber vorher müssen Arbeiten bewältigt werden, die zwar alle nicht schwierig sind, jedoch einige Kenntnisse voraussetzen und Geduld und Sorgfalt verlangen. Es lohnt, das Weben als textile Gestaltungstechnik zu erlernen.

Das Handweben hat eine jahrtausendealte Tradition. Heute wird es als Handwerk gelehrt und von Lehrern zur Erziehung, von Ärzten und Psychologen als Therapie und von Künstlern zur Verwirklichung schöpferischer Ideen verwandt.

Eine Arbeit aus der Webschule in Sindelfingen: ein Bettüberzug in Schwedentechnik, gewebt auf einem 4-schäftigen Webstuhl

Grundbegriffe: Gewebe, Kette, Schuß und Bindung

Gewebe bestehen aus sich überkreuzenden Fäden. Sie entstehen dadurch, daß parallel nebeneinander Fäden gespannt werden, die Kettfäden. Alle Kettfäden zusammen nennt man die Kette. Quer zu den gespannten Kettfäden werden die Schußfäden einzeln eingezogen (Zeichnung unten). Es gibt vielfältige Möglichkeiten, Kettfäden und Schußfäden miteinander zu verbinden. Die Art der Verbindung nennt man Bindung, z.B. Leinenbindung, Körperbindung usw.

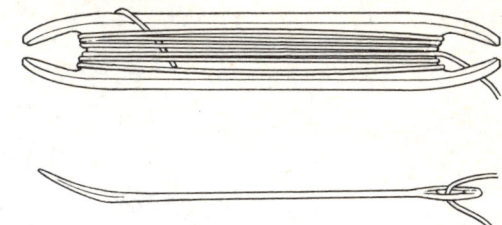

In der Zeichnung ist oben ein Schiffchen mit Wollfaden, unten eine Webnadel abgebildet

Unten: einfacher Kinderwebrahmen, bei dem die Schußfäden wie beim Stopfen eingezogen werden

Die senkrecht gespannten Fäden nennt man Kette, die waagrechten Fäden Schuß; der Schußfaden wird einzeln in die Kette eingelegt

Ein weiterer Grundbegriff: Die Fachbildung

Die einfachste Art, ein Gewebe herzustellen, besteht darin, daß man die Kettfäden auf einen Holzrahmen spannt und dann die einzelnen Schußfäden wie beim Stopfen einzieht. Solche Webrahmen gibt es in Kaufhäusern und Hobbyläden als Kinder- und Schulwebrahmen (Foto rechts).

Für das Einziehen der Schußfäden benutzt man entweder die Webnadel, eine Nadel mit stumpfer Spitze, leicht gebogenem und abgeflachtem Vorderteil und einem großen Nadelöhr für starke Schußfäden, oder das Schiffchen, das in seiner einfachsten Bauweise aus einer glatten Holzleiste besteht, die vorn und hinten eingekerbt ist, so daß

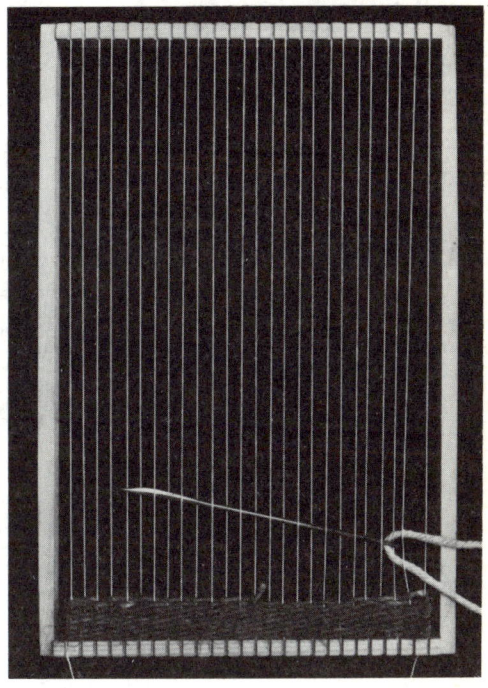

der Schußfaden um die Längsachse des Schiffchens gewickelt werden kann (Zeichnungen oben).

Es dauert sehr lange, jeden einzelnen Schußfaden mit der Nadel durch die Kettfäden einzuziehen. In der Geschichte der Weberei sind deshalb schon frühzeitig Mechanismen ersonnen worden, die diesen Arbeitsvorgang sehr viel zeitsparender gestalten. Allen diesen verschiedenen Mechanismen ist gemeinsam, daß bestimmte Kettfäden gleichzeitig gehoben oder ge-

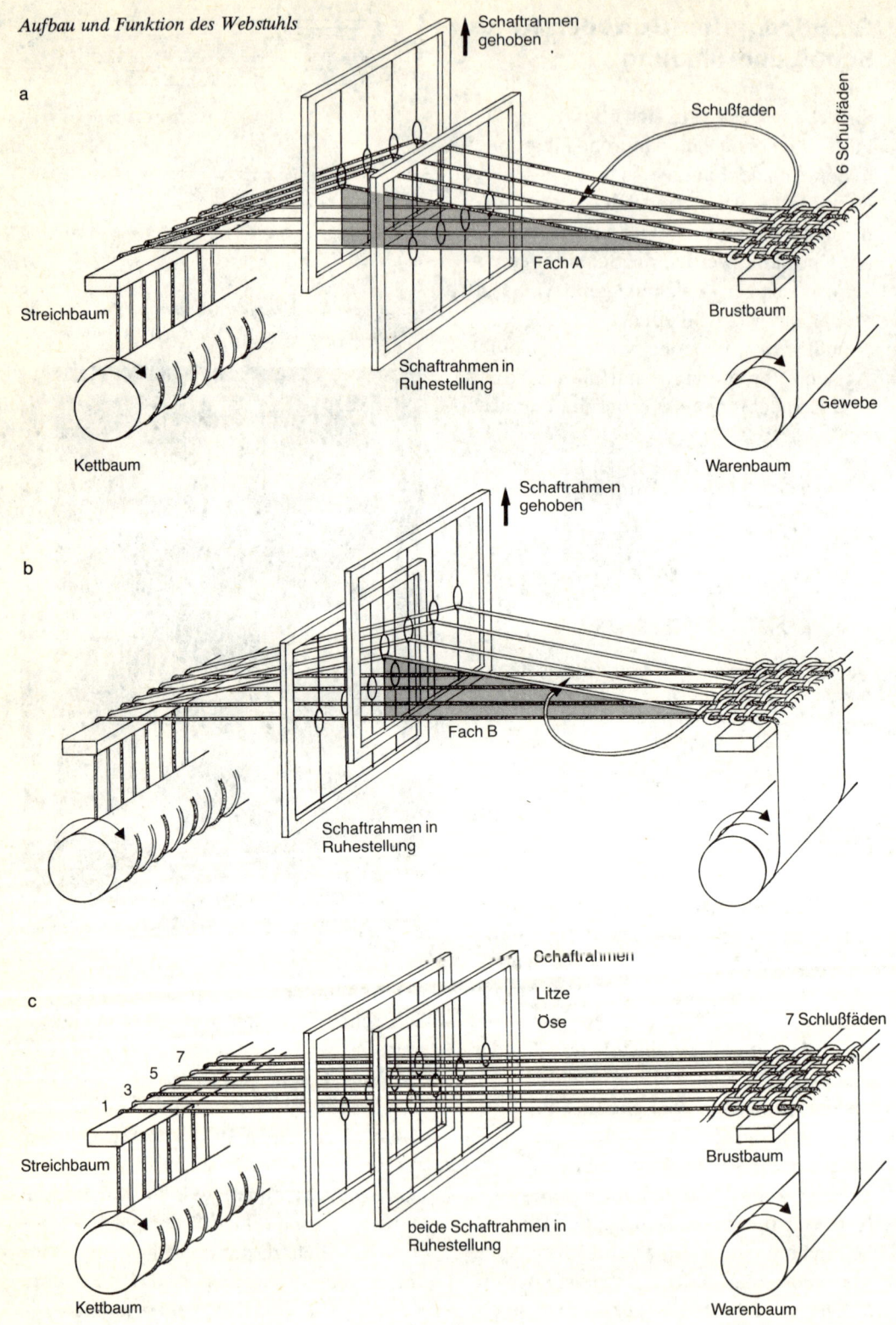

Aufbau und Funktion des Webstuhls

a

Schaftrahmen
gehoben

Schußfaden

6 Schußfäden

Fach A

Streichbaum

Brustbaum

Schaftrahmen in
Ruhestellung

Gewebe

Kettbaum

Warenbaum

b

Schaftrahmen
gehoben

Fach B

Schaftrahmen in
Ruhestellung

c

Schaftrahmen

Litze

Öse

7 Schlußfäden

7
5
3
1

Streichbaum

Brustbaum

beide Schaftrahmen in
Ruhestellung

Kettbaum

Warenbaum

senkt werden, so daß zwischen den Kettfäden ein Zwischenraum entsteht, den man das Fach nennt. Durch dieses Fach wird dann das Schiffchen geschoben bzw. geworfen: die Schußfäden werden mit den Kettfäden verwoben, ein Gewebe entsteht.

Die Zeichnungen links zeigen dies für die Leinenbindung, der einfachsten Bindung: Erst werden sämtliche Kettfäden mit ungeraden Zahlen, also der erste, dritte, fünfte usw. Kettfaden angehoben. Fach A entsteht. Der Schußfaden wird von rechts in das Fach eingelegt (Zeichnung a). Der Schußfaden wird angeschlagen, die Kettfäden mit den ungeraden Zahlen werden in ihre Ausgangslage gebracht: Das Gewebe ist um einen Schußfaden gewachsen (Zeichnung b). Dann hebt man die Kettfäden mit den geraden Zahlen an. Es entsteht Fach B, in das der Schußfaden nunmehr von links eingelegt wird (Zeichnung b). Auch dieser Schußfaden wird angeschlagen, die Kettfäden mit den geraden Zahlen werden wieder in die Ausgangslage gebracht. Das Gewebe ist jetzt um zwei Schußfäden gewachsen. Und so geht es weiter.

Wichtige Konstruktionsteile des Webstuhls: Litze, Öse, Schaft, Tritt, Hebel, Kontermarsch, Kettbaum, Warenbaum, Streichbaum, Brustbaum, Blattlade.

Die Fachbildung erfolgt heute bei allen Webstühlen nach dem gleichen Konstruktionsprinzip: Jeder Kettfaden läuft durch die Öse einer Litze; die Litze besteht aus einem sehr haltbaren Faden oder einem Draht mit einer Öse in der Mitte (Zeichnungen links). Die Litze ist oben und unten an einem Schaft bzw. in einem Schaftrahmen befestigt. Jeder Webstuhl hat mindestens zwei Schäfte, auf die die Litzen ent-

Links: Oben ist der linke Schaftrahmen angehoben, in der Mitte der rechte; unten sind beide Schaftrahmen in Ruhestellung
Das Foto rechts zeigt eine Weberei aus Peru

sprechend der gewählten Bindungsform (siehe Seite 94) verteilt werden. Das Heben bzw. Senken der Schäfte führt zur Bildung von Fächern, durch die der Schußfaden eingelegt bzw. geworfen wird. Das Heben oder Senken der Schäfte erfolgt entweder durch Tritte, die mit den Füßen bedient werden, oder durch Hebel, die man mit der Hand bedient. Die Kontermarschvorrichtung ist ein an größeren Webstühlen heute weit verbreiteter Mechanismus zur Bedienung der Schäfte.

Der starre Holzrahmen, auf dem Kettfäden gespannt werden, hat den Nachteil, daß die Länge des Gewebes von dem Abstand der Rahmenleisten bestimmt wird, über die man die Kettfäden spannt. Wenn die Kette an beiden Seiten aufgewickelt werden kann, so entstehen Gewebebahnen, die viel länger sind als der Abstand der Rahmenleisten. Heute besitzt jeder Webstuhl einen Kettbaum, auf dem man zunächst die ganze Kette aufwickelt und stückweise nachgibt in dem Maße, wie die Kette verwebt und das so entstandene Gewebe auf dem Warenbaum aufgewickelt wird (Seite 70 a). Am Kettbaum und am Warenbaum sind Sperrräder montiert, Zahnräder mit Sperrklinken, damit die Kette immer in einer bestimmten Spannung gehalten werden kann (Foto Seite 74).

Streichbaum und Brustbaum (Seite 70 a) sorgen dafür, daß die Kette immer in der gleichen Ebene liegt.

Schließlich gehört zu jedem Webstuhl die Blattlade mit dem Webblatt, durch dessen Schlitze, Riete genannt, die Kettfäden von den Litzen zum Warenbaum laufen (Seite 78 links oben und 87 rechts unten). Das Webblatt sorgt für gleichbleibende Abstände zwischen den Kettfäden. Es kann hin- und herbewegt werden, damit man den neu eingelegten Schußfaden in der gewünschten Weise dicht oder locker an das bereits fertige Gewebe anschlagen kann.

Verschiedene Webgeräte

Eine Übersicht über verschiedene handwerkliche Webgeräte: Flach-, Stand- und Tischwebstuhl, Flach- und Hochwebrahmen oder Gobelinwebstuhl, Webkamm und Anschlaggabel.

Handwebstühle gibt es als Hand- und Tischwebstühle. Beide sind Flachwebstühle, weil das Gewebe in der waagerechten Ebene gewebt wird. Für Standwebstühle gibt es wegen ihrer Größe in den durchschnittlichen modernen Wohnungen keinen Platz (Foto unten). Der Tischwebstuhl (Seite 74 oben) trägt oft dem fehlenden Platz in den Wohnungen Rechnung: die Schäfte werden nicht wie beim Standwebstuhl durch Tritte mit Füßen bewegt, sondern durch Hebel, also mit den Händen. Deshalb braucht ein Tischwebstuhl keinen Unterbau, sondern kann auf einen Tisch gestellt werden. Das Fehlen des Unterbaus für die Tritte hat allerdings zur Folge, daß die Arbeit selbst langsamer vonstatten geht,

Rechts: Peruanische Tasche mit eingewebten Trophäenköpfen in Ripsbindung. Sie wird dem Tiahuanaco-Stil der Küste zugerechnet

Foto unten: Webstuhl mit aufgebäumter Kette aus dem Fichtelgebirge von 1785

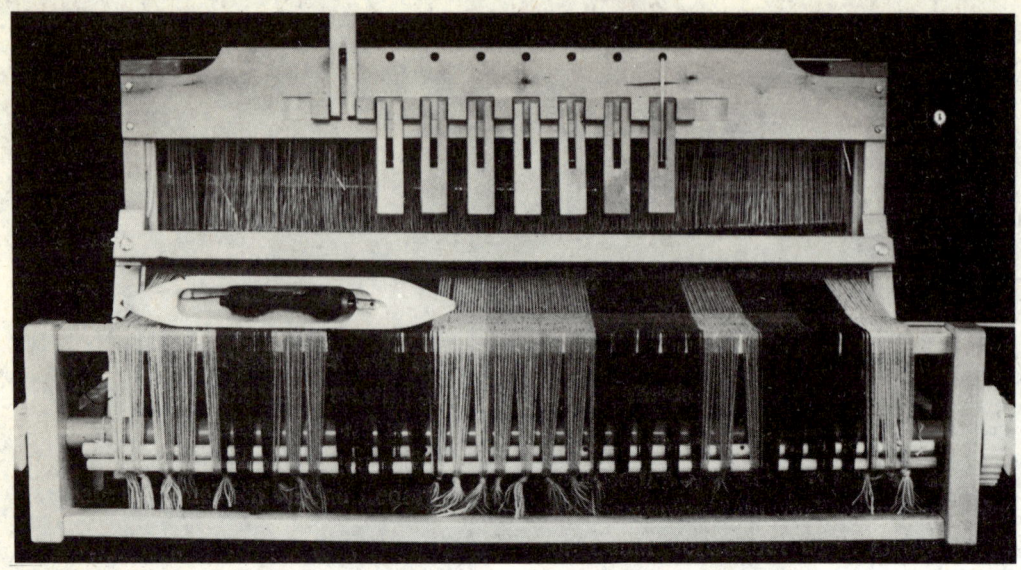

Der finnische Tischwebstuhl „Kothe Nordia". Er wird von der Firma HWG (siehe Anhang) geliefert. Es gibt ihn auch mit Untergestell, für eine Webbreite von 60 und 80 cm. Der Webstuhl mit einer Breite von 60 cm ist mit 4 Schäften, der mit 80 cm mit 8 Schäften ausgestattet

weil die Hände eben nicht für das Weben frei sind, sondern mit ihnen ständig die Hebel bedient werden müssen. Tischwebstühle werden selten für größere Webbreiten als 1 Meter gebaut. Die meisten Tischwebstühle kann man trotz gespannter Kette mit wenigen Handgriffen so zusammenlegen, daß sie unter einem Bett oder sonst auf kleinem Raum Platz finden.

Kircher Webrahmen, Modell HWU, 80 cm breit, als Flachwebrahmen mit Untergestell

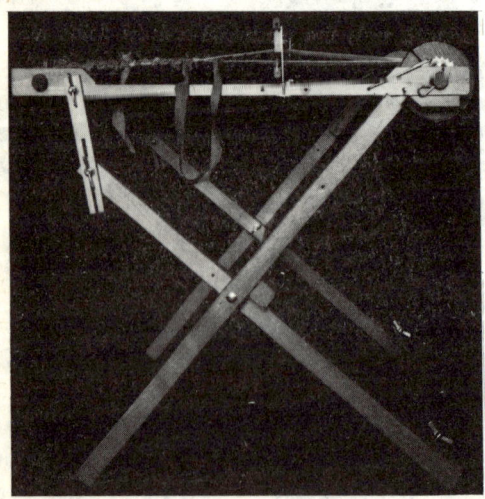

Stand- und Tischwebstühle unterscheiden sich untereinander vor allem durch die Anzahl der Schäfte und durch die Breite des Webstuhls. Je größer die Anzahl der Schäfte ist, um so vielfältigere Muster können gewählt werden; ein 8schäftiger Webstuhl ist schon außerordentlich vielseitig und voll geeignet für sämtliche häusliche Webarbeiten. Von der Breite des Webstuhls hängt ab, wie breit das Gewebe maximal sein kann.

Der Unterschied zwischen Webstuhl und Webrahmen

Mit einem Webrahmen können nur zwei Fächer gebildet werden. Das führt zu einer wesentlich einfacheren Konstruktion, die im Gegensatz zu den Webstühlen keine Litzen und Schäfte mit Tritten bzw. Hebeln und auch keine Blattlade mit Webblatt zum Anschlagen besitzt. Zur Fachbildung wird ein besonders geformter Webkamm mit Schlitzen und Löchern benutzt (Zeichnung Seite 75 oben). Wenn z.B. alle Kettfäden

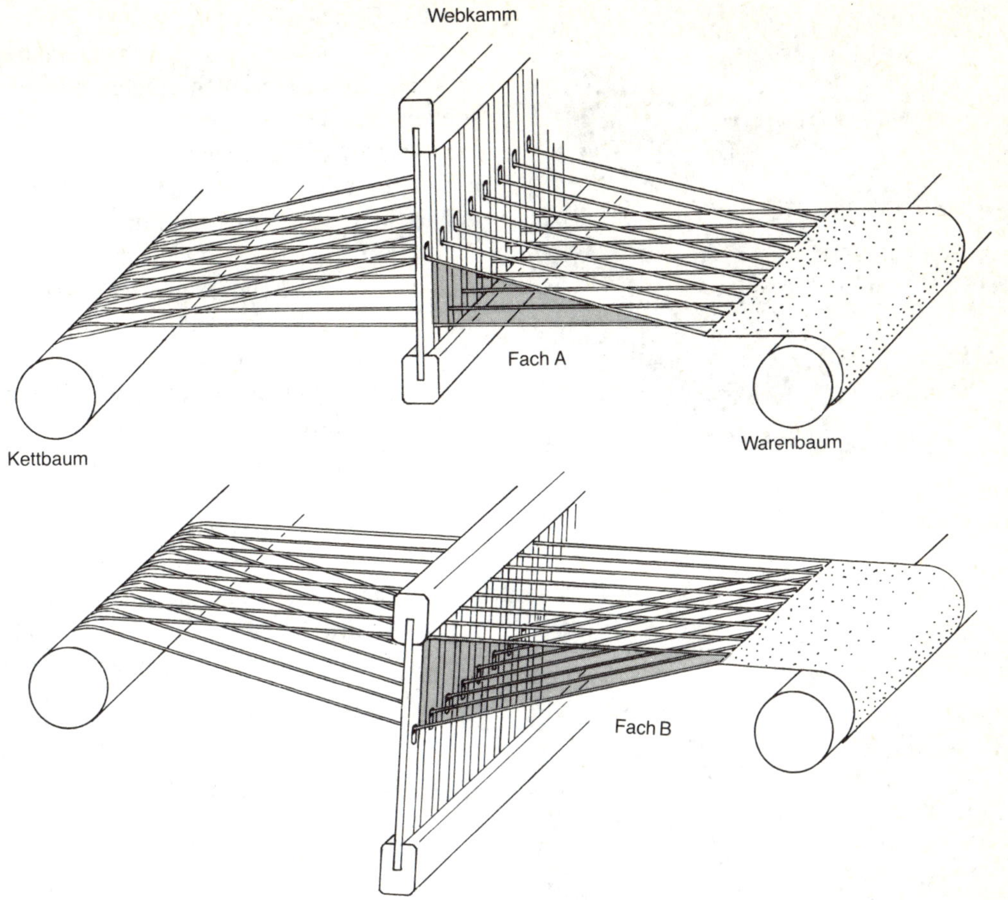

Webkamm

Kettbaum

Fach A

Warenbaum

Fach B

Mit einem Webrahmen können im Unterschied zu jedem Webstuhl nur 2 Fächer gebildet werden. Man benutzt dazu einen Webkamm mit Schlitzen und Löchern. Die Zeichnungen oben zeigen, wie die Fächer entstehen

mit ungeraden Zahlen, also der erste dritte, fünfte usw. Kettfaden durch die Löcher gezogen werden und Kettfäden mit den geraden Zahlen durch die Schlitze, so entsteht Fach A dadurch, daß der Webkamm insgesamt angehoben wird: dadurch werden die Kettfäden, die durch die Löcher laufen, mitangehoben, während die Kettfäden, die durch Schlitze laufen, ihre Lage nicht verändern oben und unten. Fach B entsteht dadurch, daß der Webkamm insgesamt aus der Ausgangslage gesenkt wird: dadurch werden die Kettfäden, die durch Löcher laufen, mit nach unten gedrückt, während die Fäden, die durch Schlitze laufen, ihre Lage nicht verändern.

Weil Webrahmen keine Blattlade zum Anschlagen haben, wird der jeweils eingelegte Schußfaden von Hand mit einer Anschlaggabel kräftig angeschlagen (Seite 76 oben). Von der Stärke des Anschlags hängt ab, wie dicht die Schußfäden aneinandergedrückt

Anschlaggabeln zum Anschlagen des Schußfadens

75

Das Foto oben zeigt, wie ein Schußfaden kräftig am fertigen Gewebe angeschlagen wird. Sehr lockere Gewebe kann man mit dem Webkamm, auch Gatterkamm genannt, gleichmäßig anschlagen

Kircher Webrahmen, Modell HWU als Hochwebrahmen

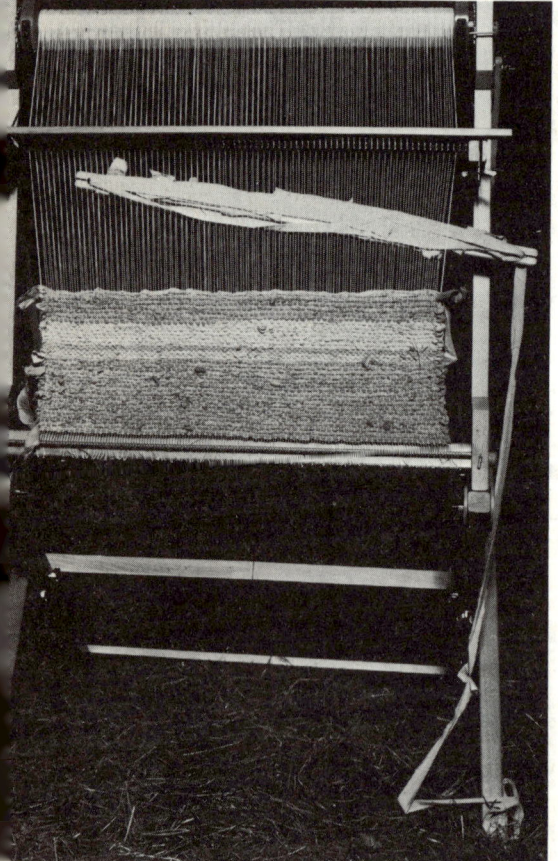

werden. Gleichmäßiges Arbeiten beim Anschlagen erfordert Übung, vor allem bei lockeren Geweben. Webrahmen sind besonders geeignet zur Herstellung von festen Geweben wie z.B. Teppichen und überhaupt für alle Gewebe mit Ripsbindung (siehe Seite 99), da in allen diesen Fällen sehr kräftig mit der Anschlaggabel angeschlagen werden kann. Außerdem verwendet man Webrahmen zum freien Weben und Bildweben (siehe Seite 111).

Webrahmen gibt es als Flachwebrahmen und als Hochwebrahmen (Fotos Seite 74). Hochwebrahmen nennt man meist Gobelinwebstühle, weil Gobelins auf solchen Hochwebrahmen gewebt werden; die Bezeichnung Webstuhl ist irreführend, denn es sind eben keine Webstühle, sondern aufrecht gestellte Webrahmen. Hochwebrahmen benötigen nur eine geringe Stellfläche.

Das Entwerfen und Planen

Zu Beginn muß man wissen, was man überhaupt weben will: einen Bodenteppich oder einen Wandteppich, eine warme Decke oder einen Schal, einen strapazierfähigen Möbelbezugstoff, den Stoff für einen Poncho, der gegen Kälte und Nässe schützt, oder eine Tischdecke. Davon hängt ab, welche Eigenschaften das Gewebe bekommen soll und welches Material zweckmäßigerweise als Kett- und Schußfäden Verwendung findet, welchen Webkamm man gebraucht und welche Bindungsart zur Anwendung kommt. Bei all diesen Entscheidungen müssen ständig die Möglichkeiten des vorhandenen Webstuhls beachtet werden, nämlich die Webbreite und die Anzahl der Schäfte. Zum Schluß wird ausgerechnet, wieviel Material man für Kette und Schuß benötigt. Damit weiß man dann auch, was das Material kostet.

Auswahl des Kett- und Schußgarns und des Webblattes

Das Planen einer Webarbeit wird am Beispiel eines Möbelbezugstoffs dargestellt. Das Gewebe darf nicht zu steif werden, aber auch nicht zu locker, es soll strapazierfähig und glatt sein.

Mit welchen Farben der Möbelbezugstoff gewebt werden und welches Muster er bekommen soll, ist eine Geschmacksfrage. Hilfestellungen und Anregungen sind im Kapitel „Gestaltung" auf Seite 383 zu finden. Es ist ratsam, die Farbauswahl der Garne nur an Hand von Musterkarten der Garnlieferanten zu treffen, denn Braun z.B. ist nicht gleich Braun, sondern es gibt Dutzende von verschiedenen Brauntönen. Im Anhang sind eine Reihe von Versandfirmen genannt, die sich auf die Lieferung von Web- und Teppichwolle sowie Kettgarnen spezialisiert haben.

Für den Möbelbezugstoff wurde eine schwedische Webwolle von der Stärke NM 7/2 (siehe Seite 13) in 5 verschiedenen Farben ausgewählt. Die Wolle wird als Kett- und Schußfaden verwendet, weil der Stoff in Leinenbindung gewebt werden soll, was bedeutet, daß Kettfäden und Schußfäden in gleicher Weise zu sehen sind (siehe Seite 89), und da die durch die Bindung erzeugte Feinstruktur des Gewebes gleichmäßig sein soll, wurde für Kette und Schuß der gleiche Faden gewählt.

Von der Stärke der Kett- und Schußfäden im Zusammenhang mit der gewählten Bindungsform hängt ab, ob das Gewebe dünn und fein oder dick und grob wird. Mit der Haltbarkeit des Gewebes hat das allerdings nichts zu tun; die hängt von der Reißfestigkeit der Garne für Kette und Schuß und dann noch von der Bindungsform (siehe Seite 88) ab. Die Stärke der verwendeten Fäden hat außerdem noch Einfluß auf die Dichte eines Gewebes, die vor allem durch

Oben: Ripsbindung in Schlitztechnik aus Peru.

Unten: Peruanisches Gewebe in Leinenbindung. Die Farbfelder sind in Einhängetechnik (siehe Seite 104) miteinander verbunden

77

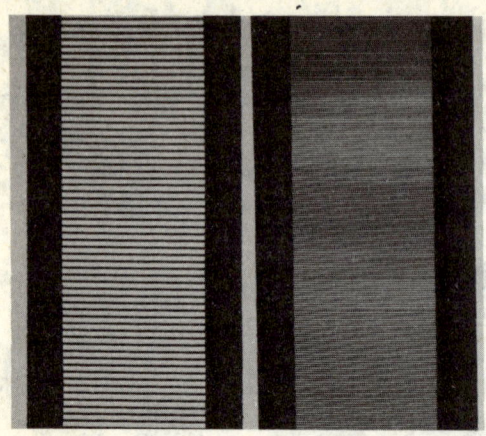

2 Webblätter mit einer unterschiedlichen Anzahl von Rieten pro 10 cm: Links 30/10, rechts 90/10

die Anzahl der Kett- und Schußfäden pro 10 cm Gewebe bestimmt wird. Es gibt Webblätter für 15, 20, 30, 40 bis 160 Kettfäden pro 10 cm für jede der üblichen Webbreiten. Ein Webblatt mit 15 Rieten pro 10 cm wird als ein Webblatt 15/10 bezeichnet; es nimmt auf 10 cm 15 einzelne Kettfäden auf. Die Webblätter 15/10 und 20/10 sind ausgesprochene Teppichwebkämme; die Webblätter 40/10 bis 60/10 werden zum Weben grober Stoffe verwendet wie z.B. Möbelbezugstoffe. Je mehr Kettfäden pro 10 cm ein Webkamm aufnimmt, um so dünner müssen die verwendeten Kettfäden sein, und um so feiner werden die erzeugten Gewebe. Für den Möbelbezugstoff wurde bei der Wollstärke NM 7/2 ein Webblatt 50/10 gewählt.

Der Einfluß des Webstuhls auf die Planung der Webarbeit

Die weitere Planung wird von dem Webstuhl bestimmt, mit dem gearbeitet werden soll. Neben der Qualität entscheiden Preis und Größe, welchen Webstuhl man kaufen wird. Empfehlenswert ist der finnische Tischwebstuhl „Kothe Nordia" Foto Seite 74 oben der von der Firma HWG geliefert

wird, auch mit Untergestell (Seite 100). Es gibt ihn für eine Webbreite von 60 cm und eine solche von 80 cm. Der Webstuhl mit einer Webbreite von 60 cm ist mit 4 Schäften, der mit einer Webbreite von 80 cm ist mit 8 Schäften ausgestattet. Letzterer kann – mit begonnener Webarbeit – auf die Größe von 100 cm x 80 cm x 30 cm Höhe zusammengelegt werden, ist also besonders platzsparend. Er kostet mit dem notwendigen Zubehör nicht mehr als ein Schwarzweißfernseher und erfüllt doch die wesentlichen Forderungen, die man an einen Webstuhl stellen muß.

Auch wer bereits einen anderen Webstuhl besitzt und doch nicht weben kann, lernt hier das Notwendige, um ihn auch benutzen zu können. Soweit sich die Webstühle der verschiedenen Hersteller voneinander unterscheiden, hilft die jeweilige Gebrauchsanleitung weiter.

Der hier als Beispiel beschriebene Möbelbezugstoff wurde auf einem Webstuhl „Kothe Nordia" mit einer Webbreite von 80 cm gearbeitet. Das bedeutet, daß wegen

Peruanische Webarbeit, ornamentale Gestaltung mit Tulpenmotiven

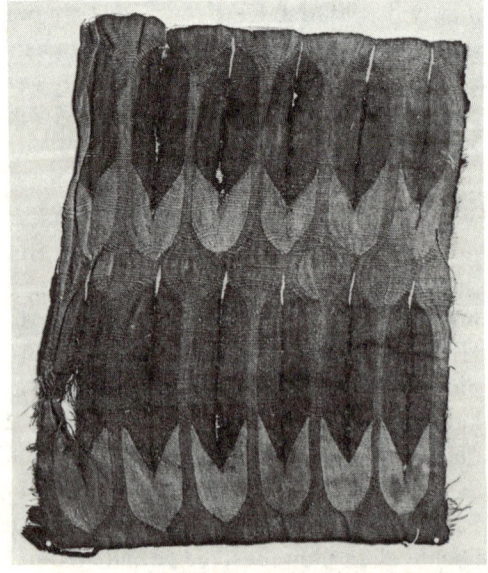

des Breitenschwundes (siehe unten) nur Gewebe bis zu einer Webbreite von maximal 76 cm gewebt werden können. Selbstverständlich können auf einem Webstuhl beliebig schmalere Gewebe als die maximale Webbreite hergestellt werden. Möchte man eine Arbeit herstellen, die breiter ist als die maximale Webbreite des vorhandenen Stuhls, so müssen Einzelteile gewebt und dann zusammengenäht werden. Dabei entstehen Nähte, die bei einem groben Stoff bereits sehr auffällig sind. Wenn es einem nicht gelingt, diese Nähte als Strukturelemente einzuplanen, sollte man lieber auf die Verwirklichung einer solchen Webarbeit verzichten. Aus dem fertigen Gewebe können auch die Einzelteile für die geplante Webarbeit herausgeschnitten werden, jedoch muß man daran denken, daß die Gefahr des Ausfransens um so größer ist, je grober und lockerer das Gewebe ist.

Poncho im Inka-Stil aus dem Tal des Rio Grande. Unten schwarzweißes Schachbrettmuster, oben ein weinroter Keil, gewebt in Gobelin-Technik

Berechnung der Anzahl der erforderlichen Kettfäden

Mit dem Möbelbezugstoff, der auf dem „Kothe Nordia" gewebt wird, soll ein alter Ohrensessel bezogen werden. Man benötigt ein Stoffstück im Format von 72 x 190 cm. Von der erforderlichen Breite des Webstücks und dem beim Weben verwendeten Webblatt hängt die Anzahl der verwendeten Kettfäden ab, die gespannt werden müssen. Bei dem ausgesuchten Webblatt 50/10 und der notwendigen Breite des fertigen Gewebes von 72 cm bedeutet dies, daß 360 Kettfäden benötigt werden (50 : 10 = Anzahl der Kettfäden pro cm = 5. 5 x 72 = 360). Da bei jeder Webbreite ein Breitenschwund von 5% bis 10% der theoretisch möglichen Webbreite je nach Bindungsform zu beobachten ist, der unvermeidbar durch das Weben entsteht, müssen zum Ausgleich 5% bis 10% mehr Kettfä-

den gespannt werden als die bereits errechneten 360 Fäden. Der Bezugsstoff soll in Leinenbindung gewebt werden. Bei der Leinenbindung genügt ein Zuschlag von 5%, so daß also zu den 360 Kettfäden weitere 18 Kettfäden hinzukommen (5% aus 360 Kettfäden = 18 Kettfäden). Schließlich kommen noch zwei weitere Kettfäden hinzu, die zur Verdoppelung der Randkettfäden verwendet werden und die der Webkante eine größere Festigkeit geben. Insgesamt werden also 380 Kettfäden benötigt (360 und 18 und 2 Kettfäden).

Der Zusammenhang zwischen Muster und Farbe der Kettfäden

Von der Wahl des Musters im Zusammenhang mit der Bindung hängt ab, ob die Kette ein- oder mehrfarbig auf den Webstuhl aufgebracht wird (siehe auch Bindungslehre Seite 88).
Für den Möbelbezugstoff wurden Schottenkaros als Muster gewählt (siehe auch

Afrikanische Weberei in der auf Seite 105 beschriebenen Einstopftechnik

Berechnung der Länge der Kettfäden

Als nächstes wird die Länge der einzelnen Kettfäden bestimmt. Dies geschieht bei allen Webarbeiten nach folgender Methode: Zur fertigen Länge muß ein Längenschwund hinzugezählt werden, der bei Wolle 15% und mehr, bei Leinen 8% und bei Mischgarnen 10 – 13% beträgt. Zu diesem Längenschwund kommt noch der Warenbaumabfall und der Kettbaumabfall; der Warenbaumabfall reicht vom ersten Schußfaden bis zur Befestigung der Kette am Warenbaum; der Kettbaumabfall reicht vom letzten Schußfaden bis zur Befestigung des Kettfadens am Kettbaum. Die jeweilige Länge von Warenbaum- und Kettbaumabfall hängt von der Konstruktion des Webstuhls ab, kann aber bei Verwendung von Kettbaum- bzw. Warenbaumhaltestock reduziert werden (siehe Seite 84). Beim Webstuhl „Kothe Nordia" beträgt der Abfall ohne die genannten Reduziermöglichkeiten am Warenbaum 25 cm und am Kettbaum 55 cm.

Damit muß jeder der 380 erforderlichen Kettfäden rund drei Meter lang werden: 190 cm fertige Gewebelänge + 28,5 cm Längenschwund (15% aus 190 cm) + 25 cm Warenbaumabfall + 55 cm Kettbaumabfall = 298,5 cm Kettfadenlänge.

Berechnung des Materialverbrauchs für die Schußfäden

Die Menge des für den Schuß benötigten Materials ist abhängig von der Breite des Gewebes, dem Breitenschwund und der Anzahl der Schußfäden pro Zentimeter.

Seite 93). Bei dem Entwurf des Schottenkaros muß man genau festlegen, wie viele Kett- und Schußfäden in welcher Farbe und Reihenfolge verarbeitet werden, denn nur so läßt sich bestimmen, wieviel Wolle man von jeder Farbe benötigt. Da die Wolle nicht meterweise, sondern nach Gewicht geliefert wird, ist die sicherste, wenn auch etwas umständliche Methode, von dem zu verwebenden Garn zunächst 100 Gramm zu bestellen. Dann stellt man fest, wie viele Meter diese 100 Gramm ergeben, und rechnet danach aus, wie viele Wolldocken bzw. Wollknäuel oder Garnspulen benötigt werden. Manche Versandfirmen geben in ihren Prospekten bereits an, wie viele Meter 100 Gramm eines bestimmten Garnes enthalten.

Tafel V   Bargellostickerei, die auch ungarische oder Florentiner Stickerei genannt wird. Eines der häufigsten Motive der Bargellotechnik ist der hier gezeigte Flammenstich. Bargello ist durch die dichte Stickerei auf haltbarem Stramin geeignet für Möbelbezüge. Die Stickerei hier entstand mit MEZ-Kelimwolle in 8 Farben

Die gewünschte Anzahl von Schußfäden erreicht man durch den verschieden starken Anschlag des zuletzt eingelegten Schußfadens an das bereits fertige Gewebestück. Bei der Leinenbindung, in der der Möbelbezugstoff gewebt werden soll, sind die Abstände zwischen Kettfäden und zwischen den Schußfäden gleich groß. Das bedeutet für den Bezugstoff: Breite des Gewebes: 72 cm, 5% Breitenschwund bei Leinenbindung und Wolle als Schußfaden = 3,6 cm, 50 Schußfäden auf 10 cm Gewebe bei einer Gesamtlänge von 190 cm = 950 Schußfäden in der Länge von 75,6 cm, verteilt auf die Farben, die sich aus dem Entwurf (Schottenkaro in 5 Farben) ergeben.

Der Zusammenhang zwischen Bindung und Anzahl der Schäfte

Dieses Thema wird in der Bindungslehre auf den Seiten 94–96 systematisch dargestellt. An dieser Stelle erfolgen nur die Angaben, die zur vollständigen Planung des Möbelbezugstoffes erforderlich sind:
Als Bindung wurde die Leinenbindung gewählt (siehe Seite 89). Für diese Art der Bindung ist die Bildung von nur zwei Fächern erforderlich (siehe Seite 76), so daß von den 8 zur Verfügung stehenden Schäften des Webstuhls in diesem Fall nur 2 Schäfte benutzt werden.
Man kann auch alle acht Schäfte benutzen, muß dann aber jeweils vier Schäfte gleichzeitig heben oder senken.

Das Ablängen oder Scheren der Kette

Man kann die 380 Kettfäden von je 3 m Länge, die nötig werden, alle einzeln vom Strang abmessen, abschneiden, sammeln, einzeln am Kettbaum festbinden und auf den Webstuhl spannen. Das wäre Wahnsinn mit Methode und der direkte Weg ins Irrenhaus. Mit einem einfachen Gerät, einem Scherrahmen oder einem Scherbrett, ist aus dem Ablängen oder Scheren eine schnelle und rhythmische Arbeit geworden. Die Benutzung dieser Geräte dient dem Zweck, die berechnete Anzahl der Kettfäden gleicher Länge in einer Anordnung herzustellen, die es ermöglicht, die Kettfäden zeitsparend am Kettbaum zu befestigen, ohne daß sie in Unordnung geraten.

Scherbrett

Seite 82 links zeigt ein Scherbrett, das auf einfache Weise selbst hergestellt werden kann (Holzverbindungen siehe Seite 155). Beim Eigenbau eines Scherbrettes ist vor allem zu beachten, daß durch das Spannen der Kettfäden außerordentlich starker Zug zwischen den benutzten Rundhölzern entsteht, auch dann, wenn man die Kettfäden verhältnismäßig locker um die Rundhölzer führt. Diese Spannung kann so stark sein, daß die Querbalken, die durch die Bohrungen für die Rundhölzer bereits geschwächt sind, durch den Zug auseinandergerissen

Tafel VI *Farbenfreudiger, traditionell gemusterter Wandbehang aus Sardinien. Die gereinigte, gewaschene und gekardete Wolle wird von den Frauen mit Rocken und Spindel gesponnen; das Spinnrad ist kaum bekannt. Zum Färben des Garnes verwendeten die sardischen Frauen bis weit in dieses Jahrhundert hinein einheimische Pflanzensorten wie Daphne gnidium, einen einheimischen Seidelbast, für das vielgebrauchte Schwarz, Robbia tintoria für das Rot, dann die Blätter einer Eschenart zusammen mit Absud von altem Eisen für das wichtige Rostrot, Saffran für Gelb usw. Die Webtechnik wechselt stark von Region zu Region. Im Landesinnern, vor allem in der Barbagia, wird an vertikalen Webstühlen gearbeitet, wobei meist mehrere Frauen gleichzeitig beschäftigt sind. Der vertikale Webstuhl ermöglicht die Herstellung größerer Stücke, während beim horizontalen Webstuhl, an dem meist nur eine Weberin tätig ist, die Breite des Webstückes auf 80 bis 90 cm beschränkt ist*

werden. Die im Anhang aufgeführte Firma Kircher liefert ein zusammenlegbares Scherbrett.

Zeichnung unten zeigt die Benutzung des Scherbrettes: Man schneidet einen einzelnen Faden in der gewünschten Kettfadenlänge ab, befestigt ihn am Rundstab A und probiert jetzt aus, wie man den Faden an B vorbei um einen Stab auf der rechten Seite und zwischen weiteren Stäben der linken und rechten Seite hin- und herspannen muß, damit das Ende beim Rundstab E ankommt. Hat man diesen Weg gefunden, zieht man alle überflüssigen Rundstäbe aus dem Scherbrett heraus, befestigt das Ende

brett abgelängt worden ist, werden die Fadenkreuze mit einem andersfarbigen Faden abgebunden, wie unten gezeigt wird, so daß die Reihenfolge der Kettfäden erhalten bleibt, auch wenn die Kettfäden vom Scherbrett abgenommen werden.

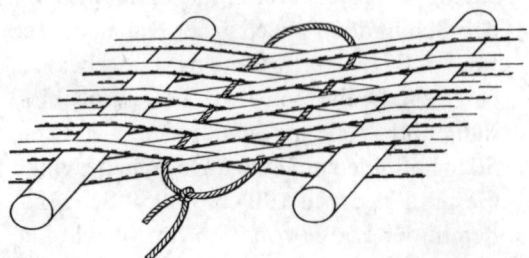

So werden die Fadenkreuze mit einem andersfarbigen Faden zusammengebunden

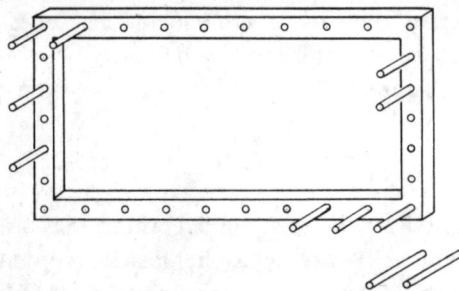

Scherbrett aus Holz, das man sich entweder selber machen oder bestellen kann

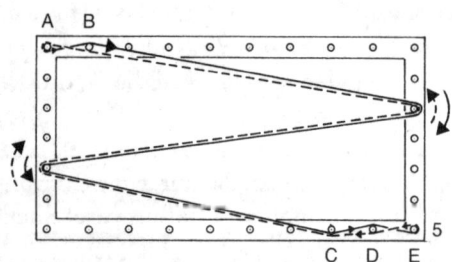

Die Zeichnung oben zeigt das Scheren der Kette auf dem Scherbrett

des Garnes am Rundstab A, folgt mit dem Faden dem Musterfaden bis E und nimmt dann mit dem Faden den gleichen Weg zurück, jedoch so, daß zwischen D und E und A und B sogenannte Fadenkreuze entstehen, (Zeichnung oben). Wenn die erforderliche Anzahl von Kettfäden auf dem Scher-

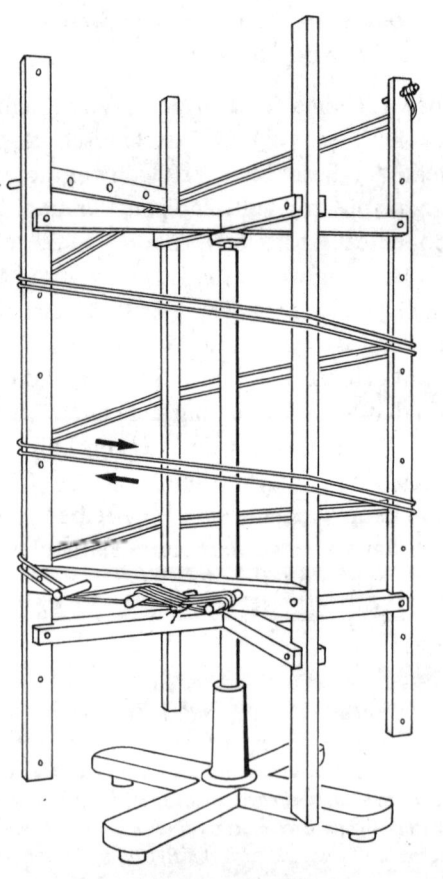

Die Zeichnung oben zeigt einen Scherrahmen – Bezugsquellen für alle Webgeräte siehe Anhang Seite 391

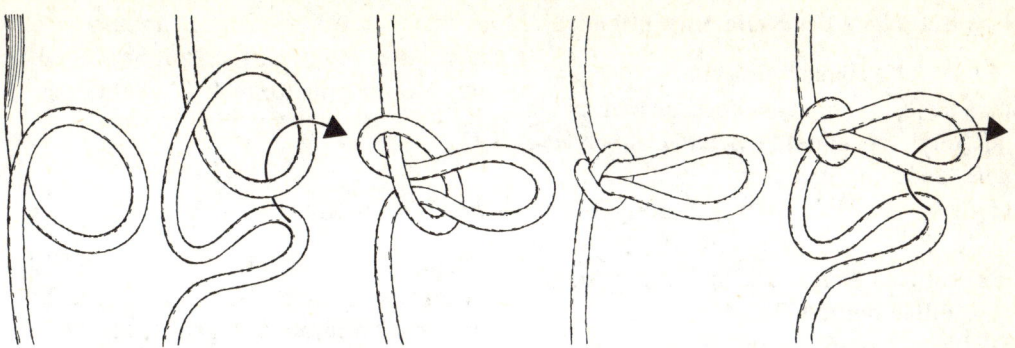

Die Zeichnungen oben beschreiben den Arbeitsgang, wie man aus vielen Kettfäden einen Zopf flicht. Die Schlaufen stellen jeweils einen Strang Fäden dar. Wofür man diese Zöpfe braucht, zeigen die Zeichnungen auf Seite 84

Scherrahmen

Wer viel webt, genügend Platz in der Wohnung – und genügend Geld hat, dem wird ein Scherrahmen empfohlen, dessen Funktion die Zeichnung Seite 82 rechts zeigt.

Abnehmen der Kette

Wenn die erforderliche Anzahl von Kettfäden auf das Scherbrett aufgewickelt und die Fadenkreuze angebunden worden sind, erfolgt das Abnehmen der Kette. Hierbei werden die Kettfäden zu einem Zopf geflochten, damit man mit den Kettfäden han-

Im Foto unten sind die zu Zöpfen geflochtenen Kettfäden zu sehen

tieren kann, ohne daß ein Fadenlabyrinth entsteht. Mit dem Flechten beginnt man an dem Ende, an dem man den Kettfaden zu Beginn des Ablängens an den Rundstab gebunden hat, im vorliegenden Fall also bei A. Wie das Flechten des Zopfes mit bloßen Händen vor sich geht, zeigen die Zeichnungen oben, auf Seite 84 sieht man, welchen Sinn der Zopf hat, bzw. welchen Sinn – bei mehrfarbiger Kette – die Zöpfe haben.

Das Aufbringen der Kette

Aufbringen ist ein Fachbegriff und bedeutet, daß die Kettfäden am Kettbaum festgebunden, auf den Kettbaum aufgewickelt, durch die richtigen Ösen der Litzen und die Riete des Webblattes durchgezogen, am Warenbaum angebunden und gespannt werden, so daß die Kettfäden zum Schluß alle parallel nebeneinanderlaufen und unter der gleichen Spannung stehen. Von der sorgfältigen Durchführung dieser Arbeit" hängt das Gelingen der Webarbeit weitgehend ab. Wer versucht, diese Sache schnell hinter sich zu bringen, und deshalb auf die notwendige Sorgfalt verzichtet, der wird beim Weben sehr bald erleben, daß die ganze Arbeit umsonst war, denn ohne eine gleichmäßig gespannte Kette ist alles umsonst. Das Aufbringen der Kette wird am Webstuhl „Kothe Nordia" dargestellt, im Prinzip ist es bei allen Webstühlen gleich.

Das Befestigen der Kette am Kettbaum

Mit dem Kettbaum wird ein Stab verbunden, der Kettbaumhaltestock, an den später mit dem sogenannten Schürzenstock, einem anderen Stab, die Kettfäden angehängt werden. Die Art der Verbindung ist in der Zeichnung unten und die Funktion des Kettbaumhaltestocks in der Zeichnung ganz unten dargestellt.

Durch das Fadenkreuz am Beginn des Zopfes (siehe Seite 83) werden zwei Leisten, die Geleseleisten, geschoben, wie das die Zeichnung zeigt. Durch die Schlaufe, die durch dieses Fadenkreuz gebildet wird, schiebt man einen Stab, den Schürzenstock (Zeichnung rechts unten).

zwischen Kettbaum und Warenbaum und hängt den Schürzenstock mit Schlaufen an den Kettbaumhaltestock (Zeichnung links unten).

Der Reedekamm

Danach wird der Reedekamm auf den Webstuhl gesetzt und festgebunden oder mit zwei Schraubzwingen festgeklemmt. Der Reedekamm ähnelt einem Webkamm, unterscheidet sich aber von diesem dadurch, daß der obere Holm abgenommen und wieder aufgesetzt werden kann (Fotos unten).

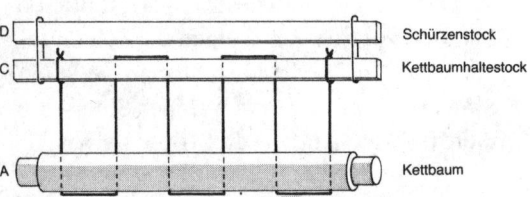

Der Schürzenstock, an dem die Zöpfe mit den Kettfäden und den beiden Geleseleisten hängen, wird am Kettbaumhaltestock angehängt

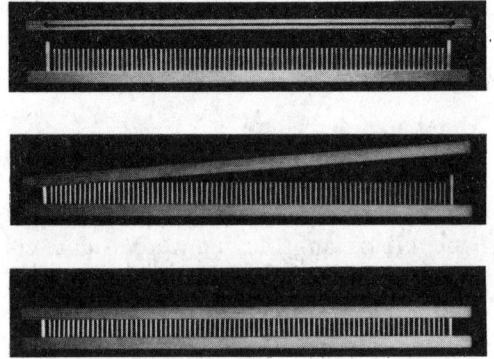

Der Reedekamm dient zum Ordnen der Kettfäden auf dem Webstuhl

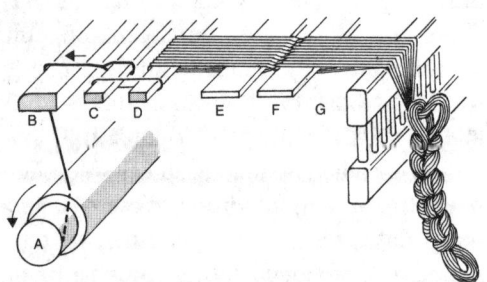

A Kettbaum, B Streichbaum, C Kettbaumhaltestock, D Schürzenstock, E und F Geleseleisten, G oberer Holm des Reedekamms

Nunmehr nimmt man den Schürzenstock, an dem die zu Zöpfen geflochtenen Kettfäden mit den beiden Geleseleisten hängen, in die Hand, bringt das alles in den Bereich

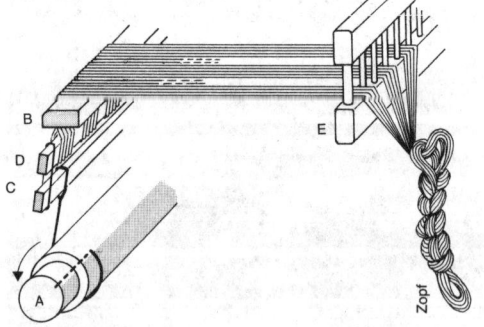

Die Zeichnung oben zeigt, wie die vielen Kettfäden im Reedekamm geordnet werden: A Kettbaum, B Streichbaum, C Kettbaumhaltestock, D Schürzenstock, E Reedekamm. Die Kette verläuft dann weiter nach rechts durch die Ösen der Litzen hin zur Blattlade und zum Warenbaum

Vom Reedekamm wird nun der obere Holm abgenommen, und die Kettfäden werden gleichmäßig auf die Zwischenräume zwischen den Sprossen des Reedekammes verteilt. Zu diesem Zweck werden die Fäden, mit denen die Fadenkreuze abgebunden worden sind, durchschnitten und herausgezogen. Danach wird der abgenommene Holm auf den Reedekamm gesetzt, so daß die Kette in gleichmäßiger Verteilung auf die gesamte Webbreite gesichert ist (Zeichnung links unten).

Das Ausbreiten der Kette

Als nächstes werden die Geleseleisten aus dem Fadenkreuz herausgezogen. Das Fadenkreuz löst sich auf, und die zum Zopf bzw. in Zöpfen geflochtene Kette wird über den Warenbaum gehängt. Das Ende der Kette am Warenbaum besteht ebenfalls aus Schlaufen, die durch Fadenkreuze gebildet

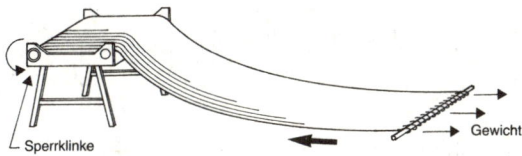

Das Aufwickeln der Kette macht man entweder zu zweit oder hängt an die Geleseleisten Gewichte. Das gleichmäßige Aufwickeln der Kette ist eine wichtige Voraussetzung beim Weben

sind. Durch diese Schlaufen wird eine Geleseleiste geschoben, dann der Zopf aufgezogen und die Kette der Länge nach sorgfältig am Boden ausgebreitet.Hebt man dann die Geleseleiste hoch, an der sämtliche Kettfäden im Fadenkreuz hängen, und zieht die Kette straff, so werden sämtliche Kettfäden gleichzeitig straff – vorausgesetzt, sie sind in gleicher Länge abgelängt, in gleicher Weise am Kettbaum befestigt und in den Reedekamm eingelegt worden.

Das Aufwickeln der Kette

Von seinem Gelingen hängt die ganze Weberei entscheidend ab. Sämtliche Kettfäden müssen absolut gleichmäßig nebeneinander auf dem Kettbaum aufgewickelt werden. Es reicht nicht aus, so lange zu drehen, bis die ganze Kette aufgewickelt ist. So würde die Kette ungleichmäßig aufgewickelt sein.
Die Kettfäden sollen unter leichter Spannung stehen, wenn sie auf den Kettbaum aufgewickelt werden. Zu diesem Zweck beschwert man die Geleseleiste am Ende der Kette, indem man Gegenstände an die Geleseleiste bindet – links, rechts, in der Mitte –, die beim Aufwickeln der Kette auf dem Fußboden schleifen. Die Spannung darf nicht so stark sein, daß die Kettfäden gedehnt werden (Zeichnung links).
Die Kette wird so langsam auf den Kettbaum aufgewickelt, durch Drehen des Kettbaums, daß immer genügend Zeit ist, die Kettfäden auf dem Streichbaum zu ordnen, wenn dies nötig ist, so daß immer ein Kettfaden neben dem anderen liegt. Man achte darauf, daß die Sperrklinke am Kettbaum einrastet, damit dieser sich nicht von allein zurückdrehen kann.
Trotz aller Sorgfalt kann es passieren, daß sich an bestimmten Stellen des Kettbaumes mehr Kettfäden aufwickeln als an anderen, was dazu führt, daß Kettfäden an solchen Stellen schneller aufgewickelt werden als die anderen (Zeichnung unten). Damit passiert aber, was unbedingt vermieden werden muß, daß nämlich die Kette ungleichmäßig aufgebäumt wird. So ungleichmäßig

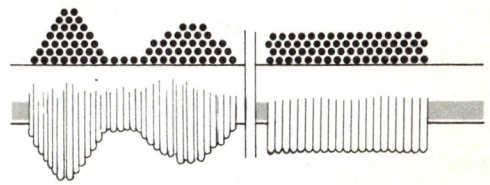

Im Querschnitt wird links gezeigt, wie die Kette falsch, rechts richtig aufgewickelt ist

wie die Kette aufgewickelt wird, so ungleichmäßig wird sie dann auch wieder zum Verweben freigegeben, und es leuchtet ein, daß kein gleichmäßiges Gewebe entstehen kann, wenn nur einige Kettfäden straff sind, andere aber mehr oder weniger durchhängen.

Dieses unregelmäßige Aufbäumen der Kette auf den Kettbaum wird dadurch verhindert, daß auf die bereits aufgewickelte Kette auf dem Kettbaum Trennstäbe gelegt werden, auf die die nächste Lage Kettfäden gewickelt wird (Zeichnung unten). Je mehr Trennstäbe verwendet werden, um so geringer ist die Gefahr, daß sich Kettfäden unregelmäßig aufwickeln. Man muß darauf achten, daß alle Kettfäden auf dem Trenn-

stab liegen und nicht einzelne Kettfäden am Rand des Trennstabes herunterfallen.

Das Aufwickeln der Kette auf den Kettbaum ist beendet, wenn noch so viel von jedem Kettfaden übrig ist, daß die Geleseleiste mit den Kettfäden ca. 40 cm vom Reedekamm herabhängt (Zeichnung links unten).

Jetzt wird die Geleseleiste herausgezogen, damit sich die Fadenkreuze auflösen, dann werden die Schlaufen durchgeschnitten, so daß die Kettfäden einzeln nebeneinander vom Reedekamm in gleicher Länge herabhängen.

Der Einzug der Kette durch die Schäfte

Der nächste Schritt besteht darin, jeden einzelnen Kettfaden durch die Öse einer Litze zu ziehen. Die Litzen sind je nach Bindung auf zwei oder mehr Schaftrahmen verteilt (siehe Seite 94). Der Möbelbezug-

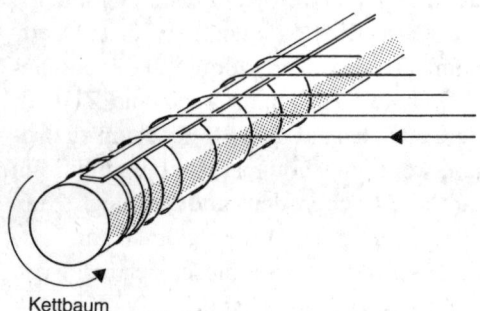

Kettbaum

Die Zeichnung oben zeigt die Funktion der Trennstäbe beim Aufwickeln der Kette

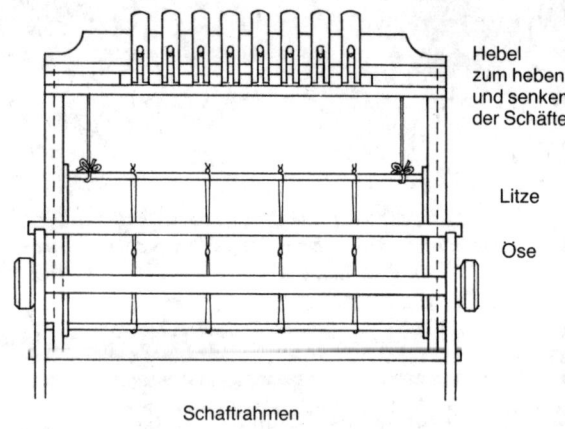

Hebel zum heben und senken der Schäfte

Litze

Öse

Schaftrahmen

Schaftkasten und Schaftrahmen des finnischen Webstuhls „Kothe Nordia"

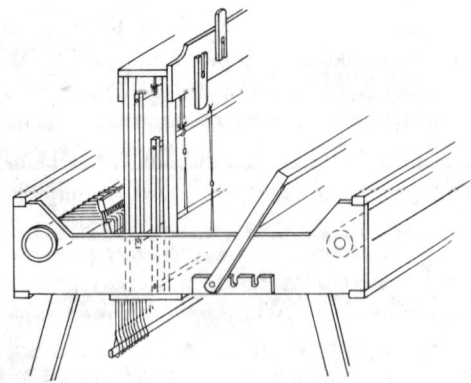

Das Aufwickeln der Kette ist beendet, wenn nur noch so viel von jedem Kettfaden übrig ist, daß die Geleseleisten mit den Fäden etwa 40 cm vom Redekamm herabhängen

stoff soll in Leinenbindung gewebt werden, für die zwei Schaftrahmen ausreichen, um die beiden benötigten Fächer A und B zu bilden (siehe Seite 71). Das heißt, daß die eine Hälfte der insgesamt 380 notwendigen Litzen in einen Schaftrahmen, die andere

Hälfte in den zweiten Schaftrahmen gespannt wird. Dies geschieht, indem die Schaftrahmen in dem Schaftkasten an den Handhebeln befestigt werden (Zeichnung S. 86). Der Schaftkasten wird dann in den Rahmen des Webstuhls eingesetzt und mit zwei Holzpflöcken auf jeder Seite gesichert. Nun wird mit dem doppelten Randkettfaden beginnend ein Kettfaden nach dem anderen mit dem Reihhaken (Zeichnung unten) durch die Öse der Litze gezogen. Jeder Kettfaden mit einer ungeraden Zahl, also der erste, dritte, fünfte usw. Kettfaden (der erste Kettfaden doppelt als Randkettfaden), wird durch eine Litzenöse des Schaft-

rahmens 1 gezogen, jeder Kettfaden mit einer geraden Zahl, also der zweite, vierte, sechste Kettfaden durch eine Litzenöse des Schaftrahmens 2. Die Schaftrahmen werden von der Seite des Warenbaums aus fortlaufend numeriert; der Schaftrahmen Nr. 1 ist also dem Warenbaum am nächsten (Zeichnung unten).

So wird beim Webstuhl „Kothe Nordia" die Blattlade mit dem Webblatt eingesetzt

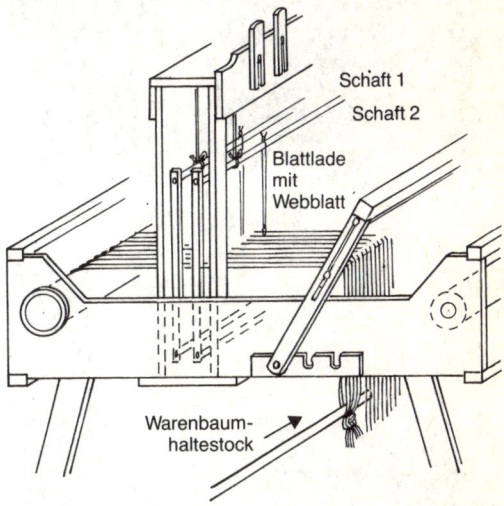

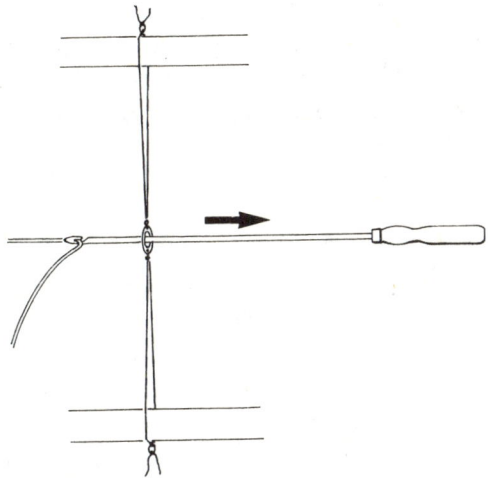

Das Durchziehen der Kettfäden durch die Litzenösen mit dem Reihhaken

Der Einzug der Kette durch das Webblatt

Nachdem sämtliche Kettfäden durch die Litzenösen der beiden Schaftrahmen eingezogen worden sind, wird die Blattlade mit dem Webblatt 50/10 in den Webstuhl ein-

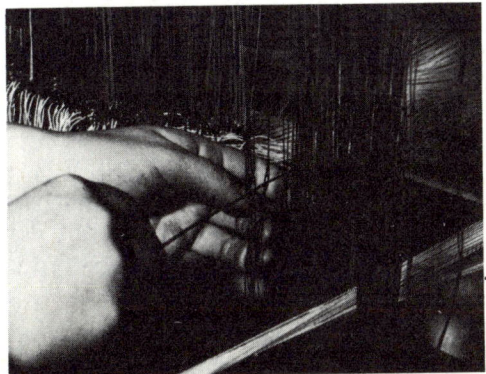

Mit dem Reihhaken werden die Kettfäden einzeln durch die Ösen der Litzen gezogen

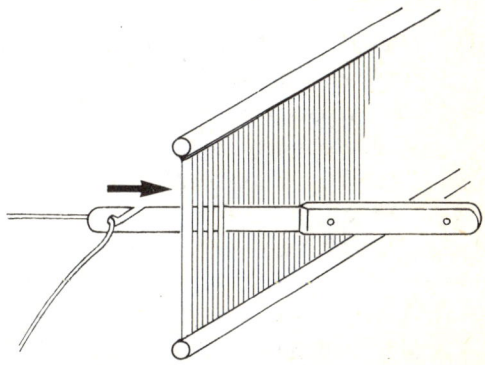

Die Kettfäden werden mit dem Blattstecher durch das Webblatt gezogen

gesetzt und jeder Kettfaden mit dem Blattstecher durch einen Schlitz des Webblattes = Riet gezogen (Zeichnung Seite 87 rechts).

Jeweils 10 Kettfäden werden nach dem Durchziehen durch die Riete an ihrem Ende miteinander provisorisch verknotet (Foto unten).

Die Kettfäden sind durch die Ösen der Litzen gezogen und provisorisch verknotet

Das Befestigen der Kettfäden am Warenbaum

Das geschieht im Prinzip genauso wie das Befestigen am Kettbaum: durch die Schlaufen, die durch das Verknoten der Kettfäden am Ende entstanden sind, wird eine Leiste geschoben. Am Warenbaum befestigt man in der gleichen Weise wie am Kettbaum (siehe Seite 84) einen Haltestock (Zeichnung mitte). Der Schürzenstock mit der Kette wird an den Warenbaumhaltestock angehängt und die Kette durch Drehen des Warenbaumes gespannt. Ein Sperrad am Warenbaum sorgt dafür, daß sich der Wa-

renbaum nicht von allein wieder zurückdrehen kann, so daß die Kette gespannt bleibt.

Bindungslehre

Die Bindungslehre macht uns mit den Gesetzen und Methoden vertraut, wie man beim Weben bestimmte Fadenmuster herstellt. Die Festigkeit des Gewebes und sein Aussehen hängen ganz entscheidend vom Fadenmuster – dem gesetzmäßigen Gefüge der sich überkreuzenden Fäden –, also der Struktur des Gewebes ab.

Die Weberei kennt eine außerordentlich große Zahl von Bindungen, doch lassen sich alle auf die drei Grundbindungen Leinen, Köper und Atlas und deren Ableitungen zurückführen.

Grundbegriffe

Der Teil der Bindung, der sich innerhalb eines Musters wiederholt, heißt Bindungseinheit oder Rapport (Zeichnungen S. 89, 90).

Als Ausgangspunkt zur Beurteilung der Bindungsstruktur eines Gewebes nimmt man den linken unteren Eckpunkt eines Gewebes. Das heißt, der erste Kettfaden ist der linke Kettfaden, und der erste Schußfaden ist der unterste Schußfaden des Gewebes. Das Fadenmuster wiederholt sich nun sowohl in der Breite als auch in der Länge eines Gewebes. Mit Kettrapport ist die Anzahl der Kettfäden gemeint, die notwendig ist, um eine bestimmte Bindungseinheit zu bilden; der nächste Faden, der auf den Kettrapport folgt, entspricht dem ersten Kettfaden. Mit dem Schußrapport wird die Anzahl der Schußfäden bezeichnet, die notwendig ist, um bestimmte Bindungseinheiten zu bilden; der nächste Schußfaden, entspricht dem ersten Schuß.

Patronenzeichnen

Zur schematischen Darstellung der Bindungen ist in der Weberei eine Symbolschrift entwickelt worden, das Patronenzeichen oder Patronieren, das in vielen Abwandlungen angewandt wird und deshalb dem Anfänger das Erlernen nicht gerade erleichtert.

Die Patrone ist die schematische Darstellung der Bindung eines Gewebes. Zum Patronenzeichnen benutzt man das Patronenpapier, auch Bindungspapier oder Musterpapier genannt, das aus lauter senkrechten und waagerechten Linien im Abstand von 2 oder mehr Millimeter besteht. Zur besseren Übersicht kann nach einer bestimmten Anzahl von senkrechten bzw. waagerechten Linien eine Linie verstärkt werden, so daß die Quadrate leichter abgezählt werden können.

Der Zwischenraum zwischen zwei senkrechten Linien stellt einen Kettfaden dar, der Zwischenraum zwischen 2 waagerechten Linien stellt einen Schußfaden dar. Die kleinen Quadrate auf Patronenpapier sind Kreuzungspunkte eines Kettfadens mit einem Schußfaden (Zeichnung unten).

Liegt bei einer Kreuzungsstelle der Kettfaden über dem Schußfaden, so spricht man von einer Hebung: das entsprechende

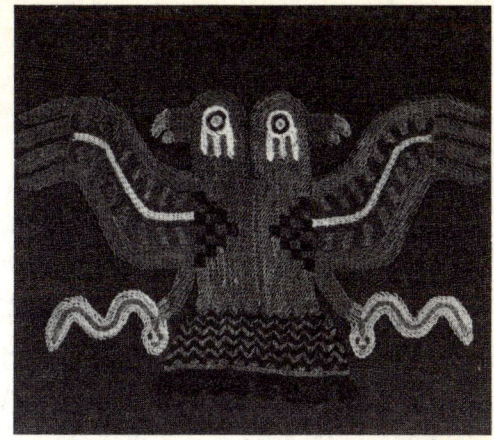

Das Foto oben zeigt einen gestickten roten Adler auf schwarzem Gewebe in Leinenbindung. Herkunft: Paracas-Necropolis, Peru

Quadrat wird farbig oder schwarz ausgefüllt. Liegt bei einer Kreuzung der Kettfaden unter dem Schußfaden, so spricht man von einer Senkung: das entsprechende Quadrat bleibt weiß.

Leinenbindung

Die einfachste und geschichtlich älteste Bindungsform ist die Fadenverflechtung, die vom Baumwoll- und Leinenweber als Leinwandbindung, vom Tuchweber als Tuchbindung bezeichnet wurde.

Die Leinenbindung kommt so zustande, daß der Schußfaden über einen und unter dem nächsten Kettfaden hindurchgeht. Das ist die Bindeform mit den häufigsten Verkreuzungen der Fäden. Für Kette und Schuß kann unterschiedliches Material verwendet werden

Bei der Leinenbindung ist die Fadenverkreuzung von Kett- und Schußfäden am häufigsten pro Quadratzentimeter und die engste von allen Bindungsformen. Infolge der engen Verflechtung von Kette und Schuß haben leinenbindige Gewebe größere Festigkeit als Stoffe in anderen Bindungsarten aus dem gleichen Material. Ihre Abnutzung ist geringer, dafür sind sie härter im Griff und haben ein körniges Aussehen, das auf beiden Seiten des Gewebes gleich ist; das nennt man beidrechtsseitig,

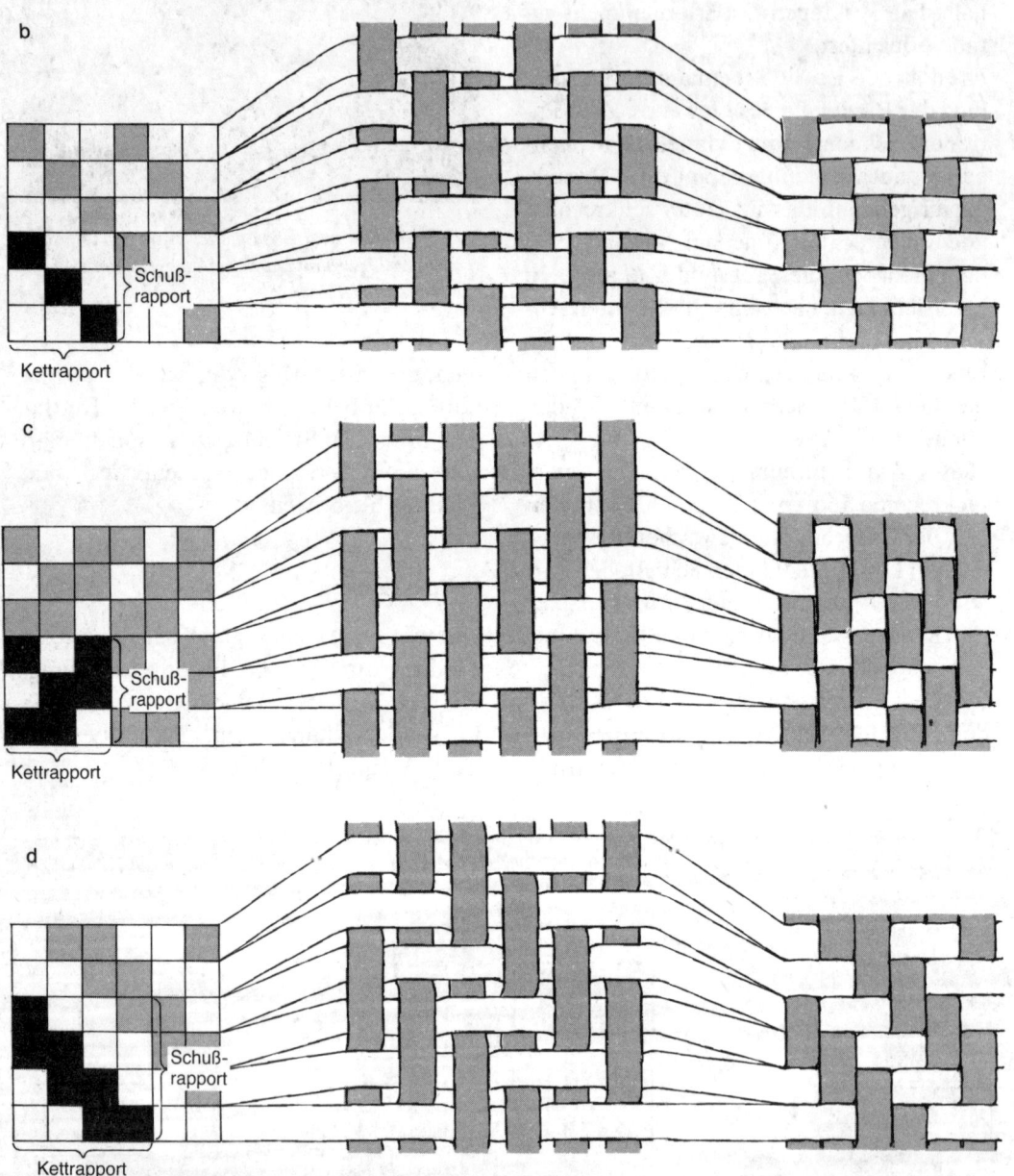

Zeichnung oben: Beim Schußköper sind in einem Bindungsrapport mehr Senkungen als Hebungen. Zeichnung Mitte: Beim Kettköper gibt es mehr Hebungen als Senkungen. Zeichnung unten: Beim gleichseitigen Köper sind pro Rapport genausoviele Schußfäden wie Kettfäden

90

was nichts mit rechts und links zu tun hat, sondern mit richtig im Sinne von: das ist die richtige Seite zum Anschauen, die Außenseite.

Die Leinenbindung kommt so zustande, daß der ins Fach eingelegte Schußfaden über dem ersten, unter dem zweiten, über dem dritten, unter dem vierten Kettfaden usw. liegt, während der nächste Schußfaden umgekehrt unter dem ersten, über dem zweiten, unter dem dritten und über dem vierten Kettfaden usw. liegt. Der dritte Schußfaden ist mit den Kettfäden in gleicher Weise verflochten wie der erste Schußfaden. Und so wiederholt sich der Vorgang fortwährend.

Der Rapport besteht also aus zwei Kett- und zwei Schußfäden.

Köperbindung

Die Köperbindung ist durch erhabene, schräglaufende (diagonale) Linien gekennzeichnet, den sogenannten Grat, der durch die stufenförmige Anordnung der Bindungspunkte zustande kommt. Das mit Köperbindung erzeugte Gewebe ist im allgemeinen schwerer, weicher im Griff und loser als Gewebe mit Leinenbindung.

Man unterscheidet Schußköper, Kettköper und gleichseitigen oder beidseitigen Köper. Beim Schußköper (Zeichnung b und Foto b) sind in einem Bindungsrapport mehr Senkungen als Hebungen, beim Kettköper entstehen mehr Hebungen als Senkungen, ist also mehr von den Kettfäden zu sehen, und beim gleichseitigen Köper (Zeichnung d und Foto d) sind pro Rapport genauso viele Schußfäden wie Kettfäden zu sehen.

Beim Kett- und beim Schußköper beträgt der Rapport mindestens 3 Kett- und 3

Fotos rechte Seite, a: Leinenbindung, b: Schußköper, c: S Köper, d: gleichseitiger Z Köper

91

Schußfäden, beim gleichseitigen Köper mindestens 4 Kett- und 4 Schußfäden.

In den meisten Fällen verläuft der Grat von links unten nach rechts oben. Man nennt das Z-Grat-Köper, weil einfaches Kettgarn immer Z-Drehungen (früher Rechtsdraht genannt) aufweist (Zeichnung d und Foto d). Der Grat scheint reiner, wenn er mit der Drehung des Garns verläuft, dagegen wirkt das Gewebe voller, wenn der Grat entgegen der Garndrehung verläuft.

Beim S-Grat-Köper läuft der Grat von rechts unten nach links oben (Zeichnung c und Foto c).

Atlasbindung

Die Atlasbindung, auch Satinbindung genannt, ist die loseste Verflechtung der Kette mit dem Schuß. Die Bindepunkte sind nach einer bestimmten Ordnung regelmäßig über das Gewebe verteilt. Der kleinste Rapport besteht aus 5 Kettfäden und 5 Schußfäden. Das Gewebe ist weich, glatt und glänzend, aber nicht so dicht wie bei der Köperbindung. Beim Schußatlas (Zeichnung Seite 90 b) wird die Schauseite des Gewebes durch den Schuß gebildet, beim Kettatlas durch die Kette (Seite 90 c). Dadurch, daß beim Atlas der Schuß immer erst wieder mit jedem fünften oder achten usw. Kettfaden bindet, liegen Kette oder

Schuß auf der Rückseite des Gewebes eine gewisse Strecke frei; sie flottieren, wie man sagt. Durch diese Flottierungen oder Flottungen sind Gewebe in Atlasbindungen weniger haltbar als solche des gleichen Materials in Köper- oder Leinenbindung.

Die Farbpatrone

Die Zeichnung S. 94 weisen in ihrem Teil A alle die gleiche Bindungspatrone auf, nämlich Leinenbindung. Trotzdem sieht der Stoff jeweils ganz anders aus, wie Teil D dieser Zeichnungen zeigt: Farbmuster in Form von Längsstreifen, Querstreifen und Karos sind entstanden.

Querstreifen entstehen bei verschiedenfarbigen Schußfäden, während die Kettfäden einfarbig sind. Längsstreifen entstehen bei mehrfarbigen Kettfäden und einfarbigen Schußfäden. Karos entstehen beim Zusammentreffen von mehrfarbigen Kettfadenbündeln mit mehrfarbigen Schußfadenbündeln, wobei die Fadenbündel sowohl bei Kette als auch bei Schuß verschieden sein können.

Mit Hilfe der Farbpatrone kann man sich das Farbmuster des entstehenden Gewebes schon vorher veranschaulichen, indem man – wie dies die Zeichnung Seite 94 zeigt – die tatsächliche Farbe der Sichtseite der Kett-

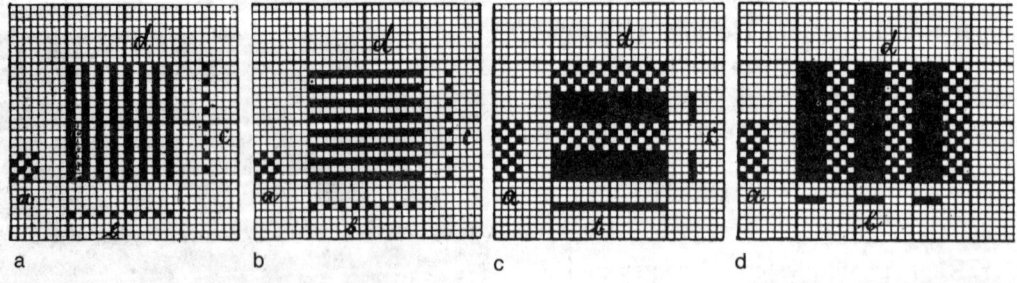

a   b   c   d

Patronen für Leinenbindung. Durch den Wechsel der Farbe für die Kettfäden bzw. für die Schußfäden bekommt das Gewebe ein völlig anderes Aussehen, obwohl die Bindungsform, also die Struktur des Gewebes immer die gleiche ist. Die Zeichnungen a–g zeigen, wie man bei Leinenbindung feine Längsstreifen (a), feine Querstreifen (b), breite Querstreifen (c), breite Längsstreifen (d) und Kombinationen e–g erhält

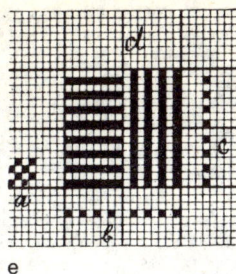

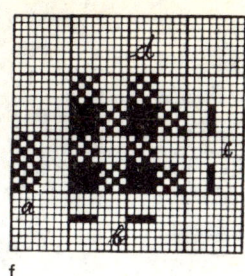

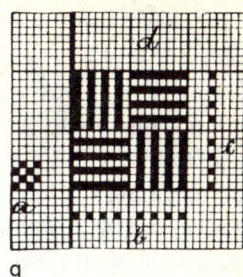

e   f   g

fäden und Schußfäden auf das Patronenpapier zeichnet. In der Zeichnung S. 94 wurde die Verwendung von weißem und schwarzem Garn zur Farbmusterbildung dargestellt. Ein schwarzes Karo in Teil B jeder Zeichnung entspricht einem schwarzen Kettfaden, ein weißes Karo einem weißen Kettfaden. Entsprechendes gilt für die schwarzen und weißen Karos in Teil C jeder Zeichnung, in dem die Schußfäden in ihrer Farbe schwarz oder weiß dargestellt sind.

Kombiniert man die Teile A, B und C jeder Zeichnung miteinander, so erhält man die Farbpatrone D, die das Farbmuster zeigt. Dieses Kombinieren geschieht in folgender Weise: Jedes Karo der Farbpatrone stellt einen Kreuzungspunkt eines Kettfadens mit einem Schußfaden dar. Bei einer Hebung ist der Kettfaden zu sehen, bei einer Senkung der Schußfaden. Ob an einer bestimmten Stelle der Farbpatrone eine Hebung oder Senkung vorliegt, ergibt sich aus

Das Foto unten zeigt eine Reihe peruanischer Bandwebereien, sie sind von ihren ornamentalen Mustern her gut als Anregung für eigene Arbeiten geeignet. Nach ihrem Vorbild kann man Gürtel und Bänder weben

der Bindungspatrone = Teil A. Steht fest, daß an einer bestimmten Stelle im fertigen Gewebe der Kettfaden zu sehen ist, so braucht man nur noch in der gleichen Spalte nach unten bis zu Teil B zu schauen, findet die Angabe über die Farbe und kann dann die Farbe in die Farbpatrone eintragen. Entsprechendes gilt für den Fall, daß an einer bestimmten Stelle der Farbpatrone der Schußfaden zu sehen ist: Teil C der Patrone gibt Auskunft, welche Farbe der Schußfaden hat. So kann mosaikartig das Farbmuster des Gewebes mit den entsprechenden Farben aufgemalt werden.

Um den Unterschied zwischen Farbpatrone und Bindungspatrone nochmals deutlich zu machen: Schwarz in der Farbpatrone bedeutet die Farbe Schwarz; schwarz in der Bindungspatrone bedeutet keine Farbe, sondern zeigt, daß an dieser Stelle der Kettfaden über dem Schußfaden liegt.

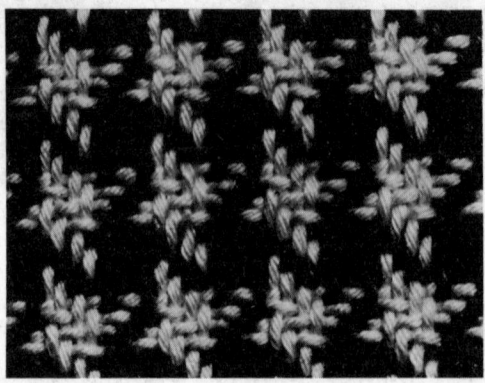

Längsfischgrat K 2/2, eine Köperbindung, deren webtechnische Entwicklung unten dargestellt ist

Der Einzugsplan

Der Einzugsplan, der ebenfalls auf Patronenpapier gezeichnet wird, gibt an, in welche Schäfte (genauer: durch welche Öse der Litze in einem bestimmten Schaftrahmen)

Hier findet man sämtliche technische Angaben, die man für das Weben benötigt: Aus der Bindungspatrone A, der Farbfolge der Kettfäden B, und der Farbfolge der Schußfäden C entsteht die Musterzeichnung

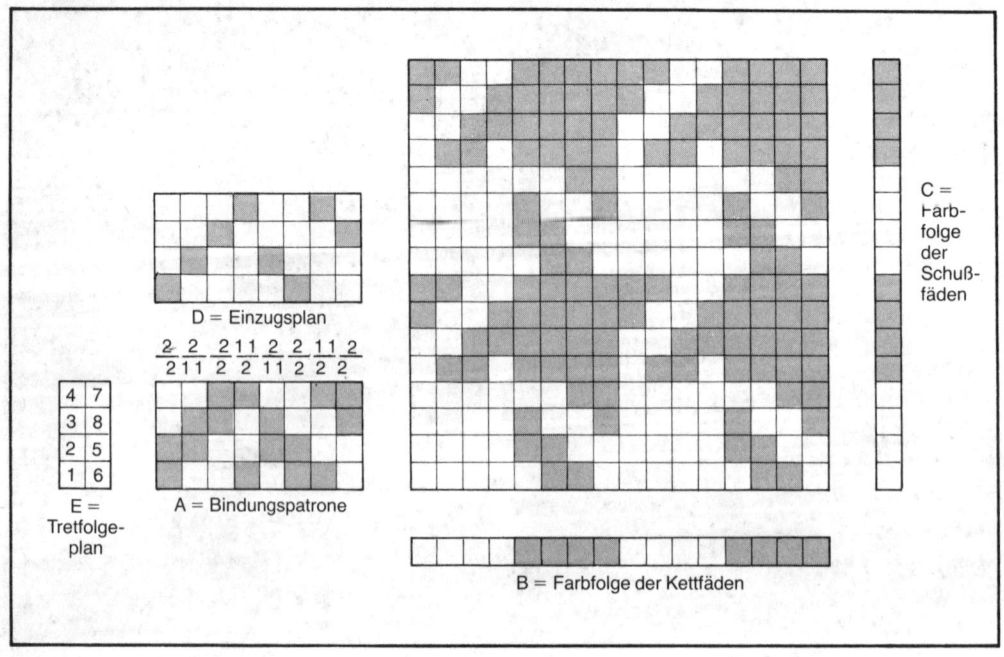

D = Einzugsplan

C = Farbfolge der Schußfäden

E = Tretfolgeplan

A = Bindungspatrone

B = Farbfolge der Kettfäden

jeder Kettfaden eingezogen werden muß. Auf dem Patronenpapier bedeutet jede senkrechte Reihe wie bei der Bindungspatrone einen Kettfaden, jedoch bedeutet diesmal jede waagrechte Reihe einen Schaft. Auf dem Webstuhl werden die Schaftrahmen von vorne nach hinten gezählt; der Schaftrahmen, der dem Warenbaum am nächsten ist, ist also der Schaftrahmen Nr. 1. Auf dem Patronenpapier stellt die unterste waagrechte Reihe den Schaftrahmen Nr. 1 dar. Das ausgemalte Quadrat in der Patrone bedeutet also, daß ein Kettfaden durch die Öse einer Litze eines bestimmten Schaftrahmens gezogen werden muß.

Ausgangspunkt ist die Bindungspatrone. Dabei interessiert lediglich ein Kettrapport, denn in allen anderen Rapporten wiederholt sich der für einen Kettrapport gefundene Einzugsplan. Es gilt: Alle Kettfäden in einem Rapport, die die Schußfäden in gleicher Weise kreuzen bzw. binden, werden durch Litzenösen desselben Schaftrahmens gezogen. Alle Kettfäden in einem Rapport, die die Schußfäden in verschiedener Weise kreuzen bzw. binden, werden durch Litzenösen verschiedener Schaftrahmen gezogen.

Um narrensicher herauszufinden, ob ein Kettfaden die Schußfäden in gleicher oder in verschiedener Weise kreuzt wie andere Kettfäden, zählt man für den ersten und jeden folgenden Kettfaden im Rapport ab, über wie viele bzw. unter wie vielen Schußfäden er läuft, und schreibt dies der Reihenfolge nach auf. Dabei verwendet man einen Bruchstrich und schreibt Hebungen auf den Strich und Senkungen unter den Strich. Damit bekommt man für jeden Kettfaden eine Formel. Jeder Kettfaden im Rapport mit der gleichen Formel wird durch Litzenösen des gleichen Schaftes gezogen.

Eine neue Formel bedeutet, daß der dazugehörige Kettfaden durch Litzenösen eines neuen Schaftes gezogen werden muß, denn

Gewebe aus Peru mit ornamentaler Aufteilung und Fransenabschluß

die neue Formel gibt an, daß dieser Kettfaden die Schußfäden im Unterschied zu den bisher beurteilten Kettfäden in einer noch nicht dagewesenen Art kreuzt.

Die Zeichnung S. 94 zeigt für einen Längsfischgrat, einer Kombination aus Z- und S-Grat-Köper, die Bindungspatrone, die Farbpatrone in Schwarz-Weiß und den Einzugsplan als Teil E der Patrone. Das Foto Seite 94 zeigt das fertige Gewebe.

Der Tretfolgeplan

Ein Tretfolgeplan ist bei einem zweischäftigen Webstuhl bzw. bei jedem Webrahmen überflüssig, weil es bei einem solchen Webgerät nur zwei Möglichkeiten der Fachbildung gibt: einmal ist der Schaftrahmen 1 oben und der Schaftrahmen 2 unten oder umgekehrt.

Wenn die Kette nach den Angaben des Einzugsplanes durch die Litzenösen der verschiedenen Schäfte eingezogen und gespannt worden ist, so muß noch, bevor das Weben beginnen kann, geklärt werden, in welcher Reihenfolge die verschiedenen Schäfte gehoben und gesenkt werden, damit auch das beabsichtigte Bindungs- und Farbmuster entsteht. Diese Aufgabe erfüllt

der Tretfolgeplan. Dem Begriff „Tretfolgeplan" liegt zugrunde, daß bei den größeren Standwebstühlen die Schaftrahmen mit Hilfe von Tritten gehoben und gesenkt werden. Natürlich ist auch bei einem mehrschäftigen Tischwebstuhl, bei dem die Schäfte mit Hebeln bedient werden, eine Tretfolgeplanung erforderlich.

Den Tretfolgeplan schreibt man als Teil F auf das Patronenpapier neben den Bindungsplan. Dabei bedeutet die senkrechte Spalte diesmal einen Schaftrahmen, während die waagerechte Seite ein Fach für einen Schußfaden darstellt (Seite 94 unten). In jeder Zeile eines Rapportes wird festgestellt, welcher Schaft oder welche Schäfte zusammen gehoben werden müssen, damit das gewünschte Fach für jeden Schußfaden im Schußrapport entsteht.

Bindungsarten

Aus dem großen Reichtum an Bindungen werden nur wenige, aber weitverbreitete Ableitungen der Grundbindungen dargestellt, die alle zur Gruppe der Bindungen für einkettige und einschüssige Gewebe gehören (Zeichnungen und Fotos Seite 96, 97).

Das Foto unten und die Fotos auf der nächsten Seite zeigen folgende Grundbindungsarten a: Panama, b: Mehrgratköper, c: Steilgratköper, d: Spitzkaro, e: Kreuzköper, f: Panama. Die dazugehörenden Zeichnungen stellen die Bindungspatronen mit jeweils einem Rapport dar.

Es handelt sich um schwierigere Bindungen, an die sich der Anfänger nicht gleich wagen wird. Für das richtige Verständnis der Weberei ist es jedoch interessant auch die komplizierteren technischen Vorgänge zu kennen.

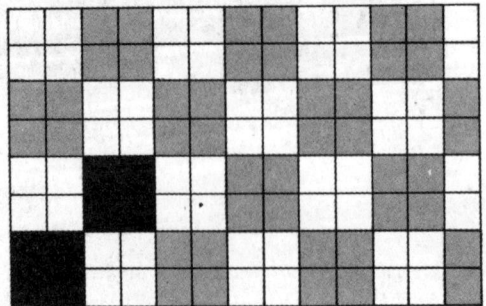

a

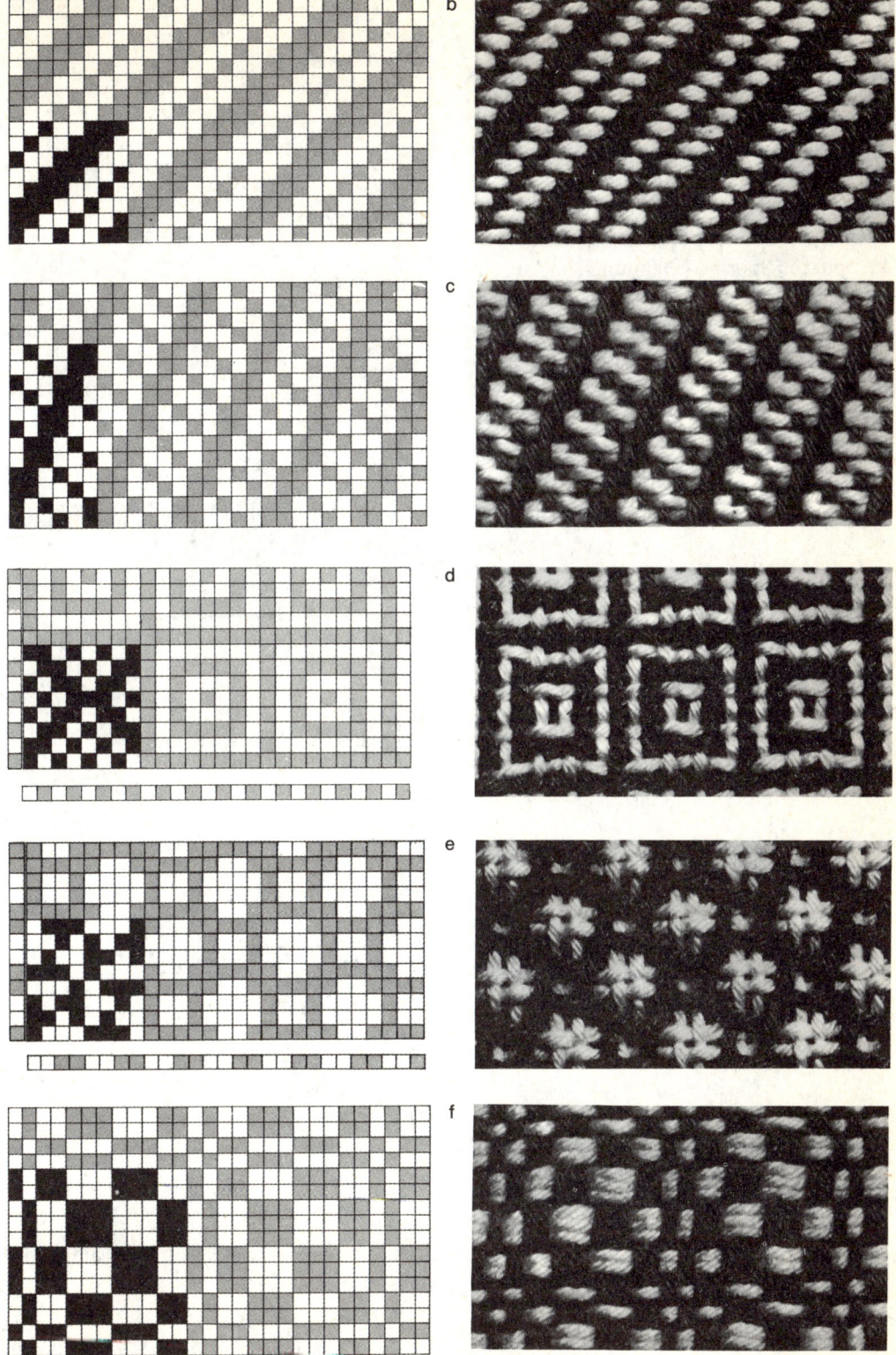

b

c

d

e

f

Der Arbeitsablauf beim Weben

Handschütz, Handspulrad und Garnhaspel

Der Handschütz, eine besondere Art des Weberschiffchens, ist das Gerät, mit dem der Schußfaden in das Fach eingelegt wird. Der Handschütz ist im Mittelteil ausgehöhlt. In der Aushöhlung ist ein herausklappbarer Sporn (Zeichnung a). Auf den Sporn wird die Spule gesteckt, auf die mit Hilfe eines Handspulrades der Schußfaden gewickelt wurde (Zeichnung b). Der Faden läuft dann durch eine Porzellanöse aus dem Handschütz heraus (Zeichnung c).

Wenn der Handschütz mit der Hand durch das Fach geworfen wird, wickelt sich der

d: Ein Gefäß mit hohem Rand benutzt man, damit das Knäuel beim Abziehen des Fadens nicht herausspringt
e: Garnkapsel
f: Handspulgerät

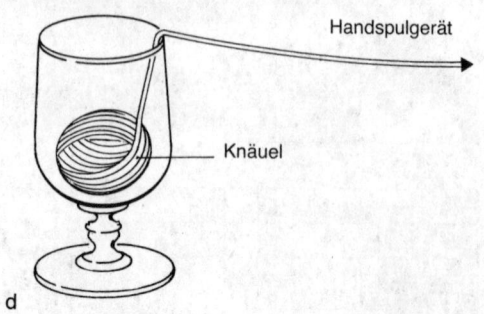

d

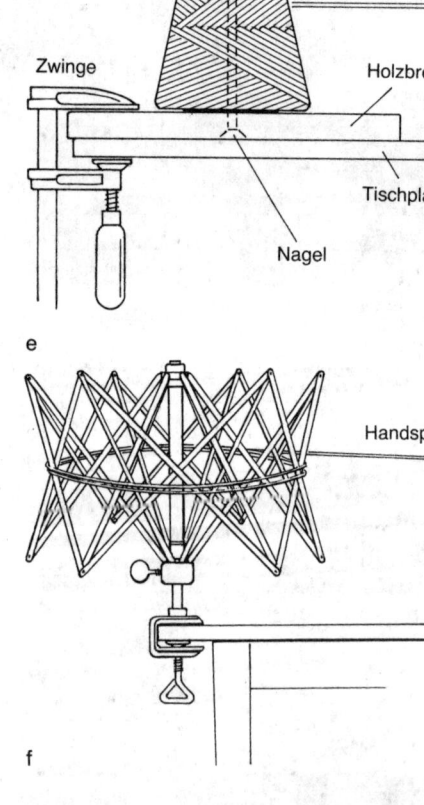

e

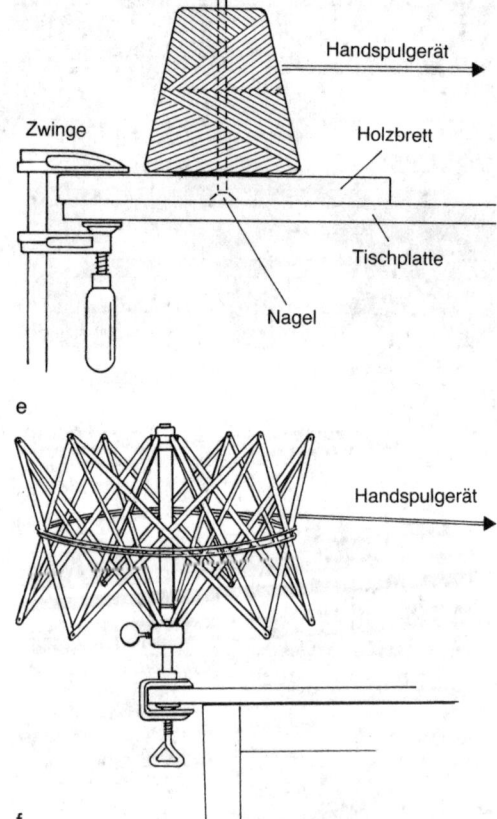

f

a: *Handschütz mit Dorn und leerer Spule*
b: *Handspulrad mit leerer Spule*
c: *Handschütz mit gefüllter Spule*

Schußfaden von der Spule im Innern des Handschützes ab.

Schußfäden sind entweder als Knäuel, als Docke oder auf einer Spule aufgespult im

Handel zu erhalten. Um den Schußfaden auf die Spule des Handschützes zu wickeln, legt man den Knäuel in ein Gefäß mit so hohem Rand, daß das Knäuel beim Abziehen des Fadens nicht herausspringt (Zeichnung d). Für das Abwickeln des Garns von der Docke verwendet man die Garnhaspel (Zeichnung e). Für das Abwickeln des Fadens von einer Spule dient ein Spulenhalter. In seiner einfachsten Form ist das ein kräftiger Nagel, der durch ein Brett geschlagen wurde; das Brett wird mit einer Zwinge an die Tischplatte geklemmt (Zeichnung f).

Es verlangt einige Übung, bis man den Handschützen so durch das Fach werfen kann, daß er nicht – mit zuwenig Schwung – im Fach liegen bleibt, mit zuviel Schwung an der fangbereiten Hand vorbeischießt und zu Boden fällt oder weil der Handschütz einen falschen Schwung bekommen hat, die Kettfäden nach oben oder unten durchschießt, also das Fach verläßt. Anfangs kann man in das Fach eine Geleseleiste einlegen und den Handschütz auf der Geleseleiste durch das Fach gleiten lassen.

Um die Büschel von Kettfäden in parallele Lage zu bekommen, webt man mit einer Einteilungsschnur

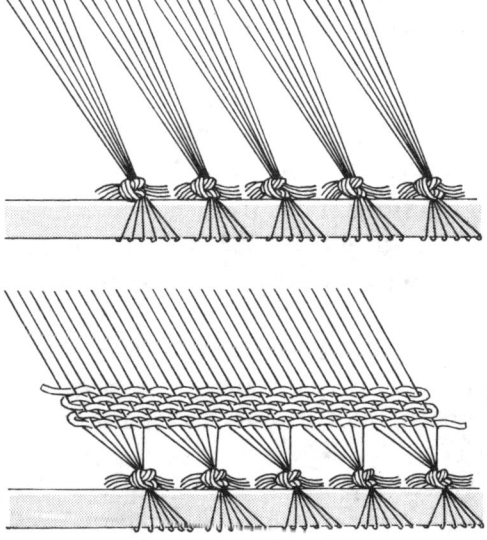

Kopfstück und Einteilungsschnur

Bei großen Webstühlen gibt es eine besondere Vorrichtung, auf der der Handschütz durch das Fach gleitet, die Schnellade.

Weil die Kettfäden büschelweise und nicht einzeln am Warenbaumhaltestock angebunden sind, entstehen zwischen den Büscheln freie Stellen. Ein gleichmäßiges Gewebe bedingt jedoch, daß die Kettfäden in

Ripsbindungen, eine Form der Leinenbindung. Die Schußfäden werden so stark angeschlagen, daß die Kettfäden nicht zu sehen sind. Die Muster entstehen durch verschieden farbige Schußfäden

99

gleichen Abständen parallel nebeneinanderlaufen. Um das zu erreichen, wird zu allem Anfang ein wenig Zentimeter breites Kopfstück gewebt, bis die Kettfäden in den gewünschten gleichen Abständen laufen und ein gleichmäßiges Gewebe entsteht.

Das gleiche Ziel erreicht man mit Hilfe einer Einteilungsschnur (Seite 99 links), welche die Kettfäden in gleichen Abständen sortiert.

Der Webstuhl „Kothe Nordia"

Die Schaftrahmen 1 und 2 sind in ihrer Ausgangsstellung, die Handhebel zeigen also nach oben. Um das Fach A (Seite 75) zu bilden, wird der Handhebel 1 nach unten umgelegt. Der Schaftrahmen 1 wird da-

Finnischer Webstuhl, 80 cm breit mit 8 Schäften, die durch Hebel bedient werden

durch gehoben, und Fach A ist entstanden. Der erste Schußfaden wird eingelegt: den Handschütz hält man mit Daumen, Mittel- und Ringfinger, legt den Handschütz auf die straff gespannten Kettfäden der Unterseite des Faches und gibt ihm mit dem Zeigefinger einen Stoß, so daß er über die Kettfäden durch das Fach bis an den anderen Rand der Kette gleitet. Dieser erste Schußfaden des Gewebes wird geradegezogen. Der Handhebel 1 wird wieder nach oben geklappt, Handhebel 2 nach unten umgelegt: Fach B ist entstanden. Der Handschütz wird jetzt durch das Fach B zurückgeworfen – und das gilt von jetzt an für jeden weiteren Schußfaden –: der Schußfaden muß in einem schrägen Bogen im Fach liegen, bevor er mit dem Webblatt in der Blattlade an das Gewebe angeschlagen wird. Würde der Schußfaden in gerader Linie durch das Fach durchgeschossen und dann angeschlagen werden, so wäre er zu kurz für das Verweben mit der Kette und würde die Kettfäden zusammenziehen; im Gewebe entstünde eine Taille. Dann wird wieder Fach A gebildet und der Handschütz wieder durch das Fach geworfen, und so entsteht ein rhythmischer Arbeitsablauf: das Weben.

Sobald das Weben des Kopfstückes dazu geführt hat, daß die Kettfäden in gleichmäßigen Abständen in das Gewebe laufen, wird mit der eigentlichen Webarbeit begonnen, unmittelbar an das Kopfstück anschließend.

Das Anschlagen der Blattlade an den eingelegten Schußfaden muß völlig gleichmäßig sein, wenn ein gleichmäßiges Gewebe entstehen soll.

Der Schußfaden läuft um den Randkettfaden (der zur Verstärkung in der Regel verdoppelt wird) herum. Es verlangt einige Übung, daß eine gerade und gleichmäßige Webkante entsteht. Der Schußfaden darf nicht in Schlingen überstehen und darf auch nicht die Kantenkettfäden einziehen. Für den Anfänger ist die größere Gefahr, daß die Kantenkettfäden eingezogen werden, was die Folge haben kann, daß das Webblatt beim Anschlagen die Kettfäden zerschneidet, weil sich die Abstände im Webblatt nicht ändern.

Ist der Schußfaden auf der Spule im Handschütz zu Ende und soll mit dem gleichen Faden weitergewebt werden, so wird der neue Schußfaden einige Zentimeter neben den alten Schußfaden gelegt. Die dadurch entstehende Verdickung ist bei den üblicherweise als Schußfäden in Frage kommenden Fadenstärken im fertigen Gewebe nicht zu sehen. Bei stärkeren Fäden halbiert man sowohl das Ende des alten Schußfadens als auch den Anfang des neuen Schußfadens und legt die beiden Häften der beiden Schußfäden übereinander.

Will man die Farbe des Schußfadens wechseln, so kann man in gleicher Weise vorgehen. Wenn jedoch die Farbstufe in der Bahn des neu angesetzten Schußfadens stört, dann muß man das Ende des alten und den Anfang des neuen Schußfadens an der Webkante überhängen lassen und die Enden nach Abnehmen der Webarbeit versäubern (siehe Seite 102).

Gewebt wird, solange das Fach groß genug ist zum Durchwerfen des Handschützen und genug Platz ist zum Anschlagen mit der Blattlade. Danach muß die Kette nachgeführt werden. Zu diesem Zweck wird die Sperrklinke am Kettbaum gelöst, ein Stück Kette nachgegeben und die Sperrklinke wieder eingerastet, damit nicht mehr Kette vom Kettbaum abgewickelt wird, als zum Nachführen notwendig ist. Dann wird am Warenbaum so viel vom fertigen Gewebe aufgewickelt, daß mit der Blattlade noch

Ausschnitt aus einem südperuanischen Mantel in Schlitztechnik. 400 – 500 n. Ch., Nazca Tal

101

angeschlagen werden kann. Die Kettfäden werden am Schluß wieder in die gleiche Spannung wie zuvor gebracht, und das Weben geht weiter.

Reparatur eines gerissenen Kettfadens

Wenn ein Kettfaden gerissen ist, bindet man einen Faden des gleichen Materials an den alten Kettfaden in dem Bereich zwischen Kettbaum und Schaftkasten an. Der Faden wird dann durch die zum gerissenen Kettfaden gehörende Öse und den Schlitz im Webblatt geführt und mit einer Nadel auf dem bereits fertigen Gewebe festgesteckt. Ist der Kettfaden im Gewebe gerissen, wird das neue Kettfadenstück vor dem Befestigen mit der Nadel am Gewebe mit einer Webnadel über und unter die Schußfäden gezogen, so wie der Kettfaden verlaufen muß. Zum Schluß läuft der Reparaturfaden mehrere Zentimeter neben dem alten Kettfaden.

Kürzen eines zu langen Kettfadens

Bei einem zu langen Kettfaden steckt man das Stück, das zuviel ist, mit einer Nadel am fertig gewebten Stoff fest. Nach Abnahme der Webarbeit vom Webstuhl läßt sich der Kettfaden in manchen Fällen zumindest teilweise in das Gewebe einziehen. Geht das bei festen und dichten Geweben nicht, so schneidet man die vom zu langen Kettfaden gebildeten Schlaufen in der Mitte durch und zieht die Enden mit der Nadel in das Gewebe ein.

Ungeeignet ist die häufig angewandte Methode, den lockeren Kettfaden mit einem Papier- oder Holzknebel nachzuspannen. Das hilft zwar im Augenblick, man wird aber beim Nachführen der Kette feststellen, daß der Fehler nur größer geworden ist.

Abschlußarbeiten

Der letzte Schußfaden ist gewebt. Nun wird das Gewebe vom Kettbaum abgeschnitten. Bei Geweben aus glatten Fasern und bei lockeren Geweben besteht die Gefahr, daß erst der letzte, dann der vorletzte und so weiter Schußfaden aus der Bindung herausfällt und das Gewebe sich auflöst. Man muß also in diesen Fällen das Gewebe sichern: Die Kettfäden dürfen nur in ausreichend großem Abstand vom letzten Schußfaden abgeschnitten werden. Die Kettfädenenden werden miteinander verknotet. Das kann der Beginn zu einer Franse sein, die als drei- oder viersträngiger Zopf geflochten (siehe Seite 124) oder wie eine Makrameearbeit geknüpft werden kann (siehe Seite 22). Die Kettfädenenden können auch zu einem glatten Rand verflochten werden.

Dann wird das Gewebe versäubert, d. h. alle herausragenden Kett- und Schußfäden werden in das Gewebe eingezogen, notfalls auch vernäht. Bei genügend dichten Geweben kann der Faden abgeschnitten werden. Speziell Teppiche können unterfüttert, die Ränder gesäumt und mit Teppichborte unterlegt werden. Durch Spannen, Dämpfen und Waschen können Form und Aussehen der Webarbeit gesteigert werden. Darüber, sowie über Pflege- und Reparaturarbeiten wird spezielle Literatur über Teppiche im Anhang empfohlen. Anregungen findet man auch im Kapitel „Teppichknüpfen"

Weben mit dem Webrahmen

Auf den Seiten 75, 76 ist das Grundprinzip jedes Webrahmens dargestellt. Es gibt eine Reihe empfehlenswerter Webrahmen zwischen 40 und 100 cm Webbreite. Hier wurde der Kircher Flachwebrahmen WU verwendet, der mit Hilfe weniger Handgriffe in einen Hochwebrahmen verwandelt werden kann.

Die Zeichnung unten zeigt, wie man die Kettfäden am Kettbaum und am Warenbaum befestigt. Die Zähnchen müssen beim Aufwickeln der Kette auf den Kettbaum und beim Aufwickeln auf den Warenbaum, beim Nachführen der Kette während des Webens mit einem Pappstreifen abgedeckt werden, damit nicht Kettfäden zum Teil auf den Zähnen und zum Teil in den Lücken zu liegen kommen, weil dann die Spannung der Kettfäden unterschiedlich wird.

Mit einem Webrahmen kann man nur zwei Fächer bilden: Hochfach und Tieffach (siehe Seite 75). Damit können sämtliche Arten der Leinenbindung (siehe Seite 89) gewebt werden.

Der Schußfaden wird mit der Anschlaggabel angeschlagen (siehe Seite 75 und Foto Seite 76).

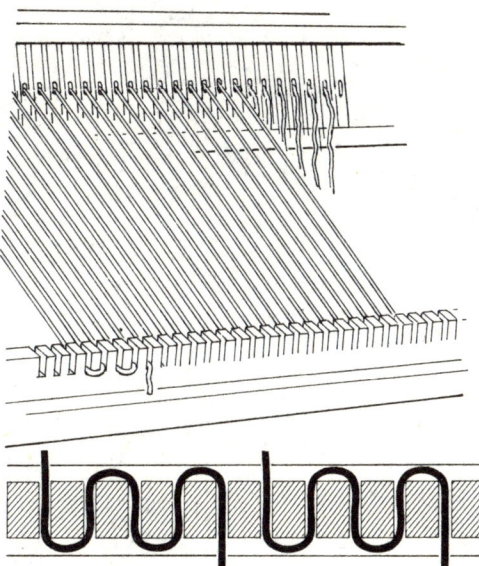

Die Befestigung der Kettfäden am Kett– und Warenbaum des Webrahmens

Das Weben eines Fleckerlteppichs

Der Fleckerlteppich von Seite 74 wurde mit einem Kircher Webrahmen mit 80 cm Breite gewebt. Es werden vier Bahnen von 2 m Länge und 75 cm Breite gewebt, die man dann zusammennäht. Für diese Aufgabe muß die Kette für jede Teppichbahn nicht viermal, sondern nur einmal aufgebäumt werden. Wenn die ersten 2 m gewebt sind, wird die Teppichbahn zwischen Webkamm und Warenbaum abgeschnitten, die restliche Kette neu am Warenbaum befestigt und gespannt. Dabei muß man darauf achten, daß die Kettfäden nicht aus den Schlitzen und Löchern des Webkammes herausfallen.

Die Berechnung der Kettfädenlänge:

Gewebelänge 4 mal 2 Meter	= 800 cm
Längenschwund 10%	= 80 cm
Befestigung der Kette am Kettbaum	= 10 cm
Kettbaumabfall	= 30 cm
Befestigung der Kette am Warenbaum	= 10 cm
Warenbaumabfall	= 15 cm

Abstand zwischen zwei Webstücken, die auseinandergeschnitten werden:

Fransen	= 15 cm
Befestigung am Kettbaum	= 10 cm
Warenbaumabfall	= 15 cm
zusammen 40 cm mal 3	= 120 cm

ergibt zusammen 10,65 Meter der Länge der Kette.

Es wird ein Webkamm 20/10 verwendet. Das Kettmaterial ist ein Leinenfaden der Stärke NE 12/9, ein außerordentlich strapazierfähiger Faden. Als Schußfäden verwendet man Stoffstreifen von 2–4 cm Breite. Stoffstreifen können aus alten Kleidern und Geweben aller Art geschnitten werden. Man kann auch Nesselstoff, alte Bettücher und helle einfarbige und gemusterte Stoffe selber färben und in Streifen schneiden. Man kann die Streifen aneinandernähen, aber auch (wenn einen nicht stört, daß aus dem fertigen Gewebe einzelne Stoffecken herausschauen), den zur Verfügung stehenden Stoff zu einem einzigen Streifen zuschneiden, indem man außen am Stoffstück beginnend und allen Biegungen des Stoffstückes folgend einen Streifen abschneidet, bis nichts mehr übrig ist.

Bildweben, Gobelintechnik

Formen, aus denen sich ein Bild zusammensetzt, entstehen dadurch, daß der Schußfaden nicht über die gesamte Webbreite in das Fach eingelegt wird, sondern – entsprechend dem Entwurf – nur über ein Stück. Die anderen Stücke der Schußbahn bestehen aus Schußfäden anderer Farbe oder anderer Fadenqualität, werden in einer anderen Bindungsform gewebt oder bleiben einfach leer. Gewebt wird nicht mehr mit dem Webschiffchen, sondern mit dem Puschel oder mit der Webnadel Seite 69 rechts oben.

Es gibt mehrere Möglichkeiten, wie das Aneinandergrenzen von Flächen verschiedener Farbe oder Fadenstruktur gewebt werden kann:

Kelim- oder Schlitztechnik: Die aneinanderstoßenden Schußfäden in der gleichen Schußbahn werden weder ineinander verhängt noch um den gleichen Kettfaden geschlungen. So entstehen Schlitze, die man später auf der Rückseite von hinten zunähen oder, als Gestaltungselement, offen lassen kann (Zeichnung a).

Die Gobelintechnik gibt es als Einhänge- und als Umlegetechnik. Einhängetechnik: Die Schußfäden werden vor dem Umkehren zwischen zwei Kettfäden ineinander eingehängt (Zeichnung b). Bei der Umlege-

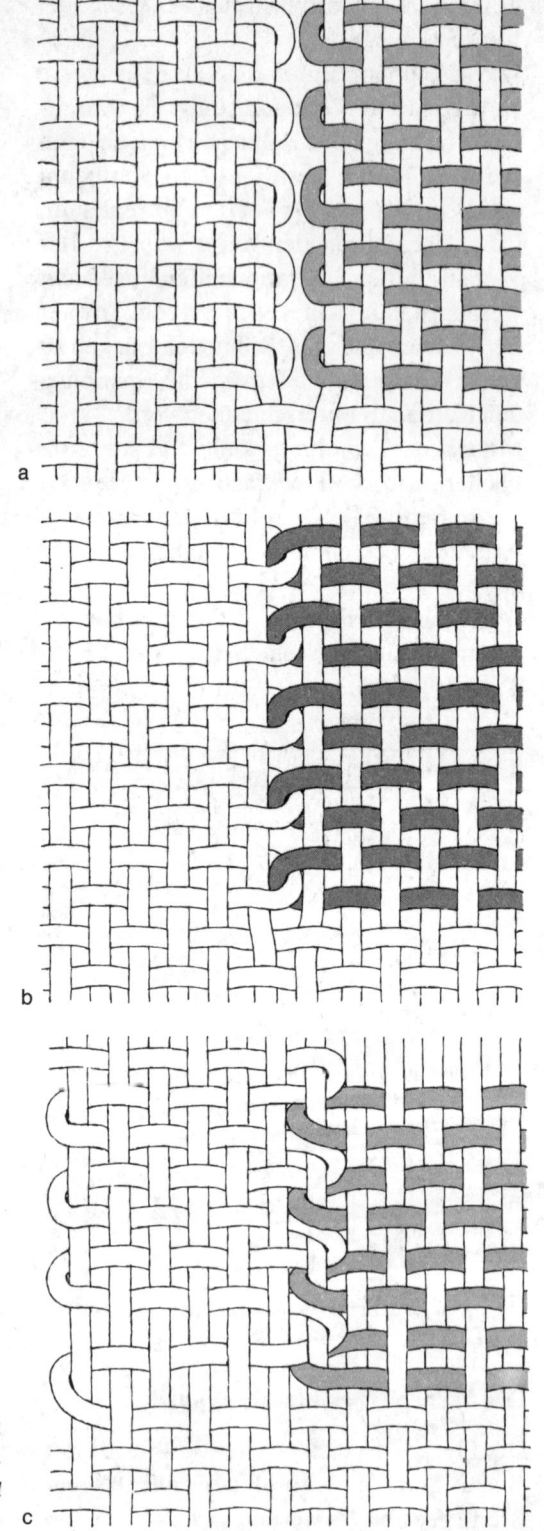

a

b

c

a: Kelim; die Schußfäden werden nicht ineinandergehängt; b: Einhängetechnik; die Schußfäden werden ineinandergehängt; c: Umlegetechnik; ein Kettfaden wird von links und rechts umschlungen

technik entsteht die Verbindung der aneinanderstoßenden Flächen dadurch, daß die Schußfäden der beiden Flächen einmal von links und einmal von rechts um den gleichen Kettfaden geschlungen werden (Zeichnung c). Die Umlegetechnik Zeichnung b kann man auch mit Gruppen von Schußfäden anwenden. Die Einhänge- und die Umlegetechnik können mit der Kelimtechnik kombiniert werden (Zeichnung a).

Kelim- und Gobelintechnik werden auch verwendet, um schräge Linien zu weben (Zeichnung unten). Aus der Kombination verschiedener Steigungsgrade können Bogen gewebt, ein Bogen kann durch einen oder mehrere Schußfäden als Kontur verdeutlicht werden.

Die Zeichnungen unten zeigen, wie man Bögen und Steigungen webt

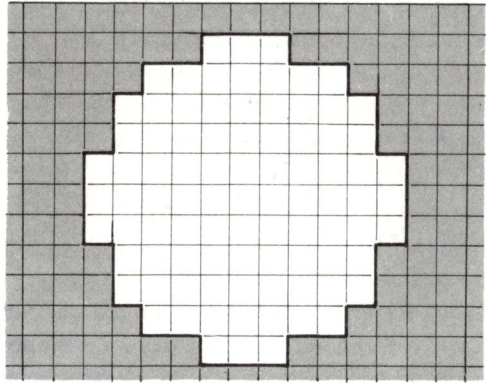

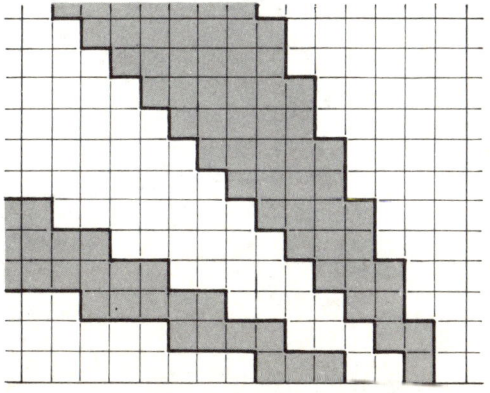

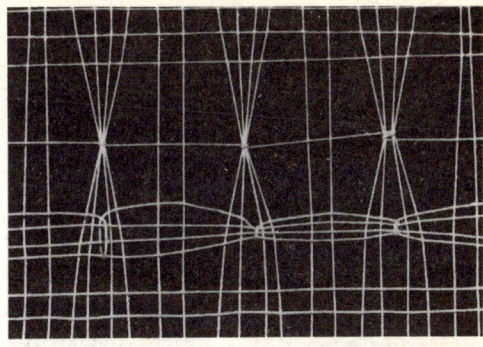

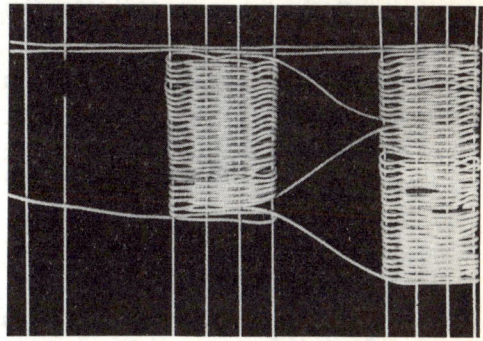

Die Fotos oben zeigen Muster fürs freie Weben: oben: spanische Spitze, darunter: Raffschlingen

Foto unten: Bildweberei; der Entwurf liegt unter der angefangenen Webarbeit

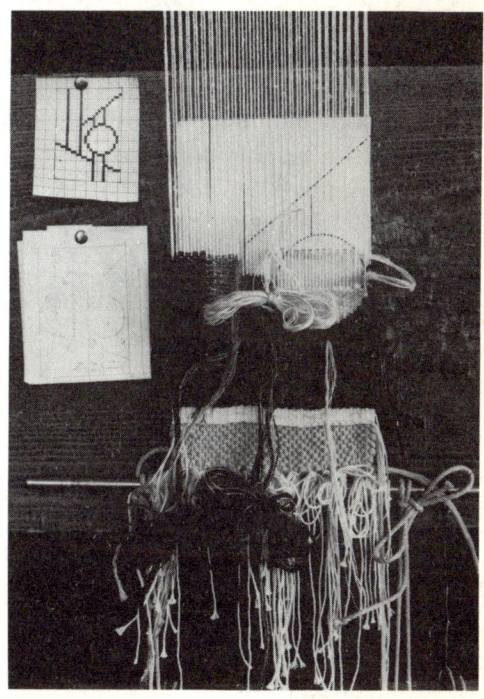

105

Einlegetechnik, Raffschlingen, spanische Spitze

Bei der Einlege- oder Einstopftechnik, wird der Musterfaden, das ist der Schußfaden, der das später sichtbare Muster ergibt, in ein nicht zu dichtes Gewebe in Leinenbindung entweder während des Webens mit eingewebt oder nach dem Weben mit einer Nadel eingestickt (Foto Seite 89). Durch die Anordnung der Stickstiche bzw. des Musterfadens entstehen flächenhafte Ornamente und Figuren.

Bei den Raffschlingen (Seite 105) und der spanischen Spitze (Seite 105) gibt es keinen Musterfaden, sondern die deutlich voneinander entfernten Kettfäden werden durch die Schußfäden so miteinander verbunden, daß die einzelnen Fäden des Gewebes voll zur Geltung kommen und dem sehr lockeren Gewebe einen zeichnerischen, linearen Charakter geben.

Das Weben mit dem Trennstab

Der Trennstab ist eine flache Latte, die etwas länger ist als die Gewebebreite. Sie dient dazu, ein drittes Fach, das Musterfach, zu bilden, mit dessen Hilfe man in das Grundgewebe aus Leinenbindung Muster einweben kann. Das Hochfach und das Tieffach (Zeichnung unten) wird also aus den Schlitzkettfäden und den Lochkettfä-

den gebildet, während das Musterfach nur aus Schlitzkettfäden gebildet wird. Dabei unterscheidet man das Mustertieffach und das Musterhochfach.

In der Regel arbeitet man mit dem Mustertieffach. Es entsteht auf folgende Weise: Zunächst wird das Tieffach gebildet, damit dann mit Hilfe des Trennstabes aus den Schlitzkettfäden, die im Tieffach deutlich von den Lochkettfäden getrennt sind, das Mustertieffach gebildet werden kann. Zu diesem Zweck wird der Trennstab hinter dem Webkamm eingelegt, und zwar so, daß abwechselnd ein Schlitzkettfaden über und – je nach Bindungsform – ein, zwei oder drei Schlitzkettfäden unter dem Trennstab sind. Das Einlesen des Trennstabes wird sehr erleichtert, wenn man die unteren Kettfäden (bzw. hinteren Kettfäden, je nachdem, ob man mit einem Flachwebrahmen oder einem Hochwebrahmen webt) mit einem Pappstreifen abdeckt.

Das Musterfach wird dadurch gebildet, daß der Trennstab, flach eingelegt, hochkant gestellt wird. Für die Bildung sowohl des Tieffaches als auch des Hochfaches in der bekannten Weise braucht der Trennstab lediglich flachgelegt zu werden, muß also nicht herausgezogen werden.

Eine der bekanntesten Bindungen, die auf dem Webrahmen mit Hilfe des Trennstabes gewebt wird, ist das Gerstenkorn. Beim Schußgerstenkorn bilden die Schußfäden

Die Zeichnung unten zeigt, wie man mit Hilfe des Trennstabs auf dem Webrahmen webt

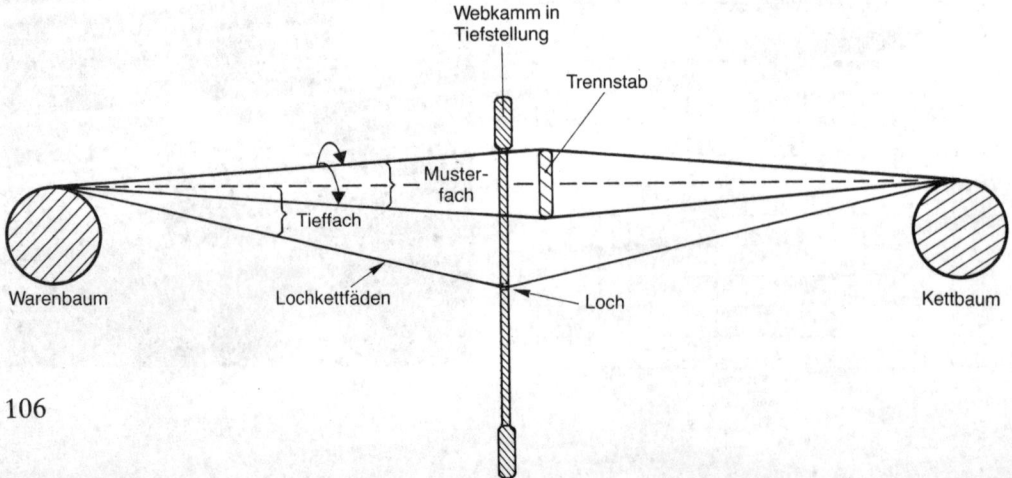

Webkamm in Tiefstellung

Trennstab

Musterfach

Tieffach

Warenbaum

Lochkettfäden

Loch

Kettbaum

das Muster: Erst werden einige Schußfäden in der Grundbindung, also Leinen- oder Ripsbindung, gewebt, zuletzt im Tieffach. Dann wird die Schußfolge des Schußgerstenkorns gewebt: der erste Schuß durch das Hochfach, der zweite durch das Mustertieffach (der Trennstab wird im Tieffach aufgestellt), der dritte Schuß durch das Hochfach, der vierte Schuß durch das Mustertieffach, der fünfte Schuß durch das Hochfach und der sechste Schuß durch das Tieffach. Das Mustertieffach wird dadurch gebildet, daß nach Bildung des Tieffaches der Trennstab so durch die Schlitzkettfäden eingelesen wird, daß abwechselnd ein Kettfaden auf und zwei Kettfäden unter dem Stab sind. Wenn der Trennstab stückweise einfach durch das Tieffach geschoben wird, also zwischen den Schlitzkettfäden und den Lochkettfäden hindurch, so entsteht an diesen Stellen kein Muster, sondern es bleibt bei der Grundbindung. Auf diese Weise können die Muster in Streifen oder Karos angeordnet werden.

Zum Weben des Kettgerstenkorns wird der Trennstab umgekehrt wie beim Schußgerstenkorn eingelesen: Ein Schlitzkettfaden unter und dann zwei Schlitzkettfäden über den Trennstab. Nach dem zunächst in Leinenbindung gewebt wurde, der letzte Schuß im Hochfach, gilt für das Kettgerstenkorn die Schußfolge: Tieffach, Musterhochfach, Tieffach, Musterhochfach, Tieffach, Hochfach. Sollen bestimmte Stellen Leinenbindung zeigen, so muß der Stab an dieser Stelle auf der Kette liegen.

Sumakschlinge, Ägyptische Schlinge, Amerikanische Loop-Schlinge.

Diese Schlingen werden vor allem beim freien Weben von Wandteppichen angewendet.
Für die Sumakschlinge (Foto oben) verwendet man dickes, füllendes Schußmaterial. Die Sumakschlinge wird benutzt, um einen Schrägeffekt im Gewebe zu erzeugen, aber auch für Konturen und zur Flächenbildung. Bei Bodenteppichen muß spätestens nach jeder zweiten Sumakschlingenreihe ein Zwischenschuß in Ripsbindung gewebt werden, damit das Gewebe genügend Haltbarkeit erhält.

Die Ägyptische Schlinge ist die Sumakschlinge von der anderen Seite gesehen. Sie ergibt ein perlartiges Webbild.

Die amerikanische Loop-Schlinge (Foto unten) wirkt wie eine Kette und kann für Konturen und gleichzeitige Einteilung der Kettfäden in lockeren Geweben verwendet werden.

Das Foto oben zeigt die Sumakschlinge, das Foto unten die amerikanische Loop-Schlinge

Smyrna, Rya, Sennah

„Flor" werden die aus dem Grundgewebe herausragenden Knüpffäden oder Knüpfschlingen genannt, die in der Regel das Grundgewebe verdecken. Orientteppiche und skandinavische Flossa-Teppiche haben

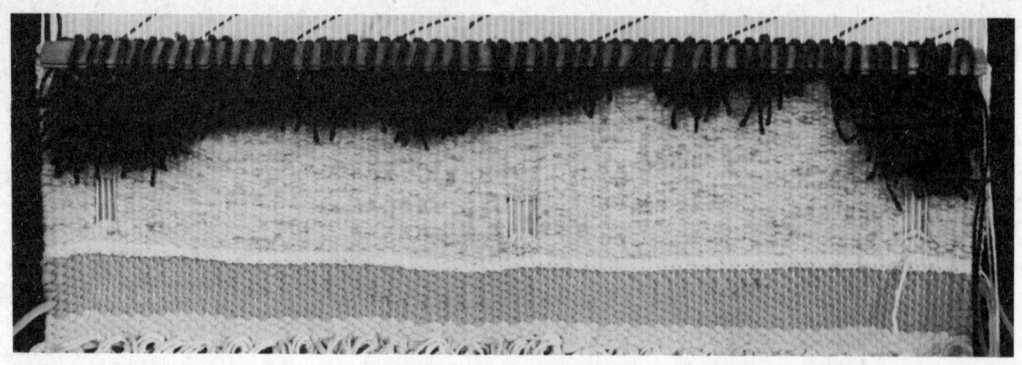

Das Foto oben zeigt eine angefangene Bildweberei, bei der über einen Trennstab ein Flor eingeknüpft wird. Schußreihen in Leinenbindung wechseln sich mit Reihen aus Knüpfknoten bzw. Knüpfschlingen ab

einen sehr dichten, kurzen Flor, während skandinavische Rya-Teppiche einen bis zu 10 cm langen Flor besitzen.

Beim Teppichgewebe wechseln Schußreihen in Leinenbindung, bevorzugt aber in Ripsbindung mit Reihen aus Knüpfknoten bzw. Knüpfschlingen ab. Die Festigkeit erhält der Teppich durch das Grundgewebe. Für die straff gespannte Kette wird Baumwollcord oder Leinen verwendet.

Das Foto unten rechts zeigt den Smyrna- oder Ghiordes- oder Türkischer- oder Ryaknoten. In der Regel kommen also auf einen Knoten zwei Kettfäden. Der Knoten kann aber auch über mehr als zwei Kettfäden in symmetrischer und asymmetrischer Anordnung geknüpft werden; auch kann man einzelne Kettfäden zwischen den Knoten freilassen.

Der Knoten wird entweder aus bereits zugeschnittenen Fadenstücken geknüpft (was immer dann sinnvoll ist, wenn im Muster die Farbe oft wechselt), oder die Knoten werden über dem Knüpfstab geknüpft, wie dies das Foto oben zeigt. Von der Breite des Knüpfstabes hängt die Länge der Schlingen bzw. Knüpffäden ab. In die 4 Kantenfäden auf beiden Seiten des Teppichs werden keine Knoten geknüpft, sondern Ripsbindung hineingewebt, damit eine feste Kante entsteht. Ist eine Schußreihe

geknüpft, so wird die Knotenreihe kräftig mit einer Anschlaggabel angeschlagen und dann die Kante mit dem Grundgewebe verbunden. Der Kantenschußfaden muß dabei nach der Knotenreihe einige Zentimeter zur Mitte des Gewebes in Ripsbindung hineingewebt werden. Dann erst webt man einige Reihen Schußrips, bis wieder geknüpft wird. Schließlich werden die Schlingen über dem Knüpfstab mit dem Smyrnamesser (siehe Seite 118) aufgeschnitten. Beim Rya-Teppich schneidet man die Schlingen meist erst auf, nachdem der Knüpfstab aus den Schlingen gezogen wurde; die dadurch entstehende geringe Unregelmäßigkeit in der Länge der Knüpffäden ist beabsichtigt.

Beim Smyrna-Teppich (unten) verwendet man in der Regel den Webkamm 30/10, so

Der Smyrnaknoten, der auch Ghiordes– oder Türkischer– oder Ryaknoten genannt wird

daß 3 Knoten auf 2 cm Breite kommen (Ein Knoten geht über 2 Kettfäden). Die Anzahl der Zwischenschußfäden wird so bemessen, daß auch auf 2 cm Länge 3 Knotenreihen kommen. Entweder verwendet man spezielle Teppichwolle oder, bei einem Webkamm 30/10, Wolle der Stärke Nm 8/2 vier- bis sechsfach. Muster werden auf Karopapier entworfen, wobei ein Karo einen Knoten darstellt.

Der Rya-Teppich Seite 108 wird heute in der Regel mit dem Webkamm 20/10 gewebt, so daß also ein Knoten auf einen Zentimeter kommt. Entweder verwendet man Wolle der Stärke Nm 4/2 doppelt oder Nm 8/2 vierfach. Die Wollfäden pro Knoten können aus verschiedenen Farben bestehen, insbesondere aus verschiedenen Nuancen derselben Farbe. Variationen in der Wollstärke, im Verhältnis von Anzahl der Knoten pro Breite und Länge werden vom persönlichen Geschmack bestimmt.

Foto unten links zeigt den Sennah- oder persischen Knoten, rechts einen skandinavischen Knoten, die ebenfalls zum Teppichknüpfen verwendet werden.

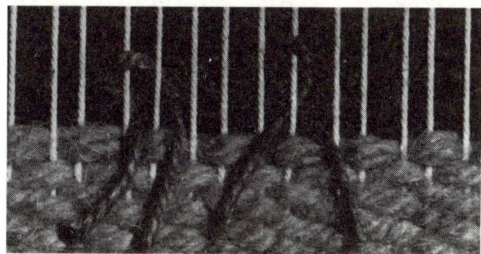

Links der Sennah- oder persische Knoten, rechts ein skandinavischer Knoten

Einlesetechnik

Den Trennstab kann man auch zur Fachbildung vor dem Webkamm verwenden und dadurch erreichen, daß auch die Lochkettfäden die Schußfäden anders kreuzen, als bei der Leinenbindung. Auf diese Weise könne auch Köper- und Atlasbindungen hergestellt werden, allerdings ist das sehr mühselig, weil der Trennstab für jeden Schuß neu eingelesen werden muß.

Der Dreher

Der Dreher entsteht dadurch, daß Kettfäden mit der Hand umeinander gedreht werden. Auf Seite 110 wird gezeigt, wie das geschieht: Im Hochfach wird mit dem rechten Zeigefinger ein Schlitzkettfaden nach oben gehoben und der rechts von diesem befindliche Lochkettfaden nach unten gedrückt.

Ein türkischer Teppichknüpfstuhl mit angefangener Webarbeit, bei der 1.000.000 Knoten auf 1 qm kommen. Die vielen winzigen Knoten sind eine Eigenheit der Orientteppiche

Wird dann durch den Zwischenraum, der durch die Spitze des Zeigefingers offen gehalten wird, der Schußfaden eingelegt, ist ein Dreher mit einer Einergruppe entstanden (Foto a–c). Wenn zwei Schlitzkettfäden nach oben gehoben werden und dafür zwei Lochkettfäden nach unten gedrückt wurden, so entsteht ein Dreher mit einer Zweiergruppe. Entsprechend entstehen Dreher mit Dreier- und Vierergruppen.

Durch die Drehöffnungen der sämtlichen Dreher in einer Schußbahn wird ein Trennstab geschoben, der zum Schluß aufgestellt wird, so daß der Schuß leichter eingelegt werden kann. Nach Einlegen des Schusses wird der Trennstab herausgezogen.

Ein Dreher kann einzeln oder in Gruppen an jede Stelle des Gewebes gedreht werden. Er kann sowohl von rechts als auch von links gedreht werden.

Bei den finnischen Drehermustern werden Zweierdreher so angeordnet, daß das Grundgewebe in Form von Ornamenten oder Figuren übrig bleibt.

a: Der Zeigefinger wird so zwischen zwei benachbarte Kettfäden geschoben, daß der Schlitzkettfaden vor dem Finger, der Lochkettfaden hinter dem Finger ist. b: Die Kettfäden werden umeinander gedreht. c: Die beiden Kettfäden sind umeinander gedreht: der Schlitzkettfaden ist jetzt hinter dem Finger, der Lochkettfaden davor. Ein Einerdreher ist entstanden

a   b   c

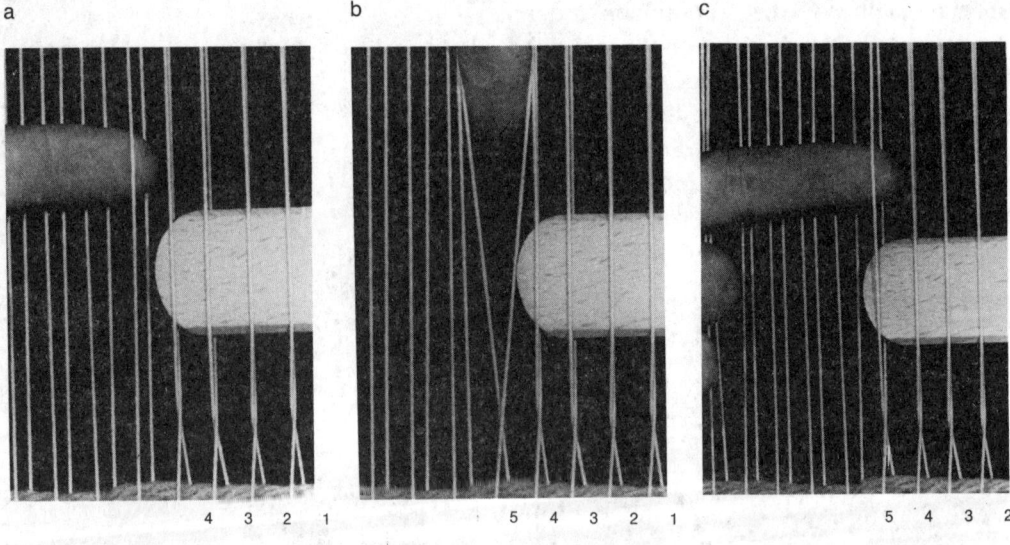

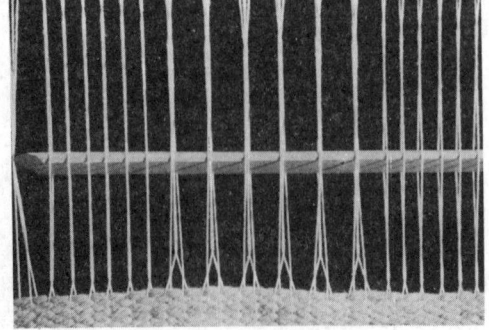
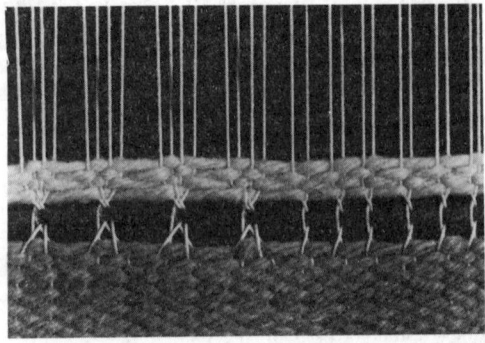

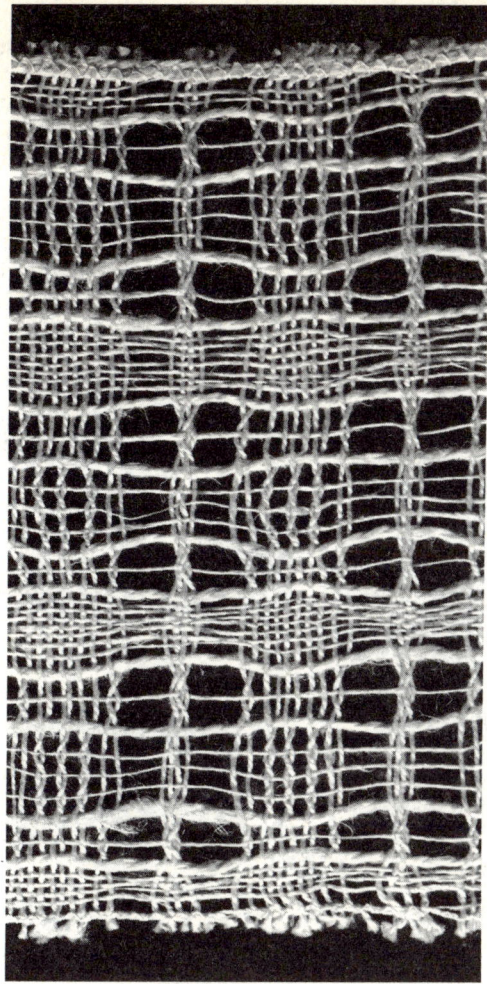

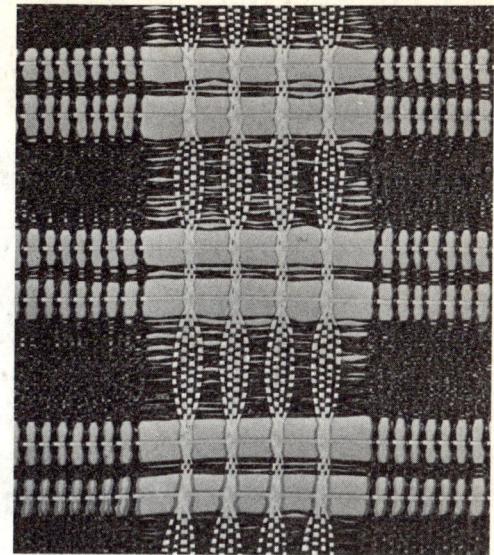

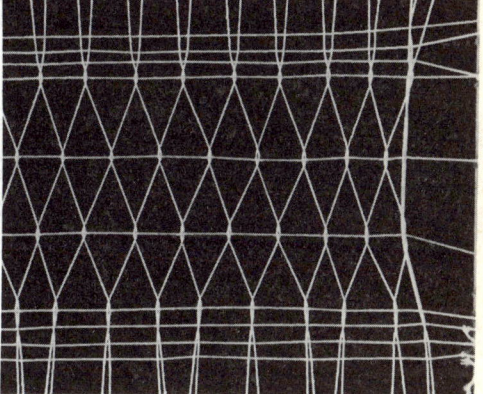

Die Fotos oben zeigen Einer– und Zweierdreher. Der anmutige Charakter des Gewebes im Foto oben links entsteht durch die locker in Wellen eingelegten Schuß-fäden. Foto oben rechts: Dreher in Schwarz-weiß-Kombination, darunter: Rautenmuster

Der peruanische Dreher oder Hexendreher entsteht dadurch, daß anstatt des ersten der zweite links neben dem Lochkettfaden befindliche Schlitzkettfaden mit dem Zeigefinger nach oben gehoben wird (Fotos links) und dann geht alles so weiter wie beim einfachen Dreher.

Die beiden Fotos auf Seite 110 unten zeigen Einer- und Zweierdreher, das linke Foto noch mit dem Trennstab, während im rechten Foto der Trennstab durch den dunklen Schußfaden ersetzt wurde.

Freies und schöpferisches Weben

Das Weben am Webrahmen mit seiner gro-ßen Vielfalt von Bindungen und Knoten und mit der Möglichkeit, praktisch jedes Material als Kette und Schuß oder Webeinschluß zu verwenden, gibt den gestalteri-schen Möglichkeiten einen unendlich brei-ten Raum, vor allem dann, wenn das Ge-webe nicht mehr einen praktischen Zweck erfüllen soll, sondern „bloß noch" etwas zum Anschauen wird. Die Freiheit solcher unbegrenzten Möglichkeiten ist immer ein Bereich, in dem sich die schöpferischen

Drei Wandbehänge der Textilkünstlerin Susanne Hepfinger. Sie verwebte selbst gesammeltes Material aus der Natur

Kräfte entfalten und entwickeln können. Diese Freiheit stellt aber auch eine Gefahr dar, wenn man meint, ohne solides handwerkliches Können würde man etwas dauerhaft Wertvolles zustande bringen. Das Bemühen, die eigene Art des Materials zu begreifen und den handwerklichen Umgang mit ihm zu erlernen, ist die Grundvoraussetzung dafür, daß man den eigenen, ganz persönlichen und unverwechselbaren Umgang mit dem Material findet. So erst können dann auch ganz persönliche und unverwechselbare Produkte entstehen. Beharrlichkeit in der Verfolgung eines Zieles ist eine der Tugenden, die der Umgang mit Werkstoffen lehrt. Ohne ernsthafte Auseinandersetzung mit dem Material entfaltet sich keine Kreativität, sondern es bleibt bei den „ganz hübschen" Sachen, in denen sich der Staub fängt und die man beim nächsten Umzug in die Abfalltonne wirft.

Die Fotos oben und auf Seite 114, 115 zeigen gute Beispiele

Tafel VII   Der Poncho wurde in zwei Bahnen gewebt, beim Zusammennähen in der Längsnaht ein Schlitz zum Durchschlüpfen offengelassen. Der Poncho ist aus handgesponnener, selbstgefärbter Schafwolle in Leinenbindung auf dem Webrahmen gewebt worden.

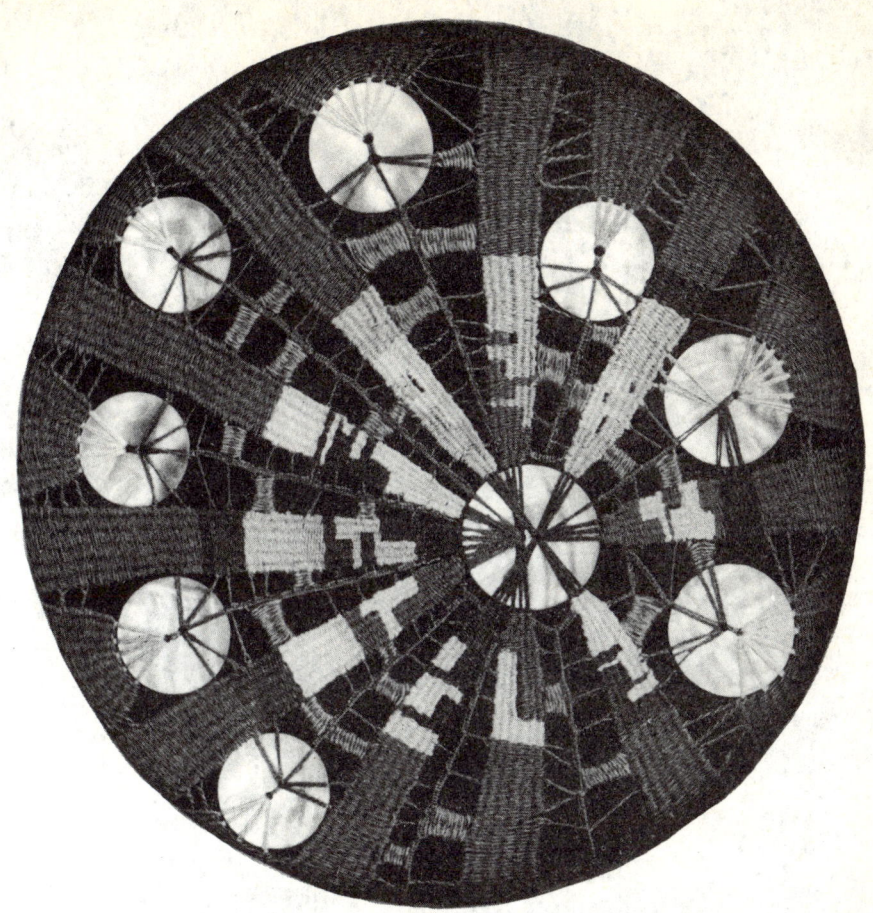

Rundweberei mit starker Helldunkel-Wirkung. Beim Abnehmen vom Webrahmen muß die Spannung der Kettfäden erhalten bleiben

Beim Rundweben werden die Kettfäden in einen Reifen, z. B. eine Fahrradfelge gespannt. Die einfachste Art, die Kette zu spannen besteht darin, daß alle Kettfäden sich in der Mitte des Reifens kreuzen und gleichmäßig nach allen Seiten ausstrahlen. Das Zentrum der sich kreuzenden Kettfäden kann aber auch aus der Mitte des Kreises herausgerückt werden, wie dies die Webarbeit im Foto oben zeigt. Auch beim Rundweben kreuzen die Schußfäden die Kettfäden. Der Schußfaden kann an beliebiger Stelle innerhalb des Reifens an einen Kettfaden festgeknüpft und von hier in Spiralen oder in geraden Linien waagerecht, senkrecht oder schräg durch die Kette geführt werden. Es gibt auch Rundwebrahmen zu kaufen, bei denen man die Kettfäden von den Haltezacken abheben und die Webarbeit an der Kette mit Tapeziernägel auf eine Holz- oder Spanplatte aufnageln kann.

Tafel VIII *Beispiele von Brettchenweberei. Durch die Drehung von Kettfäden entsteht die für die Brettchenweberei charakteristische Schnurstruktur mit Umkehrstellen. Die Verwendung von verschiedenfarbigen Garnen ergibt ein vielfältiges Farben- und Formenspiel. Die Bänder (Wiedergabe ungefähr in Originalgröße) wurden als Anschauungsmaterial erarbeitet und bilden einen Teil der Diplomarbeit der Werklehrerin Barbara Strasser*

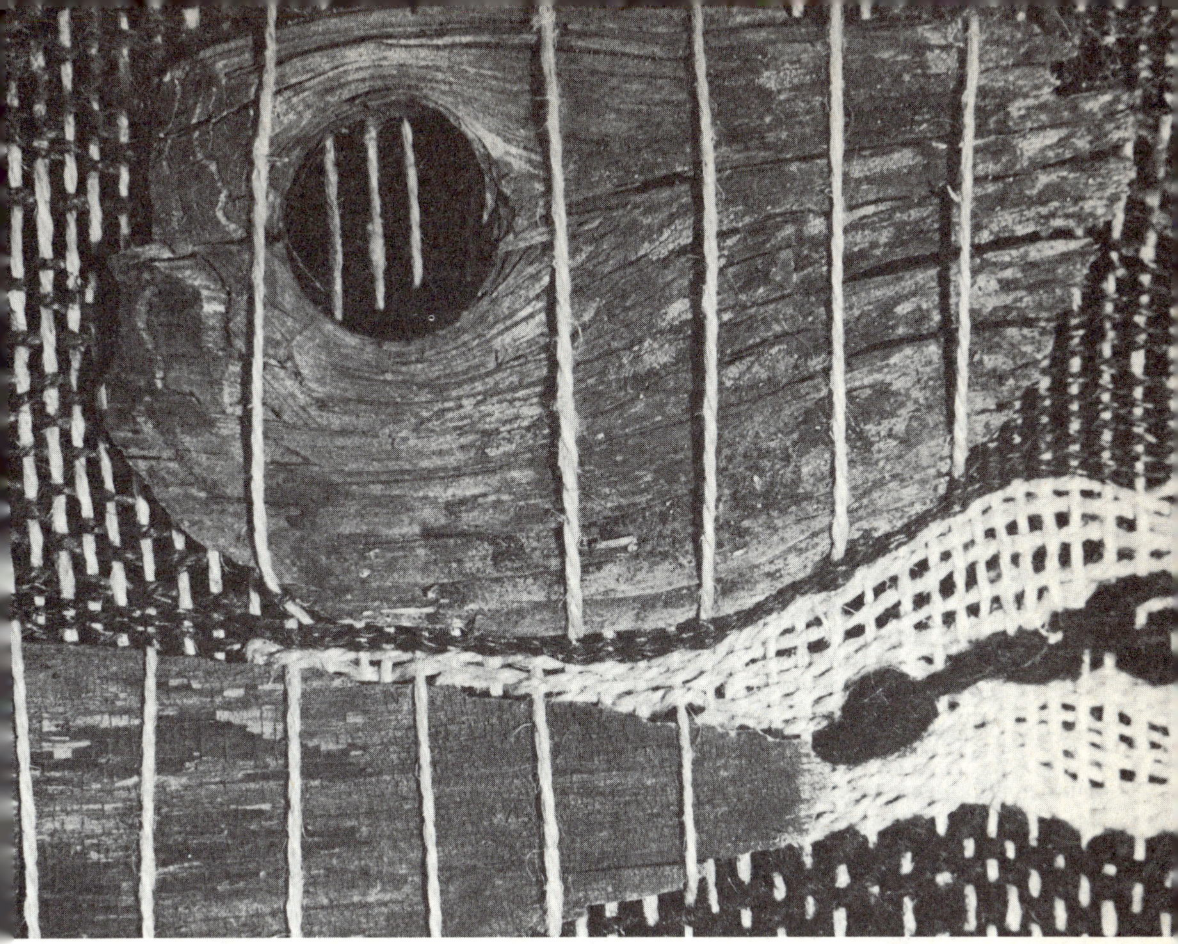

Die Fotos auf dieser Doppelseite zeigen Ausschnitte aus den Wandbehängen auf Seite 112 oben

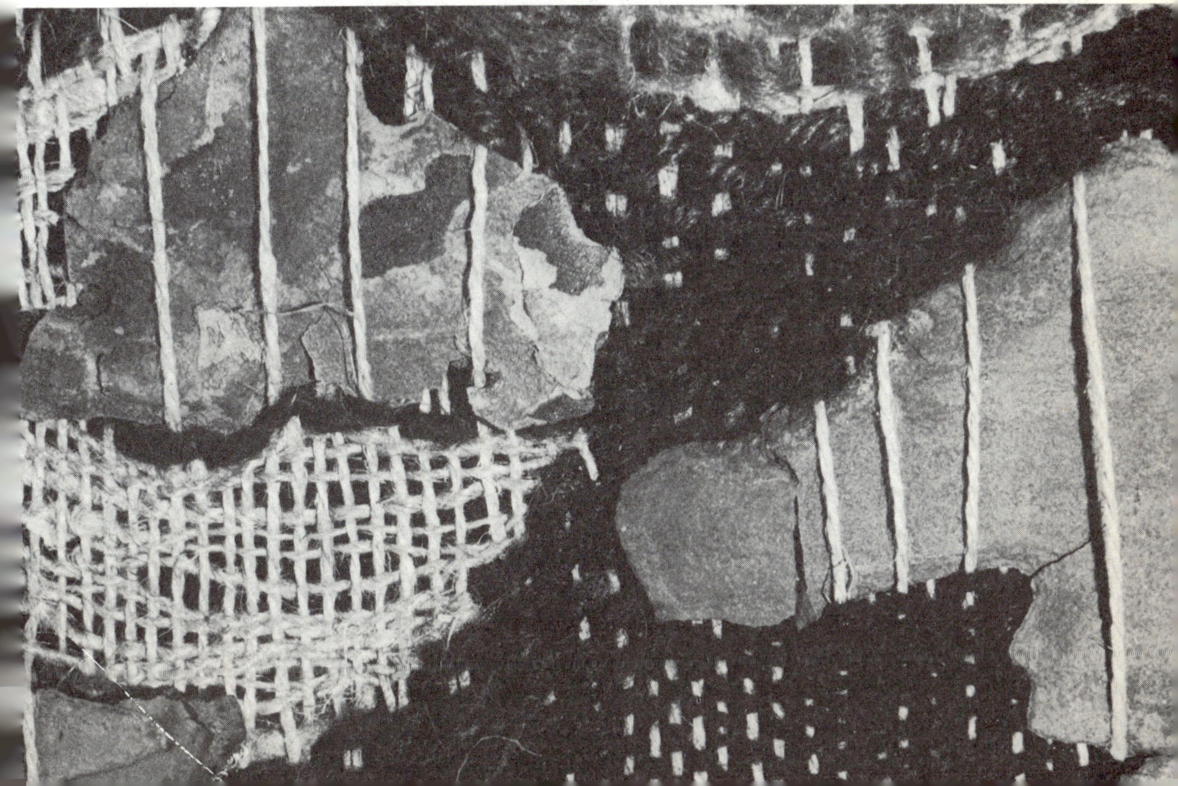

Teppichknüpfen

Traditionell war das Teppichknüpfen eine besondere Form des Webens: die Teppichknoten wurden in die Kette geknüpft (siehe Seite 107). Heute werden Teppiche nicht mehr in die Kette, sondern in ein strapazierfähiges, gitterartiges Gewebe, Stramin genannt, geknüpft oder gestickt. Diese Technik macht den Webstuhl und das Kettespannen überflüssig. Der Smyrnaknoten, der klassische Teppichknüpfknoten (siehe Seite 108), wird entweder mit der Knüpfnadel geknüpft oder mit der Webnadel über dem Knüpfstäbchen gestickt; die Fotos Seite 117 oben zeigen das im einzelnen

Die Grundstoffe

gibt es mit aufgedruckten Mustern, bereits abgepacktem Material und exakten Arbeitsanleitungen zu kaufen, aber auch neutral für diejenigen, die nach eigenen Entwürfen arbeiten möchten. Man kann die neutralen Grundstoffe in unterschiedlichen Stärken und unterschiedlicher Knotenzahl pro 10 Quadratzentimeter in Handarbeitsgeschäften und Handarbeitsabteilungen der Kaufhäuser in verschiedenen Breiten bekommen. Die wichtigsten sind auf dem Foto unten zu sehen.

Die Wolle

kann man bereits zugeschnitten kaufen, aber auch im Strang, den man dann selber mit dem Wollschneider zuschneidet. Dies gilt für das Knüpfen der Knoten mit dem Knüpfhaken (Fotos auf Seite 117). Für das Knüpfen mit Nadel und Knüpfstäbchen wird die Wolle vom Strang verwendet; die Florhöhe richtet sich nach der Breite des Stäbchens, und die Fäden werden nach dem

Oben ein Drehersmyrna und unten ein Smyrnastramin mit je 13 Stichen per 10 cm; links und rechts Sudanstramine mit 18 Stichen per 10 cm

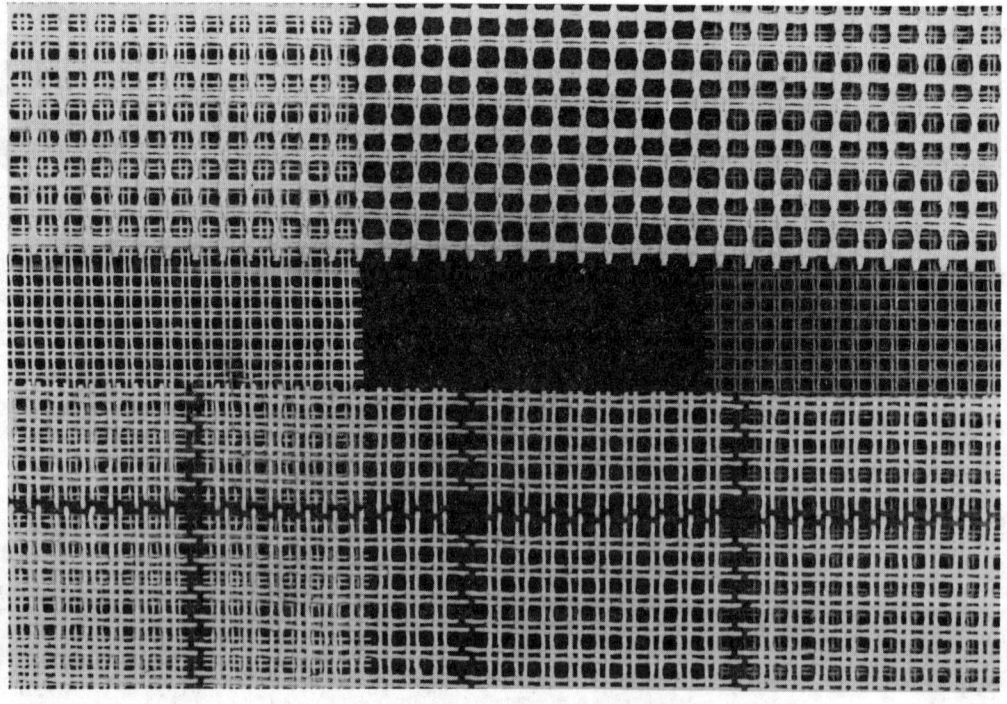

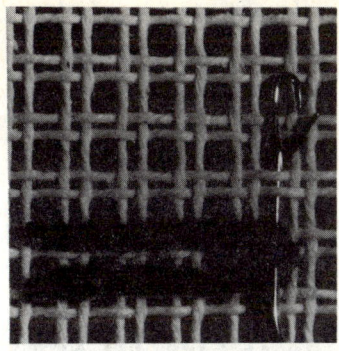   

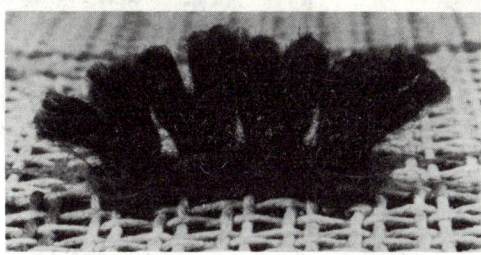

Die Fotos in der oberen Reihe zeigen, wie man mit der Knüpfnadel den Smyrnaknoten in Stramin knüpft.

Auf dem Foto links sind vier fertige Smyrnaknoten zu sehen.

Fotos a–f: Der Ghiordesknoten wird mit der Knüpfnadel geknüpft. a: die abgeschnittene Knüpfwolle wird in die Knüpfnadel gelegt, die zwischen 2 Querfäden des Stramins liegt. b: die eine Hälfte wird durch den Stramin gezogen. c: die Wolle ist aus der Nadel gelöst. d: die Nadel wird ein zweites Mal rechts von 2 Längsfäden wieder zwischen 2 Querfäden hindurchgeführt. e: der Faden wird ein zweites Mal eingelegt. f: der Faden wird im Bogen ein zweites Mal durchgezogen

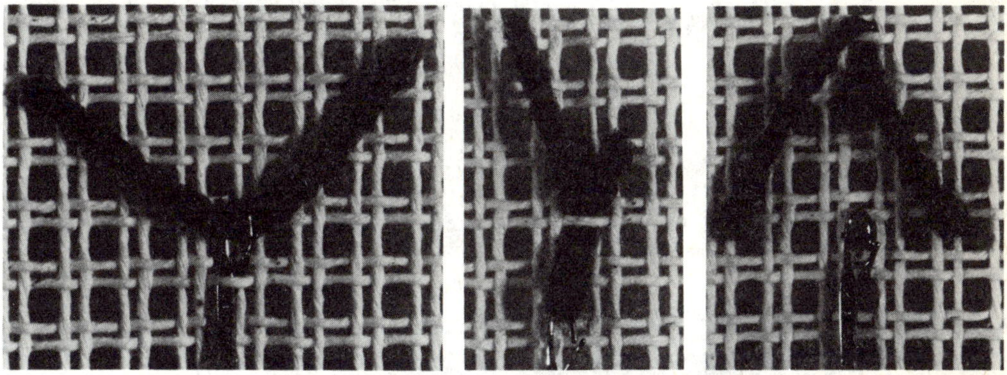

a ▲   ▼ d   b ▲   ▼ e   c ▲   ▼ f

117

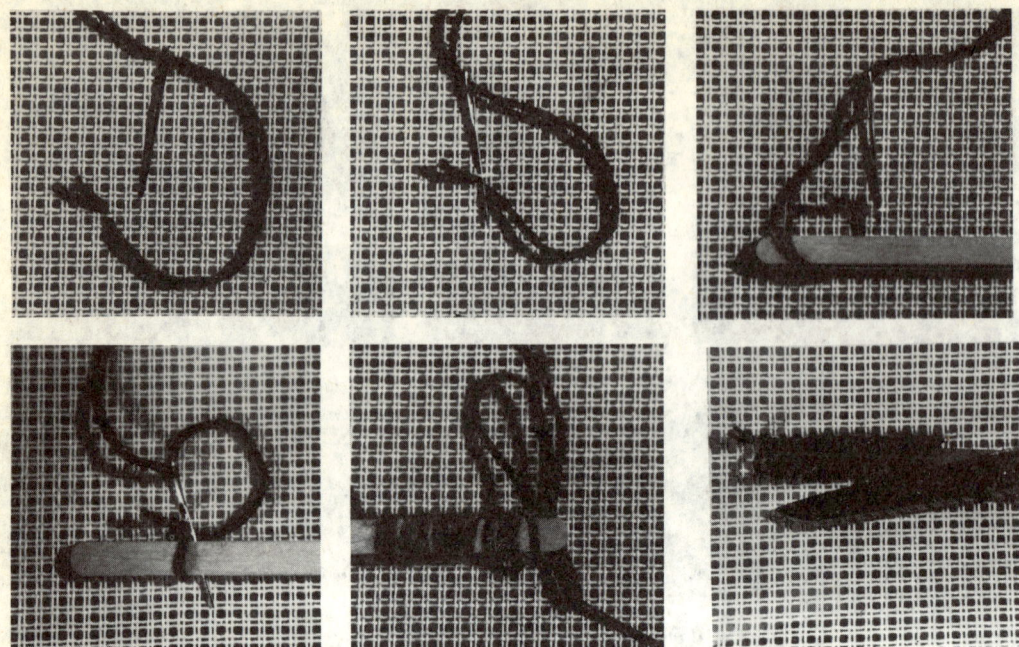

Die Fotoserie oben zeigt, wie man den Smyrnaknoten mit der Webnadel über dem Knüpfstäbchen knüpft. Zum Schluß wird das Knüpfstäbchen herausgezogen und die Schlingen aufgeschnitten, so daß der Flor entsteht.

Knüpfen mit einem Schneideaufsatz (Smyrnamesser) aufgeschnitten. Der Wollverbrauch richtet sich nach der Florhöhe, man rechnet aber etwa 3 kg Wolle pro Quadratmeter.

Auf dem Foto unten ist eine praktische Haltevorrichtung zu sehen, mit der der Stramin auf dem Tisch befestigt werden kann

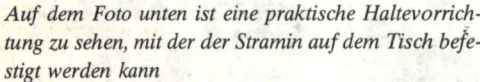

Der Entwurf

kann zum Abzählen auf Karopapier aufgezeichnet werden. Man überträgt ihn auf den Grundstoff, indem man die Mitte des Entwurfes auf die Mitte des Grundstoffes überträgt und von da aus zum Rand nach beiden Seiten hin zählt. Dies empfiehlt sich vor allem für kleingemusterte Entwürfe. Großflächige einfache Muster können direkt auf den Stramin aufgezeichnet werden. Mehr darüber findet man im Kapitel „Gestaltung" auf Seite 383. Gerade beim Teppichknüpfen ist es notwendig, einen Entwurf gut auszuarbeiten; z. B. mit Musterpapieren in Farbe und Originalgröße, damit man nicht nach der doch sehr langwierigen Knüpfarbeit eine Enttäuschung erlebt, weil das Endergebnis nicht gefällt.

Abschlußarbeiten

Die Ränder des Teppichs werden umgebückt und mit einem einfachen Wickelstich umstochen. Man arbeitet am günstigsten über 2 vorgelegte Fäden der gleichen Wollqualität. Nach dem Umstechen wird an die Wickelkante auf der Rückseite des Teppichs von Hand eine Teppichkante (Handarbeitsgeschäft) angenäht; die zweite Kante der Borte wird am Grundstoff angesäumt. Will man bei einem Teppich Fransen einknüpfen, so umsticht man nur die Längsseiten mit Wickelstich; bei den schmalen Seiten knickt man den Grundstoff um und knüpft dicht an der Florkante die Fransen ein.

Plättchenweben

Der historisch richtige Ausdruck für diese Technik ist Brettchenweben, da sie früher tatsächlich mit Holzbrettchen ausgeführt wurde. Heute benutzt man Webplättchen, auch Webkärtchen genannt, aus Karton oder Kunststoff; deshalb ist der Begriff

Das Foto unten zeigt eine freie Plättchenweberei von Barbara Strasser

„Brettchen" irreführend, da man diese zarten Webplättchen kaum mehr als Brettchen bezeichnen kann.

Das Grundprinzip besteht darin, daß jedes Brettchen seine 4 Kettfäden durch die laufende Drehung zu einer Schnur formt. Die Zahl der nebeneinanderliegenden Schnüre wird durch die Anzahl der Plättchen bestimmt. Durch die Drehungen entsteht ein Webfach, durch das mit dem Schiffchen ein Schußfaden gezogen wird, der im Muster jedoch unsichtbar bleibt. Das Muster wird ausschließlich durch die Anordnung und Farben der Kettfäden bestimmt.

Zeichnung links: Hier wird das Grundprinzip des Plättchenwebens deutlich: Durch die Drehung der Plättchen entsteht ein Fach, durch das man mit dem Schiffchen den Schußfaden führt. Zeichnung rechts: Wenn man die Plättchenweberei transportieren muß, bindet man die Plättchen zusammen

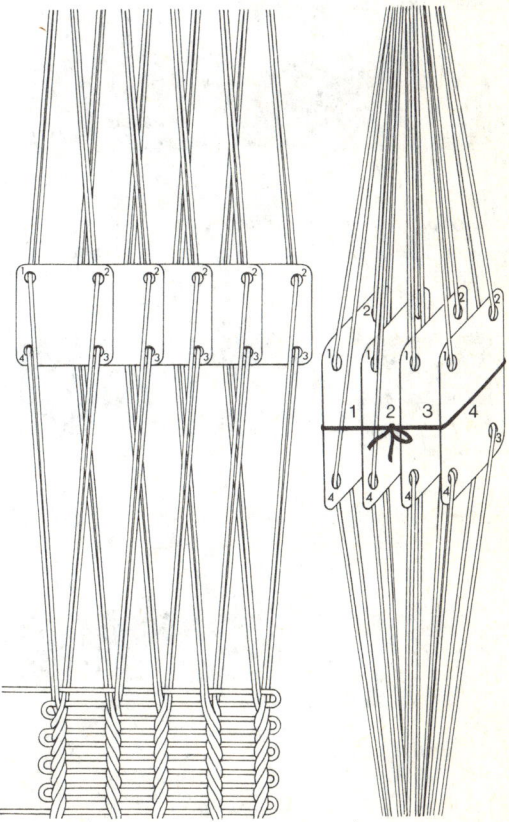

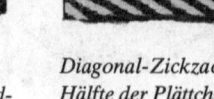

Breite Längsstreifen
10 Plättchen grün, 10 weiß bezogen. Paarige Anordnung

Diagonal-Zickzack
Hälfte der Plättchen grün, die andere weiß; 7/3 gestellt, unpaarig angeordnet

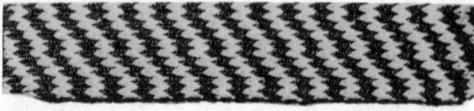

Schmale Längsstreifen
Je 2 Plättchen grün, 2 weiß bezogen. Doppelpaarig angeordnet

Diagonal- und Querstreifen
Hälfte der Plättchen grün, die andere weiß, verschieden gestellt, paarige Anordnung

Querstreifen
Alle Plättchen sind zur Hälfte grün, zur Hälfte weiß bezogen. Die Plättchen sind jeweils paarweise angeordnet worden

Spitzkaro
Alle Plättchen sind zur Hälfte grün, zur Hälfte weiß bezogen, verschieden gestellt, unpaarig angeordnet, vor- und rückwärts gedreht

Karos
Alle Plättchen sind zur Hälfte grün, zur Hälfte weiß bezogen. Verschieden gestellt. Paarige Anordnung

Diagonal– und Querstreifen
Alle Plättchen sind zur Hälfte grün, zur Hälfte weiß bezogen. Verschieden gestellt, unpaarig angeordnet, vor- und rückwärts gedreht

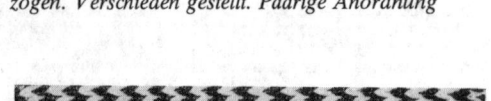

Diagonal-Streifen
Alle Plättchen sind zur Hälfte grün, zur Hälfte weiß bezogen. Verschieden gestellt, paarig angeordnet

Punkte
10 Plättchen grün, 12 Plättchen grün-weiß bezogen. Die Plättchen wurden paarweise angeordnet

Diagonal-Zickzack
Alle Plättchen sind zur Hälfte grün, zur Hälfte weiß bezogen; 3/2 gestellt, unpaarig angeordnet

Versetzte Punkte
10 Plättchen grün, 12 Plättchen grün-weiß bezogen. Verschieden gestellt, paarig angeordnet

Phantasiemuster
10 Plättchen grün, 10 weiß bezogen. Doppelpaarig an-
geordnet. Stellenweise ohne Schuß gedreht und Plätt-
chen versetzt

Phantasiemuster
10 Plättchen grün, 10 weiß bezogen. Doppelpaarig an-
geordnet. Plättchen stellenweise versetzt

Lochmuster
Jedes Plättchen enthält nur 3 grüne Fäden (ein Loch
freigelassen). Verschieden gestellt. Paarige Anordnung

Lochmuster
Jedes Plättchen enthält nur 3 grüne Fäden (ein Loch
freigelassen). Paarige Anordnung. Stellenweise ohne
Schuß gedreht

Die Webplättchen

kann man sich aus Spielkarten oder glatter, fester Pappe selber machen. Sie sollten etwa 6 x 6 cm groß sein, abgerundete Ecken und, mit 2 cm Randabstand zu den Ecken, vier Löcher haben, die man mit einem Bürolocher ausstanzen kann. Es gibt auch Plättchen mit 2, 3, 6 und 8 Löchern – die Beschreibung hier in diesem Kapitel soll jedoch auf das Weben mit Plättchen mit 4 Löchern beschränkt bleiben. Es gibt fertige Plättchen aus Hartpappe zu kaufen – sie sind wegen ihrer glatten Oberfläche und ihrer langen Haltbarkeit sehr zu empfehlen. Bezugsquellen findet man im Anhang des Buches.

Das Webgarn

Es eignen sich viele verschiedene Woll- und Garnqualitäten: sie sollten glatt sein und keine rauhe, fusselnde Struktur haben. Für feine Arbeiten ist Perlgarn, Nähseide und Knopflochgarn zu empfehlen; für Anfangsarbeiten eignet sich am besten Baumwollgarn, wie es in Schulen zum Topflappenhäkeln verwendet wird.

Das Spannen der Kettfäden

Die Kettfäden müssen beim Plättchenweben zwischen zwei festen Punkten befestigt werden. Bandwebgeräte fürs Plättchenweben dienen lediglich dazu, die Fadenspannung zu regulieren, und sie geben die Möglichkeit, eine etwas längere Kette zu spannen. Eine Verlängerung der Kettfäden durch Aufwickeln auf Waren- oder Kettbaum ist beim Plättchenweben nicht möglich. Es werden zwei Schraubzwingen benötigt, die man für die erste Arbeit in einem Meter Abstand zueinander befestigt. Wenn man mehr Übung hat, kann der Abstand vergrößert werden.

Die Länge der Kette ergibt sich aus dem Abstand der Schraubzwingen, mit denen man arbeitet, wobei man für Anfang und Ende etwa 30 cm zugeben muß.

Es gibt zwei Methoden für das Scheren der Kette:

Man längt jeden Kettfaden einzeln ab, befestigt ihn an der ersten Schraubzwinge, zieht ihn durch ein Plättchenloch und befestigt ihn dann an der zweiten Schraubzwinge. Das Ganze muß nach einem genauen Einzugsplan geschehen, was am Anfang sehr verwirrend ist.

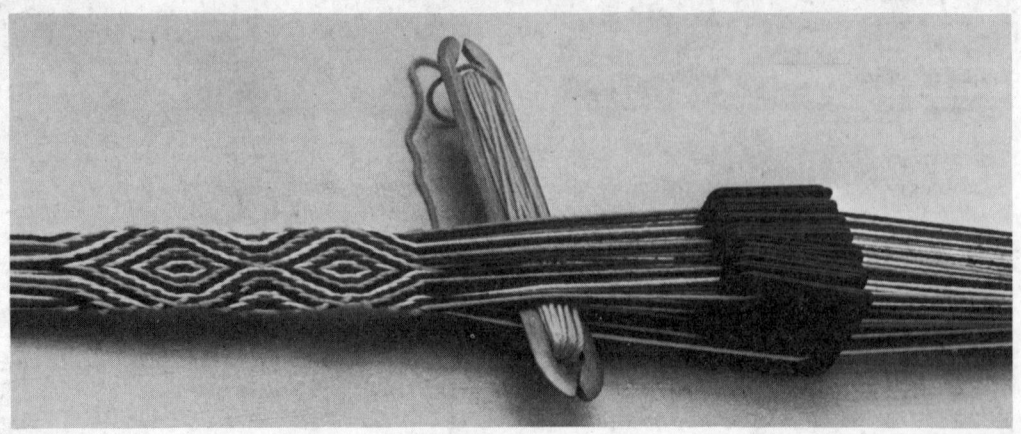

Auf dem Foto oben ist eine Plättchenweberei abgebildet, in der die Plättchen einander zugeordnet sind. In der Zeichnung unten sind die Plättchen alle in gleicher Richtung, also von vorne nach hinten, eingeordnet

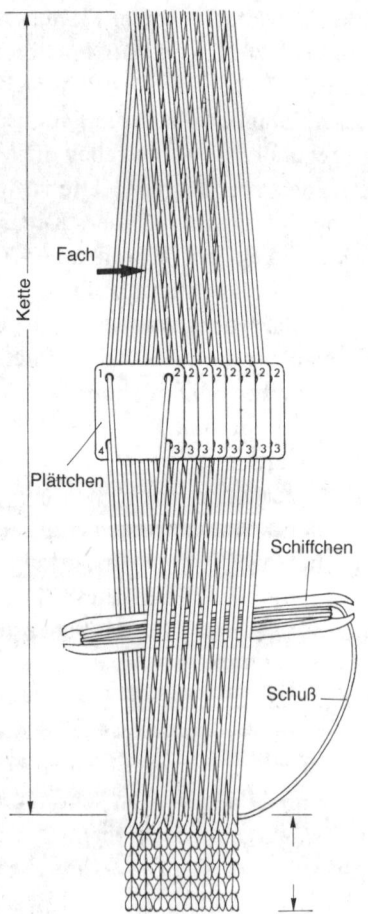

Die folgende zweite Methode ist wesentlich einfacher, dem Anfänger zu empfehlen und deshalb hier ausführlicher beschrieben:

Die Plättchen werden alle mit den gleichlautenden Buchstaben aufeinandergelegt: a auf a, b auf b, c auf c, d auf d. Dann zieht man 4 Fadenenden in 4 verschiedenen Farben von 4 verschiedenen Knäueln geschlossen durch das Paket der Plättchen und knotet die Fadenenden an einer Schraubzwinge an. Nun läßt man auf dem Weg von der ersten zur zweiten Schraubzwinge in der Mitte 2 Plättchen in den Fäden hängen, führt die 4 Fäden in die zweite Schraubzwinge und läßt hinten wieder zwei Plättchen hängen. Die Knäuel liegen am besten in vier verschiedenen Körben, damit man bequem die Fäden abwickeln kann, ohne daß sich die Fäden ineinander verschlingen. Dann führt man die Fäden so oft um die Schraubzwingen, bis alle Plättchen verteilt sind, schneidet die Fäden ab und knotet das Ende an die Schraubzwingen.

Das Ordnen der Plättchen

Alle Plättchen werden in der Mitte der gespannten Fäden sorgfältig nebeneinander aufgestellt und nach Farben sortiert.

Im nächsten Arbeitsgang werden die Plättchen sortiert. Hier soll nur ein Grundmuster vorgestellt werden, das schon sehr viele Möglichkeiten für Webmuster zuläßt; Webpatronen mit komplizierteren Musterabwandlungen findet man in der im Anhang aufgeführten Fachliteratur.

Die Zeichnung unten zeigt, wie es aussieht, wenn alle Plättchen in einer Richtung aufgefädelt sind. Damit läßt sich jedoch nur sehr schwer weben, weil die Drehung der Kettfäden ein Zusammenrollen des Bändchens zur Folge hat.

Aus diesem Grunde empfiehlt sich, die Plättchen so zu ordnen, daß die Fäden zur Mitte zu von hinten nach vorne, also von links nach rechts, und dann wiederum von hinten nach vorne, aber diesmal von rechts nach links, angeordnet werden. Alle weiteren Muster werden durch den Wechsel beim Einfädeln der Webplättchen erzeugt.

Weben mit dem Schiffchen

Bevor das Einlegen des Schußfadens beginnen kann, müssen die Fäden so entwirrt werden, daß sich ein sauberes Fach in Dreiecksform bildet. Dann legt man einen Schußfaden möglichst in derselben Garnqualität wie die Kettfäden von rechts nach links ein, macht mit dem Plättchenpaket

Foto oben: Freie Plättchenweberei zweifarbig, mit Rautenmuster von Barbara Strasser

Man führt die Fäden mit den Plättchen von einer Schraubzwinge zur nächsten und läßt sowohl vorne als auch hinten jeweils zwei Plättchen an dem gespannten Faden hängen

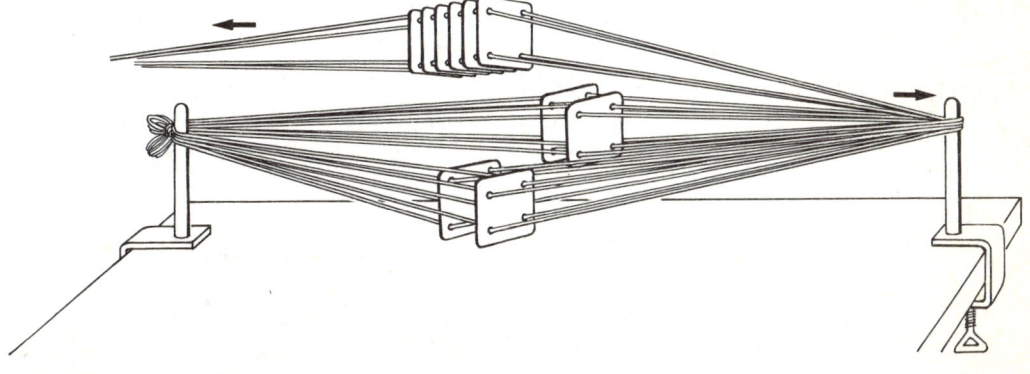

eine Vierteldrehung nach links, legt dann den Schußfaden von links nach rechts ein und schlägt ihn mit dem Schiffchen fest an das Gewebe an. Wenn für die ersten Runden eine feste Kordel verwendet wird, webt es sich leichter. Die Kordel kann man nach Beendigung der Arbeit wieder aus dem Gewebe ausziehen.

Flechten

Fäden bzw. Fadenbündel oder Stoffstreifen können zu beliebig langen Zöpfen aus 3 oder 4 Strängen geflochten werden. Je länger der Zopf allerdings wird, umso mehr

Aus Stoffresten können Teppiche werden: Man schneidet alte Stoffe zu gleich breiten Streifen, flicht sie zu Zöpfen und näht die Zöpfe einzeln an den Kanten aneinander

Mühe bereitet es, in den noch nicht verflochtenen Strängen Ordnung zu halten. Am besten geht es, wenn die Stränge frei herabhängen können, bei sehr langen Zöpfen also z. B. vom Balkon oder im Treppenhaus.

Die Zöpfe können die Fransen an einer Webarbeit sein. Oder man kann sie zu einem Vorhang aufhängen. Oder die Zöpfe werden aneinander genäht, so daß eine Teppichfliese oder ein ganzer Teppich entsteht.

Glas

Glasschmelzen

ist eine für Laien relativ unbekannte Möglichkeit, Perlen, Kugeln, Tropfen, Scheiben für Anhänger und vieles andere mehr zu formen. Das Foto neben Seite 273 zeigt Perlen, die in dem auf den nächsten Seiten beschriebenen Verfahren hergestellt worden sind: Ein Glasstab (Bezugsquelle im Anhang) wird an einem Ende geschmolzen und das durch Erhitzen zähflüssig gewordene Glas um einen Arbeitsdraht gewickelt.

Werkzeug, Material und Arbeitsplatz

Am besten geeignet ist ein mehrdüsiger Gasbrenner, der aber ziemlich teuer ist. Ein Schlauch des Gasbrenners wird an einer Propangasflasche mit Druckregler, der andere Schlauch an einem Luftkompressor angeschlossen. Die Lieferfirma für dieses Spezialgerät ist im Bezugsquellennachweis genannt.

Wesentlich billiger und ebenfalls brauchbar ist die Lötpistole mit der großen Düse. Dieses Gerät hat noch den Vorteil, daß man es für alle Lötarbeiten benutzen kann. Sein Nachteil ist, daß die zum Glasschmelzen notwendige Arbeitstemperatur nur in einem sehr viel kleineren Bereich erzeugt wird als bei einem mehrdüsigen Gasbrenner, so daß es einige Übung verlangt, das Glas an den erforderlichen Stellen jeweils so zu erhitzen, daß es verarbeitet werden kann.

Der Brenner wird am Tisch fest montiert, so daß beide Hände zum Arbeiten frei sind (Foto unten). Die Verwendung einer Fensterglasscheibe zum Schutz vor zerspringendem heißem Glas und vor Hitze ist zu empfehlen. Man baut sich einen einfachen Rahmen für die Scheibe, den man zwischen den Brenner und dem Gesicht am Tisch festklemmen oder festschrauben kann.

Eine Asbestplatte dient als Arbeitsunterlage. Die Isolierung des Tisches gegen die Hitze wird perfekt, wenn die Asbestplatte auf einem Gitterrost liegt.

Spezialgerät zum Glasschmelzen: ein Gasbrenner mit 8 Düsen

Hier Geräte, die überall erhältlich sind: Lötpistole mit großer Düse, Konservendose, Amboß

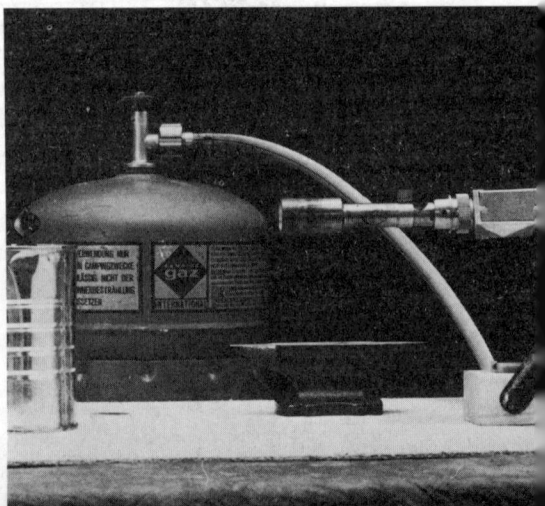

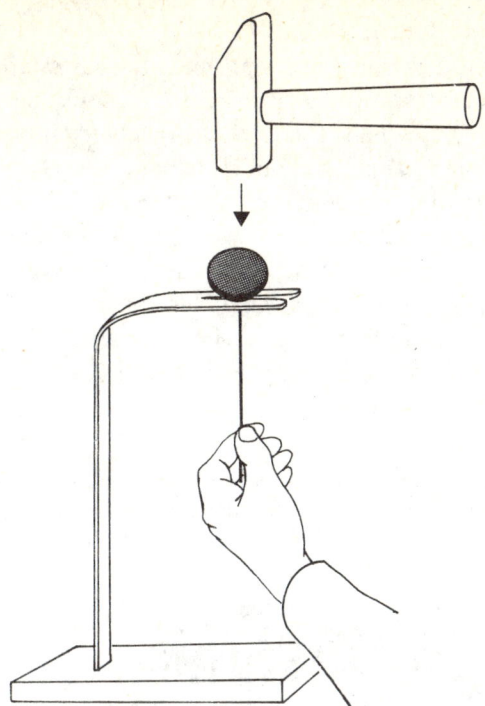

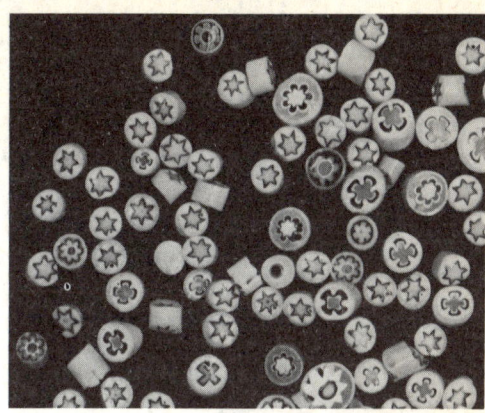

Abgeschnittene Glasteilchen von Muranoglasstäben mit farbig gemustertem Querschnitt

Die Kugel aus der zähflüssigen, geschmolzenen Glasmasse wird im weichen Zustand auf das Schlitzeisen gelegt und flachgedrückt

Ein Podest aus Eisen steht immer im Randbereich der Flammen und dient zum Vorwärmen bzw. allmählichen Abkühlen des heißen Glases (Foto ganz links). Eine Konservendose genügt für den Anfang. Zum Formen des zähflüssigen Glases ist eine kleine Eisenplatte als Unterlage erforderlich. Will man flache Glasscheiben formen, benötigt man ein sogenanntes Schlitzeisen, dessen Aussehen und Funktion die Zeichnung rechts zeigt. Eisenplatte und Schlitzeisen dürfen bei ihrer Verwendung nicht kalt sein, weil sonst das heiße Glas sofort springen würde, wenn es mit dem kalten Metall in Berührung kommt. Deshalb stellt man diese Geräte in die Nähe der Flammen, damit sie immer warm gehalten werden.

Schließlich braucht man noch
Pinzetten zum Anfassen des heißen Glases, eine kräftige Schere oder einen Seitenschneider zum Abzwicken des zähflüssigen Glases,
einen Spachtel,
etwa 30 cm lange elastische Drahtstücke aus Stahl und Kaolinbrei für die Herstellung von Perlen,
einen Topf mit Sand, in den man die Arbeitsdrähte mit den heißen Perlen zum Abkühlen stecken kann,
Draht aus Tombak für Anhänger, Kettenglieder und dergleichen mehr.
Die Glasstäbe im Durchmesser von etwa 1 cm gibt es farblos und in vielen Farben: durchsichtig, durchscheinend und opak. Muranoglasstäbe haben einen farbig gemusterten Querschnitt. Glasfäden zum „Bemalen" einer Glasarbeit werden aus den Glasstäben gezogen.

Arbeitstechniken

Alle Arbeitstechniken haben gemeinsam, daß das Ende des Glasstabes in die Flamme gehalten wird, bis das Glas an der Spitze weich und zähflüssig wird. In diesem Zustand wird es geformt und vom übrigen Glasstab abgeschmolzen. Weil Glas sehr spröde ist und nur geringe Spannungsunterschiede verträgt, zerspringt es, wenn es zu schnell oder ungleichmäßig erhitzt wird und wenn es zu schnell abkühlt. Diese Gefahr

127

wird vermieden, wenn man den Glasstab nicht sofort in die heißeste Zone der Flamme hält, sondern allmählich erwärmt, und zwar nicht nur unmittelbar an der Spitze, die schließlich geschmolzen wird. Ungleichmäßiges Erhitzen verhindert man durch unaufhörliches Drehen des Glasstabes, zu schnelles Abkühlen dadurch, daß man die fertige Glasarbeit nur allmählich aus dem Bereich der Flamme des Gasbrenners herausnimmt.

Herstellen von Perlen: Von einem Glasstab wird Glas auf einen Kaolinstab abgeschmolzen

Herstellen eines Glasrings: a und b zeigen, wie ein Glasstab in der Flamme weichgemacht und mit einem rotglühenden Draht angespießt wird. Das Glas bleibt am Metall kleben und kann so ausgezogen werden. c: Das zähflüssige Glas wird zu einer Schlaufe gelegt. d: Die Schlaufe wird vom Glasstab abgeschnitten, wieder weich gemacht (e) so daß die Schlaufenenden miteinander verschmolzen werden können (f)

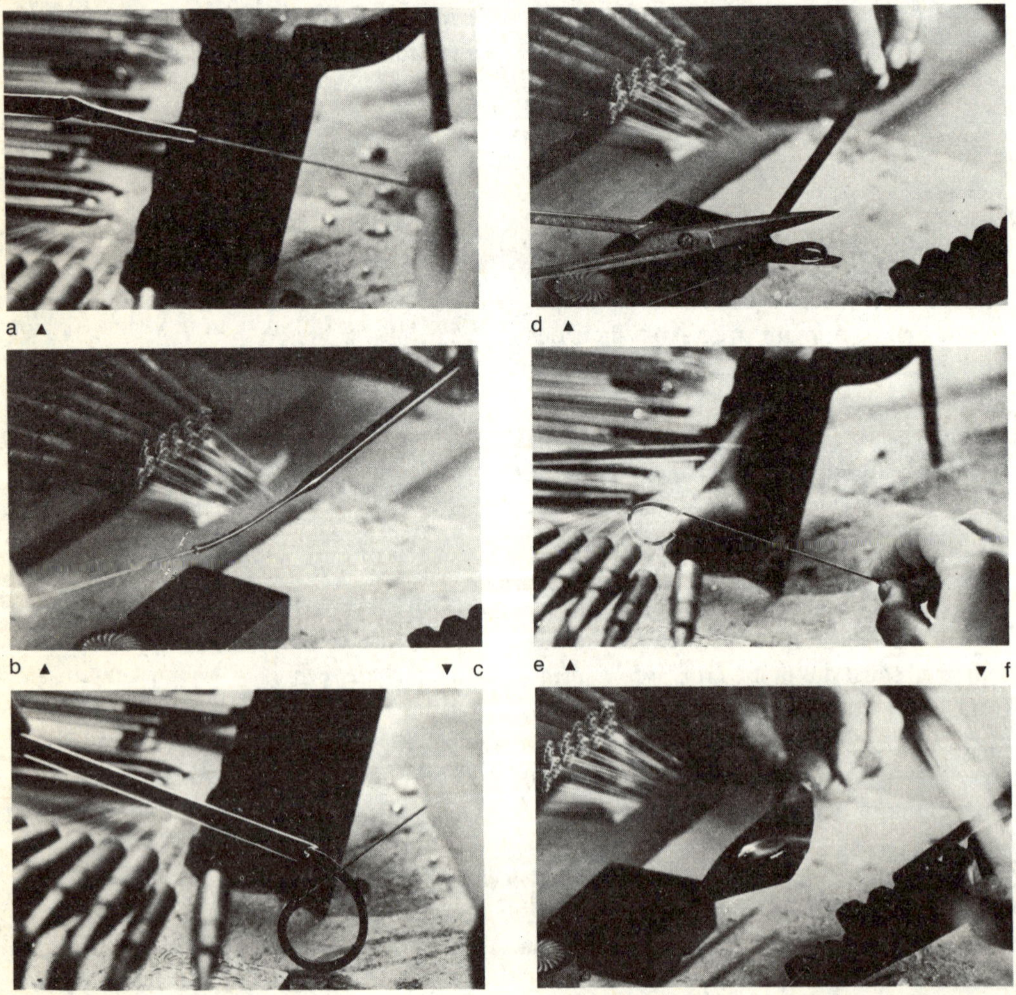

a ▲

d ▲

b ▲   ▼ c

e ▲   ▼ f

Herstellen von Perlen

Die Arbeitsdrähte werden mit einem Kaolinbrei überzogen, der nach einigen Stunden getrocknet ist. Glasstab und kaolinüberzogener Arbeitsdraht werden im Feuer erwärmt, und schließlich wird das zähflüssig vom Stab herablaufende Glas auf den Arbeitsdraht aufgewickelt, eine Perle neben der anderen. Nach dem Erkalten wird der Arbeitsdraht ins Wasser gelegt, das Kaolin weicht auf, und die Perlen können vom Arbeitsdraht abgestreift werden. Die Dicke des Arbeitsdrahtes plus die Dicke der Kaolinschicht bestimmen also, wie groß das Loch durch die Perle ist.

Arbeiten mit einem Draht ohne Kaolin

Erhitzt man einen solchen Draht bis zur Rotglut, so bleibt das zähflüssige Glas an ihm kleben. Dies wird ausgenutzt, um das zähflüssige Glas zu einem Glasfaden auszuziehen, der um so dünner wird, je mehr man zieht.

Die Fotos rechts zeigen das Entstehen eines tropfenförmigen Anhängers: Mit einem glühenden Metallstab wird das zähflüssige Glas angespießt (a), zu einer Kugel aufgewickelt (b und c) und mit Hilfe der Schwerkraft im Feuer zum Tropfen geformt. e: Anhänger, entstanden durch Breitdrücken und Formen der Kugel (c). Unten: Schachfiguren

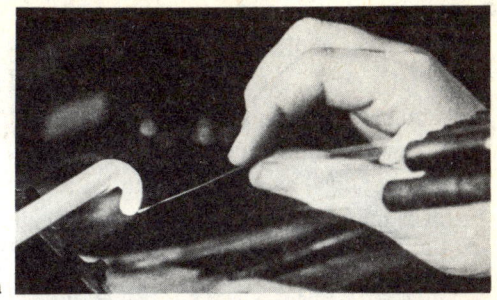

a

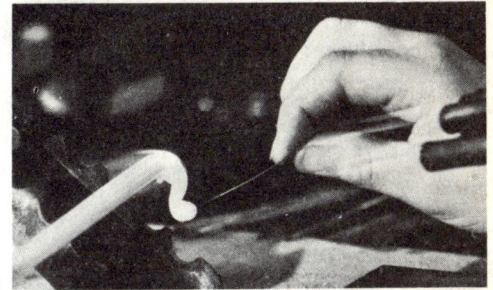

b

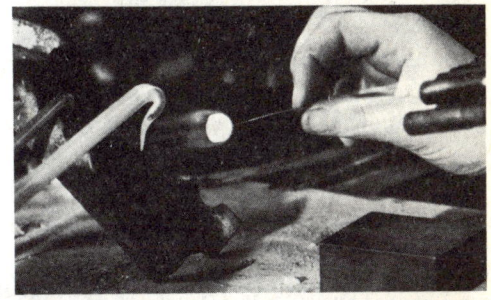

c

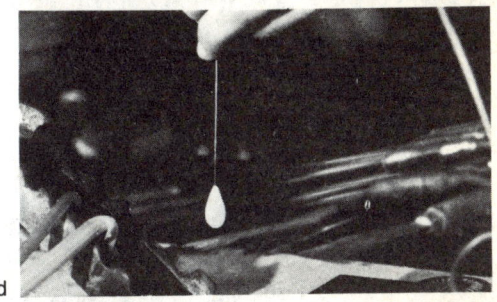

d

e

Man kann auch mit dem rotglühenden Arbeitsdraht die zähflüssige Glasmasse anstechen, Glas aufwickeln und vom Glasstab abschmelzen, wobei man den Arbeitsdraht ständig weiter im Feuer dreht, so daß das Glas schließlich Kugelform annimmt. Dann entfernt man den Arbeitsdraht allmählich , aus der heißesten Zone der Flamme, so daß das Glas erstarrt. Hält man die Kugel senkrecht nach unten hängend wieder in die Flamme, bis das Glas weich wird, entsteht eine Tropfenform.

Man kann die Kugel am Arbeitsdraht auch in noch weichem Zustand auf das Schlitzeisen legen und vorsichtig mit seinem vorgewärmten Spachtel flachdrücken. Die dabei entstehende runde Scheibe kann erneut weich gemacht und durch Stauchen und Drücken in andere Formen gebracht werden, z.B. in ein flaches Quadrat, ein Rechteck, ein Dreieck. Ebenso kann die Kugel zu einem Würfel geformt werden. Die Grenzen der Formbarkeit hängen hier lediglich vom Geschick ab.

Zum Schluß kann der Arbeitsdraht abgeschmolzen werden oder aber belassen werden, wenn die Glasform z.B. an einer Kette oder einem Ohrring aufgehängt werden soll; in letzterem Fall verwendet man Tombak als Arbeitsdraht. Die Fotos S. 128 zeigen, wie man einen Ring aus Glas herstellt.

Das Ätzen

des Glases erzeugt sowohl bei durchsichtigem als auch bei buntem Glas eine angenehm milchige Oberfläche.

Geätzt wird mit Flußsäure, die Glas und fast alle Metalle angreift und deshalb nur in gutverschließbaren Plastikgefäßen aufbewahrt werden darf. Zum Ätzen sollte man ins Freie gehen, Mund und Nase mit einem umgebundenen Tuch schützen und eine

Auf den folgenden Seiten wird beschrieben, wie man Flaschen den Hals abschneidet. Es entstehen Glasgefäße, die man vielseitig verwenden kann. Wegwerfflaschen finden so noch eine nützliche Verwertung

Schutzbrille tragen. Gummihandschuhe müssen angezogen werden; sie müssen absolut dicht sein, damit man mit den Fingern in die Säure greifen kann: Die Perlen werden in einem kleinen Plastikschälchen mit Flußsäure übergossen, dann mit den Fingern ca. 45 bis 65 Sek. in der Säure in Bewegung gehalten. Die Flußsäure gießt man nach der Arbeit wieder in gut verschließbare Gefäße, während die Glaskugeln in einen Eimer mit Wasser kommen, gründlich gewaschen und mit frischem Wasser in einem zweiten Eimer nochmals nachgespült werden. Wer eine stärkere Ätzung wünscht, kann den Vorgang wiederholen.

Glasgegenstände können auch nur teilweise geätzt werden, indem man die Stellen, die nicht geätzt werden sollen, mit Asphaltlack abdeckt, nach dem Trocknen dieses Lackes (ca. 12 Stunden) ätzt und nach dem Ätzen und Wässern den Asphaltlack mit Terpentin entfernt.

Flaschen abschneiden

Viele Getränke und Lebensmittel werden in Flaschen und Gläsern geliefert, die zu einfachen, aber praktischen Glasgefäßen umgearbeitet werden können (Foto links). Dabei geht es vor allem darum, die Flaschenhälse bzw. die Gewinde gerade abzuschneiden.

Mit einem Glasschneider wird die Flasche rundherum an der Stelle geritzt, an der das Glas getrennt werden soll (Foto a). Dann wird ein mit einer brennbaren Flüssigkeit getränkter Wollfaden an der geritzten Stelle um die Flasche gebunden und angezündet (Foto b). Sobald die Flamme erlischt, wird das Glas unter dem Wollfaden

Auf den Fotos rechts kann man sehen, wie der Flaschenhals abgetrennt wird

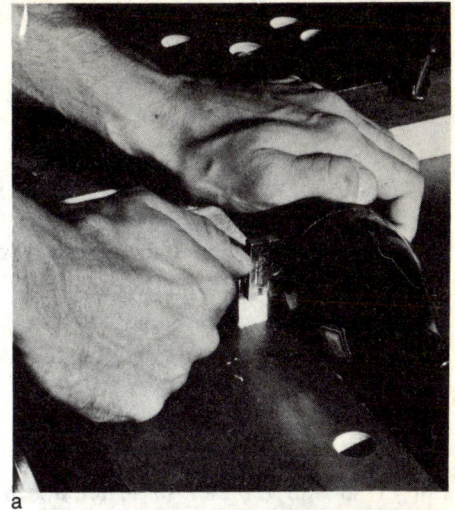

a

b

c

131

unter fließendes kaltes Wasser gehalten mit dem Ergebnis, daß der Flaschenhals abspringt (Foto c). In den meisten Fällen verläuft der Sprung genau dort, wo man ihn haben will. Wenn der Sprung über dem geritzten Ring verläuft, kann das Glas, das noch zuviel ist, in der Regel mit einer Zange einwandfrei abgebrochen werden (Seite 136). Schließlich werden die sehr scharfen Glaskanten mit einer feinen Feile abgebrochen. Dabei entsteht ein so gleichmäßig abgerundeter Rand, daß solche Gefäße gefahrlos als Trinkbecher benutzt werden können.

Die Glasgefäße können natürlich anschließend bemalt werden.

Bleiverglasen

Wenn man farbige Glasteile mit Bleiruten verbindet, entstehen transparente Bildflächen mit großen Gestaltungsmöglichkeiten.

Durchscheinendes Licht bringt die Muster und Ornamente richtig zur Entfaltung. Aus diesem Grund eignet sich die Technik des Bleiverglasens auch am besten für Fenster oder für Fensterbilder. Fensterbilder hängt man hinter einem Fenster im Raum auf, so daß Licht durchscheinen kann. Die technischen Voraussetzungen für Fenster und Fensterbilder aus Glas sind die gleichen. Außenfenster anzufertigen, erfordert jedoch weitaus mehr Präzision, weil Fenster dicht sein müssen. In diesem Kapitel werden in erster Linie Anleitungen für Fensterbilder gegeben, weil sie für den Anfänger leichter zu arbeiten sind; Fortgeschrittene erhalten aber auch Hinweise für die technischen Besonderheiten von Außenfenstern.

Hier die einzelnen Arbeitsphasen für das Zusammensetzen von Glas mit Bleiruten und Lötzinn:

das Glas muß ausgewählt und nach dem Entwurf geschnitten werden

die Einzelteile werden mit Bleiprofilen zusammengesteckt, die Bleiprofile aneinandergelötet

das Fenster oder Fensterbild wird verkittet und gereinigt.

Der Entwurf

Der Entwurf eines Glasfensters fordert viel Überlegung. Nicht nur die Größe muß festgelegt, auch die Auswahl des Glases muß auf Beleuchtung und die spätere Umgebung abgestimmt werden. Man beginnt mit einer kleinen Filzstiftskizze, die dann in die Originalgröße des Glasbildes übertragen wird. In die Skizze sollten bereits die dicken Umrißlinien miteingeplant werden, da die beim Bleiverglasen durch die Bleiruten

Spiegelrahmen in zarten Pastelltönen, die Glasteile sind farblos und zart hellblau. Zusammengefügt wurden sie mit Lötzinn und Bleiruten

Im Entwurf müssen die Bleiruten mit Ihrer Breite als gestalterisches Element mit eingeplant werden: Man zeichnet die Linien im Entwurf als Parallelen und füllt sie mit Filzstift aus

ein wichtiges Gestaltungselementen bilden. Auch die Verwendung von verschieden starken Bleiruten sollte gleich in der Entwurfskizze vorgesehen werden, für den Stiel einer Blume zum Beispiel. Die Skizze soll einen Eindruck vermitteln von der Gewichtung der unterschiedlich großen Glasflächen, ob die Strukturierung durch die Bleiruten das betont, was stärker heraustre-

ten soll, und dort verbindet, wo Linien ineinander übergehen. Am Anfang sollte man möglichst auf rechteckige und allzu stark geschwungene Linien verzichten, da beides schwer zu schneiden und zu verarbeiten ist.

Für die Gestaltung mit farbigem Glas empfiehlt es sich, die Filzstiftskizze mit Wasserfarben auszumalen, wobei man sich an den

gelb

ganz hellgrün

olivgrün

ganz dunkelgrün

mittelgrün

Hier der Entwurf zu dem Farbfoto neben S. 160. Jedes der einzelnen Glasteile ist beschriftet, so daß man nach dem Schneiden die Teile wiedererkennt und sie, wie im Entwurf geplant, zusammenfügen kann. Bei diesem Bild sind Bleiruten in einer Kernhöhe von 4,8 mm verwendet worden

1 ☐ = 1 cm

133

Glasfarben orientieren sollte, die zur Verfügung stehen. Statt Wasserfarben kann man auch Buntstifte oder farbige Filzstifte verwenden.

Nach genauer Überlegung und Ausarbeitung der Entwurfskizze wird eine Vorlage in Originalgröße auf Zeichenkarton angefertigt. Dabei muß die genaue Breite der Bleiruten eingetragen werden. Die Farben der Skizze zeichnet man sich mit verschiedenen Schraffuren in die Originalvorlage ein.

Zum Glasschneiden legt man die Glasteile auf die Vorlage, man kann sich die Einzelteile aber auch aus dem Karton ausschneiden und den Glasschneider entlang der Schablonenkante führen.

Jedes einzelne Teil muß man – egal ob auf dem Karton geschnitten wird oder ob die Teile aus dem Karton ausgeschnitten und als Schablonen verwendet werden – durch Buchstaben und Zahlen kennzeichnen.

Die Auswahl des Glases

Qualität und Farben auszuwählen ist eine wichtige Phase, da von den verschiedenen Farbtönen und Glassorten die Wirkung des Fensters oder Fensterbildes abhängt.

Es gibt vier verschiedene Sorten von Glasplatten, die geeignet sind:

Antikglas: mundgeblasenes, transparentes Farbglas mit ungleichmäßiger Struktur und Stärke.

Kathedralglas: strukturiertes, maschinell hergestelltes Glas von gleichmäßiger Stärke.

Opaleszentglas: milchiges, halbdurchsichtiges, sehr hartes, ebenfalls maschinell hergestelltes Glas.

Überfangglas: Glas aus einem durchsichtigen, farblosen Antiglaskern mit aufgeschmolzenen Farbschichten.

Die Farbauswahl sollte bei Tageslicht geschehen, da künstliches Licht die Farbwir-

kung verändert. Die Glasplatten werden nebeneinandergelegt, man muß sich diese Kombinationen in der Vorstellung auf den Entwurf übertragen und die unterschiedlich starke Farbwirkung gegeneinander abwägen. Mit strukturiertem und milchigem Glas kann man den Lichteinfall dämpfen; von Anfang an sollte eine größere Auswahl an verschiedenen Qualitäten und Farbtönen zur Verfügung stehen, damit man mehrere Kombinationsmöglichkeiten ausprobieren kann.

Glasschneiden

Als Arbeitsplatz ist eine ebene, möglichst mit Filz bezogene Fläche notwendig: entweder eine Werkbank oder ein stabiler Tisch. Am besten arbeitet man bei Tageslicht oder bei indirektem künstlichem Licht; direkte künstliche Beleuchtung spiegelt sich im Glas.

Werkzeuge

Glasschneider: Ein bewegliches, scharfes Stahlrädchen am Kopf des Schneiders ritzt das Glas so ein, daß es abgebrochen werden kann.

Hier die wichtigsten Werkzeuge: oben: Glasschneider, mitte. Fluchzange zum Abbrechen der Ränder, unten: Schutzbrille

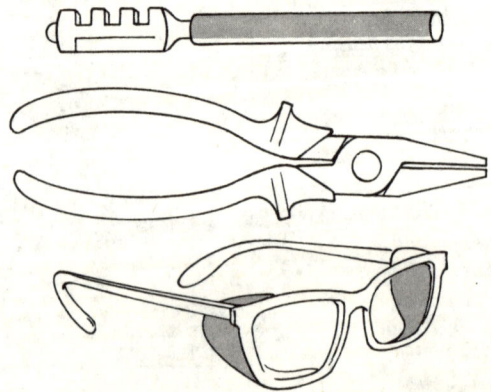

Flachzange: zum Abbrechen von Glasstük-
ken und -spitzen, um die Schnittlinien zu
begradigen.
Sicherheitsbrille: aus Plastik, um die Augen
vor Glassplittern zu schützen.
Brettbürste: um die Arbeitsfläche von
Glassplittern zu reinigen.
Damit nicht kostbares farbiges Glas ver-
schwendet wird, übt man das Schneiden am
besten mit einfachem Fensterglas.
Der Glasschneider wird wie ein Bleistift in
der Hand gehalten, er wird aber senkrechter auf das Glas aufgesetzt. Mit leichtem,
gleichmäßigem Druck fährt man über die
Glasfläche in Richtung Körper. Mit der
freien Hand wird das Glas auf der Tischfläche festgehalten. Die Hand, die den Glasschneider führt, muß dabei ganz locker
bleiben. Besser bei einer langen Schnittlinie
zwischendurch absetzen als sich zu verkrampfen und dann zu stark auf das Glas zu
drücken. Das Stahlrädchen des Glasschnei-
ders muß immer mit etwas Öl geschmiert
sein und immer wieder von Glassplittern
gesäubert werden, damit es einwandfrei
läuft und nicht zu schnell stumpf wird.
Schnitte im Glas können niemals korrigiert
oder nachgezogen werden.
Wer schon etwas Übung im Glasschneiden
hat, legt das farbige Glas auf die Originalvorlage und schneidet die einzelnen Teile
zu. Nach dem Schneiden wird jedes Teil mit
der Nummer oder dem Buchstaben auf der
Originalvorlage gekennzeichnet.
Nach dem Schneiden wird das eingeritzte
Teil aus der übrigen Platte ausgebrochen:
Gerade Kanten größerer Glasstücke legt
man an eine Tischkante, die eingeritzte
Seite des Glases nach oben, und bricht das

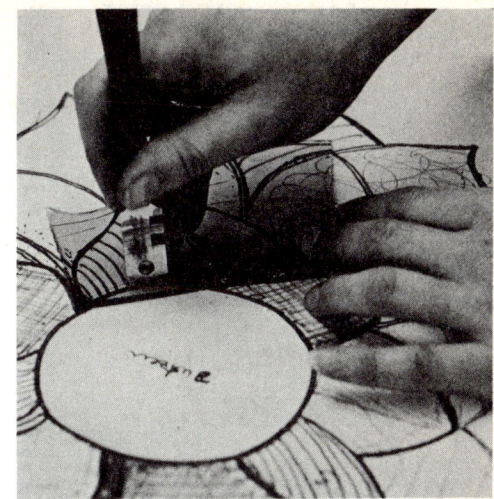

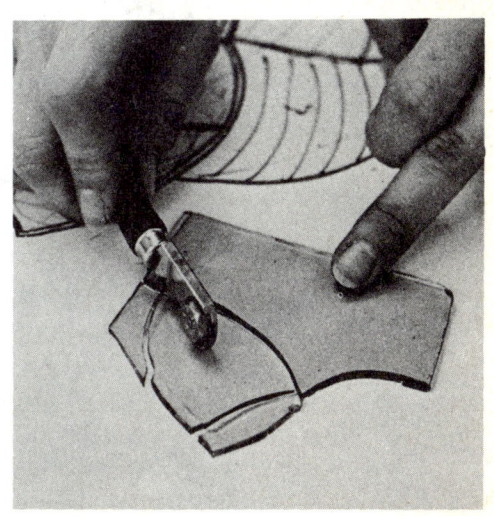

*Foto oben und mitte: Das Glas wird auf den Entwurf
gelegt und mit dem Glasschneider zugeschnitten. Auf
den Fotos ist zu sehen, wie der Glasschneider korrekt
gehalten und geführt wird. Foto unten: Durch leichtes
Klopfen auf die Rückseite des Glasstücks springt das
Glas aus der eingeritzten Spur*

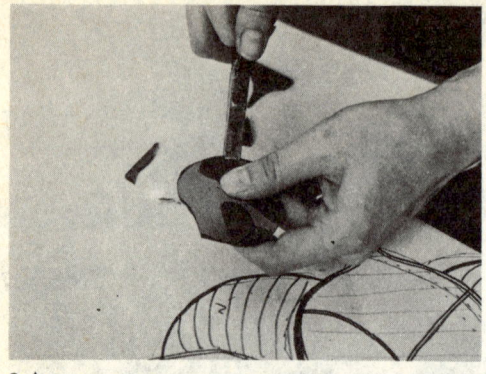

a ▲

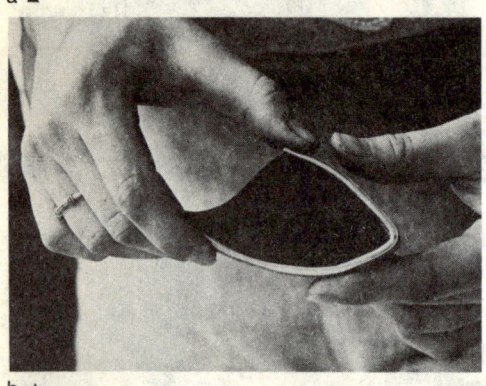

b ▲

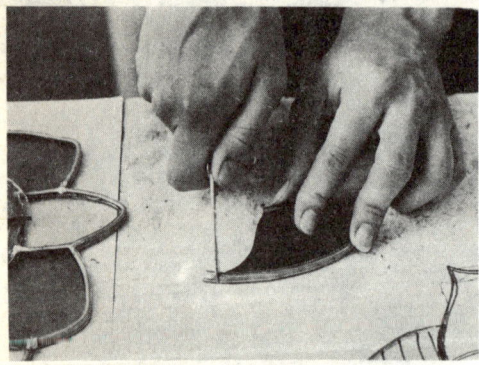

c ▲   ▼ d

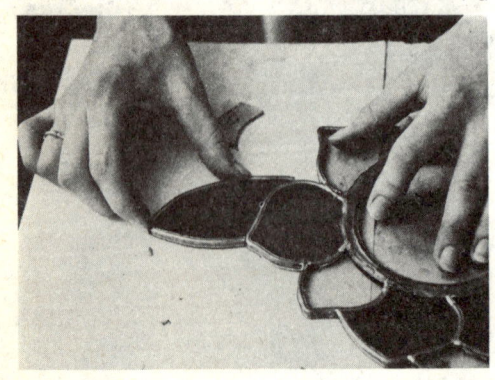

geschnittene Glas ab. Müssen kleinere Teile mit Bogen oder Kurven zugeschnitten werden, sollte man zuerst die benötigte Glasmenge grob vom großen Glasstück abtrennen. Schneidet man Bögen in große Glasplatten, dann springt das Material. Durch leichtes Klopfen mit dem Glasschneider auf die Rückseite des Glasstücks springt das Glas in der eingeritzten Spur, und das Teil läßt sich leicht auslösen.

Bleibt nach dem Schneiden ein so schmaler Rand stehen, daß man ihn nicht mehr mit der Hand fassen kann, und gelingt ein Abbrechen durch das Klopfen auf die Rückseite nicht, so wird der Rand mit der Flachzange abgebrochen.

Das Zusammensetzen mit Bleiruten

Werkzeug

Ein scharfes Messer, mit dem die Bleiruten abgeschnitten werden
Holzstäbchen zum Öffnen der Bleiprofile und Andrücken ans Glas
Bleiruten gibt es in vielen verschiedenen Breiten und Höhen. Für das Fensterbild neben Seite 144 sind Bleiruten von einer Kernhöhe von 4,8 mm verwendet worden. Je schmaler die Bleiprofile, desto exakter muß man arbeiten.
Die Bleiruten, die man gerollt beim Glaser bekommt, werden geradegebogen und möglichst glattgezogen. Sie sind meistens

Foto a: Überstehende Ränder werden mit der Flachzange abgebrochen.
Foto b: Die Bleiruten werden eng um das ausgeschnittene Glasteil herumgelegt.
Foto c: Die Bleiruten werden knapp an der Kante des Glases abgeschnitten.
Foto d: Die Glasteile mit den umgelegten Bleiruten werden aneinandergelegt

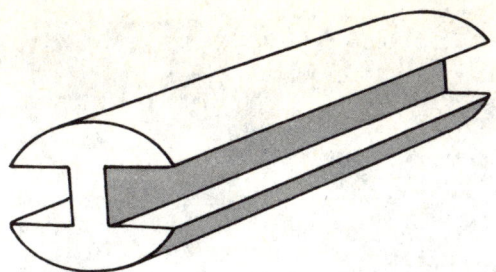

Bleirute, in die von beiden Seiten Glasteile eingeschoben werden können

2 m lang und gut zu handhaben. Wem es jedoch zu umständlich ist, mit so langen Bleiruten zu arbeiten, der schneidet kürzere Stücke ab. Die Bleiruten werden eng um das Glasteil herumgelegt und knapp an der Glaskante abgeschnitten. Arbeitet man an einem runden Fensterbild, wird von der Mitte nach außen gearbeitet. Zum Schluß überprüft man, ob das zugeschnittene und verbleite Glas dem Entwurf entspricht, und verkleinert oder biegt zurecht, wo Glas und Blei nicht der Vorlage entsprechen.

Verlöten des Bleis

Werkzeug

Lötkolben (mit Lötkolbenständer) 100 Watt
Zinn, 20lötig
Flußmittel
Salmiakstein
Der Lötkolben wird erhitzt und probeweise an einen Rest Bleirute gehalten. Schmilzt das Blei, dann ist der Lötkolben zu heiß. Vorsicht vor Löchern in den Bleiruten, sie lassen sich nur schwer wieder verschließen. Der heiße Lötkolben wird an das Zinn gehalten, soll aber nur ganz wenig Lötmetall annehmen. Dann drückt man die flache Seite der Lötkolbenspitze an die Verbindungsstelle, wartet, bis das Zinn aufgeschmolzen ist, und zieht den Lötkolben

nach oben weg. Es muß alles sehr genau passen – ohne Zwischenräume zwischen zwei Bleiruten oder zwischen Glas und Blei. Es werden zuerst alle Verbindungen von Bleiruten auf der einen Seite gelötet, dann wird das Fenster vorsichtig umgedreht und die Verbindungen der Rückseite gelötet. Die Spitze des Lötkolbens muß immer sauber und glatt sein; man reinigt sie, indem man die Spitze über den Salmiakstein zieht. Zum Schluß überprüft man sorgfältig, ob alle Verbindungsstellen gelötet sind, da man bei der Arbeit leicht die eine oder andere übersehen kann.

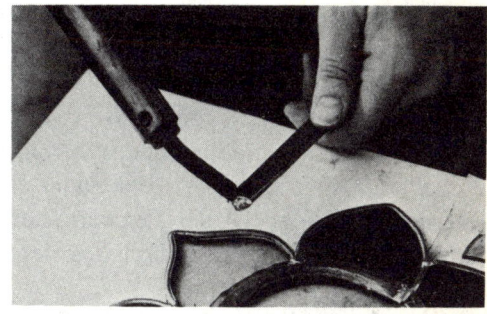

Das Lötzinn wird mit der Lötkolbenspitze geschmolzen, die Bleiruten werden damit verbunden

Aufhänger für Fensterbilder

Man reinigt 2–3 mm starken Metalldraht mit Schmirgelpapier und lötet den Aufhänger auf etwa 10 cm Breite in einen Nut eines Bleiprofils ein.

Der Aufhänger der Fensterbilder wird aus Metalldraht gebogen und angelötet

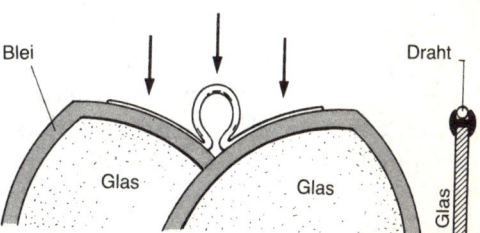

Verkitten und Reinigen

Werkzeug

Kitt
Kittmesser (Taschenmesser)
Holzstäbchen
harte Bürste
Sägemehl

Glaserkitt ist sehr klebrig, er muß vor der Verarbeitung geknetet werden. Dann wird er mit einem Messer durch Entlangziehen in die Zwischenräume zwischen Glas und Bleiprofil eingedrückt. Man verwendet ihn ganz sparsam, überflüssige Reste werden mit dem Holzstäbchen wieder vom Glas abgenommen. Dabei drückt man gleichzeitig die Bleiwände auf das Glas auf. Vorder- und Rückseite müssen in dieser Weise behandelt werden. Unerläßlich ist das Verkitten bei Außenfenstern, da sie erst dadurch wasserdicht werden. Auch Fensterbilder und Innenfenster erreichen durch das Verkitten größere Stabilität.

Mit der Bürste wird das Fenster von Kittspuren befreit, man kann zusätzlich noch Fensterputzmittel verwenden. Die Bleiruten werden zum Schluß mit einem trockenen Wollappen poliert.

Hinterglasmalerei

Die Hinterglasmalerei unterscheidet sich von anderen Maltechniken dadurch, daß sie praktisch „von hinten her" praktiziert wird. Als erstes werden die Konturen – man nennt sie in der Hinterglasmalerei „Riß" –, als letztes Hintergrund wie Himmel oder Bodenflächen aufgetragen. Diese technische Eigenart blieb durch Jahrhunderte erhalten und ist heute eine viel praktizierte Technik in der Laienmalerei geworden.

Häufig hat man bei der Hinterglasmalerei

Landschaft in Hinterglas-Maltechnik von Ellen Mayrhofer

die Arbeitsphasen auf verschiedene Personen verteilt, um mehrere Exemplare eines bestimmten Motivs rationell herzustellen. Es bietet sich an, Hinterglasbilder nach Vorlagen aus der Volkskunst anzufertigen; man kann Risse von Abbildungen in Büchern, Kalendern oder Postkarten mit Transparentpapier übernehmen oder herausvergrößern. Dieses Kopieren von alten Volkskunstbildern gibt Übung für das Malen in Hinterglastechnik. Geübtere werden Hinterglasbilder selbständig gestalten.

Material

Pinsel: Marder- oder Dachshaar Nr. 1
Flachpinsel: Haarpinsel Nr. 10
Glasscheibe: Antikglas weiß oder Fensterglas
Dispersionsfarben der Deutschen Amphibolinwerke, Spezialfarben für Hinterglasmalerei der Firmen Marabu, DEKA, Wacofin oder Pelikan.

Die Farben der verschiedenen Firmen können nicht untereinander gemischt werden. Sie sind wasserlöslich und von der Glasscheibe abwaschbar, wenn Korrekturen notwendig sind.

Sprühfilm matt, Firma Lukas (Spraydose)
Behälter mit Wasser zum Auswaschen der Pinsel
Lappen zum Abstreifen des Pinsels.

Ölfarben

haften sehr gut auf Glas, sind aber wegen ihrer langen Trockenzeit für den Anfänger kaum zu empfehlen. Sie sind nicht wasserlöslich, Korrekturen sind kaum möglich, und beim Auftrag verschiedener Farbschichten übereinander besteht die Gefahr, daß eine Schicht die zuvor aufgetragene auflöst.

Fast alle alten Hinterglasbilder sind mit Ölfarben gemalt, und wer sich der alten Kunst des Mischens von Farbpigmenten und Bindemitteln intensiv widmen will, findet im Anhang Literaturhinweise.

Maltechniken

Bevor man mit dem Malen anfängt, muß die Glasscheibe gründlich mit einer starken, heißen Spülmittellauge entfettet und mit einem sauberen nichtfusselnden Geschirrtuch abgetrocknet werden. Nicht sorgfältig entfettete Glasscheiben stoßen die Farbe ab.

Wenn man die Glasscheibe auf die Rißvorlage legt, muß sorgfältig darauf geachtet werden, daß die Hand das Glas nicht berührt. Jede kleinste Berührung mit dem Glas hinterläßt Fettspuren. Das Malen wird erleichtert, indem man ein Stück sauberes Papier unter die Handfläche legt. Darauf kann man den Handrücken ruhig auflegen und hat die erforderliche ruhige Hand.

Der Riß

Als Riß bezeichnet man im Hinterglasbild alle Umrißlinien von Personen, Pflanzen und Verzierungen, aber auch Linien, die Formen plastisch erscheinen lassen, oder Falten und Schraffuren. Der Riß wird immer seitenverkehrt auf die Rückseite der Glasscheibe aufgetragen. Meist wird der Riß schwarz konturiert; man kann aber auch farbig konturieren und richtet sich bei der Wahl der Farben nach den Tönen, in denen die Flächen des Motivs ausgemalt werden.

Die Konturen werden meist mit dem Pinsel gezogen. Wer sich zum erstenmal an eine solche Arbeit wagt, hat oft Mühe beim Umgehen mit dem Pinsel. Speziell für die Hinterglasmalerei wurde daher ein Konturenstift entwickelt. Mit diesem Stift lassen sich mühelos feine und gleichmäßige Striche ziehen. Der Konturenstift ist wasserfest,

Riß zum Bild des heiligen Georg; das Foto des fertigen Bildes ist auf Seite 140 oben abgebildet

und nach kurzer Trockenzeit (wischfest, nach einer halben Stunde) können die ausgesparten Flächen mit Hinterglasfarben bemalt werden. Normale Filzstifte genügen dafür nicht, da sie nicht wasserfest sind, sich daher beim Malen verwischen und außerdem nach kurzer Zeit verblassen. Wer allerdings lernen will, mit dem Pinsel umzugehen, soll ruhig auch schon zum Konturenziehen den Pinsel benutzen.

Zuerst zieht man mit dem Pinsel Nr. 1 und der schwarzen Dispersionsfarbe die Umrisse nach. Der Pinsel muß mit Farbe so getränkt sein, daß die Linie dicht und gleichmäßig ausfällt. Er sollte auch öfters in dem bereitgestellten Behälter mit Wasser ausgespült werden, denn die Farbe im Pinsel trocknet schnell, und die feinen Pinselhaare spreizen sich dann. Anschließend werden die Lichter in Weiß aufgemalt; man setzt sie

Das Foto zeigt das ausgemalte Motiv des hl. Georg. Wer die Namenspatrone in Hinterglas malen will, kann sich die Rißvorlagen in Originalgröße bestellen. Bezugsquelle siehe Anhang. Vorlagen gibt es auch in Hobbygeschäften, vor allem aber in der Fachliteratur über Hinterglasmalerei (Anhang) oder in Heimatmuseen.

Die Fotos unten und auf Seite 141 zeigen, wie in Hinterglasmalerei ein Blumenstrauß ausgeführt wird. 1: Die Konturen der Blätter, der kleinen Blüten und der Schleife werden mit dem Pinsel Nr. 1 in Schwarz aufgemalt. 2: Die Kontu-

ren und das Innere der großen Blume werden rotbraun gemalt, die Linien in den Blüten sollten schwungvoll von innen nach außen verlaufen. 3: Die drei kleinen Blüten oben und die Schleife werden mit Blau ausgefüllt, die beiden großen Blumen mit Ocker. Die Mitte der Blüte unten rechts und der Fruchtstand der Blüte oben/Mitte bleiben frei. 4: Die Rose und die freien Stellen der großen Blume werden mit Zinnoberrot ausgemalt. Zuletzt nimmt man einen Schwamm aus Schaumstoff und betupft das ganze Bild mit weißer Farbe

141

meist an Stellen, die erhöht wirken sollen. Dann werden besondere farbige Linien in Blumen, Schatten in Gewändern, Blätter an Bäumen und andere Details gemalt. Einen Schatten setzt man an Stellen, die tief erscheinen sollen.

Das Farbenmischen

Während die Konturlinien trocknen, kann man die Farben für das Ausfüllen der Flächen vorbereiten. In die Mitte einer Palette (z.B. ein kleiner Teller) gibt man eine Messerspitze Weiß und gruppiert um das Weiß herum die Farben für die Misch- und Schattiertöne. Der Farbton Weiß wird als „Reservoir" benutzt, aus dem mit den anderen Farbtönen die benötigten Mischtöne zusammengestellt werden. Wenn man eine farbige Vorlage hat, kann man sich bei der Farbauswahl einfach nach ihr richten und sich die gewünschten Schattierungen auf dem Teller je nach Bedarf in kleinen Mengen mischen. Hinterglasfarben gibt es in nuancenreicher Farbtonpalette, so daß man viele Farben ohne Mischen gleich verwenden kann.

Bereits gemischt sind die Farben der Deutschen Amphibolinwerke, bei denen folgende Farbtöne zu empfehlen sind: Schwarz, Weiß, Grün (Amazonas), Blau (Iris), Ocker, Umbra, Rot (Zinnober). Grundsätzlich unterscheidet man zwischen plakativer Maltechnik und Schattiertechnik. Meist werden jedoch beide Techniken in einem Bild verwendet, das ist die gebräuchliche Form der Hinterglasmalerei. „Plakativ" heißt, daß zwei Farben ohne Übergang nebeneinanderstehen, sie sollen jedoch farblich harmonieren. „Schattieren" bedeutet, daß zwei Farben so vermischt werden, daß die beiden Töne ineinanderfließen, nicht aber, daß sie zu einem einheitlichen Ton werden. Bei der Hinterglasmalerei werden diese beiden Techniken jeweils an Stellen angewendet, für die sie besonders geeignet erscheinen. Ein Gesicht z.B. wird meist schattiert, die Falten eines Gewandes werden eher plakativ gesetzt.

Das Ausmalen der Farbflächen

Dann werden kleinere Flächen – Gesichter, Hände, Blumen, Kleidung – ausgefüllt, indem man bis an die schwarze Umrandungslinie malt, nicht darüber hinaus. Wenn man nicht ganz an die schwarzen Linien heranmalt, entstehen Ritzen, durch die dann der später aufgetragene Gesamthintergrund durchscheint.

Die Hinterglasmalerei verlangt nicht unbedingt traditionelle Motive

Beim Auftrag mehrerer Farbschichten übereinander, wie zum Beispiel bei Gesichtsfarbe, Augen, Nase und Mund, muß darauf geachtet werden, daß man die Farbe satt und schnell aufträgt, nicht unnötig hin- und herpinselt und damit die zuerst aufgetragene Farbe auflöst.
Wer mit dem Farbauftrag noch zu zögernd umgeht, kann durch Fixieren mit dem

142

Sprühfilm die Farbschichten so festigen, daß späteres Auftragen mehrerer Farbschichten die darunterliegenden schützt. Dazu muß das Bild trocken sein; wer es besonders eilig hat, benutzt einen Föhn. Die Glasscheibe wird aufrecht gehalten und aus etwa 30 cm Abstand ein dünner Film des Sprays aufgetragen.

Wenn die kleinen Flächen des Hinterglasbildes ausgemalt sind, fehlen bei einer Landschaft noch Himmel und Erdboden oder, bei einem anderen Motiv, ein flächiger Hintergrund in einer Farbe. Diese Hintergründe werden mit dem Flachpinsel in der gewünschten Farbe gleichmäßig auf das gesamte Bild aufgetragen.

Wenn alle Farbflächen aufgetragen sind, hält man das Hinterglasbild gegen das Licht, um feststellen zu können, ob es noch freie Stellen hat, ob es noch „blitzt".

Hinterglasradierung: Der Untergrund ist schwarz, die feinen Linien sind warmer Goldton

Hinterglasradierung

Dazu wird Konturenfarbe aus der Reihe DEKA-Transparent, vermischt mit etwas Farblos aus der gleichen Reihe, gleichmäßig und nicht zu dick auf das Glas aufgetragen. Dann läßt man die Farbe trocknen und brennt sie anschließend eine halbe Stunde lang bei 120 Grad Celsius ein. Nun wird mit einem weißen Kreidestift ein Muster aufgezeichnet (auch weißes Pauspapier kann man dazu benutzen) und mit einer Nadel sorgfältig herausgekratzt. Zum Auskratzen kann man auch eine Ahle nehmen oder ganz einfach eine Nadel in einen Pinselstiel stecken (so arbeitet es sich besser). Zum Schluß kann die Hinterglasradierung mit Farbe unterlegt werden. Bei der Hinterglasradierung auf dem Foto oben wurde ein Goldton (DEKA Ziermatt) verwendet. Ähnliche Wirkung läßt sich auch mit Goldfolie erreichen.

Rahmen

Hinterglasbilder wirken am besten in klassischen Holzrahmen (Bezugsquelle siehe Anhang), die man entweder fertig kauft oder aus Profilleisten selber herstellt. Siehe Seite 199.

Glas bemalen

Material

Teller als Palette
Mallappen
Transparente oder deckende Spezialfarben für Glas
Nitroverdünner oder Transparentverdünner (DEKA)
Haarpinsel verschiedener Größe
Für die Konturen einen feinen Pinsel Nr. 1, zum Ausmalen Nr. 3 und 4

Die Farben

Sind die Farben längere Zeit nicht benutzt worden und deshalb zu fest geworden, so verdünnt man mit Nitro- oder Transparentverdünner. Man sollte ihn jedoch nur tropfenweise zusetzen, da bei zu starker Verdünnung die Lichtechtheit der Transparentfarben herabgesetzt wird. Man behilft sich dann mit einer ausgedienten kleinen Medizinflasche und füllt die Pipette mit Verdünner. So kann man ihn den Farben tropfenweise zusetzen.

Pastelltöne, die durch Mischen mit Farblos entstehen, sind in der Lichtechtheit nicht so gut wie die Originaltöne und sollten daher starkem Licht nicht ausgesetzt werden.

Nach dem Malen müssen die Pinsel sofort mit Nitroverdünnung oder Verdünner gereinigt werden. Vorsicht, beides ist feuergefährlich! Die fertige Arbeit läßt man an einem staubfreien Ort trocknen. Transparentfarben sind nach drei Tagen trocken.

Malerei auf Glas mit bäuerlichen Motiven. Weitere Anregungen im Kapitel „Gestaltung", Seite 383

Das Einbrennen

Man kann zur Erhöhung der Haft- und Kratzfestigkeit die Glasfarben auch einbrennen. Frühestens einen Tag nach Beendigung der Glasmalerei stellt man das bemalte Stück in den kalten Backofen, erhitzt auf 100 bis 120 Grad Celsius (schwache Mittelhitze) für die Dauer von 30 Minuten. In Herde, die nicht nach Wärmegraden einstellbar sind, legt man am besten ein Thermometer mit entsprechender Skala, an dem man von Zeit zu Zeit die Temperatur abliest und danach die Hitze reguliert. Solche Thermometer sind im Handel erhältlich.

Wer die im Handel käufliche Konturenpaste verwendet, muß beachten, daß sie gesondert von dem Farbauftrag eingebrannt wird.

Einbrennen kann man natürlich nur Gegenstände, die der Hitze standhalten, also auf keinen Fall Acrylglasscheiben, die sich unter Wärmeeinwirkung sofort verformen. Sowohl die transparenten als auch die deckenden Farben sind zwar durch das Einbrennen kratzfest gemacht worden, die Gläser kann man auch spülen, für einen ständigen Gebrauch oder für Spülen in der Spülmaschine sind sie nicht geeignet.

Tafel IX   *Der Teppich rechts ist aus Schafswolle in der Qualität der gefärbten Wolle in Tafel I geknüpft. Die Wolle wurde mit „batika" gefärbt und in kleine Stücke von 6 cm geschnitten. Geknüpft wurde mit dem Knüpfhäkchen in Smyrna-Stramin (Zweigart) mit dem auf Seite 118 beschriebenen Smyrnaknoten.*
Farbtafel X, neben Seite 145: Hinterglasmalerei von Ellen Mayerhofer

Holz

Der von der Natur gelieferte Werkstoff wird als Vollholz in seiner ursprünglichen Beschaffenheit weiterverarbeitet, wie er ist; er wird aber auch in industriellen Verfahren zu anderen Werkstoffen wie Sperrholz, Span-, Hartfaser-, Tischler- und Furnierplatten aufbereitet, die dann wie Holz weiterverarbeitet werden.

Fachhandel und Schreiner beraten, welches Material für welche Zwecke am geeignetsten ist; sie schneiden auch so zu, wie man es braucht.

Beim Kauf von Vollholz muß man darauf achten, daß es gut abgelagert ist, denn bei frischem Holz besteht die Gefahr, daß es sich wirft und reißt und so eine schöne Arbeit ihren Wert verliert.

Wer zu Hause etwas Holz trocken und luftig lagern kann (nicht in Heizungsnähe), der sollte es tun, denn gut abgelagertes und möglichst astfreies Holz für Schnitz- und Drechselarbeiten ist eine Rarität. Dabei gibt es immer wieder Gelegenheit, Teile eines gefällten Baumes zu erhalten, der ir-

Werkzeuge zum Schneiden und Stechen: links fünf Hohleisen, drei gerade und zwei gekröpfte; rechts vier gerade Stecheisen oder Holzbeitel. Eisen ohne Zwinge am Heftende werden mit der Hand getrieben, Eisen mit Zwinge mit dem Holzknüppel, der in der Bildmitte zu sehen ist. Links daneben ist ein Schnitzmesser abgebildet

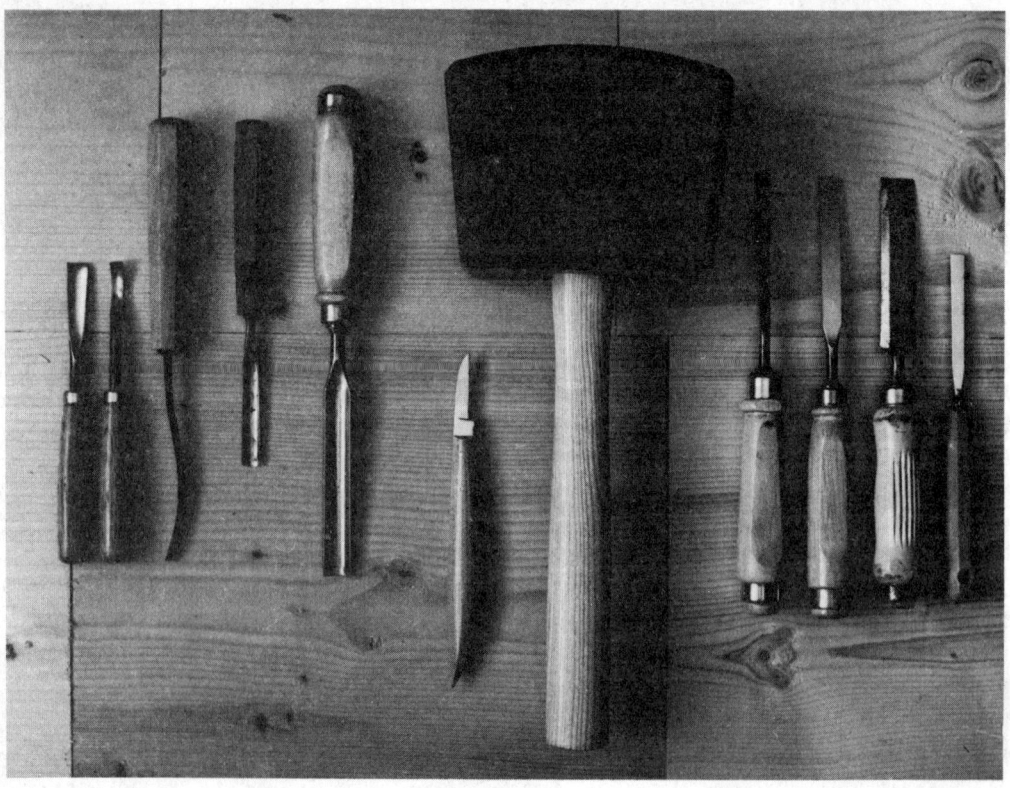

gendwelchen Baumaßnahmen zum Opfer gefallen ist: Ahorn, Apfel, Birne, Birke, Buche, Eiche, Kiefer, Kirsche, Linde, Nußbaum, Rose, Ulme. Das Beste ist natürlich der Stamm, aber auch Äste ab 10 cm Durchmesser sind gut zu verwenden. Zum Lagern muß das Holz geschält werden. Nach zwei bis drei Jahren ist das Holz zum Bearbeiten bereit.

Werkzeuge für die Holzbearbeitung

Neben der vollständigen Aufzählung der Grundwerkzeuge werden hier Hinweise für den Umgang mit den Werkzeugen gegeben, mit denen der Anfänger erfahrungsgemäß immer wieder falsch umgeht, dann natürlich nichts zustande bringt und entmutigt aufhört.
Sparen beim Kauf von Werkzeug ist Sparen am falschen Platz. Die kompletten Werkzeugschränke aller Preisklassen sind nicht auf spezielle Bedürfnisse, z.B. der Holzverarbeitung, eingerichtet. Wer einen davon kauft, wird erleben, daß Werkzeuge enthalten sind, die für ihn völlig überflüssig sind, und umgekehrt fehlen Werkzeuge, die er für seine speziellen Zwecke braucht. Also: unter fachkundiger Beratung die Werkzeuge kaufen, die man braucht, und die aus bester Qualität.
Die Werkzeuge zum Schneiden und Stechen sind auf dem Foto links zu sehen.

Das Schnitzmesser

ist ein Universalwerkzeug. Den Schnitt führt man vom Körper weg. Bearbeitet man Holz, das dabei gegen den Daumen gedrückt wird, so ist besondere Vorsicht am Platz, damit nicht das Messer im Daumen steckt, wenn sich das Holz spaltet oder das Messer abrutscht. Das Schnitzmesser ist auf

dem Foto Seite 146 in der Mitte, links vom Holzknüppel zu sehen.

Stecheisen oder Holzbeitel

dienen zum Ausstemmen von Vertiefungen mit geraden Wänden, während Hohleisen zum Ausstechen aller möglichen Hohlformen mit Rundungen dienen.

Die feineren Stech- und Hohleisen,

deren Hefte kantig sind, werden mit der einen Hand vorwärtsgetrieben, während die andere das Werkzeug fest führt. Kräftigere Eisen mit Zwingen, gefaßtem Heft und rundem Schlagknopf sind für Bearbeitung mit dem Knüppel, dem Holzhammer, vorgesehen, also für größere Arbeiten oder solche in Hartholz.
Die Werkzeuge zum Hobeln, Raspeln, Feilen und Schleifen sind auf Foto Seite 148 zu sehen.

Der Hobel

wird benutzt, um grobe Unebenheiten abzutragen und ebene Holzflächen zu glätten. Einen Hobel kann man nur richtig bedienen, wenn man seinen Aufbau kennt (Zeichnung unten). Der Abstand zwischen der Vorderkante des Mauls und der

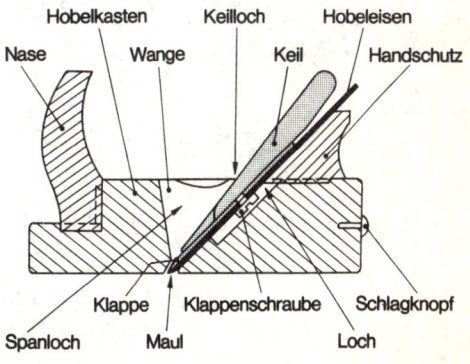

Um fachgerecht den Hobel zu bedienen, muß man seinen Aufbau kennen

Schneidekante des Hobeleisens soll 2 mm betragen. Ragt das Hobeleisen weiter heraus, so ist die Folge, daß der abgehobelte Span nicht mehr die Verengung des Mauls passieren kann und es verstopft. Auf keinen Fall darf das Maul mit einem Metallgegenstand gereinigt werden, sondern das Hobeleisen muß durch einen Schlag mit dem Hammer auf den Schlagknopf gelöst und nach der Reinigung wieder neu eingesetzt werden, diesmal passender als zuvor, damit das Maul nicht wieder verstopft. Die Hobeleisenklappe muß bei Hartholz 0,5 bis 1 mm von der Schneidekante des Hobeleisens zurückstehen, bei Weichholz 1,5 mm. Die Klappe hat die Aufgabe, den Span unmittelbar nach dem Abheben vom Werkholz abzubrechen, damit er nicht einreißt. Beim Einsetzen des Hobeleisens muß darauf geachtet werden, daß die Schnittkante absolut parallel zur Hobelsohle verläuft, weil es sonst unmöglich ist, eine ebene Fläche zu hobeln.

Mit dem Grundhobel gelangt man über ein

Elektrischer Hobel mit einer verstellbaren Spantiefe von 0 bis 1,5 mm und 75 mm Hobelbreite

bestimmtes Maß an ebenmäßiger Glätte nicht hinaus. Für die weitere Bearbeitung braucht man feineres Werkzeug, den Planhobel, bei dem das Hobelmesser steiler steht und das Maul enger ist als beim Grundhobel. Dazu ist unbedingt erforderlich, daß man noch genügend Holz stehenläßt, das mit den feiner arbeitenden Werkzeugen weggenommen werden kann.

Gehobelt wird nicht gegen, sondern mit der Holzfaser, und zwar mit der aufsteigenden Faser, weil sonst das Holz einreißt. Geho-

Werkzeug zum Hobeln, Raspeln, Feilen und Schleifen: Hobel, Abziehklingen, verschiedene Raspeln, Bürste gegen den Holzstaub, Schleifpapier, Schleifklotz, Schwamm zum Wässern des Holzes

belt wird vom Körper weg. Der Hobel wird mit beiden Händen vom Körper weg über das Werkstück gestoßen. Dabei muß der Druck auf das Werkstück immer völlig gleich sein. Das verlangt Übung. Der Anfänger wird erleben, daß er eine schiefe Anfangskante bekommt, weil er den Hobel nicht völlig parallel zur Werkholzfläche angesetzt hat. Er wird erleben, daß sich die gehobelte Fläche am Ende des Werkholzes nach unten neigt, weil er den Hobelstrich am Ende des Werkstücks nicht waagerecht hat auslaufen lassen. Hirnholzflächen können nur mit Hilfe einer Stoßlade (Zeichnung unten) bearbeitet werden, sonst bricht das Holz an der Kante des Werkstückes ab. Den Hobel legt man nie mit der Schneide nach unten. Nach Beendigung der Arbeit wird das Eisen in den Hobel zurückgenommen und festgestellt.

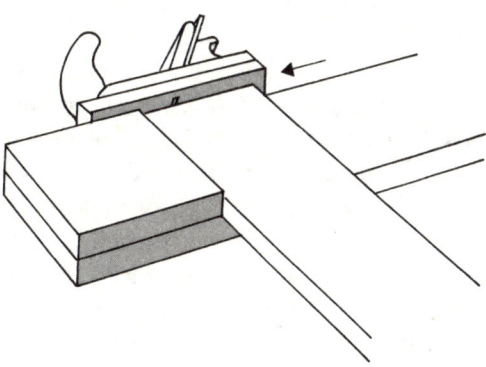

Stoßlade: Auf das querliegende Brett wird ein passendes Brettstück geleimt, das als Widerstand dient, wenn man an einem anderen Brett die Hirnholzkante behobeln will

Raspeln und Feilen

dienen dazu, einem Holzstück Rundung zu geben. Sie haben groben, mittelgroben und feinen Hieb in vielen Formen (rund, halbrund, flach, vierkant, dreikant, flach-halbrund). Meistens werden mittelgroße grobe, flach-halbrunde Raspeln und Feilen gebraucht.

Schleifpapier

benutzt man zum Glätten der Holzoberfläche, grobe Schleifpapiere auch zum Formen. Schleifpapiere gibt es mit grober, mittlerer, feiner und feinster Körnung. Je höher die Zahl, mit der ein Schleifpapier bezeichnet wird, desto feiner ist es und desto weniger Schleifspuren hinter läßt es.

Im allgemeinen beginnt man das Schleifen mit einer Körnung von 80 bis 100 und geht allmählich zu immer feineren Schleifpapieren über. Bei ebenen Flächen wird ein Schleifklotz aus Kork verwendet. Der Schleifstaub wird immer wieder mit einer Bürste entfernt. Fühlt sich die Oberfläche nach Verwendung des feinsten Schleifpapieres völlig glatt an und wurde der Holzstaub entfernt, wird das Holz mit einem Schwamm angefeuchtet. Dann wartet man, bis das Holz wieder getrocknet ist, mindestens 12 Stunden. Die Holzoberfläche ist jetzt wieder rauher geworden, weil sich durch den Einfluß der Feuchtigkeit viele Holzfäserchen wieder aufgerichtet haben, die von Schleifpapier nicht abgeschnitten oder abgerissen, sondern nur umgebügelt worden sind. Das geschieht vor allem dann, wenn das Schleifpapier zu lange benutzt wurde und nicht mehr scharf ist, sondern von Holzstaub verklebt.

Also: Nicht mit Schleifpapier sparen, wenn es um den Feinschliff geht.

Nach dem Anfeuchten und Trocknen wird nochmals mit feinster Körnung nachgeschliffen. Auf diese Weise werden die meisten der noch übrigen, eine absolut glatte Oberfläche überragenden, Holzfäserchen abgerissen.

Zum Schleifen größerer ebener Flächen ist ein elektrischer Schwingschleifer von Nutzen. Mit der biegsamen Welle und verschieden geformten Schleifkörpern kann man schwer zugängliche Stellen sorgsam bearbeiten.

Das Glätten

mit der Ziehklinge, durch die ein sehr feiner Span vom Werkholz abgehoben wird, bringt die Maserung des Holzes am besten zur Geltung. Die Feinarbeit mit der Ziehklinge verlangt Übung. An Stelle der Ziehklinge kann man eine Glasscherbe verwenden. Man zerschlägt eine Glasscheibe oder auch eine größere Flasche und sucht sich die geeigneten Scherben heraus, natürlich keine mit Scharten oder Zacken.

Bohrer

werden verwendet zum Durchbohren des Holzes, zum Vorbohren für Schrauben und Dübel und als Vorarbeit für den Einsatz von Stech- und Hohleisen bei Höhlungen (Foto Seite 151 unten).

Sägen

gibt es in sehr vielen Arten. Die wichtigsten für Holzarbeiten zeigt das Foto Seite 151 oben.

Handkreissäge, hier für exakte Gehrungsschnitte auf einer Sägeschiene montiert

Die Spannsäge

wird zum Zuschneiden verwendet. Sie arbeitet auf Stoß, das heißt, daß lediglich beim Vorstoßen etwas Druck ausgeübt wird, während der Rückzug ohne Druck erfolgt. Nach dem Sägen die Spannsäge entspannen.

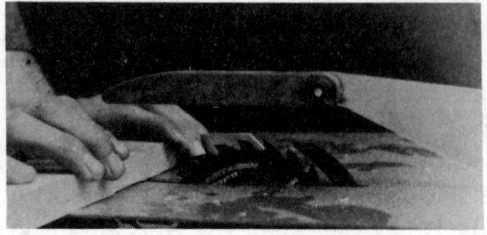

Die gleiche Handkreissäge wie auf dem Foto links unten, zur stationären Tischkreissäge umgebaut

Bei jeder verwendeten Säge muß die Schnittbreite beachtet werden. Sie ist breiter als das Sägeblatt, weil sie durch die Schränkung der Sägezähne entsteht: die einzelnen Zähne des Sägeblattes sind abwechselnd nach links und nach rechts ein wenig herausgebogen. Der Sägeschnitt wird so angesetzt, daß die Bleistiftmarkierung, die anzeigt, wo gesägt werden soll, gerade noch am Werkstück sichtbar bleibt. Bei allen Sägearbeiten ist von entscheidender Bedeutung, daß das Werkstück fest aufliegt, so fest, daß es durch die Sägebewegung nicht verrückt wird. Kleinere Werkstücke kann man mit Hand, Fuß oder Knie fest auf eine Unterlage drücken, aber ganz kleine und größere Werkstücke müssen in eine Vorrichtung eingeklemmt werden, die ihrerseits fest steht oder auf einer Unterlage festgeschraubt ist (siehe Seite 152).

Rechte Seite:
In Foto a oben eine Spannsäge mit 2 Feinsägen und Stichsäge, darunter Laubsäge mit Sägetisch und Fuchsschwanz.

Foto b von links nach rechts: Handbohrmaschine und Bohrwinde mit Schnecken- und Schlangenbohrern, Handbohrer, elektrische Bohrmaschine mit Versenker und Scharnierlochbohrern

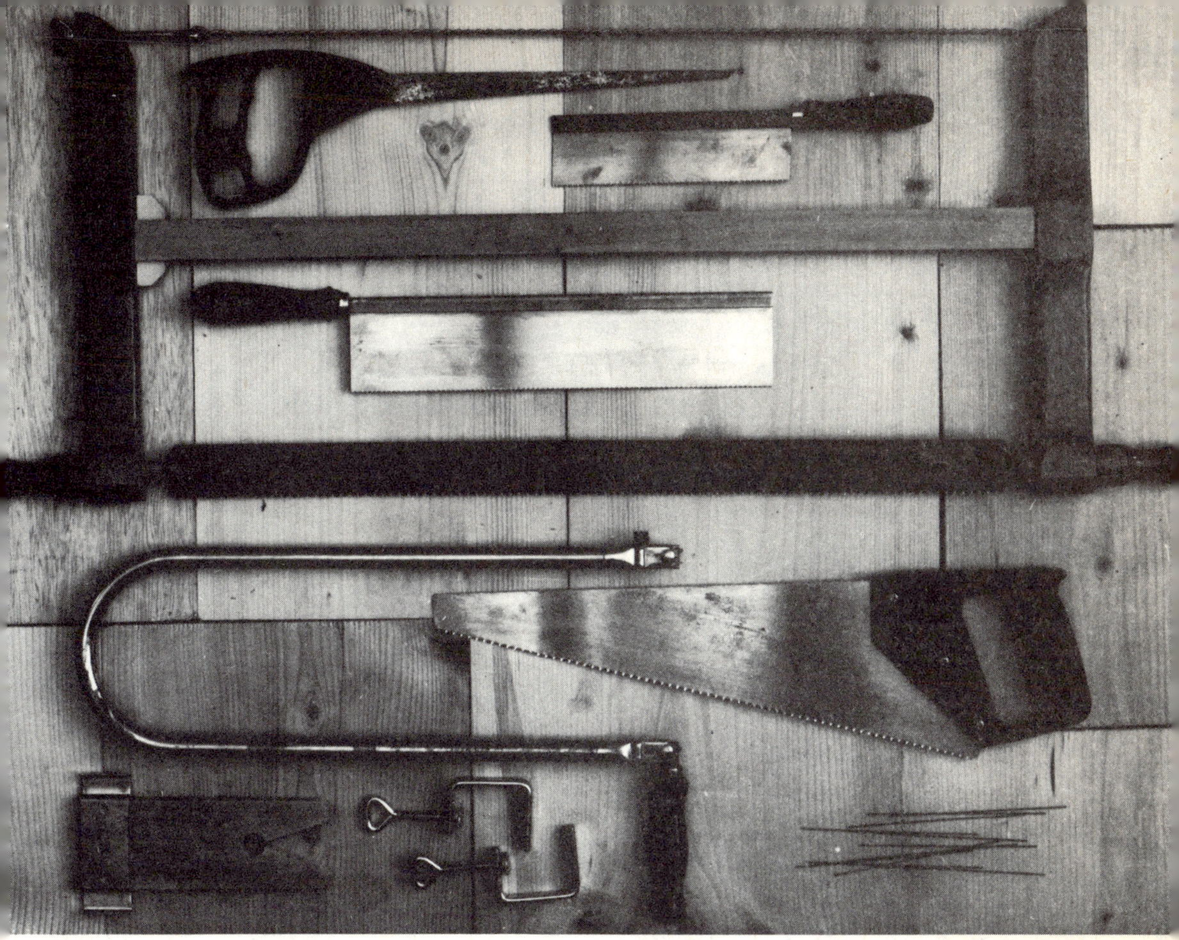

a ▲
b ▼

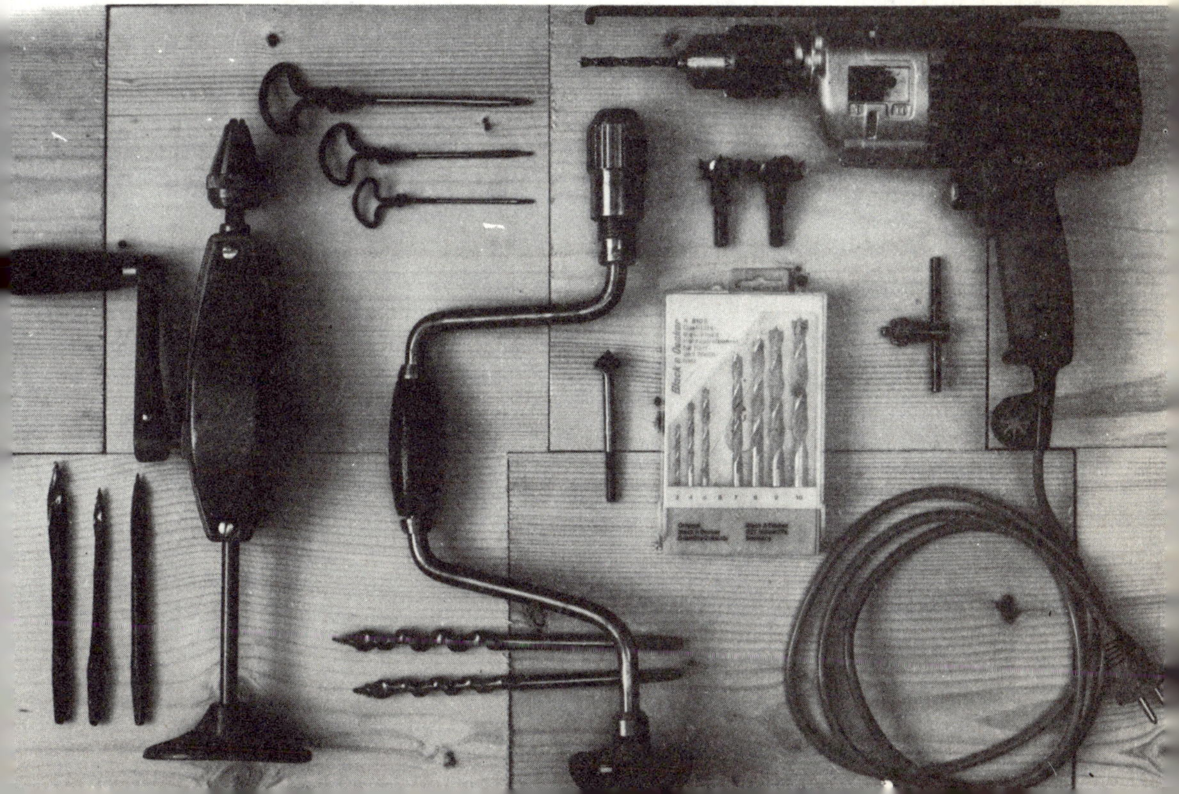

Die Feinsäge

Auch die Feinsäge dient zum Zuschneiden, und Einschneiden bei Holzverbindungen. Zusammen mit der Gehrungslade wird sie beim genauen Zuschneiden von Leisten und schmalen Brettern und Pfosten eingesetzt (Foto unten). Mit dem Fuchsschwanz werden Trennschnitte durch Platten ausgeführt.

Mit der Gehrungslade können Leisten rechtwinklig oder im Winkel von 45° durchgesägt werden

Die Stichsäge

Mit der Laubsäge werden Feinarbeiten aus Sperrholz und Furnier gemacht. Diese Säge wird immer so gehalten, daß der Sägebogen waagerecht bleibt und das Blatt senkrecht und nicht verkantet arbeitet. Sollen Kurven oder winkelige Richtungsänderungen gesägt werden, so wird nicht die Haltung der Säge geändert, sondern das Werkholz all-

Laubsägearbeit: Aussägen von Innenformen: Lochbohren, Sägeblatt durchstecken, Blatt festspannen

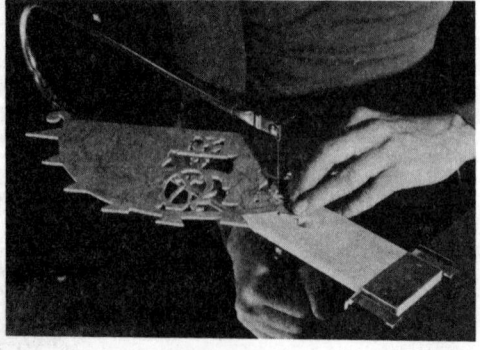

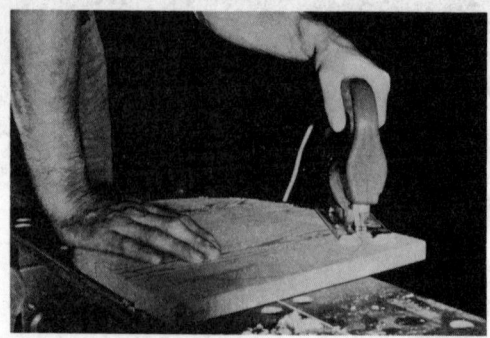

Mit der elektrischen Stichsäge kann Holz bis zur Stärke von 4 cm in engen Kurven gesägt werden

mählich gedreht, während die Säge ständig weiterarbeitet, bei winkeligen Richtungsänderungen auf der Stelle, damit das Sägeblatt sich im Holz drehen kann. Für beliebige Richtungsänderungen sind allseitig verzahnte Sägeblätter geeignet.
Sonstiges Werkzeug, das für Arbeiten mit Holz gebraucht wird, zeigt das Foto rechts.

Der Arbeitsplatz

Grundbedingung ist, daß jedes Werkstück festgeklemmt werden kann, so daß es mit beiden Händen zu bearbeiten ist, ohne daß es unter dem Druck des Werkzeugs wegrutscht. Eine Hobelbank ist für Holzarbeiten sehr geeignet, aber das Aufstellen ist meist ein Platzproblem. Eine gute Lösung ist die Allzweckwerkbank „workmate" von Black & Decker. Sie kann im Nu mit wenigen Handgriffen auf die Maße 74 x 74 x 79 cm zusammengelegt werden, wiegt nicht einmal 30 Pfund, und doch können in ihr Werkstücke bis zu 2,5 Zentner und jeder Form sicher eingespannt werden.

Elektrische Werkzeuge

In vielen Haushalten gibt es heute eine Bohrmaschine, die aber selten zu mehr eingesetzt wird, als ein paar Dübellöcher für

Werkzeuge, die man bei Arbeiten mit Holz braucht: Kreuz- und Schlitzschraubenzieher, Gummi- und Schlosser-hammer, Beißzange, Schraubzwingen in verschiedenen Größen, Leim und Holzkitt

ein Wandregal zu bohren. Eine solche Maschine ist jedoch erheblich vielseitiger. Sie kann als Antrieb auch für einige holzverarbeitende Werkzeuge eingesetzt werden: Hand- und Tischkreissäge, sowie Stichsäge mit verschiedenen Blättern, Hobel mit verschiedenen Messern, Schleiftisch mit verschiedenen Schleifpapieren.

Schleifen und Schärfen der Werkzeuge

Messer, Stecheisen, Hohleisen, Hobeleisen und Sägen müssen scharf sein, wirklich scharf, nur so können gute Holzarbeiten entstehen. Diese Werkzeuge verlieren bei Benutzung sehr schnell ihre Schärfe. Sobald man die Schneide – von vorn betrachtet – als einen feinen, silberhellen Strich sieht, ist das Werkzeug stumpf und muß geschliffen werden.

Fräsen einer Nut mit der Bohrmaschine im Bohrstän-der, auf dem ein Frästisch montiert ist

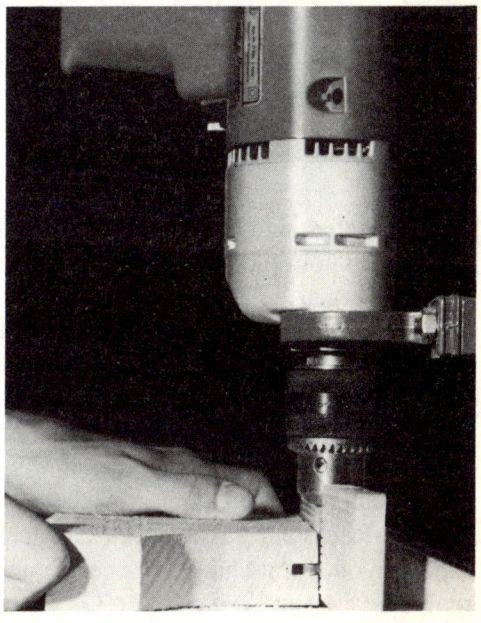

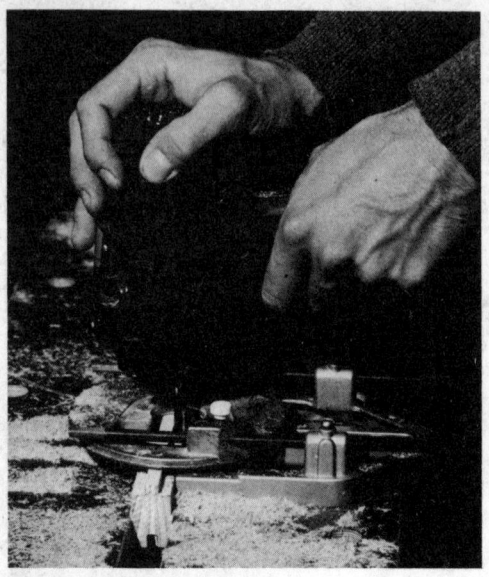

Oberfräse mit vielen verschiedenen Fräsköpfen, Nut- und Kreisführung. Hier: Fräsen eines Falzes

Werkzeug an der Schleifscheibe schärfen: Die Zeichnung zeigt, wie der Anschleifwinkel von der Einstellung der Auflage abhängt

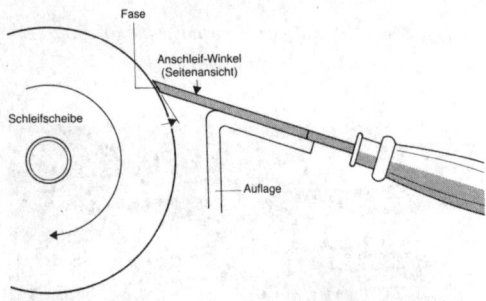

Zum Schleifen sind Schleifmaschine und Abziehstein notwendig. Die Schleifscheibe dreht sich gegen das Eisen, an dem die Fase in einem Winkel von 30 Grad angeschliffen wird, wie in der Zeichnung oben zu sehen. Beim Schleifen wird das Eisen hin- und herbewegt, bis auf der Spiegelseite an der Schneidekante ein feiner Grat entsteht.

Dieser Schleifgrat wird durch Abziehen auf einem Abziehstein entfernt. Das ist ein Sandstein oder Tonschiefer, der bei Benützung ständig mit Wasser oder Öl ange-

feuchtet werden muß. Erst wird die Spiegelseite kreisend auf dem Abziehstein hin- und herbewegt, bei Hohleisen auf einem Stein mit runder Kante. Dann wird die Fasenseite abgezogen, und zwar mit geradem Strich gegen die Schneide vor und zurück. Das Abziehen auf der Spiegelseite und das Abziehen auf der Fasenseite wechseln so lange, bis der Grat weg ist.

Wenn diese Schärfe nicht reicht, reibt man einen Lederriemen mit sehr feinem Schmirgel ein (z. B. Einschleifschmirgel für Ventile) und zieht das Eisen darauf ab. Jetzt ist die Schneide scharf.

Eine Säge muß, wenn sie stumpf geworden ist, zunächst geschränkt werden: das Sägeblatt wird mit Hilfe von zwei Brettern in einen Schraubstock geklemmt. Dann dreht man einen Schraubenzieher senkrecht zwischen zwei Zähnen um seine Längsachse, so daß der eine Zahn etwas nach links, der andere Zahn etwas nach rechts gedrückt wird. Jeder zweite Zahnwinkel wird übersprungen. Dann wird die Säge mit der Feile geschärft, indem diese im rechten Winkel zum Sägeblatt durch die stumpfen Zahnwinkel durchgestoßen wird. Es darf nur über dem im Schraubstock oder der Allzweckwerkbank eingespannten Teil des Sägeblattes gearbeitet werden, der nicht nachgeben kann.

Holzverbindungen

Holzteile werden mit Nägeln, Schrauben, Dübeln und Leim verbunden. Es können aber auch die Holzteile selbst so geformt werden, daß sie sich ineinanderfügen lassen und allein dadurch eine feste Verbindung entsteht. Beide Methoden werden in vielen Fällen miteinander kombiniert.

Das Nageln ist eine sehr grobe Verbindungsmethode, die im Werk- und Bastelbereich nur wenig zur Anwendung kommt.

Der Nagel, der mit Hammerschlägen ins Holz getrieben wird, droht das Holz auseinanderzusprengen. Dieser Gefahr begegnet man, wenn der Nagelkopf auf eine Metallunterlage gestellt, die Nagelspitze mit einem Hammerschlag gestaucht und dann erst der Nagel ins Holz geschlagen wird. Außerdem kann vorgebohrt werden, allerdings muß das Bohrloch dünner sein als der Nagel.

Es wird immer durch den dünneren in den dickeren Holzteil genagelt. Dabei sollen zwei Drittel des Nagels in den dickeren Teil gelangen. Größere Festigkeit erhält die Verbindung, wenn die Nägel nicht alle senkrecht, sondern schräg in verschiedene Richtungen ins Holz geschlagen werden. Eine andere Methode ist das Durchnageln und Umschlagen des herausragenden Nagelendes; das ergibt eine praktisch unlös-

bare Verbindung. Die richtige Art der Vernagelung von Brettern zeigen die beiden Zeichnungen unten.

Mit dem Versenkstift kann man den Nagelkopf noch 2 bis 3 Millimeter weiter ins Holz treiben und das Loch später verkitten, so daß kein Nagelkopf mehr zu sehen ist.

Die Größe eines Nagels wird durch zwei Zahlen gekennzeichnet: Die erste Zahl gibt den Durchmesser des Nagels in Millimeter an, die zweite Zahl die Länge des Nagels ebenfalls in Millimeter.

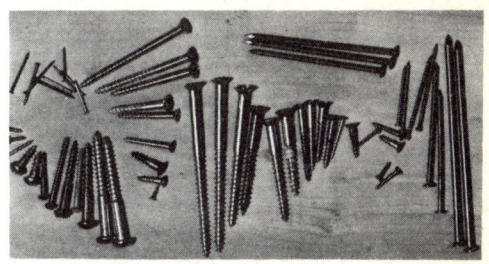

Nägel und Holzschrauben. Von links nach rechts: Rundkopf-, Linsenkopf- und Flachkopfschrauben

Schrauben und die Handhabung des Schraubenziehers

Geschraubte Verbindungen sind haltbarer als genagelte. Außerdem haben sie den Vorteil, daß man sie wieder lösen kann. Schrauben aus Eisen, verzinkt, verchromt, verzinnt, aus Messing, aus Aluminium, mit Rundkopf, mit linsenförmigem Kopf und mit Flachkopf – all diese Sorten gibt es in verschiedenen Stärken und Längen. Die Bezeichnung der Größe einer Schraube ist im Prinzip genauso wie beim Nagel, nur bleibt der Kopf bei Rundkopf- und Linsenkopfschrauben außer Betracht.

Für jede Schraube wird vorgebohrt: Der obere Holzteil, der fest verschraubt werden soll, wird durchbohrt mit einem Bohrer, dessen Durchmesser einen halben Millimeter stärker ist als die Schraube. Auf diese Weise erreicht man, daß die beiden Holz-

Zusammennageln von 2 Brettern: Man nagelt durch das dünnere in das dickere Brett; schräg hält besser

Durchnageln, umschlagen des herausragenden Nagelendes über ein Kanteisen, dann einschlagen

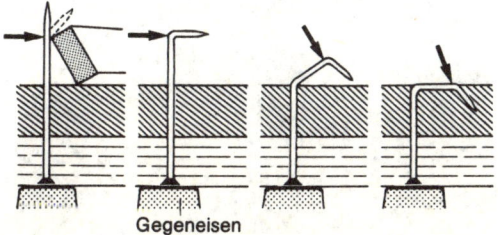

Gegeneisen

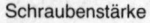
Schraubenstärke

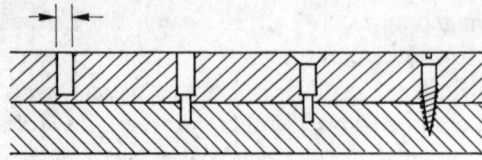

*Versenkkopfschraubenverbindung: Das Loch muß
weiter sein als der Schraubenschaft*

Versenker

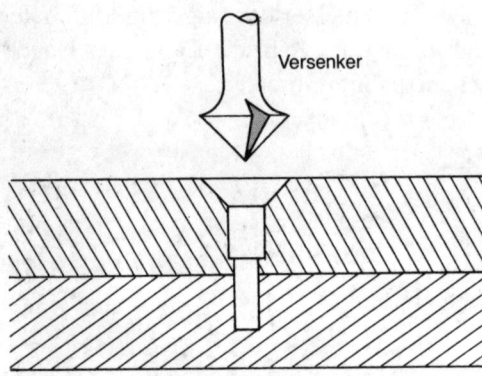

*Vorbohren für die Versenkschraube, dann mit dem
Versenker Platz für den Schraubenkopf fräsen*

teile auch tatsächlich fest und dicht aneinandergepreßt sind. In den unteren Holzteil wird nur gebohrt, wenn das der Stärke und Länge der Schraube wegen notwendig ist, wenn man die Schraube sonst überhaupt nicht in das Holz hineinbekäme und um außerdem die Gefahr des Spaltens zu vermeiden. Ist der untere Holzteil Hirnholz, so wird meist ein Vorbohren nicht notwendig sein, ebenso nicht bei weichem Holz.

Schrauben mit flachem Kopf bezeichnet man auch als Versenkschrauben, weil sie in das Holz versenkt werden können, wenn die Vorbohrung noch mit einem Krauskopf soweit ausgerieben wird, daß der Schraubenkopf in der Versenkung Platz hat (Zeichnung oben). Der Schraubenkopf kann noch tiefer versenkt werden, wenn das Loch mit einem Furnierholzplättchen abgedeckt werden soll.

Der Schlitzschraubenzieher und der Kreuzschlitzschraubenzieher müssen zur

Schraube passen, weil alle diese Werkzeuge so konstruiert sind, daß die Kraft, die sie entfalten, ausreicht, um die dazu passende Schraube in normales Holz einzuschrauben, ohne daß Schraube oder Schraubenzieher Schaden nehmen. Der Schlitzschraubenzieher soll genau in den Schlitz der Schraube passen, die Spitze des Kreuzschraubenziehers muß das Kreuz der Schraube voll ausfüllen.

Dübel und Holznägel

Die zu verbindenden Holzstücke werden mit einer Schraubzwinge oder Heftnägeln fixiert; von außen wird ein Loch durch das erste und in das zweite oder auch durch das zweite Holzteil gebohrt. Dann leimt man ein passendes Buchenrundholzstück, das es in Fachgeschäften in vielen Stärken zu kaufen gibt, als Dübel ein. Diese Methode nennt man Durchdübeln, weil man den Dübel im Gegensatz zum verdeckten Dübel von außen sieht. In die Mitte des vorgese-

*Dübeleisen halten die beiden zu verdübelnden Bretter
so fest, daß nur noch gebohrt werden muß; die Dübellöcher passen genau aufeinander*

a

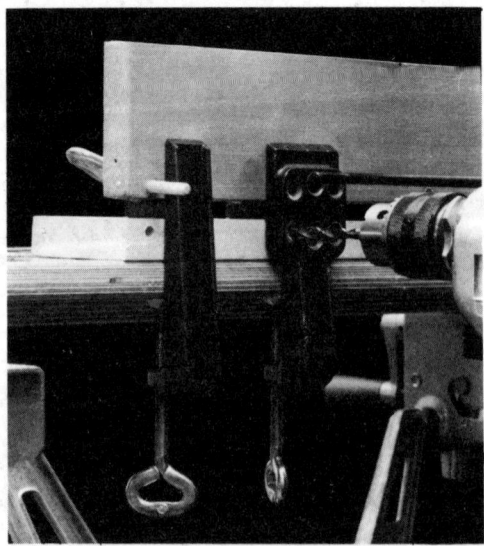

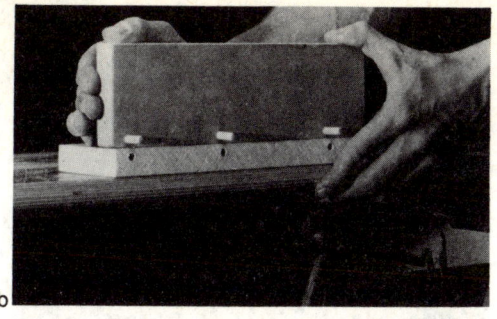

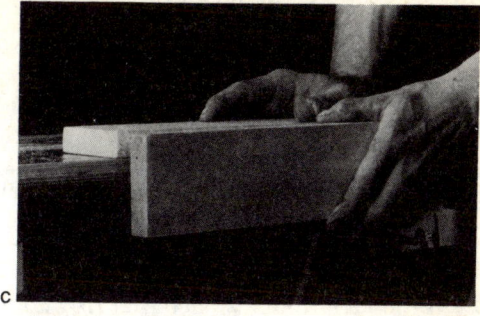

Ein Beispiel für verdecktes Dübeln. Wichtig ist, daß die eingeleimten Dübel nicht länger sind als die Dübellöcher tief. Die richtige Tiefe erreicht man mit Hilfe des Bohrtiefenanschlags an der Bohrmaschine

henen Dübellochs wird beim einen Holzteil ein kleiner Nagel geschlagen. Dann schneidet man den Kopf des Nagels ab und drückt diesen Holzteil auf den, mit dem er verbunden werden soll: So erhält man die Mittelpunkte für die Bohrungen der Löcher für den verbindenden Dübel. Fotos a–c zeigen den Einsatz eines Dübelgerätes. Der Gebrauch des Holznagels liefert eine sichtbare, dekorative Verbindung, die dem Durchdübeln entspricht, nur wird in das Bohrloch nicht ein Rundholz, sondern ein

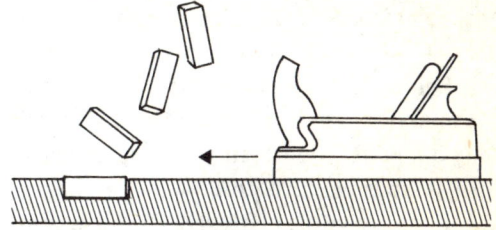

Die abgespaltenen Holzstücke werden im Loch eines Brettes behobelt

vierkantiger Holznagel eingeschlagen. Die Zeichnung unten zeigt, wie man sich solche Holznägel herstellt, die es allerdings auch in verschiedensten Holzsorten zu kaufen gibt. Der Durchmesser des Bohrlochs muß etwas kleiner sein als der Diagonaldurchmesser des Holznagels.

Herstellen von Holznägeln: Die Zeichnung zeigt, wie z.B. von einer Leiste, bei der die Faser senkrecht läuft, Holzstücke abgespalten werden

Die Eisenbahn besteht aus Teilen, die nicht einzeln angefertigt, sondern von einer entsprechend geformten Holzleiste abgesägt werden

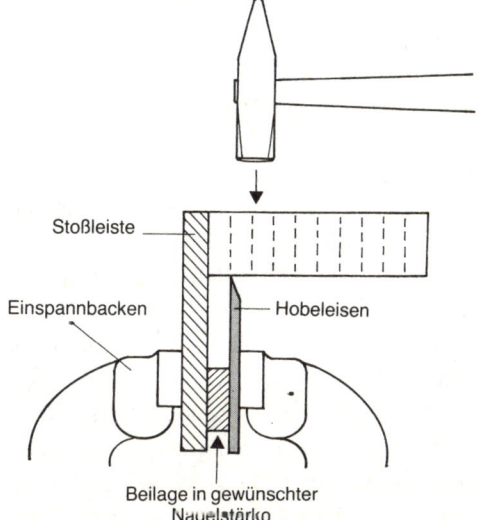

157

Leimen und Kleben

liefern meist festere Verbindungen als solche mit Nägeln, Schrauben und Dübeln. Auch wird selten nur geleimt, in der Regel kommt irgendeine andere Verbindungsmethode noch dazu.

Der Kaltleim (Ponal oder Kaurit) wird nur auf eine der beiden Flächen aufgetragen, die verbunden werden sollen. Bei Hirnholz und anderen stark saugenden Holzflächen wird die zu verleimende Fläche schon vorher ein- oder mehrmals mit Leim eingestrichen und mit der weiteren Bearbeitung abgewartet, bis der Leim eingezogen ist. Dann streicht man erneut mit Leim ein und drückt die beiden Holzstücke mit Schraubzwingen aneinander. Der Druck bleibt zunächst mäßig, damit der Leim Zeit hat, in die Holzporen einzudringen. Würde man den endgültigen Druck sofort erzeugen, so würde man bloß den Leim zu den Fugen seitlich hinauspressen. Nach etwa einer halben Stunde wird der Druck verstärkt.

Beim Verleimen von Brettern zu einer größeren Holzfläche ist es notwendig, daß die Fugen völlig plan aneinanderliegen. Zeichnung unten zeigt, wie man eine exakt rechtwinklige Kante hobelt. Das Hochwölben der Bretter durch das Zusammenpressen beim Verleimen wird durch eine Vorrichtung verhindert, wie sie Foto oben zeigt. Klar ist, daß überflüssiger Leim sofort weggewischt wird, man macht das mit einem

Mit einer Stoßlade (siehe Seite 149) kann man die Längskanten eines Brettes rechtwinklig behobeln

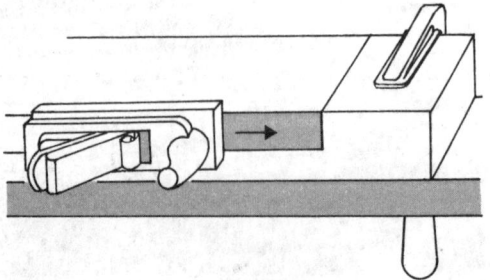

Zusammenleimen von Brettern zu einer Platte: Flacheisen verhindern ein Hochwölben der Bretter

Zusammenleimen von Vierkanthölzern zu einem Block, z.B. für eine größere Schnitzarbeit

feuchten Tuch. Die Abbindezeit beträgt beim Leim zwar nur etwa eine Stunde, aber man sollte mit der Weiterverarbeitung einen Tag warten, wenn das bedeutet, daß die Leimfuge dabei schon belastet wird.

In zunehmendem Maß werden Kontaktkleber wie z.B. Pattex an Stelle von Leim verwendet. Solche Kontaktkleber muß man verwenden, wenn Holz mit nichtholzartigen Werkstoffen verklebt werden soll.

Mit Kontaktkleber werden beide Seiten der zu verklebenden Flächen eingestrichen. Dann wartet man – 10 bis 20 Minuten, je nach Gebrauchsanweisung –, bis sich der Kleber trocken anfühlt, legt die Flächen aufeinander, drückt sie kurz aber kräftig an – fertig. Man braucht keine Zwingen und keine Wartezeiten, aber das Aufeinanderlegen der beiden zu verklebenden Werkstücke muß mit absoluter Präzision erfolgen, denn die Klebewirkung tritt praktisch sofort ein. Das heißt: sind die Werkstücke nicht genau aufeinandergelegt, so kann man daran nichts mehr ändern, ein Zurechtrücken wie beim Leim ist nicht möglich.

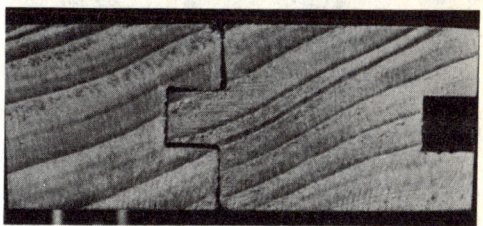

Gehrung und Feder

Stoßen Hölzer im Winkel von 90 Grad aufeinander und verläuft die Leimfuge im Winkel von 45 Grad zu den Holzkanten, so spricht man von Gehrung. Angewandt wird diese Verbindung vor allem bei Rahmen für Bilder, Fenster und Türen.

Den exakten 45-Grad-Schnitt erzielt man mit der Gehrungslade oder der Tischkreissäge mit Winkelanschlag. Nach Zuschnitt der Rahmenleisten wird eine beliebige Ecke verleimt, dann die diagonal gegenüberliegende, und nachdem diese Verbindungen getrocknet sind, die beiden restlichen Ecken zugleich. Zum Zusammenspannen der Leimfugen benötigt man spezielle Federklammern.

Die Haltbarkeit dieser Eckverbindung wird sehr erhöht, wenn in die Ecke zusätzlich ein Holzbrett eingeleimt wird, die Feder, wie das die Zeichnung unten zeigt.

Die beiden Fotos oben und die Zeichnung unten zeigen Anwendungsbeispiele von Nut- und Federverbindungen, geeignet für Wand- und Deckenverkleidungen und zum Einbau von Regalbrettern. Die Nut- und Federverbindung kann durch Leim noch größere Festigkeit bekommen

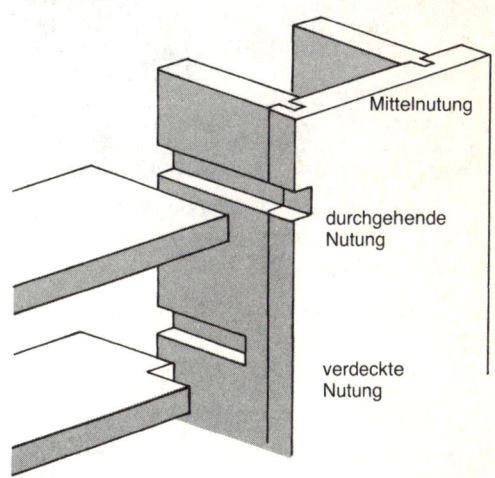

Mittelnutung

durchgehende Nutung

verdeckte Nutung

Gehrungsverbindungen: links unten verleimt, darüber zusätzlich mit Feder, rechts mit Beschlägen

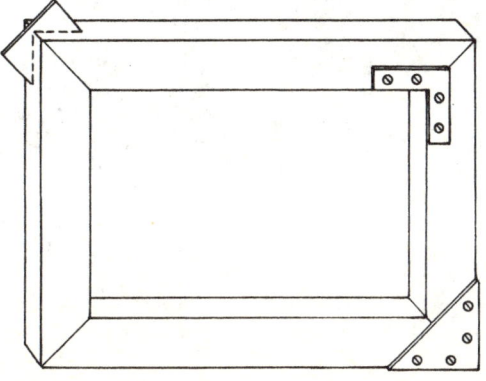

Nut und Feder

Die Nut ist eine rillenartige Vertiefung im Holz, in die als Gegenstück die Feder paßt. Für die Herstellung von Nut und Feder in verschiedenen Breiten und Tiefen empfiehlt sich der Einsatz einer Heimwerkerfräse (Foto Seite 153 unten). Die Zeichnung oben zeigt verschiedene Anwendungsmöglichkeiten der Nutverbindung.

Falz und Gegenfalz

sind eine Abwandlung von Nut und Feder
und werden ebenfalls gefräst oder mit der
Feinsäge eingeschnitten, wie dies die beiden Fotos zeigen.

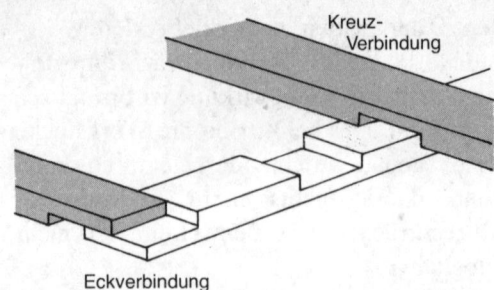

Kreuz-Verbindung

Eckverbindung

*Überplattungen, mit Feinsäge und Stechbeitel herge-
stellt*

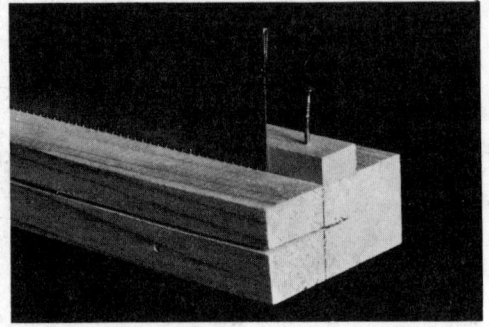

*Oben wird gezeigt, wie mit einer Feinsäge ein Falz her-
ausgesägt wird; die aufgenagelte Leiste dient der Säge
als Führung. Darunter das Ergebnis*

Das Überplatten

wird angewandt, um Leisten, Pfosten und
Rundholzstäbe in einer Ebene miteinander
zu verbinden (Zeichnung oben). Die Vertiefungen werden mit der Feinsäge und dem
Stemmeisen ausgehoben. Zusätzlich wird
geleimt, eventuell auch noch geschraubt
oder genagelt.

Schlitzen und Zapfen

liefern eine sehr haltbare, dauerhafte Verbindung. Beim Lochzapfen reicht der Zapfen durch das den Schlitz tragende Holz und
wird von außen verkeilt, während der
Brustzapfen eine unsichtbare Verbindung
schafft. Wie Loch- und Brustzapfen hergestellt werden, zeigen die Fotos Seite 161
links, zusätzlich wird geleimt.

*Rundzapfen werden mit dem Stechbeitel vorgeformt,
mit der Raspel für das Loch passend gemacht*

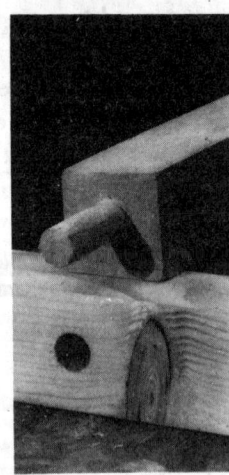

*Tafel XI Ein Fensterbild aus Glas: Die Glasteile werden mit einem Glasschneider ausgeschnitten und in Blei-
ruten gesteckt, die dann miteinander verlötet werden. Die einzelnen Arbeitsphasen sind auf den Seiten 132 – so
detailliert beschrieben, daß auch Anfänger danach arbeiten können.*

Der Zapfen kann auch rund zugeschnitzt werden und der Schlitz ein Bohrloch sein: dies ist in den beiden Fotos Seite 160 unten rechts zu sehen.

Der Zapfen kann kürzer sein als das den Schlitz tragende Holz, aber auch ganz durchgehen

Die Fotos unten zeigen eine durchgehende Endverbindung von Zapfen und Schlitz, hergestellt mit Feinsäge, Stemmeisen und Raspel. Das Stemmeisen soll 1 mm schmaler sein als der Schlitz

Der Rundzapfen wird der Länge nach eingesägt, bevor er ins Loch gesteckt und vielleicht zusätzlich eingeleimt wird. Dann wird ein Keil in den Schlitz eingeschlagen (oben).
Das Foto unten zeigt, wie das überragende Ende des Keiles mit dem Schnitzmesser abgeschnitten wird

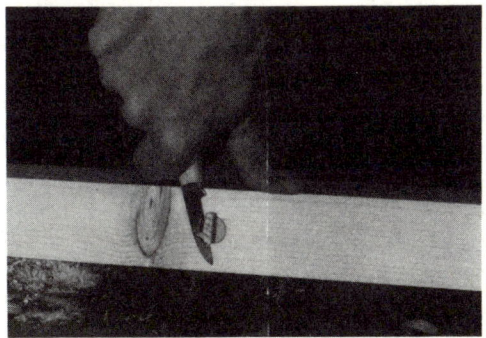

Tafel XII   *Ein Bauernschrank, der durch die strenge, ornamentale Gestaltung ungewöhnlich ist. Er bringt Anregungen, wie man sich bei der Aufteilung der Fläche mit Farbe und Motiv konsequent nach der Form des zu bemalenden Objekts richten kann. Mehr über Entwürfe zur Bauernmalerei findet man auf Seite 174/175.*
Der Bauernschrank steht im Miesbacher Heimatmuseum – er wurde 1762 gearbeitet

Zapfen und Keil,

wie sie die Zeichnung unten zeigt, bestehen aus Schlitz- und Lochzapfen, wobei der Zapfen so weit durch den Schlitz herausragen und selbst so stark sein muß, daß durch einen Schlitz im Zapfen ein Keil gesteckt werden kann, der die Verbindung sichert. Die Verbindung kann jederzeit gelöst und neu zusammengesetzt werden.

Zapfen und Keil, eine sehr stabile und dennoch lösbare Verbindung

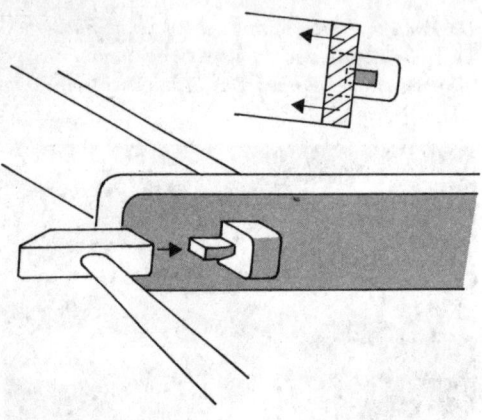

Zinken

liefert durch die erheblich vergrößerte Leimfuge die festeste Holzverbindung, die stärkster Beanspruchung gewachsen ist. Die saubere Herstellung solcher Verbindung erforderte früher handwerkliches Können, heute bloß noch den Einsatz preiswerter Heimwerkergeräte. Die Fotos unten zeigen die Herstellung einer Schwalbenschwanzverbindung, die auch verdeckt gearbeitet werden kann.

Das Foto links unten zeigt, wie eine Fingerzapfenverbindung hergestellt wird: Mit der Feinsäge werden die Einschnitte gesägt und dann mit einem Stemmeisen die Zwischenräume ausgestemmt. Daneben das Ergebnis gearbeitet in Hartholz (Eiche), das die Genauigkeit der Arbeit erleichtert

Das Foto oben und die Fotos unten zeigen den Einsatz einer Zinkenfräse als Zusatzgerät zu einer Bohrmaschine. Bei der Verwendung von leicht splitterndem Holz (Fichte) ist eine größere Genauigkeit nicht zu erreichen. Es muß mit Holzkitt nachgearbeitet werden

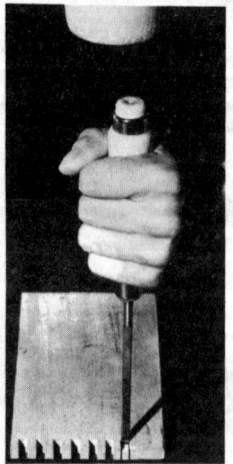
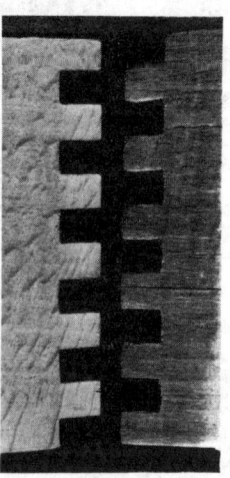

Die Bearbeitung der Holzoberfläche

Die Oberfläche des unbehandelten Holzes besteht aus zerstörten Holzzellen und ist deshalb porös. Die Poren müssen geschlossen werden, damit sich nicht Staub und Schmutz aller Art darin festsetzen können. Holz saugt sich mit Feuchtigkeit voll und fault dann; deshalb muß es gegen Wasser geschützt werden. Holz ist empfindlich gegen mechanische Einwirkungen: in weiches Holz kann man bereits mit dem Fingernagel ritzen. In den meisten Fällen ist es deshalb wünschenswert, die Oberfläche zu härten. Und schließlich ist es notwendig, das Holz gegen Schädlinge zu schützen.

Die Holzoberfläche wird aber nicht nur unter diesen Gesichtspunkten der Haltbarkeit bearbeitet, denn der Mensch möchte, daß die Dinge schön sind, die er herstellt. Einige Methoden der Oberflächenbearbeitung haben den Sinn, daß die Maserung des Holzes voll zur Geltung kommt; andere schmücken die Holzoberfläche mit Farben und Linien. Wenn ein Holzgegenstand ganz mit deckender Farbe zugemalt wird, dann bringt man nicht den Werkstoff Holz zur Geltung, sondern benutzt das Holz lediglich als Baustoff.

Der Arbeitsplatz

soll gleichmäßig warm, trocken und staubfrei sein, nicht in unmittelbarer Ofennähe und nicht dem direkten Sonnenlicht ausgesetzt. Der ärgste Feind jeder Arbeit mit Farben und Lacken ist der Staub, den man vollständig nie aus einem Raum wegbekommt. Viel erreicht ist bereits, wenn vermieden wird, daß die Luft im Werkraum mehr als unvermeidbar aufgewirbelt wird und daß die frischgestrichene Arbeit nicht im Zug trocknet.

Pfau, von Willy Marty. Die Federn sind nach der auf Seite 157 dargestellten Methode hergestellt worden. Blumenkübel, verdeckt gedübelt, gebeizt, mit doppeltem Boden, der untere mit Luftlöchern, der obere lose eingesetzt, damit er die Erde am Durchfallen hindert

Das Bemalen größerer Gegenstände nimmt viele Stunden in Anspruch, die erfahrungsgemäß oft über Wochen verteilt sind. Daran muß bei der Planung der Arbeit gedacht werden, denn wenn z.B. ein Schrank mit Bauernmalerei bemalt werden soll, kann der Schrank kaum ständig in der Wohnung hin und her bewegt werden. Für langwierige Arbeiten ist ein Stuhl notwendig, um vorzeitiger Ermüdung vorzubeugen, für das Bemalen eines Schrankes am besten eine in der Höhe verstellbare Sitzgelegenheit, damit man immer in Augenhöhe arbeiten kann.

Werkzeuge

Zum Abbeizen braucht man Spachtel, Gummihandschuhe, evtl. eine Drahtbürste, zum Abbrennen einen Lötbrenner.

Zum Ausbessern des Holzes kommen in Betracht Holzbeitel, Feinsäge, Raspel, Schnitzmesser, Astlochbohrer mit dazu passenden Holzdübeln, Leim, Holzkitt und Schraubzwingen.

Zum Schleifen sind Schleifpapiere der verschiedensten Körnung erforderlich, ein Schleifklotz und ein Schwamm. Eine elektrische Schleifmaschine, d.h. ein Schwingschleifer, ist sehr nützlich.

Und für alle anderen Arbeiten braucht man Pinsel. Pinsel der verschiedensten Arten je nach Verwendungszweck (Foto rechts). Es gibt Borstenpinsel aus Schweinsborsten und Haarpinsel aus Rinder-, Ziegen- und Dachshaaren sowie aus den Schweifhaaren von Marder, Eichhörnchen, Wiesel und Iltis. Weiterhin unterscheidet man Rund-, Oval- und Flachpinsel.

Zum Lackieren und Mattieren verwendet man je nach der Größe der Fläche, die gestrichen werden soll, Flachpinsel zwischen 1 und 6 cm Breite. Je feiner und dichter die Pinselhaare sind, desto gleichmäßiger wird der Anstrich. Für feine Malarbeiten werden

Marderhaarpinsel benötigt, die es in den Größen 00 bis 12 gibt. Man sollte nicht sparen, wenn man Pinsel zum Lackieren und Malen kauft, sondern die beste Qualität wählen; alles andere wäre Sparen am falschen Platz. Für das Grundieren, Abbeizen, Beizen und Einlassen mit Leinöl tut es auch ein billiger oder abgearbeiteter Pinsel.

Ein neuer Pinsel kann nicht sofort in Gebrauch genommen werden; erst kämmt man ihn sorgfältig durch, um lose Haare zu entfernen. Dann wird der Pinsel in lauwarmem Seifenwasser gewaschen, kalt gespült, gründlich getrocknet und nochmals ausgekämmt.

Bevor größere Pinsel in Gebrauch genommen werden, bohrt man durch den Stiel ein Loch (wenn noch keines drin ist) und zieht eine Schlaufe durch, an der der Pinsel dann aufgehängt werden kann.

Nach der Benutzung müssen die Pinsel gereinigt werden. Bei Verwendung von Aquarellfarben genügt das Reinigen mit Wasser. In allen anderen Fällen wird der Pinsel mit Pinselreiniger gründlich ausgewaschen, bis keine Farbe mehr in den Haaren ist; dann wird mit Wasser ausgespült, das Wasser aus den Borsten bzw. Haaren herausgeschlagen und vorsichtig mit den Fingern herausgedrückt; mit saugfähigem Papier oder einem sauberen Lappen vorgetrocknet und dann zum Trocknen an der Schlaufe (oder die kleineren mit Wäscheklammern) an einer Leine aufgehängt. Die kleineren Pinsel können zum Trocknen auch so auf einen Tisch gelegt werden, daß die Haare über die Kante ragen. Solche Pinsel bewahrt man am besten in einer Schachtel auf, in der sie flach nebeneinanderliegen, ohne daß die Spitzen anstoßen. Auf keinen Fall dürfen die Pinsel, bevor sie nicht völlig trocken sind, umgekehrt in einen Topf gestellt werden, wie das häufig geschieht. Diese Aufbewahrungsmethode ist nur für trockene Pinsel akzeptabel, wobei sich bei längerem Nichtgebrauch Staub in die Pinsel setzt. Pinsel, die zum Streichen oder Malen mit nicht wasserlöslichen Farben gedacht sind, können erst wieder verwendet werden, wenn sie völlig trocken sind.

Für größere Malarbeiten leistet ein Malstock, mit dem man die Pinselhand abstützt, gute Dienste.

Kleine Lackkunde

Man unterscheidet Klarlacke und Farblacke. Die Klarlacke gelten als farblos, haben aber tatsächlich eine ganz feine gelbliche Tönung. Wenn dem Klarlack Farbpigmente beigemengt werden, entstehen Farblacke.

Kunstharzlacke

Öllacke, die früher große Bedeutung hatten, haben ausgedient. Heute werden fast ausschließlich Kunstharzlacke verwendet, die eine sehr feste, sogar schlagfeste Oberfläche bilden, bei normaler Temperatur nach etwa 4 bis 5 Stunden staubtrocken und nach etwa 24 Stunden durchgehärtet sind. Manche Kunstharzlacke sind thixotrop, das heißt, der Lack ist im Ruhezustand geleeartig und wird erst durch mechanische Einwirkung flüssig, z.B. Rühren oder Streichen, und wird wieder geleeartig, wenn die mechanische Wirkung aufhört. Das ist die Voraussetzung dafür, daß auch senkrechte Flächen tropffrei gestrichen werden können. Dies gilt allerdings nur für normale Temperaturen: Wenn man thixotrope Lacke in der prallen Sonne verarbeitet, wird der Lack auch ohne mechanische Einwirkung flüssig.

Durch Zusätze können Kunstharzlacke besonders hitzebeständig oder wetterfest gemacht werden. Sowohl Holz als auch Metall kann man mit Kunstharzlacken streichen. Verdünnt werden sie mit Kunstharzverdünnern oder Terpentinölersatz.

Pinsel, von links nach rechts: Ringpinsel und Rundpinsel aus Borsten, dann Haarpinsel: Rotmarder-Aquarellpinsel. Rotmarder-Schlepper, Rundpinsel, Plattpinsel, flache Lackpinsel

Zweikomponentenlacke oder DD-Lacke
werden erst unmittelbar vor der Verarbeitung aus einem besonderen Lack und einem Härter gemischt. Die jeweilige Gebrauchsanleitung muß genau beachtet werden. Diese Lacke zeichnen sich durch besondere Härte aus und werden deshalb für Holz verwendet, das überdurchschnittlich beansprucht wird, z. B. Fußböden, Tischoberflächen, Kinderspielzeug.

Nitro- oder Zelluloselacke
trocknen von allen Lacken am schnellsten, nämlich innerhalb einer halben Stunde, bilden eine sehr harte Oberfläche, die aber wenig elastisch ist. Autolacke und der farblose Zaponlack gehören zu dieser Gruppe. Verdünnt werden sie mit Aceton oder Nitroverdünner.

Spirituslacke
sind in Spiritus aufgelöste Harze. Diese Lacke sind nicht wetterbeständig. Sie werden vor allem zum Mattieren verwendet. Der bekannteste Spirituslack ist der Schellack. Verdünnt wird er mit Spiritus.

Asphaltlack
ist in Testbenzin oder Benzol aufgelöster Asphalt. Dieser Lack stellt einen sehr guten Schutz gegen alle Witterungseinflüsse und Chemikalien dar.

Das Lackieren

Jede Lackdose, mit Ausnahme der nichttropfenden Lacke, muß vor dem Öffnen gründlich geschüttelt und mehrfach umgedreht werden, damit Lösungsmittel und Pigmente, die sich bei längerem Stehen am Boden der Dose angesammelt haben, wieder vermischt werden. Danach bleibt die Dose ein bis zwei Minuten stehen, damit der Lack wieder vom Deckel abtropft. Vermischen kann man natürlich auch durch Umrühren nach dem Öffnen. Um den Rand der Dose wird eine Alufolie gedrückt, damit beim Abstreifen der Farbe der Rand nicht verklebt wird.

Der Pinsel wird höchstens bis zur Hälfte der Borsten in die Farbe getaucht, am Rand der Dose leicht abgestreift und dann die Fläche mit gleichmäßigen ruhigen Bewegungen eingestrichen, ein Pinselstrich neben dem anderen. Deckt der Pinselstrich nicht mehr in seiner vollen Breite, dann muß neue Farbe aufgenommen werden. Bildet sich beim Ansetzen des ersten Pinselstriches nach dem Eintauchen eine Lackpfütze, ist zuviel Farbe im Pinsel, man muß also etwas mehr Farbe am Dosenrand abstreifen. Auf gar keinen Fall darf man mit dem Pinsel kreuz und quer über die Fläche fahren, wenn man eine glatte Lackfläche erzielen will. Am Rand einer Fläche streicht man von der Fläche weg nach außen.

Falsch ist die Vorstellung, ein Lackanstrich genüge, man müsse die Farbe nur dick genug auftragen. In aller Regel sind 2 Anstriche erforderlich (außer der Grundierung!), aber selbst hier gilt, daß 3 dünne Anstriche ein besseres Ergebnis liefern als 2 dickere. Für Lackarbeiten muß man also Geduld haben. Je nach der Dicke des Anstriches rechnet man mit einem Verbrauch von 100 g bis 130 g Lack pro qm.

Muß der Pinsel anders geführt werden als mit den Borsten nach unten, so ist tropffreier Lack zu empfehlen.

Die Dose wird zum Schluß wieder gut verschlossen und mit dem Deckel nach unten aufbewahrt, denn durch Verunreinigungen am Dosenrand ist ein luftdichtes Verschließen nicht in jedem Fall gewährleistet, so daß die Gefahr besteht, daß der Lack in der Dose austrocknet.

Manche Lacke werden heute auch in Sprühdosen geliefert. Die Methode des Sprühens kommt für Flächen in Betracht. Die Sprühdose muß vorher gut geschüttelt werden. Beim Sprühen wird ein Abstand von etwa 25 cm eingehalten. An den Rändern der zu besprühenden Fläche geht viel daneben; diese Farbe kann man mit einer Pappe auffangen. Nach dem Sprühen wird die Dose umgedreht und nochmals kurz betätigt, so daß nur Treibstoff zur Düse herauskommt, die auf diese Weise gereinigt wird.

Dispersionsfarben

sind die geeigneten Farben zum Bemalen von Holzgegenständen. Sie enthalten neben den Farbpigmenten Wasser sowie Kunstharz als Bindemittel. Nach dem Auftrag der Dispersionsfarbe verdunstet das Wasser, und das Bindemittel sorgt dafür, daß die Farbpigmente selbst an der Oberfläche haften bleiben und die Holzoberfläche zugleich wasserdicht verschlossen und geschützt wird. Dispersionsfarben decken. Sie können mit Wasser verdünnt werden, und zwar so stark, daß die deckende Wirkung allmählich aufhört und die Holzmaserung durchscheint, jedoch sollte die gleiche Menge Kunstharzbinder (z.B. ein Bindemittel für Wandanstriche) zugefügt werden wie Wasser, damit nicht die Haftfähigkeit der Farbe leidet.

Dispersionsfarben für Holz gibt es vorwiegend in solchen Farbtönen, die in der Bauernmalerei gebräuchlich sind. Sie können beliebig untereinander gemischt werden, wofür man eine Reihe Porzellan- oder Glasschälchen bereithalten sollte.

Die Vorbereitung des Holzes für die Oberflächenbearbeitung

Abbeizen und Abbrennen

Vor dem Abbeizen werden alle metallischen Beschläge entfernt. Den Fußboden legt man mit einer mehrfachen Lage Zeitungspapier aus. Dann wird das Abbeizmittel mit einem alten Pinsel aufgestrichen. Man trägt dazu Gummihandschuhe, damit man sich nicht die Hand verätzt. Das Abbeizmittel bewirkt, daß die alte Farbe breiig wird und sich aufbläht. Nach einer Wartezeit, die für jedes Abbeizmittel in der Gebrauchsanweisung angegeben ist, kann die alte Farbe mit einem Spachtel abgekratzt

In Hobbygeschäften gibt es Krippenfiguren aus rohem Holz zum Bemalen zu kaufen. Die Krippenfiguren unten wurden von Ellen Mayerhofer mit Spezialfarben für Bauernmalerei bemalt

Der Lack wird mit einer Flamme weichgemacht, aber nicht entzündet (!) und dann abgekratzt

werden. An Stellen, an die man mit dem Spachtel nicht gut hinkommt, z.B. Schnitzereien und Profile, verwendet man selbstgeschnitzte kleine Holzspatel, ein Palettenmesser, Malerspachtel oder auch eine Drahtbürste, die allerdings mit Vorsicht eingesetzt werden muß, damit nicht das Holz beschädigt wird.

Wenn das Abbeizmittel verdunstet, wird die alte Farbe wieder hart. Man darf also nur so viel Fläche einstreichen, daß man vor dem Verdunsten die Farbe abkratzen kann. Das Abbeizen muß wiederholt werden, wenn sich der alte Anstrich nicht restlos entfernen ließ. Nach dem Abbeizen muß mit Wasser oder der in der Gebrauchsanweisung vorgeschriebenen Flüssigkeit gründlich abgewaschen werden, damit kein Rest des Abbeizmittels auf dem Holz bleibt, was den neuen Anstrich beschädigen würde.

Alte Farbe kann man auch mit einem Löt-

brenner abbrennen (Foto). Durch die Hitze wird die Farbe weich, so daß sie wie beim Abbeizen mit einem Spachtel usw. vom Holz abgeschoben werden kann. Man muß darauf achten, daß sich die alte Farbe möglichst nicht entzündet und beim Verbrennen das Holz verkohlt, das man dann erst wieder abschleifen müßte, weil sonst der neue Anstrich nicht haftet.

Abbeizen oder Abbrennen ist immer notwendig, wenn die alte Ölfarbe oder der alte Lack rissig, verwittert oder gar schon teilweise abgeblättert ist. Wenn man mit deckenden Farben streichen oder malen will, braucht man aus technischen Gründen die alte Farbe nicht zu entfernen, wenn sie noch gut erhalten ist, das heißt wenn mit dem bloßen Auge keine Risse zu sehen sind. Hier genügt es, den alten Anstrich mit Schleifpapier der Körnung 150 oder 180 anzuschleifen, damit die neue Lackschicht festen Halt findet. Das Anlaugen mit Salmiaklösung ist nicht zu empfehlen, weil die Salmiaklösung durch nicht sichtbare feine Haarrisse der alten Farbschicht dringen könnte und dann bewirkt, daß die alte Lackschicht zusammen mit der neuen abplatzt. Wenn Abbeizen oder Abbrennen technisch nicht notwendig ist, muß man sich allerdings darüber klarwerden, ob es für den Gesamteindruck gut ist, wenn das Holz mit mehreren Anstrichen völlig zugedeckt wird.

Das Ausbessern von Fehlstellen

Rohholzmöbel sowie selbstgebaute Gegenstände im rohen Zustand weisen in der Regel irgendwelche Beschädigungen oder Fehler der Oberfläche auf, die beseitigt werden müssen, bevor die eigentliche Behandlung dieser Oberfläche beginnen kann. Als erstes werden alle harzigen Stellen entfernt, denn auf Harz haftet keine Farbe. Das Harz wird abgeschliffen oder mit dem Messer ausgeschnitten, evtl. sogar ausgebrannt, mit Terpentin ausgewaschen; die Stelle wird ausgeschliffen und ausgekittet. Astlöcher oder lockere Äste bohrt man mit einem Bohrer mit entsprechend großem Durchmesser (Astlochbohrer) aus und leimt in das Bohrloch einen Holzdübel ein. Eine Delle, entstanden z.B. durch einen fehlgegangenen Schlag mit dem Hammer – die Holzfasern dürfen nicht gerissen sein –, kann hochgedämpft werden, indem man heißes Wasser auf die Delle träufelt. Dadurch saugen sich die zusammengedrückten Holzzellen wieder voll Wasser und dehnen sich aus, so daß schließlich von der Delle nichts mehr zu sehen ist. Der Vorgang muß manchmal mehrfach wiederholt werden. Versagt diese Methode, dann sind die Holzzellen durch den Druck beschädigt worden, und die Delle muß ausgekittet werden, ebenso wie Löcher, herausgebrochene Holzteile oder Risse. Zum Auskitten verwendet man Holzkitt, auch Flüssigholz genannt, eine teigige Substanz, die aus einem Bindemittel mit feinstem Holzmehl besteht. Das Holzmehl gibt es aus den verschiedenen Holzarten, so daß man für jedes Holz den passenden Holzkitt bekommen kann. Nach dem Kitten muß man etwa 24 Stunden warten, bis der Kitt durchgetrocknet ist und das beschädigte Stück geschliffen werden kann.

Wenn die Beschädigung zu groß ist, muß man ein passendes Holzstück schnitzen und einleimen.

Holzseife

Unbehandeltes, durch Fingerabdrücke, Fett, Öl, Leimreste und ähnliche Substanzen verschmutztes Holz wird mit Holzseife gereinigt. Das ist ein Pulver, das in heißem Wasser gelöst wird. Mit einer Wurzelbürste wird diese Lauge in die Holzporen eingerieben und danach mit klarem Wasser abgespült. Danach muß das Holz trocknen, bevor es weiter bearbeitet werden kann.

In Kaufhäusern gibt es Besteck für wenig Geld mit Griffen aus Rohholz, die man bemalen kann

Schleifen

ist ein weiterer unerläßlicher Schritt auf dem Weg zu einer glatten Holzoberfläche.

Holzschädlinge

bekämpft man vorbeugend, wenn das Holz später der Witterung ausgesetzt wird. Am geeignetsten ist die Imprägnierung mit einem offenporigen Holzschutzmittel, das in die Tiefe der Poren eindringt, aber an der Oberfläche des Holzes keinen Film bildet. Das hat den Vorteil, daß ein solcher Anstrich nie abblättern kann, was bei einem deckenden Anstrich früher oder später doch passiert, wenn sich im Lackfilm feine Haarrisse bilden, weil das Holz darunter arbeitet. So dringt allmählich doch Wasser von außen durch den Lack ein und bewirkt das Abblättern. Offenporige Holzschutzmittel gibt es farblos und in verschiedenen Tönungen, so daß die Maserung des Holzes sichtbar bleibt.

Alte Möbel sind oft von der Larve des Pochkäfers, Holzwurm genannt, befallen. Eine Behandlung mit Xylamon ist erforderlich. Sie kann nicht in der Wohnung durchgeführt werden, weil dieses Mittel ziemlich penetrant riecht.

Das rohe Holz wird entweder innen und außen mit 200 bis 300 g Xylamon pro qm eingestrichen und dann luftdicht in eine Plastikhülle verpackt, in der es etwa 2 Wochen bleibt. Wahrscheinlich hat sich dann auf dem Holz ein weißlicher Belag gebildet, der mit einem Möbelpflegemittel abgerieben werden muß. Man kann das Xylamon aber auch in die Fraßgänge des Holzwurms auf beiden Seiten des Holzes hineinspritzen. Dabei genügt das Spritzen in jedes 6. bis 8. Loch, während die anderen Löcher zuvor mit Wachs verschlossen wurden. Nach dem Einspritzen werden auch die restlichen Löcher mit Wachs verschlossen, so daß das Xylamon sich in den Fraßgängen durch Verdunsten ausbreiten und wirken kann.

Die abschließende Bearbeitung

Der Wachsauftrag

gibt der Holzfläche, z. B. einer Holzverkleidung, einen sehr schönen, weichen, seidigen Glanz, ist aber nur wenig wasserfest und überhaupt nicht kratzfest. Mit einem Lappen wird entweder eine Mischung aus 2 Teilen flüssigem Bienenwachs und 1 Teil Terpentin oder hellem Bohnerwachs oder weißer Schuhcreme in das Holz eingerieben und nach dem Trocknen gebürstet, bis der gewünschte Glanz erreicht ist. Es gibt auch farbige Wachse.

Das Einlassen

mit heißem Leinöl ist eine geeignete Imprägnierung für Schnitzarbeiten aus weichem Holz, aber auch zu empfehlen für alles Werkzeug aus Holz, hölzerne Arbeitsplat-

ten usw. Das heiße Leinöl wird mehrmals mit einem weichen Lappen aufgetragen. Ein Zusatz von Leinölfirnis beschleunigt das Trocknen, bei dem das Leinöl an der Oberfläche eine Haut bildet und immer mehr eindickt.

Das Polieren

erzeugt eine feste, spiegelnd glänzende Holzfläche. Man braucht zum Polieren Nitrozellulose-Politur, Polierspiritus zum Verdünnen der Politur, mehrere Leinenballen aus grobem bis feinem Leinen mit saugfähiger Wolle darin, Bimssteinmehl und Polieröl.

Zuerst wird die Holzfläche zum Füllen der Poren mit Bimssteinmehl bestreut und dann mit unverdünnter Politur und einem groben Leinenballen grundpoliert, damit die Poren geschlossen werden. Das Holz muß jetzt ca. 12 Stunden trocknen. Dann werden 2 bis 3 weitere Schichten immer mehr verdünnter Politur mit immer feineren Leinenballen aufgetragen, wobei man etwas Polieröl zugibt, damit nicht die frühere Schicht wieder aufgerissen wird. So lagert sich eine glasklare Schicht über die andere, bis die letzte mit einem weichen Wolllappen auf Hochglanz gebracht wird.

Beizen

tönt das Holz farbig, ohne die Maserung zu verdecken. Die Beize dringt tief in die Holzporen ein, was nur geht, wenn diese noch nicht durch eine andere Behandlungsmethode verschlossen worden sind. Daß beim Beizen die Farbe des Holzes nicht nur an der Oberfläche geändert wird, hat den Vorteil, daß Kratzer kaum auffallen, da sie kein andersfarbiges Holz freilegen, wenn sie nicht zu tief sind.

Lichtechte chemische Beizen vertiefen den natürlichen Farbton des Holzes, während Farbbeizen, die es in praktisch allen Farbtönen gibt und die untereinander mischbar sind, dem Holz einen völlig anderen Farbton geben können, als es von Natur aus hat. Chemische Beizen und Farbbeizen sind in Pulverform erhältlich, das in heißem Wasser aufgelöst wird. Mit dem Gebrauch sollte man bis zum Erkalten der Beize warten, weil heiße Beizen stärker färben als kalte, und man das Beizen selten so schnell durchführen kann, daß das Holz mit gleichmäßig heißer Beize eingestrichen wird.

Beim Anrühren und Verarbeiten der Beize darf diese nicht mit Eisen in Verbindung kommen, weil Eisen die Beizflüssigkeit verfärbt. Man benutze also Glas- oder Kunststoffgefäße und Pinsel ohne Metallmanschette.

Bevor man die Beize aufträgt, wird das Holz mit Wasser angefeuchtet, damit die Beize verlaufen kann. Das ist notwendig, weil der Beizstrich auf trockenem Holz Ränder hinterläßt. Nach dem Einstreichen mit der Beize muß das Holz etwa 24 Stunden trocknen, bevor es gebürstet wird. Auf keinen Fall darf gebeiztes Holz anschließend geschliffen, wohl aber mit Einlaßgrund eingelassen, lackiert, mattiert und poliert werden.

Es ist sehr zu empfehlen, vor dem Beizen – mit Holz gleicher Art (Abfall oder Innenseite) – eine Beizprobe zu machen, da die Farbe der Beize keine Vorstellung davon gibt, wie das gebeizte Holz nach dem Trocknen aussieht. Diese Vorsicht ist geboten, weil ein einmal verbeiztes Holz praktisch nur noch deckend überstrichen werden kann. Die Beize dringt sehr tief ins Holz ein, so daß ein Wegschleifen im allgemeinen nicht in Frage kommt.

Erfahrungen muß man auch mit der Tatsache sammeln, daß Hirnholz und das weichere Frühholz der Jahresringe im Verhältnis zum härteren Spätholz mehr Beize aufnehmen, was bei Verwendung von Farbbeize zu einer intensiveren Farbtönung führt.

Typische erzgebirgische Laubsägearbeit mit Bergmännern, Klöpplerin und Holzschnitzer

Chemische Beizen erzeugen den Farbton durch chemische Verbindung der in der Beize enthaltenen metallischen Salze mit der im Holz enthaltenen Gerbsäure. Bei Hölzern, die zu wenig Gerbsäure enthalten, wird in der sogenannten Vorbeize Gerbsäure zugeführt. Die erforderlichen Angaben sind in der Gebrauchsanweisung enthalten.

Das Beizpulver kann man auch in Spiritus, das im Wasserbad erhitzt wird (feuergefährlich!), auflösen und dann mit einer Mattierung vermischen, die also auf diese Weise gefärbt wird.

Durch Zusätze können Beizen ziemlich kratzfest gemacht werden.

Grundieren

Geschliffenes und gebeiztes Holz hat noch keinen Schutz. Wenn es mattiert, lackiert oder bemalt werden soll, muß es zuvor mit Einlaßgrund bearbeitet werden. Diese Flüssigkeit verschließt die Holzporen in der Tiefe und ist die geeignete Unterlage für weitere Anstriche, die durch den Einlaßgrund fest mit dem Holz verbunden werden.

Der Einlaßgrund wird mit einem weichen Flachpinsel zügig in Faserrichtung aufgetragen. Er zieht sehr schnell ins Holz ein

171

und wird an der Oberfläche schnell trocken. Trotzdem muß man vor dem nächsten Anstrich mindestens 12 Stunden warten, bis der Einlaßgrund auch bis in die Tiefe richtig durchgehärtet ist. Nach dem Durchhärten und vor dem nächsten Anstrich wird der Einlaßgrund mit feinstem Schleifpapier (Körnung 280) ganz leicht überschliffen und abgestaubt.

Man sollte immer das Grundierungsmittel kaufen, das von der Firma genannt wird, mit deren Mattinen oder Lacken man arbeitet.

Mattieren

Die Mattine ist eine Verbindung von Lacksubstanzen mit Wachs, eine dicke Flüssigkeit, die mit einem weichen Pinsel oder einem durchlässigen Stoffballen aus Trikot dünn auf das Holz aufgetragen wird, das dadurch eine kratzfeste, schmutzabweisende und gegen Feuchtigkeit unempfindliche Oberfläche mit leichtem Seidenglanz erhält. Nach dem Trocknen wird mit allerfeinstem Schleifpapier leicht überschliffen und mit verdünnter Mattine nochmals übermattiert.

Die früher viel verwendete Schellackmattine bietet auf Dauer keinen sicheren Schutz gegen Feuchtigkeit und hat einen leicht gelblichen Ton. In der Qualität besser und ohne gelbliche Tönung sind Mattinen auf Nitrozellulosebasis.

Es gibt auch eingefärbte Mattinen, die man zum Abtönen verwendet. Die Farben sind nicht so intensiv wie eine normal gelöste Beize.

Farbloses Lackieren

Verwendet wird Nitro(zellulose)lack, den es hochglänzend, seidenglänzend und matt gibt. Man streicht mit einem flachen Pinsel bester Qualität in Faserrichtung auf oder sprüht aus der Sprühdose auf. Wenn er nach 6 Stunden ausgehärtet ist, wird er mit Schleifpapier der Körnung 280 leicht überschliffen, abgestaubt und mit verdünntem Nitrolack nochmals überstrichen.

Werden mehrere Lackschichten übereinandergelegt, wird der Glanz verstärkt. Wenn man die letzte Lackschicht mit feiner Stahlwolle abreibt, so wird der Glanz gebrochen.

Farbiges Lackieren und Bemalen

Zum Lackieren verwendet man Kunstharzlacke (Seite 165), zum Bemalen Dispersionsfarben (Seite 167). Die Technik des Lackierens ist auf den Seiten 166, 167 dargestellt, das Bemalen im anschließenden Kapitel Bauernmalerei.

Bauernmalerei

Die bekannteste Art, Holz zu bemalen, ist die Bauernmalerei mit ihren volkstümlichen Motiven. Deshalb ist anhand der Bauernmalerei die gesamte Technik des Holzbemalens beschrieben. Das soll aber nicht heißen, daß man sich bei Holz auf eine Gestaltung mit volkstümlichen Motiven beschränken muß. Im Kapitel Gestaltung findet man Anregungen und Vorschläge, wie man mit einer leeren Fläche umgeht und sie nach eigenen Ideen und Vorstellungen ausgestaltet.

Die Vorbereitung des Holzes

Vor dem Bemalen muß alter Lack abgebeizt, müssen Fehlstellen im Holz ausgebessert, muß das Holz geschliffen und im Bedarfsfall gegen Holzwürmer behandelt werden. Dann wird das Holz zu seinem Schutz mit Einlaßgrund grundiert (Seiten 170, 171); ein eventuelles Beizen muß allerdings vorher erfolgen.

Der Maluntergrund

Bevor man mit dem Bemalen beginnt, muß man sich entscheiden, wie der Untergrund aussehen soll. Die Malerei soll sich von diesem Untergrund deutlich abheben, aber mit ihm gleichzeitig eine harmonische Einheit bilden. Für einen deckenden Grundanstrich mit Dispersionsfarbe wird man sich dann entscheiden, wenn der Holzgrund stark gemasert ist oder auffallende Reparaturstellen hat. Bei hellen, schwach gemustertem Holz wie z. B. Ahorn oder Linde bietet es sich dagegen an, die Holzoberfläche in ihrer natürlichen Schönheit als Malgrund zu nehmen. Man kann auch die an sich deckende Dispersionsfarbe so verdünnen (Seite 167), daß die Maserung noch durchscheint. Und schließlich kann man das Holz mit Lackmattine tönen oder mit Beize färben (Seite 170). In der Bauernmalerei werden bestimmte „alt" aussehende Farbtöne als Untergrund bevorzugt (antik türkis, antik grün, antik blau), die es bereits fertig gemischt zu kaufen gibt.

Das Schwärzen oder Räuchern und das Krakelieren sind weitere Methoden, um dem Maluntergrund den Charakter des Alters zu verleihen. Beim Schwärzen wird der noch nasse Malgrund über eine Kerze gehalten und die Flamme hin- und herbewegt, so daß sich Ruß am Malgrund niederschlägt. Beim Krakelieren wird auf das Holz eine gut messerdicke Schicht Plakafarbe aufgestrichen und dann im warmen Zimmer getrocknet. Dabei reißt die Plakafarbe in einer Art, wie man es bei alten Ölgemälden kennt. Je wärmer es ist, desto schneller trocknet die Plaka-Farbe aus, und desto gröber sind die entstehenden Risse. Im Fachhandel ist auch ein Universal-Reißlacksortiment für diese künstlichen Krakelierungen erhältlich.

Typische Gestaltungselemente

Wer stilecht Renaissance-, Barock-, Rokoko- oder Biedermeier-Bauernmalerei malen möchte, sei auf Spezialliteratur im An-

Spanschachteln in Bauernmalereitechnik mit Wacofinfarben bemalt

hang verwiesen. Außerdem gibt es für diese Stilrichtungen Sammelmappen mit Motiven, die kopiert werden können und die im Bezugsquellennachweis aufgeführt sind. Ein Besuch in Museen mit Abteilungen zur Volkskunde bieten einen großen Schatz an Quellen für volkstümliche Motive. Blumen und Ornamente haben in der Bauernmalerei zu allen Zeiten und in allen Gegenden eine besonders wichtige Rolle gespielt. Auf Seite 175 sind einige dieser Motive dargestellt. Typisch für die Bauernmalerei sind auch Jahreszahlen und Schriften mit Widmung.

Der Entwurf

Wer sich zum erstenmal an eine Malerei auf Holz wagt und sich nicht traut, nach eigenen Ideen vorzugehen, der kann Vorlagen benutzen, die man allerdings meist nicht exakt in der Größe findet, in der man sie braucht. Vorlagen müssen dann nicht nur kopiert, sondern auch vergrößert oder verkleinert werden.

Zum Vergrößern oder Verkleinern benutzt man einen Pantographen oder Storchenschnabel, den man im Fachhandel für Zei-

In a ist der Storchenschnabel am Tisch befestigt, in b/d sitzt der Führungsstift, mit dem die Linien in der Vorlage nachgezogen werden. Im Foto ist eine 3fache Vergrößerung eingestellt. Die Bewegungen des Führungsstiftes werden auf die Mine in c übertragen, die die vergrößert zeichnet

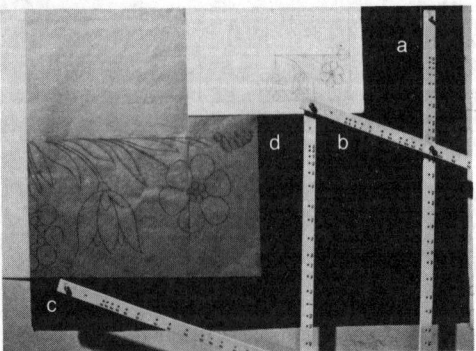

chenbedarf kaufen kann. Das Foto unten zeigt die Benutzung des Pantographen beim Vergrößern. Soll verkleinert werden, so werden Minenhalter und Führungsstift einfach vertauscht.

Die Komposition

Wer einige Übung im Kopieren hat, der wird sich mit der einfachen Reproduktion der Motive nicht mehr zufriedengeben, sondern den Wunsch haben, z. B. von einer Vorlage die ornamentale Umrahmung, von einer anderen Vorlage die Komposition aus

Das Blatt wird in 4 Felder geteilt, in alle Felder werden die Umrisse der geplanten Blumen eingezeichnet, um die Aufteilung der Flächen festzulegen. Dann wird in einem Quadrat die Zeichnung im Detail ausgeführt

Blumen und von einer dritten die Vase zu übernehmen. Man bekommt bald Übung und wird immer freier im Entwerfen neuer Kompositionen aus schon vorhandenen Teilen. Es ist dabei notwendig, zunächst die vorhandene Fläche mit Hilfslinien aufzuteilen, um die richtigen Proportionen zu finden. Die Zeichnung oben zeigt diesen Vorgang. Dabei wurde zusätzlich ein Gestaltungsprinzip mit angewandt, das in der Bauernmalerei sehr häufig angetroffen wird: der symmetrische Bildaufbau. Man unterteilt die Fläche durch symmetrische Achsen, zeichnet die Komposition nur in einem Viertelfeld, faltet dann das Papier im Achsenkreuz sehr genau und überträgt den Entwurf mittels Graphitpapier auf die anderen Viertelflächen.

Mit Hilfslinien für Umriß und Symetrieachse werden Blumen in vielen Variationen gezeichnet

Schließlich möchte man sich vom Vorgegebenen ganz freimachen, Vorlagen nur noch als Anregungen verwenden und einen Entwurf in allen Teilen selber machen. Blumen sind eines der beliebtesten Motive in der Bauernmalerei. Die Zeichnung oben zeigt am Beispiel der Tulpe, wie man eine Blume mit Hilfslinien zeichnen kann; eine Methode, die auch Anfänger schnell lernen, selbst wenn sie meinen, die hätten keinerlei zeichnerisches Talent.

Das Prüfen des Entwurfs

Um den richtigen Entwurf zu gestalten, muß man sich Zeit lassen. Es ist ganz falsch zu meinen, gleich der erste Versuch müsse gelingen, gleich der erste einigermaßen ansprechende Entwurf müsse verwirklicht werden. So verständlich der Wunsch ist, daß man bald mit dem Malen anfangen kann, darf das nicht auf Kosten der Arbeit am Entwurf gehen. Was nützt einem ein vielleicht technisch einwandfrei bemalter schöner Schrank, wenn einem die Malerei bald nicht mehr gefällt? Darum wird bei größeren Projekten dringend empfohlen,

zum Schluß den bis in alle Einzelheiten ausgearbeiteten Entwurf auf Transparentpapier in Originalgröße zu übertragen, wenn er nicht von vornherein in vorgesehener Größe gearbeitet wurde. Das Transparentpapier heftet man dann auf die zu bemalende Holzfläche und stellt alles so auf, daß man es mehrere Tage immer wieder an-

Pfeffermühle: Der Untergrund ist dunkelgrün, die Blüten in verschiedenen Rosatönen gemalt

175

schauen und auf sich wirken lassen kann. Erst dann ist die Zeit reif für die Entscheidung, ob dieser Entwurf in die Tat umgesetzt werden soll. In gar nicht so seltenen Fällen wird man weiter verändern und zu verbessern suchen. Man darf nicht vergessen, daß der Entwurf eben ein „Entwurf" ist, aus dem erst eine Malerei entstehen soll. Auch ein gelungener zeichnerischer Entwurf ist keine Garantie dafür, daß einem die daraus entwickelte Malerei schließlich gefällt. Eine falsche Wahl der Farben kann das Mißlingen der ganzen Arbeit bedeuten. Deshalb darf man nicht die Mühe scheuen, den Entwurf zumindest teilweise farbig anzulegen. Das hilft einem auch bei der Entscheidung, wie der Untergrund gestaltet werden soll. Erscheinen die ausgewählten Farben zu bunt und grell, so muß man daran denken, daß Farben durch Patinieren gedämpft werden können.

Der zeichnerische Entwurf ist in die Schrankfüllung geheftet. Die Holzmaserung scheint durch

Die Übertragung des Entwurfs

Die Verwendung von Transparentpapier hat nicht nur den Vorteil, daß man durch das Papier den Untergrund sieht, sondern es eignet sich auch zur Übertragung des Entwurfs auf einen beliebigen Untergrund. Wie das im einzelnen geschieht, zeigt das Foto unten links.

Die Pinselführung

Gemalt wird mit Marderhaarpinseln (Seite 165). Welche Größe man wählt, hängt im allgemeinen von der Aufgabenstellung, aber auch von der individuellen Handschrift ab. Eine Fläche sollte man mit möglichst wenigen Pinselstrichen ausmalen können. Für feine Konturen und Details braucht man entsprechend dünne Pinsel. Für jede Farbe sollte man einen eigenen Pinsel verwenden, damit man nicht durch ständiges Auswaschen aufgehalten wird. Eine feine Linie entsteht, wenn man nur mit der Pinselspitze malt. Für gerade Linien kann man ein Lineal benutzen, das man auf 2 cm hohe Klötzchen stellt. Mit zunehmendem Druck des Pinsels auf die Malfläche verbreitert sich der Strich. Er wird schmaler und läuft schließlich in einer feinen Spitze aus, wenn man den Pinsel während des Strichziehens anhebt. Man kann also je nach Pinselführung gleich breite, lanzett- und kommaförmige Striche erzeugen.

Maltechniken

Es sind verschiedene Techniken gebräuchlich, für die es keine einheitlichen Benennungen gibt.

Strich neben Strich, naß in naß

Diese Technik ist besonders geeignet für farbenfrohe, schwungvolle Malerei; jedoch darf nicht die Gefahr übersehen werden,

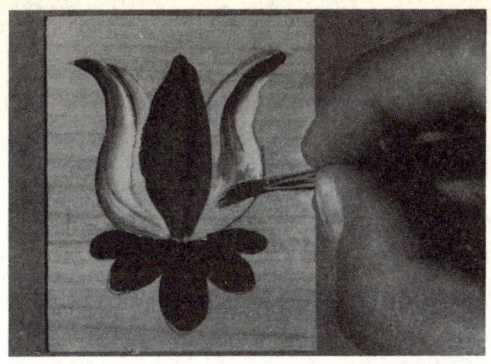

Naß-in Naß-Technik: Ein Pinselstrich wird neben den anderen gesetzt

der gerade Anfänger leicht erliegen, daß am Ende doch nur eine bunte Schmiererei herauskommt.

Mit dem Pinsel wird nicht eine Fläche ausgemalt, sondern mit ihm wird farbig gezeichnet, und zwar so, daß ein Pinselstrich neben den anderen gesetzt wird, wie dies das Foto oben zeigt. Dabei wird der Pinsel erst in die Grundfarbe eingetaucht und dann die Pinselspitze zusätzlich noch in eine andere oder mehrere andere Farben, so daß ein mehrfarbiger Pinselstrich entsteht, in dem jedoch die Grundfarbe mit jedem Pinselstrich mehr überwiegt.

Verwendet man z. B. Rot als Grundfarbe, so kann man das Rot mit etwas Blau oder Gelb je nach dem gewünschten Farbeindruck versetzen. Das macht einen lebendigen Eindruck. Verwendet man zu Rot als Zusatz Grün, also die Komplementärfarbe (Seite 389), so wird der klare Farbton gebrochen und einem Rot, daß an dieser Stelle zu grell erscheint, die Leuchtkraft genommen. Wichtig ist, daß ein Pinselstrich nicht übermalt wird. Der nächste Pinselstrich wird so neben den vorherigen gesetzt, daß sich die Ränder der beiden Striche leicht überdecken, was zum Vermischen der Farbe auf dem Maluntergrund führt, weil die Farbe des vorherigen Pinselstriches noch naß ist.

Ausmalen und dann konturieren

Die Formen des Entwurfs werden dünn und gleichmäßig ausgemalt. Farben werden nicht mit dem Pinsel auf dem Maluntergrund gemischt, sondern vorher. Nach dem Ausmalen wartet man, bis die Farben getrocknet sind. Dann werden mit einem feinen Pinsel Konturen um die Farbflächen gemalt oder die Konturen mit Redisfeder und Tusche gezeichnet und die Farbflächen innen ausgestaltet, wie dies im Foto unten rechts zu sehen ist.

Die Umrisse der Zeichnung werden mit je einer Farbe ausgemalt (Foto unten links und mitte). Wenn die Farbe getrocknet ist, werden mit einem feinen Pinsel die Konturen gemalt (rechts)

Erst konturieren, dann lasieren und schleifen

Mit dieser Technik bekommt die Arbeit einen besonders rustikalen Charakter. Man muß allerdings geduldig sein, weil das Malen wegen des Trocknens durch mehrere Wartezeiten unterbrochen wird.

Erst werden mit Schwarz oder einer anderen dunklen Farbe die Konturen- und Schattenstriche gemalt. Dann wird in die Zwischenräume zwischen den Konturen dick, bis zur Stärke eines Messerrückens,

Arbeitsphasen zur Konturenmalerei

Weiß aufgetragen, wobei die Zwischenräume nicht vollständig, sondern nur grob ausgemalt werden. Man wartet, bis das Weiß getrocknet ist, und malt dann die gesamten Zwischenräume zwischen den Konturen mit leicht verdünnter Farbe gleichmäßig aus, und zwar so, daß der Grund noch durchscheint. Jetzt wird patiniert (Seite 179) und die Patina getrocknet. Dann schleift man mit Schleifpapier der Körnung 240, bis das Weiß hervorkommt. Schließlich wird mit Lackmattine überzogen.

Die Schablonenmalerei,

die im Kapitel Stoffdruck (Seite 340) dargestellt ist, wird in der Bauernmalerei ebenfalls häufig angewendet; man verwendet Schablonen aus Papier und Kunststoff.

Kleistermalerei

war vor 2 Jahrhunderten eine häufig angewandte Technik der Bauernmalerei, mit der wunderschöne Untergründe, vor allem für Schablonenmalerei, gestaltet worden sind. Den Kleister stellt man aus Stärke her. Man rührt nur so viel mit kaltem Wasser an, daß der Kleister farblos bleibt, und verdünnt ihn dann mit heißem Wasser zu einem dünnflüssigen Brei.

Der ungefärbte Kleister wird mit einem flachen Pinsel auf den Untergrund aufgetragen; dann läßt man ihn trocknen. Für den nächsten Schritt braucht man farbigen Kleister, den man durch Färben mit Dispersionsfarbe erhält. Auf den inzwischen getrockneten ungefärbten Kleister wird farbiger Kleister deckend aufgetragen, der dann mit den verschiedensten Methoden (Schlagen mit dem flachen Pinsel, Stupfen oder Drehen mit einem runden Borstenpinsel, mit einem Kamm, mit Hölzern oder auch mit den Fingern) so verschoben wird, daß der ungefärbte helle Kleister sichtbar wird (Seite 179). Die Fläche kann in beliebige Felder aufgeteilt und die Felder mit verschiedenfarbigem Kleister gestaltet werden. Wenn der farbige Kleister getrocknet ist, wendet man irgendeine der übrigen Maltechniken an. Großzügige ornamentale Figuren sind besonders wirkungsvoll.

Sehr reizvolle Strukturen kann man auch durch Marmorieren erreichen (siehe Seite 276), einer Technik, bei der verschiedene farbige Kleister in flüssigem Zustand auf der Holzfläche ineinandergerührt, aber nicht vermischt werden.

Kleistermalerei. Links mit Rundpinsel gedreht, rechts mit einem Kamm verzogen

Patinieren

Durch diese Methode wird wirkungsvoll vorgetäuscht, die Zeit habe ihre Spuren hinterlassen. Das Mittel zum Patinieren besteht aus 2 Komponenten: Bindemittel auf Leinölbasis und Umbra zum Färben, beides im Handel als „Patinaset" erhältlich. Ein Stück Leintuch wird mit dem Bindemittel getränkt, Umbra zugefügt und auf die völlig trockene Bauernmalerei aufgetragen. Man läßt die Patina einige Minuten einwirken und wischt dann mit einem sauberen Tuch so viel Patina wieder ab, wie man für richtig hält.

Die fertige Malerei kann man zum Schutz farblos lackieren oder mattieren, aber auch mit einer farbigen Lackmattine tönen (Seite 172).

Brandmalerei

Brandmalerei ist eine alte schmückende Technik. Das Holz wird an seiner Oberfläche an bestimmten Stellen verkohlt, so daß ornamentale Verzierungen, aber auch gegenständliche Motive entstehen. Die Brandspur ist tiefschwarz mit einem feinen Saum von dunklen und immer heller werdenden Brauntönen, die besonders bei hellen Hölzern einen sehr reizvollen Kontrast bilden.

Das Holz

Für die Brandmalerei kommen vor allem Ahorn, Buche, Eiche und Linde in Betracht, weil das helle Hölzer sind, die feines und dichtes Gefüge haben; Voraussetzung dafür, daß die gebrannte Linie gleichmäßig wird. Bei langfaserigem Holz wie z.B. Fichte und Kiefer läuft die Brennspitze quer zur Faser wie über ein Waschbrett, so daß die Linie wie eine Perlenschnur aussieht, aber nicht gleichmäßig, weil die Abstände zwischen den Fasern ungleich sind. Je härter das Holz ist, um so zeitraubender ist das Brennen.

Gebrannt wird das rohe, unbehandelte Holz, das lediglich glattgeschliffen wurde. Teller, Eierbecher, Eßbrettchen, Kleiderbügel, Kerzenhalter, Armreifen, Spandosen, Schachteln, Truhen und Schränke – praktisch alle Gegenstände aus Holz können mit Brandmalerei verziert werden.

Halbbögen benutzt zur Umrahmung links und zur Flächengestaltung rechts

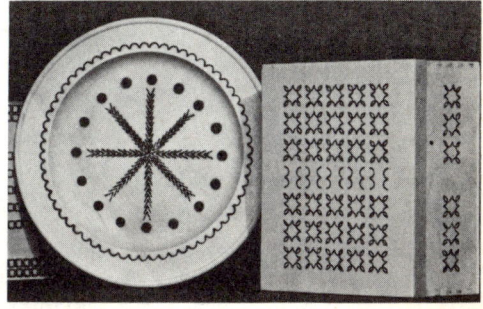

179

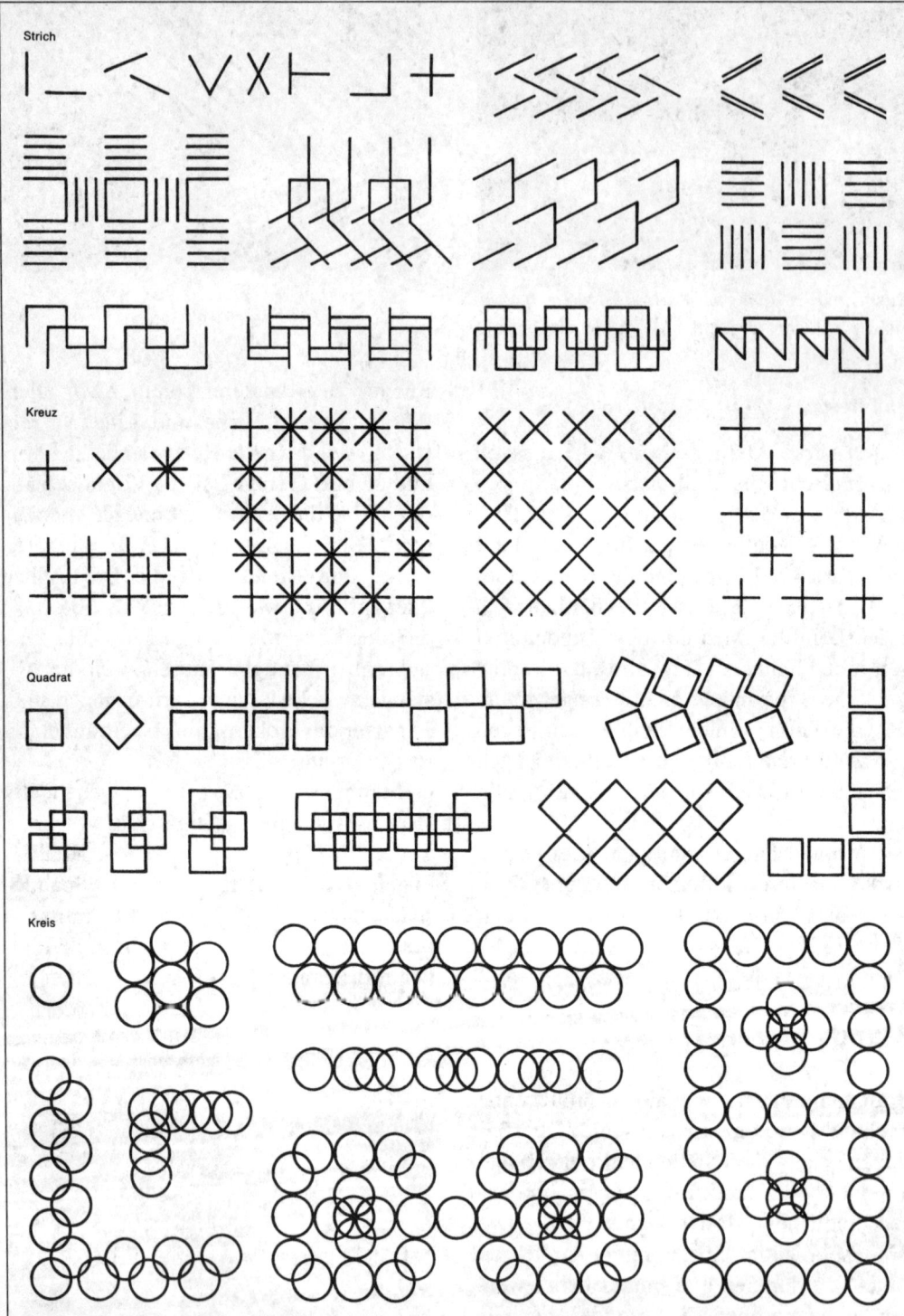

Diese Zeichnungen zeigen, wie man aus einfachen Motiven Muster für die Brandmalerei zusammenstellt. Anregungen für weitere Ornamente findet man auch im Kapitel „Gestaltung" auf Seite 386 und 387.

Halbkreis

Dreieck

runder Punkt

Dach

U

Wichtig für Stempel in Brandmalerei ist, daß sie klar sind, damit die einzelnen Konturen nicht verschwimmen. Die Stempel kann man fertig kaufen oder sie mit Feile und Säge selber gestalten

Das Werkzeug und seine Handhabung

Als Brenneisen dient ein Lötkolben, in den die Brennspitze und verschieden geformte Brennköpfe eingesetzt werden können (unten rechts). Wird die Brennspitze auf das Holz gedrückt, so entsteht ein Punkt, um so größer und tiefer, je länger der Druck andauert. Es ist nur ein leichter Druck erforderlich. Zieht man die Brennspitze über das Holz, so entsteht eine Linie. Das Tempo, mit dem man die Spitze über das Holz zieht, bestimmt neben der Holzart das Aussehen der Linie. Will man exakt gerade Linien brennen, dann verwendet man ein Eisenlineal, an dem man die Brennspitze entlangführt. Will man immer wiederkehrende Formen exakt ausführen, so schneidet man sich aus Blech eine Schablone aus, an deren Rändern man die Brennspitze entlangführt (unten links). Flächen erzeugt man mit Hilfe eines Stempels, der vorn glatt ist. Wenn man um einen zylindrischen Gegenstand Ringe brennen will, kann man auch den Lötkolben fest montieren und das Werkstück an der heißen Brennspitze drehen (unten rechts). Bei den im Handel erhältlichen Brennköpfen fehlen meist die einfachen Grundformen, die man sich aber mit Hilfe von Eisensäge, Bohrer und Feile selbst aus solchen Brennköpfen herstellen kann, indem man sie vereinfacht.

Foto a: So brennt man mit dem Lötkolben in das Holz ein. Foto b: Eine Metallschablone wird vorbereitet (siehe Seite 236), Foto c: Mit dem Lötkolben werden die Konturen der Schablone nachgezogen

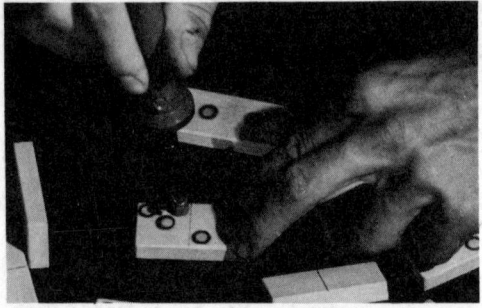

a ▲

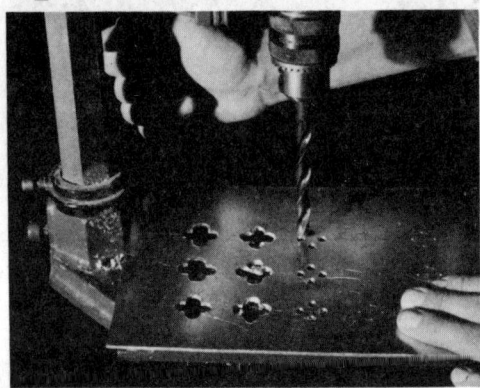

b ▲

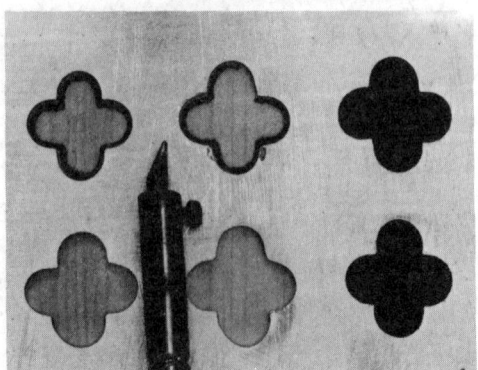

▼ c

Motive

Auf Seite 180, 181 sind Beispiele gezeichnet, wie aus den geometrischen Grundformen Punkt, Strich, Kreis, Halbkreis, Drei-

Der Brennkolben ist festgeklemmt. Das Werkstück wird am Brennkolben gedreht

eck, Quadrat und Winkel neue Formen entwickelt werden können, mit denen man entweder die ganze Fläche oder Umrandungen ornamental gestaltet. Selbstverständlich können auch gegenständliche Motive gebrannt werden.

Es empfiehlt sich, vorher einen originalgetreuen Entwurf anzufertigen, den man auf das Holz überträgt. Die gezeichneten Linien und Flächen brennt man dann nach.

Schnitzen

Kerbschnitzen

Das Kerbschnitzen ist eine alte Volkskunst, die in den vergangenen Jahrzehnten ziemlich in Vergessenheit geraten war, seit einigen Jahren aber immer neue Freunde gewinnt.

Das Holz

Hölzer mit ruhiger Oberfläche werden bevorzugt, denn eine kräftige Maserung beeinträchtigt in der Regel den optischen Eindruck der Kerbschnitzerei. Linde, Zirbelkiefer, Erle, Ahorn und Birne haben alle eine gleichmäßige ruhige Oberfläche und eine kaum sichtbare oder jedenfalls nicht auffallende Maserung; sie sind zum Kerbschnitzen sehr geeignet, wobei Ahorn und Birnbaum ziemlich hart, aber das ideale Material sind für besonders präzise Kerbarbeiten. Auch Sommereiche und manche Kiefernarten kommen in Betracht, während das weitverbreitete Fichtenholz sehr spröde ist und leicht ausbricht.

Geschnitzt wird auf dem glattgehobelten, aber ansonsten unbehandelten Holz. Geschliffen wird erst nach dem Schnitzen, weil sonst die in der Holzoberfläche zurückbleibenden Schleifkörnchen, die man auch durch kräftiges Bürsten nicht vollständig

entfernen kann, das Schnitzwerkzeug vorzeitig stumpf werden lassen.

Alle Gegenstände aus geeignetem Holz kommen für Kerbschnitzerei in Frage: Teller, Griffe von Bestecken, Eßbrettchen, Möbel, Wand- und Deckenverkleidungen. Der Arbeitsplatz verlangt nur eines: ausreichend helles und diffuses Licht, das keine Schlagschatten wirft.

Schnitzwerkzeuge, von links: Stecher, Schnitzmesser, gekröpfte und gerade Rundeisen, Geißfuß

Werkzeug

Mit dem geraden Schnitzmesser werden alle Arten von schrägen Schnitten ausgeführt, mit dem abgeschrägten Stecher senkrechte Schnitte, die von der Oberfläche schräg in das Holz verlaufen. Solche Stecher kann man sich aus abgebrochenen, selbstverständlich auch aus intakten Messern aller Art durch Schleifen selbst herstellen. Für gröbere Vorarbeiten werden Stechbeitel verwendet. Den V-förmigen Geißfuß nimmt man für Keilschnitte, gerade Hohleisen verschiedener Breite und Wölbung für Rundkerben und das Kasteneisen für gerade Kerben.

In den meisten Fällen werden die Eisen mit

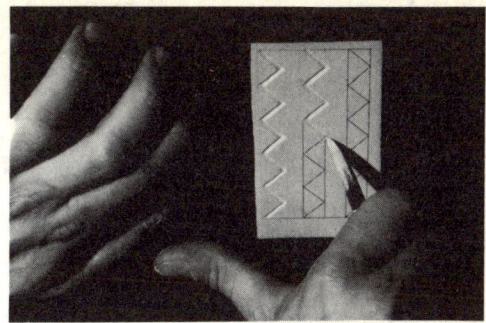

Die Zickzacklinie wird mit der Spitze des Schnitzmessers V-förmig ausgekerbt

der Hand getrieben. Man kann aber auch den Bildhauerknüppel einsetzen.

Mit Schraubzwingen wird das Holz an der Tischplatte befestigt.

Da Schnitzmesser und die verschiedenen Eisen ständig nachgeschliffen werden müssen, gehört zur Schnitzausrüstung auch das Werkzeug zum Schleifen (Seite 154); auf Seite 154 steht auch, wie man stumpfes Werkzeug wieder scharf macht.

Die Motive der alten Kerbschnitzkunst sind vor allem elementare Ornamente von meist symbolischer Bedeutung. Die folgenden Fotos zeigen einige Grundmotive in mehreren Variationen: Wolfszahn, Radkreuz, Malkreuz oder Andreaskreuz, Raute, Ing-Rune, Fünfstern, Sechsstern, Siebenstern, Achtstern, sechsteilige Rosette, Sonnenwirbel und laufender Hund. Selbstverständlich können auch Motive aus der Bauernmalerei, z.B. Blumen, oder Schriften oder auch gegenständliche Motive ins Holz geschnitzt und die verschiedenen Motive zur Gestaltung ganzer Flächen oder auch nur von Umrandungen miteinander kombiniert werden. Weitere Informationen zum Thema „Ornamente" auf Seite 386.

Die Technik des Kerbschnitzens

Bei der ornamentalen Kerbschnitzerei ist es wichtig, daß die immer wiederkehrenden Formelemente zwar nicht mit mathematischer Genauigkeit, jedoch so gleichmäßig ausgeführt werden, daß der Gesamteindruck ruhig und rhythmisch wirkt. Zu die-

sem Zweck benutzt man Hilfslinien, die mit dem Bleistift auf das Holz gezeichnet werden.

Das Foto oben zeigt die Hilfslinien für das Wolfszahnmotiv. Dieses Motiv kann auf verschiedene Art und Weise geschnitzt werden:

Beim Positivschnitt wird die gezeichnete Zackenlinie V-förmig mit dem Schnitzmesser ausgeschnitten, wie dies das Foto oben zeigt. Das Schnitzmesser wird mit der Schneide zum Körper ruhig angesetzt, der Daumen ist auf das Holz gestützt, und in einer gleichmäßigen Bewegung wird das Messer mit konzentrierter Kraft durch das Holz gezogen. Der Zeigefinger der anderen Hand kann dabei die Schnitzbewegung durch Druck auf den Messerrücken unterstützen. Beim Negativschnitt bleibt die gezeichnete Zahnlinie als scharfer Grat stehen (Foto unten). Die dritte Möglichkeit

Die Zickzacklinie bleibt als Grat stehen. Der Zwischenraum wird mit Stecheisen ausgehoben

besteht darin, das Stecheisen senkrecht in das Holz zu treiben, wie das im Foto links zu sehen ist, und dann den Zahn mit dem Schnitzmesser oder Stecheisen auszuheben (Foto Mitte).

Diese Kombination verbindet die vierteilige Rosette mit Kreuz und Malkreuz

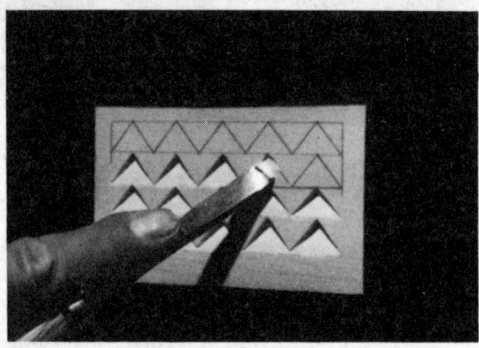

Die beiden oberen Fotos zeigen eine weitere Möglichkeit, das Wolfszahnmotiv zu schnitzen

Das Foto unten zeigt, wie man mit dem Geißfuß eine Linie auskerbt

Foto oben zeigt die Hilfslinien für die sechsteilige Rosette und die Führung des Schnitzmessers beim Ausheben des Spanes. Das Messer wird in einem flachen Bogen geführt, wobei es um so tiefer ins Holz gedrückt werden muß, je weiter es sich von der Geraden entfernt. Dann wird das Holz umgedreht und der zweite Bogen entgegengesetzt geschnitten.

Für jeden Schnitt gilt: ist er nicht tief genug geführt worden, so daß in der Kerbe beim Ausheben des Spanes Holzreste zurückbleiben, so dürfen die Reste nicht herausgekratzt werden, weil man dabei die glatte

u zeigt Grundformen von Kerbschnitzereien, b das Ausheben von Rillen mit dem Geißfuß

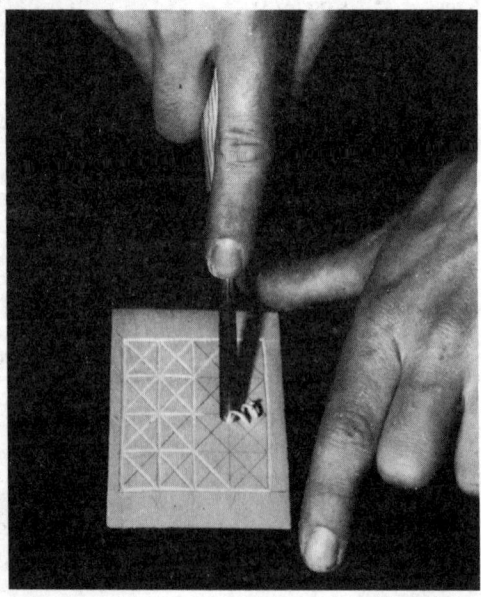

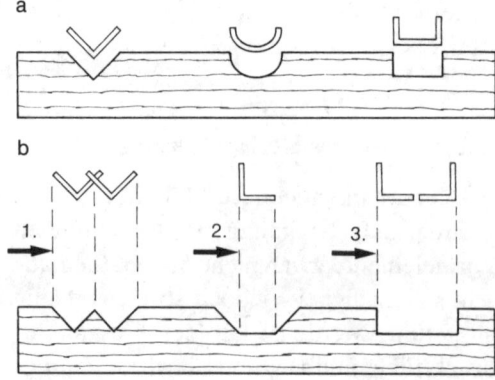

![ABCDEFGHIJKLMN OPQRSTUVWXYZ](carved alphabet)

Bereits die Römer haben diese Schrift (Antiqua) zur vollendeten Kerbschrift entwickelt, es gehört schon einiges Können dazu, sie in Holz zu schnitzen

Schnittfläche zerstört. In solchen Fäller muß man vielmehr noch einmal sauber und bis in die Tiefe nachschneiden.

Zeichnung links oben zeigt einige Anwendungsmöglichkeiten der verschiedenen Eisen für gerade Rinnen mit verschiedenem Querschnitt, Zeichnung links unten, wie mit den verschiedenen Stichformen der Sticheisen Schmuckformen in das Holz eingestochen werden können.

Der Entwurf im Verhältnis 1 : 1 ist für die meisten Arbeiten zu empfehlen, statt einfach darauf loszuarbeiten, denn Korrigieren gibt es beim Kerbschnitzen nicht.

Abschließende Oberflächenbehandlung

Zum Schluß wird die Kerbholzarbeit geschliffen, gewässert und nochmals geschliffen mit Schleifpapier der Körnung 150 bis 220. Dann muß das Holz noch mit irgendeiner der auf den Seiten 170, 171 beschriebenen Methoden behandelt werden, damit das rohe Holz einen Schutz bekommt. Ob man die natürliche Holzfarbe belassen, das Holz durch Beizen oder Lackmattinen farbig tönen oder ganz oder teilweise mit dekkender Farbe bemalen will, verbleibt dem Geschmack jedes einzelnen. Der Oberösterreichische Landesverlag Ried hat uns freundlicherweise einige der Abbildungen in diesem Kapitel aus seinem Buch „Kerbschnitzer" (siehe Seite 391) überlassen.

Teller mit Kerbschnitzerei-Verzierung: in der Mitte ein geschlossenes Rautenornament, um das sich ein Bandornament rankt, das in die Ornamentlehre „der laufende Hund" genannt wird

Figurenschnitzen

Jedem Anfänger in dieser Kunst wird gesagt, daß die fertige Arbeit bereits im Holzblock drinsteckt, so daß es nur darauf ankommt, alles wegzuschnitzen, was zuviel ist. In diesem „nur" steckt das Problem. Mit Hilfe dieses Buches wird niemand zum Meister, aber doch in die Lage versetzt, praktische und durchaus schöne Gegenstände zu schnitzen.

187

Das Material

Linde ist das bevorzugte Holz für alle Schnitzarbeiten. Im übrigen sind alle Hölzer geeignet, die auch zum Kerbschnitzen verwendet werden (Zirbelkiefer, Erle, Ahorn, Birnbaum, Eiche und Kiefer). In Betracht kommen für größere Arbeiten und Holzschalen aller Art auch die lebhaft gemaserten Hölzer Kirsche, Mahagoni und Nußbaum.

Schwierigkeiten wird man immer wieder haben, für größere Schnitzarbeiten einen gut abgelagerten und astfreien Holzblock zu bekommen. Die Alternative ist das Zusammenleimen von gut getrockneten Holzbohlen zu einem Holzblock der gewünschten Größe. Wie das gemacht wird, ist auf Seite 158 dargestellt.

Das Schnitzwerkzeug sind Schnitzmesser und alle möglichen Schnitz- oder Bildhauereisen, die im Kapitel Kerbschnitzen auf Seite 183 bereits dargestellt sind. Für große Schnitzarbeiten kommen noch sogenannte Schweizer Eisen oder Tiroler Schnitzeisen hinzu. Das sind besonders kräftig geschmiedete Eisen mit einer Breite der Schneide bis zu 8 cm.

Über das Schleifen der Eisen findet man alles auf Seite 154.

Wenn man sich für das Glätten der Oberfläche entschieden hat, braucht man Raspeln, Feilen, darunter auch geschweifte, und Schleifpapier in verschiedener Körnung.

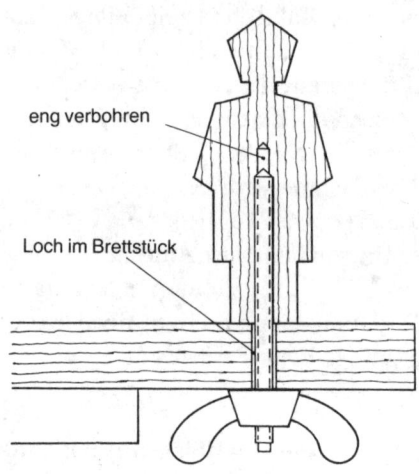

Das Befestigen des Holzrohlings mit der Figurenschraube im Inneren erleichtert das Schnitzen

Mit Hilfe der Figurenschraube werden Figuren auf einer Arbeitsplatte befestigt, wie dies Zeichnung oben zeigt. Die jeweils günstigste Arbeitshöhe kann bei Verwendung eines Holzgalgens eingestellt werden.

Erste Schnitzübungen

Man nimmt einen kleinen Holzklotz und beginnt, mit dem Schnitzmesser das Holz wegzuschnitzen, bis zum Schluß bloß noch Späne übrig sind. Das ist eine sehr wichtige Übung, die einen mit dem Schnitzmesser

Auf dem Foto unten sind Beispiele zur Handschnitzerei zu sehen: Vier Masken aus Bayern

188

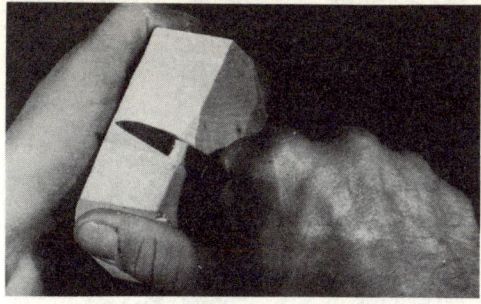

a

b

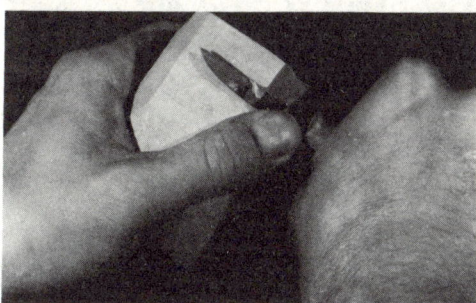
c

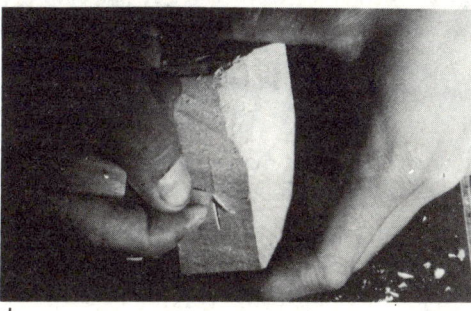
d

So arbeitet man mit dem Schnitzmesser:

a: Schnitzen zum Körper mit Gegendruck des Dau-
mens. b: Schnitzen vom Körper weg. c: Das Schnitzen
vom Körper weg wird vom Daumen der anderen Hand
untestützt, der gegen den Messerrücken drückt. d: Mit
der Messerspitze wird eine Kerbe ausgeschnitten
Foto rechts: „Frau" von Marion Pelda

189

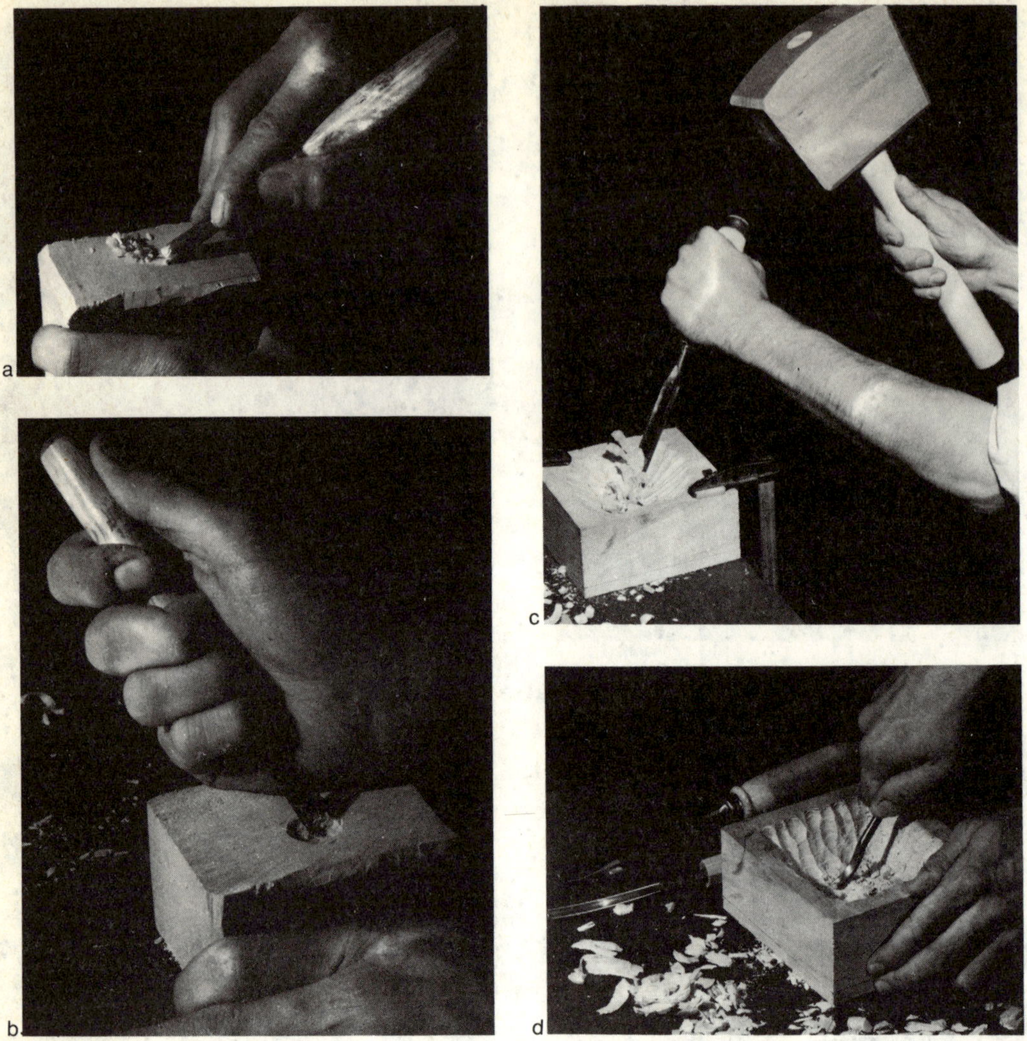

a

b

c

a und b zeigen die richtige Führung eines Hohleisens; so kann man genau kontrollieren, wieviel Holz das Eisen weg-
nimmt. c und d zeigen das Aushöhlen mit Beitel und Knüppel bzw. mit gekröpftem Hohleisen

d

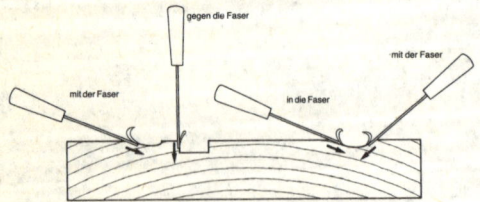

Niemals in die Faser schnitzen wegen der Gefahr des
Spaltens, sondern nur mit ihr oder gegen sie

vertraut macht. Die Fotos Seite 189 links
zeigen, wie das Schnitzmesser gehalten
wird.

Als nächstes höhlt man ein Bohlenstück mit
den Hohleisen aus. Die Fotos oben zeigen
die richtige Werkzeugführung.
Ganz entscheidend für leichtes Schnitzen,
das glatte Schnittflächen ergibt, ist die richtige Schnittrichtung zum Verlauf der Holzfaser: möglichst mit und nie in die Faser
schnitzen. Die Zeichnung links zeigt, was es
bedeutet, mit der Faser, gegen die Faser
und in die Faser zu schnitzen. Zeichnung
rechts oben zeigt die Anwendung dieser
Grundsätze für eine Holzfigur.

190

Die Zeichnungen unten zeigen, wie man bei einem bestimmten Faserverlauf das Schnitzmesser richtig bzw. falsch zur Faserrichtung führt

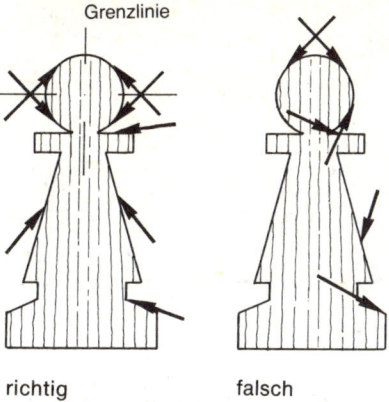

Grenzlinie

richtig   falsch

Jeder Schnitt erzeugt eine Schnittfläche, die mit der Schnittkante an andere Schnittflächen stößt. Der Verlauf der Schnittkante und die Größe und Form der Schnittflächen sind für die gestalterische Wirkung von großer Bedeutung, wenn man die Oberfläche zum Schluß nicht glatt und rund schleifen will.

Der Entwurf

Nur wenige werden es sich ohne entsprechende Ausbildung zutrauen, von einem Holzklotz das wegzuschnitzen, was weg

Frau mit Kinderwagen. Eine sehr gekonnte und doch ursprüngliche Schnitzerei von Marion Pelda

muß, damit eine Figur übrigbleibt. Doch jeder kann eine Figur schnitzen, wenn er sich an die Regeln des Entwerfens und des Umsetzen des Entwurfs hält: Die Aufgabe besteht zunächst darin, aus einem Holzklotz einen Rohling zu formen, der bereits die endgültige Form ahnen läßt. Zu diesem Zweck müssen alle überflüssigen Teile des Holzklotzes abgesägt werden. Das geschieht nach einer technischen Zeichnung mit Hauptansicht, Draufsicht und Seitenansicht. Die Zeichnungen rechts machen das deutlich.

Der Rabe aus Holz, von Milan Stanisavljerić, ist 204 cm hoch. Guiseppe Benelli, Florenz

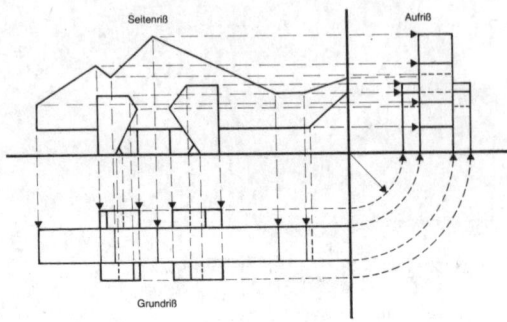

Ein Drache in seinen groben Umrissen, darunter die Rißzeichnung in jeder der 3 Ebenen, mit deren Hilfe aus dem Block der Rohling gesägt wird

Der Figurenrohling

Aus den Umrissen der Hauptansicht schneidet man eine Schablone aus und überträgt mit Hilfe dieser Schablone die Hauptansicht auf den Holzklotz, aus dem die Figur geschnitzt werden soll. Den Holzklotz hat man auf das richtige Maß zugesägt.

Bei der Übertragung der Hauptansicht auf den Holzklotz ist auf den Faserverlauf zu achten.

Dann wird die Hauptansicht aus dem Holzklotz ausgesägt – der erste Schritt zum Figurenrohling. Ebenso verfährt man dann mit der Draufsicht und der Seitenansicht.

Dann wird der Figurenrohling Stück für Stück rundplastisch geformt. Wenn größere Holzstücke weg müssen, kann auch in dieser Arbeitsphase eine Säge gute Dienste leisten. Schließlich werden die Schnitzwerkzeuge eingesetzt und die Körperteile der Figur herausgearbeitet. Wie man die Schnitzmesser hält steht auf Seite 189.

Oberflächenbehandlung

Für jede Schnitzarbeit muß entschieden werden, ob man die Schnittflächen und Schnittkanten zum Schluß behält oder ob die Holzplastik eine glattgeschliffene Oberfläche erhalten soll. In letzterem Fall werden die Schnittkanten zunächst mit Raspel und Feilen gebrochen; dann wird die Figur mit immer feinerem Schleifpapier geschliffen, schließlich gewässert und nachgeschliffen.

Zum Schluß muß die Holzoberfläche geschützt werden. Hier gilt auch, was zum gleichen Thema beim Kerbschnitzen gesagt wurde (Seite 187).

Ein „Gfürchtiger Uristier", aus der Schweiz von P. Fr. Röthlisberger

Drechseln

Die Drechselbank

Alle Firmen, die Bohrmaschinen herstellen, führen in ihrem Zubehörprogramm eine Drechselbank, die von der Bohrmaschine angetrieben wird. Die Drechselbank, die hier vorgestellt wird (Black & Decker), ermöglicht zwischen den Spitzen

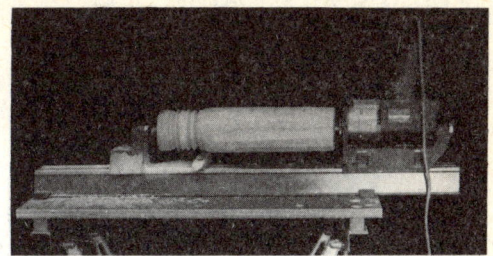

Drechselbank mit einem Werkstück, das zwischen den Spitzen festgeklemmt ist (Längsdrehen)

(Foto oben) die Bearbeitung von Werkstücken bis zu einem Durchmesser von 10,4 cm und bis zu einer Länge von 61 cm. Durch eine Veränderung der Halterung für die Werkzeugauflage können Werkstücke bis zu einem Durchmesser von 12 cm bearbeitet werden. Beim Drechseln mit der Planscheibe (Fotos Seite 195) gelten zunächst die gleichen Durchmesser. Der Durchmesser des zu bearbeitenden Werkstücks kann ohne Schwierigkeiten auf 30 und 40 cm erweitert werden, wenn man die Antriebsmaschine mit Planscheibe von der Schiene der Drechselbank abnimmt und sie und die

Im Foto unten sind gedrechselte Gebrauchsgegenstände aus der sardischen Volkskunst zu sehen

Auflage für die Drehstähle auf einer Werkbank neu montiert (Foto unten). Kleine Gegenstände werden mit der Mitnehmerscheibe gedrechselt (Foto darunter).

Das Foto oben zeigt eine Montagemöglichkeit zum Querdrehen von Werkstücken mit großem Durchmesser; unten: das spitzenlose Drehen mit dem Mitnehmer

Holz zum Drechseln muß gut abgelagert, astfrei und ohne Risse sein (siehe auch Seite 146). Mit Ausnahme der Lärche sind Nadelhölzer für die meisten Drechselarbeiten zu weich, so daß beim Bearbeiten immer wieder Holzfasern aus dem Werkstück herausbrechen. Nadelhölzer können deshalb nur für sehr einfache großflächige Formen verwendet werden und bekommen eine glatte Oberfläche nur durch den Einsatz von viel Schleifpapier. Dagegen sind die meisten Laubhölzer fest und hart genug. Ahorn, Birke, Buche und Esche zeichnen sich durch ruhige, helle Maserung aus, während Mahagoni, Nußbaum, Palisander und Teak dunkle Tönungen haben. Lebhafte

Maserungen haben die meisten Eichenarten, Kirsche, Ölbaum, Pflaume und Rüster.

Das Einspannen hat die Aufgabe, das Werkstück trotz der schnellen Drehung des Werkstücks um seine eigene Achse absolut sicher festzuhalten. Die Technik des Einspannens ist aber auch davon bestimmt, daß das fertige Werkstück keine Haltespuren aufweisen soll.

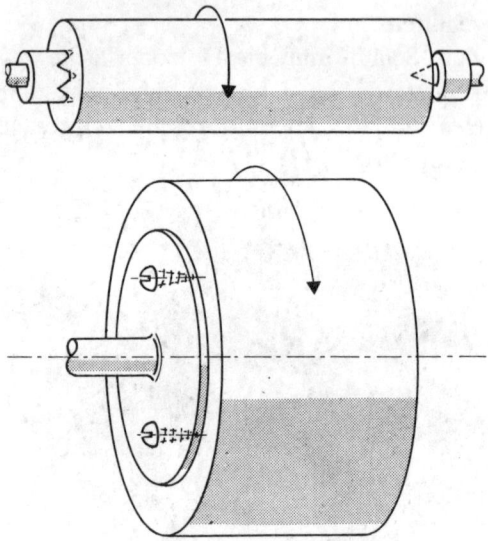

Einspannen des Werkstücks zwischen den Spitzen und seine Befestigung an der Planscheibe

Beim Längsdrehen wird das Werkstück zwischen zwei Spitzen eingeklemmt, die sich ins Holz drücken (Zchg.). Die fertige Arbeit ist kürzer als das eingespannte Werkstück. Nach Vollendung der Drechselarbeit wird sie von dem restlichen Rohling, in dem auch die Haltespuren sind, mit dem Abstechstahl und der Feinsäge abgetrennt.

Beim Querdrehen ist der Rohling nur mit der Antriebsmaschine fest verbunden, hat also die Halterung nur auf einer Seite. Ein größerer Rohling, aus dem z.B. eine Schale entstehen soll, wird mit 4 Schrauben an der Planscheibe befestigt und dann die Außenseite der Schale mit dem Boden gedrechselt

194

a ▲

c ▲

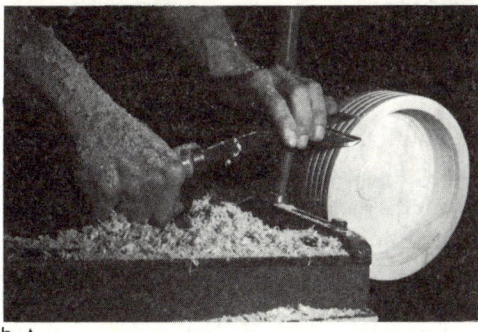

b ▲

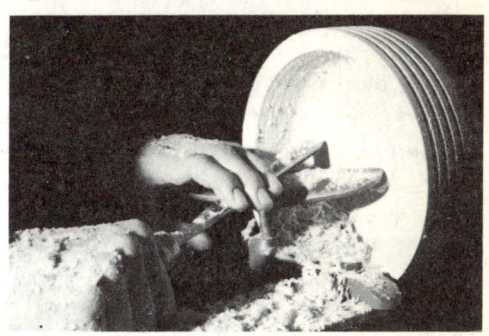

d ▲

a und b: Die Außenseite wird geformt. b: In den Boden wird eine Vertiefung eingearbeitet. c: Das Werkstück wird auf eine selbstgedrechselte Mitnehmerscheibe gepreßt. d: Die Innenseite wird geformt

Links eine andere Möglichkeit, eine Schale auf der Planscheibe herzustellen

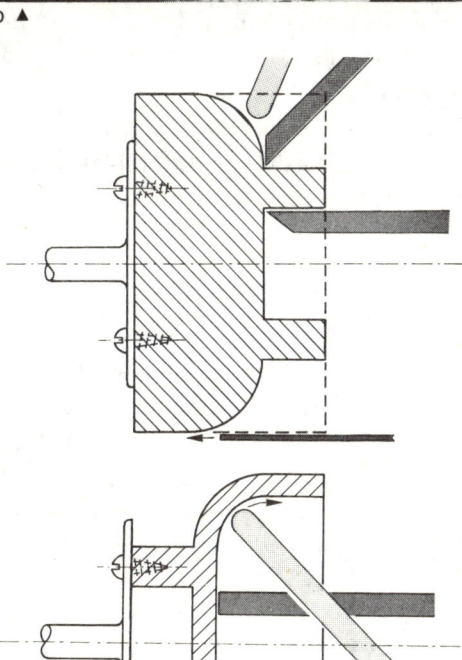

(links). Zum Aushöhlen der Innenform muß das Werkstück von der Planscheibe gelöst und nunmehr mit dem Boden an der Antriebsmaschine befestigt werden (wie die Zeichnung unten zeigt). Damit wird klar, daß der Rohling so berechnet sein muß, daß die fertige Schale vom Holz, in das die Planscheibenschrauben hineingedreht werden, abgestochen werden kann. Diese Methode ist anwendbar, wenn die Schale einen glatten Boden erhalten soll, aber auch dann, wenn die Schale einen Boden erhält wie in Zeichnung links, vorausgesetzt, daß die Aushöhlung im Boden so bemessen ist, daß der die Aushöhlung begrenzende Falz die Planscheibenschrauben aufnehmen kann.

195

Was technisch beim Einspannen des Werkstücks zu beachten ist, steht in den Arbeitsanleitungen, die mit jeder Drechselbank geliefert werden.

Bevor die Drechselbank eingeschaltet wird, muß man das Werkstück mit der Hand herumdrehen, um festzustellen, ob es frei läuft und fest sitzt.

Drechselstähle, Drehstähle oder Drechselbeitel sind die Werkzeuge, mit denen das sich um seine eigene Achse drehende Holzstück bearbeitet und geformt wird (Foto unten). Man unterscheidet Röhren und Meißel, die es beide in unterschiedlichen Breiten gibt (5–30 mm). Je feiner die Arbeit, um so schmalere Werkzeuge verwendet man.

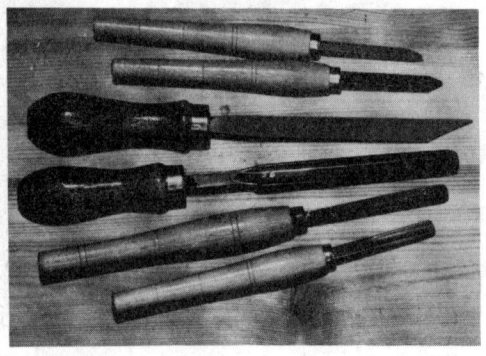

Drehstähle oder Drechseleisen: Oben ein Drehmeißel, dann 2 Abstecheisen, dann 3 Formröhren

Die Röhre ist nur von einer Seite angeschliffen. Je weicher das zu bearbeitende Holz ist, um so länger wird die Fase und um so runder die Wölbung angeschliffen (siehe Seite 154). Die breite Schropp- oder Schruppröhre wird für die groben Arbeiten, zum Schruppen, verwendet, die schmalere Form- oder Schlichtröhre zum Formen nahezu aller Rundungen und zum Schlichten, das heißt zum Glätten, Nachdrehen und Sauberdrehen.

Meißel sind in der Regel von beiden Seiten angeschliffen. Beim Drehmeißel verläuft die Schneide mehr oder weniger schräg. Die vordere spitzwinklige Spitze dient zum Ein- und Abstechen, die Schneide zum Schlichten und die hintere stumpfwinklige Spitze zum Sauberdrehen im Anschluß an die Schlichtröhre, insbesondere auch zum Sauberdrehen von Rundungen. Den Schlicht- oder Flachmeißel zum Schlichten und Glätten größerer gerader Flächen gibt es in zwei Ausführungen: entweder ist die Schneide nur von einer Seite angeschliffen oder von beiden.

Schließlich gibt es noch den *Abstechstahl* in der Grundform eines Flachmeißels, bei dem die schmaleren Seiten des Meißels angeschliffen sind. Er wird zum Abstechen, das heißt zum Abtrennen der fertig gedrechselten Arbeit von dem oberen und unteren Ende des Werkstückes benutzt, damit in der Drechselarbeit keine Festhaltespuren von den Spitzen bzw. den Planscheibenschrauben zu sehen sind. Das Abtrennen wird zum Schluß mit einer Feinsäge vollendet.

Bodeneisen, Hakenstähle und Krummstähle dienen zum Ausdrehen von Hohlkörpern in tiefen Schalen, Büchsen und Dosen.

Schleifblock und Abziehstein

Die Drehstähle verlieren bei ihrer Benutzung schnell an Schärfe, um so schneller, je härter das Holz ist. Das bedeutet, daß zu jeder Drechselbank eine Schleifscheibe und ein Abziehstein gehören, mit denen die Stähle jederzeit nachgeschliffen werden können (siehe „das Schleifen und Schärfen des Werkzeugs" Seite 154).

Zu den *Werkzeugen zum Bohren* gehört neben den üblichen Zentrums- und Spiralbohrsätzen ein Bohrer mit einer Gesamtlänge von 60 cm und 8 mm Durchmesser, um z. B. in eine gedrechselte Säule einer Tischlampe das Loch für das elektrische Kabel bohren zu können.

Werkzeuge zum Messen sind vor allem erforderlich, wenn man mehrere gleichartige Arbeiten drechseln möchte, z.B. Kegel, Schachfiguren oder Eierbecher. Alle auftretenden Meßarbeiten werden mit dem Greifzirkel, dem Spitzzirkel mit Stellbogen, der Schublehre mit Tiefenmaß und dem Meterstab ausgeführt.

Die Technik des Drechselns

Die Werkzeugauflage wird möglichst dicht an den Rohling in Höhe seiner Achse herangeführt. Der Rohling darf aber die Handauflage nicht streifen oder gar daran hängenbleiben. Gedrechselt wird im Stehen. Der Drehstahl wird so an den Rohling herangeführt, daß sich das Holz gegen die Schneide des Drehstahls dreht. Beim

Die Zeichnungen unten zeigen, in welchem Winkel die Drehstähle an das Werkstück geführt werden

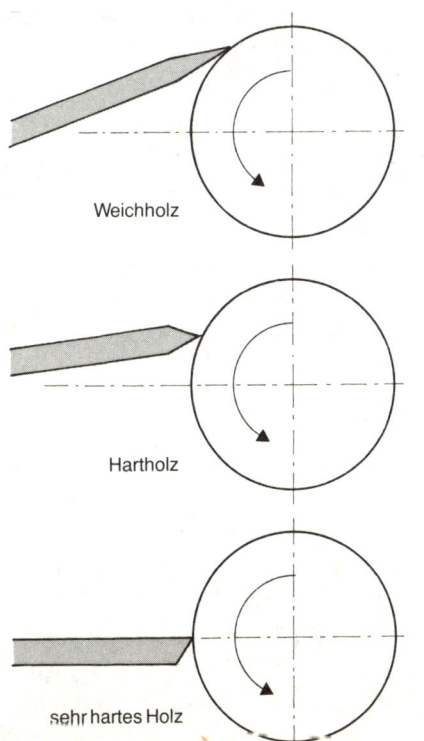

Weichholz

Hartholz

sehr hartes Holz

Längsdrehen ist die Antriebsmaschine also links, beim Querdrehen wird der Stahl links von der Achse des Rohlings angesetzt. Für den Rechtshänder gilt: Mit dem linken Bein macht man einen kleinen Ausfallschritt, die rechte Hand faßt den langen, konisch auslaufenden Griff des Drehstahls, während die linke Hand den Stahl unmittelbar hinter der Werkzeugauflage von oben greift (Foto Seite 195 d). Der Stahl wird jetzt langsam an das Werkstück herangeschoben in einem Winkel zur Oberfläche des Rohlings, der von der Härte des Holzes abhängig ist und in der Zeichnung links dargestellt ist. Wenn die Oberfläche beim Drehen rauh und splittrig wird, obwohl der Stahl gut geschärft ist, ist dies ein Anzeichen dafür, daß der Winkel zu steil ist. Die rechte Hand muß also das Heft des Drehstahls etwas nach unten drücken. Das Splittern kann auch dadurch entstehen, daß der Stahl quer zur Holzfaser geführt wird. Geht man davon aus, daß beim Längsdrehen die Holzfaser parallel zur Drehachse verläuft, so führt man den Stahl mit der Holzfaser, also richtig, wenn man es macht wie in den Zeichnungen unten abgebildet. Bei richtiger Hal-

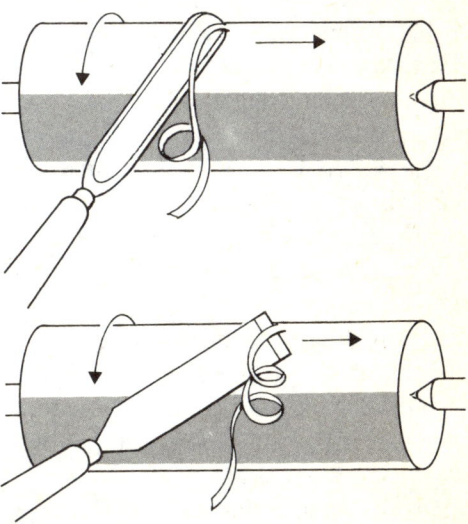

Richtig gehalten, dreht der Stahl beim Längsdrehen lange Späne ab wie beim Bleistiftspitzen

197

tung, ausreichender Schärfe des Drehstahls und richtigem Vorschub wird ein Span abgeschält.

Es muß unbedingt darauf geachtet werden, daß nicht Kleidung mit dem rotierenden Werkstück in Berührung kommt, weil es schwere Unfälle zur Folge haben kann, wenn das Kleidungsstück mitgerissen wird. Deshalb ist es am besten, die Kleidung am linken Arm beim Rechtshänder hochzustreifen.

Das Längsdrehen

Ist der Rohling ein achteckiges Kantholz, das man sich mit Hobel oder Säge hergestellt hat, so muß zunächst ein Zylinder, eine Walze, daraus gedreht werden. Man beginnt am rechten Ende mit der Schroppröhre für die grobe Vorarbeit und zieht den Stahl anfangs immer nach links, später dann hin und her in wechselnder Haltung der Schroppröhre (siehe Zeichnung a) bis das Kantholz eine zylindrische Form hat. Eine längere Spanbildung ist in dieser Arbeitsphase natürlich noch nicht möglich. Beim Anfänger wird die Oberfläche des Zylinders noch ziemlich wellig sein. Hier wird mit dem Flachmeißel nachgearbeitet, wobei man den Meißel mit der ganzen Schneide auf die Wellenberge ansetzt. Ist die zylindrische Rohform erreicht und es muß noch weiteres Holz abgespant werden, dann wird der Drehmeißel verwendet. Dieser wird nicht mit der ganzen Schneide angesetzt, sondern so, wie dies die Zeichnung b zeigt. Beim Schlichten mit dem Drehmeißel muß man sehr darauf achten, daß sich die spitzwinklige Spitze des Meißels nicht im Holz verhakt, was nur bei falscher Führung des Stahls passiert.

Wenn der Zylinder glatt und im vorgesehenen Umfang ist, wird vorn und hinten mit dem Abstecheisen das Abstechen begon-

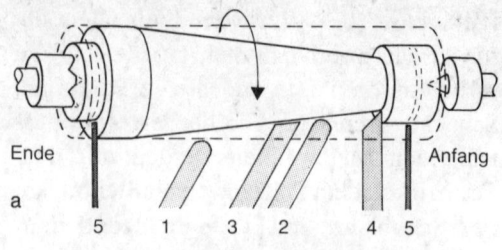

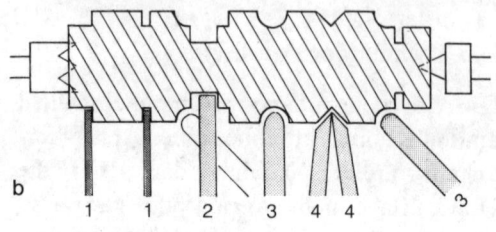

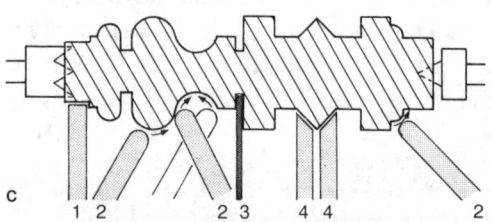

a bis c zeigen, mit welchen Werkzeugen man welche Form herstellt. a zeigt den Weg vom Zylinder zur konischen Form, b die vertieften Grundformen, c die erhöhten Grundformen

nen, aber selbstverständlich noch nicht zu Ende geführt, denn jetzt kommt die Formung der Säule.

Die Grundelemente aller denkbaren Vertiefungen zeigt die Zeichnung b, diejenige der Erhöhungen Zeichnung c.

Querdrehen

Beim Querdrehen besteht die erste Aufgabe darin, den Rohling auszuwuchten, da die Drehachse nach der Befestigung in aller Regel nicht genau im Massezentrum sitzt. Zeichnung auf Seite 195 oben zeigt diesen sowie die weiteren Arbeitsvorgänge. Auch hier besteht die Möglichkeit, die Außenseite der Drechselarbeit zu schmücken. Danach wird das Werkstück umgedreht,

198

wie dies Zeichnung auf Seite 195 unten darstellt, und die innere Form ausgedreht. Für flache Vertiefungen genügen Röhren und Meißel, während für größere Vertiefungen besondere Stähle eingesetzt werden müssen.

Fräsen

Eine Fräse mit verschiedenen Fräsköpfen gibt es als Zusatzgerät zu jeder Bohrmaschine.
Mit einem solchen Werkzeug kann man Rahmenleisten in jedem gewünschten Profil fräsen und daraus dann Rahmen aller Formate bauen. Anregungen für Bilderrahmen-Profile kann man sich in Spezialgeschäften für Bilderrahmen holen.

Intarsien

Bei der echten Intarsie oder Einlegearbeit werden in passend ausgearbeitete Vertiefungen der massiven Grundplatte Teile aus Holz, Elfenbein oder Perlmutt eingelegt. Diese Technik wird hier nicht dargestellt, weil sie ein überdurchschnittliches handwerkliches Können erfordert und Edelhölzer in den erforderlichen Stärken von 4 bis 6 mm ebenso wie Elfenbein und Perlmutt nur schwer zu erhalten und kostspielig sind. Weit verbreitet ist heute die Furnierintarsie: Teile aus Furnieren der verschiedensten Holzarten werden wie in einem Puzzle zusammengesetzt.

Furniere

Sägefurniere sind zwar teurer als Messer- und Schälfurniere, ihre Verwendung vermindert aber drei Gefahren, die bei Intarsienarbeiten vorkommen: Sägefurniere

Mit der elektrischen Oberfräse kann man auch kreisrunde Formen mit den verschiedensten Profilen fräsen

brechen und splittern nicht so leicht beim Schneiden und Sägen. Sie sind dicker und haben auf Grund ihrer Herstellungsweise eine dichtere Oberfläche, so daß der Leim beim Pressen nicht durch Poren und Ritzen durchschlägt. Weil Sägefurniere dicker sind, ist auch die Gefahr nicht so groß, daß man ein Loch in die Intarsie schleift, ein Fehler, der nicht repariert werden kann und der anfangs ziemlich schnell passiert (Messer- und Schälfurniere sind dünner als 1 mm, Sägefurniere gibt es ab 1 mm Stärke).
Nußbaum, Birke, Ahorn, Teakhölzer, Kirschbaum und Birnbaum liefern gute Furniere und sind doch verhältnismäßig leicht zu bearbeiten, weil sie nicht so leicht splittern und brechen und sich gut sägen und schneiden lassen. Auch manches Eichen- und Eschenfurnier läßt sich gut verarbeiten. Es empfiehlt sich, Schnittversuche zu machen. Ausländische Hölzer sind oft sehr auffällig in Farbe und Maserung. Ihre Verwendung muß sorgsam geplant werden, damit die Arbeit nicht völlig wild und unruhig wird. Die Furniere sollten in einem

gleichmäßig trockenen Raum dunkel gelagert werden, möglichst dort, wo sie dann auch verarbeitet werden, denn sie verändern sich schon bei geringen Schwankungen von Luftfeuchtigkeit und Temperatur.

Die figürlichen Motivvorlagen der Intarsienarbeit entsprechen nicht immer der Eigenart der Technik. Hier ein vorbildlicher Entwurf, der Furnier und Technik zur Geltung kommen läßt

Wegen dieser Empfindlichkeit sollte eine Intarsienarbeit auch zügig durchgeführt werden, weil nach längeren Pausen die Wahrscheinlichkeit groß ist, daß sich bereits fertig ausgeschnittene Teile nicht mehr sauber zusammenfügen, sondern nachgeschnitten oder sogar neu gemacht werden müssen.

Der Materialbedarf an Furnieren ist nicht sehr groß, eher vielseitig. Im Furnierfachhandel werden Furniere in kleinen Mengen meist nicht abgegeben. Furniere besorgt man sich deshalb im Hobbygeschäft oder beim Schreiner. Beim Kauf muß man darauf achten, daß die Furniere die gleiche Stärke haben, wobei Abweichungen von einem Zehntel Millimeter beim Pressen und Schleifen mühelos ausgeglichen werden können.

Schneidewerkzeuge und Zubehör

Zum Schneiden braucht man eine Laubsäge mit den feinsten Blättern. Es wird an einem Sägebrett gearbeitet, das knapp unter Augenhöhe montierbar ist, weil man so die Sägeschnitte am exaktesten ausführen kann. Zeichnung unten zeigt ein solches Sägebrett mit festschraubbarem Aufsatz, der gebraucht wird, wenn man Furniere schräg durchsägen muß (siehe Seite 203). Die Löcher zum Durchstecken des Sägeblattes werden mit einer Ahle in das Furnier gestochen. Im Handel gibt es auch spezielle Furniersägen.

Außerdem braucht man ein scharfes Schnitzmesser und als Arbeitsunterlage eine Holzplatte, am besten aus Hartholz.

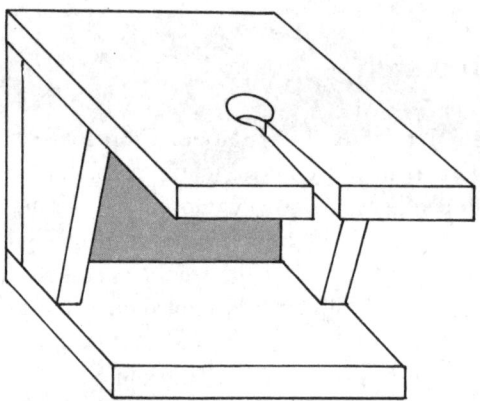

Laubsägebrett. Der Aufsatz mit Sägeausschnitt zum Schrägsägen ist links um 1 cm höher als rechts

Bögen können, jedenfalls zunächst, mit der Laubsäge leichter gesägt werden als mit dem Messer geschnitten, aber das ist Übungssache. Für kleine Rundungen eignen sich verschiedene Hohleisen, mit denen gestanzt werden kann. Für gerade Schnitte ist ein Eisenlineal ein unentbehrliches Hilfsmittel. Auch eine kräftige Schere kann vielfach zum Schneiden verwendet werden, insbesondere für kurze Schnitte vom Rand aus.

200

Klebemittel

Kitt braucht man zum Verfugen und Ausbessern von Löchern.

Der *Leim* darf nicht zu dick sein, damit er sich leicht auftragen läßt und keine Leimbuckel entstehen, aber auch nicht zu dünn, damit er nicht durch die Poren des Furnieres durchschlägt. Er darf das Furnier nicht verfärben und soll so halten, daß auch nach Jahren keine Fugen aufgehen.

Geeignet sind Hautleim, eine Weiterentwicklung von Tischlerleim, dann der Kaurit-Leim „F", der speziell für das Furnieren entwickelt wurde, und der weiße Holzleim Ponal. Bei der Verwendung von Hautleim oder Kaurit-Leim „F" muß die fertig zusammengesetzte Intarsie insgesamt aufgeleimt und gepreßt werden. Mit Ponal kann man wegen der schnellen Klebewirkung die Furnierteile auch einzeln auf den Untergrund kleben und die Intarsie stückweise ineinanderfügen; auf das Pressen kann man bei Ponal verzichten.

Furnieruntergrund

Wenn man sich den Untergrund für die Intarsie aussuchen kann, dann sollte man Spanplatten verwenden. Diese haben keine Maserung, so daß man das Furnier in jede beliebige Richtung aufkleben kann, während bei Massivholz die Faserrichtung des Furniers wenigstens in seinen Hauptteilen mit der Faserrichtung des Untergrundes gleichlaufen muß und bei Sperrholz sich die Faserrichtung von Furnier und Untergrund kreuzen sollen.

Es muß auch auf der Rückseite furniert werden, weil sonst die Gefahr besteht, daß sich der Untergrund, auch Blindholz genannt, verzieht.

Furnierklebestreifen und Furniernadeln

Mit dem Furnierklebestreifen, einem speziell für Furnierarbeiten entwickelten Hilfsmittel, und den Furniernadeln, dünnen Stecknadeln mit großen Köpfen, werden in die einzelnen Teile vor dem Kleben fixiert. Die Nadeln beschädigen zwar die Oberfläche des Furniers, aber bei sorgfältiger Arbeit ist diese Beschädigung so geringfügig, daß man sie hinterher kaum sieht, vor allem dann, wenn das Holz, das durch die Nadeln ausgedrückt wurde, später von hinten wieder in das Loch gedrückt werden kann. Der Leim des Klebestreifens ist wasserlöslich, so daß der Klebestreifen nach dem Leimen ohne Rückstände oder Veränderungen der Furniere abgelöst werden kann. Auf keinen Fall darf man hier Tesafilm verwenden.

Die Presse

Furnierpressen sind teuer und nehmen viel Platz weg. Ein sehr guter Ersatz ist eine Buchbinderpresse, die allerdings nicht sehr groß ist und trotzdem noch ziemlich teuer. Behelfen kann man sich mit zwei kräftigen und völlig ebenen Platten, vielen Schraubzwingen und kräftigen geraden Holzriegeln, möglichst aus Hartholz, für die Teile, die man mit den Zwingen nicht erreicht. Alternative zum Selberpressen ist, einen Schreiner zu finden, der es macht.

Schleifmittel

Zum Schleifen verwendet man Schleifpapier ab Körnung 100 und feiner. Das Schleifpapier muß wirklich scharf sein, weil es sonst das Holz an der Oberfläche nur umlegt und nicht abschneidet.

Ein Entwurf des österreichischen Intarsienkünstlers Helmut Zeiner, „Zürich". Die fertige Arbeit ist auf Seite 206 zu sehen

Die Holzstruktur kommt besser zur Wirkung, weil das Bild klarer wird, wenn die Intarsie nicht mit Schleifpapier, sondern mit der Abziehklinge geputzt wird. Allerdings erfordert der Umgang mit diesem Werkzeug Übung, insbesondere auch das Schärfen.

Beim Schleifen mit Schleifpapier und Abziehklinge besteht, insbesondere für den Anfänger, die Gefahr, daß man durch das Furnier durchschleift. Da diese Gefahr an den Kanten besonders groß ist, sollte die Intarsie, wenn das möglich ist, größer gearbeitet werden, als sie zum Schluß sein soll, so daß die Kanten erst nach dem Schleifen entstehen, indem man die überstehenden Ränder abschneidet.

Auch für das Schleifen besteht die Alternative zum Selbermachen: ein Schreiner, der es macht.

Eine andere Methode der Oberflächenbehandlung ist das Bürsten mit einer weichen Messingdrahtbürste parallel zur Faser; da-

durch wird die Maserung plastisch herausgearbeitet.

Die Mittel zum Wachsen, Mattieren, Lakkieren und Polieren sind am Anfang dieses Kapitels dargestellt.

Die Arbeitsgänge

Der Entwurf

Das eigene Können, die Größe der Presse, die zur Verfügung stehenden Holzarten und der Verwendungszweck der Intarsie sollten in sinnvollen Zusammenhang gebracht werden. Der Entwurf in Originalgröße ist – abgesehen von ganz einfachen Arbeiten wie z.B. einem Schachbrett – eine notwendige Voraussetzung zum Gelingen. Dabei muß im Entwurf genau festgelegt werden, aus welchem Furnierstück welche Fläche des Entwurfs ausgelegt werden soll. Es genügt nicht, im Entwurf für die einzel-

202

nen Flächen lediglich die Holzart zu bestimmen, denn fast jede liefert sowohl in der Farbtönung als auch in der Maserung sehr unterschiedliche Furniere. Bei der Gestaltung des Entwurfes sollte nie vergessen werden, daß es bei diesen Intarsienarbeiten auch darum geht, den natürlichen Charakter des Holzes voll zur Geltung zu bringen. Es lohnt sich, den Entwurf mit Aquarellfarben entsprechend den ausgewählten Hölzern auszumalen und die Richtung der Maserung einzuzeichnen, um die gesamte Wirkung zu kontrollieren. Oft geschieht es nämlich, daß einem jedes Furnier für sich allein gut gefällt, aber das Zusammenspiel der verschiedenen Maserungen und Farben der Hölzer dann unruhig wirkt.

Das Furnier strecken

Nur mit ebenen Furnieren bekommt man eine saubere Arbeit; gewellte Furniere müssen geglättet werden. Das geschieht durch das Strecken: Eine Seite des Furnieres wird mit einem Schwamm mit Wasser befeuchtet und dann das Furnier zwischen saugfähigem Papier in die Presse, gelegt (Zeitungspapier ist geeignet, darf aber nur unbedruckt verwendet werden). Das Furnier bleibt in der Presse, bis es trocken ist. Wenn das Furnier zu naß geworden ist, besteht die Gefahr, daß es in der Presse Stockflecken bekommt. Dem kann man dadurch vorbeugen, daß man das Papier alle Stunden wechselt.

Da sich gestreckte Furniere in der Luft, die immer Feuchtigkeit enthält, werfen, müssen sie unter leichtem Preßdruck aufbewahrt werden.

Die Übertragung des Entwurfs

Das Furnier wird auf die Arbeitsplatte gelegt und der Entwurf mit Hilfe von Transparentpapier auf das Furnier übertragen.

Die Verwendung von Transparentpapier zur Übertragung an Stelle von Durchpauspapier hat den Vorteil, daß man die Maserung und Schattierung des Holzes sehen und so die geeignete Stelle des Furnieres für ein bestimmtes Teil sehr genau aussuchen kann.

Das Schneiden mit dem Messer und das Ausstanzen von Kurven mit dem Hohleisen:

Das Messer wird beim Schneiden steil gehalten. Es muß immer mit der Faser geschnitten werden, nie gegen sie, weil sonst das Messer von der vorgezeichneten Linie abgelenkt werden kann. Für enge Kurven nimmt man ein Hohleisen mit der gleichen Biegung und schlägt das Eisen durch das Furnier.

Für gerade Schnitte wird das Eisenlineal verwendet. Der Schnitt wird unmittelbar an der Schiene entlang ausgeführt.

Das Sägen mit der Laubsäge

Die Säge wird grundsätzlich gerade gehalten, so daß das Sägeblatt sich immer senkrecht bewegt.

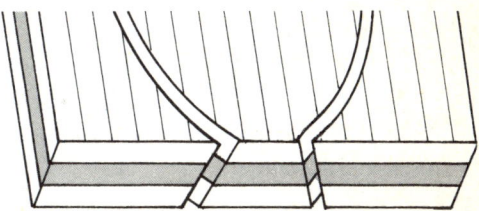

So werden beim Doppelschnittverfahren die Figuren durch leicht schräges Sägen dicht

Wenn beim Doppelschnittverfahren (siehe Seite 205) die Schnittfigur aus dem einen Furnier in die Lochfigur aus dem anderen Furnier möglichst fugenlos hineinpassen soll, so muß das Furnier leicht schräg durchgesägt werden (Zeichnung oben).

Wenn das Furnier senkrecht durchgesägt

wird, entsteht eine Sägefuge, die sich beim Leimen durch das Aufquellen des Furnieres weitgehend schließt. Eine sich nicht völlig schließende Sägefuge wird ausgekittet.

Da das Furnier stets mit seiner glatten Seite auf die Unterlage geleimt wird, muß man beim Ausschneiden bzw. Aussägen darauf achten, daß stets diese glatte Seite unten ist.

Das Fixieren

Alle fertig ausgeschnittenen Teile werden mit Furnierklebestreifen oder Furniernadeln auf der Unterlage entsprechend dem Entwurf fixiert.

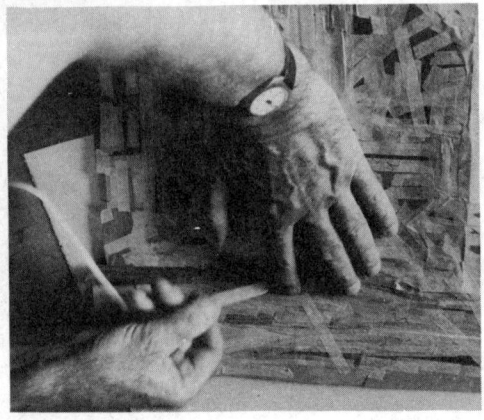

Das Furnierstück wird nach dem Einlegen auf der Vorderseite mit Furnierklebestreifen verklebt

Das Furnierbild aufleimen

Das Aufleimen muß in wenigen Sekunden geschehen, damit die Intarsie möglichst schnell in die Presse kommt. Würde man sich bei diesem Arbeitsgang Zeit lassen, so würde das Furnier durch das Wasser im Leim schnell aufquellen, wellig werden und sich ausdehnen, so daß die Teile sich übereinanderschieben würden. Somit wäre die Intarsie verdorben. Damit das nicht geschieht, bereitet man für das Leimen und Pressen alles gut vor.

Die Blindholzunterlage muß angerauht sein, damit der Leim gut haftet. Man nimmt dazu einen Zahnhobel oder einfach das Blatt einer Eisensäge und zieht damit quer zur Faser ab.

Mit Leim wird lediglich die Unterlage bestrichen, nicht das Furnier. Dieses wird dann auf die Unterlage gelegt und mit der Hand leicht angedrückt. Dabei kontrolliert man, ob sich keine Teile verschoben haben. Die Intarsie ist jetzt zum Pressen vorbereitet.

Wenn man mit Ponal im Anlegeverfahren (siehe Seite 205) arbeitet, wird nicht fixiert, sondern das jeweils fertige Teil sofort entsprechend der Entwurfszeichnung auf der Furnierunterlage aufgeklebt. Bei diesem nicht ganz zünftigen Verfahren kann eigentlich nicht viel schiefgehen.

Das Pressen

In der Presse werden auf das Furnier einige Lagen Zeitungspapier gelegt, damit die geringen Höhenunterschiede ausgeglichen werden, die durch unterschiedliche Stärken der Furniere und durch die Klebestreifen verursacht sein können. Der Preßdruck muß über die gesamte Fläche gleichmäßig sein. Man steigert den Preßdruck von der Mitte aus zum Rand hin.

Das Schleifen und Bürsten

Die Intarsie sollte, nachdem sie aus der Presse herausgenommen wurde, mindestens ein bis zwei Tage in Ruhe liegen, bevor mit dem Schleifen (siehe Seite 149) begonnen wird. Das Wachsen, Lackieren, Mattieren und Polieren sind Möglichkeiten, die Oberfläche der Intarsie zu behandeln, damit ihre ganze Schönheit entfaltet und sie zugleich geschützt wird.

Schachbrett im Streifenschnittverfahren

Man sucht für die hellen und die dunklen Spielfelder passende Furniere aus. Jedes Feld soll 5 x 5 cm groß werden. Man schneidet mit dem Eisenlineal von einem Furnier 4 und vom anderen Furnier 5 Streifen in der Breite der Felder und in der Länge von 9 Feldern aus, also Streifen, die 5 cm breit und 45 cm lang sind. Die Streifen werden unter Benutzung einer Anschlagleiste mit Furniernadeln auf der Arbeitsplatte sorgfältig festgeheftet. Dann schneidet man die Streifen in Quadrate; die Furniernadeln werden dabei je nach Notwendigkeit herausgezogen. Dann wird die zweite, vierte, sechste und achte Felderreihe um ein Feld nach links oder rechts verschoben, und die Felder werden in ihrer neuen Anordnung mit Klebstreifen fixiert (Foto links). Die überstehenden Felder werden abgeschnitten, um die 64 Spielfelder Randstreifen aus Furnier gelegt, und auf Gehrung geschnitten. Dann leimt man das Schachbrett auf die Unterlage auf, und arbeitet nach der oben beschriebenen Methode weiter.

Das Einlegeverfahren und die Doppelschnittmethode

Aus einem Furnier in der Größe der Unterlage werden die Umrisse der Figur, die als Intarsie gearbeitet werden soll, ausgesägt; man nennt es Grundfurnier. Die Teile der Intarsie werden passend zugeschnitten und in die negative Figur im Grundfurnier eingelegt, verklebt, aufgeleimt usw....
Die Umrisse der einzulegenden Teile gewinnt man entweder dadurch, daß man den Entwurf mit Transparentpapier auf ein Furnier überträgt, oder das Furnier unter das Grundfurnier legt und die Negativfigu-

ren überträgt, indem man am Rand mit einem Bleistift entlangfährt.
Wenn ein bestimmtes Motiv mehrfach benötigt wird, können auch mehrere Furnierblätter übereinandergelegt, an den Seiten zu einem Paket verklebt und gemeinsam ausgesägt werden. Bei dieser Doppel- oder Mehrfachschnittmethode können die positiven Formen aus dem einen Furnier in die negativen Formen eines anderen Furniers und umgekehrt eingesetzt werden, z.B. die dunkle positive Form in ein helles Grundfurnier und die entsprechende helle positive Form in ein dunkles Grundfurnier. Bei diesem Schnittverfahren sollte man ein Blindfurnier unterlegen, um zu verhindern, daß vom untersten Furnierblatt Holz wegsplittert.
Das Anlegeverfahren zeigt das Foto unten. Man beginnt an einem beliebigen Punkt und schreitet fort, indem man die jeweils angrenzenden Teile nach dem Entwurf und der bereits teilweise fertigen Arbeit ausschneidet, anfügt, entweder sofort mit Ponal verklebt oder wie unten abgebildet mit Klebestreifen fixiert und die Intarsie insgesamt leimt und preßt.

Schneiden eines spröden Palisanderstücks mit dem Messer

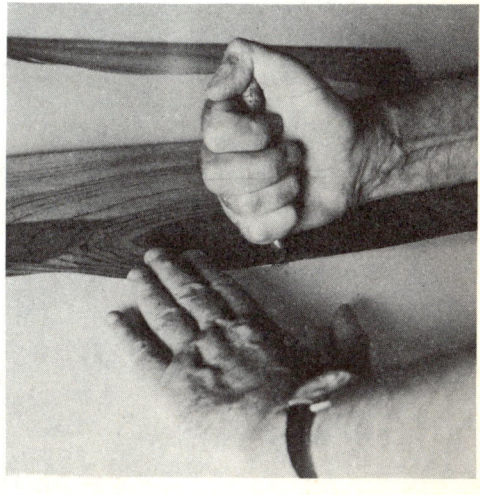

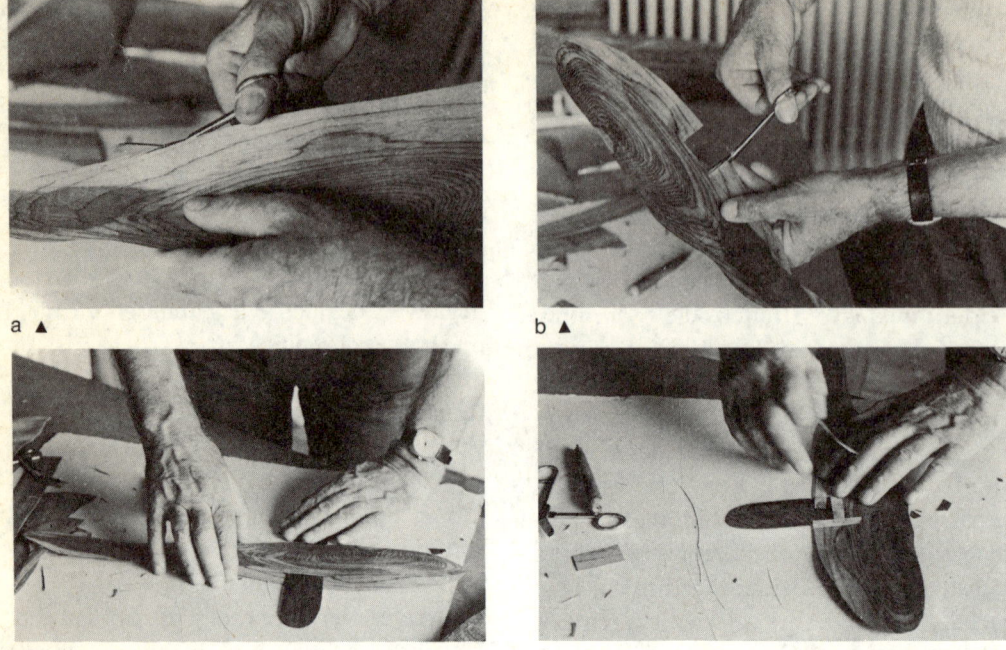

a ▲   b ▲

c ▲   d ▲

a: Schneiden von Furnierstücken mit einer Verbandsschere. b: Für Durchdringungen wird ein zugeschnittenes Furnierstück durch einen Einschnitt des zweiten Stücks geschoben und angezeichnet. c: Ausschneiden für das dunklere Furnierteil. d: Festkleben des eingesetzten Furnierteils.
Das Foto unten zeigt einen Ausschnitt aus der Intarsienarbeit „Zürich", Entwurf auf Seite 202

Kunststoffe

Kunststoffe bieten viele Möglichkeiten, sie in handwerklich künstlerischen Bereichen einzusetzen, da sie in allen Formen vorkommen: vom festen Arbeitsmaterial bis zur klebrigen Masse, von elastischen Körpern bis zu harten Harzen. Hier ist eine Auswahl aus dem großen Materialbereich „Kunststoff" getroffen worden – nämlich die Materialien, die sich für den Laien zur Verarbeitung eignen und die in kleineren Packungen zu bekommen sind. Der Großteil der Kunststoffe wird ausschließlich in großen Mengen für den industriellen Bereich vertrieben.

Bunte Kerzen

Früher wurden Kerzen aus Bienenwachs hergestellt. Man kann Kerzen aus Bienenwachs nach demselben Prinzip gießen wie die hier gezeigten. Doch Experimente mit Farben sind nicht gerade sinnvoll: Bienenwachs sollte besser in seiner Naturfarbe belassen werden.

Die Kerzen, von denen hier die Rede ist, sind aus gefärbtem Paraffin und Stearin entstanden. Wer den Geruch von Bienenwachs nicht ganz vermissen möchte, mischt ein paar Tropfen davon unter das Material, das in größeren Drogerien und Wachsgeschäften in Blöcken oder Flocken zu kaufen ist.

Material

Stearin und Paraffin (im Mischungsverhältnis 3 : 1), 2 kg Gesamtmenge ergeben ca. 10 mittelgroße Kerzen

Kerzendocht (es gibt verschieden starke Dochte für entsprechende Kerzendurchmesser)
Wachsmalblöckchen zum Färben
leere Konservendosen, Öl, Pinsel, Messer, Löffel, Zange
als Gießformen kann man auch Dosen, Gläser, Pappröhrchen und auch Ausstechformen (nicht aus Kunststoff!) verwenden, ein Stück Karton als Unterlage zum Gießen

Gießen

3 Teile Stearin mit 1 Teil Paraffin in einer Dose mischen und im Wasserbad schmelzen. Währenddessen die Wachsmalblöcke in kleine Stückchen schneiden und zur Wachsmasse geben, und zwar so viel, daß der gewünschte Farbton erreicht wird; auf diese Weise alle weiteren Farben vorberei-

Tafel XIII *Wer auf Holz malt, muß sich nicht unbedingt an den Blumenmotiven der Volkskunst orientieren. Hier im Foto sind zweierlei Möglichkeiten abgebildet: oben eine liebevoll dargestellte Bilderbuchlandschaft, die zur ovalen Spanschachtel paßt. Unten: eine geometrische Aufteilung mit Rauten und Bandornamenten, die Konturen wurden mit dem Lötkolben in Brandmalerei-Technik gezogen, dann die Farbfelder exakt ausgemalt*

ten. Es empfiehlt sich, kleine Dosen zu verwenden, da man so bis zu drei Dosen in einem großen Wassertopf gleichzeitig unterbringen kann. Die flüssige Wachsmischung aus dem Wasserbad nehmen und etwas erkalten lassen.

Inzwischen wird die Form vorbereitet. Dose, Glas oder Pappröhre gut mit Öl (man kann ganz normales Salatöl verwenden) einpinseln. Nur so läßt sich später die erkaltete Kerze gut aus der Form lösen. Arbeitet man mit Pappröhren, so muß man sich einen Boden, ebenfalls aus Pappe, zuschneiden, der größer sein darf als der Durchmesser der Pappröhre. In die Mitte des Bodens bohrt man ein Loch, durch das dann der Docht gefädelt wird. Bei Dosen bohrt man das Loch in die Mitte des Bodens. Nun führt man den Docht durch das Loch, wobei man am äußeren Ende einen Knoten macht, damit der Docht nicht zurückrutschen kann. Das andere Ende wird an einem Bleistift befestigt. Der Docht muß gut gespannt werden und genau durch die Mitte der Form laufen. Man darf nie vergessen, den Docht in der richtigen Laufrichtung zu verwenden, sonst brennt die Kerze nicht. Nach der Laufrichtung muß man sich beim Kauf erkundigen und sie kennzeichnen.

Während das Wachs in die Form gegossen wird, muß die Gießform absolut gerade stehen. Deshalb stellt man sie am zweckmäßigsten auf eine standfeste Unterlage, z.B. eine breite, niedrige Tasse. Wichtig ist einfach, daß die Gießform nicht auf dem Dochtknoten – und dadurch schief – steht. Man kann sich auch einen etwa 3 cm hohen Pappring schneiden, auf dem dann die Gießform steht.

Am besten ist es, wenn man die Kerze

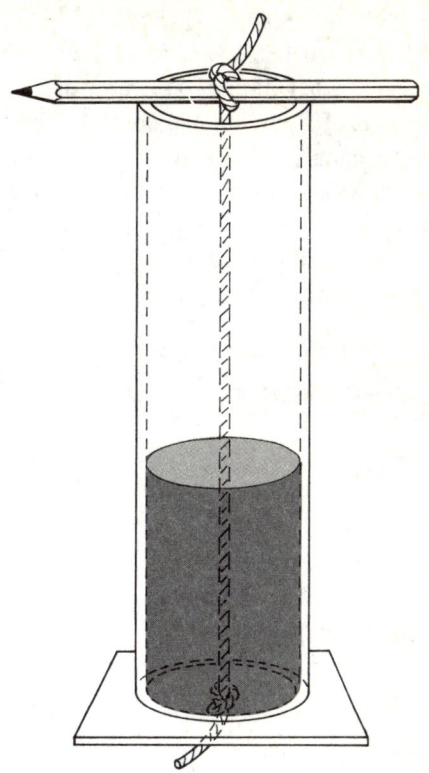

Kerzen kann man in Formen aus Pappe, Konservendosen oder in Gläsern gießen

gleichsam „im Kopfstand" gießt, also das spätere Oberteil nach unten gerichtet. Das erspart oftmaliges Nachgießen, das wiederum eine unschöne Oberfläche mit sich bringt.

Sind alle Vorbereitungen getroffen, so kann man mit dem Gießen beginnen. Das Wachs darf nicht zu heiß sein. Erst nur wenig Wachs in die Form gießen und erkalten lassen, dann nachgießen. Bei Schichtkerzen immer so lange warten, bis die vorhergehende Schicht etwas erstarrt ist, da sonst die Farben ineinanderlaufen. Die Schicht darf aber auch nicht zu fest sein, da sie sich sonst nicht mehr mit der nächsten verbindet. Auf

Tafel XIV *Gürtelschnallen, Ohrclips, Broschen und kleine Anhänger aus Gießharz. Formen für Anhänger gibt es in Hobbygeschäften – Ohrclips kann man in engen Schnapsgläsern, Gürtelschnallen in kleinen Blechdosen gießen. Die Blüten und Blätter werden vor dem Eingießen zwischen Löschpapierblättern gepreßt*

diese Weise gießt man so viele Schichten, bis die Kerze die gewünschte Höhe erreicht hat. Je nach Durchmesser muß die Kerze nun 6 bis 8 Stunden erkalten und härten, ehe sie dann vorsichtig aus der Form gelöst wird. Der Kerze kann man noch Glanz verleihen, indem man sie ganz kurz in heißes Wasser taucht und dann sofort unter kaltes Wasser hält.

Kerzen ziehen

Material

Stearin und Paraffin (im Mischungsverhältnis 1:1)
Docht
Wachsmalblöckchen
hohe Konservendosen

Ziehen

Die Wachsmischung im Wasserbad schmelzen lassen, dann den Docht etwa 3 cm länger zuschneiden, als die fertige Kerze geplant ist. Den Docht kurz in Wachs eintauchen, in der Luft geradeziehen und warten, bis der Docht fest und gerade ist. Danach den Docht wiederum kurz in Wachs tauchen (das Wachs darf nicht zu heiß sein) und anschließend in kaltes Wasser tauchen. Diese beiden Vorgänge werden nun so lange wiederholt, bis die Kerze die Hälfte des gewünschten Durchmessers erreicht hat. Nun die Kerze ca. 15 Minuten trocknen lassen. Am besten mit einer Wäscheklammer am Docht aufhängen. Dann weiterziehen, bis die Kerze ihren endgültigen Durchmesser erreicht hat.

Gießharz

Material

Gießharz, Härter, Trennmittel und Reiniger, die man in Hobbygeschäften bekommt. Gießformen aus Kunststoff, man kann Formen verwenden, die für das Einfrieren in der Tiefkühltruhe gedacht sind. Am Anfang sollte man jedoch die den Gießharz-Packungen beiliegenden Gießformen vorziehen.
Meßbecher
Stäbchen zum Umrühren
Objekte zum Eingießen
große Dose aus Polyäthylen zum Temperieren im Backofen
Naßschleifpapier 100er Körnung,
240er Körnung,
400er Körnung,
500er Körnung,
600er Körnung
Polierpaste

Was man alles eingießen kann

Gießharz ist in unserem Fall ein Hilfsmittel, mit dem man Gegenstände auf immer und ewig in ein durchsichtiges Gehäuse verschließt, man wird sie nie wieder befreien können. Das sollte bedacht werden, ehe man sich ans Sammeln und Aussuchen macht: ob sich das Eingießen überhaupt lohnt und ob es sich um ein Objekt handelt, das man gerne für lange Zeit um sich hat. Gut eignen sich gepreßte Blumen, Blätter oder Strohblumen, die auf diese Weise für immer haltbar gemacht werden. Wichtig ist

Das Foto auf Seite 211 zeigt lauter kleine Kerzen, die in Ausstechformen gegossen worden sind. Den Docht befestigt man behutsam an einem Holzstäbchen, das man quer über die vor dem Gießen ausgefettete Form legt. Wenn man die Kerzen anzündet, dürfen sie nicht zu nah beieinanderstehen, weil sie sonst zu schnell schmelzen

dabei natürlich die Form, die auf Größe und Gestalt des einzugießenden Motivs abgestimmt sein muß. Man sollte also vor Arbeitsbeginn gut überdenken, wie das Ganze nachher aussehen wird.

Trockenblumen eignen sich gut zum Einschließen ins Gießharz, weil sie die nötige Standfestigkeit zum Übergießen mit Harz haben

Vorsichtsmaßnahmen

Gießharz, Härter, Reiniger und Schleifstaub sind gefährlich. Deshalb mit größter Vorsicht arbeiten (Achtung bei Kindern). Zimmer gut gelüftet halten und alte Kleidung tragen. Kommt Gießharz an die Haut, sofort mit Reinigungsmittel säubern und die Stelle anschließend gründlich waschen. Wenn etwas an oder in Mund, Nase oder Augen – also an die Schleimhäute – kommt, sofort kalt auswaschen und schnell einen Arzt aufsuchen. Die Hände nach Anfassen der Härterflasche sofort gründlich reinigen. Auch alle Arbeitsgeräte müssen sofort nach Gebrauch mit dem Reiniger bearbeitet werden. Auch beim Härten des Gießharzes muß man Vorsicht walten lassen. Dies ist auf Seite 214 ausführlich beschrieben.

212

Mischen

Gießharz und Härter werden im vom Hersteller angegebenen Mischverhältnis im Meßbecher sehr gründlich verrührt. Dabei nicht zu heftig quirlen, damit möglichst wenig Luft eingerührt wird. (Das Gießharz nimmt eine hellgrüne Farbe an, die sich beim Aushärten wieder verliert.) Danach das Gießharz eine Weile stehenlassen, damit die kleinen Luftblasen nach oben steigen.

Gießen

Nun wird die Grundschicht in die Form gegossen, die zuvor mit Trennmittel behandelt worden ist und die genau waagerecht stehen muß. Bei einer Zimmertemperatur von 20 Grad Celsius geliert das Gießharz in 20 bis 30 Minuten; die Oberfläche ist dann noch nicht ganz hart. man legt in die noch klebrige Oberschicht das Objekt mit der Pinzette vorsichtig ein, das nach weiteren 30 Minuten in der Schicht fixiert ist und sich beim Weitergießen nicht mehr verschieben kann.

Wenn die Grundschicht dünn gegossen wurde, so kann man nach insgesamt 45 Minuten schon weitergießen. Bei Schichten

In die noch klebrige Oberfläche der ersten Gießschicht wird eine Strohblume eingelegt

von über 1 cm (sie sollten 2 cm nie übersteigen), kann man erst nach 2 Stunden oder länger weitermachen. Diese Wartezeit ist notwendig, damit die Reaktionswärme abkühlt, die durch den chemischen Prozeß der Mischung von Gießharz und Härter entsteht. Wird zuviel Gießharz auf einmal gegossen, dann entsteht übermäßige Wärme, die Spannungsrisse oder Verfärbungen mit sich bringt.

Soll das Objekt höher sitzen, so gießt man mehrere Schichten übereinander und legt es dann in die oberste – noch klebrige – Schicht ein.

Entstehen beim Zugießen trotz aller Sorg-

Nach 30 Minuten ist das Objekt so mit der ersten Schicht verbunden, daß man weitergießen kann

Zarte Fensterscheiben aus Gießharz: Die Blüten und Blätter wurden zwischen Löschpapier getrocknet, die Scheiben sind knapp einen Zentimeter dick gegossen; nach dem Erhärten des Gießharzes wurden mit der Bohrmaschine kleine Löcher eingebohrt, so daß Perlonfäden durchgezogen werden können

falt Luftblasen, so kann man diese, wenn sie stören, vorsichtig mit einem Zahnstocher entfernen.

Härten

Wenn alle Schichten gegossen sind, muß das Ganze über Nacht ruhig stehenbleiben. Am nächsten Tag verschließt man die Form in eine große milchigweiße Kunststoffdose aus Polyäthylen und stellt sie für etwa 3 Stunden bei 50 Grad Wärme in den Backofen.
Die Kunststoffdose ist unbedingt notwendig, denn sonst werden üble Gerüche und gefährliche Dämpfe frei, und es schmeckt aus diesem Backofen kein Braten mehr.
Nach 3 Stunden die Gießform aus dem Backofen und aus der Dose nehmen und bei Zimmertemperatur auskühlen lassen. Das Objekt sollte sich dann ohne Schwierigkeiten aus der Gießform lösen lassen. Ist dies nicht der Fall, so muß das Ganze noch mal für 3 Stunden in der Kunststoffdose bei 50 Grad in den Backofen...

Schleifen

Die Oberfläche des Gußstücks ist, wenn es aus der Gießform kommt, wellig, klebrig und empfindlich für Staub und Fingerabdrücke. Damit die Oberfläche schön glatt wird und bleibt, muß sie geschliffen werden: das ist die eigentliche Hauptarbeit.
Man darf nur Naßschleifpapier verwenden, da Schleifstaub alles verderben könnte. Beim Schleifen wird das Gießharz milchig und undurchsichtig. Mit dem Naßschleifpapier der 100er-Körnung schleift man die Oberfläche so lange, bis sie plan ist; dann muß nach und nach jede feinere Körnung die Schleifspuren der vorangegangenen Körnung aufheben. Am besten schleift man abwechselnd horizontal und vertikal.

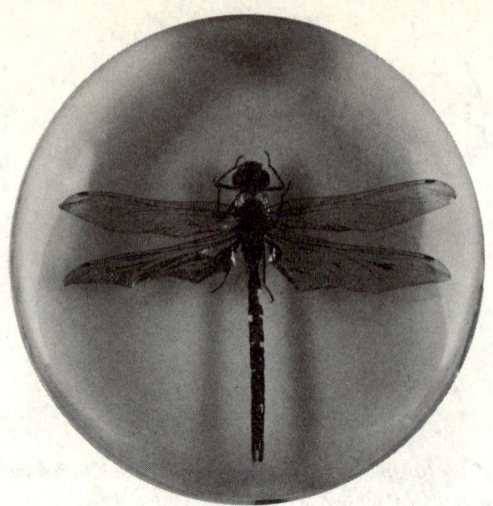

Das Foto oben zeigt eine in eine Rundform eingegossene Libelle, das Foto unten ein vierblättriges Kleeblatt in quadratischer Form

Polieren

Durch das Polieren mit einer vom Gießharzhersteller angebotenen Paste wird das Gießharz wieder klar und durchsichtig. Die Paste wird fest eingerieben, dann muß man etwa 2 Stunden warten. Anschließend noch etwas Paste dünn und kräftig auftragen, bis sich Wärme entwickelt, durch die schließlich Glanz entsteht.

Bohren

In das fertige Objekt kann mit Hand- oder Elektrobohrer gebohrt werden, wenn z.B. Löcher für Aufhänger notwendig sind.

Tauchlack

ist eines der Kunststoffmaterialien, die es auf dem Hobbymarkt zu kaufen gibt. Das Grundprinzip ist einfach: Wie beim Seifenblasen taucht man eine Drahtschlinge in ein Gefäß mit Lack; das Loch der Schlinge ist dann mit einer hauchdünnen Lackschicht gefüllt, die nach wenigen Minuten trocknet und nach 24 Stunden zu einer stabilen durchsichtigen Fläche wird.

Mit Tauchlack lassen sich relativ leicht verspielte Effekte erzielen; die Technik ist jedoch sowohl vom Gestalterischen als auch vom Handwerklichen recht anspruchslos.

Material

Tauchlack aus dem Hobbygeschäft (Bezugsquellen findet man im Anhang des Buches), dazu Verdünner und Festiger
Biegedraht für kleine Blüten in einer Stärke von 0,5 mm
Biegedraht für größere Stücke von 0,7 mm Stärke
Ein Stück Styropor (Verpackungsmaterial) für das Einstecken der Blüten zum Trocknen
Zange zum Schneiden des Biegedrahtes

Biegen, Tauchen, Trocknen

Man formt die Drahtschlinge und dreht am Ende der Form den Draht mehrere Male umeinander. Das Ende des Drahtes muß

Foto oben: Rote Herzen aus Tauchlack
Foto unten: Blüte in zarten Orangetönen

Blüten und Blätter aus Tauchlack auf einer durchsichtigen Platte.

Blumen, die nicht verwelken: Ein Blumenstrauß in Tauchlacktechnik

lange genug sein, daß man die Drahtschlinge zum Trocknen in das Styropor stecken kann.

Dann wird die Drahtschlinge in die Tauchlackdose eingetaucht. Will man größere Formen biegen, füllt man den Lack in eine größere verschließbare Dose um. Wird der Lack in der Dose zu fest, dann gibt man Verdünner dazu, damit er seine ursprüngliche Flüssigkeit wiedergewinnt. Das empfindliche Tauchlackgebilde braucht 24 Stunden zum Trocknen, man taucht es dann noch einmal kurz in Festiger, um es haltbarer zu machen.

Leder

Felle und Häute

Völker in Gegenden mit strengeren Wintern haben schon seit jeher die Felle von Tieren zu Kleidungsstücken und Hausrat verarbeitet. Am bekanntesten sind die Arbeiten der Indianer Nordamerikas, die mit den einfachsten Werkzeugen nützliche, haltbare und zugleich schöne Ledergegenstände anfertigten: kostbare Lederkleider vom Bisonkalb, Messerscheiden aus Rohleder, bestickte Mokassins, Pfeifen- und Tabaksbeutel, Satteltaschen und Kinderwiegen.

Das Gerben des Leders ist ein chemischer Umwandlungsprozeß, bei dem die wichtigen Eigenschaften der Tierhaut konserviert werden: Festigkeit, Zähigkeit und Geschmeidigkeit; trotzdem bleibt das Leder durchlässig für Luft und Wasser. Bis zur Mitte des 19. Jahrhunderts waren die bekanntesten Verfahren die Sämischgerbung, die Lohgerbung und die Alaungerbung. Die Chromgerbung machte ab Mitte des 19.

Ein Stück weiches Bisonleder mit einer Stammeschronik in Bilderschrift auf der Innenseite. Sie umfaßt einen Zeitraum von 70 Jahren. Dakota 1800

Jahrhunderts die industrielle Ledererzeugung möglich: eine chemische Gerbung in rotierenden Fässern.

Das Material

Wenn auch die Gerber jede tierische Haut verarbeiten könnten, so gibt es doch nur eine begrenzte Zahl von Tieren, deren Haut als Leder verwendet wird. Dabei spricht man, wenn es sich um größere Tiere handelt, von Häuten, bei kleineren Tieren und beim Wild von Fellen.

Man unterscheidet Lederqualitäten zunächst einmal dadurch, von welchem Tier die Haut stammt: also Rindsleder, Schweinsleder oder Ziegenleder. Der zweite Qualitätsunterschied ergibt sich aus der Größe der Felle. Auch innerhalb der Felle gibt es Qualitätsunterschiede, das hochqualifizierte Kernstück, Hauptrücken- und Seitenpartie, dann Hals und die weniger festen Flanken mit Bauch und Klauen. Leder wurde früher bei uns (im Ausland auch heute noch) nach Quadratfuß eingekauft. Das ist eine Fläche von 30 × 30 cm, allgemein üblich ist ein Maß von Quadratmeter und Quadratdezimeter.

Wer anfängt, mit Leder zu arbeiten, macht sich am besten bei Lederwarengeschäften und Großhändlern auf die Suche nach Lederresten. Wer ganze Häute einkauft, muß beachten, ob das Leder Fehler oder Löcher hat. Fehlerhafte Häute sind preisgünstiger und dem Anfänger eher zu empfehlen als kostbare einwandfreie Häute.

Am häufigsten werden Rindshäute verarbeitet: Boxcalf – oder Boxkalb – zeichnet sich bei weichem Griff und großer Ge-

Satteltaschen aus weichem Leder mit Perlenstickerei in geometrischen Mustern. Dakota 1840

schmeidigkeit durch besondere Festigkeit aus, Rindbox ist ein gespaltenes, also in mehrere Schichten zerlegtes Leder.

Chevreau ist ein Ziegenleder mit besonders feinen Narben. Es ist sehr geschmeidig.

Glacéleder wird aus Lamm- oder Ziegenfellen hergestellt und ist wegen seiner großen Dehnbarkeit das klassische Handschuhleder.

Gefärbtes Ziegenleder nennt man Marokko- oder Maroquinleder. Nappaleder ist ein kräftiges Glacéleder, das durch Nachgerben haltbarer gemacht wurde. Rauhleder, Veloursleder oder Wildleder werden mit der grob abgeschliffenen Fleischseite nach außen getragen. Antikleder haben durch künstliches Pressen stark ausgeprägte Narben. Nubukleder sind Kalbleder, deren Narbenseite samtartig geschliffen ist.

Werkzeuge

Ein Überblick über die zur Lederverarbeitung notwendigen Werkzeuge:
ein Schärfemesser, auch Cutter genannt, mit auswechselbarer Klinge zum Schneiden und Schärfen des Leders

Ledernadeln für Hand- oder Maschinennaht
festen Leinenzwirn und Bienenwachs
Lochzange mit verschieden großen Lochweiten
Metallschiene zum Zuschneiden des Leders
Holzbrett oder eine dicke Pappe als Unterlage
Locheisen, auch Ahle oder Pfriem genannt, zum Vorbohren der Löcher
Hammer für das Lochen mit dem Pfriem
einen für Leder geeigneten Klebstoff: Pattex oder Kontaktkleber

Das Zuschneiden des Leders

Ein Schnittmuster braucht man schon beim Zuschneiden von Stoffen – noch viel wichtiger, weil das Material normalerweise kostbarer, ist ein Schnitt bei der Verarbeitung von Leder. Näheres über Schnittmuster im Kapitel „Nähen" auf Seite 304.

Das Zuschneiden erfolgt auf einem Holzbrett oder einer dicken Pappunterlage und muß sehr exakt durchgeführt werden. Mit der einen Hand streicht man das Leder glatt, damit es sich nicht verzieht, mit der andren wird das Schneidemesser geführt: mit festem Druck, ohne sich dabei zu verkrampfen. Bei ganz dünnem Leder kann man die Rundungen auch mit einer Schere zuschneiden. Alle geraden Strecken werden mit dem Metall-Lineal und dem Schneidemesser geschnitten.

Verbindungstechniken

Kleben ist die am wenigsten belastbare Art, Lederteile zusammenzufügen. Dafür sind die Nähte auch kaum sichtbar. Man verwendet einen Klebstoff, der für Leder geeignet ist und nach dem Trocknen nicht hart wird, dem Leder also nichts von seiner Geschmeidigkeit nimmt (z. B. Pattex).

Damit die Nähte nach dem Übereinanderkleben nicht zu dick werden, muß man das Leder „schärfen"

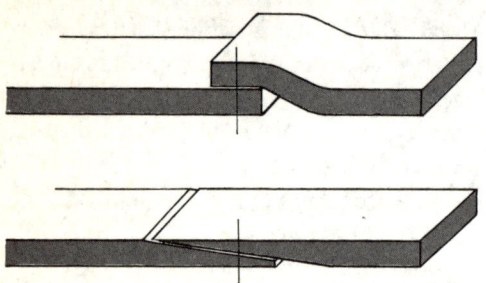

Damit die Nähte durch das Übereinanderkleben nicht zu dick werden, müssen die Ränder der Lederteile dünner geschnitten werden. Man nennt dies in der Fachsprache „das Leder schärfen". Mit der einen Hand hält man das Leder fest, die andre führt das Messer flach über die zu dicken Enden und hebt eine kleine Schicht ab, bis das Leder die richtige Stärke hat. Man übt das Schärfen des Leders am besten an Lederresten. Haben beide Ränder die richtige Stärke, dann bestreicht man die beiden Lederteile dünn mit Klebstoff und läßt diesen trock-

nen. Dann preßt man die Klebestellen fest zusammen.

Nähen ist das weitaus haltbarere Verfahren, Lederteile zusammenzufügen.

Nicht alle Nähmaschinen sind geeignet, Leder zu nähen; handbetriebene Maschinen sind gegenüber elektrischen weitaus geduldiger in bezug auf sperrige Materialien. Weiches Leder kann von Hand oder auf der Maschine mit Leinengarn oder Knopflochseide genäht werden. Bei weichem Leder ist ein Vorlochen unnötig; notwendig ist jedoch eine Ledernadel und ein Stück Bienenwachs, durch das der Faden gezogen wird, damit er sich leichter durch das Leder ziehen läßt.

Reißt trotz Ledernadel und Wachs der Faden beim Nähen mit der Maschine immer wieder ab, so sticht man sich die Löcher mit der Maschine vor – „näht" also ohne Faden. Oder man sticht mit Locheisen und Hammer auf einer dicken Pappunterlage oder einem Holzbrett die Löcher vor und näht dann mit der Hand die Naht nach.

Will man mit der Handnaht die Stabilität einer Maschinennaht erreichen, dann sollte man folgenden Stich verwenden: Der Sattlerstich wird mit zwei Fäden (a + b) und zwei Nadeln ausgeführt. Faden a wird von links nach rechts durch das erste Loch und dann von rechts nach links durch das zweite Loch geführt. Faden b fängt nun auf der rechten Seite an und läuft nach links ebenfalls durch das zweite Loch. Die Fäden kreuzen sich jeweils in den Lederlöchern.

Arbeitsablauf zum Sattlerstich: Dieser Spezialstich für Lederarbeiten ergibt eine stabile Naht

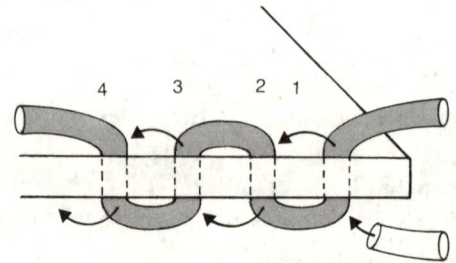

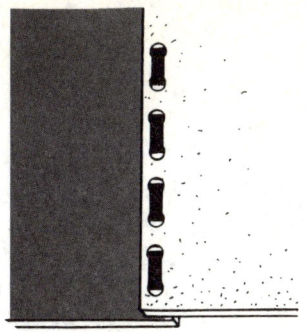  

Riemchennähte können im Kreuzstich, Vorstich, Steppstich oder Schrägstich genäht werden. In den Zeichnungen oben sieht man, wie man die Kanten verbindet. Unten: Wenn man mit runden Riemchen näht, muß man Löcher, bei Riemchenbändern Schlitze vorstechen

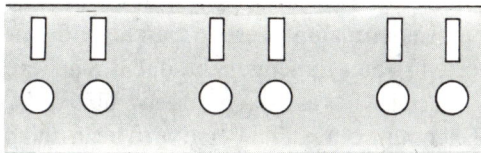

Das Zusammenfügen mit Lederriemchen ist die sichtbarste Art und Weise, Lederteile zusammenzufügen. Die dazu notwendigen Riemchen schneidet man entweder aus dem gleichen Leder oder einer Kontrastfarbe zu. Die Riemchen müssen durch in der Größe passende Löcher oder Schlitze gezogen werden. Dafür stanzt man mit der Lochzange die Löcher vor oder mit Hammer und Locheisen die Schlitze. Locht man mit der Lochzange, so hält man an die Unterseite ein Stück Pappe, weil sonst die Lochzange zu schnell stumpf wird.

Riemchennähte können im Kreuzstich, Knopflochstich, Vorstich, Steppstich oder Schrägstich ausgeführt werden. Anregungen dazu findet man im Kapitel „Sticken" Seite 53. Die Löcher müssen bei den unterschiedlichen Stichen auf verschiedene Art und Weise plaziert werden. Man zeichnet sich die Stichformen vorher auf. Hier eine Zeichnung von Löchern oder Schlitzen für den Vorstich: Die Riemchennähte können zusammengefügt werden, indem man die

Teile aufeinandernäht und die Stiche entweder längs oder quer setzt.

Oder man umschlingt die Kanten beider Lederteile.

Man näht am besten mit großen Stopfnadeln; ist ein Riemchen zu Ende, muß es zwischen den Lederteilen mitgeführt und so vernäht werden. Knoten sehen weder gut aus noch halten sie Belastungen stand.

Mokassins

Für Mokassins kann man alle weichen, elastischen Lederarten verwenden. Die Mokassins auf dem Foto passen einem Zweijährigen, die Zeichnung bildet die Grundlage für einen Schnitt, den man für alle

Lederpatchwork: die Kanten sind mit Riemchen (Zeichnung oben Mitte) zusammengenäht

221

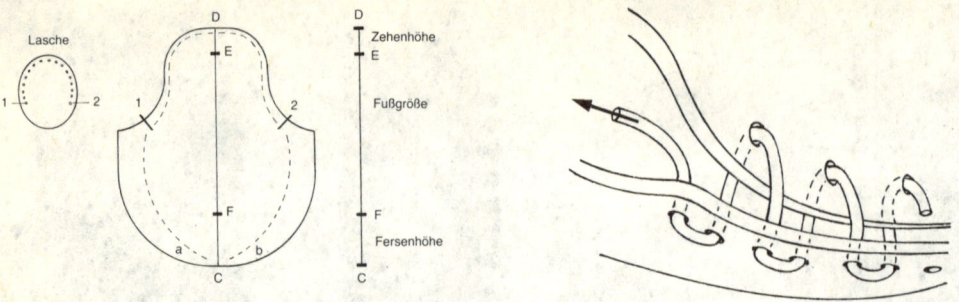

Schnittmuster für Mokassins: Zehenhöhe, Fußgröße und Fersenhöhe können nach eigenen Maßen beliebig verändert werden

Schuhgrößen selbst vergrößern kann. Das Leder dann nach dem Schnittmuster zuschneiden und a und b bis zur Fersenhöhe einschneiden. Dann werden bei der Lasche von Punkt 1 bis Punkt 2 Löcher im Abstand von 1 cm, $\frac{1}{2}$ cm vom Rand entfernt, gestanzt. Die doppelte Anzahl Löcher wird in die Unterseite der Mokassins (ebenfalls von Punkt 1 bis Punkt 2) gestanzt. Wie die Lö-

cher plaziert werden, ist aus der Zeichnung, rechtes Lederteil, ersichtlich.

Mit einem Riemchen aus derselben Farbe und Lederqualität werden Lasche und Unterteil so zusammengenäht, daß das äußere Lederteil etwas nach oben übersteht, Zeichnung oben. Die Ferse wird bei a und b hochgeklappt: beim linken Schuh nimmt man den Teil a zuerst, dann Teil b, beim

Mokassins aus weichem hellgrauen Leder. Die auf dem Foto unten abgebildeten passen Zweijährigen. Nach dem Schnittmuster oben kann man sie auch für Erwachsene arbeiten

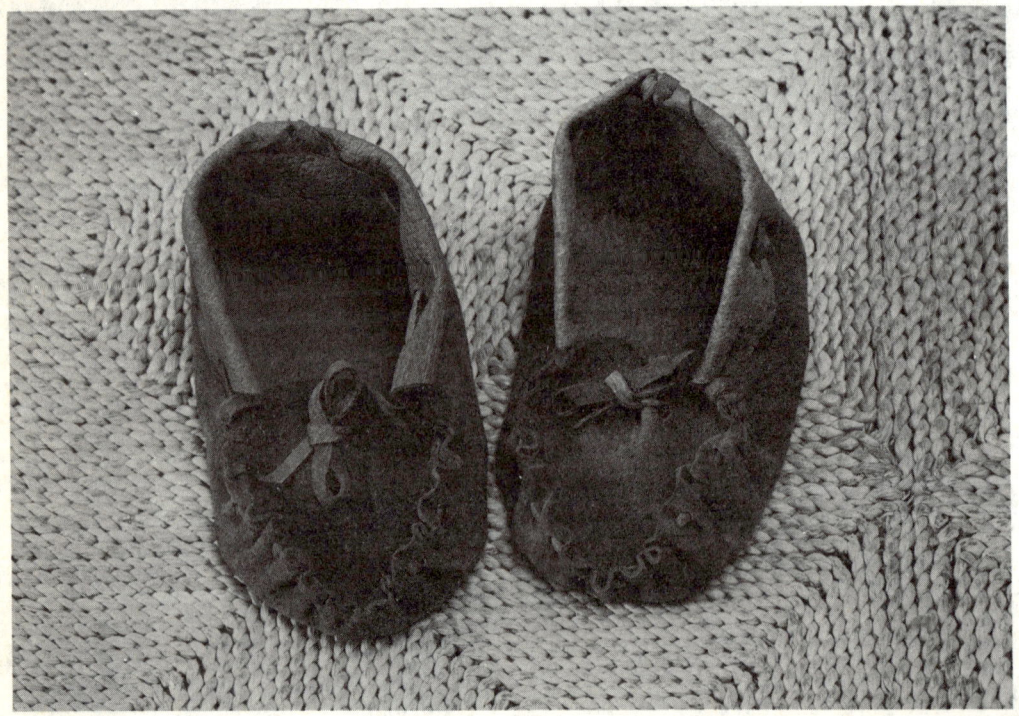

222

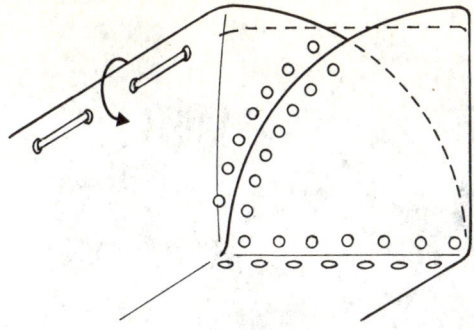

a und b wird so übereinandergeklappt, daß sich eine Ferse bildet

rechten Schuh genau umgekehrt, und klappt sie so übereinander, daß sich eine richtige Ferse bildet. Wie in der Zeichnung ganz oben zu sehen, werden entlang der Sohlenkante und dem Rand der Klappe Löcher gestanzt, die sich genau gegenüberliegen. Dann wird die Ferse mit Lederriemchen in Schrägstichen zusammengenäht. Den oberen Rand der Mokassins nach außen umklappen und bis nach vorne zur Lasche mit einfachem Vorstich befestigen. In die Lasche kann man noch zwei Löcher für eine Zierschleife stanzen.

Schwarze Tasche

Diese Tasche wurde aus weichem schwarzen Leder mit der Nähmaschine genäht. Sie ist 35 cm breit, 20 cm hoch.
Der Schnitt wird in die Originalgröße übertragen. Man benötigt ein Leder, das 40 × 80 cm groß ist, kann die Tasche aber auch aus kleineren Stücken zusammensetzen, zum Beispiel längs durch die Mitte eine Naht verlaufen lassen. Die Verschlußtasche wird auf das untere Teil aufgenäht und an den schrägen Seiten eine doppelte Naht genäht, damit die Tasche stabil wird.
Das Futter wird nach demselben Schnitt zugeschnitten. Das mittlere Teil zweifach ausschneiden und als zusätzliche Tasche an der

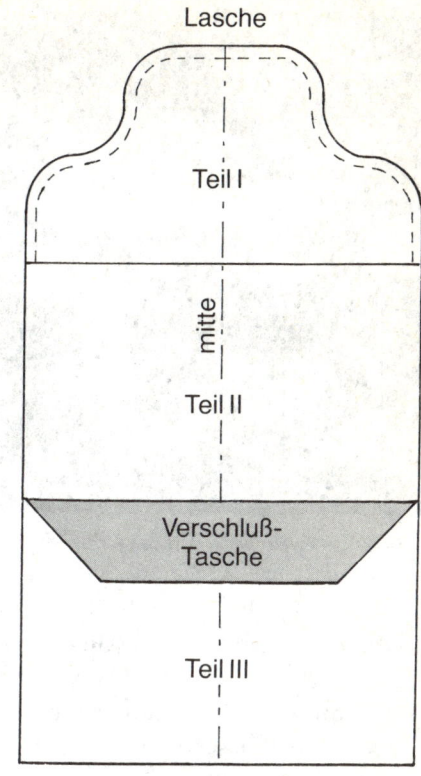

Schnittmuster für die schwarze Tasche

ersten Zwischennaht einen Reißverschluß einsetzen. Dann das Futter 1¹/₂ cm vom Rand entfernt auf die Lederlasche aufnä-

Das Foto unten zeigt das Futter der Tasche

223

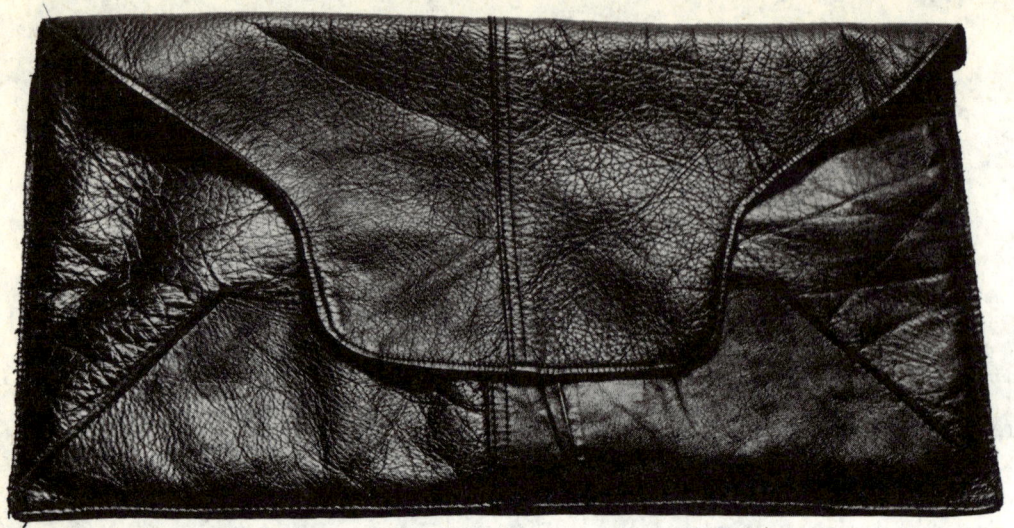

Diese Tasche aus weichem schwarzen Leder wurde mit der Nähmaschine genäht. Mehr über den Umgang mit der Nähmaschine findet man auf Seite 302

hen. (Bei der Tasche, die das Foto zeigt, wurde ein schwarzweißer Stoff verwendet, um die Form der Lasche zu betonen.) Die Naht auf der Lederlasche zur Festigung auf der rechten Seite noch einmal nachnähen, dann auf das mittlere Teil eine feste Pappe aufkleben. Die Tasche zusammenklappen und die Seitennähte zweifach zusammennähen, die Stofftasche dann nach innen klappen.

Tasche aus braunem, weichem Rindsleder

Die Tasche ist 17 cm lang, 14 cm hoch und 5 cm breit. Sie ist mit der Hand genäht worden. Man zeichnet sich den Schnitt in Originalgröße auf, schneidet die zwei Seitenteile und die zwei Verbindungsstreifen zu. Die beiden Verbindungsstreifen müssen folgende Maße haben: Länge + Breite + 5 cm Zugabe. Aus einem der beiden Verbindungsstreifen wird ein Schlitz in der Breite der Reißverschlußzähnchen ausgeschnitten, auf der einen Seite mehr Platz bis zum Rand gelassen und eine runde Lasche zuge-

schnitten. Den Verbindungsstreifen näht man von A nach B in die Seitenteile ein. Zum Schluß wird der zweite Verbindungsstreifen eingesetzt und die überlappenden Enden bei A und B nach innen gelegt.

Die kleine Rindsledertasche oben ist mit der Hand genäht

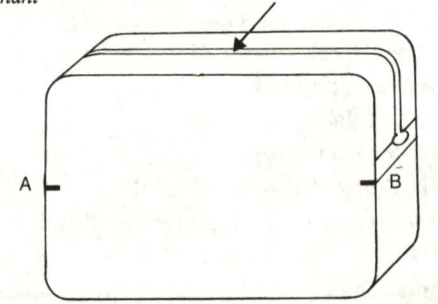

224

Gürtel

Der obere Gürtel besteht aus drei ½ cm breiten Lederstreifen, die den Gürtelenden zu jeweils 20 cm lang an den Kanten zusammengeklebt werden. Einen 15 cm breiten Lederstreifen klebt man darunter, die restlichen 5 cm werden um den Metallring gebogen und jeweils von rechts und links 3 cm mit der Maschine festgenäht. Aus Metalldraht biegt man die zusätzlichen Verbindungsklammern, die den einzelnen Gürtelstreifen einen Zusammenhalt geben.

Ledergürtel können auf viele verschiedene Arten und Weisen gearbeitet werden. Wichtig ist, daß Gürtel und Verschluß zusammenpassen

Beim unteren Gürtel wurde aus Lederstreifen ein Zopf geflochten, die Enden des Zopfes „geschärft". Zwei Lederstreifen von 4 cm Breite und 15 cm Länge mit runden Ecken zuschneiden und jeweils an einem Ende einen Schlitz einschneiden. Das eine Zopfende wird durch den Schlitz gesteckt und auf der einen Seite festgeklebt.

Gürtel aus Rauhlederstreifen. Als Verzierung wurden Zöpfe aus Lederriemchen aufgeklebt, in der Mitte ein weiterer Riemen in einer anderen Farbe durch Schlitze gezogen

Gürtel aus einem Zopf aus drei Strängen Jeansstoff mit einem Verschluß aus Wildleder. Leder und Stoffteile wurden verklebt, zusätzlich noch von Hand aneinandergenäht

Dann wird der Streifen um den Metallring gebogen und zusammengeklebt. Zusätzlich wird der Zopf durch den Streifen hindurch mit der Maschine festgenäht.

Der Gürtel Seite 225 ist aus einem Rauhleder gearbeitet. Als Verzierung wurden Zöpfe aus Lederriemchen aufgeklebt, in der Mitte ein weiterer Riemen in einer andren Farbe durch Schlitze gezogen.

Die Zeichnung zeigt eine weitere Möglichkeit, Gürtel mit Lederriemchen oder Metallzubehör zu verschließen. Die Gürtelenden sind doppelt, durch Löcher werden Riemchen gezogen.

Gewebte oder gestickte Gürtel können mit zwei Rechtecken und Riemchen verschlossen werden

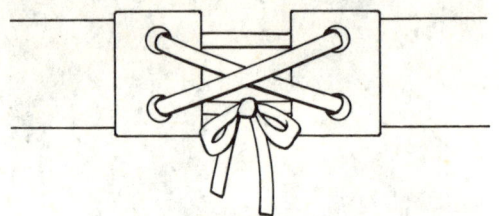

Metall

Von der großen Zahl der Metalle eignen sich nur wenige als Werkstoff. Der erste Abschnitt gibt einen Überblick über Metalle und Metallegierungen, die für handwerkliche Bearbeitung in Frage kommen. Das Metall setzt der Bearbeitung wegen seiner Härte im Verhältnis zu anderen Werkstoffen großen Widerstand entgegen, was für jede Bearbeitungstechnik den Einsatz von besonderen und zahlreichen Werkzeugen notwendig macht. Das bedeutet nun nicht, daß man sich einen riesigen Werkzeug- und Maschinenpark anschaffen müßte, um Metallarbeiten ausführen zu können. Die für die grundlegenden Techniken (Messen, Anreißen, Sägen, Schneiden, Trennen, Feilen, Bohren, Schleifen, Biegen, Nieten und Löten) erforderlichen Werkzeuge kosten weniger, als im allgemeinen angenommen wird. Dazu kommen dann noch die Spezialwerkzeuge für spezielle Arbeitstechniken. Im zweiten Abschnitt werden diese grundlegenden und speziellen Arbeitstechniken beschrieben und in diesem Zusammenhang die Werkzeuge genannt, die dafür benötigt werden; gleichzeitig wird erklärt, wie man sie benutzt. Im dritten Teil ist die Pflege der Werkzeuge dargestellt.

Material

Gold und Silber

Gold ist zu teuer, als daß es – im Rahmen dieses Buches – als Werkstoff in Betracht käme.

Ein anderes Edelmetall ist Silber, immer noch teuer, aber erschwinglich. Es ist weißglänzend, weich, dehnbar und sehr polierfähig. Sein Schmelzpunkt liegt bei 960,5° C. In seiner chemisch reinen Form als Feinsilber ist es zu weich und wird deshalb als Legierung in den Handel gebracht, vorwiegend mit Kupfer legiert in den Feingehaltstufen 800/000 (auf 800 Teile Silber kommen 200 Teile Kupfer), 835/000, 900/000, 925/000 und 935/000. Silberdraht und kleine Stücke Silberblech werden für Schmuck verwendet. Silber läßt sich sehr gut löten. Größere und kräftigere Silberbleche sind für Treibarbeiten geeignet.

Kupfer

ist hart genug für Gebrauchsgegenstände aller Art, dehnbar und geschmeidig; es läßt sich im kalten Zustand schmieden, treiben, walzen, pressen, ziehen und biegen. Sein Schmelzpunkt liegt bei 1083° C. Die materialgerechte Verbindung sind Nieten, Bördeln und Falzen, nicht aber Löten, weil durch das Hartlöten die vom Hammer erzeugte Federhärte des Kupferblechs wieder verlorengeht und eine farblos unschöne Naht entsteht.

Ein besonderer Reiz sind die wandlungsfähigen Farben des Kupfers vom hellen Rot der blanken Oberfläche über das tiefe Leuchten von Kupferrot bis zum Kastanienbraun und Grün natürlicher Patina. Kupfer kann durch chemische Behandlung neue schöne Farben erhalten.

Kupfer kommt als Draht, Blech und Rohr in den Handel. Blech gibt es weich, halbhart und hart. Zum Treiben sind nur weiche Bleche geeignet.

Kupfer ist der Hauptbestandteil vieler wichtiger Legierungen wie Messing, Bronze und Neusilber.

Messing

ist eine Legierung aus Kupfer und Zink. Es hat ähnliche Eigenschaften wie Kupfer, eignet sich also zu allen spanlosen und spanabhebenden Verformungen und ist deshalb zur handwerklichen Bearbeitung sehr geeignet. Wegen des Zinkzusatzes ist Messing im Unterschied zum Kupfer auch noch leicht gießbar. Es hat eine gelbgoldene Farbe, die sich durch chemische Behandlung dauerhaft verändern läßt.

Messing ist erhältlich als Draht, Blech und in Form von Stangen und Profilen. Blech gibt es weich, mittelhart und federhart. Nur weiche Bleche sind zum Treiben geeignet.

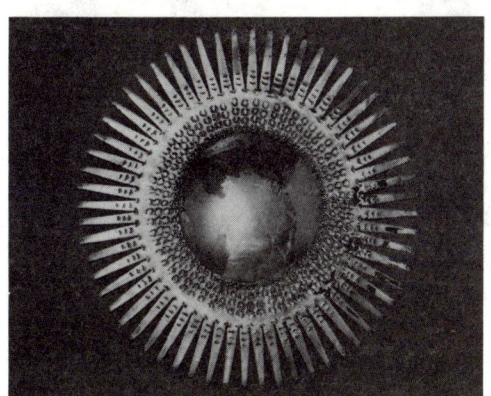

Gehämmerte Sonne aus Messingblech. Tessiner Kunsthandwerk

Bronze

eine Legierung aus Kupfer und Zinn, vor allem als Gußmaterial verwendet, und Neusilber, eine Legierung aus Kupfer, Zink und Nickel, hervorragend geeignet für versil-

berte Bestecke, haben für die Technik der Handarbeit wegen ihrer großen Härte keine Bedeutung.

Zinn

ist weich, sehr dehnbar, von geringer Festigkeit, hat ein silberähnliches Aussehen und kann bei Temperaturen unter 14°C in ein graues Pulver zerfallen (Zinnpest). Zinn wird zum Verzinnen von Metallgefäßen verwendet, die mit Lebensmitteln in Berührung kommen (das Weißblech der Konservendosen ist verzinntes Eisenblech). Wegen seines niedrigen Schmelzpunktes von 234° C wird es zum Gießen verwendet.

Plastisches Gebilde, entstanden aus einer Rolle Eisendraht und abgetropftem Zinn

Eisen und Stahl

In seinen Gebrauchseigenschaften ist Eisen äußerst wandlungsfähig: Der biegsame Bindedraht, der Werkzeugstahl, mit dem alle anderen Metalle spanabhebend bearbeitet werden können, der leicht rostende Nagel und der nicht einmal von Seewasser angreifbare Nirostastahl, das brüchige Gußeisen und das Schmiedeeisen – alles

Hund, getrieben aus Eisenblech, von dem Metallbildner Bernhard Krauss

Aluminium

ist ein Leichtmetall mit einem Schmelzpunkt von 658° C, silberweiß, sehr dehnbar, kann gegossen und gelötet werden und läßt sich auch in kaltem Zustand mit allen denkbaren Techniken leicht bearbeiten. Es ist als Draht, Blech, in Stangen und Profilform erhältlich. Blech gibt es weich, halbhart und hart.

Buchstütze aus Alublech. Die Formen werden ausgesägt und gefeilt

sind verschiedene Formen des gleichen Metalls.

Das im Hochofen gewonnene Roh- oder Gußeisen kann wegen seines hohen Kohlenstoffgehaltes von 2,8 bis 4,5% nicht geschmiedet und geschweißt, wohl aber gegossen werden. Wird der Kohlenstoffanteil gesenkt, so wird das Eisen schmiedbar; man nennt es dann Stahl, den es in vielen Sorten gibt. Für den handwerklichen Bereich ist Stahl mit einem Kohlenstoffgehalt unter 0,6% interessant: früher Schmiedeeisen genannt, heute Baustahl. Das Schmiedeeisen wird im warmen bis glühenden Zustand geschmiedet: in kaltem Zustand sind alle spanlosen und spanabhebenden Techniken anwendbar. Schmiedeeisen kann sehr gut gelötet und geschweißt werden. Man erhält es als Draht, Blech, in Form von Stangen und Profilen.

Die Technik der Metallbearbeitung

Messen und Anreißen

Genaues Messen und Anreißen sind Grundbedingungen für das Gelingen von Metallarbeiten, die aus Teilen zusammengesetzt werden.

Messen

Gemessen wird mit einem 30 cm oder 50 cm langen Lineal aus Stahl, einem Maßband aus Stahl für größere Längen (oder dem Zollstock) und einer Schublehre mit Nonius, mit dem man bis auf ein Zehntelmillimeter genau messen kann, und zwar Entfernungen bis zu 14 cm, Längen, Innenmaße, Durchmesser von Rundstäben, die Tiefe eine Nut oder eines Bohrloches, und Abstände.

Schließlich braucht man noch einen verstellbaren Winkelmesser.

Anreißen

Das Stahllineal und der Stahlwinkel mit Anschlagkante dienen zum Anreißen von geraden Linien mit der Reißnadel bzw. Anzeichnen mit einem spitzen weichen Bleistift. Kreisbögen werden mit dem Metallzirkel angerissen. Dabei wird der Mittelpunkt des Kreises mit einem Körner in das Metall geschlagen. Der Körner wird schräg angesetzt, damit man sehen kann, ob seine Spitze genau sitzt, dann wird er aufgerichtet, wobei man darauf achten muß, daß er nicht mehr verrutscht; dann bekommt der Körner einen leichten Schlag mit dem Hammer, so daß die Vertiefung entsteht.

Werkzeuge zum Messen und Anreißen: Lineal, Winkel, Reißnadel, Körner, Zirkel, Schublehre

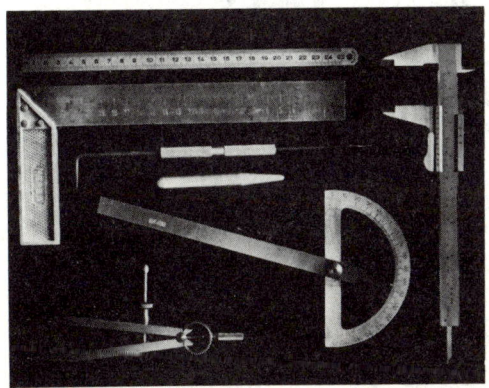

Dieses Foto zeigt eines der wichtigsten Geräte zur Metallbearbeitung, den Amboß. Er steht in einer Tonne mit Sand. Im Amboß steckt ein Glattstock oder Steckamboß

Arbeitsunterlagen

Ein absolut fest stehender Arbeitstisch mit einer kräftigen Arbeitsplatte ist für alle gröberen Metallarbeiten unerläßlich: Eine Richtplatte, das ist eine glatte Stahlplatte von 3 cm Stärke, ist die geeignete Unterlage für grobe Arbeiten. Der Amboß ist die Schlagunterlage, die für Schmiedearbeiten gebraucht wird, aber auch sonst nützliche Dienste leistet. Ambosse gibt es in sehr vielen Größen. Ein sehr kleiner Amboß ist für Schmuckarbeiten von großem Wert.

Löt- und Schweißarbeiten führt man auf einer Asbestplatte durch.

Der Schraubstock ist eine Arbeitsunterlage, die man keinesfalls als Amboß benutzen sollte.

Einspannen und Festhalten

Alle Werkzeuge müssen so festgehalten werden, daß sie bei der Bearbeitung nicht verrutschen können. Da bei groben Arbeiten viel Kraft entwickelt wird, braucht man einen Schraubstock, der auf einem fest stehenden Arbeitstisch montiert ist. Lange Werkstücke werden nicht aufrecht, sondern waagerecht zwischen die Backen des Schraubstockes geklemmt, kleine Werkstücke in der Mitte eingespannt. Wenn das

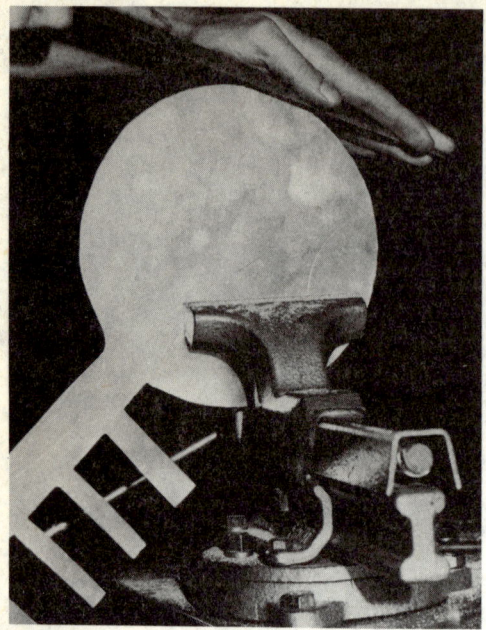

Oben: festgeschraubter drehbarer Schraubstock

Unten: Zangen, Schraubzwingen, Feilkloben

kleine Werkstück an einer Seite eingespannt werden muß, damit es bearbeitet werden kann, so muß auf der anderen Seite des Schraubstockes ein Metallstück gleicher Stärke – zum Ausgleich des Druckes – zwischen die Backen eingespannt werden, um ein Verziehen oder gar einen Backenbruch zu vermeiden und die Spindel des Schraubstockes zu entlasten.

Sehr praktisch für das Festhalten von kleineren Werkstücken sind die kleinen Maschinenschraubstöcke von Black & Decker, die mit Schrauben oder Schraubzwingen an einer Arbeitsunterlage befestigt werden.

Feilkloben und kleine Schraubzwingen dienen zum Festhalten kleiner Werkstücke, auch zum Zusammenhalten von Teilen, die miteinander verlötet werden sollen. Die Schraubzwingen, die das Werkstück halten, können in einen Schraubstock eingespannt werden, so daß man wieder beide Hände für die Bearbeitung frei hat.

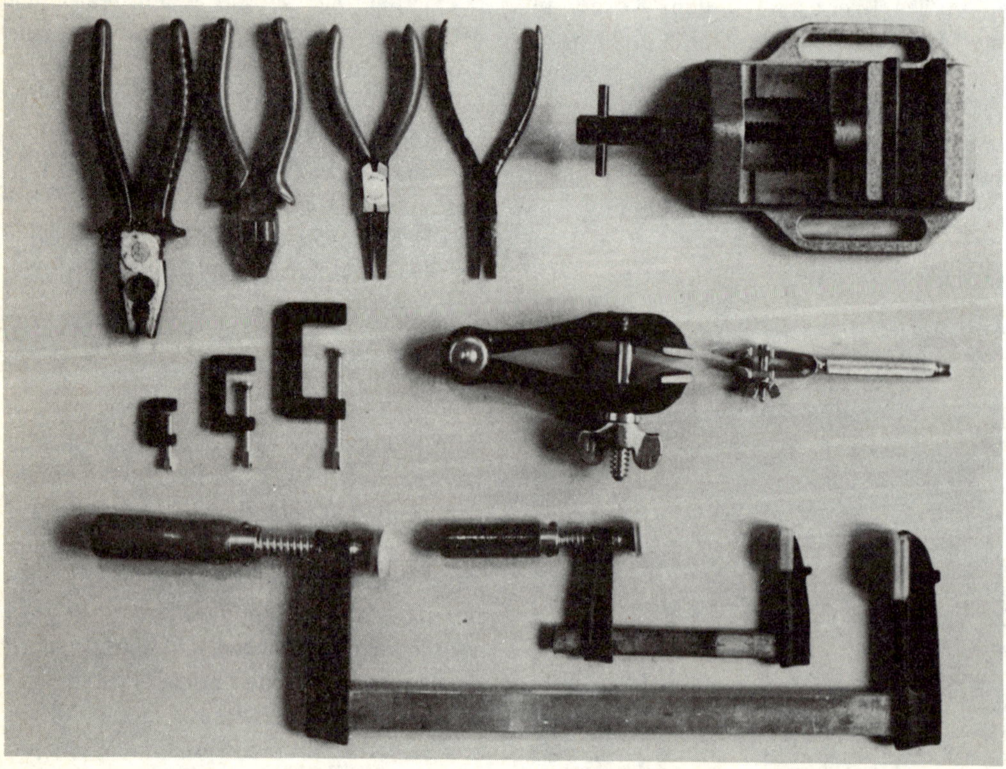

Mit der Hand werden Werkstücke durch Hilfe von Flachzangen und Kombizangen festgehalten.

Blechschneiden

Mit der Handblechschere kann Eisenblech bis 0,5 mm Stärke und können Alu-, Kupfer-, Messing- und Silberbleche bis zur Stärke von reichlich 1 mm geschnitten werden. Das Blech wird im rechten Winkel zu den Schneiden tief in das Maul der Schere

Die Fotos unten zeigen in der Reihenfolge: a: Blechscheren, b: so hält man die Blechschere, c: Schneiden an der Rißlinie

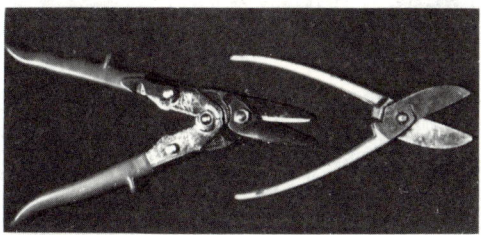

a ▲

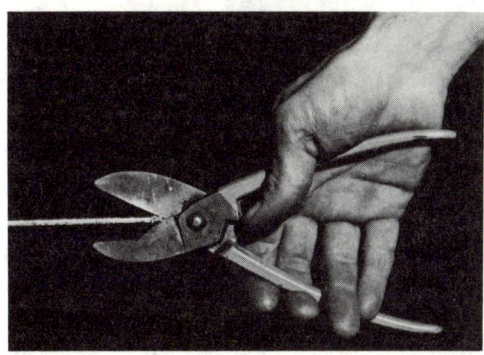

b ▲ ▼ c

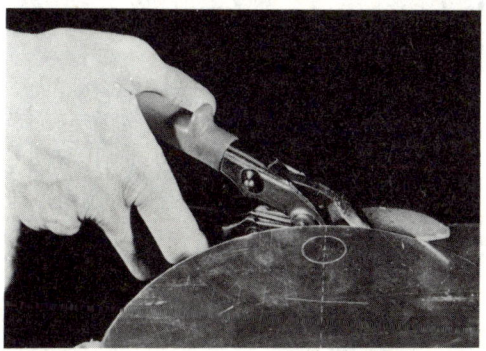

geschoben und die Schere beim Schneiden niemals ganz geschlossen. Der Ringfinger bleibt zwischen den Scherengriffen. Mit ihm wird die Schere wieder geöffnet (Foto b). Befindet sich das Obermesser rechts an der Schere, so muß man von links beobachten, ob die Schere genau entlang der Rißlinie schneidet (Foto c). Befindet sich das Obermesser links an der Schere, kann man nur von rechts sehen, ob der Schnitt exakt verläuft. Die Scherenmesser dürfen nicht klemmen und auch kein Spiel haben, sondern müssen dicht aneinander vorbeigleiten, damit ein sauberer Schnitt entsteht. Aufbiegungen der Schnittkante werden mit einem Holzhammer auf einer Richtplatte gerichtet. Der Schneidegrat wird abgefeilt.

Für gerade Schnitte benützt man Winkelblechschere, Durchlaufschere oder Tafelschere, deren gekröpfte Schneide beim Schneiden längerer Blechstreifen verhindert, daß sich die Streifen aufrollen. Die Lochschere oder Figurenblechschere wird zum Schneiden von Kurven verwendet.

Sägen

Die Metallsäge hat einen Bügel, in den das Sägeblatt mit den Zähnen nach unten oder im rechten Winkel zur Seite eingehängt und festgespannt werden kann. (Foto Seite 234).

Verschiedene Metallsägen mit Sägeblättern, auch für die elektrische Stichsäge und Laubsäge

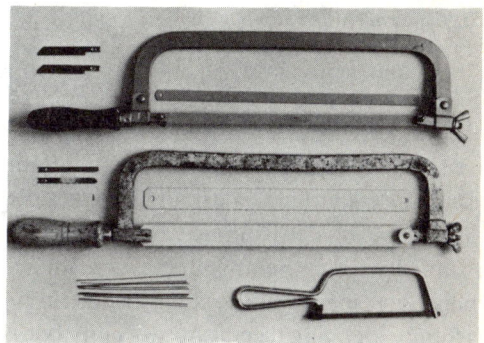

Die Metallsäge arbeitet auf Stoß, was beim Einspannen des Sägeblattes beachtet werden muß. Die gewellte Zahnkante kann nicht nachgeschliffen werden. Stumpfe Sägeblätter müssen also ausgewechselt werden. Auf 2,5 cm Blattlänge haben Metallsägen mit feiner Teilung 32 Zähne, solche mit grober Teilung 16 Zähne. Für besonders feine Sägearbeiten verwendet man die Laubsäge mit Sägeblättern für Metall – oder eine spezielle Metallaubsäge.

Zum Sägen muß das Werkstück eingespannt werden. Die Schnittstelle soll nah an der Haltevorrichtung sein. Die rechte Hand hält den Griff, die linke das Bügelende. Beim Ansägen wird die Säge etwas nach vorn gekippt (Foto unten), nach den ersten Schnitten wird waagerecht weitergesägt. Die Säge wird gleichmäßig und ruhig mit leichtem Druck nach vorn gestoßen. Nicht zu schnell sägen, sonst erhitzt sich das Säge-

Metallstern, mit der Laubsäge aus dünnem Messing ausgesägt

Durchsägen ohne Umspannen besteht die Gefahr, daß Sägezähne ausbrechen. Diese Gefahr besteht auch bei Blech, wenn man die Säge steil durch das Material stößt. Bei Blech muß man also die Säge schräg durch das Blech führen.

Sehr nützlich ist eine elektrische Stichsäge, mit der gerade und kurvige Schnitte ausgeführt werden können.

Elektrische Stichsäge im Einsatz. Das Werkstück ist so festgeklemmt, daß es nicht vibriert

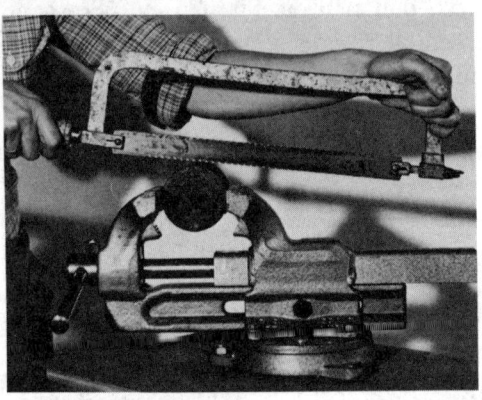

Die Metallsäge arbeitet auf Stoß. Eine Hand führt den Griff, die andere den Sägebogen

blatt und klemmt. Das Rückholen der Säge erfolgt ohne Druck und ohne Verkanten. Bei Rohrstücken wird die Schnittstelle mit einer Dreikantfeile markiert, damit die Säge nicht von der Rißlinie wegrutscht. Das Rohrstück muß beim Durchsägen mehrmals umgespannt und entgegen der Stoßrichtung der Säge gedreht werden; beim

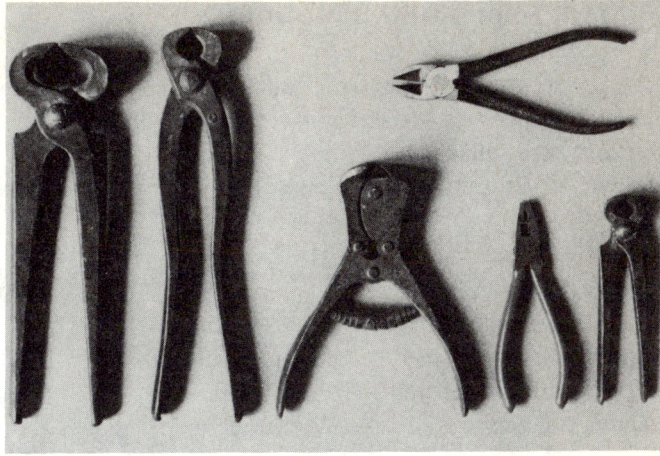

Das Foto oben zeigt verschiedene Flachmeißel und einen Kreuzmeißel zum Aushauen von Nuten

Rechts oben sind verschiedene Beißzangen und Seitenschneider zum Abkneifen von Draht zu sehen

Trennen, Spanen und Lochen

Eine Stange kann man trennen, indem man sie mit dem Flachmeißel durchschlägt. Auf die Arbeitsunterlage (Amboß oder Richtplatte) legt man ein Brett aus Hartholz oder eine Weichmetallplatte, damit der Meißel beim Durchschlagen nicht stumpf wird. In gleicher Weise wird der Flachmeißel verwendet, um geradkantige Stücke aus einem Blech herauszuschlagen. Gekrümmte Stücke schlägt man mit dem Aushaumeißel heraus. Beim Spanen wird das Werkstück waagerecht in den Schraubstock eingespannt und der Span waagerecht abgemeißelt. Die Erfahrung lehrt, wie schräg der Meißel angesetzt werden muß, damit der Riß waagerecht verläuft.

Zum Aushauen von geraden Nuten wird der Kreuzmeißel verwendet, zum Aushauen von gekrümmten Nuten der Nutenmeißel. Lochmeißel mit den verschiedensten Querschnittsformen dienen dazu, in ein Blech Löcher bestimmter Form zu schlagen.

Draht abkneifen

Für dicken Draht und Nägel verwendet man die Beißzange, für dünnen Draht den Seitenschneider. Gelingt es einem nicht, mit einer bestimmten Zange einen Draht durchzuzwicken, so darf nicht der Hammer zu Hilfe genommen und auf die Zange geschlagen werden. Wenn man keine kräftigere Zange zur Hand hat, muß gesägt oder gemeißelt werden.

Glatte und zerknitterte Metallfolien werden mit der Papierschere geschnitten. Man kann sie zusammennähen. Die Löcher werden mit einem Nagel gestanzt

235

Bohren, Feilen und Schaben

sind spanabhebende Techniken. Jedes Teil, das auf mechanische Weise vom Metall abgetrennt wird, gleichgültig wie groß es ist und wie es geformt ist, nennt man Span.

Bohren

Zum Bohren benutzt man die elektrische Bohrmaschine mit HSS-Spiralbohrern aus Hochleistungsschnellstahl. Ohne Bohrständer, auf dessen Tisch das Werkstück in einem Maschinenschraubstock festgeklemmt werden kann und der das Einstellen einer bestimmten Bohrtiefe erlaubt, ist ein exaktes Bohren kaum möglich (Foto unten). Die Bohrstelle wird mit dem Körner angekörnt, damit der Bohrer nicht wegrutscht. Größere Löcher werden nicht sofort mit einem Bohrer mit entsprechend

Das Foto unten zeigt eine elektrische Handbohrmaschine; der Bohrständer dient zu exaktem Bohren. Gearbeitet wird eine Metallschablone zur Brandmalerei Seite 182

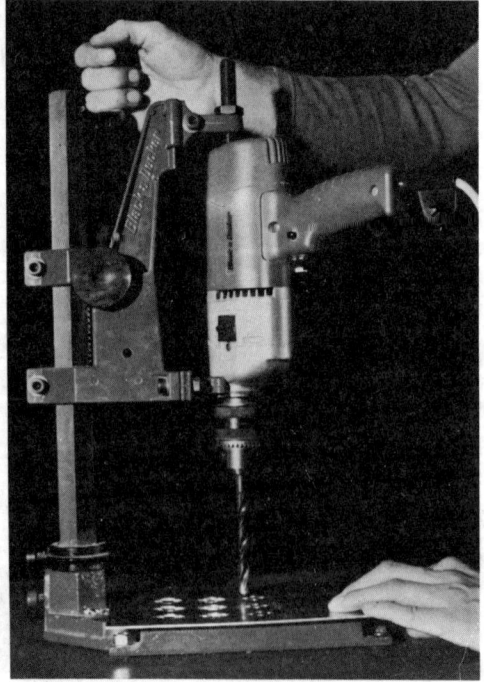

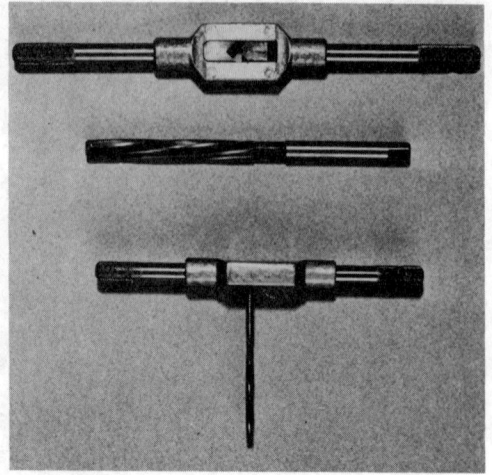

Zwei Reibahlen mit Windeisen, mit denen man 1/10 mm genau ausschabt

großem Durchmesser gebohrt, sondern zunächst wird mit kleineren Bohrern vorgebohrt. Man sollte nie Sprünge über mehr als 3, höchstens 4 mm machen, also ein 10 mm breites Loch erst mit einem 4-mm-, dann mit einem 7-mm- und erst zuletzt mit einem 10-mm-Bohrer bohren.

Nur Messing kann trocken gebohrt werden. Bei allen anderen Metallen wird auf den Bohrer und die Bohrstelle ein Tropfen Öl gegeben und bei längerem Bohren nachgeölt. Bei tiefen Bohrungen wird immer wieder unterbrochen, damit der Bohrer abkühlen kann, denn wenn er zu heiß wird, verliert er seine Härte und bohrt nicht mehr. Dies ist geschehen, wenn er blau angelaufen ist.

Mit einer Reibahle, einem bohrerähnlichen Werkzeug, an dem die Schneiden senkrecht nebeneinander angeordnet sind, werden Bohrlöcher auf das genaue Maß gebracht und geglättet. Die Reibahle wird mit dem doppelarmigen Windeisen gedreht, das auf den Vierkantzapfen am Ende der Reibahle gesteckt wird.

Für das Versenken der Köpfe von Senkschrauben und Senknieten wird das Bohrloch mit einem Spitzsenker erweitert.

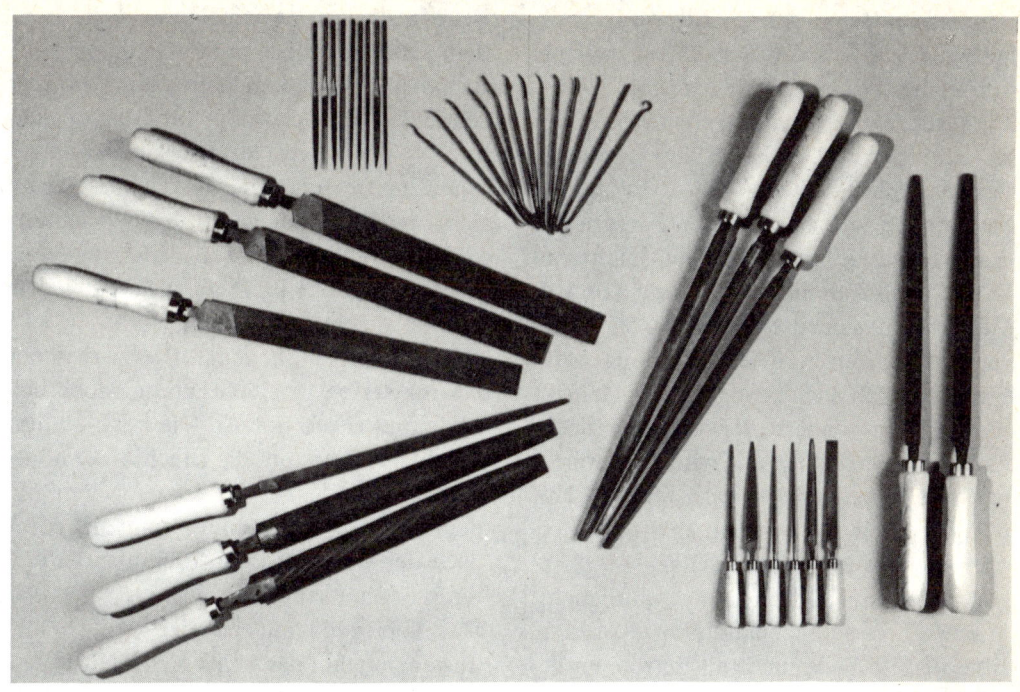

Feilen und Schaben

Nach der Form des Querschnittes gibt es Flach-, Vierkant-, Dreikant-, Halbrund- und Rundfeilen sowie noch Feilen mit besonderen Querschnitten. Nach der Form des Längsschnittes unterscheidet man gerade und gekröpfte oder geschweifte Feilen. Schlosserfeilen sind zwischen 20 cm (Handfeilen) und 45 cm (Armfeilen) lang, Schlüsselfeilen 10 cm, Nadelfeilen 7 cm. Die sehr verschieden geformten Riffelfeilen dienen dazu, Feilarbeiten an schwer erreichbaren Teilen eines Werkstückes auszuführen.

Die Feilfläche ist um so feiner, je höher die Hiebnummer der benutzten Feile ist. Je härter der Werkstoff ist, desto feiner muß der Hieb der Feile sein. Die Hiebnummer ist entweder die Anzahl der Zähne pro qcm oder die Anzahl der Hiebe pro cm. Es gibt Feilen mit einfachem Feilhieb und Doppelfeilhieb (Zeichnung mitte). Letztere werden für härtere Metalle verwendet.

45 cm lange Schlosserfeile flach, vierkant, halbrund, rund und dreikant. Unten Schlüsselfeilen, oben Nadelfeilen und Riffelfeilen

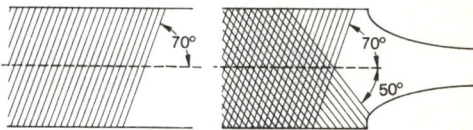

einfacher Feilenhieb   Doppelhieb oder Kreuzhieb

Flache und runde Schlosserfeilen mit feinem, mittlerem und grobem Hieb

Das Werkstück, an dem gefeilt werden soll, muß in einem Schraubstock so eingespannt werden, daß es beim Befeilen nicht federt. Die rechte Hand faßt das Heft der Feile, die linke Hand drückt die Feile beim Vorwärtsstoßen mit dem Ballen herunter. Bei feinen Feilarbeiten faßt man mit den Fingern der linken Hand die Spitze, um einen leichteren Druck auf die Feile ausüben zu können. Man bemüht sich, die Feile möglichst waagerecht zu führen. Die Bewegung beim Vorstoßen soll nicht hastig, aber auch nicht zögernd sein, sondern gleichmäßig bedächtig konzentriert. Die Feile wird abgehoben, wenn sie zurückgezogen wird. Die Feilrichtung wechselt: sie verläuft mal von links nach rechts, mal von rechts nach links diagonal über die Feilfläche, um eine möglichst gleichmäßige Spanabnahme zu erreichen. Eine verölte Feile muß mit Petroleum gereinigt werden.

Unebenheiten, die nach dem Feilen übriggeblieben sind, werden vorsichtig mit einem Flach- oder Dreikantschaber beseitigt. Beim Schaben arbeitet man auf Stoß oder auf Zug, je nach der Konstruktion des Schabers, keinesfalls jedoch auf Stoß und Zug.

Formen

Blechbiegen

Blech ist gewalztes Metall. Durch das Walzen ist das innere Gefüge des Metalls so verändert worden, daß das Biegen mit der Walzrichtung die Gefahr einschließt, daß das Metall an der Biegekante bricht. Deshalb sollte ein Blech immer so gelegt werden, daß Biegekanten quer, zumindest aber schräg zur Walzrichtung verlaufen (Zeichnung c). Die Walzrichtung erkennt man mit einer Lupe an feinen parallelen Strichen auf dem Metall, die alle in die gleiche Richtung laufen. Weiches Kupfer-, Messing- und Aluminiumblech kann gefahrlos in jedem Winkel abgebogen werden.

Zum Abbiegen wird das Blech zwischen 2 Winkeleisen in einen Schraubstock eingeklemmt (Foto unten). Die beabsichtigte Biegekante muß um die Blechstärke höher liegen als die Kante der Spannbacken. Mit dem Holzhammer schlägt man das Blech nahe der Winkeleisen in Richtung der hinteren Spannbacke um.

Das Abbiegen kann auch über ein Abkantholz erfolgen, das man sich selbst baut (Foto nächste Seite oben links).

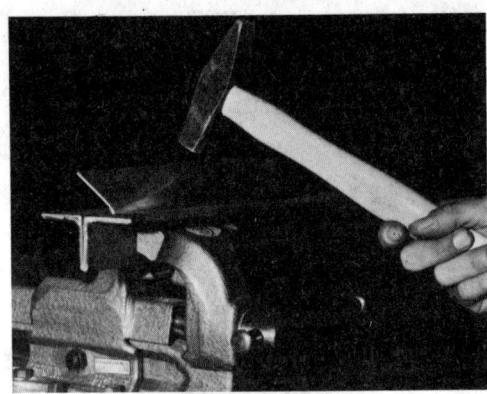

Blech biegen zwischen zwei Winkeleisen im Schraubstock

Der Pfeil zeigt die Walzrichtung des Blechs. Blech soll nie mit der Walzrichtung gebogen werden

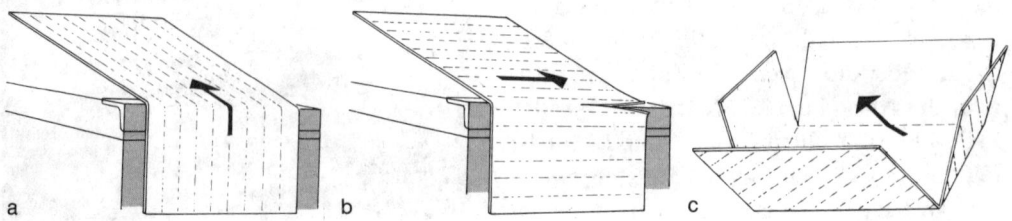

a   b   c

Abrunden der einen Blechkante und setzt sich fort bis zur anderen Blechkante, so daß zum Schluß beide Blechkanten überlappt aufeinanderliegen. Sollen die Löcher später gefalzt werden, wird der Rand vor dem Rundbiegen umgeschlagen.

Oben Blech biegen über ein selbstgebautes Abkantholz, unten über die Kante des Werktisches

Auf einem Steckamboß (Schweifstock) wird ein Kupferblech mit Hammerschlägen rundgebogen zum Mantel für eine Dose. Die Naht wird hartgelötet

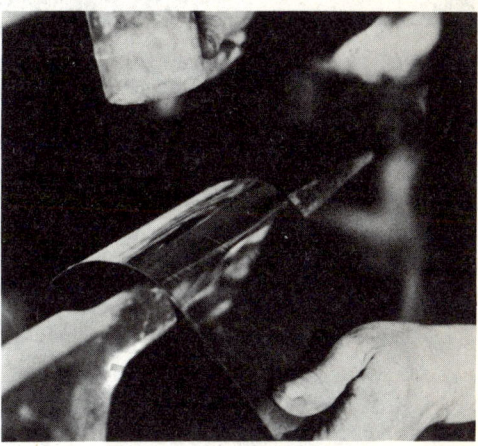

a ▲

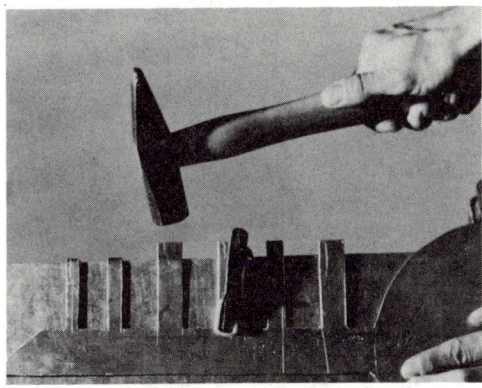

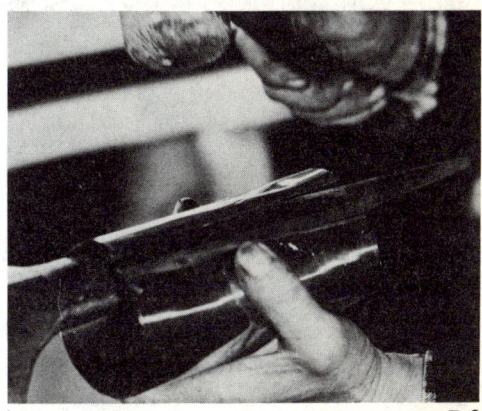

b ▲   ▼ c

Blech umschlagen

Der Rand eines geraden Blechstückes wird umgeschlagen, um den Rand zu verstärken und damit man einen weniger scharfen Rand erhält. Entweder benutzt man ein Umschlageisen (Foto S. 241 oben), oder man biegt den Rand zunächst im rechten Winkel ab, legt dann das Blech auf die Richtplatte und schlägt den im rechten Winkel abstehenden Rand um.

Rundbiegen

Das Rundbiegen des Bleches erfolgt auf einer zylindrischen Unterlage, z.B. einem im Schraubstock eingespannten kräftigen Rohr. Das Rundbiegen beginnt mit dem

239

a

Schweifen

Der Rand eines Blechrohres wird an einem flachen Stahlstück mit dem Knopfhammer umgeschlagen (Foto unten). Die Schläge müssen zum Rand hin stärker werden, damit das Blech am Rand nicht einreißt, sondern sich ausdehnt.

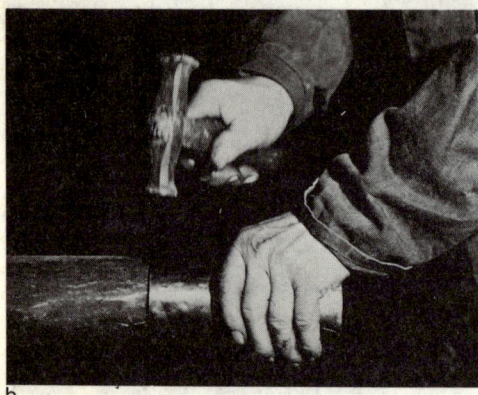

b

d

c

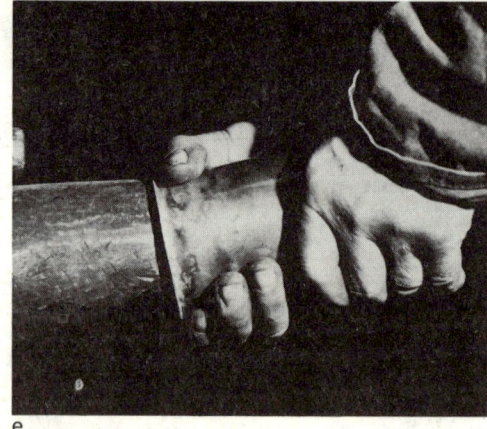

e

Auf dem Schweifstock und am Amboßhorn wird das Blechrohr gleichmäßig rundgeklopft (a und b). Für das Schweifen glüht man den Rand aus (c)

Mit dem Schweifhammer wird der Rand des Blechrohrs am Glattstock umgeschlagen (d) und am Amboßhorn die Rundung wieder hergestellt (e)

Tafel XV   Kerzen kann man aus einer Mischung von Stearin und Paraffin selber gießen: Man mischt Farbe zu und kann einfarbige oder gestreifte Kerzen in vielen Formen anfertigen. Im Kapitel ,,Kunststoff'' ist nachzulesen, wie Kerzen in Pappröhren, Konservendosen oder Ausstechformen gegossen werden

a

b

ser. Zum Schlagen nimmt man einen Sikken- oder Schweifhammer, mit dem das Metall gestaucht wird. Wird das Material durch das Schlagen zu hart, wird es zwischendurch ausgeglüht (Seite 244).

a: Der Rand eines runden Blechs wird umgeschlagen (gebördelt). b und c zeigen das Ineinandersetzen und Falzen von Boden und Mantel der Dose

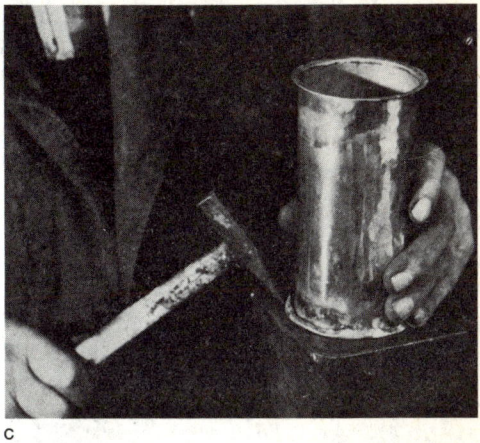
c

Bördeln

nennt man das Abkanten des gebogenen Randes bei einem flachen Blech, z.B. einer runden Blechscheibe. Man verwendet dazu ein Sicken- oder Bördeleisen oder auch ein in den Schraubstock gespanntes starkwandiges Stahlrohr von 3 bis 5 cm Durchmes-

Rohrbiegen

Damit das Rohr an der Biegestelle nicht einknickt, wird in das Rohr eine eingeölte Stahldrahtspirale eingezogen, deren Durchmesser der lichten Weite des Rohres entspricht. Abgebogen wird mit einem Rundeisen, das in das Rohr geschoben wird. Statt der Spirale kann auch Sand in das Rohr gefüllt, auf einer Seite zugestöpselt und durch Aufstoßen verdichtet werden, während der Sand auf der anderen Seite nicht herauskann, weil da das Rundeisen zum Biegen in das Rohr gesteckt wird. Messing- und Kupferrohre werden vor dem Biegen durch Ausglühen weich gemacht (Seite 258).

Tafel XVI *Ostereier, von Ellen Mayerhofer. Die ausgeblasenen Hühnereier sind mit verschiedenen Techniken (siehe Seite 262–264) zu kleinen Schmuckstücken geworden. Mit Stroh wurden geometrische Motive auf die Eier appliziert, andere wurden zweimal grundiert, dann naturalistische Motive ausgekratzt; oder die Eier wurden liebevoll mit allerlei österlichen oder ornamentalen Motiven bemalt*

Drahtbiegen

Draht wird mit einer Flachzange winklig und mit einer Rundzange rund gebogen. Mit Hilfe von Faulenzern – das sind ins Holz geschlagene Nägel ohne Köpfe oder ins Holz eingesetzte Holzdübel verschiedener Stärke – kann Draht in immer der gleichen Form gebogen werden. Die Zeichnung rechts zeigt solche Möglichkeiten. Die gebogenen Stücke dienen als Ausgangsmaterial für Schmuck (Foto Seite 243 oben).

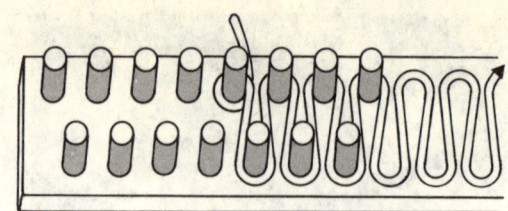

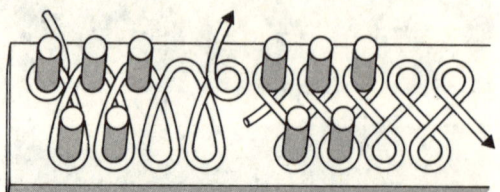

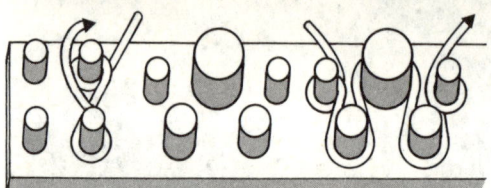

Faulenzer zum gleichmäßigen Biegen des Drahtes in immer derselben Weise

Silberschmuck aus einem gehämmerten halbrunden Bogen und verschiedenen gebogenen Drahtelementen

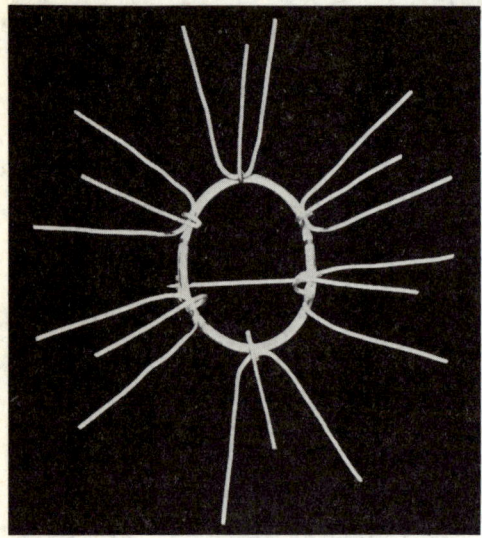

Oben eine Brosche aus Silberdraht, unten Drahtplastiken aus gehämmertem Eisendraht; Handwerksarbeit aus Sardinien

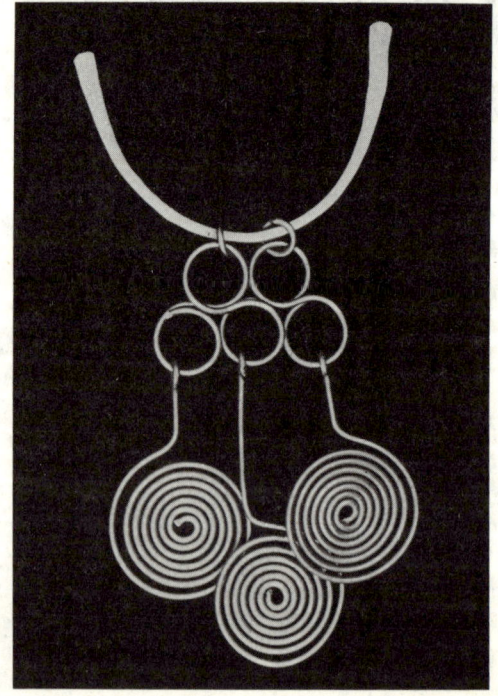

242

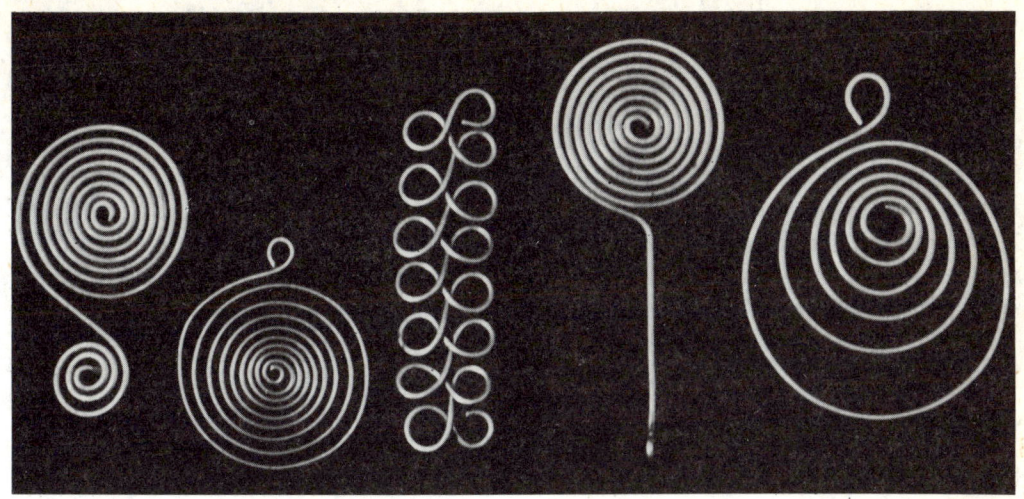

Treiben oder Kaltschmieden

Weiche, mittelstarke und starke, 1 bis 2 mm dicke Bleche aus Silber, Kupfer, Messing und Aluminium können in Formen aller Art (flache Schalen, kugelförmige Gefäße, Becher) aufgetieft oder aufgezogen werden. Durch Schläge mit den verschiedenen Treibhämmern (unten rechts) auf das Me-

tall über einer Hirnholzfläche oder speziell geformten Eisen oder Fäuste (Foto ganz unten) wird das Metall gestaucht oder gestreckt und dadurch geformt.

Von links: 2 Schweif-, 1 Plan-, 1 Schlosser-, 2 Plan- und 3 Knopfhämmer. Im Bild darunter eine Vielzahl von Eisen zum Kaltschmieden, die man sich beim Schmied anfertigen lassen kann

Treibarbeit von Ike Stracke: Teekanne aus Messingblech (Aufziehen)

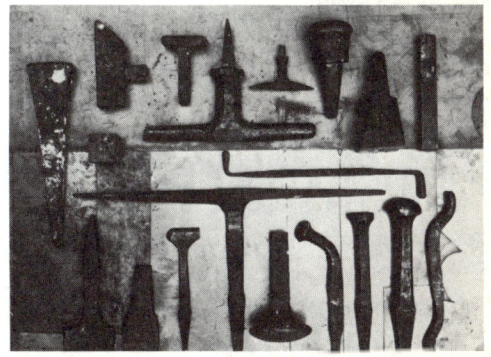

Zwischenglühen

Durch die Hammerschläge, die das innere Gefüge verändern, wird das Metall härter und spröder, so daß es allmählich seine Formbarkeit verliert. Diese gewinnt man zurück, indem man das Metall mit einer Lötlampe oder über dem Gasherd 2 bis 3 Minuten rotglühend erhitzt (über 600° C). Durch dieses Glühen wird das Metall spannungsfrei und wieder leicht formbar.

Beizen

Durch das Glühen bildet sich auf der Metalloberfläche eine harte Zunderschicht, die vor dem Hämmern entfernt werden muß, weil sie sonst durch die Hammerschläge in das Metall getrieben und nie mehr beseitigt werden kann. Man gießt 1 Teil Schwefelsäure in 10 Teile Wasser in ein ausreichend großes Glasgefäß und hält das Werkstück an einer Holzklammer hinein. Dieses Schwefelsäurebad reinigt das Metall vom Zunder, was man am Hellerwerden des Metalles erkennt. Vorsicht: Niemals Wasser in die Schwefelsäure schütten, weil die chemische Reaktion dann so heftig ist, daß die ätzende, gefährliche Säure in alle Richtungen spritzt!

Auftiefen

Mit der Blechschere wird eine runde Ausgangsform zugeschnitten. Ihr Durchmesser soll in etwa dem Durchmesser des oberen Randes des geplanten Gefäßes entsprechen. Das kreisförmige Blech, auch Ronde genannt, wird auf eine flache und gleichmäßig ausgehöhlte Hirnholzfläche gelegt. Mit dem Knopfhammer wird das Metall über der Höhlung ausgebeult. Man beginnt mit den Hammerschlägen in der Mitte der Ronde und wandert beim Schlagen spiralförmig von der Mitte langsam nach außen. Am Rand angelangt, wird zwischengeglüht

und gebeizt und dann der Vorgang wiederholt, bis die gewünschte Wölbung erreicht ist.

Aufziehen

Die Ronde wird zuerst über einem Sattelholz mit einem Sicken- oder Schweifhammer so bearbeitet, daß von der Mitte der Ronde Falten zum Rand verlaufen. Dann wird geglüht und gebeizt. Als nächstes werden die Falten mit dem Sickenhammer auf dem Schweifstock eingeebnet durch Schläge, die kreisförmig von innen nach außen um die Mitte der Ronde geführt werden. Die Form wächst allmählich hoch, sie wird aufgezogen. Die Ecken des Sickenhammers müssen abgerundet sein, weil Einschläge mit der Ecke des Hammers kaum wieder aus dem Blech entfernt werden können. Diesen Vorgang von Faltenschlagen und Falten-Glattschlagen kann man so oft wiederholen, bis das Blech Kugelgestalt angenommen hat. Die neuen Falten werden dort geschlagen, wo zuvor beim Faltenschlagen eine Erhöhung war. Das ist notwendig, damit das Blech überall gleich stark bleibt. Wenn die angestrebte Form erreicht ist, wird mit dem Planierhammer über Planiereisen planiert. Das ist die schwierigste Arbeit beim Treiben, die viel Geduld und Übung verlangt, damit zum Schluß eine wirklich glatte Metalloberfläche entsteht. Wegen dieser Schwierigkeiten sollten sich Anfänger damit begnügen, Gefäße zu treiben, bei denen sichtbare Hammerschläge als Gestaltungselement zur Arbeit gehören.

Hämmern

Draht und Blech kann man mit dem Hammer flachschmieden, eine Technik, die vor allem für Schmuckarbeiten angewandt wird.

244

Schmieden

Geschmiedet wird Eisen im glühenden Zustand, weil es dann so weich ist, daß es mit kräftigen Hammerschlägen geformt werden kann. In diesem Buch wird auf die Darstellung des Schmiedens, einer der schönsten Arbeiten mit Metall, verzichtet, weil es sich in Wohnungen praktisch nicht verwirklichen läßt.

Gießen

nutzt die Tatsache aus, daß Metalle und Metallegierungen durch Erhitzen flüssig werden und beim Abkühlen wieder erstarren, und zwar in der Gestalt, die der Gußform entspricht. Die Schmelzpunkte der Metalle sind verschieden hoch und geraten schnell in Temperaturbereiche, die man nur mit erheblichem Aufwand erreicht und die besondere Vorsichtsmaßnahmen verlangen. Unproblematisch ist das Gießen mit Lötzinn, einem nicht besonders teuren Material mit einem sehr niedrigen Schmelzpunkt, der je nach Zusammensetzung der Legierung zwischen 200° und 250° C liegt. Grundsätzlich können aber zu Hause auch Gießarbeiten mit Messing und Bronze durchgeführt werden. Dazu benötigt man dann vor allem einen Tiegelschmelzofen. Ist ein Brennofen zum Tonbrennen vorhanden, geht es auch mit dem.

Jede Arbeit, die man gießen will, kann man natürlich auch mit anderen metallbearbeitenden Werktechniken herstellen (Schmieden, Sägen, Feilen, Bohren, Schweißen usw.). Aber das wäre oftmals mit besonderen technischen Schwierigkeiten verbunden und in der Regel sehr, sehr zeitraubend, vor allem dann, wenn eine bestimmte Arbeit mehrfach angefertigt werden soll.

Die Herstellung der Gußform:
Das Modell besteht aus einem beliebigen Werkstoff; es kann bereits vorhanden sein, kann aber auch selbst angefertigt werden, z.B. aus Holz (Schnitzen, Drechseln), aus Ton, der nicht notwendig gebrannt werden muß, aus Wachs oder aus irgendeiner anderen Modelliermasse.

Es kommen natürlich nur solche Modelle in Frage, die keine Aushöhlungen und höchstens 2 sich genau gegenüberliegende Unterschneidungen aufweisen, weil sonst das Modell nach dem Einbetten in Gips nicht mehr herausgenommen werden kann, sondern hängenbleibt, da der flüssige Gipsbrei auch in die Aushöhlung oder hinter die Unterschneidung gelangt und beim Hartwerden das Herausnehmen des Modells verhindert.

Ein Gipsbrei wird angerührt aus einem Teil Alabastergips und zwei Teilen Quarzmehl, feinster Schamotte oder Asbest. Der weiche Gipsbrei wird in einen Holzrahmen gegossen, dessen Größe und Höhe vom Mo-

Brunnen, von B. Krauss. Eine elektrische Pumpe sorgt für den Wasserkreislauf. Die Becher kippen erst, wenn sie voll Wasser gelaufen sind

Oben: Nachdem das Oberteil getrocknet ist, läßt es sich vom Unterteil abheben, die Figur wird herausgenommen und Ober- und Unterteil werden im Backofen bei größter Hitze getrocknet

Links: 4 Brettstücke zusammengenagelt halten den dünnen Brei aus Gips und Schamotte zusammen. In die noch weiche Masse wird die Figur genau zur Hälft eingedrückt. Die trockene Masse und die Figur mit Öl bestrichen und wieder mit Gips – Schamottebrei begossen.

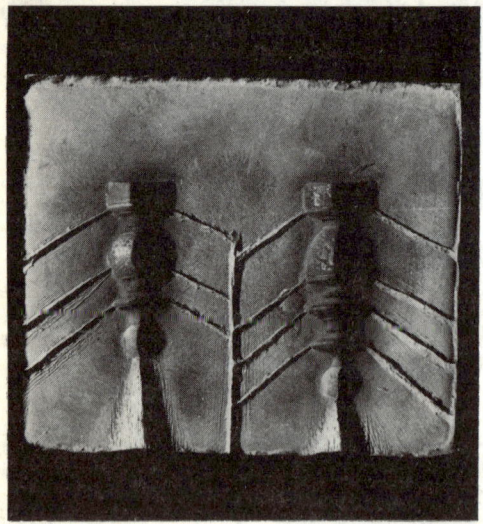

Oben links: Dort, wo von oben das flüssige Metall eingegossen wird, wird in Ober- und Unterteil ein Trichter und Entlüftungskanäle eingeschnitten, damit die eingeschlossene Luft dem flüssigen Metall weichen kann. Die Hälften werden mit Bindedraht möglichst dicht zusammengebunden und im Backofen auf rund 150° vorgewärmt, die Form in Sand gestellt und das flüssige Zinn eingegossen

Oben rechts: Das Ergebnis: Das Zinn, das in den Entlüftungskanälen und im Eingußtrichter sowie zwischen Unter- und Oberteil erstarrt ist, kann leicht abgeschnitten werden. Die Zinnfigur kann dann vorsichtig geschliffen werden

246

dell abhängen. Das Modell, das zuvor mit Öl oder Seife eingerieben wurde, wird zur Hälfte in den Gipsbrei eingedrückt. Man wartet, bis der Gips abgebunden hat, und bestreicht dann die Gipsfläche um das Modell herum mit Öl oder Tonschlicker (Seite 246). Dann wird die zweite Hälfte des Gipsbreis darübergegossen, so daß jetzt auch die obere Hälfte des Modells in Gips eingebettet ist. Der Gipsmantel um das Modell herum sollte mindestens 3 cm stark sein. Nach etwa einer halben Stunde kann das obere Formteil aus Gips abgehoben und das Modell herausgenommen werden. Nun wird an einer günstigen Stelle der Eingußkanal in beide Hälften der Gießform eingeschnitten, durch den später das flüssige Zinn eingegossen wird. Damit die Luft aus dem Forminneren beim Eingießen entweichen kann, werden an mehreren Stellen Abzugskanäle in eine Formhälfte eingeschnitten.

Außer dieser Methode zur Herstellung von Gußformen gibt es noch eine Reihe andere, die zum Teil auch zum Mehrfachverwenden geeignet sind (z. B. das Trennverfahren), zum Teil aber nur einmal benutzt werden können, (z. B. das Wachsausschmelzverfahren), weshalb man da vom Gießen in verlorener Form spricht. Messing und Bronze werden vorwiegend in Sandformen gegossen, die ebenfalls mehrfachen Gebrauch erlauben, aber in der Regel eine Nachbehandlung der Oberfläche wegen ihrer vom Sand herrührenden körnigen Struktur notwendig machen. Wer am Gießen Spaß gefunden hat und schwierigere Gießarbeiten ausführen möchte, sollte seine Kenntnisse mit Hilfe von Spezialliteratur erweitern. Bevor die Gipsform zum Gießen benutzt werden kann, wird sie im Backofen bei der höchstmöglichen Temperatur getrocknet. Das ist aber nur für das Gießen mit Zinn ausreichend. In allen anderen Fällen muß der Gips bei einer Temperatur von etwa

900° C. ausgeglüht werden, damit auch das chemisch gebundene Wasser aus der Gußform verschwindet. Denn wenn das Eingießen des flüssigen Metalles dazu führt, daß in der Gußform Wasser zum Verdampfen gebracht wird, weil sie nicht absolut trocken ist, so wird das flüssige Metall explosionsartig in alle Richtungen verspritzt (Verletzungs- und Brandgefahr!); außerdem kann die Gußform zerspringen.

Beim Schmelzen des Metalles bildet sich an der Oberfläche Schlacke, die mit einem Stück Eisenblech abgeschöpft wird.

Das Gießen selbst bereitet beim Zinnguß keine Schwierigkeiten. Die Gußform sollte man im Backofen bei etwa 100° C vorwärmen. Dann werden die beiden Hälften mit weichem Bindedraht fest umwickelt und am besten in ein ausreichend großes Sandbett gestellt. Das flüssige Lötzinn gießt man gleichmäßig in die Eingußöffnung.

Abschlußarbeiten

Nach einigen Stunden können die Gipshälften auseinandergenommen werden. Zinn, das in die Abzugskanäle eingedrungen ist, sowie der Eingußpfropfen werden von der Form abgetrennt.

Verbinden

Schrauben

Mit Schrauben können Metallteile lösbar miteinander verbunden werden. Das Foto gibt die wichtigsten Schrauben wieder. Sie werden entweder mit Schlitz- oder Kreuzschraubenziehern oder mit Schraubenschlüsseln angezogen bzw. gelöst. Entweder wird durch alle miteinander zu verbindenden Teile ein Loch gebohrt, durch das die Schraube gesteckt und auf deren Ende

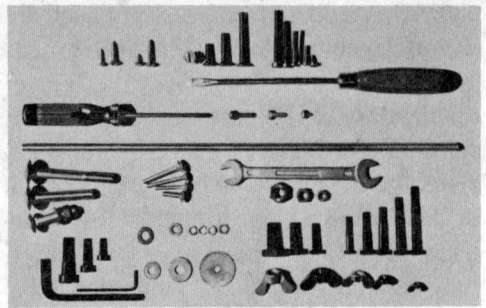

Verschiedene Blech- und Metallschrauben samt Beilag-scheiben, Muttern und Gewindestange

eine Mutter aufgeschraubt wird, oder in die miteinander zu verbindenden Teile wird ein Gewinde eingeschnitten, in das die Schraube eingedreht wird; diese typische Schlosserarbeit ist hier nicht dargestellt.

Nieten

Mit Nieten werden Bleche und Flachstäbe unlösbar miteinander verbunden.
Gleichgültig welche Art von Nieten man verwendet, verläuft das Nieten immer nach dem gleichen Schema: Die zu verbindenden

Nietenformen. Von links: Rundkopf, Linsenkopf, Senkkopf und Blechniet

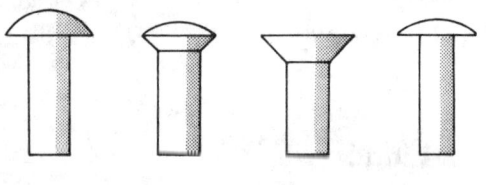

Teile werden ausgerichtet und fest miteinander verklammert. Die Nietlöcher werden angezeichnet, die Mittelpunkte der Nietlöcher angekörnt und das Nietloch gebohrt, das mindestens 0,1 mm weiter sein muß als der Durchmesser des Niets. Für den Senkkopf des Senkniets wird mit dem Spitzsenker weitergebohrt. Dann wird der Niet durchgesteckt. Das Werkstück liegt mit dem Senknietkopf nach unten auf dem Amboß oder der Richtplatte, beim Rundkopfniet auf dem Setzkopfeisen, auch Nietpfanne oder Nietstock genannt. Mit einem Hammerschlag auf den Nietenzieher werden die zu vernietenden Teile aufeinandergepreßt. Mit einem Schlosserhammer schlägt man kräftig senkrecht auf den Nietschaft, der dadurch gestaucht wird und sich im Bohrloch ausdehnt. Mit seitlichen Schlägen auf den gestauchten Nietschaft wird der Schließkopf kantig vorgeformt und mit einem passenden Schließeisen fertiggeformt. Die Zeichnungen unten und nächste Seite oben zeigen diesen Vorgang für das Nieten mit dem Rundkopf- und dem Senkkopfniet.
Nieten können so angebracht werden, daß sie nicht nur verbinden, sondern zugleich das Werkstück schmücken.

a: Durchbohren 1/10 mm weiter als Nietschaft. b: Ausbohren für Nietkopf. c: Niet auf Eisenunterlage stauchen. d: Kopf breitschlagen. e: Niet ausbohren

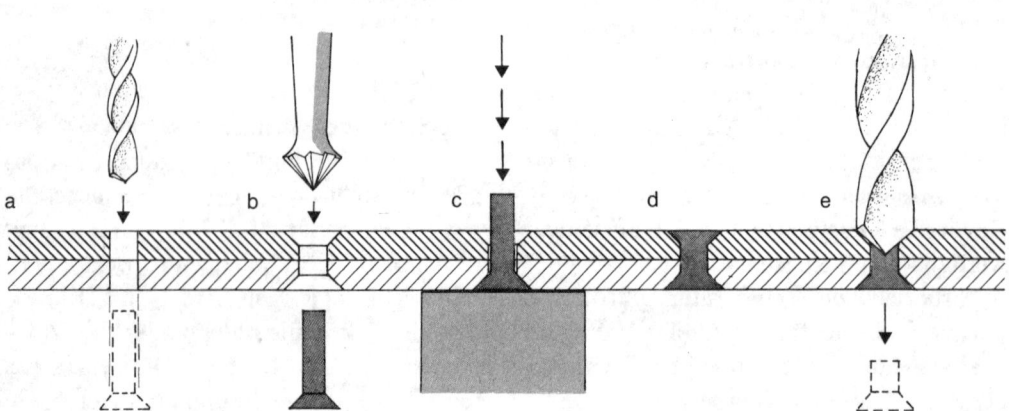

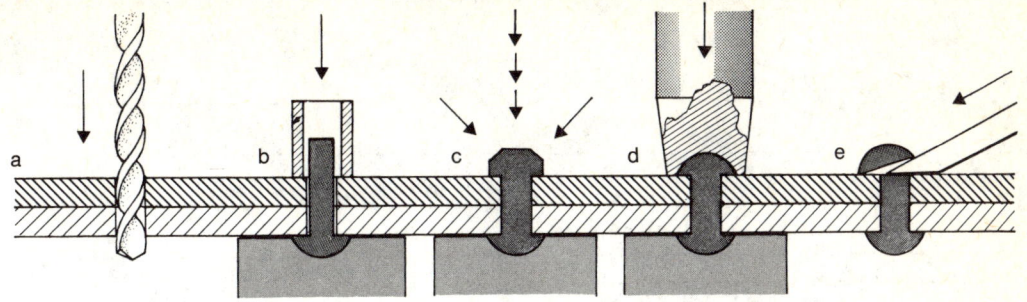

a: Durchbohren. b: Stauchen des Nietschaftes mit dem Nietenzieher oben und dem Setzkopfeisen unten c: Nietschaft stauchen und Nietkopf vorformen, mit Schließeisen fertig formen (d). e: Niet abschlagen

Falzen

Hakt man gerade umgeschlagene Blechkanten ineinander und schlägt die beiden ineinandergehakten Umschläge auf dem Richteisen mit dem Holzhammer flach, so entsteht ein Falz (Zeichnung unten), der bei gekonnter Verarbeitung wasserdicht ist.

Blechfalzen (a). Durchsetzen (b) und Abkanten (c), damit das Blech auf einer Seite glatt wird

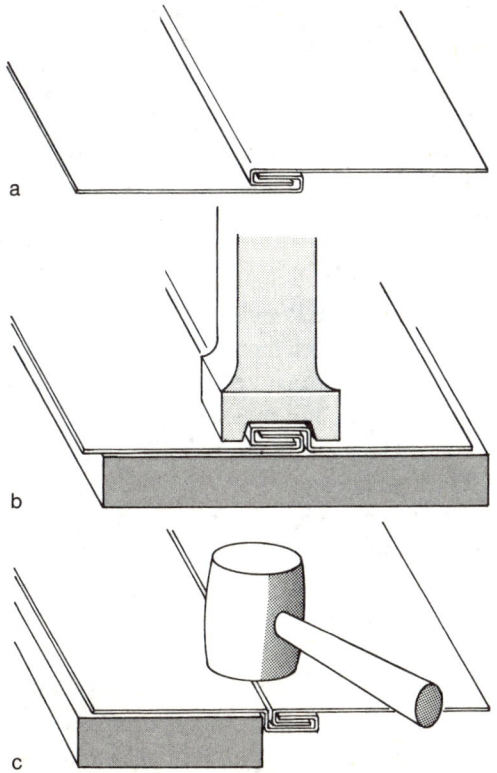

Schlägt man die Umschläge auf einer zylindrischen Unterlage flach, so entsteht der Falz für einen Blechzylinder, z.B. den Mantel einer runden Dose.

Nach dem gleichen Prinzip wird ein Gefäßmantel mit einem Boden versehen. Zum Einsetzen des Bodens in ein rundes Gefäß in Falztechnik muß der Bodenrand aber hochgebördelt und der Mantelrand gelötet werden (Fotos Seite 239 unten, 241 oben).

Nähen

ist eine geeignete Verbindung für Metallfolien, kann aber auch für dünne Bleche angewendet werden: genäht wird mit Zwirn oder dünnem Draht. Die Löcher werden mit Hilfe des Hammers und eines kleinen Nagels geschlagen oder gebohrt. Der Weihnachtsschmuck auf Seite 235 ist entlang der Mittelachse zusammengenäht. Bei Blech kann die Naht als ornamentale Verzierung mit eingeplant werden.

Löten

ist das dauerhafte Verbinden von Metallteilen aus dem gleichen oder aus verschiedenen Metallen unterhalb ihres Schmelzpunktes mit Hilfe eines geschmolzenen Zusatzmetalles. Dieses Zusatzmetall nennt man Lot.

249

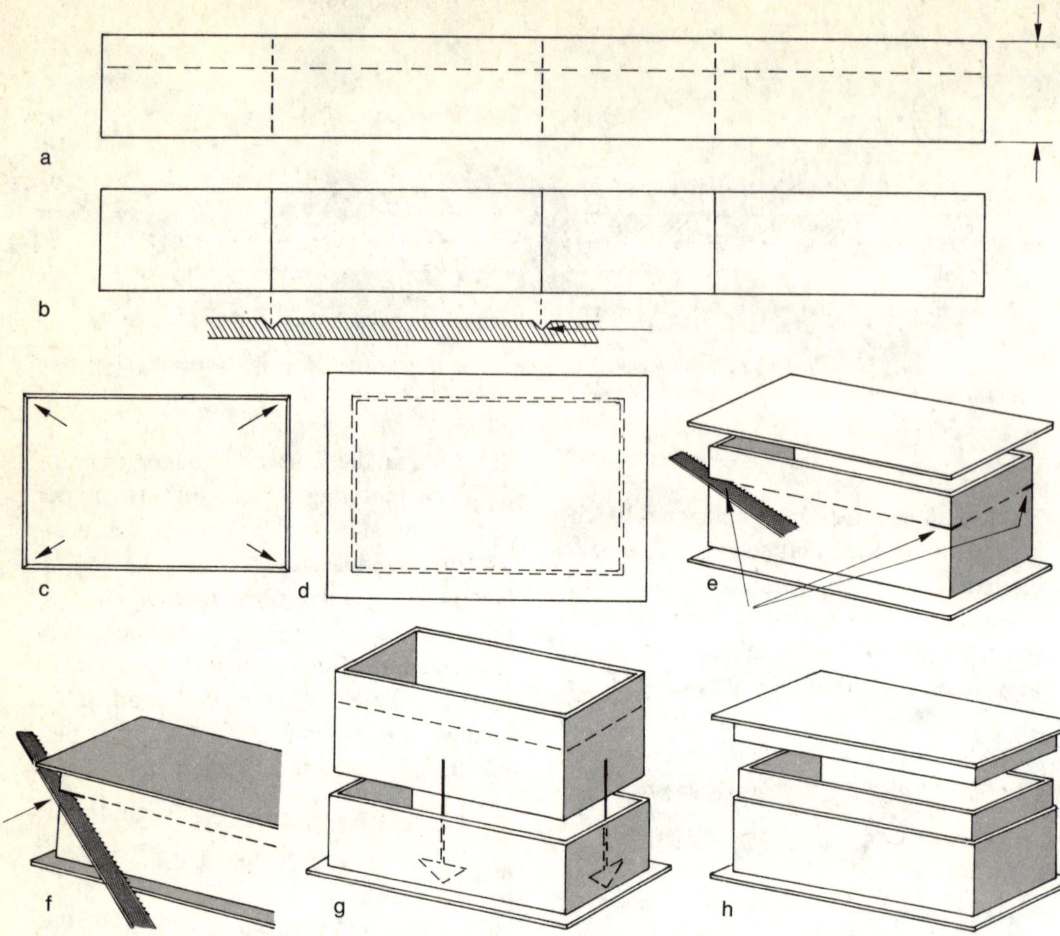

a

b

c d e

f g h

Entstehung einer 4eckigen Blechschachtel mit Deckel: Riß der Schachtelwand (a), Biegekanten in die Schachtelwand rechtwinklig einfeilen (b), Wand löten (c), Deck- und Bodenplatte anlöten (d),Schachtel auseinandersägen (e und f), Steckrahmen entsprechend a bis c herstellen und einlöten (g), h: fertig

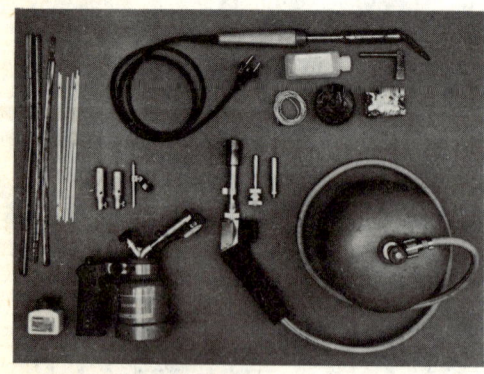

Elektrischer Lötkolben mit Lötdraht, Lötwasser, Lötfett und Salmiakstein zum Weichlöten, unten Lötpistolen mit Campinggas zum Hartlöten

Je nach dem Schmelzpunkt des Lotes spricht man von Weichlöten oder von Hartlöten. Beim Weichlöten schmilzt das Lot bei Temperaturen unter 280° C, beim Hartlöten bei Temperaturen zwischen 600 und 850° C. Hartgelötete Verbindungen sind fester als weichgelötete. Weichlote sind Lote zum Weichlöten; zu dieser Gruppe gehört das Lötzinn, eine Legierung aus Blei und Zinn, dessen Schmelzpunkt je nach Legierungsart zwischen 220 und 280° C liegt. Zu der Gruppe der Hartlote zum Hartlöten gehören die Aluminiumhartlote zum Löten von Aluminium und Alulegierungen und die Silberhartlote zum Löten aller anderen

Metalle außer Aluminium. Das Lot wird entweder mit einem elektrischen Lötkolben oder mit einem Gaslötgerät geschmolzen. Elektrolötkolben haben eine Lötspitze aus Kupfer. Bei Gaslötgeräten wird entweder mit der offenen Flamme gelötet oder mit der Flamme eine Kupferlötspitze erhitzt.

Der fachgemäße Umgang mit der Lötspitze bereitet dem Anfänger erfahrungsgemäß Schwierigkeiten. Die Kupferspitze hat die Aufgabe, das Lötzinn zum Schmelzen zu bringen, soll also die Hitze weiterleiten. Erhitztes Kupfer hat aber die Eigenschaft, zu oxydieren, und genau das passiert auch mit der Kupferlötspitze beim Erhitzen; man nennt diesen Vorgang verzundern. Das bedeutet, daß sich an der Oberfläche der Kupferlötspitze eine Schicht aus Kupferoxyden bildet, die die Wärme nicht weiterleitet, mit der Folge, daß das Lötzinn nicht schmilzt und im Lötkolben ein Hitzestau eintritt, der den Lötkolben allmählich zerstört. Es muß also verhindert werden, daß sich auf der Kupferlötspitze eine Zunderschicht bildet. Das geschieht durch Verzinnen der Lötspitze, bevor man sie in Gebrauch nimmt: Die Kupferspitze wird auf einem Salmiakstein, auch Lötstein genannt, blankgerieben und sofort im Anschluß daran noch auf dem Lötstein etwas Lot auf die heiße Spitze gegeben, das schmilzt und sich über die Spitze verteilt (verzinnen). Dieser Vorgang muß während des Lötens ziemlich oft wiederholt werden, denn die dünne Zinnschicht über der Kupferspitze wird durch die Hitze immer wieder zerstört. Deshalb kommt es auch vor, daß man zu spät erneut verzinnt. Dann hat sich auf der Lötspitze eine so feste Oxyd- oder Zunderschicht gebildet, daß man sie allein mit Reiben auf dem Salmiakstein nicht mehr wegbekommt. Es bleibt dann nichts weiter übrig, als die Zunderschicht mit einer Feile zu entfernen.

Die Verwendung von Lötspitzen, die verchromt oder vernickelt sind, erspart die lästige Behandlung der Lötspitze mit Salmiakstein und Feile, macht jedoch das Verzinnen nicht überflüssig, denn auf der Spitze muß auch hier ständig etwas Lot sein. Normalerweise genügt es bei solchen Spitzen, vor dem Löten die heiße Lötspitze mit einem Lappen abzuwischen und nach dem Löten etwas Lot auf die Spitze zu geben. Fehlt Lot auf der Spitze, dann nimmt die Spitze bald überhaupt kein Lot mehr an. In diesem Fall wird die heiße Spitze mit einer nicht zu harten Drahtbürste abgebürstet, in ein Flußmittel, z. B. Zinkchloridlösung, getaucht und verzinnt. Dieser Vorgang muß bis zur vollständigen Verzinnung der Spitze wiederholt werden.

Die geschilderten Schwierigkeiten mit der Lötspitze hat man nicht, wenn man mit offener Flamme lötet. Mit der offenen Flamme kann zwar jede Lötung durchgeführt werden, aber nicht jede Lötung an jeder Stelle, z. B. nicht in der Nähe leicht entzündlichen Materials oder in unmittelbarer Nähe einer anderen Lötstelle, weil sonst die Gefahr besteht, daß diese andere Lötstelle unter Einwirkung der Flamme aufgeht. Diese zuletzt genannte Gefahr kann allerdings weitgehend ausgeschlossen werden, wenn man die gefährdeten Stellen mit Tonschlicker (Seite 246) bestreicht; der Schlicker kann später mit Wasser aufgeweicht werden. Gaslötgeräte haben außerdem den Vorteil, daß sie von der Steckdose unabhängig machen.

Weichlot gibt es in Form von Stangen, Draht und Paste. Zum Löten braucht man aber nicht nur das Lötgerät und das Lot, sondern auch noch ein Flußmittel, denn ebenso wie die Kupferlötspitze beim Erhitzen oxydiert, tun das auch alle anderen Metalle, wenn auch in der Regel nicht so stark wie Kupfer, so daß die Gefahr besteht, daß die zu verbindenden Metallteile das Lot überhaupt nicht annehmen, weil eine

Oxydschicht dies verhindert. Das Flußmittel, nach seiner Erscheinungsform Lötwasser oder Lötfett genannt, baut solche Oxydschichten ab bzw. verhindert ihr Entstehen und bewirkt dadurch, daß das geschmolzene Lot mit dem erhitzten blanken Metall der zu verbindenden Teile die beabsichtigte innige und nach dem Abkühlen dauerhafte Verbindung eingeht. In Lötdraht und Lötfett ist das Flußmittel bereits in ausreichender Menge enthalten, so daß nicht noch extra Flußmittel auf die Lötstelle aufgetragen werden muß.

Das Löten von Silber ist in den Fotos unten dargestellt.

Weich- und Hartlötarbeiten gelingen, wenn die zu lötenden Stellen metallisch blank aneinanderliegen. Das Metall wird mit Feile, Schmirgelpapier oder Stahlwolle blankge-

Silberschmuck, von Sepp Schreiber. Außen: Ring aus Silberdraht mit Anhängern, innen: ein weiterer Anhänger aus Silberblech

rieben und – falls notwendig – mit Benzin von Fett, Öl und Schweiß (Fingerspuren) gereinigt. Die gereinigten Stellen dürfen nicht mehr angefaßt werden. Die zu lötenden Teile werden zusammengefügt und in dieser Stellung mit Hilfe des Schraubstocks, einer Schraubzwinge, einer Zange oder einem Draht zusammengehalten. Dann werden die Teile erhitzt, am besten so, daß sie so heiß werden, daß das Lot beim Kontakt mit ihnen und nicht im Kontakt mit der Lötspitze oder in der direkten Flamme schmilzt. Auf keinen Fall dürfen die Metallteile noch so kalt sein, daß das flüssige Lot erstarrt, wenn es mit ihnen in Kontakt kommt. Wenn kein Flußmittel im Lot enthalten ist, wird es mit einem Pinsel auf die Lötstellen gestrichen, das Lot auf die Lötstelle gebracht, das – ist bisher alles richtig gemacht worden – sehr schnell schmilzt und zwischen die zu verbindenden Teile fließt, die möglichst eng aneinanderliegen müssen. Dicke Lötbatzen erhöhen die Festigkeit in keiner Weise. Bei größeren Lötarbeiten werden die Teile zunächst mit wenigen Punktlötungen aneinandergeheftet.

Für das Verzinnen von Geräten und Geschirr für die Küche sollte ausschließlich Feinzinn verwendet werden, das kein Blei enthält, weil dies giftig ist. Die zu verzinnende Fläche muß sorgfältig gereinigt werden, dann wird ein Speziallötfett mit einem Pinsel aufgetragen und mit einem Flachbrenner erhitzt. Sobald das Fett zu kochen beginnt, berührt man mit einem Feinzinnstäbchen das erhitzte Metall, so daß das Feinzinn schmilzt. Das geschmolzene Feinzinn wird mit einem feuchten Lappen rasch über die Metallfläche verteilt.

Schweißen

Vom Schweißen spricht man, wenn Metalle und Metallegierungen gleicher oder sehr ähnlicher Art an der zu verbindenden Stelle

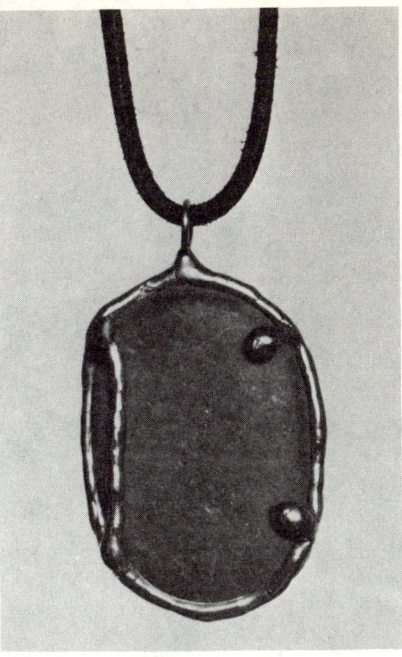
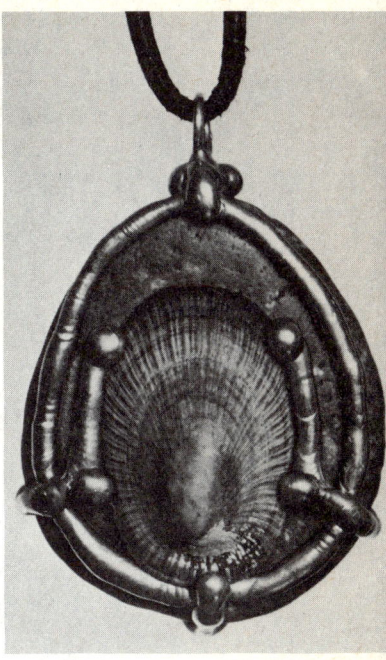

Wer hat noch nicht von einem Flußufer oder vom Meeresstrand einen Stein mit nach Hause gebracht, fasziniert von der Färbung oder Maserung. Und dann ist er herumgelegen.

Die Arbeiten auf dieser Seite zeigen, wie man aus einem einfachen Stein ein Schmuckstück im wahrsten Sinne des Wortes machen kann: der Stein wird mit Zinn eingefaßt. Mit einem Lötgerät wird das Zinn flüssig gemacht und tropfenweise am Stein abgelagert, wo es sofort hart wird, weil der Stein sich nicht erwärmt. Die Zinntropfen untereinander werden angeschmolzen, so daß sie ineinanderlaufen. Die Arbeiten stammen von Carl Wenninger

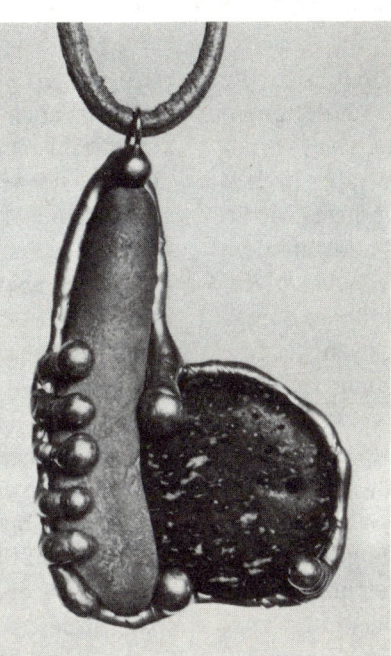
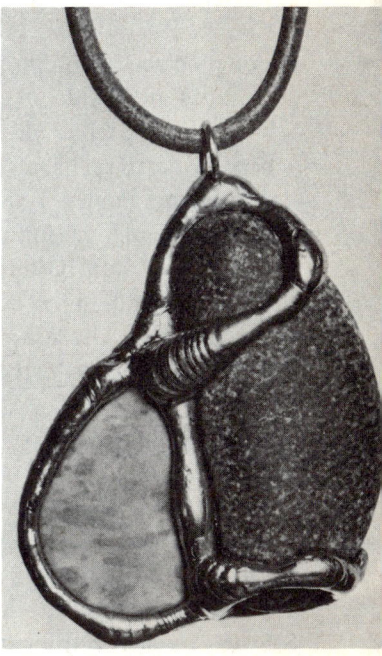

253

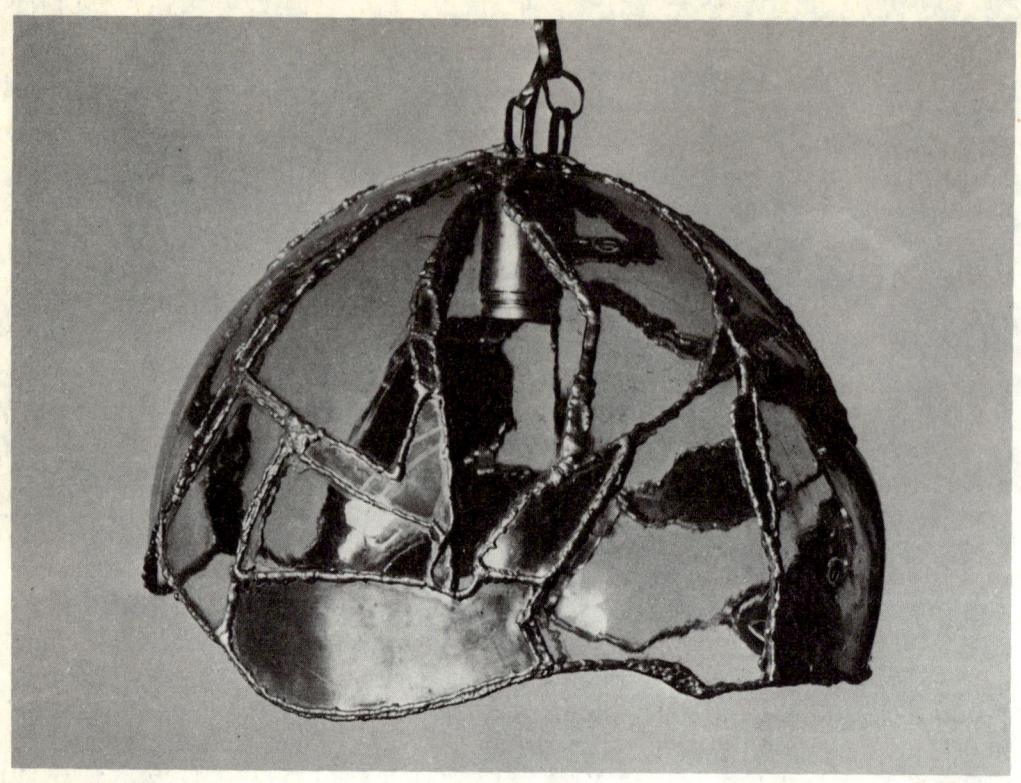

Ein Lampenschirm von besonderem Reiz, vor allem wenn das Licht eingeschaltet ist und bizarre Schatten an Decken und Wänden entstehen. Das Glas sind die Scherben einer zerschlagenen großen Flasche, dazwischen Blechstücke. Die Verbindungen wurden mit Lötzinn hergestellt, ganz ähnlich wie auf Seite 137 beschrieben. Es wurden jedoch keine Bleiruten verwendet sondern ausschließlich Lötzinn. Die Lampe wurde von Carl Wenninger gearbeitet

angeschmolzen werden, so daß sich die Werkstoffe der beiden Teile an der angeschmolzenen Stelle miteinander vermischen. In der Regel fehlt Metall zwischen den zu verbindenden Teilen; dieses Metall wird von einem Schweißdraht, der aus dem gleichen Werkstoff besteht wie die zu verbindenden Teile, in der benötigten Menge abgeschmolzen. Mit Schweißen entsteht die festeste dauerhafte Verbindung zwischen Metallen.

Das Schweißen wird vor allem beim Verbinden von Teilen aus Stahl angewandt. Dazu werden autogene Schweißgeräte (Gasschweißen) oder Lichtbogenschweißgeräte (Elektroschweißen) benutzt, die die zum Schmelzen des Stahls und des Schweißdrahtes erforderlichen Temperaturen erzeugen. Solche Geräte gibt es auch für den Gebrauch zu Hause. Mit Lötgeräten kann Stahl nicht geschweißt werden, weil diese die notwendigen Temperaturen nicht entwickeln.

Um Schweißen im technischen Sinne handelt es sich aber auch dann, wenn Teile aus Lötzinn mit Lötgeräten an der zu verbindenden Stelle angeschmolzen werden, Lötzinn zugefügt und so die Verbindung hergestellt wird. Diese Schmelztechnik mit Lötzinn wird bei der Herstellung von Schmuck und Kleinplastiken angewandt und dadurch ergänzt, daß man Lötzinn mit dem Lötgerät abtropfen läßt oder auch nur weich macht und dann mechanisch formt. Ein gutes Beispiel für das Abtropfen von Lötzinn ist die Plastik von Seite 229.

Kleben

Die Industrie hat eine Vielzahl Ein- und Zweikomponentenkleber auch zum Kleben von Metall auf Metall entwickelt, die von sehr unterschiedlicher Belastbarkeit sind. Einige Kleber enthalten Metall von dem Metall, das aneinandergeklebt werden soll, in ganz fein zermahlener Form, so daß man von flüssigem Stahl oder flüssigem Aluminium spricht. Solche Flüssigmetalle können in erhärtetem Zustand selbst spanabhebend bearbeitet werden.

Es empfiehlt sich, Probeklebungen mit verschiedenen Klebstoffen für den jeweiligen Zweck durchzuführen.

Oberflächenbehandlung

Schleifen und Polieren

Schleifen erzeugt eine glatte, matt glänzende Oberfläche; Polieren erzeugt Hochglanz. Es hängt vom Metall und von der Verarbeitungsweise ab, ob das Werkstück durch Schleifen und anschließendes Polieren gewinnt. Schmiedeeisen wird meist nicht einmal geschliffen, Kupfer nur selten poliert, Silber meist poliert.

Schleifen und Polieren beruhen darauf, daß mit dem Schleifmittel Erhöhungen der Metalloberfläche spanabhebend abgetragen werden. Das Schleifmittel besteht aus Kristallen mit harten Kanten. Diese Kristalle sind beim Schleifen noch grob und fühlen sich beim Polieren an wie feiner Staub. Schleifmittel zum Schleifen sind die Schleifscheiben des Elektroschleifblocks und die verschieden gekörnten Wasserschleifpapiere, die beim Schleifen immer mit Wasser benetzt werden müssen und die am zweckmäßigsten mit einem Schleifteller auf eine Bohrmaschine montiert werden. Außerdem gibt es für die Bohrmaschine zum Schleifen verschieden starke und feine Bürsten aus Draht und zum Polieren Schwabbelscheiben aus Flanell, Molton oder Fell. Als Schleifmittel zum Polieren eignen sich Schlämmkreide und Bims, der vor allem zum Polieren von Silber verwendet wird, sowie Spezialpasten zum Polieren von Metallen, die der Fachhandel liefert.

Schleifen und schließlich Polieren einer Metallarbeit mit Bohrmaschine und Schleifteller

Färben und Patinieren

Am Ende der mechanischen Bearbeitung kann die Metalloberfläche gefärbt oder patiniert werden. Dazu muß die Oberfläche dekapiert, d. h. von Oberflächenoxyden und Fettspuren befreit werden. Man kann hier nicht gründlich genug vorgehen. Sehr geeignet ist es, das Metall in eine heiße Lösung aus 1 Teil Ätznatron, Ätzkali oder Soda und 10 Teilen Wasser zu legen. Dann wird das Werkstück mit Ätzkalibrei gebürstet. Diesen gewinnt man aus gebranntem Kalk, den man mit Wasser befeuchtet, bis er zerfällt. Danach wird der Gegenstand gut mit Wasser gespült und zum Schluß in ein Bad aus verdünnter Schwefelsäure (1 Teil Schwefelsäure auf 10 Teile Wasser; Seite 244) gelegt, heiß abgespült und nun sofort mit den Chemikalien zum Färben bzw. Patinieren behandelt. Der Auftrag erfolgt möglichst gleichmäßig dünn mit Pinsel, Lappen oder Schwamm. Jeder Auftrag wird auf die Oberfläche verrieben. Ein neuer Auftrag erfolgt erst, wenn der vorhergehende getrocknet ist.
Eisen- und Stahlbrünierung von Hellbraun bis Schwarz erzeugt man mit einer im Handel erhältlichen Brünierflüssigkeit.
Kupfer wird durch Behandlung mit Schlippschem Salz – je nachdem wie oft die Behandlung wiederholt wird – braungelb bis schwarzbraun. Den beliebten rotbraunen Kupferton erhält man dauerhaft durch Einreiben mit einer Lösung aus 2 Teilen Grünspan, 2 Teilen Zinnober, 5 Teilen Salmiaksalz, 5 Teilen Alaun und Essig. Patinierflüssigkeiten sind im Handel zu erhalten, auch solche, die dazu dienen, um das Malachitgrün von altem Kupfer zu erreichen.

Lackieren

Einen sehr guten Schutz der Metalloberfläche bietet der farblose Zaponlack. Den Gegenstand taucht man entweder in den Lack ein oder trägt diesen mit einem weichen Pinsel auf. Schadhaft gewordene Lackstellen kann man natürlich mit Zaponlack überpinseln. Wer sich zu einer Generalrenovierung entschließt, löst den schadhaften Lackanstrich mit Aceton oder Ätheralkohol ab und lackiert neu.
Metallgegenstände können auch mit jedem Kunstharzlack farbig angestrichen oder bemalt werden.

Ziselieren und Punzieren

In das Blech, das auf einer weichen Unterlage liegt, werden mit Punzen und Hammer unter der Ausnutzung der Dehnbarkeit des Metalls Vertiefungen eingeschlagen, ohne daß das Metall reißen darf. Vom Punzieren spricht man, wenn ein Einschlag getrennt neben den anderen gemacht wird: die Ein-

Eine Blume aus Blechteilen in der Form von Blüten und Blättern, mit einem Flachmeißel punziert

schläge werden ornamental angeordnet. Beim Ziselieren dagegen werden die Einschläge so aneinandergesetzt, daß reliefartig vorgewölbte Linien und Flächen entstehen, mit denen beliebige Bildmotive dargestellt werden können.

Geeignet sind vor allem weiche Messing-, Kupfer- und Alubleche. Als Unterlage dient Ziselierkitt, den man im Fachhandel bekommt. Als Ziselierhammer verwendet man einen Treibhammer mit glatter Bahn auf der einen und Treibknopf auf der anderen Seite geeignet. Punziereisen kann man sich aus 10 cm langen und 5 bis 8 mm starken vierkantigen Werkzeug-Stahlstücken selber feilen. Die Bahn muß poliert werden.

Gravieren

Hierbei handelt es sich um ein spanabhebendes Verfahren. Als Arbeitsunterlage dienen der Kittstock und die Gravierkugel. Zum Gravieren dienen Meißel, die mit dem Hammer, und Stichel, die mit der Hand vorwärtsgetrieben werden. Auf diese Technik, die meist nur von Fachleuten ausgeübt wird, wird hier nicht näher eingegangen.

Tauschieren

Diese Technik entspricht der Intersienarbeit mit Holz. Sie stellt keine allzu großen Anforderungen an das handwerkliche Können, liefert jedoch sehr schöne Ergebnisse. Grundsätzlich gilt, daß ein weiches Metall in ein härteres Metall eingeschlagen wird. Man verwendet entweder von Natur aus verschiedenfarbige Metalle oder färbt diese. Sehr schön ist z. B. eine Silbereinlegearbeit in eine schwarzgefärbte Stahlplatte.

In den harten Metalluntergrund wird mit Meißel und Stichel das Bett für das einzuschlagende weiche Metall schwalben-

schwanzförmig gegraben und das weichere Metall dann mit dem Setzpunzen und dem Treibhammer vorsichtig eingeschlagen. Die Zeichnungen unten zeigen das für eine Linie. Beim Einschlag muß man vorsichtig arbeiten, damit nicht durch zu häufiges Schlagen das weiche Metall gehärtet und zäh wird mit der Folge, daß es plötzlich aus seiner Einbettung herausspringt.

Eine andere, einfachere Methode besteht darin, auf die schwalbenschwanzförmige Ausarbeitung des Bettes zu verzichten und den Untergrund lediglich mit Meißel, Hammer und Feile stark aufzurauhen und das weiche Metall in den aufgerauhten harten Untergrund einzuhämmern.

Tauschieren = Intarsien in Metall. In das Bett aus hartem Metall wird weiches Metall eingehämmert

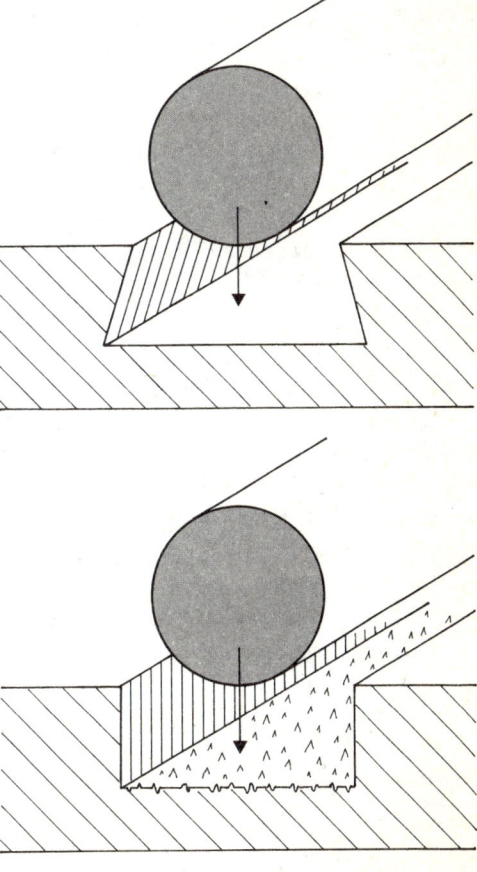

Die Pflege des Werkzeugs

Viele Werkzeuge, nicht nur die für Metallbearbeitung, werden durch die normale Benutzung stumpf. Die meisten können wieder geschärft werden; wenige, z. B. das Metallsägeblatt, sind für ihren ursprünglichen Zweck nicht mehr brauchbar. Man kann das Schleifen der Werkzeuge in Auftrag geben, aber in vielen Fällen werden Werkzeuge so schnell stumpf, daß man selber in der Lage sein sollte, sie fachgerecht zu schärfen, weil man sonst häufig längere Arbeitsunterbrechungen in Kauf nehmen muß.

Im Kapitel Holz auf Seite 149 ist das Schleifen bereits dargestellt. Zu ergänzen ist noch, daß bei Meißeln für Weichmetalle ein Winkel von 40°, bei Meißeln für Hartmetalle ein Winkel von 50° angeschliffen werden soll.

Ausglühen und Härten

Es läßt sich nicht vermeiden, daß Werkzeuge ab und zu abbrechen. Ein solches abgebrochenes Werkzeug gehört nicht in den Abfalleimer, sondern ist ein wertvolles Ausgangsmaterial für die Selbstanfertigung neuer Werkzeuge. Das gleiche gilt für Werkzeuge, die nicht mehr geschärft werden können, wie z. B. stumpfe Feilen. Gehärteter Werkzeugstahl kann nicht bearbeitet werden, denn er dient ja selbst zur Metallbearbeitung. Durch Ausglühen mit einem Gaslötgerät wird der gehärtete Stahl enthärtet. Man erhitzt ihn im Feuer bis zur hellen Rotglut und steckt ihn dann in heißen Sand, damit er ganz langsam abkühlt. Jetzt ist er wieder so weich, daß er gesägt, gebohrt und gefeilt werden kann. Hat man das neue Werkzeug geformt, so wird der Stahl erneut bis zur hellen Rotglut erhitzt, nun aber in kaltem Wasser abgeschreckt. Dabei wirft man den glühenden Stahl nicht ins Wasser, sondern bewegt ihn mit der Zange im kalten Wasser hin und her. Durch das Abschrecken wird der Stahl glashart und würde bei der Benutzung als Werkzeug an der Schneide sofort abbrechen. Diese zu große Härte wird dem Stahl durch erneutes Erhitzen genommen: Man reibt den Stahl mit Schmirgelpapier blank und hält ihn in die Flamme. Dabei zeigen sich durch die Oxydation nacheinander die folgenden Anlaßfarben: Hellgelb, Gelbbraun, Rotbraun, Purpurrot, Violett, Dunkelblau, Hellblau und zuletzt Grau. Bohrer, Reißnadel und Senker werden bei Hellgelb aus dem Feuer genommen, der Körner bei Gelbbraun, sämtliche Werkzeuge für die Holzbearbeitung sowie Schraubenzieher bei Rotbraun bis Purpurrot, Meißel und Stahlfedern bei Violett bis Dunkelblau. Sobald das Werkzeug aus dem Feuer genommen wurde, wird es in kaltem Wasser abgeschreckt.

Allgemeine Pflegehinweise

Werkzeuge müssen vor Rost geschützt, solche mit beweglichen Teilen – wie Zangen – müssen ab und zu geölt werden. Kleine Feilen sind in Stofftaschen, große Feilen einzeln hängend aufzubewahren, damit die Feilflächen sich nicht aneinander oder an scharfen Ecken und Kanten reiben können. Holzgriffe, in die Werkzeuge eingesetzt werden sollen, werden sorgfältig vorgebohrt. Holzteile an Werkzeugen werden ab und zu mit heißem Leinöl eingelassen.

Naturmaterial

Naturmaterial sucht und sammelt man sich draußen – zu jeder Jahreszeit und in jeder Gegend sind andersartige Materialien zu finden, und man kann sie auf vielfältige Art und Weise immer neu verarbeiten. In Hobbygeschäften gibt es auch eine Reihe Materialien aus der Natur zu kaufen. In diesem Buch tauchen in den verschiedenen Kapiteln immer wieder Materialien aus der Natur auf: Steine werden zu Schmuck verarbeitet, Muscheln in Wandbehänge eingewebt. Auch Ton, Leder, Holz und Peddigrohr sind, wenn man es ganz genau nimmt, Naturmaterialien. Hier sind noch weitere Ideen zum Thema Naturmaterial gesammelt...

Stroh

ist eines der klassischen Werkmaterialien, das vor allem zur Weihnachtszeit zu den verschiedenartigsten Sternen verarbeitet wird. Trinkhalme oder Bastelhalme kann man in Hobby- und Bastelgeschäften farbig oder in Naturfarben kaufen.

Material und Werkzeug

Außer den Strohhalmen, die man gebündelt kauft, benötigt man als Klebstoff Ponal, einen Bindfaden in einer Farbe, die sich nach der Farbe des Strohs richtet, das man

Indianisches Körbchen aus Binsen: Die einzelnen Binsenwülste werden, ebenfalls mit Binsen, spiralenartig umgeflochten und aneinandergenäht

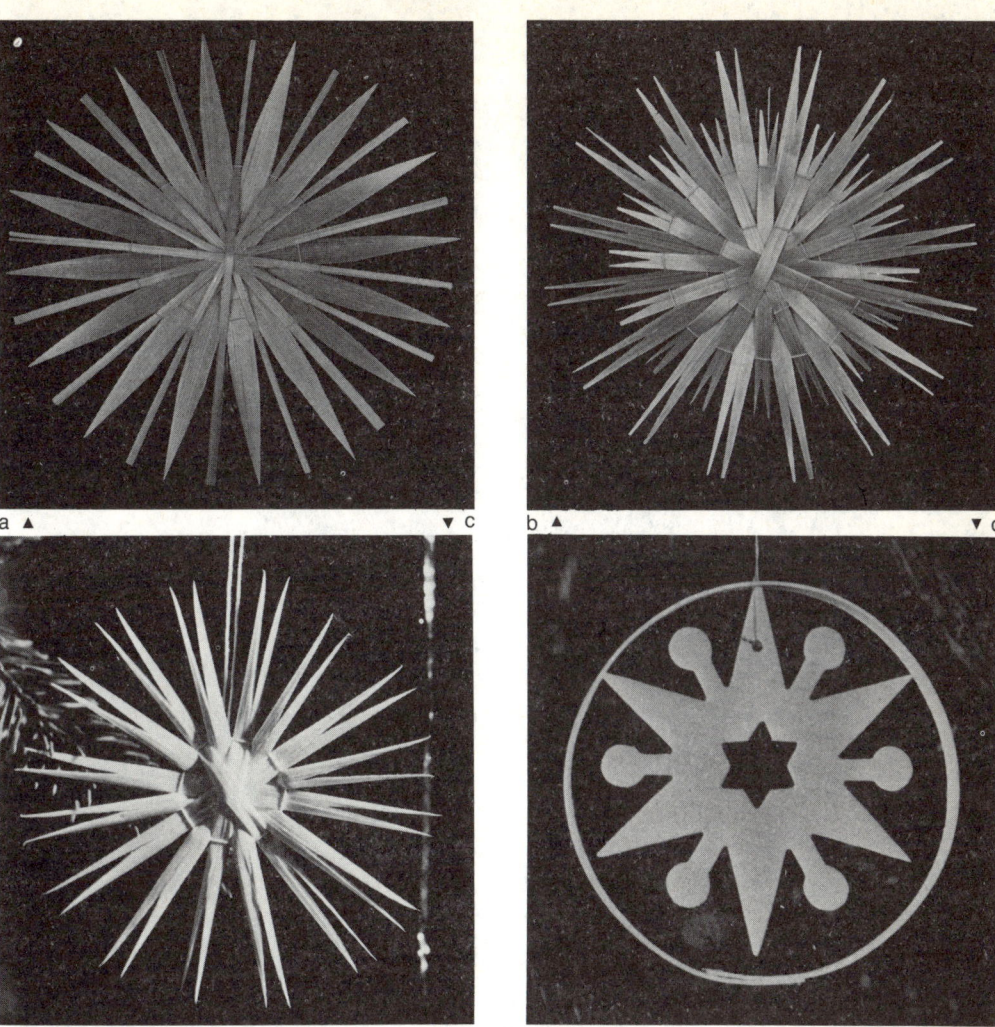

a: Einfacher Strohstern aus breiten und schmalen Strohstreifen. b: Bastelhalme ganz verarbeitet. c: Kurze und lange Strohstreifen gleicher Breite, die Spitzen keilförmig eingeschnitten. d: Strohstreifen als Kreis mit einem ausgeschnittenen Furnierstern

verarbeiten will, ein Allzweckmesser oder eine Schneidefeder mit Federhalter.

Strohsterne

kann man aus den ganzen Halmen zusammenbinden oder kleben. Die Halme werden etwa eine Viertelstunde vor dem Verarbeiten in lauwarmem Wasser eingeweicht. Strohhalme dürfen nicht mit der Schere geschnitten werden, da man sie beim Schneiden zuquetschen würde. Die richtige

Naturfarbene Bastelhalme können auch Länge wird mit dem Allzweckmesser zugeschnitten, dann die Strohhalme paarweise als Kreuz übereinandergelegt und mit einem Bindfaden in Auf-Ab-Verfahren befestigt. Hilfsweise kann der Mittelpunkt mit einer Stecknadel fixiert werden.

Die Strohhalme kann man nach dem Einweichen auch mit dem Allzweckmesser aufschlitzen, sie glattbügeln und dann als Streifen verarbeiten; Strohstreifen braucht man zum Verarbeiten nicht mehr einzuweichen.

mit dem Bügeleisen „gefärbt" werden: Die Temperatur des Bügeleisens wird auf die höchstmögliche Hitze eingestellt und die Bastelhalme auf einer weichen Bügelunterlage so lange gebügelt, bis sie den gewünschten Farbton – zwischen Gold- und Dunkelbraun – erreicht haben. Strohstreifen können mit der Schere geschnitten werden; die Zacken der Sterne kann man einschneiden, so daß sich eine ornamentale Gestaltung ergibt.

Strohcollage

Strohhalme in verschiedenen Farben eignen sich auch für eine Collage auf festem Untergrund. Der Entwurf wird auf Karton aufgezeichnet, die Halme mit dem Allzweckmesser zugeschnitten und direkt mit Ponal auf den Karton aufgeklebt.

Collage aus hellen Strohhalmen, die Dächer der Häuser in verschiedenen Brauntönen

Ostereier

Kratztechnik

Material: Ausgeblasene Hühnereier, verschiedene Farben (Plakatfarbe, Wacofin, DEKA-Ziermatt oder Dispersionsfarbe), 1 Flachhaarpinsel Nr. 10 zum Grundieren, 1 Kratzgerät wie Stichel, Nagel oder Feile. Die Hühnereier sollten möglichst eine dicke Schale haben; Eier direkt vom Bauernhof sind am stabilsten. Sie werden ausgeblasen und mit Spülmittel entfettet. Dann werden die Eier im gewünschten Farbton wie Hochrot, Blau oder Schwarz grundiert. Die Farbe soll zweimal dünn aufgetragen werden. Dann halbiert man eine große Kartoffel, steckt einen rechtwinklig abgebogenen Draht hinein und steckt das Ei zum Anmalen und Trocknen drauf. Mit einem Bleistift wird nun das Muster auf das Ei ge-

zeichnet. Man kann sich dabei an naturalistische oder stilistische Motive halten. Mit einem spitzen Gegenstand wie Stichel, Nagel, Feile oder dem spitzen Teil einer

Die Kratzwerkzeuge kann man selber machen: zugeschliffene oder flachgeklopfte Stahlnägel

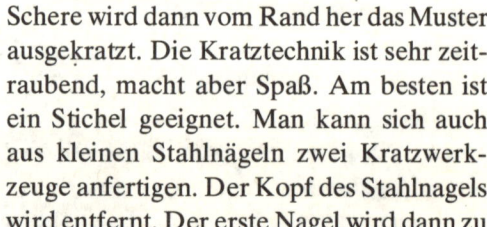

Schere wird dann vom Rand her das Muster ausgekratzt. Die Kratztechnik ist sehr zeitraubend, macht aber Spaß. Am besten ist ein Stichel geeignet. Man kann sich auch aus kleinen Stahlnägeln zwei Kratzwerkzeuge anfertigen. Der Kopf des Stahlnagels wird entfernt. Der erste Nagel wird dann zu

einer Spitze geschliffen, der zweite in glühendem Zustand flachgeklopft, daß er die Form eines kleinen Messers erhält. Beide Nägel befestigt man dann an einem etwa bleistiftdicken Rundhölzchen.

Zuerst werden die Umrisse ausgekratzt, dann die flächigeren Teile der Motive.

Wenn das Ei fertig ist, halbiert man ein Zündholz, kerbt es in der Mitte ein wenig ein, befestigt einen weißen Bindfaden oder einen hauchdünnen Perlonfaden in der Kerbe und schiebt das Hölzchen vorsichtig in das obere Loch des Eies. Das bemalte Ei

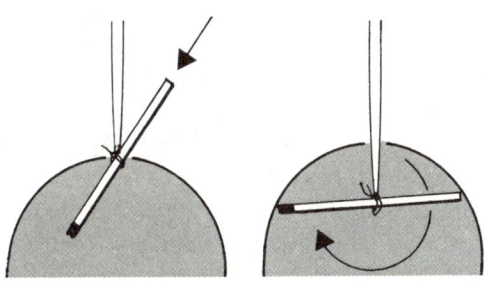

Die Zeichnung oben zeigt, wie Ostereier mit Hilfe von Streichhölzern aufgehängt werden

Motive für Ostereier findet man auch in den Kapiteln „Bauernmalerei" und „Gestaltung"

kann dann mit einem Glanz- oder Mattspray überzogen werden, damit das Bemalte haltbar wird.

Applikationen mit Stroh

Material: Ausgeblasene Eier, Plakatfarben, Flachpinsel Nr. 10, Strohhalme, Alleskleber, Schere.

Ebensoviel Geduld wie exaktes Arbeiten erfordert das Verzieren der Eier mit kleinen, aneinandergesetzten Rauten, Recht- und Dreiecken aus Stroh, auch Applizieren genannt.

Die Eier werden wieder, wie schon beschrieben, ausgeblasen und einfarbig grundiert. Es eignet sich wegen des Kontrastes zum hellen glänzenden Stroh nur eine matte

Unten: Beispiele für Motive, die man aus Stroh auf Ostereier applizieren kann

Farbe wie Plakatfarbe und natürlich ein etwas dunklerer Ton wie Violett, Dunkelblau, Dunkelgrün, Schwarz oder Zinnoberrot. Während das Ei trocknet, werden die Strohhalme in warmes Wasser gelegt, sie sollen 20 Minuten einweichen. Dann schneidet man einige Strohhalme der Länge nach mit einem scharfen Messer auf und glättet die Innenseite des Halms mit dem Rücken eines Messers. Wenn sich der Strohhalm in der Längsrichtung ringelt, kann man die einzelnen Teilchen mit der Schere zuschneiden. Es werden geometrische Muster wie Rauten, Dreiecke, kleine Winkel und feine Streifen aus dem Stroh geschnitten, was man eben für das gewünschte Muster braucht. Wenn ein Vorrat an Teilchen geschnitten ist, kann das Aufkleben beginnen. Man fängt in der Mitte an und klebt aus vielen Rauten z.B. einen Stern, der sich auf der anderen Seite des Eies wiederholen sollte. Es gibt nichttropfende Alleskleber, die sehr empfehlenswert sind, da man sehr sauber arbeiten muß, um keine Flecke auf das mattgrundierte Ei zu bringen. Man legt ein Teilchen auf die Zeigefingerspitze, betupft es auf der Rückseite mit Alleskleber und bringt es vorsichtig auf der dafür vorgesehenen Stelle des Eies an. Man kann hierzu auch eine Pinzette nehmen. Wenn nun das Ei rundherum verziert ist, wird es auch mit einem Faden versehen, wie vorher beschrieben, und wie auf Seite 263 beschrieben aufgehängt.

Das Bemalen der Eier

Material: Ausgeblasene Hühnereier, Farbe nach Belieben (Wacofin, Plakatfarben, DEKA-Ziermatt, Marabu, Wasser- oder Deckfarben – Schulmalkasten – und Filzstifte). Flachhaarpinsel Nr. 10, Marderhaarpinsel Nr. 1 und Nr. 2, Bleistift.
Das Bemalen ist die einfachste Technik zur Herstellung von Schmuck-Eiern. Auch wer nicht gut malen kann, wird mit wenigen Mitteln ein Ei verzieren können. Sehr schön sind ornamental verzierte Eier. Man reiht ein Blatt an das andere, setzt Blüten dazwischen oder einfach Punkte.
Zum Malen nimmt man eine der oben angegebenen Farben. Die ausgeblasenen Eier müssen vorher wieder entfettet werden, sonst haftet die Farbe nicht. Auch die Hände sollten fettfrei sein. Man macht sich auf das grundierte Ei mit Bleistift eine Skizze und beginnt dann mit dem Ausmalen. Die linke Hand hält das Ei, die rechte ist bequem auf einem dicken Buch abgestützt. Wer sich mit Pinsel und Farbe schwertut, kann zum Bemalen auch Filzstifte nehmen, muß dabei nur aufpassen, daß das Gemalte nicht verwischt, denn Filzstifte trocknen sehr langsam.
Wenn das Ei fertig ist und die Farben trokken sind, wird es aufgehängt und mit Glanzspray behandelt. Auf der Zeichnung unten sind weitere Anregungen für das Bemalen von Ostereiern zu finden.

Motive für das Bemalen von Ostereiern. Bei den Überlegungen für den Entwurf muß man die Schwierigkeit des ovalen Untergrundes mitbedenken

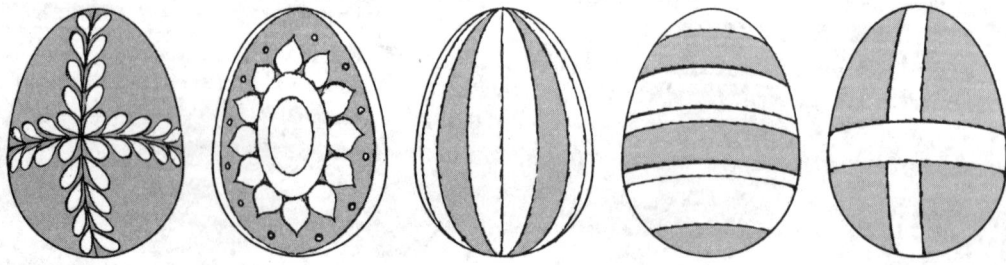

Papier

Die Urahnen des Papiers waren der Papyrus und das Pergament. Papyrus war der im Altertum bekannteste Untergrund für Bild und Schrift; er wurde aus dem Mark der Papyrusstaude gewonnen. Pergamente sind die von Haaren befreiten ungegerbten Häute junger Ziegen, Schweine, Kälber und Schafe. Die ersten Darstellungen über die Erfindung des Papiers in China stammen aus dem 5. Jahrhundert, als der eigentliche Erfinder gilt der Ackerbauminister des Kaisers Ho-Ti, Tsai Lun, der um 105 n. Christus lebte. Am Ende des 9. Jahrhunderts verbreitete sich die Erfindung des Papiermachens auch in Japan, seit dem 14. Jahrhundert gibt es in Deutschland die Papierschöpfer: ein Nürnberger Kaufmann brachte aus der Lombardei die Rezepte zur Papierherstellung mit und eröffnete 1390 die erste „Hadermühle".

Wenn auch die Herstellung des Papiers heute ein rein maschineller, elektronisch gesteuerter Vorgang geworden ist, am eigentlichen Rezept hat sich wenig geändert: Lumpen (Hadern), Holz, Altpapier oder Pflanzenfasern wie in Japan die Zweige des Papiermaulbeerbaumes werden zerfasert und mit Leim zu einer zähflüssigen, dicken Masse gekocht. Aus diesem Brei wird mit einem Sieb geschöpft, die Masse dann zu Blättern gepreßt.

Industriell gefertigtes Papier wird nach Quadratmetergewicht eingeteilt, Papier hat die geringste Dicke (8 g–170 g). Es folgen Halbkarton (170–200 g) und Karton (200–500 g), Pappe hat die stärkste Dicke (über 500 g).

Gegenstände, aus Papier gefertigt, sind nicht für die Ewigkeit bestimmt, es sind meist zarte Gebilde von kurzer Dauer. Sie sind nicht waschbar, und wenn sie der Sonne ausgesetzt werden, bleichen die Farben rasch aus. Eine Ausnahme bildet stabiler Karton. Papier wird deshalb vorwiegend im Verpackungs- und Dekorationsbereich verwendet, in dem Haltbarkeit bei Dauerbeanspruchung nicht so sehr gefragt ist. Für alle Entwurfsarbeiten ist Papier ideal.

Formate

Der Normenausschuß für deutsche industrie hat im DIN 476 (DIN = Deutsche Industrie Norm) eine Vereinheitlichung der Papierformate herausgebracht.

Der DIN-A-0-Bogen wird auch Urformatbogen genannt, da er von der Größe der Fläche her einen Quadratmeter mißt und daher auch immer dem Quadratmetergewicht eines Papiers entspricht.

Die Zahl hinter dem Großbuchstaben (A 4) sagt aus, wie oft der Urformatbogen (DIN A 0) gefaltet werden muß, um das entsprechende Format zu erhalten, bei DIN A 4 z. B. viermal, bei DIN A 5 muß der 0-Bogen fünfmal gefaltet werden.

Hier die Maße der Formate:

DIN A 0: 841 x 1189 mm
DIN A 1: 594 x 841 mm
DIN A 2: 420 x 594 mm
DIN A 3: 297 x 420 mm
DIN A 4: 210 x 297 mm
DIN A 5: 148 x 210 mm
DIN A 6: 105 x 148 mm

Die unterschiedlichen Papierqualitäten

Seidenpapiere sind dünne, zarte transparente Papiere, die es in einer großen Skala vorwiegend in Schreibwarenhandlungen gefaltet als Verpackungsmaterial für Geschenke preiswert zu kaufen gibt. Seidenpapiere lassen sich gut reißen und falzen.

Kreppapier gibt es in Rollen in vielen verschiedenen Farben zu kaufen, man kann es quer dehnen, und es ist sehr formbar.

Transparentpapier gibt es in Mappen mit großen Blättern zu kaufen, die eigentliche Farbwirkung des Papiers kann man erst beurteilen, wenn man die Papierblätter gegen das Licht hält.

Scherenschnittpapier ist auf der einen Seite schwarz getönt und auf der Rückseite weiß, damit man die Motive des Scherenschnitts aufzeichnen kann.

Tonpapier ist ein durchgefärbtes Papier, das man beidseitig verwenden kann.

Buntpapier ist ein nicht sehr stabiles, preiswertes Papier, weshalb es auch häufig im Kindergartenbereich verwendet wird. Man kann es in vielen Farben kaufen; die Blätter sind nur auf einer Seite eingefärbt, die andere ist weiß und oft auch gummiert.

Metallfolien gibt es in reichhaltigen Angeboten vor allem zur Weihnachtszeit zu kaufen. Als Metallpapier bezeichnet man diejenigen Papiere, die nur einseitig beschichtet sind, als Metallfolien diejenigen, die beidseitig glänzen. Beide gibt es in unterschiedlichen Stärken und Formaten zu kaufen.

Zeichenkartons gehören zur Kategorie der Feinpapiere, sie sind holzfrei und werden aus Hadern (Lumpen) hergestellt. Man kann sie in unterschiedlichen Stärken und Beschichtungen (z. B. Siliconkarton oder Schaufensterkarton) kaufen.

Buchbinderpappen sind glatte Pappen mit großer Stabilität. Sie eignen sich zum beidseitigen Beziehen, da sie sich nicht verziehen.

Eierkartons sammelt man – eingeweicht ergeben sie den dicken Brei, den man als Pappmaché verwendet.

Zeitungspapier wird eingeweicht als dicker Brei zu Papiermaché verarbeitet. Zusammengeknüllt und mit einer Haut überzogen, entstehen große Plastiken, die anschließend bemalt werden können.

Preßspan ist ein holzartiger Werkstoff, dessen Festigkeit mit Holz vergleichbar ist.

Werkzeug

Zum Schneiden von größeren Papierbogen braucht man eine große Papierschere, eine kleine gerade Schere und eine Nagelschere für kleinere Papierarbeiten und Scherenschnitte.

Kleistermalerei auf Karton nach demselben Rezept wie im Kapitel „Holz" auf Seite 178

Zum Ritzen und Schneiden stärkerer Papiere, von Karton oder Pappe verwendet man ein Allzweckmesser (Stanley) mit auswechselbaren Klingen, das man an einem Stahllineal entlangführt.

Zum Falzen des Papiers benötigt man ein Falzbein,

für Berechnungen Winkelmesser und Zeichendreieck.

Zum Kleben verwendet man entweder weiße Papierkleber, in Tuben- oder Stiftform, Alleskleber oder Kontakt-Spray-Kleber. Es gibt auch Spezialkleber (Fixogum), wo Geklebtes mühelos wieder getrennt werden, der Klebstoff mit Radiergummi wieder abgerubbelt werden kann.

Für viele Papierarbeiten benötigt man ein Reißzeug: Zirkel, Stechzirkel und außerdem natürlich spitze Bleistifte und einen Radiergummi, der nicht schmiert.

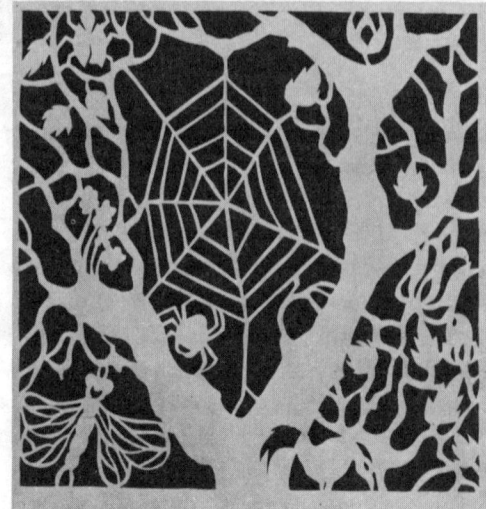

Scherenschnitt von Margareth Damberger: Spinnennetz in den Ästen eines Baumes

Wer Papier ritzt oder mit dem Messer schneidet, arbeitet am besten auf einer Unterlage aus festem Karton, damit die Arbeitsplatte nicht beschädigt wird.

Schneiden mit der Schere

Die erste Übung zum Papierschneiden ist der Faltschnitt. Das Papier legt man zusammen; dann werden Motive ausgeschnitten, die ein symmetrisches Muster ergeben. Eine Weiterentwicklung des Faltschnitts ist der Scherenschnitt. Entweder schneidet man ihn aus weißem Papier aus und legt den Scherenschnitt dann auf einen schwarzen Untergrund (Tonpapier), oder man verwendet Scherenschnittpapier. Für filigranartige Scherenschnitte ist sorgfältiges Arbeiten eine Grundvoraussetzung; er lebt von liebevoll dargestellten Details und vom Zusammenspiel von Motiv und Kontrast. Darauf sollte man sich beschränken und auf räumliche, perspektivische Gestaltung verzichten.

Man zeichnet den Entwurf auf der Rückseite des Papiers vor und schneidet dann ge-

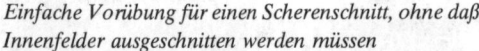

Einfache Vorübung für einen Scherenschnitt, ohne daß Innenfelder ausgeschnitten werden müssen

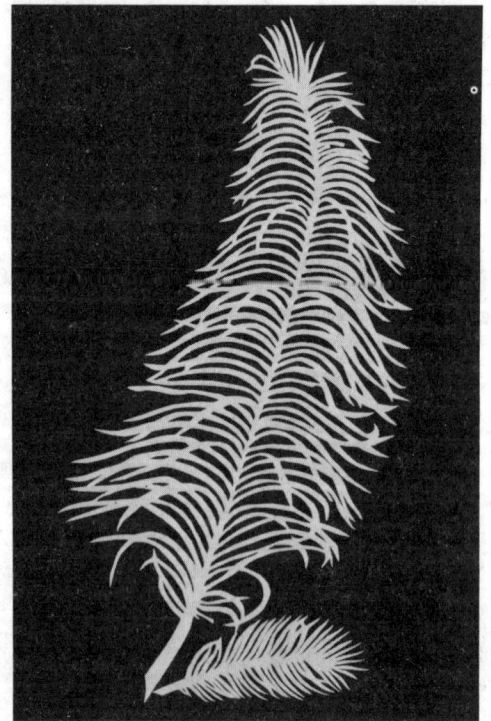

rade Strecken mit der kleinen Papierschere, Rundungen mit der Nagelschere aus. Größere Schnitte macht man mit dem Allzweckmesser oder mit der Schneidefeder mit Federhalter.

Schneiden mit dem Messer

Exakte gerade Schnitte können nur mit dem Messer ausgeführt werden, da bei der Arbeit mit dem Schneidemesser das Papier, der Karton oder die Pappe flächig auf dem Arbeitstisch aufliegt. Man schneidet auf einer dicken Pappunterlage an einer Metallschiene entlang zeigt. Beim ersten Schnitt ritzt man die Oberfläche dickerer Pappen leicht ein, der zweite Schnitt wird dann mit mehr Kraft in der Bahn des ersten ausgeführt.

Falten

ist der allgemein übliche Begriff für das Biegen und Zusammenlegen des Papiers. Der Fachbegriff des Buchbinders dafür ist „Falzen" und das wichtigste Werkzeug das „Falzbein"; mit ihm werden Faltkanten festgedrückt. Man zieht mit einem Falzbein aber auch Markierungslinien, macht Einkerbungen oder rollt Papierstreifen über dem Falzbein. Als Ersatz kann man auch einen Brieföffner benutzen, dessen Kanten jedoch nicht zu scharf sein dürfen.

Viele der bei uns bekannten klassischen Faltsysteme kommen aus Japan, wo das Papierfalten in der Technik „Origami" eine große Tradition hat. Aus einer geometrischen Ausgangsfläche entsteht ein plastischer Gegenstand: Meist Tiere und Blüten. Hier einige klassische Papier-Faltarbeiten:

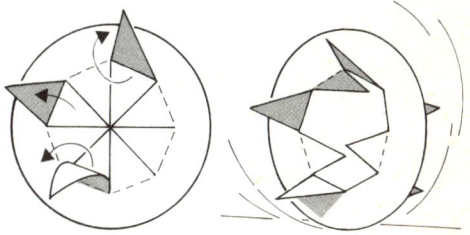

Die Zeichnung links zeigt, wie ein einfacher Stern aus einem Quadrat entsteht. Darunter und oben: So wird ein Windrad gefaltet. Unten: Faltschnitt

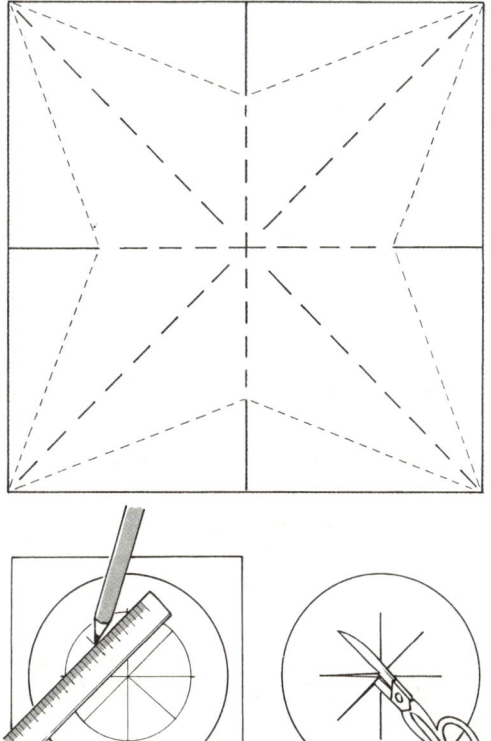

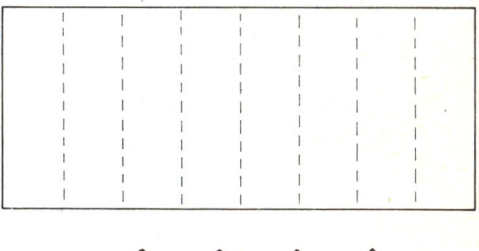

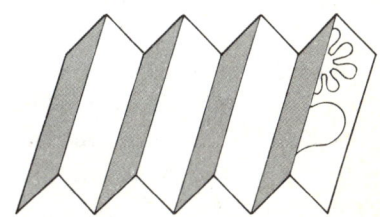

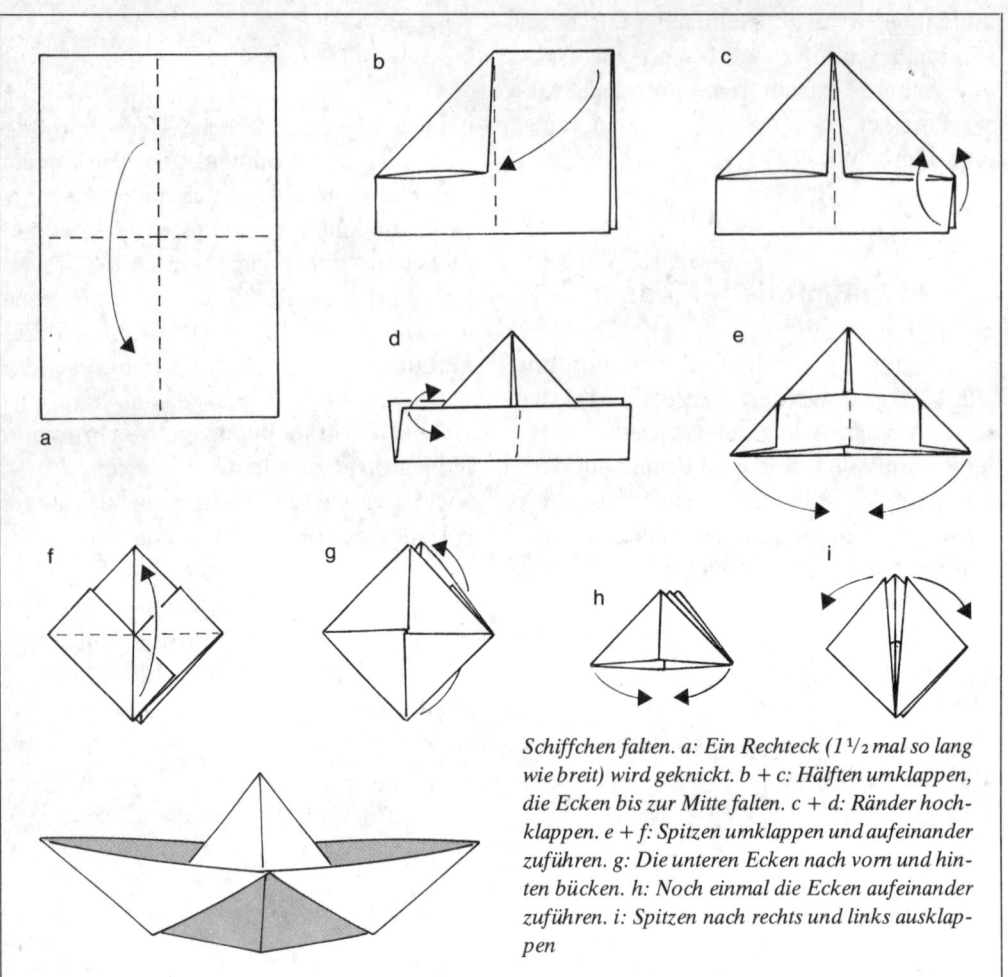

Schiffchen falten. a: Ein Rechteck (1 ½ mal so lang wie breit) wird geknickt. b + c: Hälften umklappen, die Ecken bis zur Mitte falten. c + d: Ränder hochklappen. e + f: Spitzen umklappen und aufeinander zuführen. g: Die unteren Ecken nach vorn und hinten bücken. h: Noch einmal die Ecken aufeinander zuführen. i: Spitzen nach rechts und links ausklappen

Formen und Bauen

Nach geometrischen Schnittmustern, die man sich exakt vorzeichnen muß, können Formen aus Papier durch Falten und Kleben entstehen. Die Pappstadt auf dem Foto rechts zeigt die Endergebnisse. Die Formen werden zusammengeklebt, die Verbindungsflächen sind Papierlaschen, die man bei der Konstruktion mit einplanen muß. Bei geraden Flächen werden die Laschen an den Seiten abgeschrägt, bei runden Flächen werden sie zickzackartig eingeschnitten. Diese Technik erfordert Konzentration und geduldiges Arbeiten.

Aus Zeitungspapier und Tapetenkleister

kann man große Figuren bauen. Exaktes Arbeiten ist hier nicht die Grundvoraussetzung – dafür ist aber notwendig, daß man nach einem auf Papier skizzierten Entwurf eine Figur dreidimensional, plastisch aufbauen kann. Man knüllt Zeitungspapier zusammen und klebt die Knäuel mit Tapetenkleister (Gebrauchsanweisung auf der Packung beachten) aneinander. Die eigentliche Form entsteht dann durch die Haut, die über die Knäuel gelegt wird: Mit dem Pinsel werden Zeitungspapierseiten mit Tapetenkleister auf einer Seite dick bestrichen und über die Knäuel gelegt.

Beine, Schnauzen oder Augen können, wenn sie feingliedriger sein sollen, auch aus Papp- oder Papiermaché angesetzt werden. Zum Schluß kann man die Kleisterfiguren auch mit Plaka- oder Dispersionsfarben bemalen und zum Spielen freigeben...

Pappmaché und Papiermaché

Zwischen Pappmaché und Papiermaché besteht nur ein kleiner Unterschied: Pappmaché wird am besten aus Eierkartons hergestellt, Papiermaché aus Zeitungspapier, auch billiges Toilettenpapier kann man verwenden.

Die Eierkartons oder das Zeitungspapier werden in kleine Schnipsel zerrissen und in einem Gefäß mit reichlich Tapetenkleister (für schwere Tapeten) und Wasser verrührt; das Wasser muß die Schnipsel fast bedecken. Je länger die Masse einweicht, desto feiner kann sie verarbeitet werden; durch langes Stehen zerfallen die Schnipsel. Papiermaché hat nämlich die Eigenschaft, sich beim Trocknen durch den eintretenden Wasserverlust zusammenzuziehen; je gröber die Schnipsel sind, desto faltiger schrumpft das Modellstück.

Papier oder Pappmaché läßt sich sehr leicht verarbeiten und zwar am besten zu Puppenköpfen oder kleinen Tieren: ein Klumpen der Masse wird in der Hand nach Belieben geformt; es können auch ohne weiteres andere Klumpen daraufgesetzt werden. Papp- oder Papiermaché wird sehr leicht, es läßt sich, wenn es vollständig getrocknet ist, gut mit Plaka-Farben bemalen.

Pappstadt: Aus Tonpapier werden Quader, Würfel, Pyramiden, Kegel gebaut. Schnittmuster für den Bau geometrischer Figuren muß man gut planen, bevor man sie in die Tat umsetzt

Foto oben: Pappschachteln farbig bezogen. Foto unten:
Schnittmuster für einen farbigen Bezug

Kaschieren

Größere Zeitungspapierstücke werden mit einem Pinsel erst mit Tapetenkleister eingestrichen und dann, wieder mit dem Pinsel, auf den Untergrund kaschiert. So erhalten kantige Gegenstände, z.B. ausgesägte Holztiere, eine abgerundete Form.

Kaschiert werden kann im Grunde alles: fast jede Theaterdekoration ist so bearbeitet. Auch völlig neue Gegenstände können entstehen: hierzu muß von dem geplanten Gegenstand eine Grundform als Drahtgestell gefertigt werden, die dann rundum kaschiert wird.

Eine weitere, sehr einfache Form ist, über zusammengeknülltes Zeitungspapier anderes, glattes Zeitungspapier zu leimen. Diese Form des Kaschierens ist kinderleicht und ebenso stabil wie die oben genannten. Auf diese Art können z.B. riesige Tiere hergestellt werden. Alles Kaschierte kann gut mit Plaka-Farben bemalt werden (siehe Seite 381, Kasperlpuppen).

Schachteln beziehen

Es gibt unter dem Verpackungsmaterial viele Schachteln, denen es gut tut, daß man sie bunt bezieht. Voraussetzung ist, daß sie noch einigermaßen intakt sind und daß so viel Spielraum zwischen Boden und Deckel ist, daß sie trotz Bezugspapier ineinanderpassen. Als Bezugspapier eignen sich dünne, aber feste Papiere – am besten Geschenkpapiere, die es in schönen Mustern und Farben zu kaufen gibt. Das Papier wird, wie auf dem Foto zu sehen, zugeschnitten. An den schmalen Rändern läßt man den Bezug 1,5 cm überstehen, für die Innenseite gibt man 2 cm zur Höhe von Schachtel und Deckel zu. Die Schachteln können entweder mit selbstklebender Folie beklebt werden oder man klebt das Bezugspapier auf. Ta-

Farbtafel XVII   *Perlen kann man selber machen. Wie das geht und was man dazu braucht, steht auf Seite 130 und 131. Draht wird mit Kaolinbrei überzogen. Ein Glasstab und der kaolinüberzogene Arbeitsdraht werden im Feuer einer Lötpistole erwärmt und das vom Stab herablaufende Glas aufgewickelt. Die milchige Oberfläche entsteht durch Ätzen des Glases. Was man mit Perlen noch alles machen kann, findet man ab Seite 289*

petenkleister ist ein ideales Klebemittel für große Flächen. Dieser wird in einem Verhältnis von Wasser und Pulver angesetzt, wie es auf der Packung für das Vorkleistern empfohlen wird. Nach etwa 20 Minuten, wenn der Kleister beim Schlagen keine Blasen mehr gibt, streicht man sowohl Bezugspapier als auch die Außenflächen der Schachtel dünn mit einem breiten Pinsel ein. Das Papier wird vorsichtig auf eine Ecke der Schachtel gelegt und von dort aus mit einem weichen Tuch in Richtung der anderen Ecke gedrückt. Wenn Luftblasen entstehen, das Papier noch einmal wegziehen und neu mit dem Tuch glattstreichen. Kleinere Unebenheiten sieht man nach dem Trocknen nicht mehr.

Mappen

werden aus festem Karton, Pappe genannt, gearbeitet. Mit diesem Material entsteht ein ähnliches Problem wie beim Holz: Pappe verzieht sich. Dem beugt man vor, indem

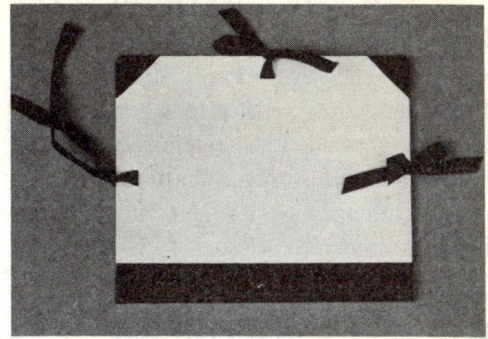

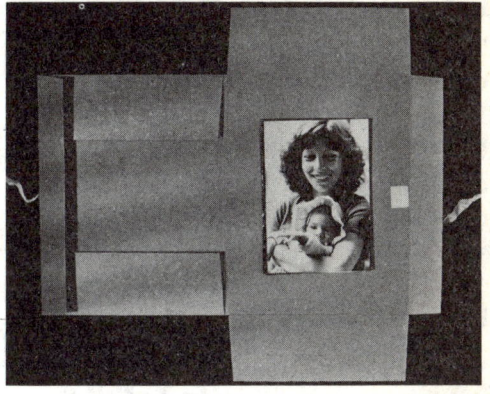

Foto oben: Stabile Mappe aus Pappe
Foto unten: Fotomappe aus Karton

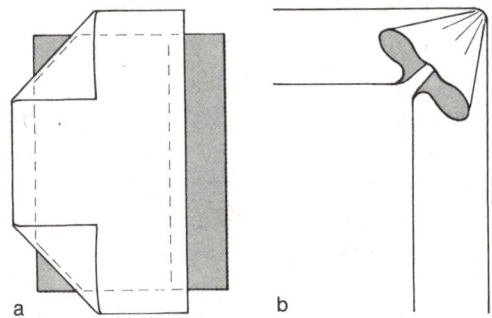

Runde Ecken entstehen durch kleine Fältchen

a   b

man die Pappe immer beidseitig beklebt. Beim Bekleben Untergrund und Pappe dick mit Spezialkleber (Ponal) bestreichen und die Pappe immer in der richtigen Lauf-richtung verarbeiten. Die Laufrichtung der Pappe erkennt man am Verlauf ihrer Fasern. Die Pappe muß immer so verarbeitet werden, daß die Laufrichtung parallel zum Rücken verläuft. Dann schneidet man die Mappendeckel zu und rundet an den entsprechenden Außenseiten die Ecken ab. Der Rücken wird mit einem Leinwandstreifen (Buchbinderbedarf) gearbeitet. Man berechnet für den Umschlag nach innen oben und unten je 3 cm mehr als die Länge der Mappendeckel.

Der Leinwandstreifen wird mit Leim bestrichen und die Mappendeckel in 1 cm Abstand voneinander daraufgelegt. Der Über-

Farbtafel XVIII   Ein Kissen mit Vögeln, im Hintergrund ein Wandbehang mit einem Baum aus grünen Blättern und braunem einfarbigem Baumstamm – beides von Angelika Süssmann. Die geblümten Stoffe stammen von Laura Ashley. Die einzelnen Stoffteile werden ausgeschnitten und mit der Maschine im engen Zickzackstich auf einem einfarbigem Grund aus grobem Leinen gleichzeitig aufgenäht und versäubert

stand wird nach innen umgelegt und festgeklebt. Wird die Mappe nicht bezogen, klebt man von innen einen Papierstreifen in der Breite des Leinwandstreifens gegen.

Die Ecken werden aus einem 5 cm breiten Leinwandstreifen zugeschnitten und, wie die Zeichnungen a + b zeigen, um die Mappendeckel geklebt.

Einfaches Drucken auf Papier

Bei allen hier beschriebenen Drucktechniken wird dieselbe Farbe verwendet: Linoldruckfarbe. Man drückt aus der Tube einen Klecks Farbe auf eine Glasplatte und verteilt sie mit einer Spezialwalze für Linoldruck, bis diese gleichmäßig mit einer dünnen Farbschicht überzogen ist.

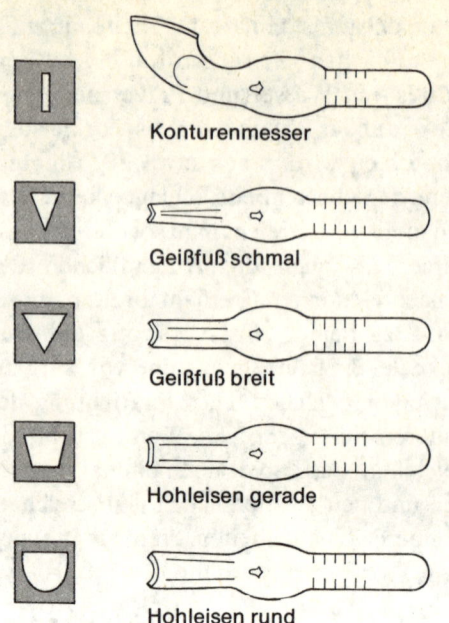

Konturenmesser

Geißfuß schmal

Geißfuß breit

Hohleisen gerade

Hohleisen rund

Linolschnittmesser: Diese Messer können nicht geschliffen werden, man legt sich am besten einen kleinen Vorrat an

Der Materialdruck

Man kann mit den unterschiedlichsten Materialien drucken: mit Kartoffeln (mehr über Kartoffeldruck siehe Seite 334), mit Blättern, Stoffen wie Netze, Leinen, oder spitzenartigen Gardinenstoffen. Die Voraussetzung ist, daß man die Druckfarbe mit der Walze auftragen kann. Das Foto Seite 277 zeigt einen Materialdruck: Auf Farnblätter wurde Linoldruckfarbe mit der Walze aufgetragen und dann durch zweifaches Drucken mit nur einem Farbauftrag eine interessante Helldunkelwirkung erreicht.

Linolschnitt

Material und Werkzeug

Geeignete Linolabschnitte in etwa 3 mm Dicke gibt es in Hobbyläden und Hobbyabteilungen der Kaufhäuser. Reste vom Teppichhändler sind meistens unbrauchbar,

weil das Linoleum, das heute verwendet wird, zu hart ist, als daß man Motive einschneiden könnte. Als Druckstock geeignet ist nur sehr weiches Linoleum, das man mit dem Nagel leicht einritzen kann. Linolschnittmesser gibt es ebenfalls in Hobbygeschäften, Schreibwarenhandlungen oder Hobbyabteilungen der Kaufhäuser. Zu einem Satz Linolschnittwerkzeuge gehörten ein kurzer handlicher Haltegriff und fünf verschiedene Messer zum Einsetzen: das Konturenmesser, der schmale Geißfuß, der breite Geißfuß, ein gerades Hohleisen und ein rundes Hohleisen. Diese Messer können nicht geschliffen werden, wenn sie stumpf sind. Schneidet man Linol mit stumpfen Messern, dann muß man wesentlich mehr Kraft aufwenden; deshalb müssen die Messer häufig gewechselt werden – man legt sich am besten einen kleinen Vorrat an. Die Zeichnung oben zeigt die wichtigsten Linolschnittmesser.

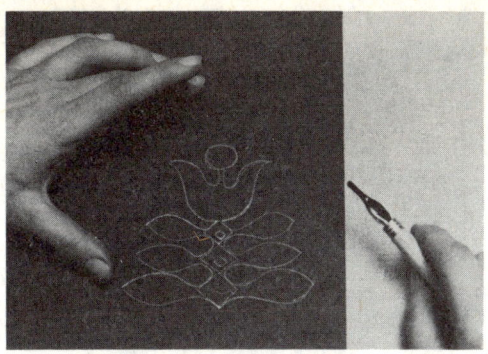

Mit dem Geißfuß werden die Konturen ausgeschnitten. Hände nie in Schnittrichtung abstützen

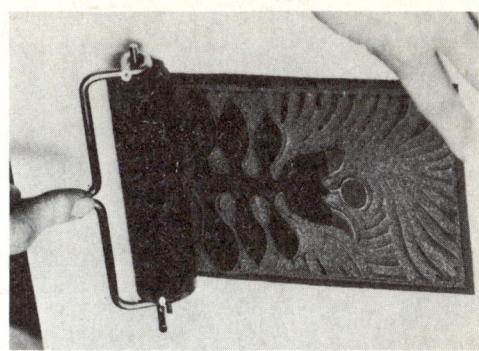

Mit der Walze zügig die Druckfarbe auf der Linolplatte verteilen

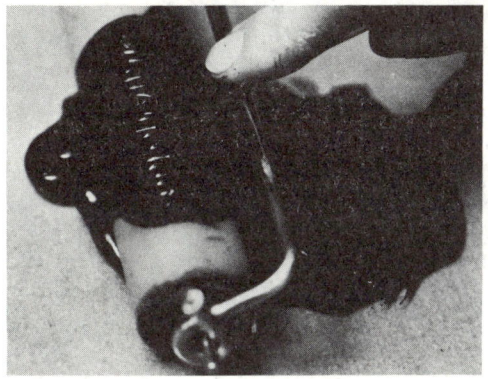

Linoldruckfarbe aus der Tube auf die Glasplatte geben und flachwalzen

Papier vorsichtig von der Platte abziehen und trocknen lassen

Terpentin braucht man...

zum Verdünnen der Stoffdruckfarbe. Terpentin wird auch zum Reinigen der Walze, der Stempel und der Hände benötigt.

Eine Glasplatte oder glatte Kunstoffplatte zum Auswalzen der Farbe. Zum Übertragen der Skizze kann man weißes Pauspapier verwenden, durch das man die Linien des Motivs auf das Linoleum übertragen kann. Eventuell einen Holzklotz zum Aufkleben der fertigen Linolplatte.

Zum Drucken verwendet man saugfähiges Papier oder dünne Kartons für Tisch- und Glückwunschkarten.

Rechts ist oben ein Negativstempel, unten ein Positivstempel zu sehen. Der Positivstempel bedarf breiterer Konturen als der Negativstempel

Einzelmotive als Druckstöcke, die zu Ornamenten an-einandergereiht werden können

Mehrere Motive sind auf dem Foto unten so zusammen-gestellt worden, daß man mit diesem Druckstock flä-chenfüllend drucken kann

Marmorieren

Mit marmorierten Papieren wurden Vor-satzblätter und Einbände kostbarer Bücher geschmückt. Buchbinder hüteten die Farb-zusammensetzung wie ein Geheimnis. Der Reiz dieser Technik liegt im Experimentie-ren; auch wer viel Erfahrung hat, kann nur ein Stück weit vorherbestimmen, was für ein Endergebnis entsteht. Es ist eine Tech-nik für diejenigen, die Schwierigkeiten mit der Gestaltung einer leeren Fläche haben. Das Muster entsteht wie von selbst und ge-spannt hebt man jedes Papier vom Färbe-bad ab, um staunend die entstandene Gra-fik zu bewundern.

Das Grundprinzip: Nicht wasserlösliche Farben werden auf ein Wasserbad gespritzt,

Rechts: Materialdruck von Heide Gehring; Linolfarbe wurde auf Farnen ausgewalzt und damit gedruckt

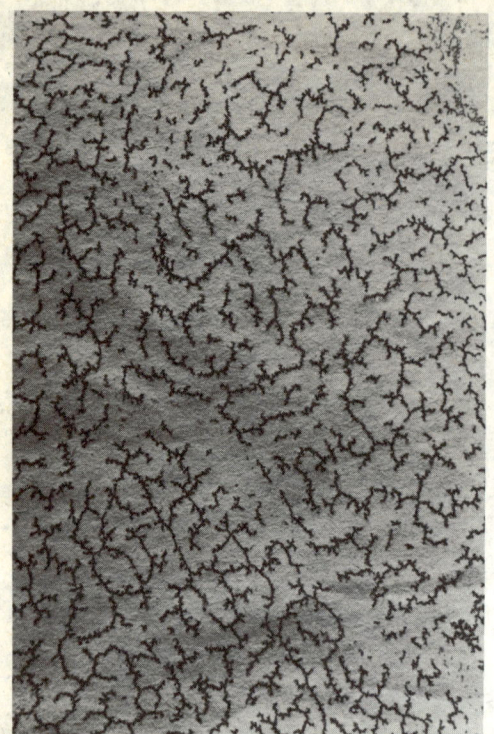
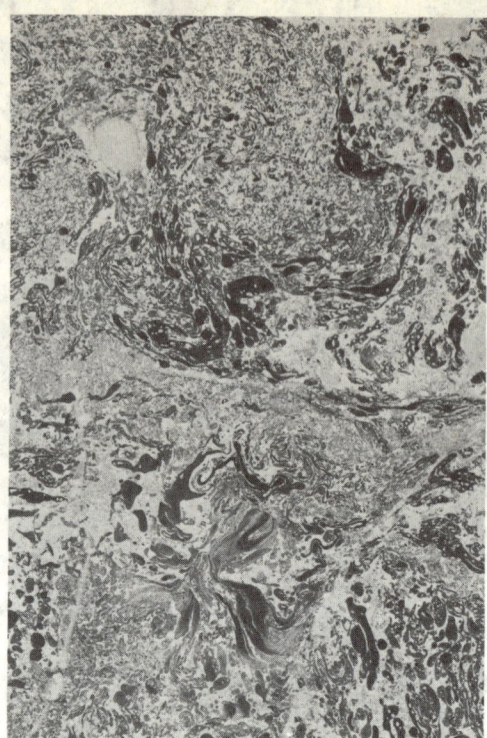

Das Marmorieren auf Papier ist ein einziges Abenteuer. Stark verdünnte Ölfarbe wird auf Wasser gespritzt, die Tropfen sprengen sich gegenseitig auseinander, dann legt man vorsichtig ein Blatt Papier auf die Wasseroberfläche

bilden einen Film; ein Papier wird aufgelegt, die Farben färben ein Muster ein.

Das selbe geht auch mit wasserlöslichen Farben: Diese müssen allerdings auf ein Bad aus Tapetenkleister gespritzt werden. Dies ist vor allem für Stoff geeignet: Man verwendet Tapetenkleister, DEKA-Stoffmalfarbe und naturfarbenen feinen Nesselstoff (siehe Seite 333).

Werkzeug und Material:

Ölfarben (3 Farbtöne reichen für den Anfang) und Terpentin
Eine flache Wanne: Backblech oder Fotowanne
Pipetten aus der Apotheke oder Trinkhalme
Saugfähiges, festes Papier: Skizzenblock in Größe der Wanne

Der Arbeitsablauf

Man marmoriert am besten in Küche oder Bad, weil die Arbeit am besten in der Nähe eines Wasserhahnes stattfindet. Die Ölfarben werden mit Terpentin zu einer dünnflüssigen Lösung gut verrührt. Es lohnt sich, das mit großer Sorgfalt zu tun, weil unverrührte Farbreste dicke Flecken ergeben. In die Wanne werden ca. 2 cm Wasser eingefüllt und mit der Pipette die Farblösung auf das Wasser getropft. Das Papier, das sehr saugfähig sein muß, wird auf das Bad gelegt und sanft aufgedrückt, so daß alle Stellen gleichmäßig gefärbt werden. Auf der Rückseite zeichnet sich das Muster ab – nach wenigen Minuten kann das Papier abgezogen werden und zum Trocknen aufgehängt oder ausgelegt werden.

278

Peddigrohr

Peddigrohr ist das Mark einer lianenartigen Kletterpalme, der malayischen Rotangpalme (Calamus rotang). Ihre Ranken können eine Länge bis zu 180 m erreichen. Nach dem Abschälen der Rinde und der Wachstumsschicht kommt das Mark (Peddigrohr) in Bündeln zu etwa je 4 m langen Ranken in den Handel. Die ursprünglichen Ranken haben einen Durchmesser von etwa 4 cm. Sie werden zum Bau von Hängebrücken verwendet.

Im Handel sind die verschiedenen Stärken so untergliedert:

Nr.	00	0	1	2	3	4	5	6	7	8
mm	1,2	1,4	1,6	1,8	2,0	2,2	2,4	2,6	2,8	3,0

Um für das Bodenkreuz (siehe „Anfänge") einen Teil der Staken zu schlitzen, braucht man ein spitzes, scharfes Messer (Allzweckmesser).
Vor dem Flechten müssen die Flechtfäden

Die Technik des Flechtens hat sehr viel Ähnlichkeit mit der des Webens: die Kettfäden entsprechen den Staken, die Flechtfäden dem Schuß

in einem geeigneten Gefäß (Plastikschüssel oder Eimer) eingeweicht werden.

Damit man beim Flechten des Bodens die einzelnen Reihen dicht und gleichmäßig aneinanderdrücken kann, benutzt man eine Ahle, sie erleichtert auch das nachträgliche Einstecken von zusätzlichen Staken oder auch das Auseinanderbiegen beim Abschlußrand.

Ab 3 mm wird das Maß nach Durchmesser angegeben.

Beim Kauf sind zwei Qualitätsunterschiede zu beachten:

Schwarzband: Diese Sorte ist im Farbton recht unterschiedlich, was sehr lebendig wirken kann. Sie ist billiger als Rotband, aber spröder in der Verarbeitung.

Rotband: Dies ist eine gute Qualität, elastisch in der Verarbeitung und hat eine gleichmäßig helle Farbe.

Am besten kauft man Peddigrohr in Korbflechtereien oder Korbwarenhandlungen in Strängen zu 250 g, 500 g, oder 1 kg.

Werkzeug

Zum Abmessen der richtigen Stakenlänge benötigt man ein Maßband. Das Zuschneiden der Staken läßt sich am einfachsten mit einem Seitenschneider machen.

Einweichen

Je nach Stärke des Peddigrohrs empfiehlt sich, die Fäden 15 bis 30 Minuten in warmes Wasser zu legen, damit sie flexibel werden. Zum Einweichen wickelt man die langen Fäden am besten zu Ringen und klemmt das Ende mit einer Wäscheklammer fest. Die Fäden sollten auf keinen Fall geknickt werden, da sie dann beim Trocknen brechen können. Die Staken werden nur kurz getaucht, damit sie für das Gerüst möglichst steif bleiben.

Verschiedene Anfänge

Geflochtener Boden

Die Stakenlänge ergibt sich aus dem Durchmesser des Bodens. Will man einen Untersetzer flechten, so müssen noch 5 bis 10 cm hinzukommen, die beim Abschluß eingesteckt werden (siehe unten).

Um eine bessere Stabilität des Flechtwerks zu erreichen, werden die Staken 2 bis 3 Stärken dicker verwendet als die Flechtfäden (z.B. 4er Staken und 2er Flechtfäden). Will man nur eine Stärke verwenden, so müssen die Staken doppelt geschnitten werden.

Der Anfang eines geflochtenen Bodens; jeweils 6 Staken wurden zu einem Kreuz übereinandergelegt

Es werden mit dem Seitenschneider 8 Staken zugeschnitten (z.B. Nr. 4 und 10 cm Länge). 4 Staken werden nun in der Mitte vorsichtig mit einem spitzen, scharfen Messer geschlitzt, so daß die übrigen 4 Staken eingesteckt werden können. Gleichzeitig wird ein langer Flechtfaden (im Beispiel Nr. 2) etwa eine Viertelstunde im warmen Wasser eingeweicht, bis er gut flexibel ist. Die Mitte des Flechtfadens wird um 4 nebeneinanderliegende Staken gelegt, so ergeben sich 2 Flechtfäden. Diese werden über 3 Runden um das Stakenkreuz geflochten, so daß sich die beiden Flechtfäden immer zwischen den jeweils 4 Staken überkreuzen (siehe auch Seite 284 „Fitzen"). Die Arbeit muß flach, am besten an einer Tischecke, aufliegen; jede Runde muß gut an die vorhergehende mit der Ahle angedrückt werden. Nach diesen 3 Reihen werden die Staken aufgebrochen, d.h. es werden jetzt jeweils 2 Staken umflochten – so erweitert sich der Durchmesser. Nach weiteren 3 bis 4 Reihen können die Staken nochmals aufgebrochen und einzeln umflochten werden.

Variationen

Stakenkreuz wie vorhin (12 Staken, 6 davon in der Mitte schlitzen und die anderen 6 einstecken). Sodann wird das Stakenkreuz mit einem Flechtfaden auf und ab (über je 6 und unter je 6 Staken) umflochten („Zäunen"). Nach 2 bis 3 Reihen wird um ein Stakenbündel eine Schlinge gelegt und dann in Gegenrichtung 3 Reihen zurückgeflochten. Nun werden die Staken aufgebrochen, dabei wird ein zweiter Flechtfaden angesetzt, und so können die folgenden Reihen gefitzt werden.

Stakenkreuz wie oben. Anschließend wird ein Flechtfaden mit der Mitte um 3 Staken gelegt, und mit diesen 2 Fäden werden nun immer 3 Staken des geschlitzten Bündels und 3 Staken des durchgesteckten Bündels umflochten. Nach 3 Reihen werden die Staken zu Paaren aufgebrochen und nach weiteren 4 bis 6 Reihen nochmals.

Eine weitere Möglichkeit, besonders für größere Böden, für die man wegen einer

Angefangener Untersetzer. Die Beschreibung des Bogenrandes findet man auf Seite 285

Das Stakenkreuz wird 2 bis 3 Reihen umflochten, dann in Gegenrichtung weitergearbeitet

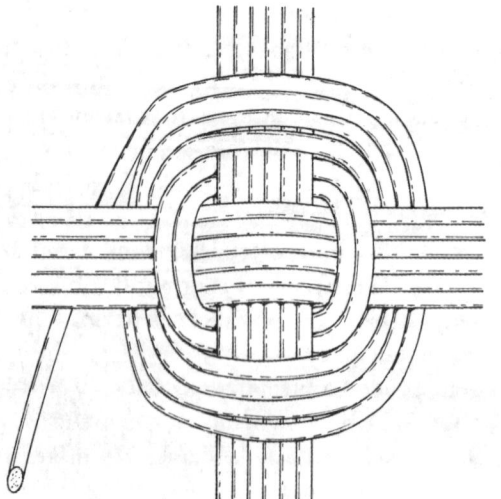

Foto unten: Ovaler, geflochtener Boden mit 8 Staken. Beschreibung Seite 283

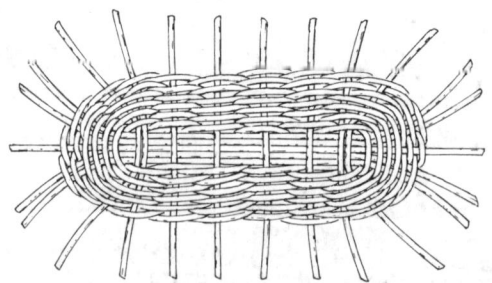

besseren Stabilität mehr Staken benötigt, ist folgende:

16 Staken werden in 4er Bündeln zu 2 Kreuzen angeordnet (wieder schlitzen und einstecken). Diese beiden Kreuze werden nun versetzt übereinandergelegt und

Tablett mit Sperrholzboden: das Geflecht ist in Fitztechnik gearbeitet, ca 5 cm hoch. Die Beschreibung des Zopfabschlusses steht auf Seite 286. Das in der Größe dazu passende Deckchen wurde mit Plattstichen als Sternchen auf Siebleinen gestickt

mit einem Flechtfaden wie oben beschrieben umzäunt. Nach 3 Reihen wird wieder in Gegenrichtung gearbeitet. Wenn die Staken in Paare aufgebrochen werden, wird wieder ein zweiter Flechtfaden angesetzt, und die folgenden Runden werden gefitzt.

Ovaler geflochtener Boden

Für einen ovalen Boden wird ein Teil der Staken für die entspechende Länge, ein Teil für die Breite des gewünschten Ovals zugeschnitten, z. B.: 8 Staken für eine Breite von 10 cm und 6 Staken für eine Länge von 20 cm.

Bei größeren Böden gilt: ein Drittel der Stakenanzahl für die Länge, zwei Drittel kurze Querstaken, so erhält man ein dichtes, stabiles Geflecht.

Die 8 Querstaken werden in der Mitte geschlitzt und die Längsstaken durchgesteckt.

Die kurzen Staken verteilt man gleichmäßig wie in der Skizze, so daß vorn und hinten je eine Querstake liegt.

An einer Längsseite beginnt man nun zu flechten. Ein Faden wird wieder in der Mitte um eine Querstake gelegt, und nun wird der Länge nach gefitzt. Je nach Stärke des verwendeten Peddigrohrs werden nach 2 (bei größerer Stärke) bis 4 Reihen die Längsstaken und die kurzen Doppelstaken aufgebrochen (siehe Skizze), um die Rundungen zu erreichen. Nach dem Aufbrechen wird bis zur endgültigen Größe weitergeflochten.

Sperrholzböden

Holzböden eignen sich besonders für größere Arbeiten wie Handkörbe, Papierkörbe u. a. m. Sie bilden einen stabilen Grund.

283

Die Staken werden durch die Sperrholzplatte gesteckt, unten verflochten, oben umflochten

6–8 mm starkes Sperrholz wird mit der Laubsäge in der gewünschten Form und Größe gesägt – der Rand muß glattgeschliffen werden. 0,5 cm vom Rand nach innen wird eine Linie gezeichnet, auf der man anschließend die Bohrlöcher markiert. Für Doppelstaken werden Löcher im Abstand von 0,5 und 1,5 cm mit der Ahle vorgestochen und dann mit derselben Bohrerstärke wie die Staken gebohrt (Bohrer vorsichtig herausziehen, damit das Sperrholz nicht splittert).

Die Stakenlänge berechnet sich bei Sperrholzböden aus der gewünschten Höhe des Werkstückes plus Dicke des Sperrholzes plus 5 cm für den Boden-Flechtrand plus 15 bis 20 cm für den Randabschluß.

Nach dem Zuschneiden der Staken werden sie so in den Holzboden gesteckt, daß unten 5 cm herausschauen. Diese 5 cm weicht man in warmem Wasser ein. Wenn die Enden geschmeidig sind, werden sie verflochten, indem eine Doppelstake vor die zweite und hinter die dritte Doppelstake gelegt und festgedrückt wird.

Übergang vom Boden zur Flechtwand

Bei geflochtenen Böden werden die Staken für die Wand in den Boden (neben dessen Staken) 5 bis 8 cm tief eingesteckt. Die Länge berechnet sich aus der Höhe des Korbes plus 5 bis 8 cm zum Einstecken plus 15 bis 20 cm für den Abschlußrand. Diese Staken müssen gut eingeweicht werden, damit sie nicht brechen, wenn sie nach oben gebogen werden.

Flechtarten für die Wand

Zäunen: Dies ist die einfachste Flechtart, die man mit einem Flechtfaden bei ungerader Stakenzahl ausführt. Der Flechtfaden wird immer vor einer Stake hinter der nächsten, vor der übernächsten usw. geführt. Es ist eine leichte Flechtart, die keine besondere Belastung aushält. Vor dem Abschlußrand sollte immer erst eine Runde gefitzt werden (siehe unten).

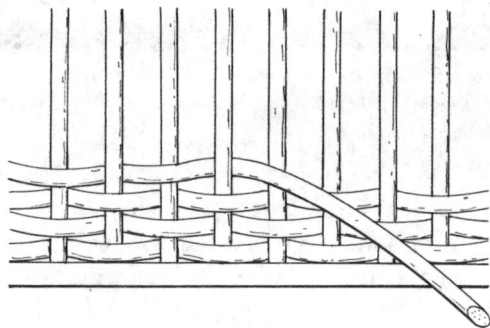

Oben: Die einfachste Art zu flechten nennt man „Zäunen". Unten: Flechten mit 2 Fäden nennt man „Fitzen"

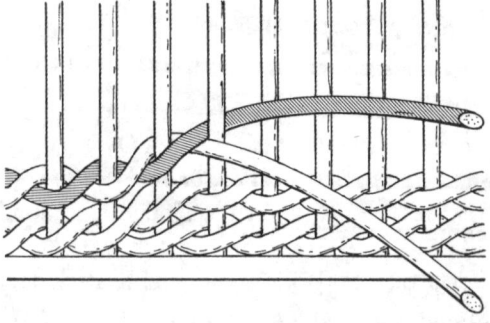

Fitzen: Es wird dabei mit zwei Flechtfäden gearbeitet. Diese überkreuzen sich jeweils zwischen zwei Staken. Diese Flechtart ist

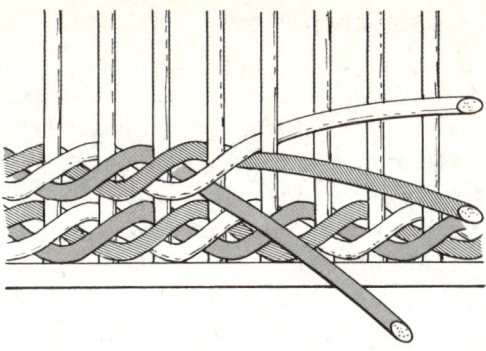

Wenn man mit 3 oder 4 Fäden flicht, nennt man das „Kimmen"

bei gerader und bei ungerader Stakenanzahl möglich. Sie wird besonders beim Aufbrechen von Staken und auch beim Übergang vom Boden zur Korbwand angewendet.

Kimmen: Man flicht mit 3 oder 4 Fäden (oder auch Doppelfäden). Bei 3 Flechtfäden (Flechtrichtung von links nach rechts) geht immer der linke Faden vor den nächsten beiden Staken und hinter der dritten vorbei. (Bei vier Flechtfäden entsprechend vor 3 und hinter 1). Das Kimmen ist eine sehr feste Flechtweise und eignet sich besonders bei größeren Arbeiten für das Wandgeflecht sowie als Schlußrand bei geflochtenen Böden.

Bei allen drei Flechtarten ist es wichtig, daß die Flechtfäden gut in warmem Wasser eingeweicht wurden.

Neuansetzen von Fäden

Ende und Anfang eines neuen Flechtfadens kreuzen sich hinter derselben Stake – dabei sollten Ende und Anfang nicht zu kurz abgeschnitten werden! Die Enden und Anfänge der Fäden sollten beim Boden eines Körbchens unten, also außen an der Bodenfläche liegen und bei den Seitenwänden immer an der inneren Seitenfläche liegen.

Abschlußränder

Die einfachste Art des Abschlusses, die sich zum Beispiel für Untersetzer und Blumenübertöpfe eignet, ist, die Staken 5 bis 8 cm lang abzuschneiden und sie – gut eingeweicht – zur nächsten Stake (Bogenrand) oder zur übernächsten Stake (überkreuzter Bogenrand) nach innen einzustecken.

Für kleine Körbchen läßt sich ein einfacher Flechtrand arbeiten, wenn man die Staken (10 bis 15 cm lang) jeweils hinter die nächste, vor die übernächste und hinter die dritte legt und gut andrückt. (Die Anfangsbogen jedoch locker legen, um am Ende der Abschlußrunde die Staken gut in das Randmuster einflechten zu können.)

Ein stabiler Abschluß ist der Zuschlag. Man benötigt 15 bis 18 cm lange Staken dafür. Zu Anfang werden die ersten 3 Staken jeweils hinter den nächsten beiden vorbei nach vorn geführt. Nun wird die erste Stake vor den zwei folgenden und hinter der nächsten vorbei wieder nach vorne geführt. Diese erste Stake bleibt nun ruhen. Die vierte Stake wird hinter zweien vorbei zu der ersten verflochtenen Stake nach vorn

Das Foto unten zeigt einen einfachen Bogenrand. Die Staken werden neben die drittnächste eingesteckt

285

dazugelegt. Somit sind nun wieder wie zu Beginn 3 Staken vorhanden. Die Fortsetzung erfolgt wie oben, also zuerst die erste liegende Stake verflechten, sodann die erste stehende Stake dazulegen. Die überstehenden Stakenenden können entweder abgeschnitten oder unter dem Zuschlagrand um die nächste Stake gesteckt werden.

Zopf-Abschluß

Der Zopf ist ein hübscher, sehr fester Abschlußrand, der aber einige Übung voraussetzt. Beim Zopfrand wird die erste Stake (Staken 30 bis 35 cm lang) zwischen der dritten und vierten nach hinten gesteckt (am Anfang wieder viel Zwischenraum lassen, damit man bei Rundenende die Schlußstaken gut in den Zopf einflechten kann). Die zweite Stake wird entsprechend zwischen der vierten und fünften Stake nach hinten gesteckt. Dann legt man die erste Stake um die vierte nach vorn, die vierte Stake wird gleich parallel hinzugefügt. Anschließend kommt die dritte Stake zwischen die fünfte und sechste Stake nach hinten, die zweite wird um die fünfte Stake nach vorn gelegt und wieder die fünfte Stake parallel hinzugefügt. Die parallel liegenden Staken 4 und 1 werden vor der sechsten (und über 5 und 2) nach hinter gelegt. Die dritte Stake wird um die sechste nach vorn geführt und die sechste Stake parallel zugelegt.

In der Fortsetzung werden entsprechend nun die Parallelen 5 und 2 vor der siebten Stake nach vorn gelegt, die siebte hinzugefügt usw. Die erste Stake wird nun nicht mehr weiterverflochten und kann (nicht zu kurz) abgeschnitten werden.

Madeirakörbchen

Es werden 12 Staken (Nr. 4) von 75 bis 85 cm Länge zugeschnitten. 6 Staken werden geschlitzt, die anderen 6 hindurchgesteckt. Für den Boden fitzt man 3 Runden über jeweils 6 Staken, dann werden die Staken aufgebrochen (zu Dreierbündeln), und es kann bis zu dem Durchmesser von 12 cm gefitzt oder gekimmt werden. (Die letzte Runde soll auf jeden Fall gekimmt werden.) Dann wird der Boden leicht gewölbt, durch gutes Einweichen und enges Flechten der letzten beiden Runden. Nun steckt man pro Stake rechts und links je eine 30 bis 40 cm lange Zusatzstake tief ein.

Nach gutem Einweichen wiederum wird ein Dreierbündel nach dem anderen wie folgt verflochten: Die Staken biegt man alle nach oben, dann wird ein Bündel (darauf achten, daß die Flechtfäden schön parallel liegen!) hinter 2, vor 2, hinter 1, vor 1 und hinter ein Bündel nach außen gelegt usw. Zum Schluß wird ringsum gleichmäßig angezogen und der Rand in der gewünschten Wölbung geformt. Um die nach außen stehenden Staken zu fixieren, werden sie für drei bis vier Runden umflochten (fitzen). Dann kommt man zum unteren Rand: Ein Dreierbündel wird vor das nächste und hinter das zweite gelegt und fest angedrückt, die Enden beschnitten. Foto siehe Seite 279 links.

Handkorb

Material

Sperrholzboden 25 × 30 cm, 750 g Peddigrohr Nr. 4, 2 Peddigrohre mit je 75 bis 80 cm Länge und 8 mm Durchmesser;

Im Foto rechts ist ein großer Einkaufskorb aus Peddigrohr zu sehen. Damit der Korb stabil ist, wurde er mit Sperrholzboden gearbeitet. Der Zopf oben bildet einen hübschen und zugleich sehr festen Abschlußrand. Für den Henkel werden Staken angenagelt und dann mit einem Flechtband umwunden. Die genaue Beschreibung dazu auf der nächsten Seite

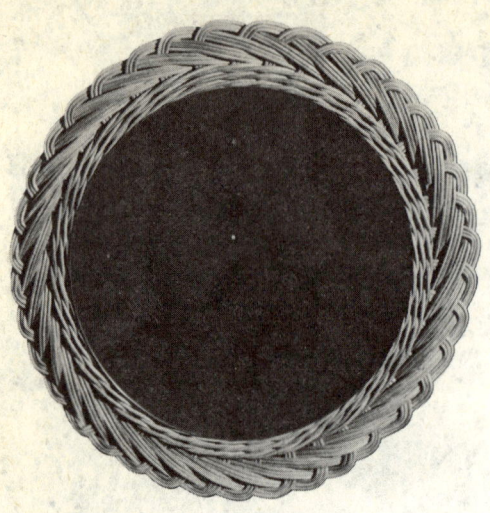

Spiegel mit Rand aus Peddigrohr: die Staken werden zwischen Spiegelglas und Sperrholzbrett geleimt

Zuerst wird der Holzboden fertiggestellt: Ecken abrunden und Löcher im Abstand von 0,5 und 1,5 cm bohren (5 mm vom Rand nach innen gesetzt). Dann werden 86 Staken von 65 cm Länge zugeschnitten und 2 längere Staken, die man zur besseren Stabilität in den Henkel einbringt. Die Staken werden so in den Holzboden gesteckt, daß unten 10 cm überstehen. Oben kimmt man nun 2 bis 3 Reihen, dann müssen die unten überstehenden Staken gut eingeweicht werden. Eine Doppelstake wird hinter die nächste und dann nach oben über den Sperrholzrand vor den nächsten 3 Doppelstaken (zwischen die 3. und 4.) zwischen

den Sperrholzboden und die erste gekimmte Reihe gesteckt. Somit ist der untere Rand fertig, und der Sperrholzrand ist umflochten. Die Korbwand wird dann bis zu einer Höhe von 20 cm gekimmt.

Henkel

Die beiden dicken Peddigrohre von 8 mm Durchmesser spitzt man an den Enden mit einer Feile zu. Dann werden sie mindestens 30 Minuten in sehr warmem Wasser eingeweicht und mit Schnur im richtigen Bogen fixiert. Dann so trocknen lassen und mit Hilfe der Ahle tief in die Korbwand einstecken. Die beiden langen Staken werden nun dazwischengelegt. Damit sich die Staken nicht verdrehen, sollte man sie am besten mit einem Klebstreifen fixieren. Um ein Herausrutschen des Henkels zu verhindern, wird er angenagelt. Man schlägt einen Hartholzkeil durch ein vorgebohrtes Loch (Schneckenbohrer) unter dem Abschlußrand und einer Flechtreihe von innen in das dicke Rohr, so daß die Spitze genau mit dem Geflecht abschließt. Nach dem Abschlußrand (Zuschlag) wird der Henkel mit einem Flechtfaden umwunden. Über dem Abschlußrand sollen erst 8 bis 10 Achterwindungen um die beiden Rohre gewunden werden, die mit der Ahle fest angedrückt werden sollten. Dann legt man enge Schlingen um beide Rohre zusammen – das Ende des Flechtfadens muß tief in das Wandgeflecht eingesteckt werden.

Perlen

Wie Perlen aus Glas entstehen, findet man auf Seite 129. Dort wird gezeigt, wie man Glasstangen schmilzt und sie zu Tropfen, Perlen, Anhängern werden. In diesem Kapitel werden die Techniken beschrieben, mit denen man Perlen weiterverarbeitet: Perlweben, -stricken, -häkeln, -sticken und das Auffädeln von bunten Perlen auf Lederbänder oder Schnüre.

Perlen gibt es aus Holz, aus Ton, und viele viele Perlen sind aus Glas; man kann sie in Hobbygeschäften, Kurzwarenläden oder beim Trödler kaufen. Am besten legt man sich einen Vorrat an – Schachteln aus durchsichtigem Kunststoff sind am geeignetsten für ein kleines Perlen-Lager, von dem man sich nach Lust und Laune inspirieren lassen kann. Schon das Sortieren bringt Ideen und neue Kombinationen.

Indianische Perlarbeiten

sind nicht, wie man dabei vermuten könnte, ein Kulturgut der Indianerstämme. Die Indianer Nordamerikas bestickten Gebrauchsgut und Kleidungsstücke mit Borstenstickerei – vorwiegend mit Wildschweinborsten. Die weißen Kolonisatoren brachten Perlen zu den Indianern, bei denen sich dann eine Perlenstickerei entwikkelte, die „Lacy stitch" genannt wird, „fauler Stich", mit dem ein ähnlicher Effekt erreicht wurde wie mit der Borstenstickerei. Die indianischen Perlwebereien wurden ursprünglich ebenfalls mit Tierborsten ausge-

Borstenstickerei: a) Rechteckband. b) Dreieckband. c) Rautenmuster. d) Schrägbalkenmuster. e+f Verflechtung von drei und mehr Borsten. g) Zickzacklinie. h) Variation der Zickzacklinie. i) Gerade Linie. j) Einfache Borstenumwicklung. k) Randumflechtung. l) Borstenzöpfe. – Perlenstickerei: m) Lazy stitch („fauler Stich"). n) Overlaid stitch. – Halbweberei: o) Webgerät für Borstengewebe. p) Wampumgewebe. q) Elchhaarstickerei

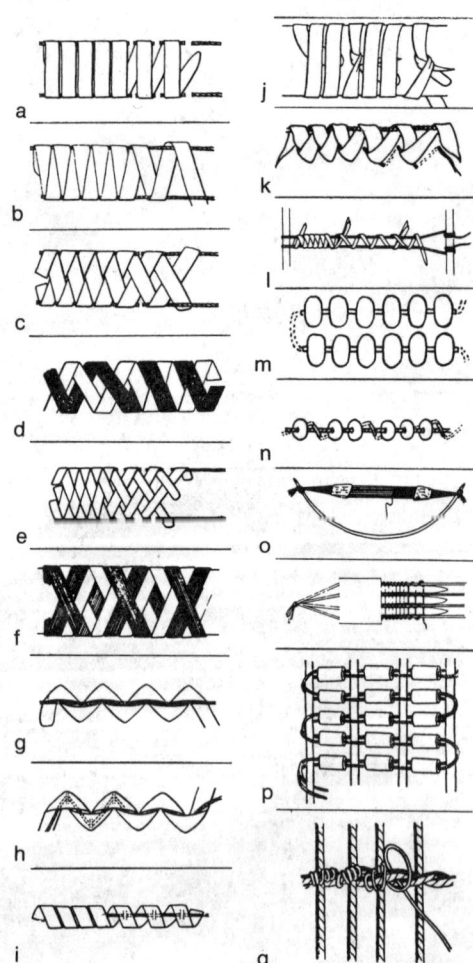

führt. Die Zeichnung links zeigt ein Webgerät für das Borstengewebe. Daraus entstand nach der Besiedelung durch die weißen Kolonisatoren die Wapumtechnik, eine einfache Webtechnik, bei der als Kette häufig dünne hirschlederne Riemen, als Schuß ein Doppelfaden aus Zwirn verwendet wurde.

Sticken mit Perlen

Auf groben Leinenuntergrund kann man mit kleinen Perlen in vielen Farben schöne Motive sticken. Die Konturen werden auf

Für die Armreifen wird ein Streifen aus weichem Leder an den Enden zusammengenäht, der Länge nach über eine kleine Rolle aus Stoff gelegt und die langen Seiten lose zusammengenäht. Die Nahtseite wird nun im „Lazy stitch" überstickt: Man sticht auf der einen Seite durch das Leder, zieht Perlen dem Muster entsprechend auf den Faden auf und sticht auf der anderen Seite wieder nach unten. Direkt neben dem Einstich sticht man mit der Nadel wieder nach oben, fädelt Perlen auf. Nach demselben Prinzip ist das Halsband gearbeitet. Rechts: Afrikanischer Kopfschmuck

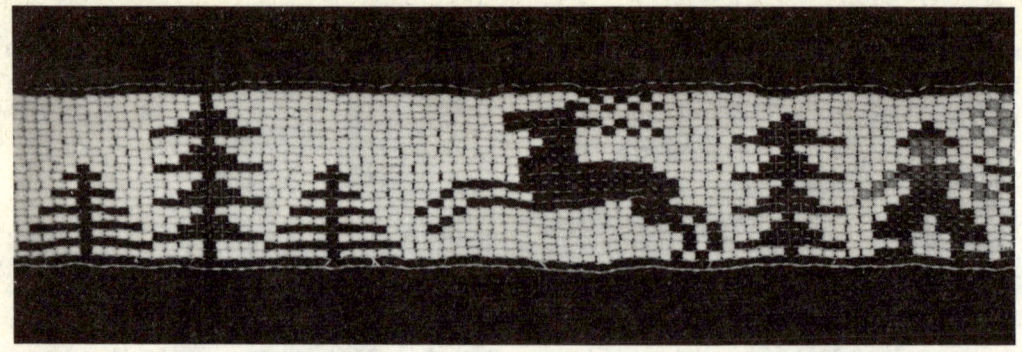

Perlenweberei von Bärbel Magin in Grün und Rot auf weißem Grund. Den Entwurf dieses Gürtels kann man sich ohne Schwierigkeiten auf Karopapier übertragen und nach diesem Zählmuster arbeiten

den Stoff vorgezeichnet, die Gestaltung der Feinheiten ergibt sich bei der Arbeit. Besonders geeignet sind natürlich Tiere oder Blumen, wobei man deren Körper vorzeichnen kann und dann z. B. bei Vögeln ein Federkleid in vielen Farben entstehen läßt, oder dem Elefanten eine reichverzierte Decke umhängt. Die Perlen werden einzeln aufgestickt, so wie sie zueinanderpassen. Das Perlhuhn von Seite 289 ist ein gutes Beispiel für das Sticken mit Perlen.

Weben mit Perlen

Das ist ganz einfach, indem man Kettfäden aus Perlonfäden über eine Zigarrenkiste spannt, die für die Kette kleine Einkerbun-

gen bekommt. Zum Weben benötigt man Glasperlen in verschiedenen Farben und eine lange dünne Nähnadel. Diese Nadel muß eingefädelt durch die Glasperlen passen und so lang sein, wie der zum Weben geplante Gegenstand breit sein soll. Die Breite ergibt sich aus der Anzahl der Perlen, die man senkrecht zwischen die Kettfäden einspannt. Für 9 Perlen benötigt man 10 Kettfäden. Also immer einen Kettfaden mehr als Perlen.

Dann spannt man die Kettfäden über die Zigarrenkiste in die Einkerbungen und verknotet sie auf der Rückseite. Die beiden

So webt man auf einer Zigarrenkiste: Die Kettfäden aus Perlon werden auf der einen Seite verknotet

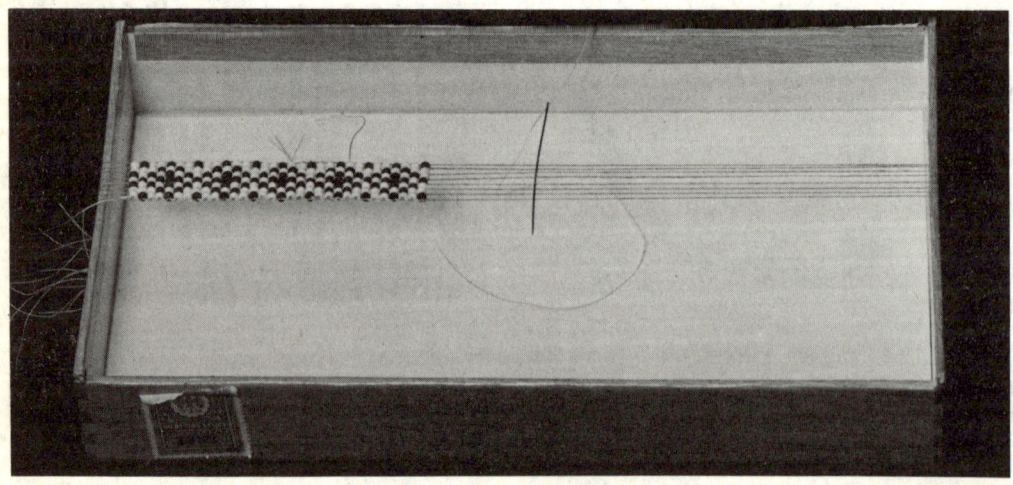

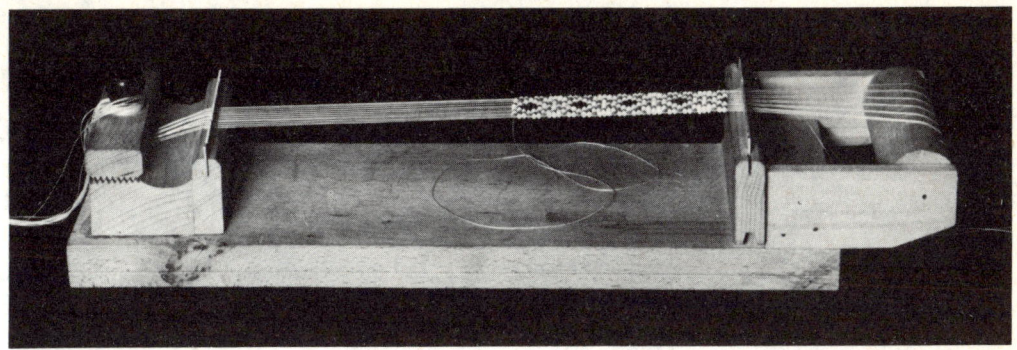

Diesen und andere, unterschiedlich ausgestattete Perlwebrahmen kann man kaufen. Bezugsquellen finden sich im Anhang dieses Buches

äußeren Kettfäden werden doppelt gespannt. Den Schußfaden verknotet man am äußeren rechten Kettfaden, nimmt die kleinen Glasperlen auf die Nadel und ordnet die Perlen senkrecht zwischen die Kettfäden. Jede Perle muß zwischen zwei Kettfäden sitzen. Dann zieht man den Arbeitsfaden nach links durch die Perlen, drückt die Perlen von unten mit dem Mittelfinger gegen die Kettfäden. Der Schußfaden liegt jetzt unter den Kettfäden. Dann fährt man von links nach rechts über den Kettfäden

Die Perlen werden aufgefädelt. Der Schlußfaden verläuft einmal unterhalb, einmal oberhalb der Kette

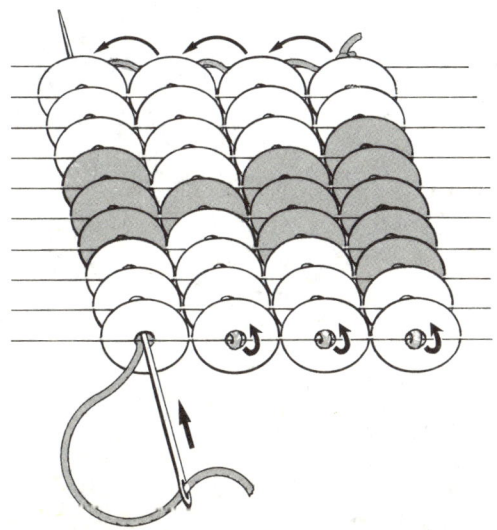

mit Nadel und Schußfaden ein zweitesmal durch die Perlen. Dieser Arbeitsgang wird wiederholt, bis der Gegenstand die gewünschte Länge erreicht hat; dann werden die Kettfäden abgenommen und einzeln vernäht.

Perlen auffädeln

Perlen können nach bestimmten Techniken entweder zu flächigen Gegenständen verarbeitet oder nach ornamentalen Gesichtspunkten zu bestimmten Mustern aufgefädelt werden.

Am meisten Spaß macht es jedoch, wenn man sich Perlen besorgt, die einem gefallen, und diese nach Lust und Laune, das heißt nach Größe und Farbe passend, aufzieht.

Perlen kann man aufziehen auf Bindfaden, Leder, Silberdraht – mehr über Silberdraht ist im Kapitel „Metall" auf Seite 242 zu finden.

Blumenmuster

Vierergruppen: Auf einen Perlonfaden werden 4 Perlen aufgefädelt. Die Perlen werden in die Mitte des Fadens geschoben, man fährt dann mit dem einen Fadenende ein zweitesmal durch die letzte Perle. Auf

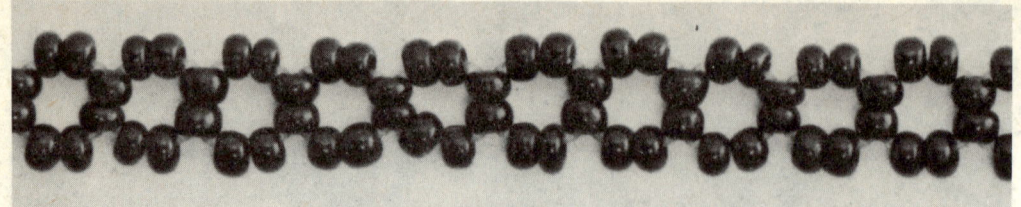

Gürtelband mit Perlenblumen aus Sechsergruppen von kleinen Glasperlen

das eine Fadenende fädelt man dann zwei Perlen, auf das andere eine Perle und kreuzt in der zweiten Perle beide Enden.

Sechsergruppen: Auf einen Perlonfaden werden 6 Perlen aufgefädelt, man schiebt die Perlen in die Mitte des Fadens und fährt mit einem Fadenende durch die letzte Perle hindurch. Bei allen weiteren Perlenblumen werden auf ein Fadenende zwei, auf das andere drei aufgefädelt.

Anschlußreihen werden links oder rechts weitergefädelt. Bei der Vierergruppe wird in eine seitliche Perle eingefädelt, bei Sechsergruppen wird in zwei seitliche Perlen eingefädelt.

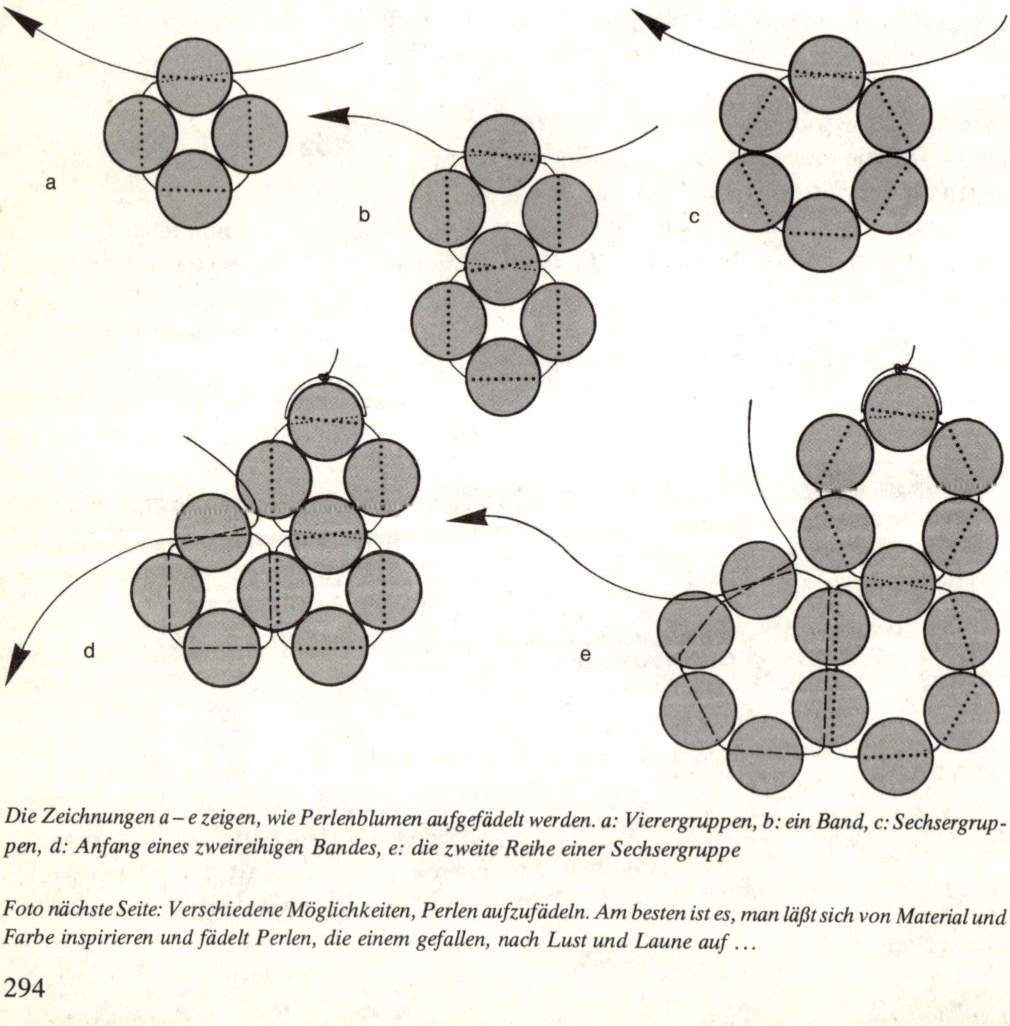

a

b

c

d

e

Die Zeichnungen a–e zeigen, wie Perlenblumen aufgefädelt werden. a: Vierergruppen, b: ein Band, c: Sechsergruppen, d: Anfang eines zweireihigen Bandes, e: die zweite Reihe einer Sechsergruppe

Foto nächste Seite: Verschiedene Möglichkeiten, Perlen aufzufädeln. Am besten ist es, man läßt sich von Material und Farbe inspirieren und fädelt Perlen, die einem gefallen, nach Lust und Laune auf …

294

Muschelkalotten

Beim Perlenauffädeln müssen die Enden der Schnüre verknotet werden. Sind die Perlen auf einen Perlonfaden aufgefädelt worden, so genügt ein Knoten allein nicht, er muß mit einer Muschelkalotte befestigt werden:

Man macht mehrere Knoten übereinander, schneidet den Faden hinter dem Knoten ab und legt den Knoten in die Muschel ein. Der

Kette, von Ike Stracke; die Beschreibung der Tropfen-perlen findet man auf Seite 130 (oben)

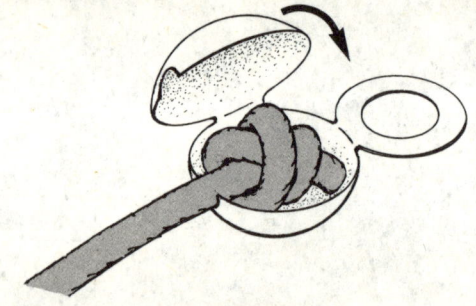

Lampe aus Zinn mit aufgefädelten Perlensträngen, die zusammen ein Ornamentmuster ergeben

Perlenstränge, die als Verschluß eines Halsbandes dienen (unten)

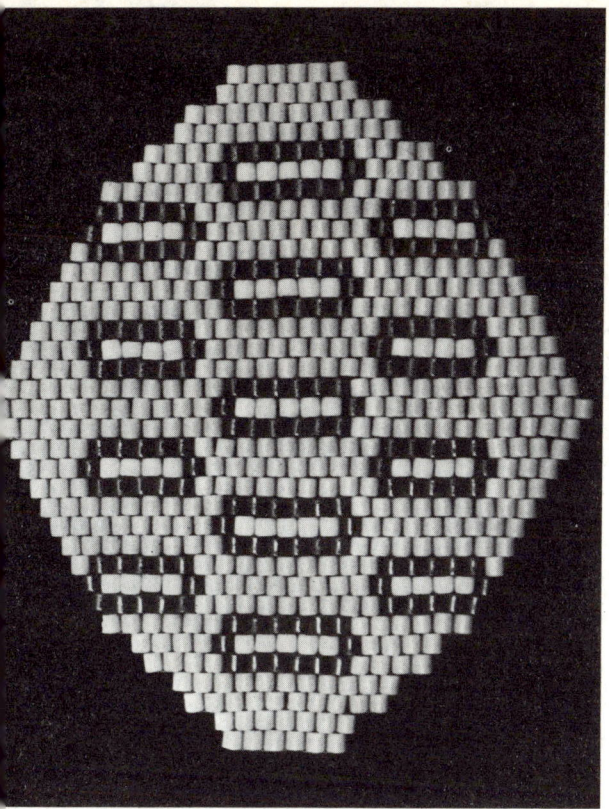

Das Foto links zeigt einen Untersetzer aus Walzenperlen in Rosa und Violetttönen, das Foto rechts einen Untersetzer der gleichen Technik in rot, blau und weiß

Faden, auf dem die Perlen aufgefädelt worden sind, muß genau in der halbkreisförmigen Öffnung am unteren Ende der Muschel liegen. Rutscht er aus der Öffnung, zwickt man ihn beim Zusammenpressen der Muschel ab. Um ganz sicherzugehen, kann man den Knoten mit einem Tropfen Alleskleber fixieren, bevor man die beiden Muschelhälften mit einer Flachzange zudrückt.

Untersetzer aus Walzenperlen

Die Fädeltechnik ist ganz einfach: Auf einen Bindfaden werden Walzenperlen aufgezogen, man arbeitet immer mit einer ungeraden Zahl Perlen. Hat man die gewünschte Breite Walzenperlen auf dem Faden, dreht man um und fährt mit dem Ar-

beitsfaden entgegengesetzt ein zweitesmal durch die drittletzte Perle auf dem Faden. Beim Umdrehen ergibt sich, daß zwei Perlen am Rand parallel aufeinander sitzen. Man arbeitet immer mit zwei Fäden in zwei Richtungen. Einen Entwurf zeichnet man sich am besten auf Karopapier auf.

Soll ein quadratischer oder rechteckiger Untersetzer entstehen, so beginnt man unten mit dem Fädeln. Die beiden Untersetzer auf dem Foto oben beginnt man in der

So geht man, wenn man die erste Reihe aufgefädelt hat, zur zweiten über

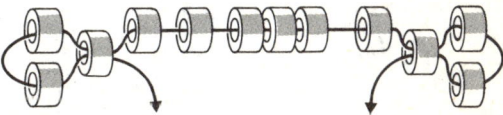

waagrechten Mitte und nimmt nach oben
hin ab. Die untere Hälfte wird dann wie die
obere gearbeitet.

Geht ein Faden zu Ende, so wird er fest an-
geknotet und der Knoten so placiert, daß er
in einer der Walzenperlen verschwindet.
Man kann den Knoten noch zusätzlich mit
einem Tropfen Alleskleber sichern.

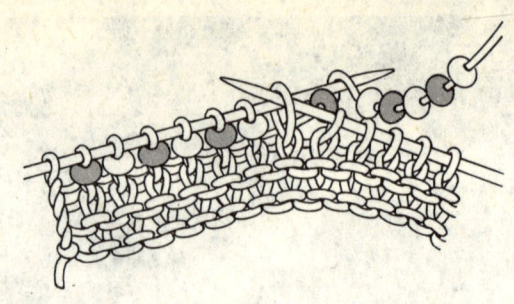

Perlstricken und Perlhäkeln

Dazu braucht man Perlen, durch deren
Loch sich der Arbeitsfaden ziehen läßt.
Man fädelt dazu eine beliebige Anzahl der
Perlen auf den Arbeitsfaden auf und häkelt
bzw. strickt sie einzeln in die Arbeit ein. Ein
Beispiel für ein Täschchen in Perlhäkelei
findet man neben Seite 48 im Kapitel Hä-
keln.

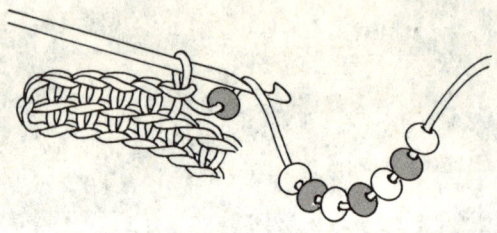

*In den Zeichnungen oben ist abgebildet, wie man mit
Perlen stricken und häkeln kann. Dies ist nach einem
Muster mit figürlichem, ornamentalem oder flächenfül-
lende Charakter möglich*

Stoffe

Nähen

Das Nähen ist ein altes Handwerk, das sich durch die Erfindung brauchbarer Nähmaschinen entscheidend gewandelt hat. Heute sind Näharbeiten wesentlich weniger zeitraubend geworden – und auch einfacher. Als Voraussetzung zum Erlernen der Nähkunst genügen im Grunde: Freude am textilen Gestalten, Nadeln, Faden, Schere, und am besten noch eine Nähmaschine.

Nähen kann ein eigenständiges künstlerisches Handwerk sein, aber es kann auch als Mittel zum Zweck oder als eine notwendige Ergänzung zu einem anderen Handwerk dienen. Eine gestrickte Decke z. B. muß zusammengenäht, ein gewebter Wandbehang muß umgenäht werden, wenn man ihn aufhängen will. Andererseits kann fast jedes Kleidungsstück ausschließlich in Nähtechnik entstehen, aber auch bunte Decken, Bilder, Puppen, Tiere...

Bei dieser Vielfalt der Anwendungsmöglichkeiten war es für dieses Kapitel notwendig, eine Auswahl zu treffen. So wurde grundsätzlich auf Kleidungsstücke als Modelle verzichtet, denn die Mode ändert sich ständig. Im übrigen liegen in jedem Stoffgeschäft und in allen Stoffabteilungen von Kaufhäusern unzählige Schnittmuster samt Anleitungen zur Auswahl vor. Auch manche Kurzwaren- und Schreibwarengeschäfte führen Schnittmuster.

Das Ziel dieses Kapitels ist es, zu freiem selbständigem Nähen anzuregen und die dazu notwendigen handwerklichen Kenntnisse zu vermitteln. So wird ein besonderes Gewicht auf Patchwork (Zusammennähen verschiedener Stoffteile) und auf Applikation (Aufnähen verschiedener Stoffteile) gelegt. Auch Kissen, Stofftiere und Puppen werden gezeigt.

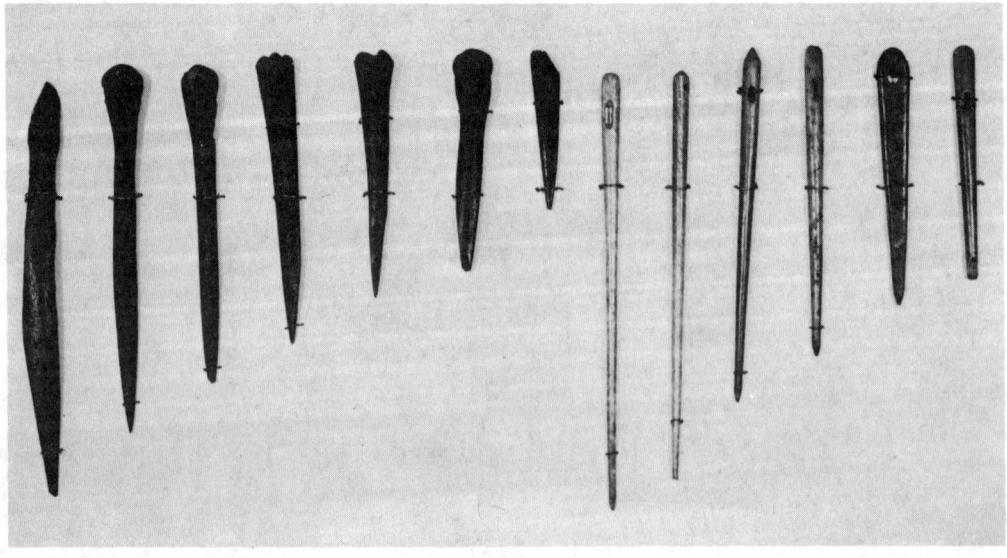

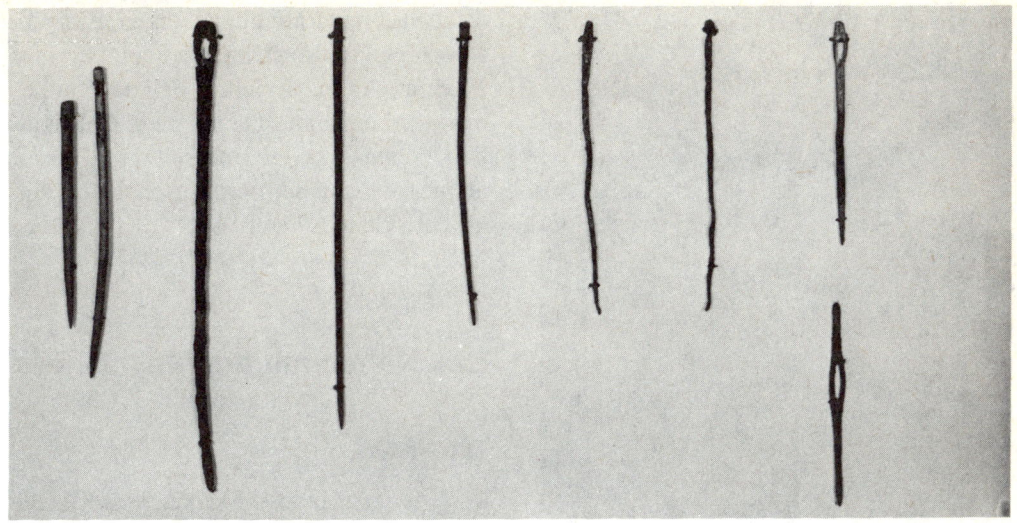

Links unten und oben: Die Technik des Nähens hat sich erst durch die Erfindung der Nähmaschine entscheidend verändert. Hier vorgeschichtliche Nähnadeln aus Knochen ohne Öhr, aus Horn und Holz mit Öhr

Nach etwas Übung wird jeder in der Lage sein, Gegenstände nach seinem Geschmack und nach seinen eigenen Ideen entstehen zu lassen.

Die Nähmaschine

Es gibt zwei grundsätzlich verschiedene Arten: Die neuen, elektrisch betriebenen und die alten mit Fußantrieb, die zwar schon jahrzehntelang nicht mehr hergestellt werden, aber oft noch durchaus funktionstüchtig sind und die man auf dem Gebrauchtmarkt finden kann.

Auch die neuen Markennähmaschinen sind in der Regel sehr solide. Eingebaute Verschleißteile, z. b. Plastikzahnräder, müssen nach etwa 12–15 Jahren ausgewechselt werden. Es ist möglich, daß von Zeit zu Zeit kleinere Reparaturen anfallen, dies hängt jedoch wesentlich von der Wartung ab. Eine Nähmaschine soll mindestens einmal im Jahr geölt werden; nach einigen Näharbeiten werden Spulen- und Oberfadenmechanik mit einem Pinsel entstaubt; abge-

brochene Nadelspitzen dürfen niemals im Spulengehäuse hängenbleiben.

Bei der Anschaffung einer Nähmaschine sollte auf folgendes geachtet werden:

Die Verschlingung der Fäden muß exakt erfolgen; kein Stich darf ausgelassen werden. Zick-Zack-Nähen sollte in jedem Fall möglich sein.

Unter den neueren im Handel befindlichen

Nähmaschine von 1870 mit Handbetrieb

301

Patchworkdecke aus kleingemusterten Baumwollstoffen in lauter Brauntönen, von Angelika Süss

Nähmaschinen gibt es sehr teure aufwendige Modelle. Diese besitzen den Vorteil, daß dicke Stofflagen, z. B. vierfach gelegter Jeansstoff, mühelos durchnäht werden können, auch wenn davor oder dahinter dünne Stofflagen kommen. Sollen häufig Knopflöcher genäht werden, so bieten diese Maschinen noch einen Vorteil: sie besitzen Knopflochschablonen, die das perfekte Nähen von Knopflöchern überhaupt erst ermöglichen. Außerdem haben diese Maschinen noch Zierstichschablonen. Kann auf diese Vorzüge verzichtet werden, genügt das einfachste Modell den Ansprüchen, auch wenn komplizierte Sachen genäht werden. Die Handhabung einfacher Maschinen ist im allgemeinen leicht durchschaubar, was gerade dem Anfänger das Nähen erleichtert. Auch können dicke Stofflagen ohne weiteres genäht werden; Schwierigkeiten gibt es nur, wenn extrem

dicke Stofflagen auf dünne folgen. Einfache Maschinen sind auch handlicher im Format. Es empfiehlt sich in jedem Fall der Kauf einer Markennähmaschine; diese Fabrikate haben eine exaktere und solidere Technik als andere und somit wahrscheinlich eine größere Lebensdauer.

Das Nähen mit der Maschine

Die Nadel

Es gibt verschiedene Stärken von Maschinennähnadeln: Stärke 80 wird normalerweise verwendet; für besonders dünne Stoffe soll Stärke 70 genommen werden, für dicke Stoffe Stärke 90 oder 100. Für elastische Stoffe (Jersey, Stretch, Strickstoff) gibt es besonders geschliffene Nadeln zu kaufen, ebenso für Leder. Nadeln erhält man in jedem Kurzwaren- und Nähmaschinengeschäft; Ledernadeln auch in Ledergeschäften.

Der Geradstich

Die normale Stichlänge beim Geradstich ist 2 mm. Das Nähen mit dieser Stichlänge heißt Steppen. Der Geradstich wird benutzt für alle Nähte und Säume an gewebten Stoffen. Für gestricktes Material wird der Geradstich mit dem Zick-Zack-Hebel etwas breiter gestellt, ca. $^{1}/_{4}$–$^{1}/_{2}$ mm. Kleinere Stichlängen ergeben zwar eine stabilere Naht, doch kann der Stoff dann auch leichter einreißen. Es empfiehlt sich, am Anfang und am Ende jeder Naht einmal rückwärts zu nähen, so kann sich die Naht nicht mehr auftrennen.

Wandbehang, von Angelika Süss. Sowohl dieser Wandbehang als auch die Patchworkdecke oben wurden mit Stoffen von Laura Ashley gearbeitet

Der Zick-Zack-Stich

Mit einer Stichlänge von 2 mm und einer Stichbreite von 3–5 mm wird der Zick-Zack-Stich vor allem zum Versäubern (siehe Seite 306) benutzt, aber auch zum Einnähen von Gummibändern; mit einer Stichlänge von $1/4$–$1/2$ mm und einer Stichbreite von 3–5 mm für Applikation; mit derselben Stichlänge und einer Stichbreite von ca. 2 mm für Knopflöcher.

Häufige Pannen

Vor Inbetriebnahme einer Maschine muß stets nachgeprüft werden, ob der Faden nicht falsch eingefädelt ist. Dies ist eine häufige Ursache für das Reißen des Fadens oder Verschlingung der Unterfäden. Eine weitere häufige Fehlerquelle für Verschlingung oder Reißen des Fadens oder auch Reißen der Naht ist eine falsch eingestellte Spannung. Wenn möglich, sollte nur die Oberfadenspannung verändert werden; erst wenn eine gute Regulierung hier unmöglich scheint, kann die Unterfadenspannung minimal verändert werden. Dies kann meist durch Drehen einer winzigen Schraube auf dem Federblatt des Spulengehäuses bewerkstelligt werden.

Brechen die Nadeln ab, so kommt als Fehlerquelle eine zu starke Spannung in Frage, auch kann die Nadel nicht tief genug in der Nadelhalterung stecken, oder die verwendete Nadelstärke ist zu schwach. Ist dies alles nicht der Fall, dann muß die Maschine möglichst umgehend zur Reparatur gebracht werden, denn der Rest der abgebrochenen Nadel könnte Scharten in die Spulenmechanik wetzen.

Schnittmuster

Gekaufte Schnittmuster

Jedes gekaufte Schnittmuster ist mit einer Anleitung versehen. Zu beachten ist, daß diese Schnittmuster immer ohne jede Naht- oder Saumzugabe geschnitten sind, d. h. der Stoff muß immer etwas größer zugeschnitten werden als die Vorlage. Meist muß man alle Schnitteile doppelt zuschneiden: Der Stoff wird einmal zusammengefaltet und das Schnittmuster darauf festgesteckt; dann werden beide Stofflagen auf einmal geschnitten; so entstehen zwei gleiche Schnitteile. Manche Schnittmusterteile haben eine gerade Kante mit der Bezeichnung Stoffkante; diese Kante wird ohne jede Zugabe direkt an den umgebogenen Teil des zusammengefalteten Stoffes gelegt; so entsteht ein symmetrisches Schnitteil, doppelt so groß wie die Vorlage.

Dehnen bedeutet, daß die betreffende Nahtstelle beim Zusammennähen gezogen werden soll; Einhalten bedeutet das Gegenteil.

Abnäher markiert man am besten mit Stecknadeln: an den beiden Anfangspunkten werden zwei Stecknadeln in der Nahtzugabe durch beide Stofflagen hindurch befestigt; am Endpunkt des Abnähers wird eine Stecknadel senkrecht durch beide Stofflagen hindurchgestochen und mit einem weiteren Stich im Stoff befestigt; beim Abnehmen des Schnittmusters entsteht an dieser Stelle ein kleines Loch im Papier. Nun werden von den Anfangspunkten des Abnähers zum Endpunkt zwei Linien auf den Stoff gezeichnet; die Nadeln können entfernt werden. Das Zeichnen auf Stoff

Tafel XIX: Die Schlange ist ideal für Babys und Krabbelkinder: eine erste Stütze zum Sitzen, später zum Herumkriechen und Spielen. Die Schlange ist etwa 36 cm dick und 2 m lang, Arbeitsanleitung und Schnittmuster findet man auf Seite 314. Entwurf und Ausführung: Manuela Mechtel

geschieht am besten mit Schneiderkreide, die sich durch Bürsten oder Waschen restlos aus dem Gewebe entfernen läßt; zur Not kann auch mit Bleistift oder Buntstift auf die linke Stoffseite gezeichnet werden. (Links bezeichnet die Rückseite eines Stoffs, Rechts die Vorderseite!)

Soll ein Schnittmuster aus einem großen Schnittmusterbogen (z. B. aus einer Modezeitschrift) herausgenommen werden, so müssen die Linien des betreffenden Schnittmusters auf eine Papierunterlage „durchgeradelt" werden; dies geschieht mit einem spitzigen Rädchen, erhältlich in jedem Kurzwaren-, Schneider- oder Nähmaschinengeschäft. Die Linien sind dann auf der Papierunterlage als kleine durchstochene Pünktchen erkenntlich. Als Papier wird am besten Schnittmusterpapier verwendet, aber auch Zeitungspapier eignet sich vorzüglich, auch Packpapier, das allerdings etwas zu steif ist und sich deshalb schwer auf dem Stoff feststecken läßt, mit dünnerem Packpapier arbeitet sich leichter als mit dickerem.

Selbstgefertigte Schnittmuster

Auch zum Zeichnen des Schnittmusters wird Schnittmuster-, Zeitungs- oder Packpapier verwendet. Das Schnittmuster wird am besten ohne Nahtzugaben entworfen, da je nach Stoffart mehr oder weniger breite Nähte erforderlich sind.

Soll ein vorhandenes Kleidungsstück als Schnittmuster kopiert werden, so legt man es möglichst ausgespannt, jeweils mit der Rücken- oder Vorderseite, auf das Papier und schneidet es ein wenig reichlicher zu.

Die anfängliche Breite der Abnäher muß an den entsprechenden Nähten zugegeben werden. Rückwärtige Teile sind immer etwas breiter als Vorderteile.

Eingesetzte Ärmel zuzuschneiden ist eine Kunst. Das Ärmelloch muß mindestens 6 cm unter der Achsel enden; die Ärmelrundung ist etwas reichlicher als das Ärmelloch. Soll ein Puffärmel entstehen, so wird das gezeigte Ärmelschnittmuster senkrecht in der Mitte durchgeschnitten und in der gewünschten Breite ausgelegt. Rundungen nach außen innerhalb eines Stoffstücks werden durch Abnäher erzielt, die quer in die Rundung hineinverlaufen. Rundungen nach innen werden durch Abnäher erzielt, die parallel mit der Rundung verlaufen. Sollen sich zwei aneinandergenähte Stoffstücke nach außen oder nach innen runden, so werden die beiden sich zugewandten Nähte leicht nach außen oder innen gebogen zugeschnitten.

Soll ein Schnittmuster vergrößert werden, so schneidet man es senkrecht und waagrecht durch und legt es auseinandergeschoben aus; soll es verkleinert werden, schneidet man es ebenso durch und schiebt die Teile übereinander.

Es empfiehlt sich, von jedem noch so einfachen Schnitteil ein Papiermuster zu schneiden; zum einen kann der Stoff meist sparsamer, also ohne große Abfälle, geschnitten werden, zum anderen kann man das Schnittmuster bei Gefallen beliebig oft wiederholen, ganz abgesehen von den nicht verschwendeten Stoffmengen, wenn sich schon am Papiermuster ein Denkfehler herausstellt oder das Ganze zu klein geraten ist. Für Nahtzugaben rechnet man pro Schnittkante 1–2 cm Zugabe.

Tafel XX: Die Batik links wurde von Teilnehmern der Batikkurse des „Workshop Hannover" gearbeitet. Sie ist ein gutes Beispiel dafür, daß auch mit Pinselbatik feine Linien gearbeitet werden können. Durch die Umrandung farbiger Flächen mit dunkel gefärbten Linien entsteht eine besondere intensive Farbwirkung

Stecken und Heften

Stoffe, die aneinandergenäht werden sollen, können leicht verrutschen oder sich gegeneinander verschieben. Deshalb ist es oft notwendig, die Stoffe vor dem Nähen mit Stecknadeln zusammenzustecken.

Sichert das Stecken die Stoffe nicht genügend gegen das Verrutschen, dann muß geheftet werden, und zwar mit dem Vorstich (siehe Seite 307 oben links). Der Heftstich wird auch zum Kräuseln verwendet: der Stoff wird knapp neben dem Rand geheftet und dann auf dem Faden in die gewünschte Länge zusammengeschoben. Kurzwarengeschäfte bieten einen Heftfaden an, der sich sehr leicht wieder abreißen läßt.

Versäubern

Jede Naht, deren Rand keine Webkante (gewebter Rand eines Stoffes) ist, muß gegen das Ausfransen gesichert werden, d. h. sie wird versäubert. Von Hand wird der Rand mit weiten Stichen umstochen. Mit der Maschine wird er mit dem Zick-Zack-Stich versäubert (siehe Seite 304, Maschinennähen); ein mit einer Zick-Zack-Schere geschnittener Stoffrand kann auch nicht mehr ausfransen, Zickzack-Scheren sind in Scheren- und Nähmaschinengeschäften erhältlich.

Die Naht

Nähte dienen zum Verbinden von Stoffteilen. Fast jede Naht muß versäubert werden. Man unterscheidet Hand- und Maschinennähte. Nähte von Hand sind im allgemeinen weniger haltbar als die mit der Maschine genähten. Dagegen näht man Säume besser mit der Hand, weil sie dann elastischer und weniger sichtbar sind, siehe nächste Seite.

Handnähte

Gesteppte Naht

Die beiden Stoffe werden rechts auf rechts gelegt. 1–2 cm vom Stoffrand entfernt, werden die Stoffe durch Steppstiche verbunden: von oben wird die Nadel in die Stoffe eingestochen und ein Stich nach vorne ausgeführt, der doppelt so lang ist wie gewünscht; dann wird in der Mitte des soeben gemachten Stichs eingestochen und wieder ein doppelt so langer Stich nach vorn ausgeführt, usw., die Einstiche müssen jetzt direkt an den vorhergehenden Stich anschließen (b).

Überwendliche Naht

Dieser Nahtstich ist nur geeignet zum Verbinden von Webkanten (Webkanten siehe Versäubern). Die beiden Stoffkanten werden aufeinandergelegt und möglichst dicht am Rand mit kleinen Stichen verbunden; die Nadel wird immer von hinten nach vorn gestochen (c).

Maschinennähte

Einfache Maschinennaht

Die beiden Stoffe werden rechts auf rechts gelegt und 1–2 cm vom Rand entfernt gesteppt (d).

Doppelte oder französische Naht

Die beiden Stoffe werden links auf links gelegt und $1/2$–1 cm vom Rand entfernt gesteppt. Diese Naht sollte ausgebügelt werden. Dann werden die Stoffe umgewendet, so daß sie rechts auf rechts liegen und eine weitere Naht 1–$1^1/2$ cm vom Rand entfernt gesteppt, in der die erste Naht verschwindet. Diese Naht ist sehr stabil.
Sie eignet sich nicht für dicke oder elasti-

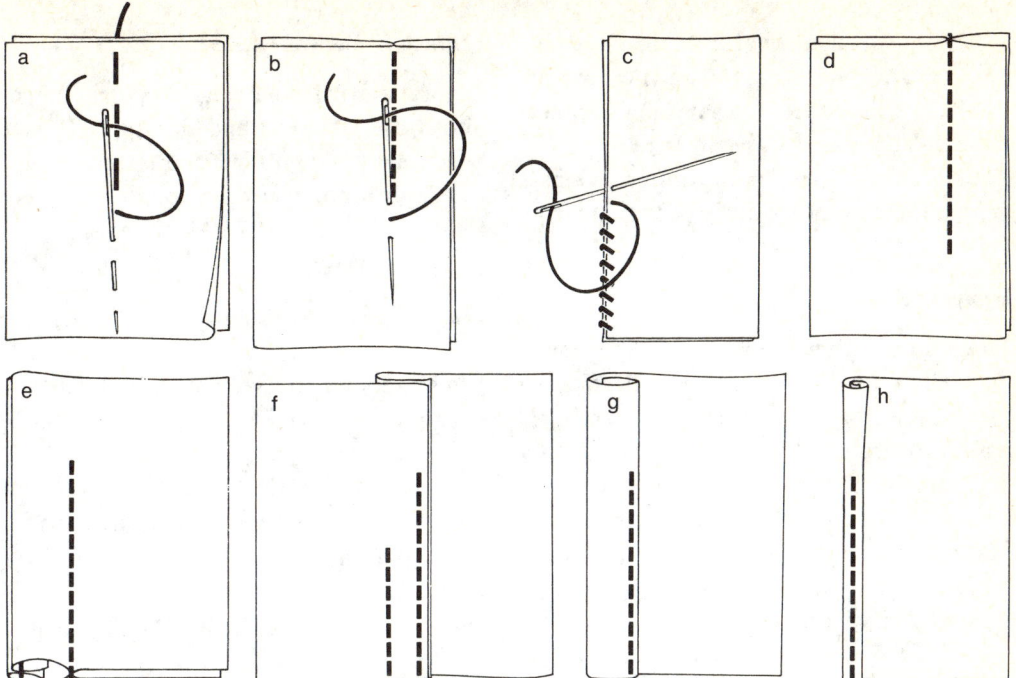

Handnähte, a: der einfache Heftstich, b: die gesteppte Naht, c: die überwendliche Naht; Maschinennähte, d: die einfache Naht, e: die doppelte Naht, f: die Steppnaht; Maschinensäume, g: der einfache Saum, h: der gesteppte Rollsaum

sche Stoffarten. Beim Zuschneiden muß die Nahtzugabe fast doppelt so breit sein wie bei der einfachen Naht (e).

Steppnaht

Eine einfache Naht oder eine französische Naht wird von rechts, ca. 1 mm neben der ursprünglichen Nahtlinie, an den Oberstoff angesteppt. Man kann auch eine zweite Steppnaht, ca. 5 mm neben der ersten, legen (f).

Der Saum

Säume dienen dem Umbiegen von offenen Stoffrändern an Kleidungsstücken, Vorhängen usw.
Die durchschnittliche Saumbreite ist ca. 4 cm, wobei der Stoffrand noch einen weiteren Zentimeter breit nach innen umgebogen ist.

Handsäume

Das Säumen von Hand ist dem Säumen mit der Maschine oft vorzuziehen. Handsäume können sauberer ausgeführt werden; wenn es sein muß, sind sie sogar nahezu unsichtbar.

Einfacher Saum

Die Nadel wird in den unteren Stoff gestochen und schräg nach oben herausgeführt; der Stich im unteren Stoff soll möglichst klein sein. Dieser Saumstich ist auf der Vorderseite etwas sichtbar und geeignet für alle Stoffarten, ausgenommen besonders dicke oder feine Stoffe (Seite 308 links).

Unsichtbarer Saum

Vom unteren Stoff wird ein Fadenkreuz mit der Nadel aufgenommen, möglichst dicht am oberen Stoffrand; dann wird die Nadel senkrecht in den oberen umgebogenen Stoffrand eingestochen und nach ca. 3 mm wieder ausgestochen. Dieser Saumstich ist auf der Vorderseite nahezu unsichtbar. Er eignet sich ebenfalls für alle Stoffarten, ausgenommen besonders dicke oder feine (b).

Hexenstich

Im unteren Stoff wird ein kleiner Stich ausgeführt, der parallel zum oberen Stoffrand und rückwärts zur Nährichtung verläuft; dasselbe wird im oberen Stoff ausgeführt, und zwar schräg nach vorn versetzt, usw. Der Hexenstich ist besonders für dicke Stoffarten geeignet, denn hier wird der Stoffrand nicht umgebogen, deshalb trägt dieser Saum nicht auf (c).

Rollsaum

Der Rollsaum ist nur 1 mm breit. Der Stoffrand wird fest und schmal eingerollt und umstochen. Der Rollsaum eignet sich besonders gut für sehr feine Stoffe, z. B. Chiffontücher (d).

Einfacher Maschinensaum

Der Saum wird von links knapp neben dem umgebogenen Stoffrand gesteppt. Dieser Saum eignet sich für alle Stoffarten, ausgenommen besonders dicke oder besonders feine. Siehe Seite 307 Zeichnung g.

Der gesteppte Rollsaum

Ein gesteppter Rollsaum kann mit dem sogenannten Schneckenfuß genäht werden. Dieser Fuß rollt den Stoff ca. 2 mm breit ein, bevor die Nadel einsticht. Die Ecken werden am besten vor dem Nähen schräg angeschnitten; so kann der Fuß den Stoff besser fassen, und es entstehen keine wulstigen Ränder. Siehe S. 307 Zeichnung h.

Der Bund

Bünde werden nicht nur für Röcke und Hosen gebraucht, ein Wandbehang kann z. B. mit Hilfe eines Bundes, durch den dann

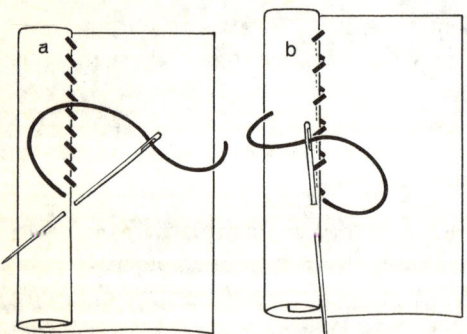
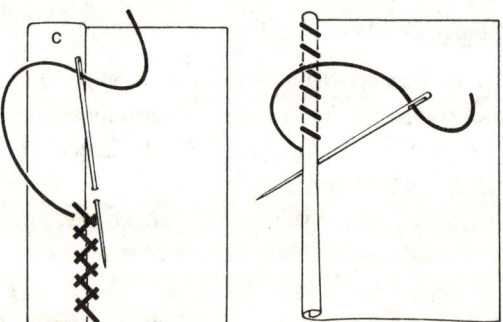

Säume können oft besser von Hand als mit der Maschine genäht werden. Stiche für Säume mit der Hand: a: der einfache Saum, b: der unsichtbare Saum, c: Hexenstich, d: Rollsaum

Maschinensäume

Wenn die Säume auf der Vorderseite eine Steppnaht zeigen dürfen oder ein Gummiband eingezogen wird, kann ohne weiteres mit der Maschine gesäumt werden.

eine Stange geschoben wird, aufgehängt werden, einen Bügel kann man an einer Tasche befestigen, usw. Soll ein Bund steif sein, so wird ein Streifen Vlieseline, so breit wie der Bund, eingelegt. Vlieseline ist bei Futterstoffen erhältlich.

Bundnähen von Hand

Bund und Stoff werden rechts auf rechts gelegt und mit Steppstich ca. 1 cm vom Stoffrand entfernt zusammengenäht: der Bund wird nun nach oben gezogen und eventuell ausgebügelt. Den freien Bundrand biegt man ca. 1 cm um und säumt ihn von innen an den Stoff in Höhe der ersten Naht an; die Enden werden 1 cm umgebogen und umsäumt. Dieser Bund zeigt von rechts keine Stiche.

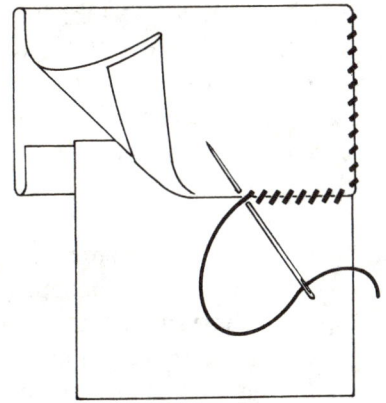

Einen Bund kann man anwenden, um einen Wandbehang an einer Leiste aus Holz aufzuhängen

Bundnähen mit der Maschine

Darf der Bund von rechts keine Steppnaht zeigen, so wird wie oben vorgegangen; nur die erste Naht kann mit der Maschine genäht werden. Andernfalls stellt man den ganzen Bund mit der Maschine fertig: die rechte Seite des Bundes wird auf die linke Stoffseite gelegt und eine Naht ca. 1 cm vom Stoffrand entfernt gesteppt; der Bund wird nach oben gezogen und eventuell ausgebügelt; den freien Bundrand biegt man 1 cm um, ebenfalls die Bundenden; der Bund wird von rechts auf den Stoff gesteppt, mit der gleichen Naht werden die Enden umsteppt, dabei muß die Bundkante etwas unterhalb der ersten Naht zu liegen kommen.

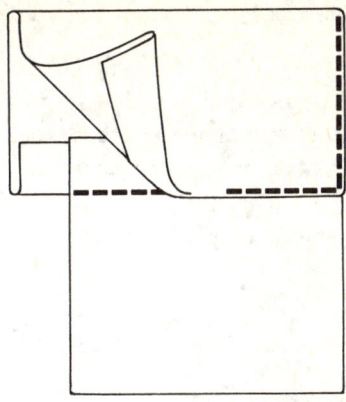

Die Zeichnung oben zeigt das Bundnähen mit der Maschine, während es auf der Zeichnung links mit der Hand erfolgt

Der Reißverschluß

Reißverschlüsse können entweder verdeckt eingenäht werden, d. h. die Stoffränder stoßen aneinander und verdecken die Zähnchen des Reißverschlusses, oder offen,

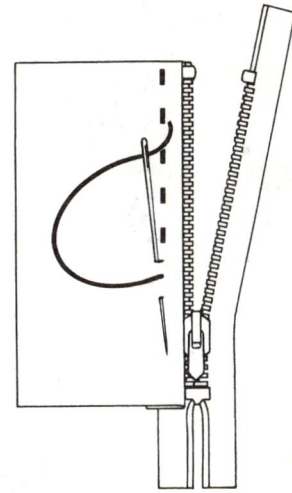

Wenn man einen Reißverschluß von Hand einnäht, so geschieht das von der rechten Stoffseite aus

dann bleiben die Zähnchen sichtbar. Der Reißverschluß wird aufgezogen und von oben nach unten eingenäht. Metallreißverschlüsse sind haltbarer als Reißverschlüsse aus Kunststoff, die den Vorteil haben, daß sie elastischer sind.

Einnähen von Hand

Der Reißverschluß wird ca. ¹/₂ cm vom Rand entfernt auf der rechten Stoffseite mit dem Hinterstich angenäht: die Nadel sticht man von oben in den Stoff und führt einen längeren Stich nach vorn aus; dann wird ein kleiner Rückstich gemacht, usw.....

Einnähen mit der Maschine

Die Nadeleinstellung wird zum Reißverschluß hin verschoben. Der Reißverschluß wird auf der linken Stoffseite ca. ¹/₂ cm vom Rand entfernt angesteppt. Er muß im unteren Drittel geschlossen werden, da der Nähmaschinenfuß neben dem Schließer keinen Platz hat.

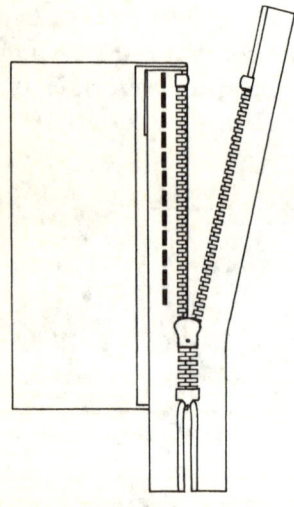

Reißverschlüsse sollte man anbringen können, wenn Kissen zusammengenäht werden

Patchwork

Patchwork heißt wörtlich übersetzt „Flickarbeit" – und aus der Notwendigkeit, Reste wieder verarbeiten zu müssen, ist Patchwork auch entstanden.
Amerikanische Auswandererfrauen entwickelten Patchwork zu einer wahren

Kunst. Sie werden von vielen als die Urheberinnen dieser Handarbeitstechnik angesehen. Doch entstand das älteste uns bekannte Stück schon vor 3000 Jahren in Ägypten. Auch in Europa war das, was man heute Patchwork und Applikation nennt, schon im Mittelalter bekannt; es gibt Abbildungen von Fahnen und Waffenröcken, die darauf schließen lassen. Später jedoch geriet diese Arbeitsweise allmählich in Vergessenheit, während sie in Amerika verfeinert und verändert wurde.

Die amerikanischen Frauen verwendeten Patchwork vor allem für Decken und Bettüberwürfe, die sie mit einer Wattierung und einem Unterstoff versahen. Die so gefütterte Decke übersteppten sie in den verschiedensten Mustern, „quilting" genannt. Nun ist es eine besondere Eigentümlichkeit des Patchwork, daß es sehr gut in Gemeinschaftsarbeit angefertigt werden kann. So war das abschließende Übersteppen einer Arbeit im Kreis von Freunden ein richtiggehendes Fest (quilting bee). Jungen Männern wurde zum 21. Geburtstag ein „Freiheitsquilt" geschenkt, der am Nachmittag zuvor von Mädchen aus der Nachbarschaft gemeinsam genäht wurde.

Eine Braut bekam von ihren Freundinnen einen „Hochzeitsquilt" überreicht; jede nähte einen Block dafür, und gemeinschaftlich wurden dann die Einzelteile aneinandergefügt. Noch heute sind „Quilt-Picknicks" in den ländlichen Gegenden der USA sehr beliebt.

Technik

Für Patchwork-Arbeiten eignen sich besonders gut Baumwollstoffe, Halbleinen und Kretonne. Samt und Seide sehen oft

Einfache Patchworkmuster, die sich aus den geometrischen Grundformen entwickeln lassen. Informationen dazu auch in Kapitel „Gestaltung"

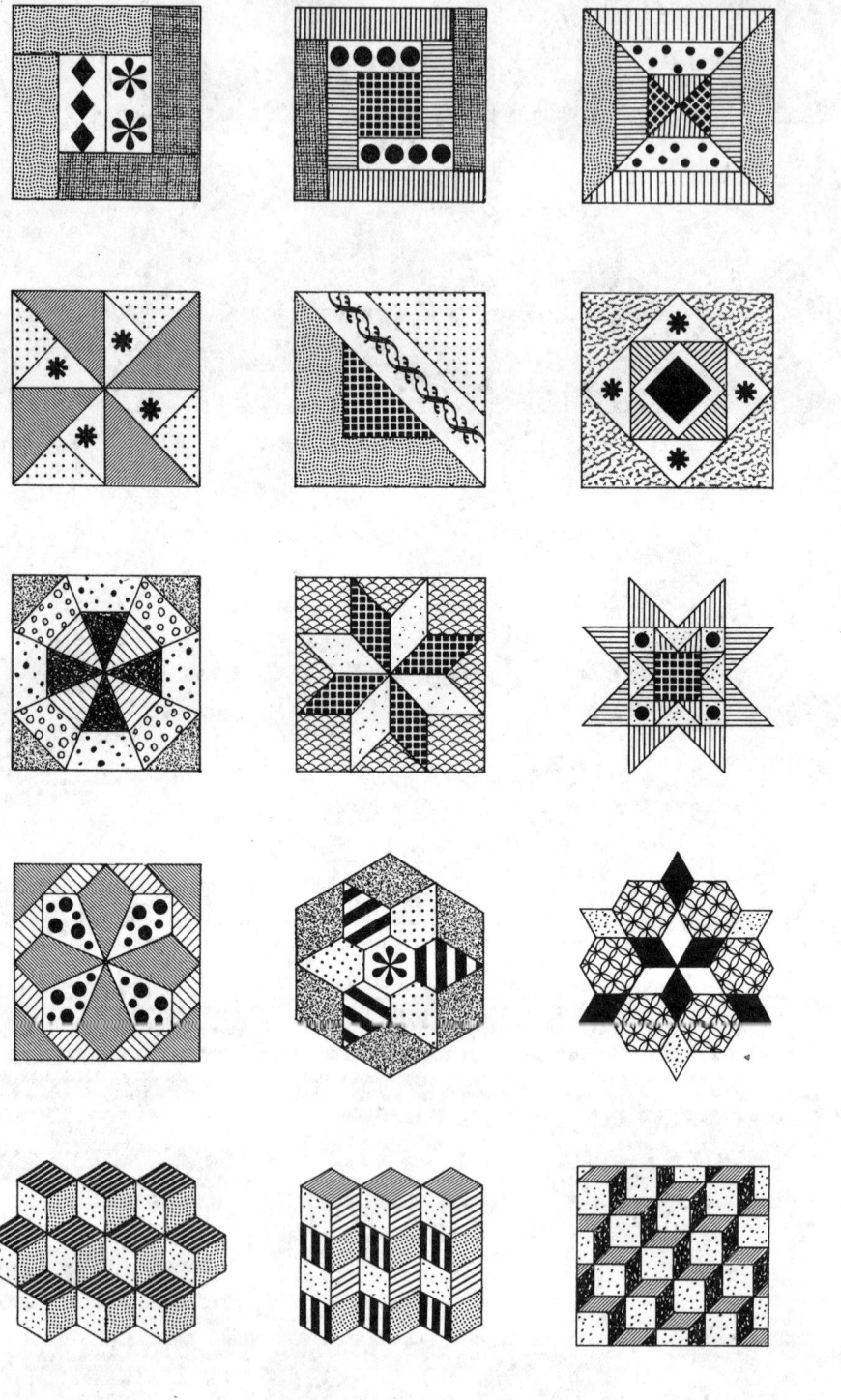

312

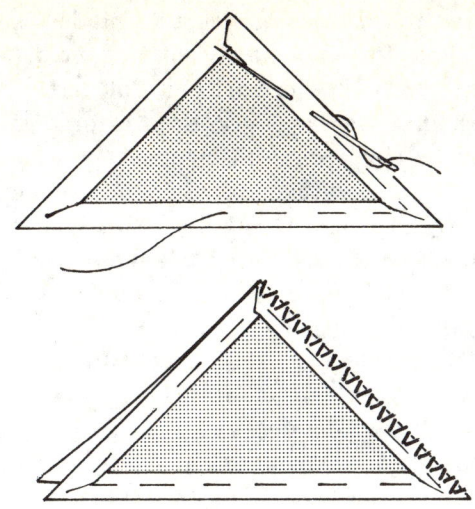

Wenn man mit der Hand arbeitet, werden die Patchteile aufeinandergelegt und zusammengenäht

wird auf den Stoff gelegt und der gewünschte Ausschnitt entlang der äußeren Formlinie zugeschnitten. Jedes Teil muß noch einmal aus Papier oder Vlieseline geschnitten werden, diesmal entlang der inneren Formlinie. Papier- und Stoffteil werden aufeinandergelegt, der Stoffrand um das Papier herumgezogen und angeheftet. Dann werden die einzelnen Teile von Hand mit überwendlichen Stichen oder mit der Maschine von links mit ca. 2 mm breiten Zickzack-Stichen zusammengenäht. Die Heftfäden zieht man heraus, das Papier ebenfalls; Vlieseline kann als Versteifung bleiben.

Quilten

Um Patchwork-Arbeiten mehr Stabilität zu geben, werden sie gefüttert. Als Füllung eignen sich Dralonwatte, auch Perlonwatte genannt (Kunststoff), Kapok- (Baumwolle) oder Schafwollvlies (nicht waschbar) und Steppdeckenfüllungen. Als Unterstoff ist meist Nessel geeignet.

Beim Quilten werden diese drei Stofflagen – Patchworkstoff, Wattierung, Unterstoff – aufeinandergelegt und in Längs- und Querreihen in ca. 20 cm Abstand aneinandergeheftet. Nun steppt man entweder in allen Nähten der Patchwork-Arbeit oder nur in einigen bestimmten Nähten mit der Maschine durch alle Stofflagen hindurch. Die Heftfäden werden abschließend wieder herausgezogen.

Eine andere Art des Quiltens ist, von Hand mit buntem Faden und regelmäßigen Heftstichen ganz neue Formen durch die drei Stofflagen hindurch zu nähen.

sehr schön aus, sind jedoch schwierig zu verarbeiten. Auch Leder ist geeignet.

Es gibt zweierlei Techniken der Verarbeitung. Die einfachere ist, die verschiedenartigen Teile aus Papier als Schnittmuster zu schneiden, dann die Stoffteile sorgfältig nach den aufgesteckten Schnittmustern zuzuschneiden. Die einzelnen Stoffteile werden dann zusammengesteckt oder -geheftet und mit einfachen Maschinennähten oder Steppnähten verbunden. Diese Technik eignet sich jedoch nur für einfache, möglichst geradlinige und großflächige Formen. Für komplizierte und feine Patchwork-Arbeiten müssen die verschiedenartigen Teile zunächst als Pappschablone hergestellt werden: der Umriß einer Form wird auf Pappe gezeichnet und derselbe Umriß 1 cm weiter außen noch einmal nachgezeichnet. Die Pappe wird an den beiden Umrißlinien ausgeschnitten, am besten mit einem Papiermesser. Die so entstandene Schablone

Links sind kompliziertere Patchworkmuster zusammengestellt. In der letzten Reihe unten Anregungen für typische Gestaltungsformen der Patchworktechnik: Die Teile werden so zusammengesetzt, daß sich ein dreidimensionaler Eindruck ergibt.
Eine ähnliche Gestaltungsform findet man bei der Bargellotechnik im Kapitel „Sticken" auf Seite 54

Ball

Zwölf regelmäßige Fünfecke ergeben einen Ball. Der Durchmesser des Balls ist etwa doppelt so groß wie die Seitenlänge der Fünfecke.

Fünf Teile näht man jeweils um ein sechstes herum an und schließt die Seitennähte. Die so entstandenen Ballhälften werden aneinandergenäht, wobei man zwei Seiten zum Füllen offen läßt und erst später von Hand überwendlich zusammennäht. Als Füllung eignen sich gezupfte Schafwolle oder Kapok, Zupfwolle, auch graue Watte genannt, Schaumstofflocken.

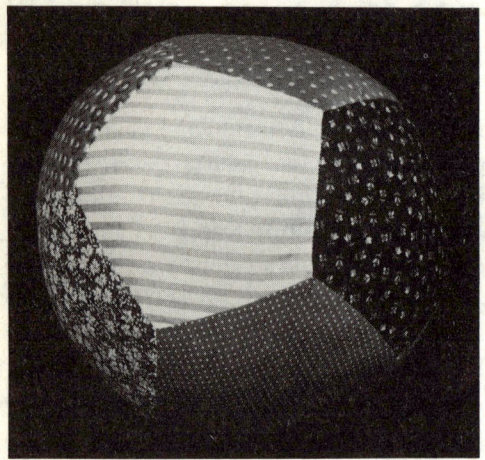

Dieser große weiche Spielball wurde aus 12 regelmäßigen Fünfecken aus Baumwollstoffen gearbeitet

Decke

Die Patchworkdecke rechts besteht aus 15 Quadraten, wovon jedes 40 cm mal 40 cm groß ist. Fünf dieser Quadrate sind aus einem Stück, auf diese fünf wurden nach Belieben assymmetrische Teile aufgenäht. Zehn der Quadrate sind wiederum aus mehreren Stücken zusammengefügt. Für eines dieser Quadrate werden vier Streifen à 30 cm mal 10 cm und zwei Streifen à 20 cm

mal 10 cm zugeschnitten, und mit der Maschine mit einer Steppnaht zusammengenäht. Sind die einzelnen Quadrate fertiggestellt, so werden jeweils drei Quadrate mit einer einfachen Maschinennaht zu einer Querreihe zusammengefügt. Die so entstandenen fünf Querreihen näht man mit einfachen Maschinennähten untereinander zusammen. Spätestens jetzt muß der Oberstoff ausgebügelt werden.

Die abgebildete Decke dient als Bettüberwurf; als Füllung wurde dickes Molton verwendet, um die Decke schwerer zu machen. Leichtere Füllmaterialien siehe Seite 313 (Quilten). Die Füllung mißt 140 cm mal 220 cm, der Unterstoff 165 cm mal 245 cm. Der Oberstoff, Füllung und Unterstoff werden mit großen Stichen aneinandergeheftet, und zwar in Abständen von ca. 20 cm. Dann steppt man mit einer einfachen Maschinennaht durch alle Stofflagen hindurch. Die Heftfäden werden herausgezogen, die überstehenden, etwa 12 cm breiten Ränder des Unterstoffs nach rechts umgeschlagen, die Kanten umgebückt und an den Oberstoff gesteckt oder geheftet. Die so entstandene Umrandung steppt man von rechts an die Decke.

Schlange

Diese Patchworkschlange ist ein ideales Geschenk für Babys und Krabbelkinder: eine erste Stütze zum Sitzen, später zum Darüberkriechen und um damit zu spielen. Die abgebildete Schlange mißt 36 cm im Umfang und ist etwa 2 m lang. Will man die Maße verändern und eine dickere oder dünnere Schlange nähen, muß das Schnittmuster für den Kopf entsprechend verän-

Bettüberwurf aus geblümten und karierten Baumwollstoffen in Brauntönen von Manuela Mechtel. Die Decke wurde einfarbig abgefüttert und dickes Molton eingenäht

dert werden. Die Stoffstreifen des Körpers sind zwischen 8 cm und 20 cm breit. Der Kamm der Schlange wird aus einem wattierten Stoff nach Belieben zugeschnitten. Die Streifen näht man aneinander. Der Kamm wird von rechts an eine Seite der noch offenen Längsnaht geheftet oder gesteckt, die Zacken liegen dabei auf dem Oberstoff. Die andere Nahtseite wird darübergelegt oder -gesteckt und alle drei Stofflagen mit der Maschine durchsteppt. Der letzte Körperstreifen erhält einen Saum, durch den eine Schnur gezogen wird. Den Kopf näht man am besten gesondert und verbindet ihn dann mit dem Schlangenkörper.

Die Abnäher im unteren Kopfteil werden geschlossen und beide Kopfteile aneinan-

dergenäht. Die äußeren Maulteile näht man an den Kopf, dabei ist es sehr wichtig, daß die Mitte eines Maulteils genau auf die Mitte eines Kopfteils zu liegen kommt. Diese Nähte werden nur bis 1 cm vor allen Rändern der Maulteile ausgeführt; zur Stabilisierung der Nahtenden wird zurückgesteppt. Die inneren Maulteile steckt oder heftet man rechts auf rechts an die äußeren, wobei die Zunge gleich zwischen die zwei inneren Maulteile gelegt wird. Die Teile werden aneinandergenäht, das Ganze an den Schlangenkörper genäht und umgestülpt.

Als Füllmaterial eignet sich am besten Schaumstoff. Aus einer weichen Schaumstoffplatte (ca. 1 cm dick) werden die Kopf- und Maulteile noch einmal, ohne jede Zugabe, geschnitten und mit Pattex von innen an die entsprechenden Stoffteile geklebt; hierbei muß der Klebstoff nur auf den Schaumstoff verteilt und dieser dann möglichst schnell in den Schlangenkopf gebracht werden. Die Schaumstoffplatten kann man auch mit unsichtbaren Stichen von Hand unter den Stoff nähen. Nun werden Kopf und Körper fest mit Schaumstoffflocken ausgestopft; dies geschieht am besten in einer zugestöpselten Badewanne. Die Schaumstoffflocken laden sich beim Füllen durch die unvermeidbare Reibung elektrisch auf und haften an allem Faseri-

Auf der Farbtafel neben Seite 304 findet man das Foto zu der hier beschriebenen Schlange

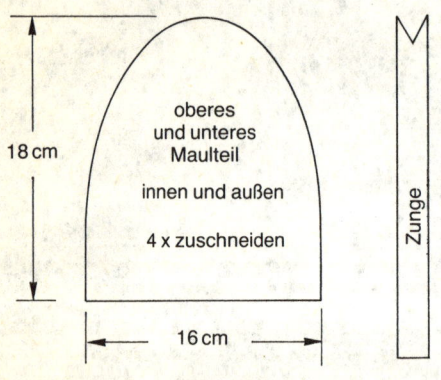

18 cm

oberes und unteres Maulteil

innen und außen

4 x zuschneiden

16 cm

Zunge

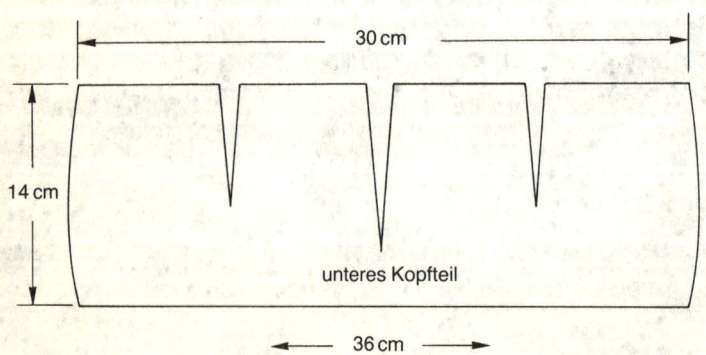

30 cm

14 cm

unteres Kopfteil

36 cm

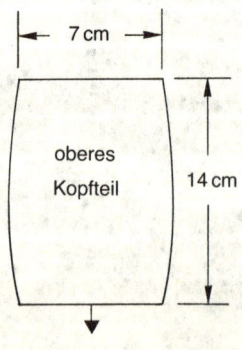

7 cm

oberes Kopfteil

14 cm

Ansatz am Schlangenkörper

316

gen fast rettungslos, deshalb sollte die Kleidung aus glatten Stoffen bestehen.

Ist die Schlange gefüllt, wird die Schnur am Ende festgezogen und verknotet.

Die Augen schneidet man mit einer Schere aus festem weißen Schaumstoff und klebt mit Pattex runde Pupillen aus Stoff auf. Das Ganze wird dann an den Schlangenkopf geklebt.

Puppenstuben-Möbel

Puppenstuben-Möbel kann man sich ohne Hammer und Säge aus Stoffresten „bauen". Auf dem Foto unten ist eine Puppenstube abgebildet, die teilweise mit der Hand, teilweise mit der Maschine genäht wurde. Wer doch nicht viel Übung im Nähen hat, wird am besten die Möbel von Hand nähen, Ecken und Kanten werden dann mit überwendlichen Stichen oder Steppstichen zusammengefügt.

Die Rückwände von den Sesseln und die des Sofas wurden mit Pappe verstärkt, der Unterbau des Tisches und die Tischfläche ebenfalls. Die Möbel sind mit ungesponnener Schafwolle ausgestopft worden, bei der Truhe dient eine Glasperle als Verschluß.

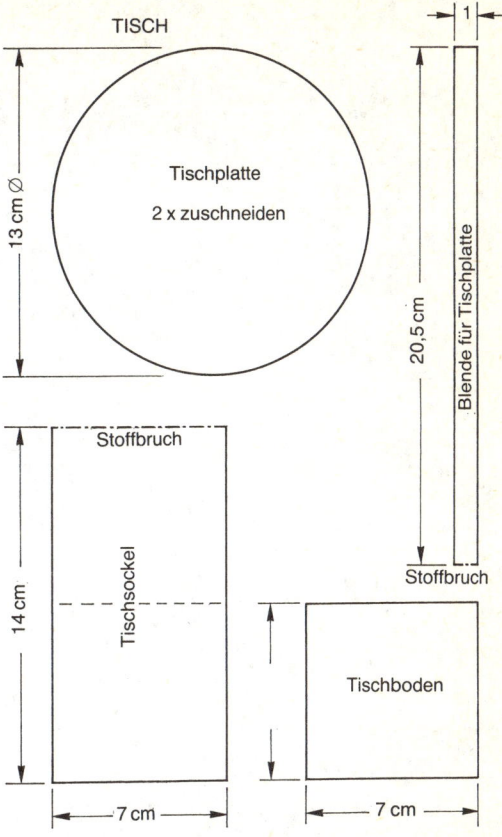

TISCH

Tischplatte
2 x zuschneiden

13 cm Ø

1

20,5 cm

Blende für Tischplatte

Stoffbruch

Tischsockel

14 cm

7 cm

Stoffbruch

Tischboden

7 cm

Puppenmöbel aus Stoffresten. Für die unten abgebildete gute Stube gibt es exakte Schnittmuster. Richtig Spaß macht die Puppenmöbelschneiderei vor allem dann, wenn man eigene Ideen in Plüsch und Pomp umsetzt

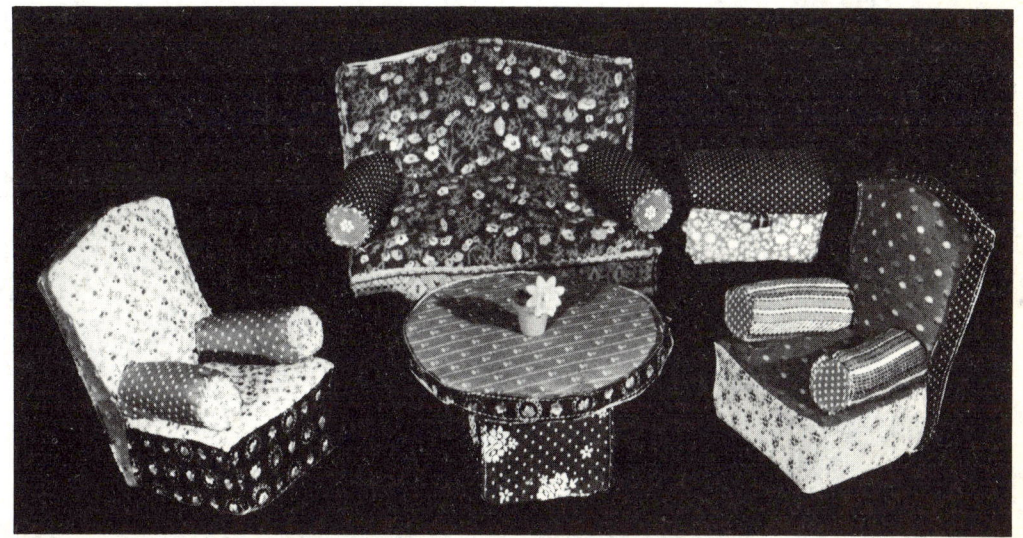

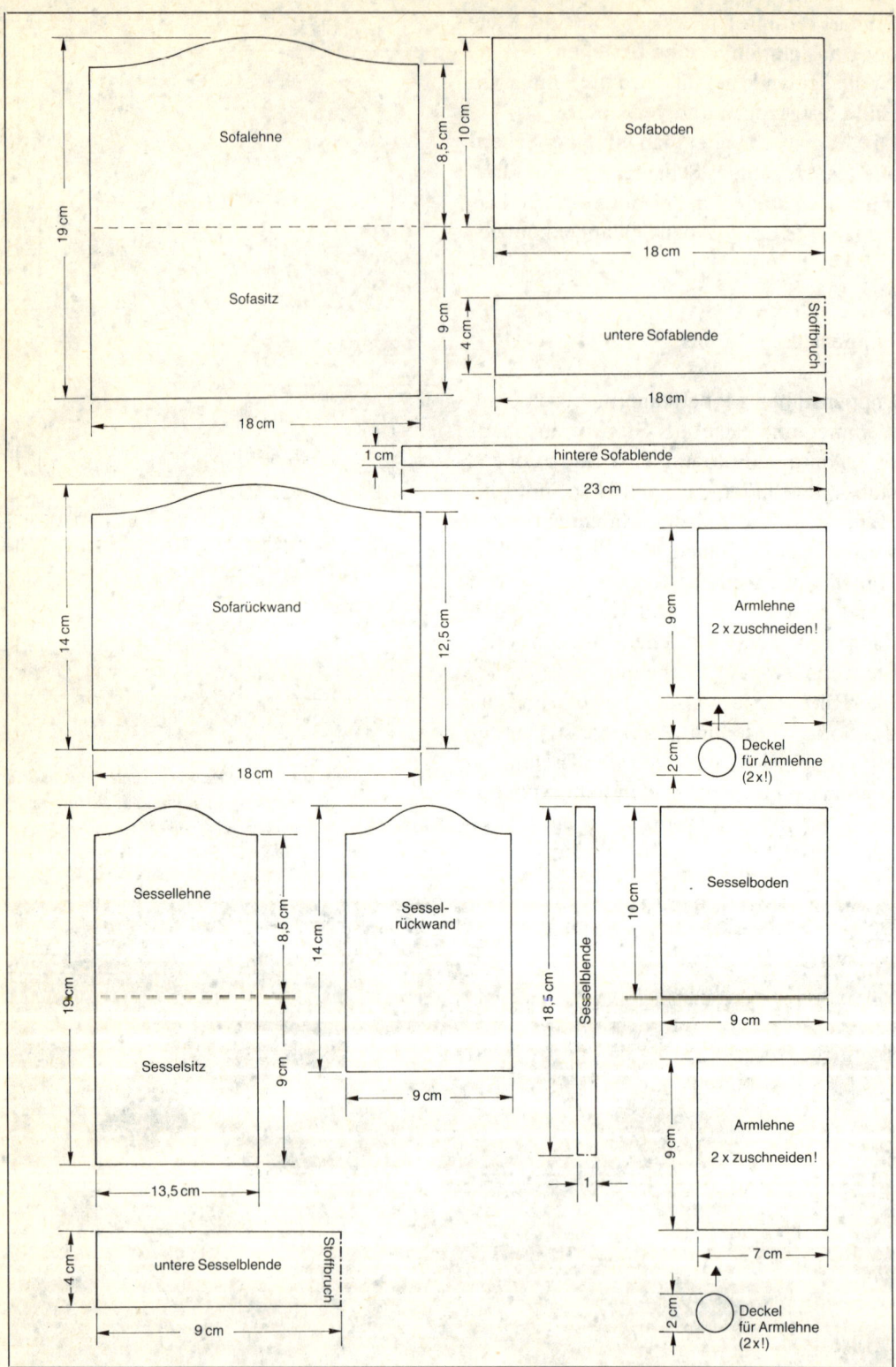

318

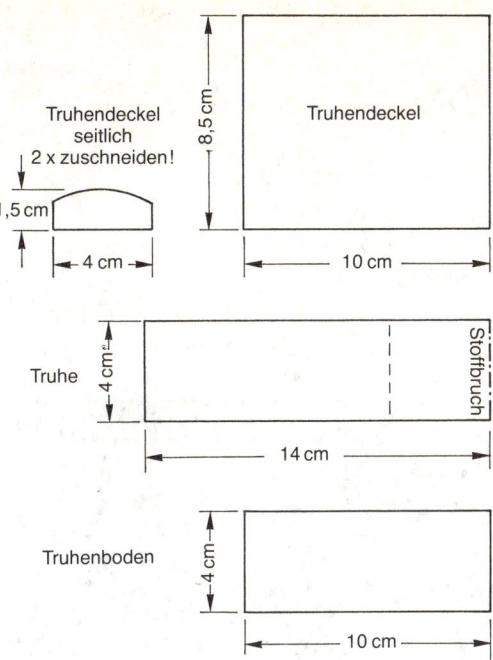

Truhendeckel
seitlich
2 x zuschneiden!

1,5 cm

4 cm

8,5 cm

Truhendeckel

10 cm

Truhe

4 cm²

Stoffbruch

14 cm

Truhenboden

4 cm

10 cm

Hier die Schnittmuster zu den auf Seite 317 abgebildeten Puppenmöbeln aus Stoffresten

Applikation

Stoffe zu applizieren ist eine künstlerische Tätigkeit mit schier unerschöpflichen Variationsmöglichkeiten. Phantasie und Erfindergeist spielen bei dieser Handarbeitstechnik die größte Rolle. Allerdings ist bei der Verarbeitung der Stoffe auch Genauigkeit äußerst wichtig, damit die einzelnen Stücke nicht ausfransen oder die ganze Applikation sich verzieht, d. h. der Stoff Wellen bildet.

Von Hand werden die einzelnen Teile meist mit kleinen überwendlichen Stichen aneinandergenäht; beim Nähen mit der Maschine wählt man Zick-Zack-Stich mit einer Länge von $1/4$–$1/2$ mm und einer Breite von 3–5 mm.

Es gibt zweierlei Arten, eine Applikationsarbeit anzulegen. Die erste und unkomplizierteste Technik besteht darin, auf ein gro-

ßes oder auch ein gepatchtes Stück Stoff kleinere Motive aufzunähen. Es empfiehlt sich, diese Motive erst aus Papier zu schneiden und auf den Stoff zu legen, damit man die Wirkung der Zusammenstellung betrachten kann. Bei sich wiederholenden Motiven ist es ratsam, eine Pappschablone anzufertigen (siehe Seite 313, Patchwork). Applikationsteile werden immer ohne jede Zugabe zugeschnitten.

Man kann aber auch kleine Stoffteile mosaikartig zu einem größeren Bild oder Muster zusammensetzen. Hier wird ein Entwurf des Ganzen auf Papier gezeichnet, die einzelnen Stücke werden am besten durch-

Unten: Wandbehang von Angelika Süss. Die Einzelteile werden mit der Maschine im engen Zickzackstich aufgenäht. Die Stoffe mit den Blümchenmuster stammen von Laura Ashley, der Untergrund ist aus grobem Leinen

Appliziertes Stoffbild, von Monika Koy.

numeriert und ausgeschnitten; die Papierteile legt man nun der Reihe nach auf eine weiche Stoffunterlage, z. B. Molton oder Vlieseline, und zeichnet die Ränder mit Bleistift nach; dann erst werden die Stoffteile mit Hilfe der Papierteile zugeschnitten und auf die Unterlage gesteckt oder geheftet, angenäht und ausgebügelt (siehe Seite 307 und 319).

Applikation aus Baumwollstoffen, in einem alten ovalen Holzrahmen, von Manuela Mechtel

Stoffpuppen

Kopf

Material
Dralonwatte oder Schafwolle,
Mull oder Baumwollbatist,
1 mal 40 mal 40 cm
1 mal 7 mal 7 cm
Schlauchverband (beige) Nr. 5 ca. 1 m
(evtl. Tee zum Färben)

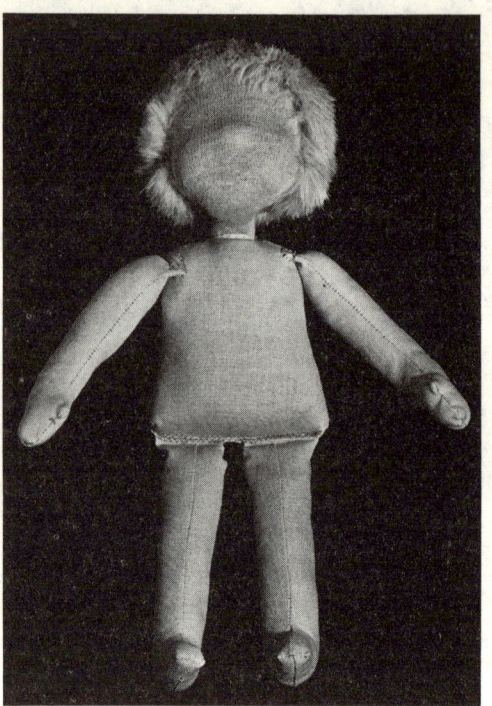

Das Foto oben zeigt, wie die Körper der Puppen gearbeitet werden

festen Zwirn, Nähseide, Stickgarn für Augen und Mund, lange Stopfnadel, Fellreste für die Haare;
Man formt aus Dralonwatte oder ungesponnener Schafwolle ein festes Bällchen (Ø 7 cm) und umwickelt es mit festem Zwirn (a). Darüber wird eine weiche Lage Watte gelegt (etwa 1 cm dick), mit einem quadratischen Stück Mull (40 mal 40) umhüllt und unten abgebunden (b). Einige fe-

320

ste Spannstiche bilden dann die Einbuchtung unterhalb der Stirn (c). Für die Nase wird ein kleines festes Wattebällchen (Ø 1,5 cm) mit Mull umhüllt, unten abgebunden (d) und unterhalb der Einbuchtung an den Kopf genäht. Drei weiche größere Wattebällchen für Backen und Kinn werden mit wenigen Stichen locker aufgeheftet (e). Jetzt überzieht man das Ganze dreimal mit Schlauchverband und bindet unten immer wieder fest den Hals ab (f).

Mit wenigen kleinen Spannstichen werden Augen und Mund gestickt (richtige Lage vorher mit kleinen Papierstückchen ausprobieren) (g).

Für die Haare werden kleine Felle mit Alleskleber aufgeklebt (Fellrichtung immer gegeneinander laufen lassen, so daß keine

Puppen von Erika Wäldi. Sie werden aus Stoff genäht und mit ungesponnener Schafwolle oder Dralonwatte gefüllt. Schnittmuster und Zeichnungen der einzelnen Arbeitsphasen findet man auf der nächsten Seite

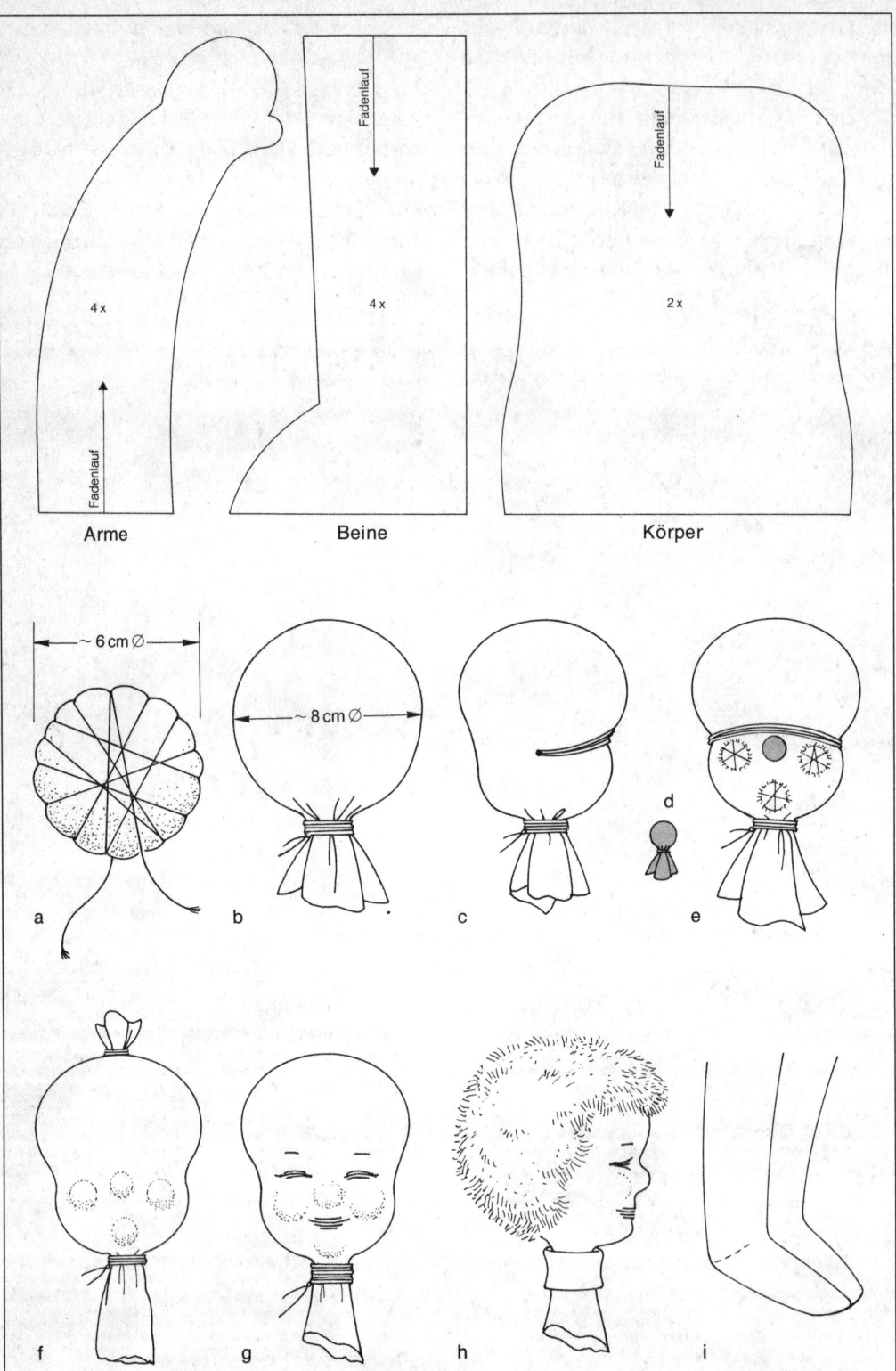

Arme   Beine   Körper

Lücken entstehen). Den Hals mit einem Schlauchverband umwickeln und festnähen (h).

Körper

Material
Leinen (beige) 40 mal 90 cm
Dralonwatte oder Schafwolle
Nähseide
festen Zwirn

Teile für den Körper entsprechend dem Schnitt mit Nahtzugabe zuschneiden. Arme und Beine nähen, umstülpen und von oben fest füllen. Etwa 1 cm oben ungestopft lassen (bessere Beweglichkeit) und dann die Nähte schließen – bei den Beinen so, daß die Füße nach vorn zeigen, bei den Armen so, daß die Daumen nach vorn zeigen, wenn sie an den Körper genäht werden.

Nun wird der Rumpf seitlich zugenäht. Nachdem die Beine von unten eingenäht sind, wird der Rumpf von oben gestopft. Anschließend wird der Kopf bei der oberen Öffnung eingebracht. Hals und Rumpf werden mit festem Zwirn aneinandergenäht.

Für die Schultern kleine Quernähte bilden und darauf die Arme nähen, so daß sie noch gut beweglich sind.

Bei Fußspitzen und Fersen ebenfalls kleine Quernähte bilden (i).

Die Puppen sind im Prinzip alle auf die gleiche Art und Weise entstanden. Jede Puppe hat ein anderes Gesicht – teilweise bewußt, teilweise aus Zufall, und jede Puppe hat ein anderes Kleid an.

Batik

Gestaltung durch Reservierung

Batik ist eine alte Stoff-Färbetechnik, die aus Südostasien stammt und auch heute dort noch praktiziert wird. Die kostbaren Sarongs, die auf den Inseln Java und Madura entstanden, sind mit Naturfarben gefärbt und mit kunstvollen symbolischen Motiven geschmückt.

Es soll hier versucht werden, mit den gestalterischen und technischen Grundlagen der Batiktechnik vertraut zu machen: Es empfiehlt sich, nicht gleich mit komplizierten gegenständlichen Motiven zu beginnen, deshalb zunächst einige Farbspiele, die dem Anfänger helfen, die gestalterische Eigenart kennenzulernen, damit er eigene Ideen in die Batik-Technik umsetzen kann.

Batik aus Java mit asiatischen Motiven in Schwarz und Gold auf weißem Grund

Taucht man einen weißen Streifen Stoff zur Hälfte in ein rotes Farbbad, so ist der Stoff nach der Färbung in ein weißes und ein rotes Feld eingeteilt. Zwischen den beiden Farbfeldern entsteht ein fließender Farbübergang.

Durch einfaches Eintauchen von Stoff können Muster hergestellt werden. Einzelne Stoffabschnitte taucht man nacheinander in verschiedene Farbbäder: es entsteht ein gestreifter Stoff. Ein quadratisches Stück Stoff wird zur Mitte zu in Form einer Tüte zusammengerollt, die Spitze eingetaucht: Es entsteht ein Kreis. In beiden Fällen werden Muster erzeugt, indem ein Teil des Stoffes in das Farbbad getaucht wird, während andere Bereiche nicht mit der Farbe in Berührung kommen.

Eindeutig begrenzte Muster können jedoch durch einfaches Tauchen von Stoff nicht erzielt werden. Das Beispiel des gefärbten Kreises zeigt, daß die Farbe in den Stoff „fließt".

Klare Abgrenzungen können nur durch Reservierungen mit Wachs oder durch Abbinden erreicht werden. Ein charakteristisches Formelement der Wachsbatik sind die Brüche oder Craquelés. Sie entstehen durch ein

Die in diesem Kapitel abgebildeten Arbeiten stammen von Teilnehmern aus Batikkursen des „Workshop Hannover"

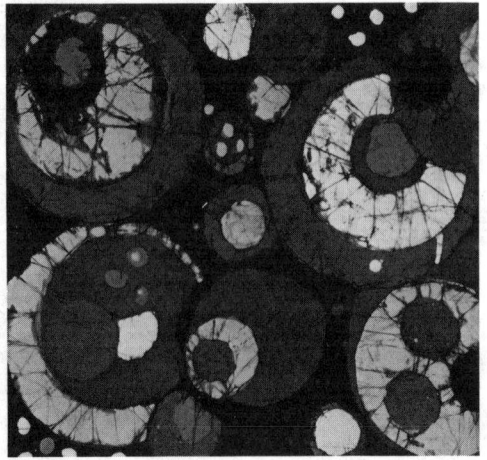

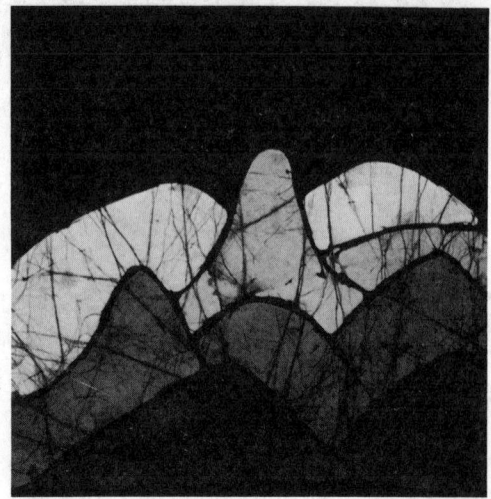

Vierfarben-Batik: die hellste Farbe wird immer zuerst, die dunkle zuletzt gefärbt

linienförmiges, zum Teil fein verästeltes Brechen des Wachses. Bei den bisher geschilderten Färbeverfahren wurden Farbflächen „reserviert", indem sie einfach nicht mit in das Farbbad eingetaucht wurden. Bei der Binde- und Wachsbatik wird der gesamte Stoff eingetaucht. Vorher bereitet man aber Teile des Stoffes so vor, daß die Farbe dort nicht mit dem Stoff in Berührung kommen kann.

Bei einer Bindebatik kann man den Stoff rollen oder, wie oben beschrieben, zu einer Tüte zusammenlegen. Der Stoff wird an mehreren Stellen fest mit einer glatten Paketschnur umwickelt und dann in das Farbbad eingetaucht. Es entstehen Streifen mit geraden oder kreisförmigen Linien. Um verschiedene Färbungen zu erreichen, kann der Stoff auch hier mit einzelnen Stoffabschnitten in verschiedene Farbbäder getaucht werden. Freie Stellen können noch zusätzlich umwickelt werden und in weitere Farbbäder eingetaucht werden. Der Stoff wird zwischen den Farbbädern gründlich mit Wasser gespült, die Schnur wird erst nach der letzten Färbung gelöst.

Bei der Wachsbatik reserviert man die Teile

a

b

c

d

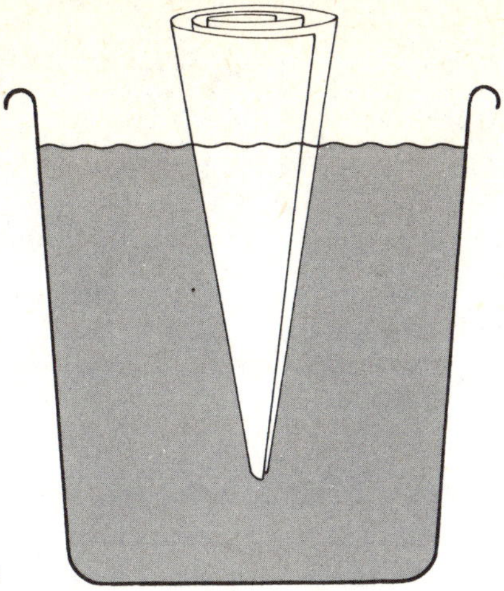

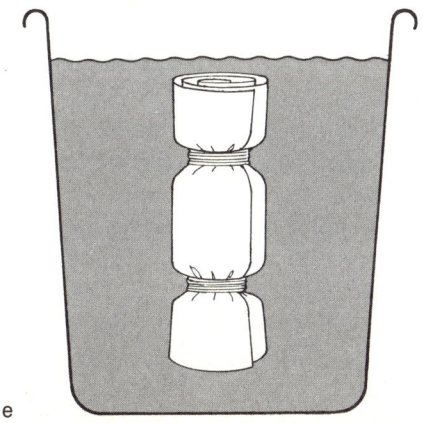

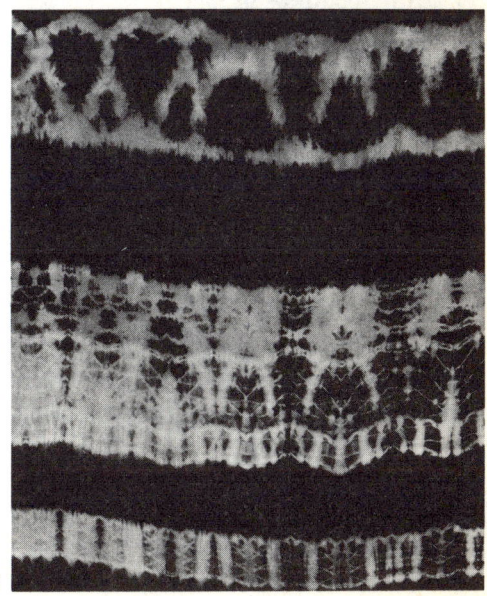

a: Ein Quadrat wird zu einer Tüte gerollt, b: ein Kreis entsteht, c + d: zweimal abbinden ergibt eine Raute. e: Ein Rechteck wird zweimal abgebunden, f: es entstehen Streifen

e

f

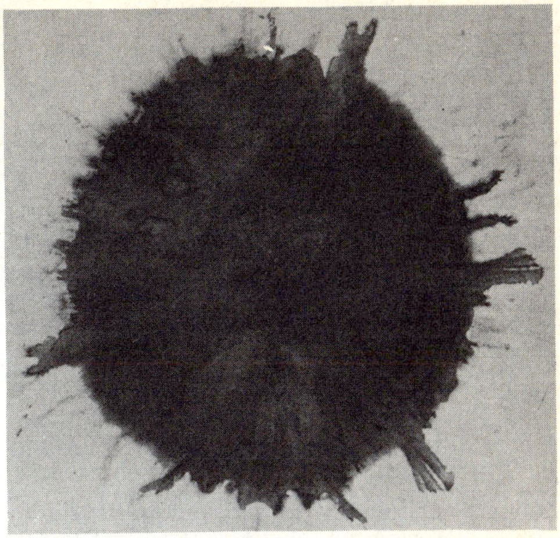

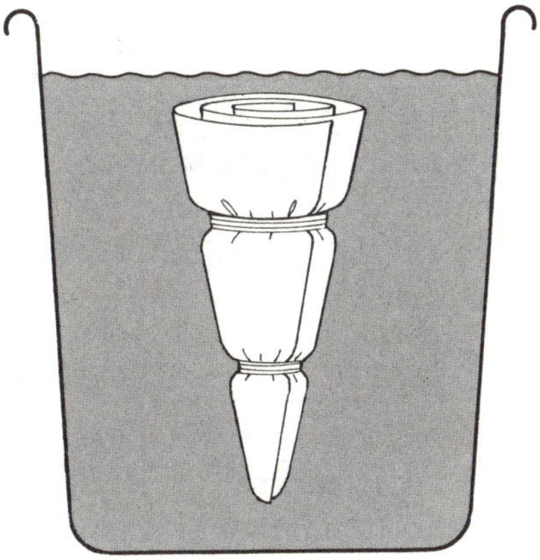

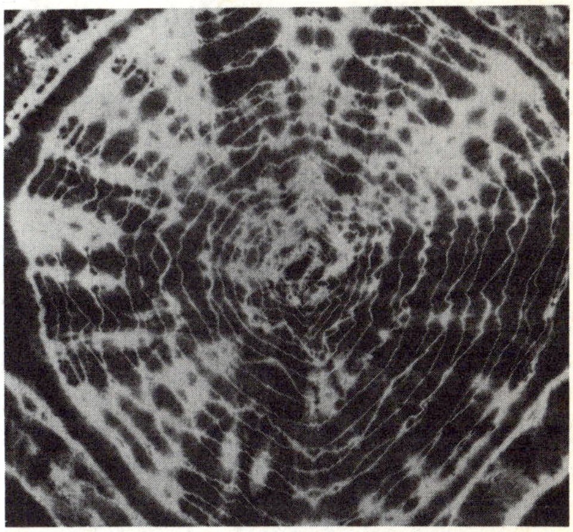

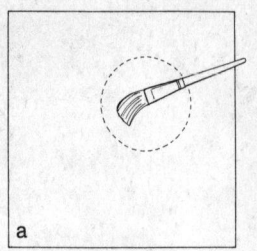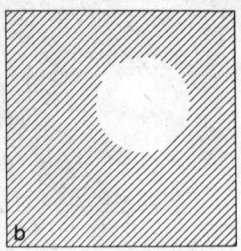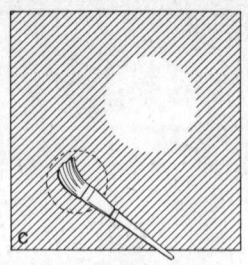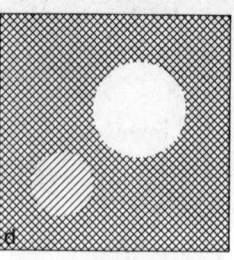

Das Grundprinzip der Batiktechnik: a: Mit dem Pinsel wird heißes Wachs aufgetragen, b: Die freie Fläche wird gefärbt, c: Auf die farbige Fläche wird wiederum Wachs aufgetragen, d: Die freibleibende Fläche wird ein zweitesmal gefärbt, immer von hell nach dunkel

des Stoffes, die nicht miteingefärbt werden sollen, mit Wachs. Bestreicht man auf einem weißen Stück Stoff die innere Fläche eines Kreises mit flüssigem Wachs und taucht diesen Stoff in ein rotes Farbbad, so entsteht eine weiße Kreisfläche auf einem roten Hintergrund. Deckt man nach dem Ausspülen und Trocknen des Stoffes auf dem roten Grund wieder eine Kreisfläche mit Wachs ab und taucht den Stoff in eine dunklere Farbe, dann entsteht zusätzlich ein roter Kreis.

Da die Bindebatik in ihrer Gestaltungsmöglichkeit sehr dem Zufall überlassen bleibt, wird hier die Wachsbatik mit ihren technischen und gestalterischen Grundlagen ausführlich beschrieben.

Entwurf und Gestaltung der Wachsbatik

Die Technik der Batik hat ihre eigenen Gesetzmäßigkeiten in der Gestaltung. So ist es nur unter großen Mühen möglich, von Anfang an festgelegte, komplizierte Formen darzustellen. Beim Färben kommen verschiedene Farben übereinander, es entstehen Mischfarben, deren Wirkung vorher kaum endgültig absehbar ist.

Hier einige Probestreifen, welche die Eigenarten der Technik zeigen sollen. Für den Anfänger ist zu empfehlen, solche Probestreifen zu erarbeiten, bevor man mit einer Batik nach exaktem Entwurf beginnt, um ein Gespür für die Möglichkeiten zu bekommen und mit Formen und Farbfolgen experimentieren zu können.

Der erste Probestreifen wird zunächst vollständig mit Wachs bestrichen, in diagonaler Richtung gebrochen und in ein rotes Farbbad getaucht. Nach dem Trocknen werden die roten Brüche wieder mit Wachs zugedeckt und der Stoff noch einmal – jetzt in vertikaler Richtung – gebrochen, Durch das Eintauchen in ein schwarzes Farbbad entstehen die feinen schwarzen Linien.

Man sollte von Anfang an versuchen, Brüche nicht durch einfaches Zusammenknautschen des gewachsten Stoffes zu erzeugen, sondern den Stoff überlegt an einzelnen Stellen zu knicken. Beim Entwurf ist zu bedenken, daß Brüche in hellen Flächen besser zur Geltung kommen als in dunklen.

Der zweite Streifen ist in verschieden breite vertikale Flächen unterteilt. Die Farben werden von rechts nach links dunkler.

Im dritten Streifen ist die strenge Gliederung etwas aufgelockert, die Formen sind geschwungen, die Farbfolge ist freier gewählt.

Das vierte Probestück besteht schließlich aus frei mit dem Tjanting gezogenen verschiedenfarbigen Linien.

Rechts die im Text beschriebenen Probestreifen

Batik mit starken Kontrasten: schwarzer Grund mit Gelb, Rot und Orange. Hier eine weitere Möglichkeit der Reihenfolge der Farbtöne: Orange, Altgold, Brillantrot, Kupfer, Kastanienbraun, zum Schluß Schwarz oder Marineblau

Wenn man nach all diesen Übungen und Überlegungen eine Vorstellung von der Batik bekommen hat, die man arbeiten möchte, kann man sich mit weichem Bleistift eine Skizze auf den Stoff aufzeichnen.

Der Stoff

Für Batik eignen sich alle glatten Stoffe aus Naturfasern. Diese Stoffe werden eingeteilt in Pflanzen- und Tierfasern. Als Pflanzenfasern bezeichnet man Baumwolle und Leinenstoffe, als Tierfasern Seide und Wolle. Die Auswahl des Stoffes richtet sich vor allem danach, wofür die Batik verwendet wird; es muß aber auch bedacht werden, daß die käuflichen Batikfarben auf Pflanzen- und Tierfasern unterschiedlich intensiv wirken. Stoffe, die Kunstfasern enthalten, nehmen nur wenig Farbe an. Dünne Stoffe werden heller als dicke, bei dünnen Stoffen ist der Wachsauftrag schwieriger zu handhaben als bei dicken.

pretur ausgewaschen werden: man kocht den Stoff, gibt bei der Wäsche Waschmittel oder Soda zu, spült ihn anschließend gut und bügelt ihn glatt.

Farben

Bevor man mit den Färbebädern beginnt, arbeitet man sich einen Färbeplan aus und berücksichtigt dabei, daß nur bestimmte Farbfamilien in festgelegter Reihenfolge gefärbt werden können. Die Wirkung der Farben hängt auch von der gewählten Reihenfolge der Färbebäder ab, man beginnt immer mit der hellsten Farbe. Man beginnt z. B. mit rosa, färbt dann hellblau oder hellgrün, ab dann in folgender Reihenfolge: Karmesinrot, violett, russischgrün, kastanienbraun zum Schluß schwarz oder marineblau. Das Farbbad setzt man in einem nicht oxydierenden Gefäß an (Emaille, Porzellan, Plastik oder Glas), zum Färben benutzt man Gummihandschuhe.

Die Farbenhersteller geben auf ihren Verpackungen die genauen Mischverhältnisse von Farben und Wasser an, nach denen man sich im allgemeinen genau richten muß. Abweichend von den Herstellerangaben können DEKA-Farben auch folgendermaßen angesetzt werden:

die Menge einer Tüte (Serie L) in einem halben Liter heißem Wasser lösen und einen weiteren halben Liter kaltes Wasser hinzufügen.

Bei einer Färbezeit von 2 bis 5 Minuten werden bei dieser Lösung leuchtende und intensive Farben erreicht.

Generell wird die Farbintensität erreicht durch eine hohe Konzentration des Farbbades und ein über längere Zeit hinweg dauerndes Eintauchen des Stoffes in das Farbbad, also durch längere Färbezeiten und durch ein wärmeres Farbbad (etwa 30°, nicht wärmer, sonst schmilzt das Wachs).

Bei der Beurteilung der Färbung während der Arbeitsgänge muß berücksichtigt werden, daß der noch nasse Stoff eine stärkere Farbwirkung zeigt als der trockene. Hält man die Batiken gegen ein helles Licht, erreicht man in etwa den Eindruck der Farbwirkung einer fertigen Batik.

Batikfarben sind nicht völlig licht- und waschecht. Das bedeutet, daß fertige Batiken im Lauf der Zeit ausbleichen. Sie sollten deshalb vor grellem Licht geschützt und nur bei geringer Temperatur gewaschen werden; am besten gibt man Batiken in die chemische Reinigung.

Bei der Batik links wurde der dunkle Untergrund als letztes gefärbt. Auf dem Foto unten ist es genau umgekehrt: Der Untergrund blieb weiß, das heißt der gesamte Hintergrund wurde zuerst abgedeckt, dann die Gegenstände in Blau, Grün und Schwarz herausgearbeitet

Das Wachs

Für Batik eignet sich grundsätzlich eine Mischung aus zwei Teilen Paraffin und einem Teil Bienenwachs. Wachs mit einem größeren Anteil Bienenwachs läßt sich mit dem Tjanting (Wachskännchen) leichter auftragen. Wachs mit einem größeren Anteil Paraffin wird beim Erkalten spröde und bricht leicht; die Batik bekommt viele Sprünge und Stellen, an denen Farbe unter die Wachsschicht läuft. Durch zu viele Brüche kann die Batik „unsauber" wirken.

Geräte zur Wachsbatik

Batikrahmen und Reißzwecke (siehe Anhang).
Der Stoff wird mit den Reißzwecken straff auf einen Holzrahmen aufgespannt. Dieser Holzrahmen kann ein gekaufter verstellbarer oder ein selbstgezimmerter Rahmen sein. Man kann aber auch als Ersatz eine Schublade oder eine Holzkiste mit dicken Wänden verwenden.
Wichtig ist, daß die Batik nicht auf der Unterlage festklebt, wenn mit Pinsel oder Tjanting das heiße Wachs aufgetragen wird. Beim Lösen von der Unterlage würde die Wachsschicht zerstört werden; beim Färben würden dann Bereiche ineinander verlaufen.

Kochplatte und Emailletopf

Das Wächs läßt sich am besten auf einer elektrischen Kochplatte im Wasserbad oder in einem kleinen Emailletopf erhitzen.

Borstenpinsel

Damit der Borstenpinsel eine genügende Menge Wachs fassen kann, darf er nicht zu klein sein. Auch mit einem großen Pinsel können kleine Flächen oder feine Linien

gezeichnet werden, wenn man ihn nur mit einer Ecke aufsetzt und schnell über den Stoff zieht.

Tjanting

Ein Tjanting ist ein kleines Wachskännchen mit feinem Ausflußrohr.

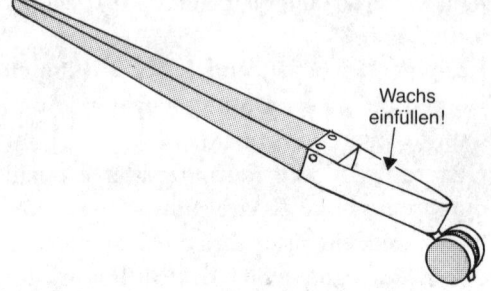

Die Zeichnung oben zeigt eine Tjanting. Ein gutes Beispiel für die Tjanting-Technik sieht man auf Seite 327. Unten: Batikrahmen mit aufgespanntem Stoff

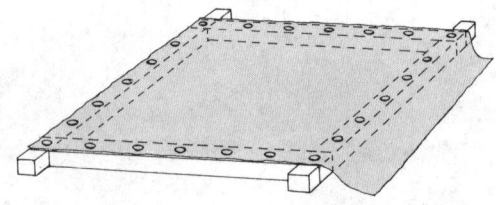

Arbeitsphasen beim Batiken mit Wachs

Das Wachs muß sehr heiß sein, damit es leicht fließt und den Stoff völlig durchdringt. Man kontrolliert dies, indem man die Fläche mit dem Wachsauftrag von beiden Seiten betrachtet: wenn sie völlig gleich aussehen, hatte das Wachs die richtige Temperatur.
Dringt das heiße Wachs nicht tief genug in den Stoff ein, kann dies folgende Ursachen haben:
Das Wachs war noch nicht heiß genug, und man muß mit dem Auftragen noch etwas abwarten.

Das Wachs ist im Pinsel oder Tjanting zu sehr erkaltet. Hier hilft nur häufigeres Eintauchen.

Das Wachs wurde zu schnell aufgetragen. Es hilft eine langsamere Führung des Pinsels oder des Tjantings.

Sollte trotz aller Sorgfalt das Wachs nicht tief genug im Stoff sein, kann von der Rückseite her nachgewachst werden.

Der Tjanting muß im flüssigen Wachs angewärmt werden, dann wird er mit Wachs gefüllt, die Unterseite mit einem Lappen abgewischt. Damit beim Führen des Tjantings auf dem Tisch oder Stoff keine unnötigen Flecken entstehen, hält man bis kurz vor dem Aufsetzen des Tjantings einen Lappen unter das Röhrchen.

Man beobachtet dann die Folge der aus dem Röhrchen rinnenden Tropfen. Es ist zweckmäßig, auf einem Probestoff Linien mit großer und kleiner Tropfenzahl zu ziehen.

Bei großer Tropfenzahl, festerem Aufsetzen und langsamer Bewegung zeichnet der Tjanting dickere Linien.

Zum Färben legt man die Batik vorsichtig zusammen und taucht sie in ein möglichst großes Gefäß mit dem Farbbad. Bei der ersten Färbung darf der Stoff nicht zu stark zerknittert werden, sonst entstehen zu viele Brüche.

Nach dem Färben wird die Batik gründlich ausgespült und getrocknet. Dabei muß beachtet werden, daß die Batik nicht zu nahe

Es ist nicht notwendig, ausschließlich Ferienerlebnisse oder Sonntagseindrücke mit Sonnenaufgang, Blumen und Rehen darzustellen. Gegenstände und Stimmungseindrücke aus der Alltags-Realität verdienen es ebenso, beachtet und dargestellt zu werden

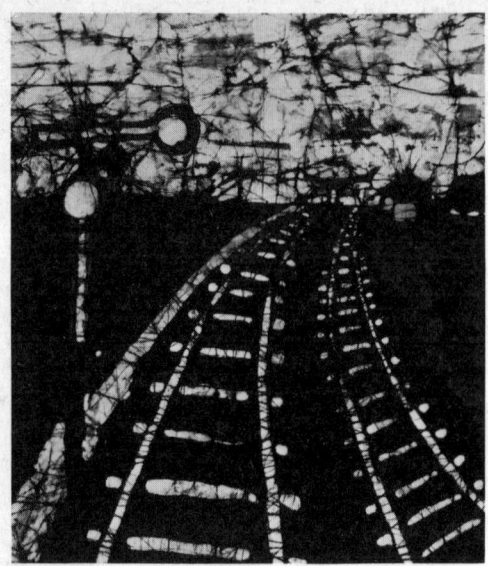

Der Hintergrund der Batik ist weiß, die Flächen neben den Schienen dunkelgrün, das Signal hat eine rote Kontur, das Haus am Ende der Schienen gelbe Fenster

Für weitere Färbungen werden die beschriebenen Arbeitsgänge wiederholt, zwischen den einzelnen Farbgängen muß der Stoff völlig trocknen; nasser oder feuchter Stoff nimmt kein Wachs auf, man muß also Geduld haben.

Nach dem letzten Färbegang wird das Wachs entfernt. Man bügelt es zwischen zwei Lagen Zeitungspapier aus; es kann auch mit nur einer Zeitungsunterlage unmittelbar auf der Batik gebügelt werden. Beim Ausbügeln bleibt immer ein Rest Wachs im Stoff enthalten, die Batik bleibt etwas steif.

Das stört nicht, wenn es sich um Batik-Bilder handelt, sie werden sogar durch die Wachsschicht geschützt, und die Farben erscheinen leuchtender. Man verteilt die Wachsschicht bei Wandbehängen oder Batikbildern gleichmäßig auch über die Stellen, die ungewachst geblieben sind. Kleidungsstücke sollte man dagegen zur Entfernung des Restwachses chemisch reinigen lassen.

an der Heizung getrocknet wird, es besteht sonst die Gefahr, daß das Wachs schmilzt und ausläuft.

Stoffdruck

Hier ein Überblick über die verschiedenen Druckverfahren, die aber für Laien im Rahmen ihrer technischen Möglichkeiten nur teilweise realisierbar sind. Sie werden auf den folgenden Seiten beschrieben.

Druckverfahren

Direktdruck (Hochdruck)

Die Farbe wird mittels Stempel oder Model direkt auf den Stoff aufgetragen. Das Muster auf Stempel oder Model ist erhaben.

Reservedruck

Muster wird mit Schutzmasse aufgedruckt, Stoff gefärbt, reservierte Stellen bleiben in der ursprünglichen Farbe erhalten. Ein typisches Beispiel dafür ist das Blaudruckverfahren, das auf der nächsten Seite oben beschrieben wird.

Ätzdruck

Auf gefärbten Grund wird mit ätzender Paste gedruckt und somit die Färbung an den bedruckten Stellen zerstört.

Blaudruck aus Süddeutschland: Blaudruck ist ein altes Reservedruckverfahren bei dem mit einem Model aus Birnbaumholz im Rapport eine gelbgrüne Masse, Papp genannt, aufgedruckt wird. Sie wurden aus Tonerde, Gummi arabicum, salpetersaurem Blei, Kupfervitriol, Grünspan und Fett hergestellt. Dann wurde der Stoff in hölzerne Färbebottiche, Küpen genannt, getaucht und in einer kalten Indigolösung, bei der Indigo mit Kalk und Eisenvitriol versetzt wird, gefärbt

Tiefdruck (auch Rouleaux oder Walzendruck)

Muster wird in Walzen eingraviert, Walzen laufen durch Farbwannen, Rakel streifen überflüssige Farbe ab.

Durchdruck (Film- oder Siebdruck und Schablonendruck)

Siebdruckschablonen bestehen aus Seiden- oder Metallgaze, die durch Lack, Kunstharz oder fototechnische Einwirkung an bestimmten Stellen farbundurchlässig werden. Mit einem Rakel wird Farbe durch die freigelassenen Musterpartien gestrichen. Schablonen für den Handdruck stellt man aus Sichtfolie her. In die für das Muster ausgeschnittenen Stellen wird die Farbe mit einem Schablonierpinsel auf- bzw. eingestupft.

Stoffe

Zum Bedrucken eignen sich grundsätzlich alle Stoffe aus Naturfasern. Synthetische Materialien nehmen die Farbe unterschiedlich an, man sollte deshalb Probedrucke anfertigen, bevor man sich an die endgültige Arbeit wagt. Alle Stoffe müssen vor dem Bedrucken mit Waschmittel gewaschen werden, damit die Appretur entfernt wird. Druckt man auf appretierte Stoffe, dann haftet die Farbe auf der Appretur statt auf dem Stoff und geht bei der ersten Wäsche mit der Appretur ab.

Für Kartoffel- und andere Pflanzendrucke sowie für Stoffmalerei eignen sich zarte Stoffe mit feinem Gewebe wie Baumwollbatist, Zellwollbatist, Seide und Nessel, Halbleinen und Leinen. Für Linoldruck und Schablonenmalerei kann man auch derbere Stoffe mit gröberer Leinenstruktur verwenden: Flockenbast, Arosa, Gminder Leinen und Reinlinnengewebe. Egal in welchem Druckverfahren man druckt, der Stoff muß vor dem Bedrucken sorgfältig gebügelt werden.

Nach dem Bedrucken oder Bemalen mit Stoffmalfarbe oder Stoffdruckfarbe muß die Farbe nach dem Trocknen (Dauer etwa 1/2 Stunde) einmal mit der auf den Stoff eingestellten Temperatur von hinten eingebügelt werden, wodurch sich die Farbe unlösbar mit dem Stoff verbindet. Synthetics lassen sich nicht heiß genug bügeln; die Farbechtheit kann dann für die Wäsche nur begrenzt garantiert werden.

Positiv – Negativ

Sowohl beim Drucken mit Linolstempeln oder Kartoffeln als auch beim Schablonieren gibt es Positiv- oder Negativ-Stempel bzw. -Schablonen. Positiv heißt, daß die Konturen um das Motiv herum abgeschnitten werden und dieses nun erhaben deutlich sichtbar auf der Fläche steht. Negativ heißt: Das Motiv ist vertieft ausgeschnitten worden; der Hintergrund um das Motiv bildet jetzt den Stempel und wird mit Farbe bestrichen.

Kartoffeldruck

Material

Frische Kartoffeln verschiedener Größe
Ein großes scharfes Messer zum Durchschneiden der Kartoffeln
Ein Küchenmesser oder Taschenmesser zum Motivausschneiden, beide Messer müssen scharf sein und eine glatte Klinge haben, damit beim Schneiden eine glatte Oberfläche entsteht

Ein Stoff, möglichst ohne Struktur, der mehrfach als Stempelkissen zusammengelegt wird; als Unterlage für das Stempelkissen eine Plastikfolie
Stoffmalfarben, DEKA-Permanent eignet sich am besten für Kartoffeldruck, da es die meisten Farbpigmente enthält und sich intensiver als andere Stoffmalfarben verwenden läßt. Stoffdruckfarbe ist nicht geeignet, sie ist von ihrer Konsistenz her zu zäh.
Als Stoff zum Bedrucken eignet sich für den Anfänger am besten ein weißer Stoff, wie er für Bettwäsche verwendet wird; Geübtere können auf Seidenbatist drucken oder andere edle Stoffe ohne starke Struktur.
Zeitungspapier als weiche Unterlage für das Aufdrucken der Stempel auf den Stoff und einen Mallappen.

Die Kartoffel als Motiv

Kartoffeln sind Gewächse der Erde mit vielfältigen Formen. Wer seine ersten Schritte im Stoffdrucken mit Kartoffeln wagen will, soll zunächst einmal gewaschene Kartoffeln von kleinerer Größe auswählen, sie glatt durchschneiden und überlegen, welche Formen sich mit den Kartoffeln drucken lassen, ohne daß erst ein Motiv zugeschnitten werden muß. Auf dem Foto ist zu sehen, wie aus einer kleine-

Mit einer Kartoffel kann man, ohne die Form zurechtzuschneiden, Blattmotive drucken

Die Blatt- und Apfelmotive kann man mit Stoffmalfarben (siehe Seite 340) vervollständigen

ren Kartoffel der Stempel für ein Blatt entstanden ist, aus einer größeren für einen Apfel. In beiden Fällen wurde die Kartoffel nur durch kleine Einschnitte verändert. Man kann gleich nach dem Auseinanderschneiden einen Abdruck auf dem Stoff

machen – man sieht durch den Abdruck der Feuchtigkeit, wie der Kartoffeldruck aussehen wird.

Das Schneiden eines Motivs

Aus Kartoffeln können natürlich auch Stempel ausgeschnitten werden, deren Motive nichts mehr mit den ursprünglichen Konturen zu tun haben. Trotzdem läßt die Größe und auch das weiche Material nur eine begrenzte gestalterische Möglichkeit zu. Hier sollte man auch nicht mit einem Entwurf beginnen, der dann übertragen wird, sondern ausprobieren, aus welcher Kartoffel sich welches Motiv schneiden läßt. Auf jeden Fall soll auch hier die ursprüngliche Form der Kartoffel in die Überlegungen einbezogen werden. Will man eine runde Form drucken, so schneidet man

Die Fotos unten zeigen, wie man eine Blumenform ausschneidet: a: Der Mittelpunkt wird mit einem Linolmesser ausgehoben, b u c: Die Einkerbungen für die Blütenblätter werden mit einem scharfen Küchenmesser eingeschnitten. Auf dem Foto d ist der fertige Kartoffeldruckstock zu sehen

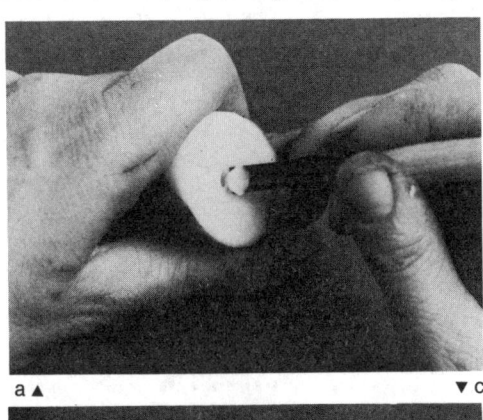

a ▲   ▼ c

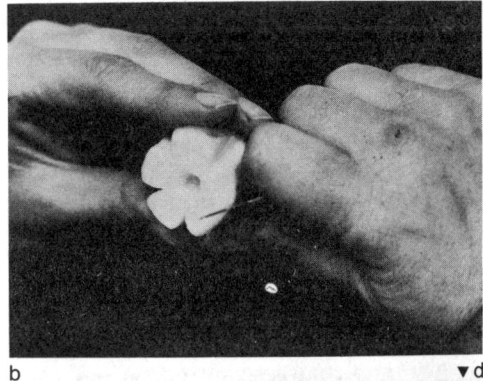

b   ▼ d

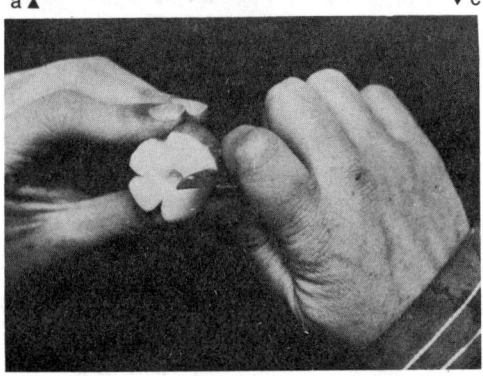

Einfache Formen für das Drucken mit Kartoffeln: Wer Kartoffeln als Druckstock wählt, sollte nur einfache Motive auswählen. Der Versuch, komplizierte Darstellungen in Kartoffeldruck zu verwirklichen, wird an der Größe und an dem weichen Material scheitern

sich die Kartoffel einfach auf die Größe der Form zu. Auf den Fotos sieht man eine Blümchenform, die durch einfaches fünfmaliges Einschneiden nach zwei Richtungen entstanden ist. Der Mittelpunkt des Blümchens wurde mit einem U-Linolschnittmesser ausgeschnitten.

Das Drucken

Als erstes wird das Stempelkissen mit Farbe gesättigt: Farbe aus dem Glas auf den Stoff geben und etwas einziehen lassen. (Die

Die Farbe wird aus dem Glas auf ein Stempelkissen gegeben, die Kartoffeln dort mit Farbe gesättigt

Tafel XXI: Gedrehte Schale und Vasen aus der Werkstatt von Günther Hermans, München. Auf den Seiten 366 bis 370 wird in einzelnen Phasen das Drehen mit der Töpferscheibe dargestellt. Für diejenigen, die mit der Hand töpfern wollen, gibt es ausführliche Beschreibungen zum Aufbau von Keramiken in verschiedenen Arbeitsweisen

Mit dem Motiv von Seite 335 wurde ein Blumenkränzchen gedruckt. Durch das dreifache Drucken mit einem Farb-auftrag wird ein interessanter Hell-Dunkel-Kontrast hergestellt. Die Initialen werden mit dem Tjanting (Seite 330) und Stoffmalfarbe aufgemalt. Druck: Heide Gehring

Farben können beliebig untereinander gemischt werden.) Dann drückt man den Stempel in das Kissen und macht einen ersten Probedruck auf ein Stück Abfallstoff. Ist der Abdruck in der Färbung zu unregelmäßig, so kann man auf das Stempelkissen ein paar Tropfen Wasser geben – die Farbe kommt manchmal etwas zu zäh aus dem Glas. Will man mehrere Abdrücke in gemusterter Form machen, so zeichnet man das auf dem Stoff mit Bleistift vor. Der Stempel kann nach jedem Abdruck auf dem Stoff im Stempelkissen neu eingefärbt werden, dann ergibt sich eine gleichmäßige Reihung von Stempelmotiven. Der Reiz eines Kartoffeldrucks ist es allerdings nicht, möglichst exakte gleichmäßige Abdrucke herzustellen. Das Besondere an dieser Technik ist, daß man mit einer Einfärbung mehrere Abdrucke auf dem Stoff machen kann. Mit jedem weiteren Druck erscheint dann das Motiv etwas blasser.

Macht man beim Kartoffeldruck eine Pause und will den Stempel später weiterverwenden, so wäscht man die Farbe vorsichtig ab, da die Farbzusammensetzung die Kartoffel schnell zerstört.

Dreiecke und Quadrate: Mit einem Farbauftrag wurde jeweils dreimal abgedruckt

Linoldruck auf Stoff

Im Kapitel „Papier" auf Seite 274 ist ausführlich beschrieben worden, wie ein Druckstock aus Linol geschnitten wird. Beim Linoldruck auf Stoff geht es nicht so

Tafel XXII: Drei Keramikplatten der schweizer Künstlerin Sandra Tresch. Die Technik der Unterglasurmalerei wird auf Seite 377 ausführlich beschrieben. Nach dem ersten Brand mit etwa 600° wird die Keramik bemalt, dann glasiert und bei 1000° ein zweites Mal gebrannt. Die pulverisierte Glasur schmilzt und bildet einen wasserdichten Überzug

Linoldruck auf Stoff, von Margreth Damberger: mit Rauten, Punkten und Dreiecken wurde ein streng geometrischer und ornamentaler Drockstock hergestellt mit dem man flächenfüllend drucken kann

Die Fotos unten und auf Seite 339 zeigen, wie man mit Linol auf Stoff druckt. Die Herstellung des Linolstempels ist auf den Seiten 274 und 275 beschrieben. Zum Drucken mit Linol verwendet man Stoffdruckfarbe von DEKA, die auch für das Drucken auf Papier geeignet ist

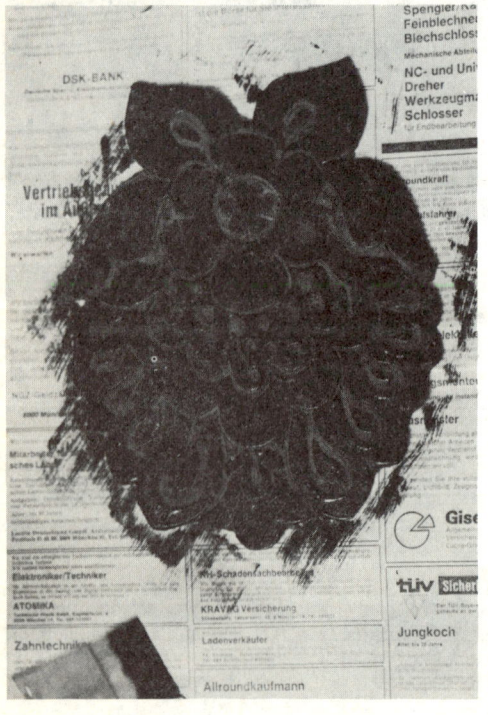

*Die Farbe wird gleichmäßig mit dem Pinsel auf den Druckstock aufgetragen, das Linol kräftig auf den Stoff aufge-
preßt und dann vorsichtig ohne zu verrutschen abgehoben, der Stoff anschließend von links gebügelt. Dann hat man
die Garantie, daß die Farbe vielen Wäschen standhält*

sehr darum, die gestalterische Eigenart des
Linolschnitts mit seinen kantigen Schnitten
und Konturen herauszuheben, sondern
mehr um die Haltbarkeit des Linolmaterials
als Stempel: es läßt sich über einen längeren
Zeitraum benutzen als der Kartoffelstempel und bietet darüber hinaus viele Möglichkeiten, größere Motive auszuschneiden,
die sich zum Stoffdruck eignen.

Material

Druckstock aus Linol mit dem entsprechenden Flachpinsel zum Auftragen der Farbe, Schnitzwerkzeug, Stoffmalfarbe (DEKA)
Pernament oder Stoffdruckfarbe für Handdruck (Tube).
Stoff: Für den Linoldruck kann man Stoffarten mit derberer Struktur verwenden, die
Appretur muß ausgewaschen, der Stoff vor
dem Bedrucken feucht gebügelt werden.
Zeitungspapier als weiche Unterlage für
den Abdruck und Terpentin, da die Stoffdruckfarbe nicht wasserlöslich ist.

Der Entwurf

Er wird sich weitgehend danach richten, wie
die Stofffläche aufgeteilt werden soll. Man
kann ähnlich einfache Motive wählen wie
beim Kartoffeldruck, hat jedoch keine Be-
schränkung in der Größe. Auch hier muß
daran gedacht werden, daß das Motiv spie-
gelverkehrt in die Linolplatte geschnitten
wird.

Das Drucken

Als Vorbereitung muß die Arbeitsfläche
reichlich mit Zeitungspapier ausgelegt sein,
damit eine weiche Unterlage für den Druck
entsteht. Der Druckstempel wird vor jedem
Gebrauch mit Spiritus abgerieben, damit er
die Farbe gut annimmt. Auch beim Linoldruck auf Stoff ist die Stoffmalfarbe „Per-
manent" von DEKA in unverdünntem Zustand besonders zu empfehlen: der Stoff
kann in der Waschmaschine bis zu 30 Grad

Celsius gewaschen werden; die Farbe muß man nicht mit der Walze auftragen, und sie ist während der Verarbeitung wasserlöslich. Die Farbe wird mit einem Flachpinsel auf den Linolstempel zügig aufgetragen, der Pinsel wird dabei möglichst flach gehalten. Dann wird der Stempel auf den Stoff aufgelegt und von der Rückseite her gleichmäßig aufgedrückt. Danach wird der Stempel vorsichtig abgehoben. Ist der Abdruck zu schwach, so kann die Farbe mit etwa zwei Tropfen Wasser verdünnt werden – der Stoff nimmt sie in verdünntem Zustand noch intensiver an.

Nachbehandlung

Der Linolstempel muß nach Gebrauch gut abgewaschen werden. Der Stoff wird nach dem Trocknen (etwa 1/2 Stunde) von links heiß gebügelt, die Farbe dadurch fixiert.

Schablonieren auf Stoff

Material

Steife Plastikfolie, am besten geeignet sind durchsichtige Hüllen aus dem Schreibwarengeschäft
Stoffmalfarbe Pernament von DEKA.
Borstenpinsel, entweder einen Spezialpinsel fürs Schablonieren, oder einen Maler-Borstenpinsel bis auf 2 cm kürzen.
Stempelkissen wie auf Seite 336 beschrieben
Appreturfreier Stoff, der eine grobe Struktur haben kann,
Büroklammern und Nagelschere zum Ausschneiden der Schablone und einen Mallappen.

Die Schablone

Das Motiv wird auf weißes Papier aufgezeichnet, die Zeichnung zeigt ein Motiv, das nur zur Hälfte ausgeführt wurde; das Papier wird dann zusammengeklappt, ans Fenster gehalten und die zweite Hälfte durchgezeichnet. Aus der steifen Plastikfolie wird ein Stück ausgeschnitten, bei dem die Mittelachse genau im rechten Winkel zu einer Linie als untere Begrenzung des Motivs stehen muß. Die Mittelachse auf der Folie wird nun auf die Mittelachse des Entwurfs gelegt und mit Büroklammern befestigt. Wenn das Motiv lauter abgerundete Formen hat, ist zum Ausschneiden eine Nagelschere sehr geeignet; wählt man ein Motiv mit Geraden, dann muß selbstverständlich eine normale kleine, spitze Schere verwendet werden.

Der Farbauftrag

Die Fotos zeigen, wie ein Motiv auf die verschiedenste Art und Weise verwendet werden kann. Bevor man mit dem Farbauftrag beginnt, werden auf dem Stoff mit Bleistift Hilfslinien gezogen. Bei dem hier gezeigten Motiv werden die Mittelachsen exakt aufgezeichnet. Dann gibt man Farbe auf das Stempelkissen. Die Schablone wird nun auf die markierten Stellen auf dem Stoff gelegt und mit der einen Hand fest auf den Stoff gedrückt. Mit der anderen Hand wird der Borstenpinsel in die Farbe getaucht, dann vom Rand der Schablone aus nach innen die Farbe auf den Stoff getupft. Bei mehrfachem Gebrauch die Schablone zwischendurch abwaschen.
Den Farbauftrag gut trocknen lassen und die Motive mit heißem Bügeleisen von der Rückseite her bügeln.

Stoffmalerei

Die Stoffmalerei hat sehr viel Ähnlichkeit mit dem Sticken, ist aber wesentlich weniger langwierig; sie läßt auf der anderen Seite ein freieres Arbeiten zu als der Stoff-

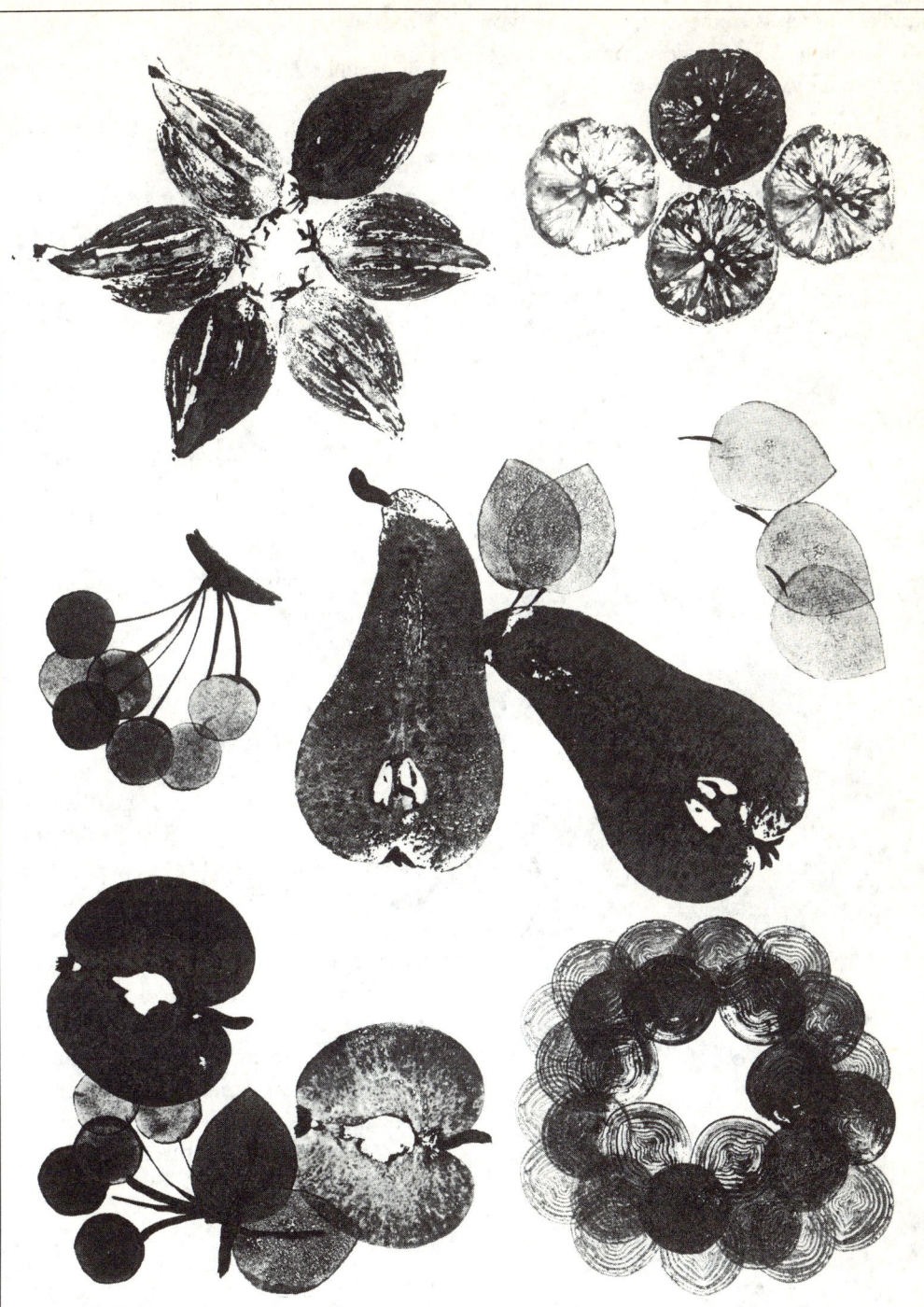

Gemüsedrucke aus dem Garten von Heide Gehring: Es wurde mit Blaukraut, Zitronen, Birnen, Äpfeln und Lauchstangen gedruckt, die Kirschen links und die Blätter rechts mit Kartoffeln. Das Gemüse muß frisch sein, damit man damit drucken kann, die Stoffdruckfarbe wird mit dem Pinsel auf die feuchte aufgeschnittene Fläche aufgetragen, die Stile aufgemalt

druck. Dabei ist eine Kombination von Stoffdruck und Stoffmalerei sehr gut möglich, wie die Arbeiten auf Seite 336 zeigen.

Skizze für die Motive zum Schablonendruck unten und auf Seite 344

Das Schablonendruckmotiv der Zeichnung oben auf Leinenstoff, die Motive gegeneinander gestellt

Material

Ein weicher Bleistift zum Vorzeichnen des Motivs.

Es gibt Stoffmalfarben, die zu handhaben sind wie Filzschreiber, und Farben in Gläsern, die man mit dem Pinsel aufträgt.

Wäschetinte – die man im Wäsche- oder Schreibwarengeschäft kaufen kann – zum Zeichnen der Konturen.

Zeichenfeder zum Auftragen der Wäschetinte.

Verschiedene Pinsel zum Auftragen der Stoffmalfarbe.

Als Arbeitsunterlage ein Brett (ein Reißbrett eignet sich sehr gut), auf dem man einige Lagen Zeitungspapier mit Klebstreifen befestigt.

Am besten geeignet sind hellgrundige einfarbige Stoffe aus Naturfasern, die man vor dem Bemalen waschen muß (siehe Seite 333). Sie sollten eine glatte Oberfläche haben, und es ist zu empfehlen, das Bemalen an einer kleinen Stelle auszuprobieren, da bei manchen Stoffen die Farben auslaufen. Der Stoff wird mit Reißnägeln auf den Rahmen so aufgespannt, daß die Spannung gleichmäßig auf das Gewebe verteilt ist. Am Anfang kann man mit einfachen Blümchenmustern beginnen, die Blümchen nur aus kleinen Punkten zusammensetzen. Werden kompliziertere Motive gewählt, so ist es gut, das Muster mit einem weichen Bleistift vorzuzeichnen; Fehler können mit einem sauberen Radiergummi korrigiert werden. Je nach Gestaltungsart, die man wählt, werden die Konturen mit Wäschetinte nachgezeichnet. Die Tinte wird mit einer Feder aufgetragen. Diese sollte spitz und nicht biegsam sein. Die Feder muß nach dem Auftragen der Tinte mit heißem Wasser ausgewaschen werden, damit sie

Schablonendruck auf grobem Leinen mit Hohlsaum als Tischläufer, von Margreth Damberger. Die ornamentale Anordnung ergibt eine gelungene Flächengestaltung

a

Hier Beispiele, wie man beim Schablonieren auf Stoff Motive verschiedenartig nebeneinandersetzen kann: a: als Reihe nebeneinander, b: gegeneinander gestellt als Rechteck angeordnet, c: ebenfalls gegeneinander als Raute, d: weitere Motive, die für Schablonendruck geeignet sind

c

b

d

Rechte Seite:
Stoffmalerei von Bärbel Magin: oben als Entwurf, die Konturen werden mit Wäschetinte vorgezeichnet, unten die fertige Stoffmalerei

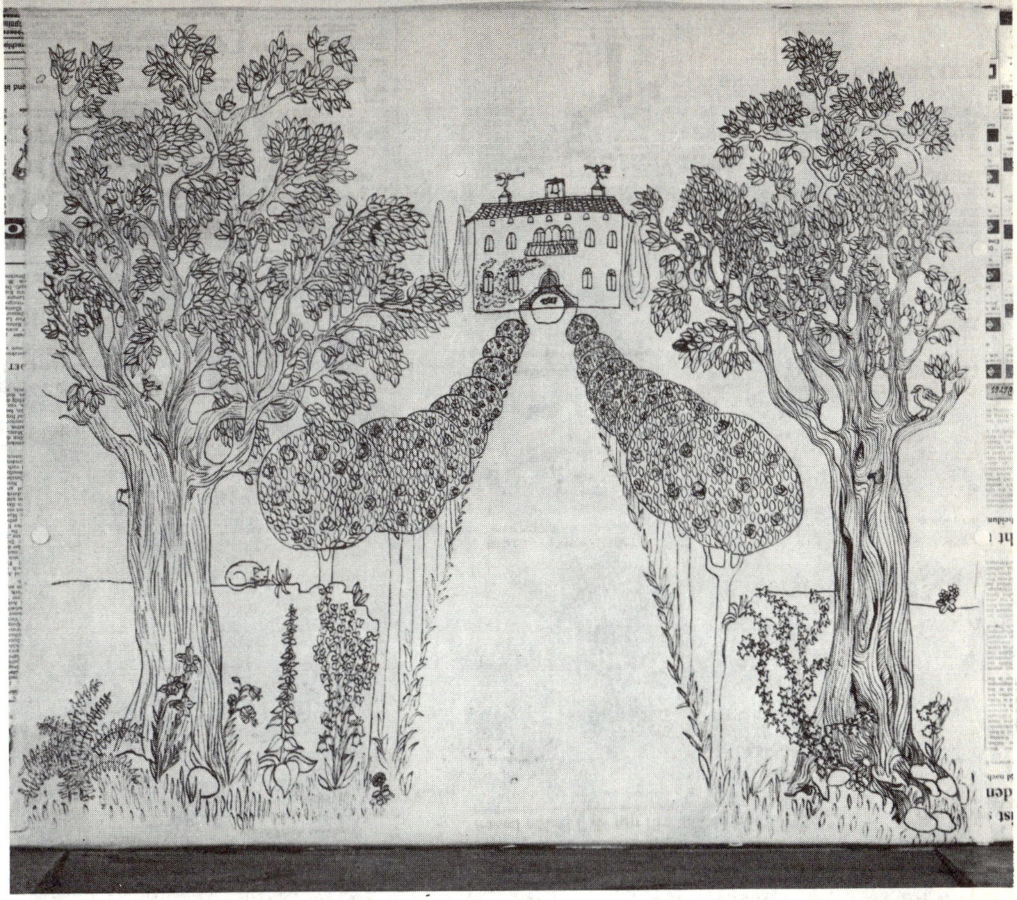

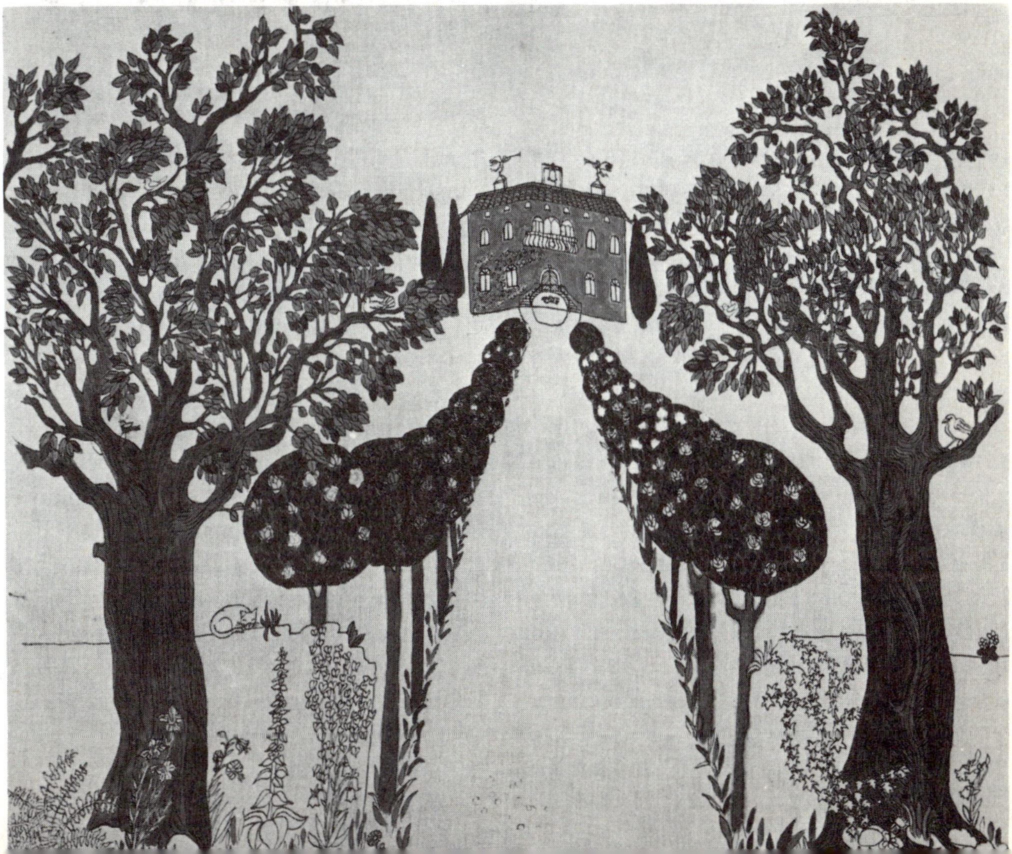

Das Kissen in Stoffmalereitechnik wurde von Bärbel Magin gemalt; sie stellt eine Idylle eines verwilderten Gartens mit eingefallener Mauer, Unkraut, Enzian und Wegweiser zum Watzmann in liebevoll naturalistischer Weise dar

nicht verklebt. Man sollte sehr vorsichtig arbeiten, weil Kleckse kaum mehr zu entfernen sind. Am besten steht das Tintenfäßchen jeweils auf der Seite, an der man arbeitet. Wer nicht Linkshänder ist, sollte auf der linken Seite des Bildes beginnen, da sonst sehr leicht die noch nicht trockenen Stellen verwischen.

Wichtig ist es, die Feder immer abzustreifen, damit nicht zuviel Tinte beim Aufsetzen auf den Stoff herausfließt. Man kann die Konturen auch mit einem wasserfesten Filzstift nachziehen, es erzielt eine sehr ähnliche Wirkung, ist aber nicht so dauerhaft beim Waschen. Sind alle Konturen nachgezeichnet, nimmt man den Stoff von der Unterlage ab und wäscht ihn mit einem

Feinwaschmittel bei ca. 60 Grad Celsius; bei Bett- oder anderer Kochwäsche ist es angebracht, den Stoff in der Waschmaschine allein zu kochen und die Konturen nochmals mit Wäschetinte nachzuzeichnen. Ist der Stoff trocken, so bügelt man ihn sorgfältig und spannt ihn wieder auf die Unterlage auf.

Nun kann man die Farben auftragen; es genügt völlig, die drei Grundfarben (Rot, Gelb, Blau) und eventuell ein dunkleres Blau und Rot zu kaufen; aus diesen Farben kann man alle gewünschten Farbtöne mischen, die meistens schöner sind als die fertig gekauften. Ist das Bild fertig gemalt, nimmt man es von der Unterlage ab und bügelt es auf der Rückseite.

Ton

Was ist Ton?

Feldspathaltige Gesteine, vor allem Granit, verwittern zu Ton. Das Wasser schlemmt das verwitterte Gestein aus den Bergen in die Niederungen und ins Meer, wo sich der Schlamm ablagert und oftmals mächtige Tonlager bildet. Auf diesem Weg vermengen sich meist Schlämmstoffe verschiedenen Ursprungs, so daß dem Ton andere Substanzen beigemengt werden. Das er-

klärt, weshalb es so unterschiedliche Tonarten gibt: besonders reinen, weißen Porzellanton (Kaolin), kalkhaltigen Mergelton, gelbe, rote und blaugraue Töpfertone und den Ziegelton oder Lehm, eine erdgeschichtlich besonders junge Ablagerung.
Die Tonlager werden im Tagebau abgebaut. Der Ton wird entweder im natürlichen, grubenfeuchten Zustand weitergeliefert oder zu Tonmehl verarbeitet, das später wieder mit Wasser angesetzt werden muß.

Japanische Teeschale (Chawan) mit rötlich braunschwarzer Glasur in den Farben der Roßkastanie. Sie wird Tannin, einem Raku – Meister des früheren 19. Jahrhunderts zugeschrieben. Raku ist eine japanische, grobschamottige Keramiktechnik mit niedriger Brenntemperatur

Terrakottafiguren aus Sardinien. Die archaisch wirkenden Vogelplastiken stammen von Saverio Farci, einem Töpfer aus Assemini, der seine Töpferware im selbstgebauten Holzbrennofen brennt

Die Bearbeitung von Ton im Überblick

Der Werkstoff Ton ist eine plastische, leicht formbare Masse. Er ist feucht, weil er chemisch freies Wasser enthält. Außerdem enthält er auch noch chemisch gebundenes Wasser, also Wasser, das sich nicht durch Feuchtigkeit bemerkbar macht, sondern in chemischen Verbindungen enthalten ist und erst frei wird, wenn diese chemischen Verbindungen zerstört werden z. B. durch Erhitzen. Es enthält also auch das trockene Tonmehl Wasser, und zwar chemisch gebunden. Das chemisch freie Wasser entzieht man dem Ton durch Trocknen. Dadurch wird der Ton hart, ist aber noch sehr zerbrechlich. Strapazierfähig hart wird der Ton erst, wenn ihm durch Hitze auch das chemisch gebundene Wasser entzogen wird. Auf diesen Tatsachen beruht die Herstellung aller Produkte aus Ton, gleichgültig ob es sich um einen Tonkrug, eine Por-

zellantasse, einen Lehmziegel, eine Keramikfliese oder um eine Abwasserröhre aus Steingut handelt.

Zuerst wird der Ton also geformt, wofür im Laufe der Jahrtausende, in denen die Menschen töpfern, sehr viele Techniken entstanden sind, die seitdem praktisch unverändert angewandt werden. Der geformte Ton wird an der Luft getrocknet; dabei verliert er sein freies Wasser und schrumpft (Trockenschwindung). Anschließend wird er bei Temperaturen über 600° Celsius im Brennofen gebrannt. Diesen ersten Brand nennt man Rohbrand, Vorbrand oder Schrühbrand. Dabei schrumpft der Ton zu seiner endgültigen Größe (Brennschwund), wird hart, ist aber porös und wasserdurchlässig. Wasserdicht wird der Ton dadurch, daß seine Oberfläche nach dem ersten Brand mit pulverisiertem Glas überzogen wird. Man nennt diesen Vorgang glasieren oder emaillieren. Der Ton kommt zum zweitenmal in den Brennofen; bei Tempe-

raturen ab 1000° C schmilzt das pulverisierte Glas auf der Oberfläche und bildet einen wasserdichten Überzug. Diesen zweiten Brennvorgang nennt man Glasurbrand, Emailbrand, Glattbrand oder Zweitbrand. Wird die Temperatur bei diesem zweiten Brennvorgang bis auf ca. 1150° C erhöht, so beginnt der Ton zu sintern; ein komplizierter chemischer Vorgang, der zur Folge hat, daß sich der bis dahin poröse Ton zu einer sehr festen Masse zusammenschließt.

Es gibt mannigfaltige Techniken, den Ton vor dem Vorbrand, zwischen Vor- und Glasurbrand und nach dem Glasurbrand zu schmücken.

Die verschiedenen Keramikarten

Keramik ist gebrannter Ton. Es gibt viele Arten von Keramik, die sich vor allem durch Eigenschaften unterscheiden, die mit der Brenntemperatur zusammenhängen, denen die Keramik ausgesetzt war.

Terrakotta (ital.: gebrannte Erde) oder Biskuitware ist bei Temperaturen zwischen 700° und 1100° einmal gebrannte, unglasierte Töpferware aus zumeist gelbbraunen bis rotbraunen Tonen (Blumentöpfe, Plastiken). Der Scherben – so nennt man die Wandung (Wände) einer Keramik – ist porös und wasserdurchlässig.

Irdenware oder Töpferware wird bei Temperaturen zwischen 1000 und 1100° C zum zweitenmal gebrannt. Diese Temperatur genügt, daß die verwendeten Glasuren schmelzen, der Ton aber noch nicht sintert. Die Ware ist wasserdicht, aber für den Hausgebrauch nicht hart genug.

Persische Wasserpfeife in Fayence, die dem frühen 18. Jahrhundert zugeschrieben wird

Majolika oder Fayence Im Mittelalter war in Europa das chinesische Porzellan zwar bekannt, aber man wußte nicht, wie es hergestellt wird. Auf der Suche nach seiner Herstellungsmethode entstand in Italien und im arabisch-spanischen Kulturkreis die Majolika-Technik, benannt nach der spanischen Insel Mallorca: Irdenware wurde mit einer weißen, deckenden Zinnglasur gebrannt, die der Ware ein porzellanähnliches Aussehen gab. Die Glasur wird bei der Majolikatöpferei später noch bemalt.

Steingut besteht aus besonderen, fast weißen Tongemischen, die zum zweitenmal bei Temperaturen zwischen 1180° C und 1200° C gebrannt werden, dennoch nicht sintern, aber einen ziemlich festen, hellgrauen Scherben mit einer völlig undurchlässigen Glasur haben. Diese Keramikart wurde im 18. Jahrhundert in England entwickelt (z.B. Josuah Wedgwood) und dient bis heute vor allem als Gebrauchsgeschirr.

Steinzeug und Klinkerware sind gesintert. Bei Brenntemperaturen zwischen 1150° C und 1350° C für den zweiten Brand verwandelt sich der bis dahin poröse Ton in eine außerordentlich feste und harte Substanz, die auch starker Beanspruchung standhält.

Porzellan besteht aus Kaolin, das bei Temperaturen zwischen 1200° und 1470° C zum zweitenmal gebrannt wird und dabei sintert. Porzellan gab es im 7. Jahrhundert n. Chr. bereits in China; Friedrich Böttcher entdeckte es in Meißen 1709 wieder neu.

Arbeitsplatz und Werkzeug

Die Werkzeuge, die am häufigsten gebraucht werden, sind auf dem Foto Seite 352 oben zu sehen.

Man benötigt einen standfesten Tisch, um darauf den Ton auch kneten und schlagen zu können, eine Arbeitsplatte etwa in den Maßen 30 x 40 cm, am besten eine mit

Leinöl eingelassene Hartfaser- oder Spanholzplatte; außerdem feuchte Tücher und Plastikfolien zum Aufbewahren des Tons und zum Schutz halbfertiger Arbeiten gegen das Austrocknen. Weiter einen kleinen Schwamm, ein Stück Fensterleder und eine flache Wasserschüssel, die groß genug sein sollte, daß man beim Arbeiten die Hände ständig säubern kann. Ein verschraubbares Gefäß für den Schlicker (Seite 365), einen Borstenpinsel zum Auftragen des Schlickers. Etwa 25 cm lange Abschneidedrähte mit Holzknebeln an jedem Ende aus dünner Gitarrensaite oder kräftiger Nylonschnur. Eine Ränderscheibe (Seite 362), das ist eine runde Arbeitsplatte, die man um ihre eigene Achse drehen kann, so daß man ohne den Platz zu wechseln den Ton von allen Seiten bearbeiten kann. Verschiedene Modellierschlingen und Modellierhölzer und eine Holzlatte mit abgerundeten Kanten, mit der

Tonvase aus Persien mit Ornamenten, die gut als Anregung für eigene Arbeiten dienen können

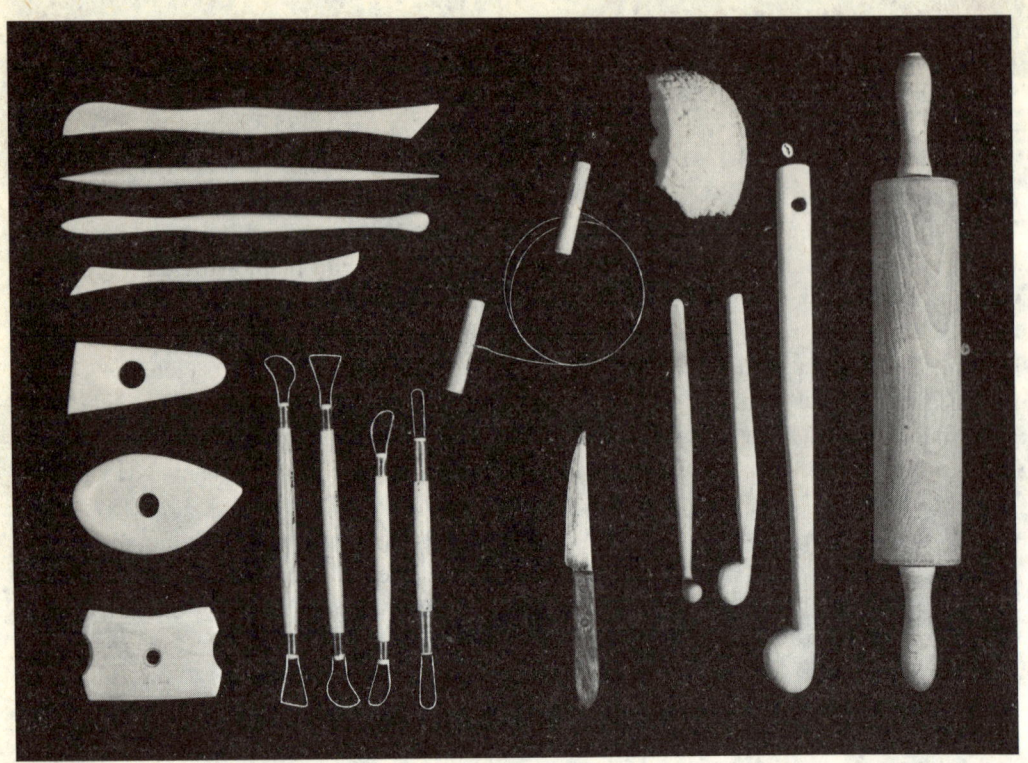

Töpferwerkzeug: links im Bild sieben verschiedene Modellierhölzer und vier Modellierschlingen, rechts ein Nudelholz und drei Modellierhölzer für die Bearbeitung von Innenwänden bei Gefäßen, deren Öffnung für die Hand zu klein ist. In der Mitte Schwamm, Schneidedraht und Messer

man Gefäßwandungen von außen glattklopft; ein spitzes scharfes Messer und einen Spachtel; ein Nudelholz zum Tonausrollen und 2 etwa 70 cm lange und 1 cm starke Holzlatten, auf denen das Nudelholz gerollt wird, damit Tonplatten in gleichmäßiger Stärke hergestellt werden können. Wer drehen will, braucht eine Töpferscheibe. Für die Wohnung geeignet sind Töpferscheiben der Firma Jäger, Höhr-Grenzhausen, die im Bezugsquellennachweis genannt ist. Diese Töpferscheiben stehen in einer Wanne und helfen damit, den Arbeitsplatz einigermaßen sauberzuhalten.

In jedem Fall muß man sich überlegen, wo man die Töpfereien zum Trocknen und Brennen aufbewahrt. Der Platz muß gleichmäßig temperiert, eher kühl und darf nicht zugig sein.

Zum Brennen braucht man einen Brennofen. Die meisten werden keinen Platz dafür haben, und außerdem ist so ein Brennofen teuer, sowohl in der Anschaffung als auch im Verbrauch an elektrischem Strom. Es bleibt einem also gar nichts anderes übrig, als nach einer Töpferei Ausschau zu halten, in die man die eigenen Töpferarbeiten zum Brennen bringen kann. Auch Volkshochschulen und Schulen haben oftmals einen Brennofen, der nicht ausgelastet ist. Adressen erfährt man manchmal auch in den Läden, die das Material für die Töpferei verkaufen.

Terrakottamaske aus Afrika: Anregungen für das Arbeiten mit Ton findet man häufig in den prähistorischen Sammlungen und Völkerkundemuseen

Das Material

Den Ton kauft man sich gebrauchsfertig, am besten in der Töpferei, in der man auch brennen läßt, weil diese Töpferei sich mit dem Brennen des von ihr selbst verwendeten Tons am besten auskennt, da jeder Ton beim Brennen etwas anders reagiert. Beim Erwerb muß man angeben, wofür man den Ton verwenden will, denn es gibt Tone je nach Verwendungszweck: Töpfer-, Steingut-, Steinzeug-, Porzellan- und feuerfeste Tone, um die wichtigsten zu nennen. Schließlich sei noch der Gießschlicker erwähnt, eine Tonmasse, die besonders viel Wasser enthält und zum Gießen verwendet wird. Schlicker verwendet man im übrigen als Klebemittel, um z. B. ein Tongefäß aus zwei vorgeformten Hälften zusammenzusetzen oder den Henkel an einem Krug zu befestigen.

Man unterscheidet fetten und mageren Ton. Je mehr Sand dem Ton beigemengt ist, um so magerer ist er. Seine Schnittfläche ist rauh, während fetter Ton eine speckigglänzende Schnittfläche zeigt. Zum Formen hoher Gefäße braucht man mageren Ton, der unter dem eigenen Gewicht nicht so schnell zusammensinkt wie fetter Ton; außerdem hat letzterer einen größeren Trocken- und Brennschwund. Fetter Ton muß deshalb für viele Arbeiten gemagert werden. Zum Magern verwendet man Schamotte; das ist gebrannter Ton, der fein zerrieben wurde. Das Zusetzen von Schamotte geht natürlich auf Kosten der Plastizität des Tones, denn Schamotte ist nicht plastisch. Außerdem wird die Töpferarbeit um so rauher, je mehr Schamotte im Ton enthalten ist.

Eingetrockneter, noch nicht gebrannter Ton wird nicht weggeworfen, sondern in kleine Stücke zerschlagen, eingeweicht und neu aufbereitet.

Beim Formen von Ton fallen immer wieder Abfälle an, die sofort zu einem Klumpen zusammengedrückt und mit einem feuchten Tuch bedeckt werden. Dieser Ton kann, sorgfältig durchgeknetet, weiterverwendet werden.

Das Aufbereiten von Ton

Vor dem Formen muß der Ton durchgeknetet, geschlagen und gewalkt werden, bis er völlig homogen ist, bis also der Tonklumpen eine völlig einheitliche Masse geworden ist. Das ist eine mühsame Tätigkeit und wird deshalb vor allem von Neulingen vernachlässigt, die noch nicht wissen, welche Schwierigkeiten ein schlecht aufbereiteter Ton bereits beim Formen bereiten kann, die noch nicht erlebt haben, wie eine wirklich schön geformte Töpferarbeit beim Brennen z. B. wegen eines Lufteinschlusses einfach zerplatzt.

Man nimmt einen Tonklumpen mindestens von der Größe beider Fäuste und walkt ihn mit beiden Handballen durch. Dabei steht man, so daß das Gewicht des Oberkörpers voll mit eingesetzt werden kann. Immer wieder wird der Ton zum Klumpen geformt und durchgewalkt, dazwischen auf den Tisch geschlagen, damit er sich dicht zusammenfügt. Das macht man so lange, bis man den Eindruck hat, daß er durch und durch völlig gleichmäßig ist.

Man prüft dies einmal dadurch, daß man den Tonklumpen mit dem Schneidedraht in Scheiben von etwa 1 cm schneidet und die Schnittflächen kontrolliert. Es dürfen keine Luftblasen, Risse, harte Klumpen oder Fremdkörper sichtbar werden. Zusätzlich kann man jede Scheibe mit der Breitseite auf den Tisch klatschen, so daß sie sich durch den Aufprall ausdehnt und dadurch alle Fehler im Ton als Risse und Löcher sichtbar werden. Dann legt man die Scheiben aufeinander und zerschneidet den

Klumpen erneut in Scheiben, diesmal im rechten Winkel zu den vorherigen Schnitten.

Eine andere Prüfmethode besteht darin, von dem fertig durchgewalkten Tonklumpen ein Stück abzuschneiden, das in die Hand paßt, und dieses Stück zusammenzudrücken. Die Schnittfläche wird sich gleichmäßig wölben, wenn der Ton völlig homogen ist. Ist er das nicht, sondern besteht er aus harten und weichen Tonen, ohne daß dies mit dem bloßen Auge erkennbar wäre, so formt sich die Schnittoberfläche unter Druck wellenförmig.

Ergibt die Prüfung, daß der Ton noch nicht völlig homogen ist, dann nutzt alles nichts: Es muß weiter gewalkt und geknetet werden. Ein Fehler, der trotz der aufgewendeten Mühe noch nicht zu einem völlig homogenen Ton geführt hat, kann darin bestehen, daß mit zuwenig Kraft geknetet wurde. Das äußert sich vor allem darin, daß der Ton an der Oberfläche einen fettigen Eindruck macht. Ein weiterer Fehler kann sein, daß man sich vor dem Kneten die Hände eingecremt hatte, denn Ton zieht Wasser aus der Haut. Das hat zur Folge, daß der Ton fettig und rissig zugleich wird. Dieser Ton muß aussortiert und gänzlich neu aufbereitet werden.

Ton formen

Beim richtig zubereiteten Ton genügt bereits ein leichter Druck, und der Ton verformt sich und bleibt so. Zieht man am Ton, so reißt er. Das bedeutet, daß fast alle Formveränderungen nur durch Drücken erreicht werden können.

Vor Beginn jeder Arbeit muß man wissen, wie groß der Brennofen ist, damit man nicht Arbeiten formt, die dann überhaupt nicht gebrannt werden können.

Moderne japanische Tonschale. An der unregelmäßigen Form erkennt man, daß es sich um eine von Hand aufgebaute und nicht an der Scheibe gedrehte Keramik handelt

So reizvoll es manchmal ist, einfach drauf-los zu töpfern, entstehen wird nur selten et-was Brauchbares zufällig, und wenn, dann kann es nicht wiederholt werden. Man sollte sich deshalb erst einmal klarwerden, was man herstellen möchte; man sollte während des Töpferns an dieser Entschei-dung festhalten und nicht die Pläne ändern. Nur so lernt man, das Material zu beherr-schen. Ein gezeichneter Entwurf ist eine gute Hilfe.

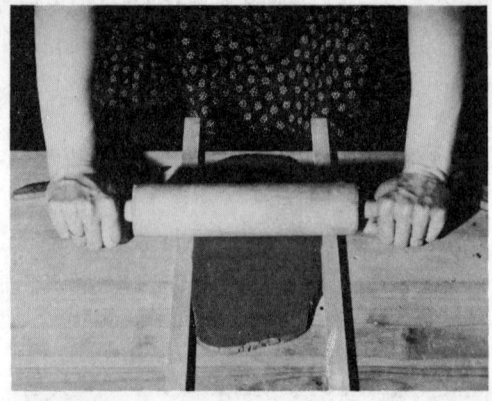
a

Plattenkeramik

Ton wird mit einem Nudelholz ausgewalkt. Das Nudelholz rollt links und rechts auf 2 Holzlatten. Deren Höhe bestimmt die Dicke der Tonplatte, die im Allgemeinen 1 cm betragen soll. Das Nudelholz darf nicht zu schnell gerollt werden, weil sonst der Ton, der beim Walzen immer etwas am Nudelholz haftet, sich nicht schnell genug lösen kann, sondern mitgerissen wird. Der Ton darf auch nicht am Tisch anhaften; deshalb preßt man ihn nicht mit dem Nu-delholz auf die Unterlage, sondern walzt den Ton behutsam aus und hebt die entste-hende Tonplatte immer vorsichtig an. Trotzdem wird man das Anhaften nur ver-meiden können, wenn man Zeitungspapier darunterlegt, das später abgezogen werden kann, oder Schamotte darunterstreut, die an der Tonplatte haften bleibt. Man kann auch einen Stoff als Unterlage benutzen, dessen Struktur sich allerdings in den Ton abdrückt, was manchmal aus gestalteri-schen Gründen erwünscht ist.

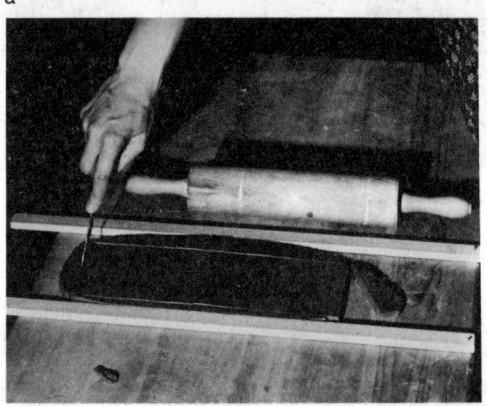

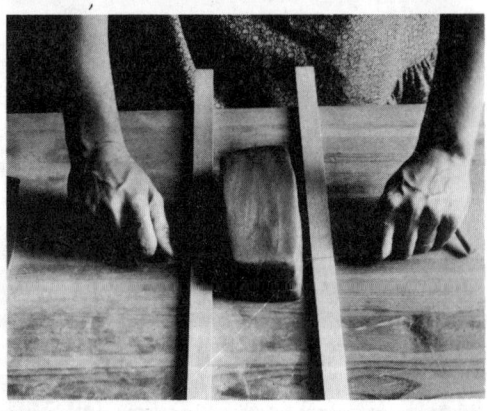
c

Die beiden Fotos oben und das darunter zeigen zwei Methoden zur Herstellung von Tonplatten

Eine andere Methode, Tonplatten zu be-kommen, besteht darin, den Tonklumpen zu einem Quader zu formen, zwischen zwei 1 cm hohe Leisten zu legen und mit einem Schneidedraht, der über die Holzleisten läuft, unten von dem Quadrat eine Scheibe nach der anderen abzuschneiden (Foto c). Will man ein viereckiges Gefäß aus Platten bauen, so muß man sich erst einmal über die Konstruktion klarwerden. Die Wände kann man auf den Boden stellen, der Boden kann aber auch in die Öffnung zwischen den Wänden eingesetzt werden (Zeichnung a), wobei im letzteren Fall die Gefahr besteht,

daß die Verbindung zwischen Bodenplatte
und Wänden beim Brennen infolge des
Schrumpfungsprozesses reißt. Mit dem Zusammenfügen der Wände kann erst begonnen werden, wenn die Wandplatten etwas
angetrocknet sind, damit sie etwas Halt bekommen. Die Stellen der Wände, die aneinanderstoßen, werden mit einem spitzen
Gegenstand angerauht, mit Schlicker bestrichen und dann zusammengepreßt, soweit man eben Druck ausüben kann, ohne
die Wände zu verformen oder unschöne
Druckstellen zu hinterlasen. In die Innenfuge wird ein sehr dünner Tonwulst eingelegt und in die Fuge verstrichen, so daß die
Ecken an der Innenseite zu Rundungen
werden.

*Viereckige Gefäß aus Platten, mit sparsamen Ritzdekor
und zweifarbiger Engobe*

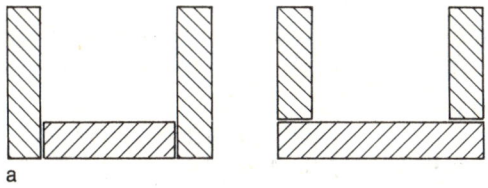

a

*Oben zwei Verbindungsmöglichkeiten von Boden und
Wand, unten ziegelförmiger Aufbau der Wand*

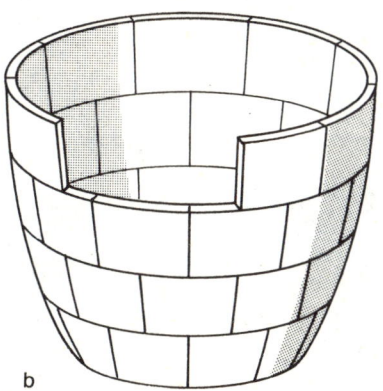

b

Für das Gefäß kann man auch aus einer
Platte einen Deckel ausschneiden, an dessen Innenseite ein Tonstreifen geklebt wird,
der in die Innenform des Gefäßes paßt und
dem Deckel auf dem Gefäß Halt gibt und
Flansch genannt wird. Aus Platten kann
man auch sehr große Gefäße wie Boden-

oder Gartenvasen aufbauen mit einer Technik, wie dies die Zeichnung b zeigt. Voraussetzung ist, daß die Wände sehr steil sind. Der
Ton muß für solche Arbeiten besonders gemagert werden, wobei man Schamotte mit einer Körnung von 2–5 mm zusetzt. Der Anteil
von Schamotte kann – um eine Vorstellung
von der Größenordnung zu geben – 30–40%
der Tonmasse betragen.
Das Aufbauen muß in Etappen erfolgen,
damit die untere Partie etwas trocknen
kann und dadurch mehr Stabilität gewinnt.
Baut man das Gefäß in einem einzigen Arbeitsgang zu hoch, so würde die untere Partie an einem bestimmten Punkt unter dem
Gewicht der darüberliegenden Partien zu-
sammensinken. Wenn man nach einer
Trockenpause weiter aufbaut, muß der
obere Rand vorher mit einem Schwamm
angefeuchtet werden. Anfeuchten heißt
nicht naß machen! Es darf kein Tropfen
Wasser an der Arbeit herunterlaufen, weil
dieses Wasser sofort von dem Ton aufgeso-
gen werden würde und es geschehen kann,
daß die Arbeit an dieser Stelle dann zu-

Eigenwillig geformte Gebrauchsgegenstände und Objekte aus der Töpferei des Schweizers Jureiens

Ohne längere Erfahrung ist es kaum möglich, Platten von einer ganz bestimmten Größe herzustellen, weil es sehr schwierig ist, den eintretenden Schwund richtig vorauszubestimmen.

Aufbauen mit Bändern

Bänder werden entweder genauso hergestellt wie Platten, oder man schneidet eine Platte in Streifen. Auch einen stark fingerdicken Tonwulst kann man mit dem Nudelholz zu einem etwa 3 cm breiten Band auswalzen. Dann werden die Ränder des Streifens mit dem Messer geradegeschnitten.
Die Streifen werden aufeinandergesetzt, wenn man die Gefäßwand senkrecht emporziehen will; sie werden außen angesetzt, wenn sich die Wand nach außen wölben, und innen angesetzt, wenn das Gefäß sich verengen soll.
Auch hier gilt, daß größere Gefäße in Abschnitten aufgebaut werden müssen, damit nicht die Last der oberen Partien die unteren zusammendrückt. Größere Schüsseln und ähnliche Gefäße kann man allerdings

sammensinkt, weil der Ton durch das Wasser an dieser Stelle zu weich geworden ist. Die Plattentechnik wird auch angewandt, um Keramikplatten, Kacheln und Fliesen herzustellen, die einzeln oder mit anderen Platten zusammen nach weiterer dekorativer Gestaltung die Wand schmücken oder in einen Tisch eingelegt werden. Aus Tonplatten kann man auch einen Rahmen für einen Spiegel herstellen. Solche Platten müssen sehr, sehr langsam und gleichmäßig getrocknet werden, damit sie sich nicht verziehen. Die Platten werden zum Trocknen am besten auf ein Brett gelegt. Damit das Trocknen langsam genug voranschreitet, legt man auch auf die Platten ein Brett – wobei das Holz keine Maserung haben darf, wenn man glatte Platten haben möchte – und hüllt alles in ein Plastiktuch, das den Zutritt von nur wenig Luft gestattet. Nach einigen Tagen kann man das Plastiktuch allmählich immer weiter öffnen.

Unten und nächste Seite links oben: Herstellen eines Tonstreifens aus einem Tonwulst

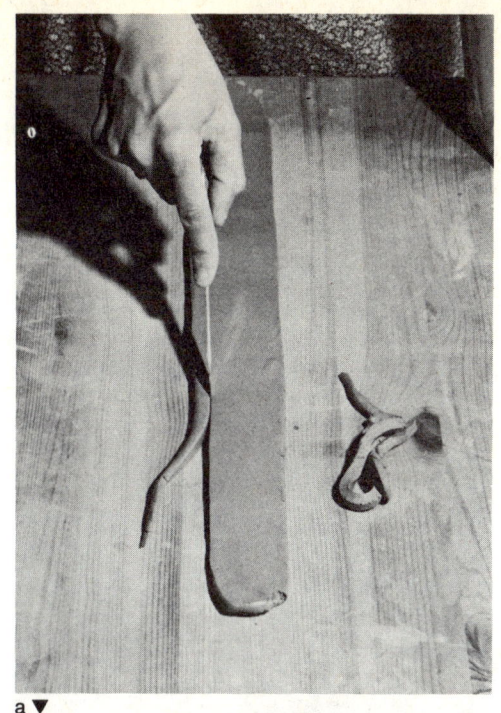

Aufbaukeramik mit Bändern. a: Die rund ausgeschnittene Bodenplatte ist dicker als die Bänder für die Gefäßwand. Das erste Band wird um die Bodenplatte gelegt. b: Das Band wird an die Bodenplatte angeklebt und die sich überlappenden Enden werden zusammengedrückt. c und d: Die Fuge wird aufgerauht und die Kerben geglättet. e: In die Innenfuge wird ein dünner Wulst verstrichen

a ▼

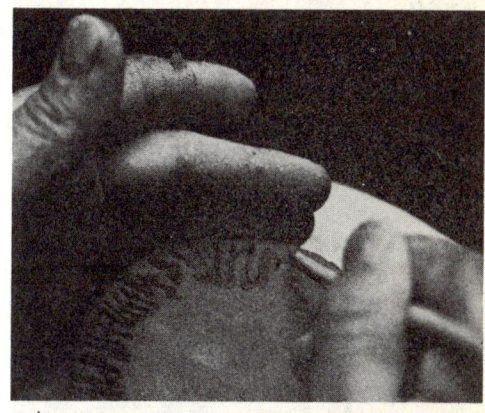

c ▲

b ▼

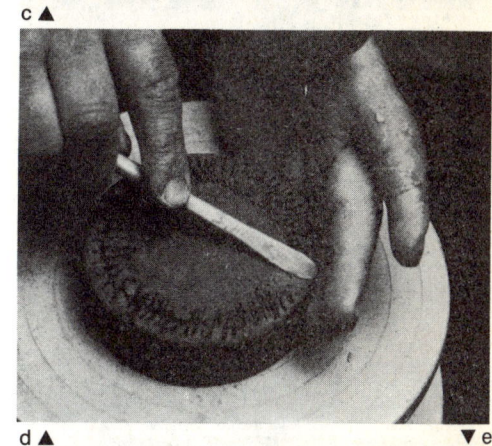

d ▲   ▼ e

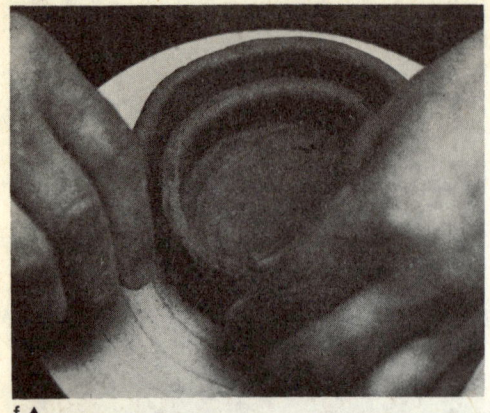

f ▲

wesentlich schneller aufbauen, wenn man nicht mit dem Boden der Schüssel beginnt, sondern mit dem Rand, und die Schüssel im Kuppelbauweise aufbaut.

f und g zeigen, wie das nächste Band jeweils angesetzt werden muß, damit sich die Gefäßwand nach außen wölbt
h: Die Bänderstufen werden außen und innen verstrichen: die Rohform des Gefäßes ist entstanden
Fotos unten und rechts: die Kuppelbauweise

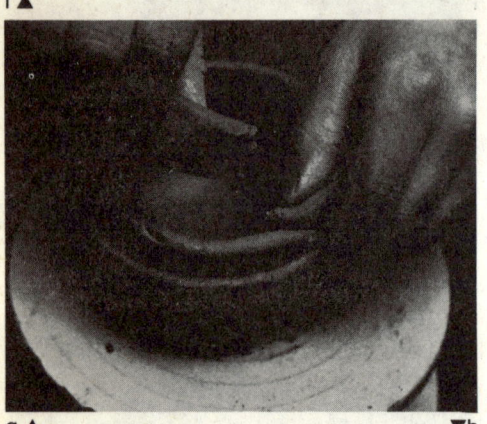

g ▲   ▼h

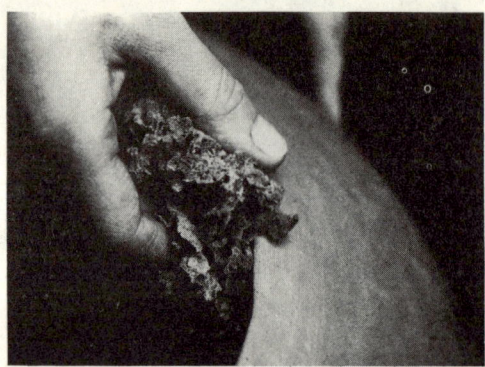

a ▲

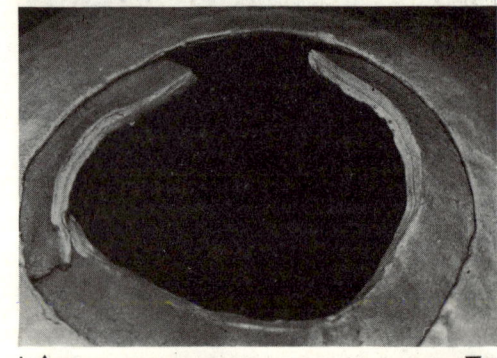

b ▲   ▼ c

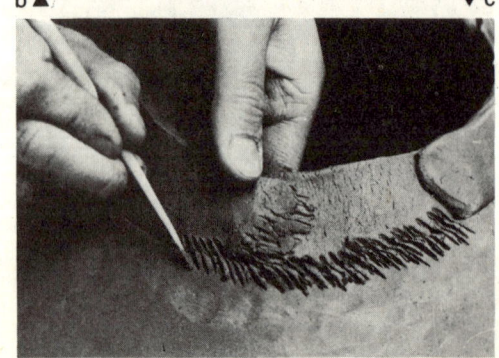

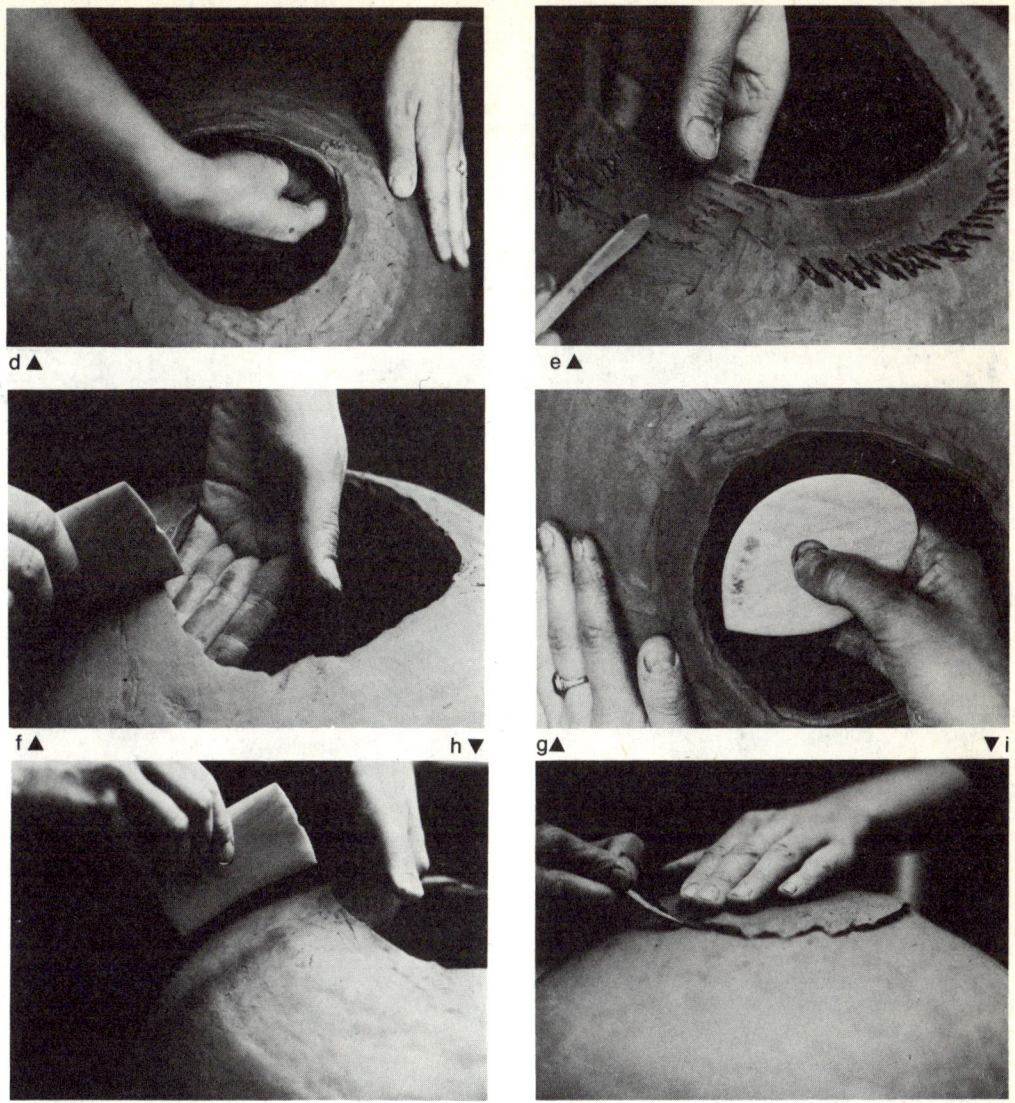

Die Fotoserie a - i zeigt die Abschlußarbeiten an einer großen Tonschüssel, die mit Bändern in Kuppelbauweise auf-
gebaut wurde. a: Nach einem Tag Unterbrechung wird der Rand angefeuchtet. b: Die Bänder werden stückweise angesetzt. c
bis i zeigen das Verstreichen der Fugen und Glätten der Wand

Aufbauen mit Wülsten

Ein Tonklumpen wird mit den Händen zuerst zu einer Kugel, dann zu einer Walze
und dann zu einem Wulst mit gleichmäßig
rundem Querschnitt ausgerollt. Man sollte
den Wulst anfangs nicht länger machen, als
die Spannweite der beiden Hände mit ge-
spreizten Fingern beträgt. Die Wülste soll-

ten nicht weniger als 1 cm stark sein. Sehr
große Gefäße werden mit bis zu armdicken
Wülsten aufgebaut.
Der erste Wulst wird auf eine runde Bodenplatte gelegt, die auf einem Bogen Zeitungspapier liegt. Den Wulst drückt man
leicht an. Die Wulstenden werden so abgeschnitten, daß sie sich schräg überlappen.
Wenn vier Wulstringe aufeinanderliegen,

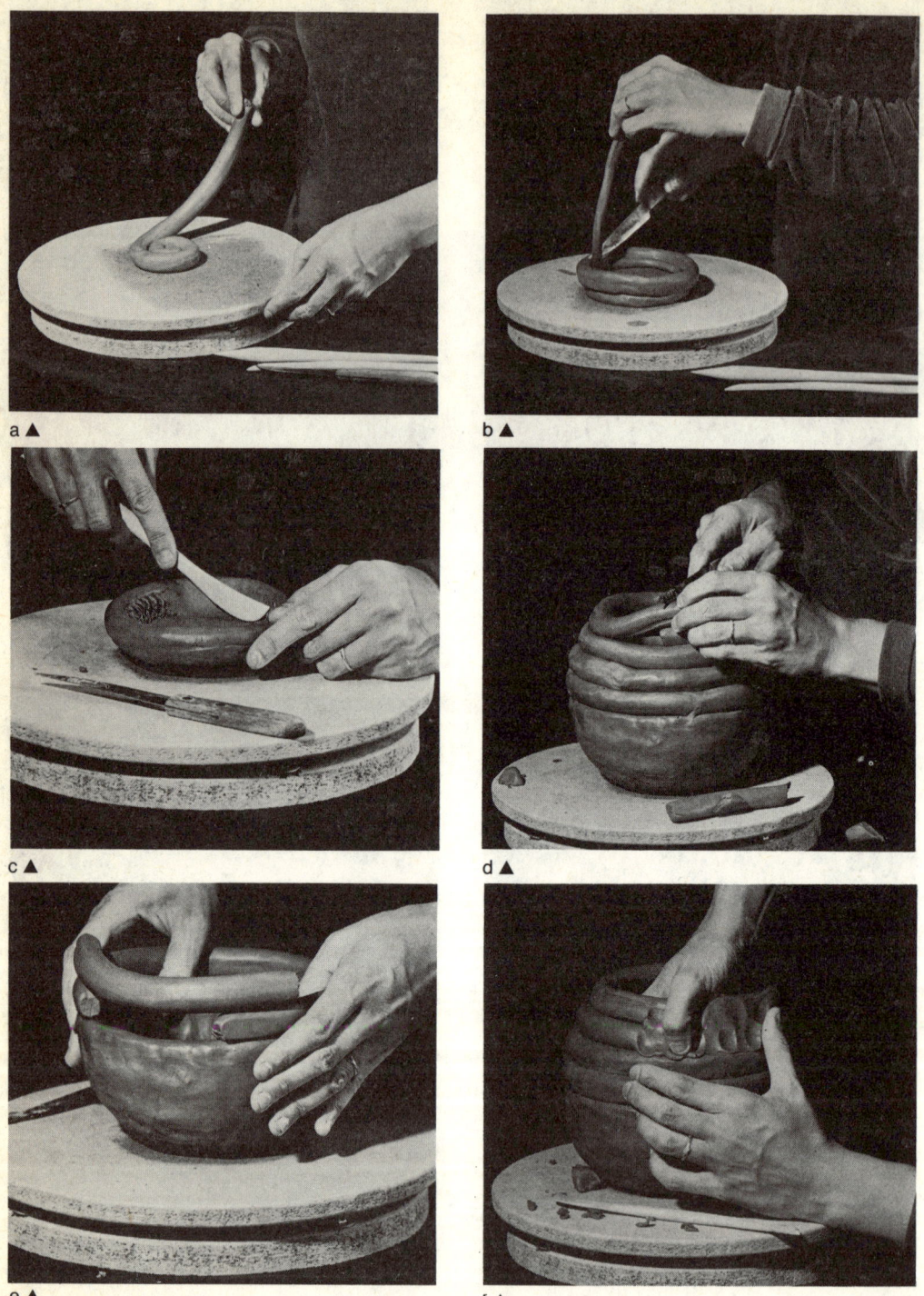

a ▲   b ▲   c ▲   d ▲   e ▲   f ▲

Aufbaukeramik mit Wülsten. a: Ein spiralförmiger Wulst bildet den Boden. b: In die Fuge zwischen Boden und erster Wulst wird ein weiterer dünner Wulst hineingedrückt. c: Der Ton von Boden, Wand- und Fugenwulst wird ineinandergekratzt und geglättet. d: ist der Wulst zu lang, wird er abgeschnitten. e: ist er zu kurz, wird das fehlende Stück eingepaßt. f: die Wülste werden glattgestrichen

verstreicht man zuerst die Innenseite, indem man mit der Fingerspitze von oben nach unten über die Wülste fährt und mit der anderen Hand die Wand von außen stützt. Dann wird die Außenseite mit leichtem Druck des Daumens glattgearbeitet. Die Wülste werden ineinander gedrückt und die Daumenabdrücke anschließend glattgestrichen. Hierbei wird die Gefäßwand mit der Hand von innen gestützt. Die Form des Gefäßes ist abhängig von der Größe der einzelnen Wulstringe. Ist ein neu aufgelegter Wulstring größer als der Wulstring darunter, so wölbt sich die Gefäßwand nach außen. Sie verengt sich, wenn der neu aufgelegte Wulstring kleiner ist als der darunter.

Zum Schluß wird die Außenfläche mit einem biegsamen Metallsägeblatt geglättet und mit einer Holzlatte glattgeschlagen. Die Fotoserie links zeigt die Entstehung einer Arbeit, die aus Wülsten aufgebaut wurde.

Man kann die Wülste auch spiralförmig hochziehen, steht dann aber vor der Schwierigkeit, wie man einen glatten waagerechten Rand bekommt.

Es ist zweckmäßig, mehrere Wülste vorzufertigen, damit die Aufbauarbeit zügig voranschreiten kann, jedoch müssen die vorbereiteten Wülste auf eine Plastikunterlage gelegt und mit einem feuchten (nicht nassen!) Tuch abgedeckt werden, damit sich an der Menge des Wassers in diesen Tonwülsten nichts mehr ändert.

Tonklumpen eindrücken und quetschen

Sehr oft fängt man in den Töpferkursen damit an: man nimmt einen Tonklumpen, drückt mit dem Daumen ein Loch hinein und quetscht die so entstandene dicke Wandung, so daß sie immer dünner, der Hohlraum immer größer wird und so ein Gefäß entsteht. Das ist eine der schwierig-

Farbig bemalte Quetschkeramik. Sehr dünne Tonblätter liegen aufeinander

Maske, 14 cm hoch, von Günther Hermans mit den Fingern und Modellierhölzchen geformt

sten Methoden, Ton zu formen. Fast jeder, der dies zum erstenmal probiert, ist zu ungeduldig. Man muß mit sehr viel Gefühl und Konzentration arbeiten und schon einige Erfahrung haben, wenn man eine Form zustande bringen will, wie sie das Foto unten zeigt.

Tonklumpen aushöhlen

Sehr viel einfacher als die zuvor beschriebene Methode ist es, einen Tonklumpen mit einer Modellierschlinge auszuhöhlen.

Mit dem Daumen wird in den Tonklumpen ein Loch gedrückt, die Wand dünner gequetscht und geklopft

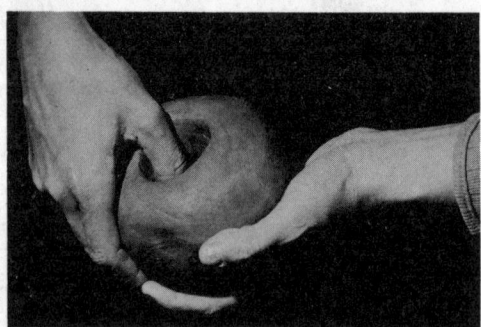

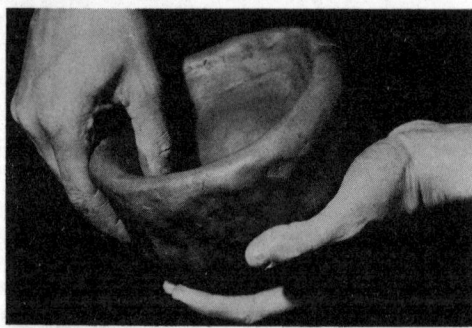

Vollplastik aushöhlen und zusammensetzen

Das ist eine Methode zur Herstellung von Gefäßen, die aus dem Aushöhlen eines Tonklumpens entwickelt wurde: Der Tonklumpen wird z.B. so geformt, daß er die äußere Gestalt einer Vase annimmt. Dann wird die Vase der Länge nach in zwei Hälften geschnitten, die beiden Hälften werden innen mit einer Modellierschlinge ausgehöhlt und dann die beiden ausgehöhlten Hälften zusammengefügt (Foto unten). Die Technik des Zusammenfügens wurde auf Seite 357 beschrieben.

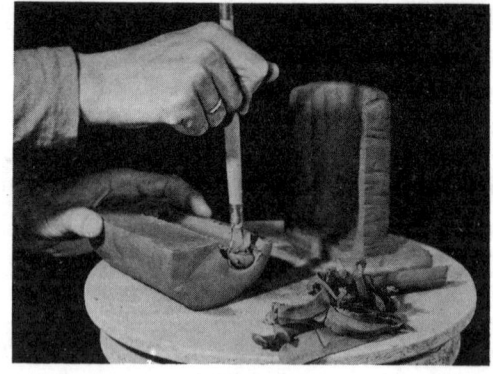

Der Ton wird halbiert, ausgehöhlt und die Hälften zu einem Becher zusammengesetzt

Pressen

Flache Schüsseln und Teller kann man in großer Stückzahl gleichmäßig herstellen, wenn man einen Tonfladen in eine entsprechende Form eindrückt bzw. einpreßt. Als Form kann man einen Korb oder eine Schüssel nehmen, aber auch aus Gips modellieren (Seite 245). Der Rand wird sauber abgeschnitten. Beim Trocknen schrumpft der Ton und löst sich dadurch von selbst von der Form. Der Abdruck ist wegen der Trockenschwindung immer etwas kleiner als das Modell.

Die Industrie produziert nach dieser Methode in Serie.

Man kann eine Tonscheibe auch außen auf eine Gipsform aufpressen, muß den Ton aber zum Trocknen abnehmen, was Schwierigkeiten bereiten kann.

Gießen

Die Herstellung einer Gießform aus Gips beginnt damit, daß man aus Ton oder Plastilin die gewünschte Form modelliert. Soll es eine symmetrische Form sein, leistet eine Schablone aus Alublech hervorragende Dienste, kann sie doch zur Überprüfung des Profils und zugleich als Kratzer verwendet werden, mit dem noch überschüssiges Material weggekratzt werden kann.

So eine Schablone aus Alu-Blech läßt sich leicht selbst aussägen und feilen. Das Modell muß völlig glatt werden, da der Gips jede Unebenheit am Modell wiedergibt.

Ist das Modell fertig, wird im Abstand von einigen Zentimetern ein Wall aus Ton um das Modell gebaut. Dieser Wall muß so stark sein, daß er dem Druck der Gipsmasse, die da hineingegossen wird, standhalten kann. Der Tonwall muß das Modell überragen, etwa 4 cm genügen. Diesen Ton darf man später nur noch zum Töpfern verwenden, wenn es einem gelungen ist, ihn von jeder Gipsspur restlos zu säubern.

Die Negativform aus Gips entsteht, wenn man einen Brei aus Stukkaturgips (Seite 245) in den Raum zwischen Tonwall und Modell gießt, der das Modell 3–4 cm über-

deckt. Solange man noch keine Erfahrung hat, sollte man keine Projekte angehen, bei denen die Negativform einen größeren Durchmesser als 30 cm erhält.

Der Gips bindet sehr schnell ab. Nach etwa 10 Minuten kann man den Tonwall entfernen. Wenn sich der Gips hart und kühl anfaßt, dreht man ihn mit dem Modell um. Nach 2 bis 3 Stunden ist das Tonmodell so weit geschwunden, daß man es aus der Gipsform heben kann, die jetzt mit einem Schwamm sorgfältig gesäubert wird. Dann läßt man die Form austrocknen.

In diese getrocknete Gipsform wird bis zum Rand der Tonschlicker oder Gießton gegossen, dem durch den saugfähigen Gips sofort Wasser entzogen wird, damit der Schlicker absinkt. Man gießt vorsichtig Schlicker nach, so daß die Gipsform immer randvoll ist. Der Schlicker verfestigt sich zuerst an der Gipswand. Je nachdem, wie dick die Wand des Tongefäßes werden soll, wartet man zwischen 10—30 Minuten und gießt dann den Rest des Schlickers zur weiteren Verwendung ab. Der inzwischen festgewordene Teil haftet an der Gipswand.

Blaue Suppenschüssel mit Apfelmuster, von der Schweizer Keramikerin A. Stucki-Moser

Der Rand der gegossenen Tonform wird gesäubert und geglättet. Ist der Ton lederhart geworden, wird er zum weiteren Trocknen aus der Gipsform herausgenommen, die ihrerseits trocknen muß und dann erneut verwendet werden kann.

Drehen mit der Töpferscheibe

Für viele Menschen ist der Umgang mit der Töpferscheibe der Inbegriff des Töpferns schlechthin, die Krönung der Töpferei. Das liegt wohl daran, daß man erlebt hat, mit welcher Schnelligkeit und Leichtigkeit aus einem unförmigen Tonklumpen, einem Material, das so leicht formbar ist, aber gerade wegen dieser extrem leichten Formbarkeit so schwer beherrscht wird, eine Vase oder ein Krug emporwächst, so als sei dies das Selbstverständlichste von der Welt. Es wirkt jedesmal wieder wie ein Wunder. Bis man diese handwerkliche Meisterschaft an der Töpferscheibe erlangt hat, braucht es viel, sehr viel Übung. Allerdings kann man mit den modernen Töpferscheiben, mit ihrem gleichmäßigen Lauf und der stufenlos einstellbaren Drehgeschwindigkeit, schon sehr bald brauchbare Arbeiten zustande bringen.

Zentrieren

Das Drehen beginnt mit dem Zentrieren. Eine Tonkugel wird auf die Mitte der Drehscheibe gedrückt; Ton und Hände werden befeuchtet, der Drehteller in Bewegung gesetzt und seine volle Geschwindigkeit eingestellt. Es geht jetzt darum, die gesamte Tonmasse so zu formen, daß sie völlig symmetrisch um die Drehachse angeordnet ist, denn nur dann wirkt die Zentrifugalkraft auf alle Teile des Tons gleichmäßig, so daß

Das Tondrehen beginnt mit dem Zentrieren des Tons, wie es die Fotos links zeigen

Dieser in der Gegenwart gedrehte Tonkrug zeigt, was die Menschen an der Töpferei fasziniert: aus einem unförmigen Tonklumpen wird ein Gefäß von zeitloser Schönheit (Werkstatt Günther Hermans in München)

dieser nicht ins Schleudern kommt. Es leuchtet ein, daß es unmöglich ist, mit Hilfe der Töpferscheibe ein Gefäß zu formen, wenn der Ton schleudert.

An dieser Stelle sei nochmals darauf hingewiesen, wie enorm wichtig es ist, daß der Ton in sich völlig homogen ist (Seite 354), denn das Zentrieren gelingt nicht, wenn der Ton in seiner räumlichen Ausdehnung nicht völlig symmetrisch um die Drehachse angerichtet ist. Hinzukommen muß, daß der Ton in sich völlig gleichförmig ist, also an allen Stellen das gleiche Gewicht hat, nirgends Luftblasen oder Klumpen aufweist, weil diese Stellen eben leichter bzw. schwerer sind und deshalb die Zentrifugalkraft an diesen Stellen weniger oder stärker wirksam wird und der Ton zu schleudern beginnt.

Das Zentrieren zeigen die Fotos Seite 366: Die linke Hand drückt den Ton von der Seite nach oben, die rechte Hand drückt den Ton wieder nieder. Das wiederholt man ein paarmal. Dann werden beide Hände verschränkt, die Masse zu einem Kegel hochgezogen und mit der rechten Hand wieder niedergedrückt. Auch dieser Vorgang wird einige Male wiederholt. Wenn der Tonklumpen in der Form eines Kegelstumpfes völlig ruhig dreht, ist er zentriert. Der Schlicker wird vom Drehteller entfernt.

Aufbrechen und Boden setzen

Mit einem oder mit beiden Daumen wird mitten in den sich drehenden Tonkegelstumpf ein Loch gedrückt. Dieses Loch muß ebenso zentriert verlaufen wie der Tonklumpen selbst, weil sonst die Masse um das Loch herum ungleich verteilt wäre.

Das Foto oben zeigt das Aufbrechen und Bodensetzen beim Tondrehen, die Zeichnung unten links das richtige, rechts ein falsches Ergebnis

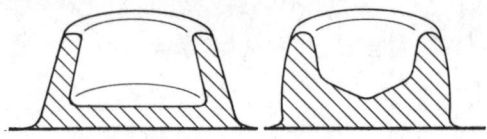

Damit diese Bewegung mit dem Daumen gelingt, muß man – und das gilt für alle Bewegungen der Hände beim Drehen – dafür sorgen, daß die Bewegungen der Hände bzw. Finger ruhig und gleichmäßig erfolgen. Man kann die Ellbogen an den Körper drücken oder sie auf die Oberschenkel oder neben der Drehscheibe aufstützen, und man kann mit der einen Hand die andere halten und ihr so eine Stütze geben. Das Foto oben zeigt das beim Aufbrechen.

Das Loch wird so tief gebohrt, daß ein Boden von etwa 1 cm Dicke übrigbleibt. Der bzw. die Daumen werden nun nicht aus dem Loch herausgezogen, sondern zur Seite gedrückt, um das Loch zu verbreitern und so den Boden zu formen. Ist das geschehen, bleibt nur ein Daumen im Loch, während die Finger der anderen Hand außen an die entstehende Form angelegt werden. Auf

Tafel XXIII Christbaumanhänger oben. Unten ein kleiner Vogel: beides ist aus Fimo gearbeitet, einer leicht formbaren Modelliermasse, die im Brennofen gebrannt wird. Es gibt auch Modelliermassen, die an der Luft trocknen. Mehr darüber auf Seite 379

diese Weise entsteht die sogenannte Tintenfaß-Form, deren Querschnitt die Zeichnung links zeigt.

Das Aufbrechen, Bodensetzen und Formen des Tintenfasses geschieht in einer einzigen Bewegung, die bei entsprechendem handwerklichen Können nur etwa 5 Sekunden dauert.

Einen Zylinder hochziehen

Die Drehscheibe wird auf halbe Drehgeschwindigkeit geschaltet. Die Hände werden in Schlicker getaucht. Mit den Fingern der linken Hand mit Ausnahme des Daumens faßt man in das Innere der Form und drückt mit den Fingerspitzen vorsichtig gegen den unteren Teil der Wand, während der rechte Zeigefinger nach unten ge-

Drehen mit der Töpferscheibe: Der hochgezogene Zylinder erhält seine endgültige Form

krümmt wird und das zweite Glied dieses Fingers von außen leicht gegen die Gefäßwandung drückt. Werden beide Hände in dieser Haltung nach oben gezogen, hat der Ton nur die Möglichkeit, nach oben auszu-

weichen: So entsteht in Sekunden ein hoher senkrechter Zylinder, der sich – wenn alles fehlerfrei gemacht wurde – ruhig dreht, wenn man die Hände vorsichtig von ihm löst. Ein häufiger Fehler ist es, die Wandung unten am Boden zu dünn zu machen.

Formen des Zylinders

Die Wand wird bauchig und wölbt sich nach außen, wenn der Druck von innen – immer bei gleichzeitigem Gegendruck! – stärker wird. Umgekehrt wird das Gefäß enger, wenn der Druck von außen zunimmt. Das Engermachen erreicht man am besten dadurch, daß man beide Hände um das Gefäß legt und eine Bewegung macht, als wolle man das Gefäß erdrosseln.

Der Rand

Das Hochziehen des Zylinders muß man so rechtzeitig beenden, daß noch genügend Masse für einen Rand übrigbleibt. Das ist leichter gesagt als getan, denn es kommt immer wieder vor, daß sich der Gefäßrand zu einem breiten Ring ausgeweitet hat, der Ton am Rand einzureißen beginnt oder ungleichmäßig geworden ist, weil auf einer Seite oben doch mehr Masse gewesen ist als auf der anderen Seite.

Einen ausgeweiteten breiten Rand kann man manchmal mit viel Geduld noch einengen; sonst hilft nur, den Rand mit einer Nadel, die man mit der Spitze gegen das drehende Gefäß setzt und langsam durch die Wand hindurchschiebt, abzudrehen.

Tafel XXIV Gewebte Farbenlehre der Webkünstlerin Katja Rose. Die Farben verlaufen von Schwarz außen nach Weiß innen. Beispielsweise von Schwarz, gemischt mit Gelb zum reinen Gelb, weiter dann zu Gelb mit Weiß bis hin zum reinen Weiß

Drehen mit der Töpferscheibe: Der hochgezogene Zylinder erhält seine endgültige Form

Zum Schluß hebt man den abgedrehten oberen Teil mit einer entschlossenen aber nicht hastigen Bewegung mit der Nadel ab. Das Foto oben zeigt die korrekte Haltung der Hände beim Glätten des Randes. Man kann dazu auch einen Schwamm benutzen. Und selbstverständlich kann man dem Rand jede gewünschte Form geben durch entsprechende Stellung der Fingerspitzen.

Schalen drehen

Das Drehen offener Schalen ist ungleich schwieriger als das Drehen hoher zylindrischer Formen. Es kommt dabei keine grundlegend neue Technik zur Anwendung, sondern es kommt beim Drucken offener, flacher Schalen vor allem auf handwerkliches Können an, weshalb in diesem Buch auf eine Darstellung des Schalendrehens verzichtet wird, zumal eine Reihe anderer Methoden dargestellt ist, wie man Schalen töpfern kann. Auch ein guter Töpfer gerät an die Grenzen seiner Fähigkeiten, wenn er einen Flachteller drehen soll. Eine

Fertig gedrehter Blumentopf aus der Werkstatt von Niki Otto und Günther Hermans. Helle Asche-Glasur und zusätzlich eine blau eingefärbte Asche-Glasur, die in der Werkstatt selbst hergestellt und bei 1280° gebrannt wird. Ascheglasuren können nicht industriell gefertigt werden, deshalb „braut" sich jeder Töpfer seine Glasur nach eigenen Rezepten

solche Aufgabe löst man sicherer durch Pressen oder Gießen.

Abnehmen

Vor dieser Aufgabe zittert der Anfänger zu Recht, denn es ist gar nicht so selten, daß eine schön gedrehte Arbeit nicht heil von der Drehscheibe herunterkommt, sondern beim Abnehmen verdrückt wird oder gar neben der Töpferscheibe auf den Boden klatscht.

Wenn man mit dem Drehen fertig ist, wird das Topfinnere mit einem Schwamm getrocknet. Dabei dreht sich die Scheibe noch. Nun werden die Tonreste rund um den Fuß des Gefäßes gründlich entfernt. Möglichst dicht über dem Drehteller wird der Gefäßfuß eingekerbt. Dann wird die Töpferscheibe zum Stillstand gebracht. Jetzt setzt man den Schneidedraht in der Einkerbung an und zieht ihn möglichst nah über der Töpferscheibe auf sich zu durch den Fuß des Gefäßes durch und schneidet so das Gefäß ab. In diesem Moment zeigt es sich, ob man den Boden stark genug getöpfert hat. Ist er zu dünn geraten, sieht man den Schneidedraht im Inneren des Gefäßes; die Arbeit ist mißlungen. Den Schneidedraht zieht man insgesamt zwei bis dreimal unter dem Gefäß durch. Dabei träufelt man etwas Wasser auf den Draht, so daß Wasser unter das Gefäß mitgenommen wird. Auf diese Weise wird das Gefäß locker. Jetzt hält man neben die Töpferscheibe in gleicher Höhe eine saubere, kalte, feuchte Unterlage, z. B. eine Fliese und schiebt nun, mit den Fingerspitzen unten am Gefäßrand ansetzend, das Gefäß mit einer entschlossenen Bewegung auf die Fliese. Man denke daran, daß die Töpferarbeit ein ziemliches Gewicht hat und lasse sich davon nicht überraschen, sonst gelangt das Gefäß unversehrt auf die Fliese, fällt dann aber doch noch herunter.

Schnaupen, Henkel, Deckel, Tüllen

Die Herstellung dieser Teile ist verhältnismäßig einfach. Schwieriger schon ist das technisch einwandfreie Anbringen der Henkel und Tüllen, am schwierigsten aber die richtige Formgebung. Henkel und Tüllen sollte man immer mehrfach anfertigen, damit Ersatz vorhanden ist, wenn irgend etwas nicht klappt.

Schnaupen (Schnauzen)

Um eine Schnaupe zu bilden, wird der Rand des Gefäßes mit dem Zeigefinger der einen Hand vorgezogen, während Mittelfinger und Daumen der anderen Hand die Randstellen daneben zurückhalten. Das Problem neben der ästhetischen Gestaltung ist immer, ob man mit der Schnaupe auch gießen kann und wie man vermeidet, daß nachher Tropfen am Gefäß herunterlaufen. Die Flüssigkeit, die ausgegossen wird, muß durch die Schnaupe wie durch einen Trichter fließen, und der Schnaupenrand sollte an irgendeiner Stelle eine scharfe Kante haben, die beim Absetzen den Flüssigkeitsfaden abrupt unterbricht.

Man kann auch den Rand V-förmig ausschneiden, auf der Drehscheibe einen Zylinder drehen, vom oberen Rand des Zylinders den Teil abschneiden, den man für die Schnaupe braucht, und ihn in der gleichen Weise befestigen wie einen Henkel (Seite 372).

Henkel

Der Henkel wird hergestellt, wenn das Gefäß beginnt, lederhart zu werden, denn er wird erst angeklebt, wenn das Gefäß zwar lederhart, aber der Henkel noch voll formbar ist. Ein Ton ist lederhart, wenn man mit

Die beiden Fotos ganz oben zeigen, wie ein Henkel „gemolken" wird. Auf den Fotos darunter ist zu sehen, wie der fertige Henkel erst oben am Gefäß und dann unten befestigt wird

der Modellierschlinge am Ton schabt und dabei ein Span entsteht.

Der Henkel wird gemolken (Fotos oben): In der einen Hand hält man eine Tonwalze senkrecht und dreht sie ständig, mit der anderen Hand, die fortwährend naß gemacht wird, zieht man den Ton nach unten, bis er die erforderliche Länge erreicht hat. Der fertige Henkel wird mit dem Rest der Tonwalze an einem Brett festgedrückt und hängt zum Trocknen herunter, bis man ihn

anfassen kann, ohne daß der Ton an der Hand kleben bleibt. Dann werden die Stellen an der Gefäßwand, an denen der Henkel befestigt werden soll, aufgeritzt. Das obere Ende des Henkels wird von dem Rest der Tonwalze abgequetscht und die Enden des Henkels der Wölbung an der Gefäßwand entsprechend geformt und ebenfalls aufgerauht. Dann träufelt man ein paar Tropfen Wasser auf die aufgerauhten Stellen und drückt den Henkel oben und unten an die Gefäßwand an. Der Henkel muß genau gegenüber der Schnaupe befestigt werden und in der Draufsicht völlig gerade sein. Eine andere Möglichkeit, sich einen Henkel herzustellen, besteht darin, daß man eine Tonwalze von der Länge des geplanten Henkels rollt und dann mit einer Drahtschlinge den Henkel aus der Walze herausschneidet (Fotos unten). Das Befestigen erfolgt wie geschildert.

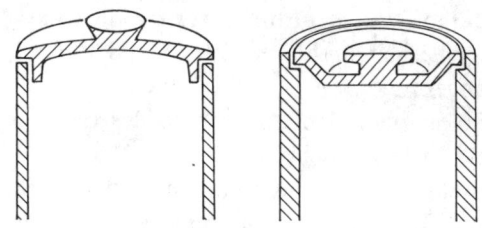

2 Möglichkeiten der Deckelauflage: links für dünnwandige, rechts für starkwandige Gefäße

Deckel

Die Zeichnung oben zeigt die beiden Möglichkeiten der Deckelauflage. Im einen Fall muß am glatten Rand des Gefäßes nichts verändert werden. Im anderen Fall formt man den Gefäßrand so, daß das Gefäß den Deckel ertragen kann. Das Anbringen dieser Deckelauflage geschieht auf der Töpferscheibe. Der Rand wird eingeebnet, dann mit dem Daumennagel oder einem Model-

Die drei Fotos unten zeigen, wie mit Hilfe einer entsprechend geformten Modellierschlinge aus einem Tonquader der erforderlichen Länge ein Henkel ausgeschnitten und herausgenommen wird

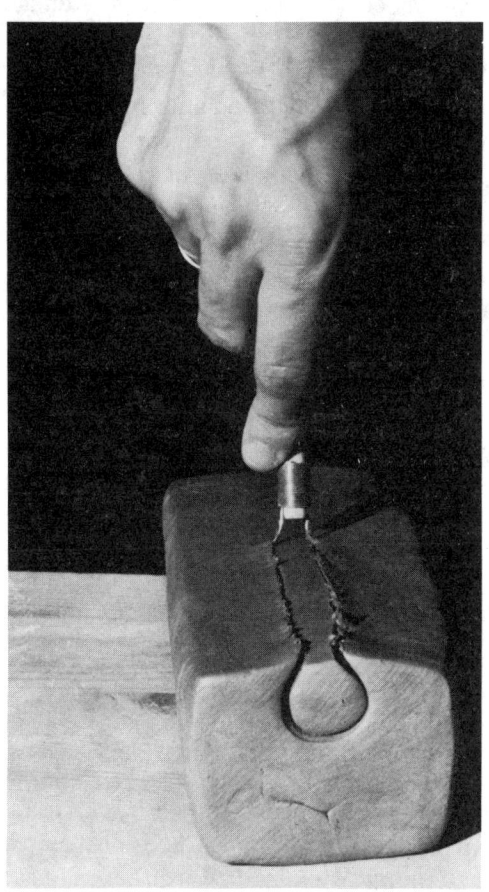

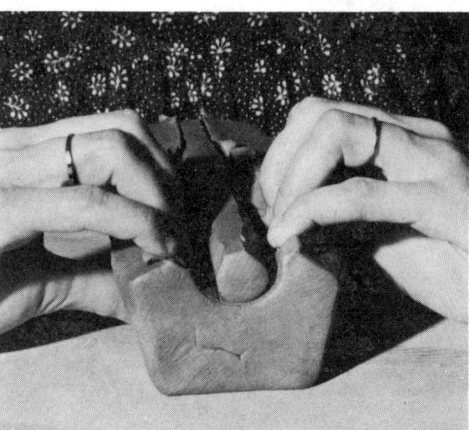

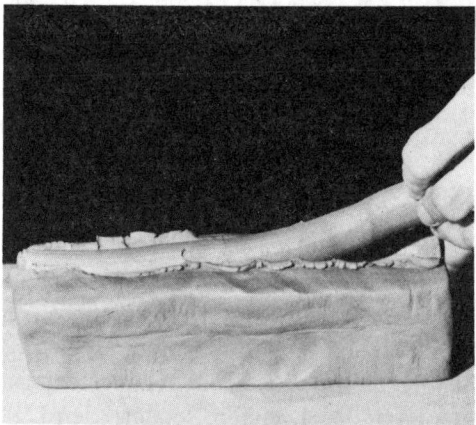

lierholz in der Mitte gespalten, die innere Hälfte abgedreht und mit einem Schwamm abgerundet.

Sofort nach dem Abnehmen des Gefäßes von der Drehscheibe wird der Deckel gedreht, und zwar aus dem gleichen Ton wie das Gefäß, so daß Farbe und Schwund des Tons für den Deckel und für das Gefäß übereinstimmen. Die Maße für den Deckel werden von dem Gefäß abgenommen, wobei der Durchmesser des Deckels 3 bis 4 mm kleiner werden muß als die Innenmaße der Deckelauflage, weil noch Platz für die Glasur vorgesehen werden muß.

Der Deckel wird ebenfalls auf der Scheibe gedreht, erst der Flansch, zum Schluß der Knopf. In lederhartem Zustand wird dann der Deckel unten ausgedreht.

Aufgebaute Teekanne aus der Werkstatt von Niki Otto und Günther Hermans mit einfacher hellbrauner Asche-Glasur

Tüllen

Ebenso wie der Deckel wird die Tülle sofort nach Abnehmen des Gefäßes aus dem gleichen Ton gedreht. Man zieht einen Tonkegel zu einer hohlen Form hoch, ähnlich einem Kühlturm, benutzt aber zum Hochziehen nicht den Daumen, sondern den klei-

nen Finger, damit die Öffnung der Tülle nicht zu groß wird.

In die Kanne wird zum Ausgießen die erforderliche Öffnung geschnitten oder die Löcher für ein Sieb gebohrt. Die Tülle wird in lederhartem Zustand so zugeschnitten, daß sie auf die Wölbung der Kanne paßt. Dann wird sie befestigt, wie das bereits vom Henkel her bekannt ist.

Abdrehen

Wenn die Töpferarbeit lederhart geworden ist, kann Ton abgedreht oder abgeschält werden. Dazu benötigt man ein Metallwerkzeug: Sehr gut eignen sich Dreh- und Schnitzeisen, die beim Tonabdrehen genauso gehandhabt werden wie beim Drechseln; dabei dient die linke Hand als Auflage für die rechte Hand, die das Werkzeug führt.

Zum Abdrehen der Bodenfläche eines Gefäßes wird das Gefäß umgedreht auf die Drehscheibe gesetzt und zentriert. Zu diesem Zweck zieht man auf der sich drehenden Scheibe mit dem Fingernagel konzentrische Kreise im Abstand von 1/2 cm. Der Rand des Gefäßes wird sich mit einem dieser Kreise decken oder den gleichen Abstand zu einem solchen Kreis haben. Das Gefäß sichert man in zentrierter Lage durch einen Tonwulst. Bei empfindlichen feinen Rändern wird die ganze Scheibe mit einer mittelharten Tonschicht abgedeckt, die so trocken sein muß, daß sie sich nicht mehr mit dem Ton des Gefäßrandes verbindet. Ist der Boden dick genug, kann ein Fußring gedreht werden.

Dekorieren

Die Oberfläche einer Töpferarbeit kann auf vielfältige Weise farblich und mechanisch gestaltet werden, und zwar in jeder Phase der Bearbeitung, im grünen oder ungebranntem Zustand, im geschrühtem (vorgebrannten) Zustand, zwischen Vor- und Glasurbrand und glasiertem Zustand. Im folgenden wird ein Überblick über solche Gestaltungsmöglichkeiten gegeben, die auch miteinander kombiniert werden können.

Dekoration an der grünen Töpferware

Mechanische Verzierungen

Das Abdrehen (Seite 374) kann auch benutzt werden, um gerade oder wellenförmige Rillen in die Gefäßwand zu ritzen. Ebenso kann man in das stehende Gefäß alle möglichen Ornamente und Abbildungen eingravieren. Mit Stempel können Formen in den Ton eingedrückt werden. In das eingravierte, eingeschnitzte oder eingepreßte Muster kann man andersfarbigen Ton als Inlet einstreichen; mit der Modellierschlinge Rillen in verschiedener Breite und Tiefe abschaben. Man nennt das Kannelieren. Mit einem scharfen Messer können Teile aus der Gefäßwand herausgeschnitten werden, hier spricht man vom Facettieren. Tonstückchen können mit Wasser oder Schlicker auf die Gefäßwand zu Reliefs aufmodelliert werden. Schnittreliefs erhält man, wenn man mit dem Messer oder der Modellierschlinge den Ton an der Kontur des stehenbleibenden Bildteiles abträgt.

Engobieren und Sgrafitto

Engobe nennt man einen dünnflüssigen Tonbrei, der auf die lederharten Tonwaren aus einem andersfarbigen Ton durch Begießen, Eintauchen oder Bemalen aufgebracht wird. Man spricht hier von Beguß- oder Schlickermalerei. Die Tonware erhält durch das Engobieren im Vorbrand eine andere Farbe. Gebrauchsfertige Engoben erhält man im Handel. Die Selbstherstellung von Engoben sollte man sich erst vornehmen, wenn man mit dem Formen, Engobieren und Brennen Erfahrungen gesammelt hat.

Wird die Engobe zu früh auf die Töpferware aufgebracht, so weicht sie auf; ist sie schon zu trocken, fällt die Engobe beim Brennen ab. Es ist nicht ganz leicht, den richtigen Zeitpunkt für das Engobieren, wenn der Ton gerade richtig lederhart ist, zu erwischen; das geht nicht ohne Fingerspitzengefühl, das man nur durch Erfahrung bekommt.

Kleinere Gegenstände kann man in das Gefäß mit der Engobe eintauchen; Fingerspuren werden anschließend durch nachträglichen Auftrag mit Engobe beseitigt. Größere Gegenstände werden über dem Engobegefäß mit der Schöpfkelle übergossen, so daß die überflüssige Engobe in das Gefäß zurückläuft. Flache Teller, die im Preßverfahren hergestellt worden sind, engobiert man am besten in ihrer Gipsform, die dem Teller Halt gibt.

Flache Gegenstände können mit verschiedenfarbigen Engoben begossen werden, auf diese Weise können verschiedene – insbesondere auch marmorierte – Muster gestaltet werden .

Die Engobe kann man auch in einen Spritzball aus Gummi oder Plastik füllen und damit auf eine andersfarbige Engobe als Grundierung mit dünnen Strichen zeichnen oder schreiben. Eine Engobe-Grundierung verwendet man auch, wenn anschließend die lederhart gewordene Grundierung mit flüssigem Wachs oder Papier oder Stoff teilweise abgedeckt und auf die freien Flächen andersfarbige Engobe aufgetragen wird.

Wenn auch die zuletzt aufgetragene Engobe lederhart ist, kann der Gegenstand mit der Sgrafittotechnik bearbeitet werden:

Die Engobe wird durch Wegkratzen dekoriert, so daß die unter der Engobe liegende andersfarbige Tonschicht zum Vorschein kommt.

Dekorationen an geschrühter Töpferware

Das Glasieren

Das Glasieren dient auch dazu, den porösen Scherben wasserdicht zu machen und zugleich die Töpferarbeit zu verschönern. Es gibt transparente und deckende, matte und glänzende Glasuren in vielen Farben, die durch die Beimengung von Metalloxyden entstehen. Die Glasurbestandteile sind ein pulverisiertes Gemisch, das mit Wasser angesetzt wird. Die Bestandteile lösen sich nicht im Wasser, weshalb die Glasur vor jedem Gebrauch gründlich umgerührt werden muß. Die Töpferarbeit wird entweder mit der Glasur übergossen oder in sie eingetaucht. Der poröse geschrühte Scherben saugt die Feuchtigkeit auf, und die feinen körnigen Teilchen bleiben auf der Oberfläche des Scherbens sitzen. Im Brennofen schmelzen sie und bilden einen glasharten, wasserdichten Überzug. Voraussetzung dafür, daß die Glasur wirklich wasserdicht wird, ist allerdings, daß der Ton und die Glasur beim Abkühlen in völlig gleicher Weise schrumpfen, andernfalls bilden sich zumindest feine Haarrisse. Zur Vermeidung dieses Fehlers wird empfohlen, die Glasuren zu verwenden, die auch in der Töpferei verwendet werden, von der man den Ton bezieht und wo man brennen läßt. Das ist die beste Gewähr dafür, daß Ton und Glasur richtig aufeinander abgestimmt sind. Wer sich mit diesem sehr umfangreichen Spezialgebiet beschäftigen möchte, wird auf Spezialliteratur verwiesen.
Ein Gefäß wird innen und außen glasiert.

Das Gefäß wird innen mit Glasur vollgeschüttet und die Glasur wieder ausgegossen. Gelangt dabei Glasur auf die Außenseite, so wird sie abgewischt.

Die Außenseite einer zylindrischen Form wird glasiert, indem man das Gefäß umdreht, in die Glasur für einige Sekunden eintaucht und wieder herauszieht. Die Luftblase im Inneren verhindert, daß die Innenseite noch mal glasiert wird. Diese Methode verwendet man allerdings nur, wenn der Boden unglasiert bleiben soll. Wird auch der Boden glasiert, so taucht man das Gefäß in der beschriebenen Weise nur bis zur Hälfte ein, läßt die Glasur antrocknen, was in 20 Sekunden geschehen ist, so daß man jetzt das Gefäß am glasierten Teil anfassen kann, ohne Fingerspuren zu hinterlassen, und taucht jetzt den unteren Teil in die Glasur ein. Bei genauer Arbeit sieht man weder eine Trennlinie noch ein Überlappen. Mit verschiedenfarbigen Glasuren können bei dieser zuletzt beschriebenen Eintauchmethode wirkungsvolle Effekte erzielt werden.

Die Innenseite einer großen Schale wird glasiert, indem man die Glasur hineinschüttet, die aber nicht die ganze Schale füllen wird, so daß man durch Drehen der Schale beim Ausgießen dafür sorgt, daß jede Stelle mit Glasur überzogen wird. Die Schale stellt man dann verkehrt herum auf 2 Tragelatten, die über einem Gefäß liegen, das größer ist als die Schale, und übergießt die Schale mit Glasur. Dabei bemüht man sich, so zu gießen, daß keine Überlappungen entstehen. Zum Schluß wird der Rand der Schale kurz in die Glasur eingetaucht.

Bei Arbeiten mit Henkeln wird erst bloß der Henkel in die Glasur getaucht, und wenn die Glasur am Henkel getrocknet ist, wird das Gefäß angefaßt und dann ganz in die Glasur getaucht. Sieblöcher müssen anschließend ausgestochen werden.

Auch beim Glasieren kann man mit Wachs

oder anderen Materialien Teile der Oberfläche abdecken, wie das beim Engobieren bereits beschrieben wurde (Seite 375).

Bemalen und Engobieren

Wenn geschrühte Töpferware bemalt, dann glasiert und zum zweitenmal gebrannt wird, so bezeichnet man diese Art der Malerei als Unterglasurmalerei. Sie ist sehr dauerhaft, macht aber oft einen etwas verschwommenen Eindruck, den man allerdings durch Einschalten eines weiteren Brennvorganges vermeiden kann: Die geschrühte Ware wird bemalt und bereits in diesem Zustand zum zweitenmal gebrannt, bevor sie glasiert

und die Glasur gebrannt wird, was dann der dritte Brennvorgang ist.

Für die Unterglasurmalerei werden keine Marderhaarpinsel verwendet, weil sie zu weich sind. Sie bleiben förmlich am Scherben kleben, der ja sofort das Wasser aus dem Pinsel zieht. Geeignet sind feine lange Borstenpinsel, die mit leichtem Strich geführt werden.

Geschrühte Ware kann auch engobiert werden wie grüne Ware (Seite 375).

Von den vielen Lieferanten von Malkeramikartikeln sei die Tairnbacher Majolika-Fabrik genannt, bei der man den Vorteil hat, daß sie die bemalten Sachen auch brennt. Geschrühte Ware kann man in ei-

Gedrehte Teekanne, von Günther Hermans, mit hellbrauner Asche-Glasur. Es handelt sich um dieselbe Glasur wie bei der Teekanne auf Seite 374 – die Blasen sind hier nur sehr viel deutlicher zu sehen

nem festen Karton in Holzwolle verpackt gefahrlos versenden. Außerdem bekommt man bei dieser Firma weißfarbige Fliesen zum Bemalen.

Dekoration an glasierter Ware

Bei der Aufglasur wird die bereits glasierte Ware bemalt. Das bekannteste Beispiel ist die Majolikamalerei, zumeist blaues Dekor auf Irdenware mit weißer Zinnglasur. Eine weitere Art der Aufglasur ist das Bemalen mit Schmelzfarben, die mit einem dritten Brand aufgebrannt werden, dessen Temperaturen niedriger liegen als die des vorhergegangenen Glasurbrandes.

Erwähnt sei noch die Lüsterdekoration, bei der auf die Glasur eine Masse aufgetragen wird, die metallische Salze enthält, die der Oberfläche nach dem Polieren metallischen Glanz verleihen.

Persische Schale aus dem 12. Jahrhundert, aller Wahrscheinlichkeit mit eingefärbtem Ton engobiert und transparent aufglasiert

Modellieren

Modelliermassen

Die auf der Fototafel neben Seite 360 abgebildeten Anhänger und Tiere sind aus Modelliermassen geformt, die im Backofen gebrannt werden können.

Neben diesen Modelliermassen gibt es auch solche, die an der Luft trocknen. Ramo ist ein Modelliermaterial aus dem „Ravensburger Hobbystudio", Ramo läßt sich mit Weißleim mischen und verkleben. Angebrochene Packungen bleiben gebrauchsfertig, wenn man sie in ein feuchtes Tuch einwickelt und in einer Plastiktüte, am besten im Kühlschrank aufbewahrt.

Eine der bekanntesten Modelliermassen, die im Backofen gebrannt werden ist Fimo. Die Modelliermasse wird durch Kneten in der Hand geschmeidig; bleibt sie als Folge von unsachgemäßer Lagerung trotz Kneten spröde, gibt man einen Tropfen Speiseöl zu. Die Farben sind untereinander mischbar; durch die Töne „Farblos" und „Weiß" kann man aufhellen. Knetet man 2 Farben nur ganz kurz ineinander, erhält man einen melierten oder marmorierten Farbeffekt. Knetet man die Farben längere Zeit ineinander, so entstehen einheitliche Mischfarben.

Das Brennen

Die Modelliermasse Fimo ist zum Brennen in der Backröhre jedes Haushaltsherdes bei einer Hitze von 150° (Plätzchenhitze) geeignet. Der modellierte Gegenstand wird auf einen Porzellanteller gestellt, in den Backofen geschoben und etwa 10 Minuten „gebrannt". Dann läßt man den Gegenstand noch weitere 5 Minuten im Backrohr abkühlen.

Die Modelliermasse wird zuerst beim Brennen in der Hitze weicher, und es kann passieren, daß sich der Gegenstand etwas verformt und in sich zusammensackt; solange er noch ganz heiß ist, läßt er sich ohne weiteres zurechtbiegen, nachformen und korrigieren.

Gebrannte Gegenstände können noch weiterbearbeitet werden: man kann sie schneiden, sägen, schnitzen, feilen, bemalen und lackieren.

Plastiform (oder Plastika)

Das ist Modelliermaterial, hergestellt aus Holzmehl und Tapetenleim; man kauft es in Bastler- und Künstlerbedarfsgeschäften. Es wird mit Wasser angerührt und verarbeitet sich ganz ähnlich wie Papp- oder Papiermaché, nur etwas ebenmäßiger und glatter, und es verändert sich beim Trocknen kaum. Es eignet sich ebenfalls zum Modellieren von Puppenköpfen und Tieren, ist allerdings nicht ganz so leicht wie Pappmaché.

Kasperlpuppen mit Plastiformköpfen über einem Styroporkern

Die Technik, Plastiform über einen Styroporkern zu ziehen, eignet sich ganz besonders für Kasperlpuppen: die Köpfe werden extrem leicht und die Puppen sind einfach zu handhaben. Die hier gezeigten Puppen werden mit Daumen und kleinem Finger in den Ärmeln und dem Zeigefinger im Hals geführt.

Zur Herstellung einer Kasperlpuppe werden benötigt:

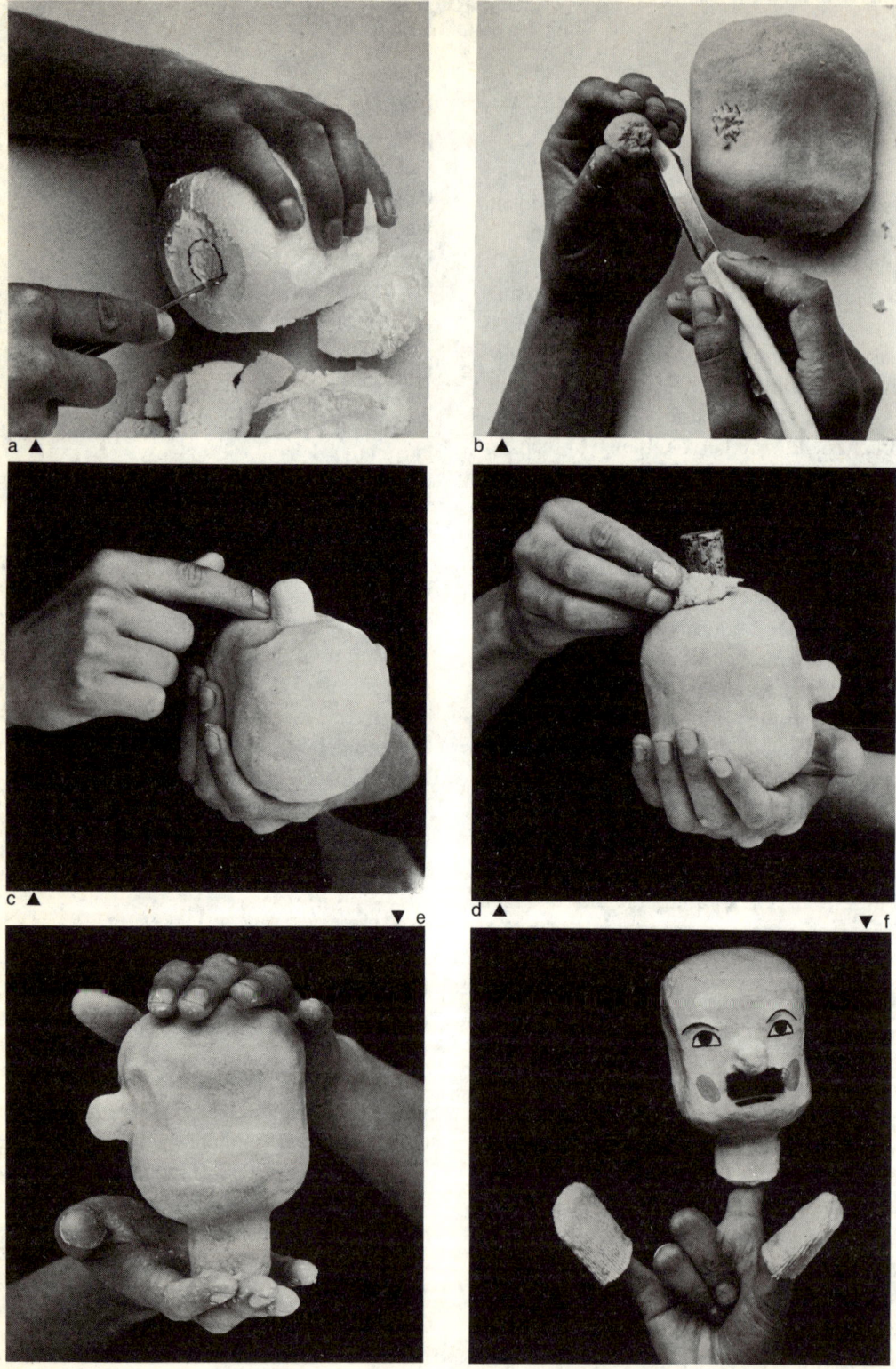

a ▲

b ▲

c ▲

d ▲

▼ e

▼ f

Eine Styroporkugel (gibt es in Bastlergeschäften zu kaufen)
Plastikform
Watte
mittelstarke Pappe
ca. 10 cm langer Klettverschluß (gibt es in Kurzwaren- und Gardinengeschäften zu kaufen)
ein Flaschenkorken
Stoffe für Puppenkleid und -hände
Ponal- und Pattexkleber
Plaka-Farben

Der Kopf

Die Styroporkugel kann im ganzen verarbeitet oder mit einem scharfen Messer etwas in Form geschnitzt werden. Für den Hals wird ein Loch senkrecht in die Styroporkugel geschnitten, in dem später der Zeigefinger reichlich Platz hat. Sollte sich das Loch später als zu groß erweisen, so kann es mit Pappe ausgekleidet werden Plastiform wird als dünne Schicht um den Styroporkern gelegt; es darf keine Luft zwischen dem Styropor und dem Plastiform sein. Mit weiterem Plastiform wird dem Kopf die endgültige Form gegeben; der Hals wird angeformt über einen angefetteten Korken, der im Halsloch im Styropor eingeklemmt wird. Die Oberfläche kann mit dem Finger völlig glattgestrichen werden, noch glatter wird sie durch Abschleifen mit feinem Sandpapier, wenn die Masse getrocknet ist.

Der Kopf muß nun einige Tage trocknen; dabei muß er öfters umgedreht werden; Sonne und Hitze beschleunigen das Trocknen. Erst wenn das Plastiform vollständig ausgetrocknet ist, kann man grundieren;

Fotoserie links: a) in die Styroporform wird ein Loch für den Zeigefinger eingeschnitten, b) und c) eine Nase wird aus Modelliermasse geformt, d) und e) der Hals wird um einen Flaschenkorken modelliert, f) das Gesicht wird gemalt

andernfalls schimmelt der Kopf nach kurzer Zeit.

Als erste Grundierung empfiehlt sich ein mit etwas Wasser verdünnter Ponalkleber; dieser Anstrich wird beim Trocknen durchsichtig und verleiht dem Kopf eine absolute Schlag-, Kratz- und Stoßfestigkeit.

Als zweite Grundierung nimmt man Plaka-Weiß; es kann aber auch gleich die Hautfarbe aufgetragen werden. Hautfarbe setzt sich zusammen aus Beige und Weiß. evtl. mit anderen Farbzusätzen. Augen, Mund etc. werden auf die Hautfarbe gemalt; dabei zeichnet man mit Bleistift vor – es kann radiert werden, ohne daß die Grundfarbe Spuren davon zeigt. Plaka-Farben sind wasserlöslich, deshalb soll das fertige Gesicht mit Klarlack oder am besten mit einer dünnen Schicht Ponal überzogen werden.

Die feste Seite des Klettverschlusses wird mit Pattex um den Hals geklebt.

Die Hände

Die Hände werden aus Pappe (ohne Zugabe) und aus Stoff (mit Nahtzugabe) zugeschnitten. Der Stoff wird zusammengenäht, die Pappe in der Mitte gefalzt und mit Pattex in die genähte Hand eingeklebt (Pattex nicht vorher ankleben lassen). Zu groß geratene Puppenhände verkleinert man mit Pappeinsätzen.

Das Kleid

Das Kleid wird aus Papier zugeschnitten (siehe Schnitt, doppelt zuschneiden!) und erst auf der Hand probiert; für große Hände dürfte der Schnitt zu klein sein. Das Schnittmuster kann man nach Belieben verändern; ein Kleid kann auch aus Bluse und Rock bestehen, eine Schürze kann dazu genäht werden.

Das Stoffkleid wird an den Seiten-, Schul-

Kasperlpuppen von Manuela Mechtel: Krokodil, Poli-
zist, Gretl, Kasperl, Oma

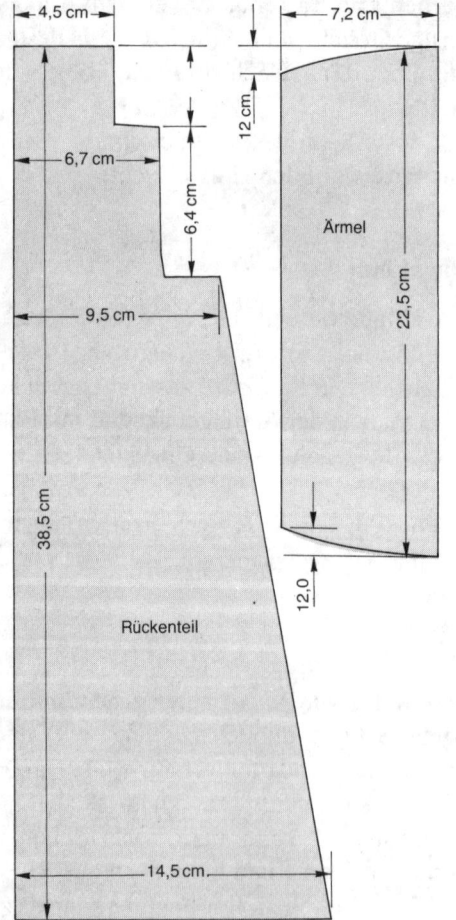

Hier der Schnitt für die Uniform des Kasperlpuppen-
Polizisten

ter- und Halsnähten zusammengenäht; der
Ärmel wird gekräuselt (siehe Seite 306, Hef-
ten) und das Kleid und die Hände gesäumt.
säumt.

In den Stoffhals werden vier ca. 7 mm breite
Stücke von der weichen Seite des Klettverschlusses in regelmäßigen Abständen eingenäht.

Um die Seite der Brust zu füllen, die nicht
von Mittel- und Ringfinger nach vorn gedrückt wird, muß in der vorderen Mitte des
Puppenkleids, etwa in Höhe der Finger, ein
kleines Stoffsäckchen, gefüllt mit etwas
Watte, eingenäht werden; je nachdem, in
welcher Hand die Puppe geführt wird,
schiebt man das Säckchen in die leere Seite.

Kopfbedeckungen

Für eine Perücke mit Mittelscheitel wird
Wolle in der gewünschten Haarlänge ge-
wickelt und am Scheitel auf ein schmales
Stoffband genäht. Dieses Band wird zuerst
auf dem Kopf festgeklebt, dann die Haare.
Für Perücken mit Kurzhaarschnitt ist das
Band wesentlich länger und wird schnek-
kenförmig um den Kopf geklebt; Ponys
werden gesondert auf ein kurzes Band ge-
näht; auch Flachs und ungesponnene
Schafwolle kann man als Haare verwenden.
Mützen und Hüte werden aus Pappe und
Stoff mit Naht- bzw. Klebezugabe geschnit-
ten.

Gestaltung

Die Aufteilung einer Fläche

Auf das Problem, eine weiße oder unbearbeitete Fläche mit Farbe zu bedecken, stößt man bei vielen Handarbeits- oder Werktechniken – gleichgültig, ob man Farben für eine gestrickte Decke aussucht, ob man an einem Entwurf für einen gewebten Wandbehang oder vor einer Spanschachtel sitzt, die man sich zu bemalen vorgenommen hat. Wer Hilfestellung braucht, um eine Fläche aufzuteilen, tut gut daran, sich an den einfachen, klaren, überschaubaren Grundformen zu orientieren. Eine technische Hilfe ist, sich dazu einen Entwurf aus farbigen Papieren zusammenzustellen. Es eignen sich sehr gut Abfallpapiere: Ausschnitte aus Zeitschriften, Katalogen, Tapetenreste oder Musterbücher. Damit kann man sich erst einmal voll auf den Entwurf, auf die Farbkomposition konzentrieren, ohne daß man sich gleich mit technischen Problemen wie Farbauftrag oder Stickstichen auseinandersetzen muß. Man kann die Papiere hin und her schieben, wieder wegnehmen und durch andere ergänzen, ohne unter dem Druck zu stehen, daß man kostspieliges Material verdirbt oder eine Arbeit mißlingt. Einfache Gestaltungselemente sind Flächenaufteilungen, die sich an den traditionellen europäischen Sehgewohnheiten orientieren. Das ist zum einen das DIN-Format, das auf einer mittelalterlichen Flächenaufteilung basiert (siehe auch Kapitel „Papier", Seite 266). Zum anderen der Goldene Schnitt: So nennt man in der Kunstgeschichte eine Verhältnisgleichung,

die gut proportionierte Abmessungen ergibt: Das Ganze (A) verhält sich zum größeren Teil (B) wie der größere (B) zum kleineren (C) A : B = B : C.

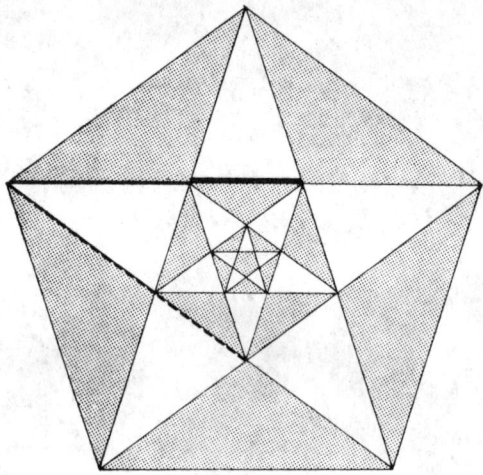

Man kann im Fünfeck, Fünfstern, Pentagramm, beliebig viele Fünfsterne ein- und umschreiben, wo bei sich stets die Seiten im Goldenen Schnitt zueinander verhalten. Die fett gezeichnete Strecke verhält sich zur Halbfetten wie diese zur punktierten

Für den Europäer wirken Kompositionen, die ihre Schwerpunkte in diesen Proportionen oder Gestaltungselementen haben (Quadraten, Diagonalen, Goldener-Schnitt-Verhältnis), besonders harmonisch und ansprechend. Wenn man sich umschaut, wird man bemerken, daß fast alle Werbeplakate diese Gesetzmäßigkeiten ausnutzen.
Oft denkt man, wenn man eine Werkarbeit vor sich hat, als erstes an eine figürliche Darstellung. Vielen gelingt das auch, ohne daß sie sich viel dabei überlegen. Sehr viele scheitern jedoch an der Schwierigkeit, ei-

Die geometrischen Konturen wurden mit dem Lötkolben in Brandmalereitechnik ausgeführt

nen räumlichen Gegenstand flächig zu gestalten. Für diejenigen, die einen solchen Mißerfolg nicht riskieren wollen, gibt es als Möglichkeit einer geschmackvollen Gestaltung geometrische Muster und Ornamente,

die in erster Linie exaktes Arbeiten erfordern.

Das Foto links zeigt eine Spanschachtel, deren Entwurf erst einmal als Grundgerüst in Brandmalerei ausgearbeitet wurde. Das Mittelstück, ein Rechteck, wurde dann mit zwei Diagonalen aufgeteilt – daraus entstand das Rautenornament in der Mitte. Von einem Grundgerüst wurde auch bei dem geknüpften Teppich neben Seite 144 ausgegangen, von dem aus dann die kleineren Flächen ausgestaltet worden sind.

Eine weitere Möglichkeit, Flächen aufzuteilen, taucht im Kapitel „Patchwork" mehrmals auf: Große Flächen werden kleineren gegenübergestellt. Zum Beispiel die Patchworkdecke auf Seite 315. Lauter kleingemusterte Stoffe wurden in großen und kleinen Flächen zusammengestellt.

Aus einfachen Formen kann ein vielfältig differenziertes Muster entstehen. Es wurden runde Formen mit Kartoffelstempel (siehe Seite 335) auf Stoff gedruckt. Die Verbindungslinien sind mit Pinsel und Stoffmalfarbe aufgetragen

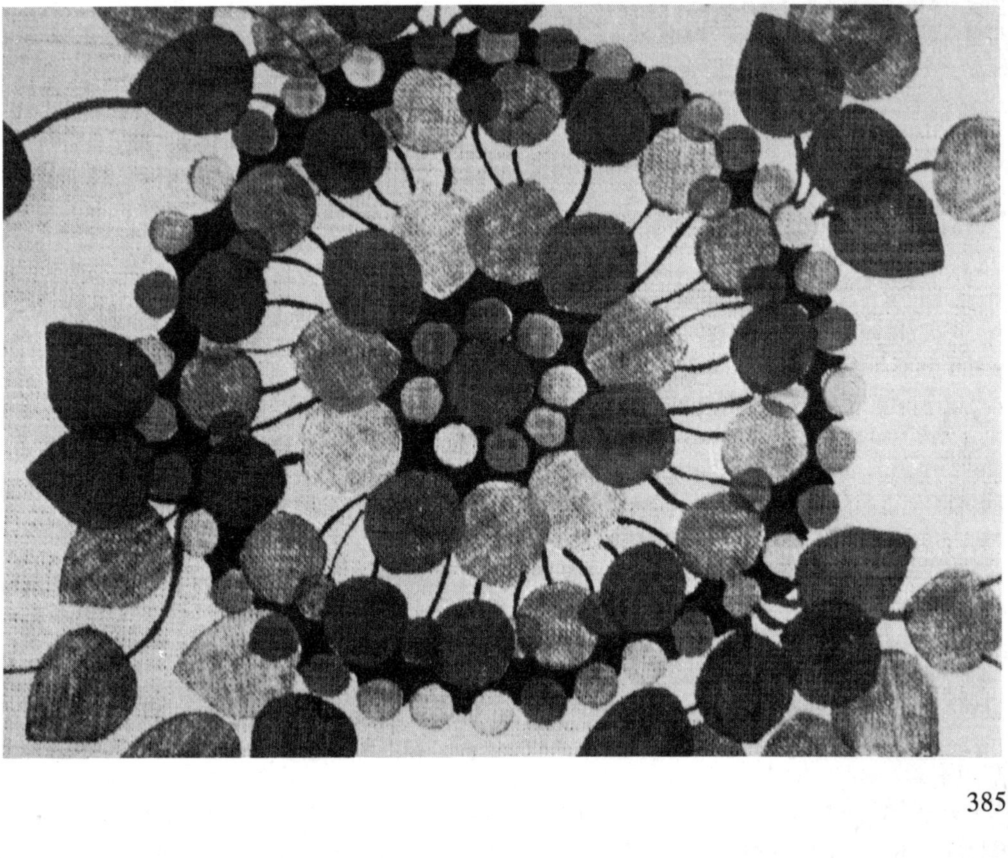

Sich am Anfang auf eine einfache, klare Flächeneinteilung, auf Streifen, Quadrate oder geometrische Grundformen zu beschränken, heißt, sich nur auf das einzulassen, was man beherrschen kann, was überschaubar bleibt.

Wer sich nicht an eine Aufteilung hält, die sich durch die geometrischen Grundformen entwickeln läßt, muß lernen, Schwerpunkte zu setzen, eine Komposition zu entwickeln, die durch Kontraste Spannung erzeugt und in rhythmischem Verhältnis Spannung auflöst... ein Abenteuer ohne Ende.

Das Ornament

Das typische Ornament (ornamentum, [lat.] = Schmuck, Zierde) ist der Rapport, das ist die rhythmische Wiederkehr des gleichen Motivs: Ornamente setzen sich aus den verschiedensten Grundformen zusammen, wie Punkt, Linie oder den geometrischen Formen Quadrat, Rechteck, Kreis aber auch im Rhythmus vieler organischer Strukturen der Natur sind ornamentartige Grundformen zu finden: in Wellen, Wolken, Muscheln, Holzmaserungen, Baumrinden oder Blättern.

Es lohnt sich, Völkerkundemuseen und andere Museen mit entsprechenden, zum Beispiel urgeschichtlichen Abteilungen, zu besuchen: sie bieten einen Schatz an Quellen, wie man Gewebe, Geräte oder Gefäße verzieren kann. Man kann dort auch beobachten, wie ornamentale Gestaltung betonen, gliedern oder beleben, einem Gegenstand Gewicht oder Leichtigkeit geben kann. Man kann auch feststellen, daß es vor uns schon vielen ein Bedürfnis war, den Wert von Gebrauchsgegenständen durch Ornamente zu steigern.

Es ist das einfachste Mittel der Gestaltung, durch eine Reihung von vielen kleinen Teilen ein Ganzes herzustellen. Ein gutes Beispiel dafür sind Perlen, die zu einer Kette aneinandergereiht sind. Die Reihung von Einzelteilen haben v. Wersin und Müller-Grah in ihrem Buch „Das elementare Ornament und seine Gesetzlichkeit" in vier Begriffe eingeteilt:

Zeilenreihung, Flächenreihung, linear (blickführend), fleckhaft (blickfixierend)

Es ist weiterhin wichtig, zwischen fortlaufenden und geschlossenen Ornamenten zu unterscheiden.

Farben

Im Kunsthandwerk geht es nicht nur darum, einem Gegenstand Farbe zu geben, die dann für sich allein wirkt. Man muß in die Überlegung, welche Farbe die geeignetste sei, mit einbeziehen, wo der Gegenstand nach seiner Fertigstellung verbleibt oder wo er verwendet wird. Ein Problem, mit dem sich ein Maler selten auseinandersetzen wird.

Es gibt wissenschaftliche Farbenlehren, die sich mit den Phänomenen der Farbe beschäftigen, die Farben in Systeme ordnen und Theorien aufstellen, was Farbe ist, wie sie entsteht und wie sie das menschliche Auge optisch wahrnimmt. Es ist sehr aufschlußreich, sich mit diesen komplizierten Farbsystemen zu beschäftigen; sie helfen dem Laien aber bei seinen Problemen mit Farbe, Material und Technik nur wenig. Die Systeme reichen nicht aus, das Kreative im Menschen zu wecken.

Die nebenstehende Musterkarte soll eine Anregung geben, wie einfache Grundelemente (Strich, Punkt, Diagonale; Quadrat, Kreis, Dreieck) zu einfachen Mustern gestaltet werden können. Die ersten fünf Reihen (von oben nach unten) zeigen fortlaufende Muster vom einfachen zum komplizierten. Die letzte Reihe zeigt geschlossene Ornamente

Die drei Musterbänder zeigen typische Beispiele für Zeilenreihung. Das Mäander, Flechtband, Wellenband

In diesem Stern aus Patchwork ist die Form einer Blüte nachempfunden und vereinfacht. Viele Formen aus der Natur lassen sich aufgreifen und zu ansprechenden Motiven verarbeiten

Ein Buch, das dem Laien weiterhilft, ist „Interaction of Color" (Wechselbeziehungen der Farbe) von Josef Albers, das unter diesem englischen Titel in deutscher Sprache erhältlich ist. Der Autor geht nicht von der Theorie her an das Problem der Farbe, sondern beschreibt praktische Erfahrungen mit seinen Schülern. Eine experimentelle Methode, das Fachgebiet „Farbe" zu studieren: „Um Farbe mit Erfolg anzuwenden, muß man erkennen, daß Farbe fortwährend täuscht." Albers geht davon aus, daß Farbe nicht in erster Linie ein physikalisches, sondern ein psychologisches Phänomen ist, daß wir Farben gar nicht so sehen, wie sie physikalisch sind.

Farben sind stark beeinflußbar: sie verändern ihre Farbrichtung, ihre Helligkeit, ihren Reinheitsgrad je nach ihrer Umgebung oder benachbarter Farbe. Diese Wechselbeziehungen, die die Komposition eines Bildes oder einer Flächengestaltung ausmachen, nennt man Kontraste. Im folgenden werden die wichtigsten Kontraste der Farbenlehre kurz beschrieben.

Der Hell-Dunkel-Kontrast

Die offensichtlichste Wechselbeziehung von Farben und ihrer Nachbarschaft ist die Beeinflussung vom Hellen zum Dunklen; Das Helle wirkt heller neben dem Dunklen, das Dunkle wird dunkler neben dem Hellen. Farben haben unterschiedliche Helligkeitswerte: Gelb ist die hellste, Violett die dunkelste Farbe neben den beiden Polen Schwarz und Weiß. Vergleicht man die farbigen Fotos dieses Buches mit den schwarzweißen, so sieht man deutlich, daß schwarzweiße Fotos von Helligkeitswerten leben. Sie bestehen nur noch aus feinen Grauabstufungen zwischen Schwarz und Weiß. Mit Hell-Dunkel-Werten kann man räumliche Wirkung erzielen, ein sehr wichtiger Aspekt im Kunsthandwerk, wo nur selten mit Perspektive gearbeitet wird. Eine flächige Gestaltung mit räumlicher Wirkung durch Hell-Dunkel ist z.B. für eine Decke aus textilem Material, die nicht total glatt liegt, sinnvoller als perspektivische Darstellung in Falten…

Die Früchtedrucke auf Stoff (Seite 385) zeigen deutlich, wie man mit unterschiedlichen Helligkeitswerten arbeiten kann, indem man mit den Stempeln mehrmals nacheinander druckt, ohne sie neu einzufärben: das Motiv erscheint nach jedem Abdruck heller, der Hell-Dunkel-Kontrast wurde in einer sogenannten Reihung angewendet.

Kalt-Warm-Kontrast

Ob ein Farbton „warm" oder „kalt" wirkt, bleibt dem subjektiven Gefühl des Betrachters überlassen. Generell kann man vielleicht alle Blau-Grün-Töne als kalt, alle Rottöne als warm bezeichnen. Gelb läßt sich in diese Kategorien nicht einordnen, weil es hier am deutlichsten sowohl warme als auch kalte Töne gibt. Der geknüpfte Teppich neben Seite 144 ist ein deutliches Beispiel für den Kontrast von warmen und kalten Farben. Den kalten Farbtönen Grün und Blau wurden die beiden warmen Töne Rosa und Rot sparsam gegenübergestellt. Auch der Poncho neben Seite 112 lebt von der Spannung des Kalt-Warm-Kontrastes. Hätte man nur kalte oder nur warme Farbtöne angewendet, würde die Dynamik der Farbgebung fehlen, das Ganze wirkte fade, spannungslos.

Man kann die Wirkung von kalten und warmen Farben und ihr Zusammenspiel besser kennenlernen, indem man mit ihnen spielt: Aus einem Stapel von farbigen Papieren alle kalten und warmen Farben aussortieren und so zusammenstellen, daß sich

warme und kalte Farbtöne durch ihre Umgebung, ihre Nachbarschaft gegenseitig steigern.

Der Simultankontrast

Betrachtet man dieselbe Farbe, zum Beispiel Grün, auf verschiedenen Untergründen, etwa Blau und Orange, dann verändert sie sich in beiden Fällen in Richtung der Gegenfarbe des Grundes. Das Grün auf Blau wirkt heller und gelblicher, das Grün auf Orange erscheint dem Auge als Blaugrün.

Wenn man bei einer Patchwork-Decke in ein großes, farbiges Stoffeld ein kleines andersfarbiges setzt, so verändert dieses seine Farbwirkung durch die Wirkung der großen Fläche. Ein grauer Stoff auf violettem Grund würde gelblich wirken.

Der Komplementärkontrast

In seinem Buch „Kunst der Farbe" (Otto Maier Verlag) beschreibt Johannes Itten: „Zwei pigmentäre Farben, die zusammengemischt ein neutrales Grauschwarz ergeben, bezeichnen wir als komplementäre Farben. „Physikalisch sind 2 farbige Lichter, die miteinander gemischt weißes Licht ergeben, ebenfalls komplementär. 2 komplementäre Farben sind ein seltsames Paar. Sie sind entgegengesetzt, fordern sich gegenseitig, steigern sich zu höchster Leuchtkraft im Nebeneinander und vermischen sich in der Mischung zu Grau – wie Feuer und Wasser." Farben geben Nachbilder durch das Nebeneinander von Farben. Man kann dies beobachten: Wenn man eine rote Farbe einige Sekunden fixiert und dann auf eine weiße Fläche schaut, so wird diese grün erscheinen. Das

Bemalung, Untergrund und Form sollen sich beim Kunsthandwerk ergänzen und gegenseitig unterstützen

heißt, jede Farbe hat ihr Komplement, man nennt sie Komplementärfarbe.

Komplementäre Farbenpaare sind zum Beispiel:

Gelb : Violett

Blau : Orange

Rot : Grün

Farben mischen

Primärfarben sind die 3 ungemischten Grundfarben. Sekundärfarben werden aus jeweils 2 Primärfarben gemischt: Violett aus Rot und Blau

Orange aus Rot und Gelb

Grün aus Blau und Gelb

Tertiärfarben werden aus jeweils 2 Sekundärfarben gemischt:

Rotbraun aus Violett und Orange

Gelbbraun aus Grün und Orange

Blaubraun aus Grün und Violett

Die Farbqualität des Farbtons ist der Buntheitsgrad, die Eigenschaft einer Farbe. Die Farbintensität dagegen ist der Reinheits- oder Trübungsgrad einer bunten Farbe. Je mehr eine Farbe gemischt wird, um so trü-

ber erscheint sie. Das muß beachten, wer die Farben in Tube, Glas oder Dose bereits fertig gemischt kauft.

Die Zeichnung unten stellt die ungemischten Grundfarben, schematisch dar: Rot, Blau, Gelb

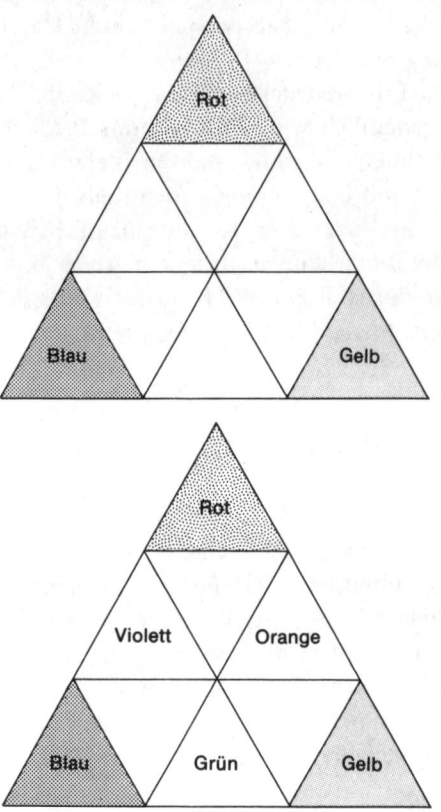

Oben: Sekundärfarben, die jeweils aus 2 Primärfarben gemischt werden. Unten: Tertiärfarben, die aus jeweils 2 Sekundärfarben gemischt werden

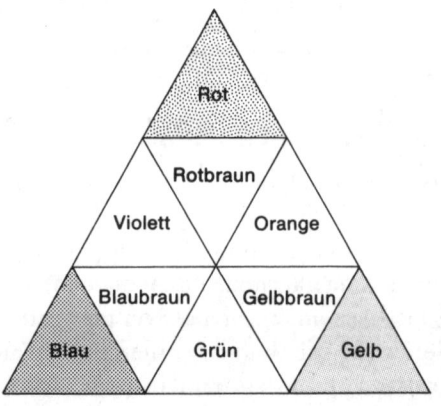

Was gibt's wo?

Bezugsquellennachweis

Fachliteratur, die im Buchhandel entweder vorrätig ist oder dort bei den Verlagen bestellt werden kann

Bei diesen Adressen kann man per Postkarte Prospekte anfordern und direkt gegen Rechnung, beiliegenden Scheck oder Nachnahme bestellen

Produkte dieser Firmen kann man im Handarbeitsgeschäft oder den Handarbeitsabteilungen der Kaufhäuser kaufen

die mit diesem Zeichen gekennzeichneten Firmen vertreiben ihre Artikel über Hobbygeschäfte oder die Hobbyabteilungen der Kaufhäuser

Produkte dieser Firma kann man im Heimwerker- bzw. Do-it-yourself-Geschäft oder den entsprechenden Abteilungen der Kaufhäuser bekommen

Fäden, Garn und Wolle

Färben

Fachliteratur

 So färbt man mit Pflanzen
Bächi – Nußbaumer
Verlag Paul Haupt, Bern

 Wir färben mit Pflanzen
Kurt Hentschel
Verlag Wolfgang Metzner

 Färbbuch
Emil Spränger
Verlag Eugen Rentsch, Zürich

Farben für das Färben von Wolle
 *DEKA-Serie L* oder *BATIKA*
von DEKA
DEKA Textilfarben AG
Kapellenstraße 18
8025 München – Unterhaching

Kurs für das Färben mit Naturfarben:
Susanne Hepfinger
8213 Leitenberg
Post Aschau

Spinnen

Fachliteratur

 Wolle spinnen mit Herz und Hand
Winterbach – Manolzweiler
Verlag Webe mit

 Handspinnen
Bob und Kitti Markus
Otto Maier Verlag, Ravensburg

 Spinnen und Färben
Eunice Svinicki
Verlag Werner Hörnemann,
Bonn

Rohwolle
 „Gewaschen, kardiert"
Deutsche Wollverwertung
Finninger Straße 60
Postfach 1420
7910 Neu-Ulm

 LIVOS GmbH & Co KG
Neustädter Straße 23–25
3123 Bodenteich
(pflanzengefärbte Wolle und
Seide)

 Konrad und Graudl Sickinger
Kunsthandwerkliche Werkstätten
Aichelbergweg 2
7325 Eckwälden
(Wolle und Räder)

 Saco Sa Lainerie
Chemin des Valangines 3
CH 2006 Neuchatel
(Räder und Wolle)

Spinnräder, Handkarden
 Walter Kircher
Postfach 1608
3550 Marburg 1

 Papst und Reuschel GmbH &
Co KG
Postfach 2232
5250 Engelskirchen 2

 Textilwerkstatt
Friedenstraße 5
3000 Hannover

 Friedrich Traub KG
7065 Winterbach-Manolzweiler

Makramee

Fachliteratur
 Knoten, Gestaltungsmöglichkeiten mit Fäden
Brigitte Beyer und Heilweg

Kafka Burgbücherei, Wilh.
Schneider, Eßlingen

 Makramee Kreationen
Dieti F. Fausel
Frech Verlag, Stuttgart

 Makramee
Freya E. Lentz
Frech-Verlag, Stuttgart

 Makramee
Mary Walker Philips
Verlag Werner Hörnemann,
Bonn

 Makramee – Knüpfereien
Bonny Schmid – Burleson
Otto Maier Verlag, Ravensburg

 Kreatives Makramee
Bonny Schmid – Burleson
Otto Maier Verlag, Ravensburg

 Wir knüpfen
Hildi Vogler – von Känel
Verlag Paul Haupt, Bern

 Knüpfen heute
Margit Widmer
Theodosius-Verlag, Ingenbohl

 The Ashley Book of Knots
Cliffard W. Ashley
Doubleday, New York
(großes Fachbuch über Knoten
in englischer Sprache)

Garne
 Prandell KG (Taschengriffe,
Aufhängestäbe f. Wandbehänge)
Postfach 1440
8620 Lichtenfels

 Hellmuth Lentz
Hornisgrindeweg 5
7241 Salzstetten

Stricken und Häkeln

Fachliteratur

📘 *Stricken und Häkeln leicht ge-macht*
Uta Mix
Südwest Verlag, München

📘 *Teppiche*
Nell Znamierowski
Verlag Werner Hörnemann,
Bonn

📘 *Strick- und Häkelbuch*
Schachenmayer
Otto Maier Verlag, Ravensburg

Sticken

Fachliteratur

📘 *Bargello*
Martyn Thomas
Otto Maier Verlag, Ravensburg

📘 *Bargello*
Elsa S. Williams
Florentine Canvas Work
Reinhold Publishing, New York

📘 *Europäische Stickereien*
Stickereien in Bauernstuben
Bäuerliches Sticken
Rosenheimer Verlagsanstalt,
Rosenheim

📘 *Jugoslawische Stickereien*
Marrokkanische Stickereien
Bulgarische Stickereien
Bibliothek DMC

📘 *Schweizerische Mustertücher*
Anna Rapp
Verlag Paul Haupt, Bern

Museen mit Stickmustertüchern
Altonaer Museum in Hamburg
Schweizerisches Landesmuseum,
Zürich
Museum für deutsche Volkskun-de, Berlin

Stickgarne
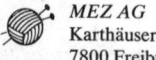 *MEZ AG*
Karthäuserstraße
7800 Freiburg

📇 *Handarbejdets Fremme*
Kongens Nytorv 30
DK–København K.Ce 6108
Dänemark

📇 Deutsche Auslieferung
Handarbejdets Fremme
Caroline Wienker
PF 1208
3004 Hannover Isernhagen-Süd

 Kreuzstichvorlagen bei
Høst & Søns Forlag
DK–København
Dänemark

 Stramine u. andere Stickunter-gründe
Zweigart & Sawitzki
Postfach 120
7032 Sindelfingen

Weben

Fachliteratur

📇 Schöpferisches Weben
Ursula Kircher
Walter Kircher KG, Marburg

📘 *Weben*
Ravensburger Hobbywerkstatt
Nell Znamierowski
Otto Maier Verlag, Ravensburg

📘 *Teppiche*
Nell Znamierowski
Verlag Werner Hörnemann,
Bonn

📇 *Webe mit – Zeitschrift für das*
Handweben
Friedrich Traub KG
7065 Winterbach-Manolzweiler

Webstühle, Webrahmen, Webzubehör
📇 *Eitorfer Webrahmen*
K. Born & Co
5208 Eitorf-Harmonie

📇 *Värstolsfabriken*
Glimakra AB
Box 125
S-28064 Glimakra
Schweden

📇 *HWG, Handarbeiten-Weben-*
Gestalten
Dr. Heinrich Papst & Walter
Reuschel GmbH & Co KG
Postfach 2232
5250 Engelskirchen 2

📇 *Walter Kircher*
Alte Kasseler Str. 24
Postfach 1608
3550 Marburg/L.

📇 *Anders Lervad & Son A/S*
Askor
DK-6600 Vejen
Dänemark

📇 *Toijalan Kaidetehdas*
PL 25
SF-37801 Toijala
Finnland

📇 *Tomtex*
Tordenskijolddsgade 31

DK-1055 København
Dänemark

Weiterführende Webschule
Gottlieb Daimler Schule
Neckarstraße 22
7032 Sindelfingen

Webkurse
Textilwerkstatt
Friedensstraße 4
3000 Hannover

Workshop Hannover
Lister Meile 4
3000 Hannover

Susanne Hepfinger
Post Aschau
8213 Leitenberg

Friesische Handweberei
Gretel Fieler
2278 Wittdün, Amrun

Bärbel Hüsselmann
Nützenbergstr. 345
5600 Wuppertal-Ellerfeld

Katja Rose
Germaniastr. 5
8000 München 23

Plättchenweben

Fachliteratur
📇 *Die Kunst des Brettchenwebens*
Karl Schlabow
Verlag Karl Wachholtz, Neu-münster

📘 *Brettchenweben*
Marjorie u. William Snow
Verlag Werner Hörnemann,
Bonn

📘 *Brettchenweben*
Charlotte Lenz
Otto Maier Verlag, Ravensburg

Plättchen
📇 *Papst & Reuschel GmbH & Co*
KG
Postfach 2232
5250 Engelskirchen 2

Handgesponnene Wolle:

📇 *Alexander Fluck*
CH-1315 La Sarraz
Schweiz

📇 *Livos GmbH & Co KG*
Neustädterstraße 23–25
3123 Bodenteich
(pflanzengefärbte Wolle)

Stick-, Strick- und Häkel-nadeln

IMRA
Johann Moritz Rump
Postfach 117
5990 Altena

Empfehlenswerte Zeitschrift für den Textilbereich

Textilkunst
Informationen f. kreatives Gestalten
Verlag M. & H. Schaper
Postfach 810669
3000 Hannover 81
(erscheint 4mal jährlich)

Glas

Glas schmelzen

Mehrdüsiger Brenner

WARTA
Perlengasse 12
8950 Kaufbeuren/Neugablonz

Glasstäbe
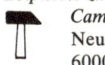
Kittel
Postfach 824
8950 Kaufbeuren/Allgäu
Neugablonz

Lötpistole zum Glasschmelzen

Camping Gaz International
Neue Mainzer Straße 22
6000 Frankfurt/Main

Material für Bleiverglasen

Frederick Ackiss
Tiffany-Glaskunst
Südbahnstraße 115
4972 Loehne-Gohfeld

Hinterglas

Farben

DEKA – Ziermatt
8025 München-Unterhaching

Wacofin
Heinrich Wagner & CO
Lack- und Farbenfabrik
CH-8048 Zürich
D-7030 Böblingen
-

Mussini Künstler- Harz- Ölfarben
H. Schmincke & Co
Otto-Hahn-Straße 2
4006 Erkrath-Unterfeldhaus

Fachliteratur

Kunterbunter Bauernhimmel
Claus Hansmann
Verlag F. Bruckmann KG,
München

Hinterglasbilder
Friedrich Knaipp
Verlag J. Wimmer, Linz

Hinterglasmalerei
Gislind Ritz
Verlag Georg D. W. Callwey,
München

Hinterglas
Leopold Schmidt
Residenz Verlag, Salzburg

Hinterglasmalerei (auch mit Ölfarben)
Fride Wirtl
Ravensburger Hobbywerkstatt
Otto Maier Verlag, Ravensburg

Blocks mit Malvorlagen in Originalgröße

Hopferwieder AG
Bayernhamerstraße 22
A-5020 Salzburg
oder
Ellen Mayerhofer
8221 Taching a. See

Museen mit Hinterglasbildern
München, Nationalmuseum
Oberammergau, Heimatmuseum
Tittmoning, Heimatmuseum
Ruhpolding, Museum f. sakrale
Kunst
Kaufbeuren, Heimatmuseum
Straßburg, Musée Alsacien
Basel, Schweiz. Museum f.
Volkskunde
Zürich, Schweiz. Landesmuseum
Köln, Schnütgenmuseum
Paris, Musée des Arts Décoratifs

Transparente Glasmalfarben

DESAG
Deutsche Spezialglas AG
Postfach 80
3223 Delligsen 2

DEKA – Transparent
8025 München-Unterhaching

Wacolux
Heinrich Wagner & Co
Lack- und Farbenfabrik
CH-8048 Zürich
D-7030 Böblingen

Holz

Fachliteratur

Gestalten mit Holz
Heinrich Heining
Verlag Du Mont Schauberg,
Köln

Elektrische Werkzeuge

Black & Decker GmbH
Postfach 1202
6270 Idstein/Taunus

Laubsäge – Werkzeuge

Johannes Graupner
7312 Kirchheim-Teck
Naturreine Holzveredelungs-
und Pflegemittel
(Wachse, Lacke, Öle, Beizen)

LIVOS GmbH & Co KG
Neustädter Straße 23–25
3123 Bodenteich

Rohholzgegenstände

Hobbyring
Kantstraße 115
1000 Berlin 12

Max Liebich
Postfach 1229
8370 Regen

Hellmut Lill
Primelstraße 2–6
8950 Kaufbeuren/Allgäu

Bauernmalerei

Farben für Bauernmalerei

DEKA-Ziermatt
8025 München-Unterhaching

Plaka-Farben
Pelikan Patina-Grund
Pelikan Patina-Color
Pelikan-Werke
Podbielskistraße 141
3000 Hannover

Wacofin-Nitro-Holzgrund
Wacofin-Patina
Wacofin-Farben
Heinrich Wagner & Co
Lack und Farbenfabrik
CH-8048 Zürich
D-7030 Böblingen

Fachliteratur

Bauernmalerei
Walter Diem
Ravensburger Hobbywerkstatt
Otto Maier Verlag, Ravensburg

Bauernmalerei
Gilbert Obermair
Heyne-Taschenbuch

Buntbemalte Holzgeschenke
B. Pauly
Ravensburger Hobbybücher
Otto Maier Verlag, Ravensburg

393

Fachliteratur

 Bauernmalerei leicht gemacht
Senta Ramos
Falken-Verlag Erich Sicker,
Wiesbaden

Alte bemalte Bauernmalerei
Alte bemalte Bauernmalerei
Europas
Gislind Ritz
Verlag Georg D. S. Callwey,
München

Bauernmalerei
Christian Rubi
Otto Maier Verlag, Ravensburg

Bauernmalschule
Malvorlagen für Biedermeier,
Rokoko und Renaissance
Sonja Wullschleger
Heinrich Wagner & Co
CH-8048 Zürich
D-7030 Böblingen

Ravensburger Vorlagenmappen
1 + 2 für Bauernmalerei
Otto Maier Verlag, Ravensburg

Museen für Bauernmalerei
Bayer. Nationalmuseum, München
Germanisches Nationalmuseum,
Nürnberg
Museen der Stadt Regensburg
Mainfränkisches Museum,
Würzburg
Fichtelgebirgsmuseum, Wunsiedel
Badisches Landesmuseum,
Karlsruhe
Altonaer Museum, Hamburg
Heimatmuseum, Wasserburg a.
Inn
Heimatmuseum, Bad Tölz
Heimatmuseum, Immenstadt/Allgäu
Heimatmuseum, Kaufbeuren
Stadt- und Kreismuseum,
Landshut
Oberhausmuseum, Passau

Brandmalerei

Brenngerät und Brennstempel
Hobbyring
Kantstraße 112
1000 Berlin 12

Fachliteratur

Brandmalerei
Rudolf Lumm
Frech-Verlag, Stuttgart

Vorlagemappen Brandmalerei
Hobbyring
Kantstraße 115
1000 Berlin 12

Schnitzen

Fachliteratur

Kerbschnitzen
Karsten Jeep
Frech-Verlag, Stuttgart

Kerbschnitzen
Günther Kretzschmar
Otto Maier Verlag, Ravensburg

Holzschnitzen
Walter Sack
Ravensburger Hobbywerkstatt
Otto Maier Verlag, Ravensburg

Kerbschnitzen – Schmuckelemente der Volkskunst
Josef Mader
Oberösterreichischer Landesverlag, Ried

Schnitzwerkzeug
 Lill
Primelstraße 2–6
8950 Kaufbeuren/Allgäu

 Stanley – Surform
Stanley-Werke GmbH
Langenberger Straße 32
5620 Velbert/Rheinland

Ravensburger Hobbystudio
Kerbschnitzen
Material und Anleitungen
Otto Maier Verlag, Ravensburg

Drechseln

Fachliteratur

Drechseln für Jedermann
Franz Wilhelm
Frech-Verlag, Stuttgart

Intarsien

Intarsien-Furniere
Ravensburger Hobbywerkstatt
Otto Maier Verlag, Ravensburg

Fachliteratur

Intarsien-Bilder
Werner Schröder
Ravensburger Hobbystudio
Otto Maier Verlag, Ravensburg

Kunststoffe

Gießharz

 Voss Chemie
Zugspitzstraße
Postfach 1260
8201 Kolbermoor

Tauchlack

C. Kreul
Künstlerfarben- und Maltuchfabrik
Postfach 229
8550 Forchheim

Wachs

Wolfgang Rayher
Postfach 547
7616 Biberach/Riß

Wachs, Kerzengießformen,
Dochte
Ravensburger Hobbystudio
Otto Maier Verlag, Ravensburg

Fachliteratur

Wachsgießen
Christel Claudius
Otto Maier Verlag, Ravensburg

Metall

Metall bemalen und lackieren
Weißblech bemalen
Metallgrundierung, Farben,
Patinawachs, Schlußlack
Ravensburger Hobbystudio:
Otto Maier Verlag, Ravensburg

Edelmetallbleche
 Degussa
Postfach 149
8000 München 1

Fachliteratur

Basteln mit Aluminium
Heinrich Gieseler
Frech-Verlag, Stuttgart

Metall
Wilhelm Braun-Feldweg
Otto Maier Verlag, Ravensburg

Metallarbeiten
Hannes Hack
Hobbywerkstatt
Otto Maier Verlag, Ravensburg

Schlossern leichtgemacht
„Bauen und Reparieren mit
Metall"
Hans Richards
Verlagsgesellschaft
Rudolf Müller

Lötgeräte

 Camping Gaz International
Neue Mainzer Straße 22
6000 Frankfurt

Papier

Linolschnittwerkzeuge und Linolfarben

 Walzen, Platten, Federn, Griffe
Marabuwerke Erwin Martz KG
7146 Tamm/Württ.

 Heintze und Blanckertz
Postfach 560161
6000 Frankfurt/M. 56

 DEKA Stoffdruckfarbe
(auch für Linoldruck auf Papier
geeignet)
DEKA
8025 München-Unterhaching

Farben für Marmorieren

 *Mussini Künstler- Harz-
Ölfarben*
H. Schmincke & Co
Otto-Hahn-Straße 2
4006 Erkrath-Unterfeldhaus

Perlen

Fachliteratur

 Perlen
Judith Glassmann
Verlag Werner Hörnemann,
Bonn

Perlwebrahmen

 Ravensburger Hobbystudio
Otto Maier Verlag, Ravensburg

Perlen

 R. W. Grube & Co
Hardenbergstraße 19
Postfach 12-6425
1000 Berlin 12

Stoffe

Stoffe

Laura Ashley GmbH
Sendlingerstraße 37
8000 München 2

Fachliteratur

 Kreatives Patchwork
Liz Goodman, Susan Joiner
Otto Maier Verlag, Ravensburg

Stoffdruck-Farben

 Stoffmalstifte:
Heintze & Blanckertz
Postfach 560161
6000 Frankfurt/M. 56

 Stoffmalfarbe, Stoffdruckfarbe
Hobbytex
Stoffmal- und Stoffdruckfarbe
Marabuwerke Erwin Martz KG
7146 Tamm/Württ.

Batikrahmen

 Ravensburger Hobbystudio
Otto Maier Verlag, Ravensburg

Ton

Fachliteratur

 Freies Töpfern
Gebhardt Binder u. Jörg Schön-
rock
Otto Maier Verlag, Ravensburg

 Das Töpferbuch
Bernard Leach
Verlag Werner Hörnemann,
Bonn

 Töpferkurs in Wort und Bild
Henry Trever
Verlag Werner Hörnemann,
Bonn

Material:
Töpferscheiben, Glasuren, Engoben, Ränderscheiben, Modellierschlingen, Modellierhölzer,
Schamotte, Tonmehle

 Carl Jäger
Gewerbegebiet in den Erlen
5411 Hilgert

 Esslinger & Abt
Postfach 160
Laupheim

 Hans Wolbring
St. Martin – Weg 5
5410 Höhr-Grenzhausen

Keramikmalerei

 *Tairnbacher Majolikafabrik
GmbH*
Postfach
6909 Tairnbach

Modelliermassen

 FIMO
Eberhard Faber
Postfach 1220
8430 Neumarkt

 RAMO
Ravensburger Hobbystudio
Otto Maier Verlag, Ravensburg

Wer an einem Töpferkurs teilnehmen will,
erkundigt sich am besten bei den ortsansäs-
sigen Volkshochschulen und Töpferwerkstätten. Bei den Töpferwerkstätten kann
man oft auch Ton kaufen und zu Hause
Getöpfertes zum Brennen bringen.

Gestaltung

Fachliteratur

 Interaction of Colour
von Joseph Albers
du Mont Kunstverlag, Köln

 Das große Buch für Hobbymaler
Ursula Kaiser
Otto Maier Verlag, Ravensburg

 Sonntags: Künstler
Bodo W. Jaxtheimer
Südwest Verlag, München

 *Begriffslexikon der bildenden
Künste*
ro-ro-ro Handbuch Nr. 6147

Bilderrahmen

Leisten für verschiedene Formate:

 Ravensburger Hobbystudio
Otto Maier Verlag, Ravensburg

Empfehlenswerte Zeit-
schrift

 *Blätter für Volkskunst u. Hand-
werk*
Verlag Schweizer Heimatwerk
Postfach 8023
CH-8048 Zürich

Dieses Adressenmaterial erhebt keinen
Anspruch auf Vollständigkeit – es wurden
Firmen ausgewählt, deren Erzeugnisse am
verbreitetsten sind und solche, die direkt
an Endverbraucher liefern

Bildnachweis

Altonaer Museum: 57, 59; Bayerisches Nationalmuseum: 32, 33, 38, 55 oben und unten, 56 unten, 333; Deutsches Museum: 11, 12, 72, 121 (16 Fotos), 109, 300, 301; Gruner + Jahr: 262: Brigitte 21/77; Klaus Klefke: 177, 178; Claus Hansmann, München: 192, 265; Jaumann, Textilkunde, 1938 Heinrich Killinger Verlagsgesellschaft m.b.H. Nordhausen am Harz: 92 a – d; Kreul Archiv: 215, 216; „Die Indianer Nordamerikas" Katalog Heft 4, Deutsches Ledermuseum, Offenbach: 218, 219, 260, 290; Oberösterreichischer Landesverlag, A-4910, Ried aus: Josef Mader, „Schmuckelemente der Volkskunst – Kerbschnitzen": 184, 187, 387; Niki Otto: 367, 377; Schreinereizeitung Zürich: 200 – 206; Schweizer Heimatwerk, Zürich: 119, 123, 163 links, 193 links und rechts, 229 links, 242 unten links, 259, 349, 358 oben, 365; Schweizer Landesmuseum: 61; Marianne Schwenk: 21, 54, 56, 58 oben und mitte, 58 unten rechts, 59, 60 oben, 63, 125, 132, 135, 136, 140, 142, 144, 207, 217, 221–224, 261 oben, 289, 291, 292, 293, 294, 295, 296, 302, 303, 383; Dorothea Schwarzhaupt: 368 – 370; Staatl. Museum f. Völkerkunde: 68, 71, 73, 77, 79, 80, 93, 95, 101, 105, 291, 347, 348, 330 – 355, 378, 388 oben; Textilkunst Hannover: 65 mitte und unten; Wacofin-Archiv: 173, 181; aus: „Webe mit", Zeitschrift für das Handweben, Webe mit Verlag, Manolzweiler: 111, 113; Zelger, Handwerkskammer München: 188.

Farbtafeln:

Tafel I: oben, Gruner + Jahr, Brigitte 21/1976; Tafel II: oben, Marianne Schwenk, unten: *Fa. Beck München* (Foto: Marianne Schwenk); Tafel III: Gruner + Jahr, Brigitte 12 u. 13/1977 (Thoma); Tafel IV: Gruner + Jahr, Brigitte 20/77; Tafel V: *MEZ AG Freiburg* (Foto: Marianne Schwenk); Tafel VI: Schweizer Heimatwerk, Zürich; Tafel VII: *Ike Stracke*; Tafel VIII: Schweizer Heimatwerk, Zürich; Tafel X: *Cornelia Trebbin* (Foto: Marianne Schwenk); Tafel XI: *Ellen Mayerhofer* (Foto: Marianne Schwenk); Tafel XII: Foto Hansmann, München; Tafel XIV: *Gisela Parsons u. Peter Pich, München*

(Foto: Marianne Schwenk); Tafel XV: *Angelika Süss u. Erika Wäldi*; Tafel XVI: *Ellen Mayerhofer*; Tafel XVII: *Ike Strake*; Tafel XVIII: *Angelika Süss* (Foto: Marianne Schwenk); Tafel XIX: *Manuela Mechtel*; Tafel XX: *Teilnehmer des Workshop Hannover* (Foto: Marianne Schwenk); Tafel XXI: *Werkstatt Günther Hermanns*; Tafel XXII: *Sandra Tresch* (Foto: Schweizer Heimatwerk); Tafel XXIII: Gruner + Jahr, Brigitte 21/1977/Seite 39 (Nüttgens); Tafel XXIV: *Katja Rose*

Kursiv gesetzte Namen bezeichnen den Urheber der abgebildeten Werkstücke. Oben nicht erwähnte Farbtafeln stammen von Frank Niepel.

Wir danken den Künstlern, Ateliers und Werkstätten für die Mitarbeit an diesem Buch und daß sie uns Werkstücke für Fotos zur Verfügung gestellt haben.

Ragnhild Burmeister: 283; Margreth Damberger: 53, 124, 268, 284, 285, 297, 337, 338, 342 – 344; DEKA-Archiv: 125, 140, 143, 144; Anne Fina: 271; Anna Fischer: 42, 65, 66 oben und unten; Heide Gehring: 275 – 277, 334 – 337, 338 – 341, 385; Gottlieb Daimler Schule, Sindelfingen: 91 a–d, 94, 96 – 99, 108 oben; Günther Hermans, München: 357, 363, 366, 368–370, 374; Liane Klefke: 177, 178; Monika Koy: 321; Christl Krüger: 50; Handarbejdets Fremme, Kopenhagen: 58; Susanne Hepfinger, Aschau: 112, 114, 115; Bernhard Kraus, München: 230 oben links, 240, 241, 245; Bärbel Magin: 292, 345, 346; Ellen Mayerhofer, Taching: 138, 139, 140, 141, 167, 169, 175; Manuela Mechtel: 314 – 317, 320, 380, 382, 388; MEZ AG, Freiburg: 45 – 48, 54, 56, 58 oben + mitte, 58 unten rechts, 59, 60 oben, 63; Gisela Parsons + Peter Pich, München: 207, 212, 213, 214; Marion Pelda: 189, 191; Sepp Schreiber: 242, 243; Ike Stracke: 128, 129, 243, 295, 296; Angelika Süss: 211, 215, 299, 302, 303, 319; Teilnehmer des Workshop Hannover: 323 – 332, 383; Cornelia Trebbin: 132, 135, 136, 217, 221 – 224, 291 links unten, 391; Erika Wäldi: 279, 281, 286, 320; Carl Wenninger, München: 253, 254.

Außerdem danken wir Ulla Höflich für ihre Mitarbeit beim Kapitel „Gestaltung"; Heinz Hübschmann bei den Kapiteln „Holz" und „Metall"; Hermann Lücke beim Kapitel „Batik".

Register